233 DANEMARK-DU-SUD

« Le Verger du Danemark ». C'est ainsi qu
la Fionie est définie. Une terre où naquit le conteur le plus célèbre, Andersen. Calme et authenticité garantis.

269 JUTLAND CENTRAL

Nature et culture en harmonie. Un arc-en-ciel, un iceberg, un pont infini. Autant d'architectures inédites autour d'Aarhus et de parcs naturels de toute beauté.

293 JUTLAND DU NORD

Le bout du bout du nord du Danemark. Des paysages sauvages, du sable, beaucoup, des plages balayées par le vent et Aalborg ou Skagen en figures de proue.

311 ÎLES FÉROÉ

Mystère, charme, authenticité, caractère…, difficile de qualifier en un mot cet archipel posé dans l'Atlantique Nord. Paradis des randonneurs et des ornithologues.

© CLARKANDCOMPANY - ISTOCKPHOTO.COM

345 ORGANISER SON SÉJOUR

Seul ou à plusieurs. En voyage organisé ou en complète autonomie. Mille et une astuces pour bien se préparer et profiter au maximum de son séjour au Danemark.

© ANIKONA - ISTOCKPHOTO.COM

© ALEXANDER FARNSWORTH - ISTOCKPHOTO.COM

Skagerrak
SKAGEN
Kandestederne
HIRTSHALS
Råbjerg Mile
HJØRRING
FREDERIKSHAVN
VENDSYSSEL
Jammerbugten
BRØNDERSLEV
SÆB
Hanstholm
VOERGÅRD
DRONNINGLUND
THY
JAMMERBUGT
Lindholm Høse
Nørresundby
AALBORG
THISTED
LØGSTØR
Hals
Limfjorden
Aalborg
Nissum Bredning
HIMMERLAND
MORS
NYKØBING MORS
AARS
TERNDRUP
MER DU NORD
LEMVIG
ROSLEV
SPØTTRUP
HOBRO
HADSUND
MARIAGER
SKIVE
STRUER
Nissum Fjord
VEMB
VIBORG
NORDDJURS
HOLSTEBRO
RANDERS
SALLING
NIMTOFTE
DJURSLAND
Ulfborg
THORSAGER
SILKEBORG
Rosenholm
RØNDE
HERNING
RINGKØBING
MOLS
IKAST
Ringkøbing Fjord
HVIDE SANDE
AARHUS
EBELTO
SKJERN
SKANDERBORG
ODDER
SAMSØ
HORSENS
GRINDSTED
JELLING
HEDENSTED
SAMSØ
Varde
BILLUND
VEJLE
EGTVED
Esbjerg
FREDERICIA
KALUNDBORG
ESBJERG
VEJEN
KOLDING
NORDFYN
MIDDELFART
FANØ
MUNKEBO
RIBE
ODENSE
KERTEMINDE
MANDØ
CHRISTIANSFELD
Fladså
AARUP
SLAGELS
NYBORG
HADERSLEV
RØMØ
RØMØ
ASSENS
Korsø
FAABORG
SVENDBORG
AABENRAA
Fåborg
TØNDER
THURØ
SUNDEVED
ALS
TÅSINGE
SØNDERBORG
RUDKØBING
ÆRØ
Tars
ÆRØ
NAKSKOV
BAGENKOP
LANGELAND
ALLEMAGNE
LOLLA

Göteborg
45 KM
LÆSØ
SUÈDE
Kattegat
Sjællands Odde
TISVILDELEJE
GRÆSTED
HELSINGØR
FREDENSBORG
FREDERIKSVÆRK
KLINT
HUMLEBÆK
HILLERØD
NIVÅ
KØBING
ELLAND
BAGSVÆRD
SHERRED
STENLØSE
HØRSHOLM
LILLERØD
FREDERIKSSUND
FARUM
NÆRUM
KONGENS LYNGBY
ØLSTYKKE
HOLBÆK
GENTOFTE
KLAMPENBORG
BALLERUP
ORDRUP
CHARLOTTENLUND
SÆBY
HERLEV
HELLERUP
LEJRE
BRØNSHØJ
COPENHAGUE
ROSKILDE
GREVE
TÅRNBY
ISHØJ
TÅSTRUP
SOLRØD
GLOSTRUP
BRØNDBY
RINGSTED
BALLERUP
VALLENSBÆK
KØGE
ALBERTSLUND
HVIDOVRE
YSTRUP
Ystad
HASLEV
STEVNS
STEVNS
ÆSTVED
GAVNØ
FAXE
PRÆSTØ
VORDINGBORG
BORRE
STEGE
BOGØ BY
MØN
LDBORG
STUBBEKØBING
MARIBO
NYKØBING FALSTER
FALSTER
LLAND
MARIELYST
NYSTED
GEDSER

QUAND Y ALLER

JANVIER

-2° / 2°

FÊTE DES ROIS
(COPENHAGUE)
Allumer une bougie la nuit du 5 janvier à Copenhague, c'est la tradition des Rois Mages et la fin des festivités de la Nativité.

$

FÉVRIER

-3° / 2°

VINTERJAZZ FESTIVAL
(COPENHAGUE)
Quoi de mieux pour se réchauffer que de laisser son corps swinguer au rythme de la musique et du jazz mais en version hivernale !

MARDI GRAS (FASTELAVN) À DRAGØR
(DRAGØR)
Un roi du tonneau, des hauts chapeaux, un baiser de la reine, le tout en fanfare : Mardi gras à Dragor, c'est très sympa !

$

MARS

-1° / 5°

$

JUILLET

14° / 22°

FESTIVAL DE ROSKILDE
(ROSKILDE)
En été, soyez rock and roll et venez écouter la planète rock à Roskilde ! Un rendez-vous à ne manquer sous aucun prétexte.

ÓLAVSØKA
(TÓRSHAVN)
Une nuit entière à faire la fête ! Courses, cérémonies religieuses, farandoles, bals… Les rues de Tórshavn vivent intensément.

$ $ $

AOÛT

14° / 21°

SMUKFEST
(SKANDERBORG)
Un festival en pleine nature, sous le couvert de la forêt, avec un troll comme mascotte : c'est Smukfest à Skanderborg !

HC ANDERSEN FESTIVAL
(ODENSE)
Un festival de l'imagination, de l'aventure et de l'émerveillement autour des contes de fées d'Andersen, des textes et du théâtre.

$ $ $

SEPTEMBRE

11° / 18°

FESTIVAL DE BLUES DE COPENHAGUE
(COPENHAGUE)
Une cinquantaine de concerts rien que pour vous. Rien de tel qu'un peu de musique pour soigner le blues des nuits qui s'allongent.

FESTUGEN AARHUS
(AARHUS)
Difficile de ne pas être séduit par Festugen car tous les styles se mélangent et tous les arts se rencontrent, y compris culinaires.

$ $

Le meilleur moment pour se rendre au Danemark est bien sûr l'été. Les journées sont douces et longues, le temps idéal pour profiter du balnéaire. Mais pour autant, l'hiver a aussi ses atouts. Les villes sont très animées, en période de Jul (Noël) elles s'habillent de lumière et de décors. Quant à la campagne, revêtue de son voile de neige, elle nous plonge dans les contes et mythes nordiques. L'intersaison, en automne et au printemps, rivalise de couleurs. Alors, la nature est Reine !

AVRIL

3° / 10°

ANNIVERSAIRE DE LA REINE
(COPENHAGUE)
Une date anniversaire très spéciale pour une reine pas ordinaire et populaire qui a soufflé sa quatre-vingt-unième bougie !

MARCHÉ INTERNATIONAL VIKING DE RIBE
(RIBE)
Revivre le monde viking, c'est possible à Ribe. Entre échoppes et ateliers, vêtus à la viking, on boit un peu et on dort... peu !

$

MAI

8° / 16°

SPOT FESTIVAL
(AARHUS)
En 2021, SPOT vous attend au mois de septembre, un décalage sur deux dates, les 16 et 17 avec une formule un peu plus réduite !

CARNAVAL D'AALBORG
(AALBORG)
Envie de faire la fête ? Le carnaval d'Aalborg propose son cocktail de bonne humeur, d'ambiance déchaînée, de rire et de décibels.

$ $

JUIN

11° / 19°

NUIT DE LA SAINT-JEAN (SANKT HANS AFTEN)
(COPENHAGUE)
Les Danois célèbrent la nuit la plus courte à coup de feux de joie et de chansons sans oublier de brûler une vilaine sorcière.

RIVERBOAT JAZZ FESTIVAL
(SILKEBORG)
Ambiance décontractée, musique de qualité, douceur de l'été et dépaysement absolu au fil de l'eau, c'est l'ADN de Riverboat.

$ $

OCTOBRE

7° / 12°

NUIT DE LA CULTURE (KULTURNATTEN)
(COPENHAGUE)
Une nuit entière consacrée à la culture. Des animations, des nocturnes dans toute la ville. Un show de performances garanti !

HALLOWEEN À TIVOLI
(COPENHAGUE)
Des histoires à se faire peur. Des citrouilles en veux-tu en voilà ! Trains fantômes et champignons magiques... Où ça ? À Tivoli !

$

NOVEMBRE

3° / 7°

CPH PIX FILM FESTIVAL
(COPENHAGUE)
Nouvelle formule pour LE festival du cinéma danois : Week-end est le nouveau concept créé pour célébrer dignement ses vingt ans !

$

DÉCEMBRE

1° / 4°

NOUVEL AN - NEW YEAR'S EVE
(COPENHAGUE)
Le saut de Minuit, c'est le symbole d'une belle année à venir. Au Nouvel An, sautez, vous aussi, aux douze coups de la nuit !

NOËL À TIVOLI
(COPENHAGUE)
Bienvenue au pays des Merveilles ! Lucie, Casse-noisettes et mille bougies réveillent à Tivoli les jours merveilleux de l'enfance.

$ $

LES BONNES RAISONS D'Y ALLER

© PPAMPICTURE - ISTOCKPHOTO.COM

UN PAYS À ÉCHELLE HUMAINE

Que l'on dispose d'une semaine ou d'un mois, un royaume où l'on se déplace rapidement.

LE CHARME DE COPENHAGUE

Une capitale à taille humaine où il fait bon flâner, à vélo en particulier.

© OLEKSIY MARK - SHUTTERSTOCK.COM

© WAYRA - ISTOCKPHOTO.COM

POUR LES PAYSAGES

Des terres sauvages battues par les vents, des falaises abruptes au calcaire éclatant.

© OLGAGOROVENKO - SHUTTERSTOCK.COM

POUR LE DESIGN
Les Danois ont du style. Le monde le reconnaît. Mode, déco, vélo... le design est partout.

© MARIDAV - SHUTTERSTOCK.COM

POUR LES SMØRREBRØD
Une spécialité dont on raffole sans se lasser : le sandwich danois !

© MARCO ANDORNO - SHUTTERSTOCK.COM

UN PAYS FAMILY FRIENDLY
Une destination où les parents sont détendus car les enfants sont les bienvenus.

© THIERRY LAUZUN - ICONOTEC

TREIZE SIÈCLES D'ART ET D'HISTOIRE
Un soixantaine de châteaux, 15 sites vikings, 30 musées aux collections riches et variées.

LES BONNES RAISONS D'Y ALLER

MARCHER AUX ÎLES FÉROÉ

Un petit paradis qui fera le bonheur des amateurs de randonnée.

© KOTENKO_A - ISTOCKPHOTO.COM

© LEOPATRIZI - ISTOCKPHOTO.COM

PARCE QUE LES GENS SONT HEUREUX

On ne le répétera jamais assez, les Danois sont un peuple heureux.

© CLARKANDCOMPANY - ISTOCKPHOTO.COM

POUR SA CUISINE MODERNE

Une gastronomie réputée dans le monde entier, élaborée en accord parfait avec la nature.

LES 12 MOTS-CLÉS

#AMBRE

Poétiquement surnommée « Les larmes des dieux », cette résine fossilisée est issue des forêts de conifères englouties par la mer. Sa couleur de miel translucide a fait la richesse de villes comme Copenhague. On la trouve en abondance sur les plages danoises où la chasse à « l'or de la Baltique » fait partie des traditions hivernales familiales.

#BIO

Le bio n'est pas une tendance, c'est un parti pris très affirmé dans la manière de consommer des danois qui en sont les plus gros consommateurs au monde. Le Danemark est un pays modèle où le gouvernement met tout en œuvre pour atteindre une production agricole 100 % *Ekologisk* ou *Organic*, un objectif à atteindre avant la fin de la décennie, en 2030 !

#DANNEBROG

Un rectangle rouge frappé d'une croix blanche. Vous le verrez flotter au-dessus des toitures des maisons ou à l'entrée des lieux institutionnels. Les Danois sont fiers de leur drapeau qui les accompagnent dans les moments forts de leur vie. En berne pour annoncer un décès, pavoisé pour signifier un anniversaire ou la réussite à un examen.

© PHOTOGRAPHERCW - ISTOCKPHOTO.COM

#FÖROYA BJÓR

La bière des Féroé est la boisson locale de l'archipel féroïen, une véritable institution. En 1883, Símun F. Hansen partit au Danemark apprendre l'art de brasser. Cinq ans plus tard, de retour sur son île natale, il fonda sa brasserie à Klaskvik, seconde ville en importance. Elle est devenue le symbole de l'île et la fierté de ses habitants.

#GROENLAND

Le saviez-vous ? La plus grande île du monde, située au-delà du cercle polaire Artique, est une province autonome du Danemark. Découverte par l'explorateur viking Eric le Rouge, entendez qu'il était roux, ce dernier aborda ces côtes aux verts pâturages un peu avant l'an mil, une période de réchauffement climatique. Et il la baptisa « l'île verte ».

#HYGGE

Ce mot d'origine norvégienne signifie « bien-être ». Il est né du besoin de résister à la froidure du climat hivernal long et obscur. Chaleur, confort et convivialité sont devenus essentiels. Les danois le déclinent à l'infini. *Hyggekrog* : coin douillet où passer un moment hygge ; *hyggebukser* : pantalon pilou-pilou à ne porter que chez soi.

© MARIA EVSEYEVA - SHUTTERSTOCK.COM

#JUTLAND

Ce bout de terre qui forme la péninsule continentale du Danemark doit son nom à une ancienne peuplade, les Jutes. Cette région appartenait à l'époque glaciaire au Doggerland, continent aujourd'hui submergé, qui fut morcelé lors d'un mégatsunami effondrant une partie de la Norvège actuelle et détachant l'Angleterre alors connectée avec le Danemark.

#LUTHÉRIEN

70 % de la population sont inscrits à l'Eglise évangélique luthérienne même si peu se considèrent comme très religieux. Et pourtant, les églises restent populaires. Un lieu de rencontre communautaire où célébrer un événement familial pour lequel les danois s'acquittent d'une taxe paroissiale, facultative mais nécessaire à l'entretien des bâtiments.

#MACAREUX MOINE

Clown des mers (ou puffin), c'est le surnom donné à cet oiseau fétiche des îles Féroé. Il passe toute la journée en mer et rejoint la terre ferme quand vient le soir ou en période des amours, lorsqu'il doit se reproduire. Petit corps recouverts de plumes noires, ventre blanc, vous le reconnaîtrez surtout à son joli bec triangulaire bleu et rouge.

© DOUBLEUS - FOTOLIA

#VIKING

Les Danois sont très attachés à leurs ancêtres les Vikings. Ces valeureux navigateurs, sans peur mais peut-être pas sans reproche, ont traversé les océans à bord de leurs drakkars jusqu'en Terre Neuve ! Agriculteurs dans l'âme, forgerons dans le cœur, leur civilisation n'était pas aussi barbare que ce que colportaient les mauvaises rumeurs.

© PLOUGMANN - ISTOCKPHOTO.COM

#PØLSEVOGN

De drôles de caravanes tractées stationnent au carrefour des rues ou sur les places. Un attroupement se forme lorsque le fumet des saucisses grillées s'échappe de la cheminée. Ces « wagons à saucisses » sont une institution depuis 1921 et propose des hot-dogs version danoise, du plus classique aux oignons frits au plus exotique avec de l'ananas !

#ZÉLANDE

Le saviez-vous ? Zélande, ou Seeland en danois, signifie « terre de la mer ». C'est le nom porté par l'île où fut fondée Copenhague, la capitale. La plus grande île avec 7 000 km^2 de superficie. Selon la légende, la déesse Gefion aurait détaché ce bout de terre à la Suède voisine. Serait-ce la raison des rivalités historiques autour de l'Øresund ?

VOUS ÊTES D'ICI, SI…

- Mangez du hareng tous les jours ne vous fait pas peur.
- Pour vous, la Scandinavie, ce n'est pas aussi froid qu'on le dit.
- Les complexes linguistiques, vous ne connaissez pas ! Danois, vieux norrois ou féroïen, même pas peur !
- Les dynasties royales vous fascinent. Les lignées de Christian et de Frédérik, vous maîtrisez.
- Ecologie est votre deuxième prénom.
- Pour vous un peu de pluie, c'est bon pour le teint. Alors, beaucoup de pluie…
- Vous avez le pied marin. Naviguer d'une île à une autre, c'est la croisière dont vous rêvez.
- Les paysages mystérieux noyés dans la brume, la verdure à perte de vue, les toits recouverts de pelouse grasse et fleurie, c'est l'authenticité que vous recherchez.
- Le vélo, la randonnée, les sports de plein-air vous pratiquez. Mais plonger dans les eaux fraîches de la Baltique, vous n'avez encore jamais fait. Alors qu'attendez-vous ?

Danemark

LE PAYS DES GENS HEUREUX !

Bien que situé aux portes du Grand Nord, le Danemark s'identifie comme le pays latin de la Scandinavie. A la pointe du design et des nouvelles technologies, il a su mêler tradition et modernité, simplicité et originalité. L'insularité de sa géographie, riche de diversités naturelles et culturelles, n'a pas émietté pour autant l'unité nationale. S'il est vrai que son histoire fut longtemps liée à celle de ses voisins scandinaves, il n'en subsiste pas moins une réelle identité danoise, éprise de sagas vikings et d'histoires de monarchie. Epanouis, les Danois ont mis en place une politique sociale tout à fait exemplaire, à la fois discrète et efficace. Ce pays où il fait bon vivre offre de multiples visages.

Copenhague et le Seeland. Une capitale élégante et branchée, baignée par la Baltique. Son port, ses palais, ses parcs royaux, ses musées, son architecture audacieuse, avec pour symbole la mélancolique Petite Sirène cernée par les embruns.

La presqu'île du Jutland. Au menu : un bol de nature ! Des landes à perte de vue, des dunes vallonnées s'accrochant aux falaises de calcaire battues par les vents. Des fjords, des lacs, des forêts de hêtres.

Le long de la côte ouest, un chapelet d'îles, plus ou moins planes, plus ou moins vastes, rocheuses ou sableuses.

Plus loin dans l'Atlantique Nord, l'archipel volcanique et verdoyant des îles Féroé, balayé d'air pur soufflant sur d'anciennes bourgades.

Comment ne pas se laisser séduire par ce pays qui a tant à offrir ?

L'équipe de rédaction

SOMMAIRE

© CINOBY - ISTOCKPHOTO

© MIROSLAV_1 - ISTOCKPHOTO.COM

6 INSPIRER

Les bonnes raisons de se rendre au Danemark, les festivités à ne pas manquer, les idées de séjour et les fiches pratiques pour bien préparer son voyage.

39 DÉCOUVRIR

Tout ce que vous avez toujours voulu savoir sur le Danemark sans jamais oser le demander, du vélo au design, en passant par sa musique et sa gastronomie.

103 RÉGION DE COPENHAGUE

Une capitale élégante et branchée baignée par les eaux de la Baltique, la Petite Sirène en sentinelle. Une riviera ouverte sur le détroit d'Øresund et la Suède.

215 SUD-SEELAND

Lacs, verdure, forêts giboyeuses… on vient ici respirer le grand air et retrouver les racines de l'histoire danoise. Entre saga viking et monarchie à Roskilde.

© AH_FOTOBOX - ISTOCKPHOTO.COM

MON DANEMARK

Myriam Pastor, auteure du guide

Interview

Des passions : l'art, les rencontres, la littérature, le voyage, la gastronomie...

Des envies : bouger, encore et toujours, découvrir ici et ailleurs, du connu et du méconnu, partager avec tous ceux qui ont les mêmes envies...

Un parcours : historienne de l'art, enseignante en art contemporain, des accompagnements en France et à l'étranger.

Un pays coup de cœur : le Danemark, évidemment !

IDÉES DE SÉJOUR

Chaque saison a ses attraits, et l'hiver tout autant que les autres. L'hiver présente de beaux atouts. Du tourisme urbain essentiellement avec un city-break de deux ou trois jours pour profiter de la neige, de la magie de Noël, de patinoires XXL en plein-air. Noël se fête à Tivoli et dans tout le pays. Quant aux amateurs de grands espaces, les îles Féroé offrent une toute autre magie, celle des aurores boréales visibles de novembre à février, qui habillent la nuit de sillons colorés comme autant de voiles de fées. Le retour du printemps s'accompagne de la floraison des cerisiers et du chant des oiseaux. Les parcs urbains attirent la foule heureuse de fouler à nouveau l'herbe grasse et les allées asséchées. Le séjour se prolonge. Une semaine ou deux, surtout en été quand festivals, baignades et randonnées remplissent les journées. En automne, le sauna réchauffe les soirées qui après Halloween glissent doucement vers le retour de la nuit.

LE DANEMARK EN FAMILLE

Comme ailleurs en Scandinavie, séjourner au Danemark avec des enfants, même en bas âge, n'est pas un problème. C'est un peu leur royaume et les activités ne manquent pas. Legoland est la ville des célèbres jouets en Lego, les manèges et les thématiques du parc Tivoli à Halloween ou à Noël ravivent la magie du rire et du rêve. Côté gastronomie, l'assiette de Smørrebrød ou les tebirkes, brioche feuilletée fourrée à l'amande et saupoudrée de graines de pavot, convaincront les plus difficiles ; de nombreux restaurants proposent des menus adaptés et disposent de chaises hautes pour les plus petits. Certains musées réservent des sections aux juniors où s'adonner à de multiples activités créatives et récréatives. Les adultes peuvent aussi en profiter. C'est le cas du très ludique Bornenes Museum (« musée des Enfants ») situé dans le Musée national de Copenhague. Musée vivant du monde aquatique et maritime, l'aquarium Den Blå Planet fait l'unanimité auprès des plus jeunes comme des moins jeunes.

L'ESSENTIEL DU DANEMARK EN UNE SEMAINE

Une semaine, c'est la durée idéale pour une première découverte du Danemark. Démarrer par Copenhague coule de source puisque la majorité des vols, depuis la France, arrive à l'aéroport de Kastrup. Consacrez trois jours à découvrir ses incontournables puis faites une échappée en Seeland, aux portes de l'Øresund, avant de prendre le ferry direction la Fionie, ses jardins et ses châteaux. Le reste du séjour sera consacré au Jutland, une péninsule à découvrir du nord au sud, entre nature et culture !

› Jour 1 : Copenhague

Pour un premier aperçu, flânez dans le centre historique en longeant le Strøget, de Rådhuspladsen à Kongens Nytorv, avec quelques incursions dans les ruelles du Quartier latin. Une promenade pour se repérer, ponctuée par une ou deux pauses à la terrasse d'un des nombreux cafés de Nyhavn. Poursuivez par la maison d'hiver de la famille royale – Amalienborg – où vous irez saluer les gardes, la relève est assurée à midi pétante ! Jetez un coup d'œil à l'église de Marbre puis filez voir la Petite Sirène et la citadelle pour une halte bucolique. À voir absolument ! Enfin, si vous souhaitez clôturer votre journée par une virée shopping, le chic vous attend à Bredgade où se trouvent des magasins d'antiquités, de mobilier contemporain et les galeries d'art tandis que le design et la création se concentrent autour de Kongens Nytorv. Arpentez la rue piétonne et commerçante Strøget où se situe le très connu centre commercial Illum.

› Jour 2 : Copenhague

C'est l'occasion de s'essayer au vélo pour une balade au-delà du port dans le quartier de Christianshavn (sur l'île éponyme) et dans la « ville libre » de Christiania où survit tant bien que mal l'esprit soixante-huitard. Retraversez vers l'île du Château (Slotsholmen) et le Diamant noir. La visite de Christianborg prend une bonne demi-journée pour bien apprécier. S'il vous reste suffisamment de temps avant 17 heures, faites une incursion au Musée national, en privilégiant la section consacrée à l'archéologie danoise située au rez-de-chaussée (pierres runiques, héritage viking). En soirée, un concert symphonique à l'Opéra Det Kongelige peut être envisagé.

› Jour 3 : Copenhague

C'est le moment de s'attaquer à l'un des grands musées d'art : la Glyptothèque Ny Carlsberg abritant les œuvres d'illustres peintres de l'Impressionnisme et de l'Âge d'or danois ainsi que les collections antiques de Palmyre. Autre suggestion, le Statens Museum for Kunst (SMK ou Musée national d'art) consacré aux Beaux-Arts, où Modigliani, Picasso, Braque et Matisse côtoient les maîtres danois contemporains comme le peintre Christoffer Wilhelm Eckers-

© CRAZYD - ISTOCKPHOTO.COM

Le parc royal de Rosenborg.

berg ou le sculpteur Carl Bonnesen. Pour s'aérer un peu après votre choix muséal de la matinée, une croisière dans le port, un passage par le parc d'attractions de Tivoli ou par le parc royal de Rosenborg clôturera cette journée marathon culturel !

› Jour 4 : Seeland du Nord

Du Nord au Sud, de l'Est à l'Ouest, ce sera l'occasion de découvrir l'Øresund, de respirer l'air marin de la mer du Nord ou de mettre un pied dans les eaux rafraîchissantes de la Baltique tout en surveillant du coin de l'œil les ferries venus de la Suède voisine ! Là encore, tout est une question d'envie. D'abord à Elseneur où plane le souvenir d'Hamlet à défaut de celui de Shakespeare. Puis dans des lieux plus confidentiels, mais aisément accessibles comme Ringstedt, fief de Karen Blixen. Ou pourquoi pas, Ordrupgaard, où admirer le superbe bâtiment « organique » réalisé par Zaha Hadid dont les sinuosités tranchent avec l'angularité du musée d'Arken à Ishøj ? Roskilde, avec sa cathédrale et le panthéon royal, son musée des bateaux vikings ; Hillerød et son château royal Renaissance-Fredericksborg ; ou le fabuleux musée d'Art moderne de Louisiana (excepté le lundi), qui s'affiche comme l'un des plus beaux d'Europe (expositions permanentes et temporaires).

› Jour 5 : Fionie

Vous voici partis pour la Fionie, île bien nommée le Jardin du Danemark. De nombreux châteaux et manoirs y furent construits, entourés de jardins remarquables. Parmi les plus notables, le château d'Egeskov, romantique à souhait, édifié au milieu d'un lac, ou celui de Valdemar et son exceptionnelle vue sur la mer…

Respirez l'atmosphère de Kerteminde, petit bourg loin des affluences touristiques, authentique à souhait. Arrêtez vos pas à Ladby, pour y découvrir l'unique bateau-tombe du Danemark. Passez par le Musée de H. C. Andersen à Odense, et revivez le monde enchanté du célèbre conteur avant de déambuler dans le quartier ancien et coquet de sa ville natale, autour de la cathédrale gothique de Saint-Knud, très animé le soir, ou de dîner à Storms Pakhus, le marché street-food où vous régaler des cuisines du monde.

› Jour 6 : Jutland du Sud

Århus est le meilleur point d'ancrage pour sillonner cette région. Sa vieille ville, ARoS, surnommé le Diamant blanc, musée national des Beaux-Arts, ou plus inédit the Infinity bridge, un pont à 360°. Enfin, flânez dans les ruelles du Quartier latin qui regorgent de cafés et boutiques branchées. Site inscrit par l'Unesco, la mer de Wadden où déguster des huîtres géantes. En automne et au printemps, vivez-y l'expérience du « soleil noir », un moment unique, un ballet aérien de milliers d'oiseaux qui obscurcit le soleil couchant ! Vous êtes en terre viking. Choisissez de séjourner à Ribe, la plus ancienne ville du pays, vieille de 1 300 ans, et son musée Viking ! Mais surtout, n'oubliez pas de passer par Jelling et les pierres runiques (patrimoine mondial de l'Unesco).

© REST - ISTOCKPHOTO.COM

La forteresse de Hammershus.

LA VIE DE CHÂTEAU !

Royaume vieux de mille ans, le Danemark impose le respect en matière de construction de châteaux, de palais et de forteresses. Il dispose d'une richesse patrimoniale gigantesque alors que sa superficie représente à peine le dixième de la France.

Ce patrimoine architectural est dû en partie à Christian IV, surnommé le roi bâtisseur, un monarque féru d'architecture et d'Italie… Tous les styles architecturaux sont représentés : architecture médiévale, style baroque, Renaissance, rococo…

Difficile et fastidieux d'établir une liste exhaustive des châteaux et manoirs danois, c'est pourquoi nous vous proposons une sélection par région des principaux monuments.

› Jours 1 - 2 : Copenhague

Le palais d'Amalienborg est la résidence officielle de la famille royale, de style rococo.

Christianborg héberge le Parlement danois. À voir : les salons royaux et les ruines médiévales du château de l'évêque Absalon, fondateur de la ville.

Rosenborg est un château de style Renaissance, édifié sous Christian IV. Il abrite les joyaux de la couronne et les plus vieux jardins royaux du Danemark.

› Jours 2 - 3 : Seeland

Frederiksborg à Hillerød est considéré comme le Versailles danois, un château que l'on doit également à Christian IV.

Kronborg à Helsingør, ce château renaissance doublé d'une forteresse militaire est inscrit au patrimoine mondial de l'Unesco.

Fredensborg sert de résidence estivale à la famille royale, à Fredensborg.

› Jour 4 : Bornholm

Forteresse de Hammershus : les ruines d'un château fort datant du XIIe siècle dominent la mer Baltique.

› Jours 5 - 6 : Fionie

Château d'Egeskov : ce château bâti sur pilotis au milieu d'un lac fut achevé au milieu du XVIe siècle, à Kværndrup.

Le château de Valdemar, sur l'île de Tåsinge, est le plus grand château privé du Danemark, sa construction du XVIIe siècle, on la doit, une fois encore, au roi bâtisseur !

Le château de Nyborg est une forteresse royale du XIIe siècle, anciennement résidence royale.

› Jours 7 - 8 : Jutland

Rosenholm : son château Renaissance et des jardins de style baroque, à Hornslet.

Gammel Estrup : un manoir dont l'histoire remonte au XIVe siècle, à Auning.

Clausholm est une autre demeure baroque réputée pour la beauté de ses jardins, à Voldum.

Voergård : un splendide château Renaissance à Dronninglund. Château d'Aalborg fut aménagé successivement par Christian IV et Frederik III. Désormais, il fait office de bâtiment administratif.

Le château de Sønderborg du XIIe siècle est connu pour y avoir emprisonné le roi Christian II.

DE L'AÉROPORT AU CENTRE-VILLE

La plupart des voyageurs arrivent par avion à **Copenhague**, l'aéroport de Kastrup se trouve à 15 minutes seulement du centre-ville : accessible en train pour rejoindre la Gare centrale ou en métro par la ligne M2 pour rejoindre Nørreport ou Kongens Nytorv. Le billet coûte environ 36 DKK. Pour votre retour, contrôle des passeports et accès au terminal seront beaucoup plus courts que partout ailleurs. Afin de vous permettre de gagner un peu de temps et profiter ainsi de la zone commerciale, 133 bornes d'enregistrement sont à votre disposition dans le terminal de départ.

Le plus de Kastrup, vous pourrez vous y faire masser en découvrant la physiothérapie ou l'acupuncture, entre les mains expertes de thérapeutes certifiés ! Où les trouver : Terminal 2, 2 étage. Pour réserver, consultez le site www.fysiq.dk Email : lufthavn@fysiq.dk Tarif : environ 299 DKK la séance.

Pour toute information complémentaire, consultez le site web de l'aéroport www.cph.dk/en

Aux **îles Féroé**, depuis l'aéroport de Vágar, le bus n° 300 relie Tórshavn 7 fois par jour en semaine et 4 fois par jour le week-end. Le transfert dure environ 45 minutes, ticket 90DKK. Par ailleurs, il permet de se rendre au port de Sørvagur d'où l'on embarque pour Mykines. Sinon, **voyagez en hélicoptère** ! Un moyen de transport très usité dans l'archipel. Le transfert coûte environ 215 DKK. Il est gratuit pour les enfants de moins de 6 ans et moitié prix jusqu'à 13 ans ou pour les seniors. 20 kg de bagages par passager sont acceptés. Réservez en ligne sur www.atlanticairways.com/en/helicopter.

ARRIVÉE EN TRAIN

A **Copenhague**, chaque jour, près de 100 000 passagers transitent par Københavns Hovedbanegård, la gare centrale de Copenhague. Elle constitue le hub principal du réseau ferroviaire national géré par la compagnie nationale Danske StatsBaner ou DSB. (www.dsb.dk/en) Concernant l'accès au Station Hall, les horaires varient selon les jours de la semaine :

Lundi - jeudi : 04.30 - 02.15

Vendredi – samedi : 00.00 - 00.00

Dimanche et jours fériés : 04.30 - 02.15

Lorsque le hall est fermé, l'accès aux plateformes se fait via Tietgensgade. Vous trouverez également de nombreux commerces, un très utile Point info tourisme, ouvert du lundi au dimanche de 9h à 17h ainsi qu'un distributeur de Cash où vous procurer des couronnes danoises - DKK. Trois autres gares, Østerport, Verterport et Nørreport, balisent les transits depuis la ville vers la banlieue avec le S-Tog, l'équivalent du RER français.

Pour l'ensemble du territoire, DSB est l'opérateur ferroviaire national. Un trajet de Copenhague à Aarhus dure 3 heures, 4 heures jusqu'à Aalborg, et 1h30 jusqu'à Odense. Vous pouvez consulter les itinéraires et les horaires ferroviaires ou réserver vos billets sur www.dsb.dk/en/. Il est conseillé de réserver à l'avance, jusqu'à deux mois avant votre départ.

Info famille : deux enfants de moins de 12 ans voyagent gratuitement s'ils sont accompagnés par un adulte.

Les citoyens européens peuvent acheter l'InterRail Denmark Pass leur permettant de voyager sans limites sur le réseau, jusqu'à 8 jours par mois.

ARRIVÉE EN BATEAU

Au **Danemark**, de nombreux ferries assurent les transferts entre les nombreuses îles danoises. Scandlines, Color Line, Fjord Line et Stena Line. DFDS organise une croisière de deux nuits, de Copenhague à Oslo, qui prévoit le trajet de nuit jusqu'à Oslo, une journée (6 heures et demie) de visites sur place et un retour de nuit vers Copenhague.

L'arrivée par mer **aux îles Féroé** se fait souvent à bord du mythique ferry féroïen *M/S Norröna*, reliant le Danemark (Hirtshals) à l'Islande (Seyðisfjørður). A son bord, 800 voitures et près de 1500 passagers ! La liaison est active à l'année (deux rotations en haute saison) et permet de circuler avec son propre véhicule. La traversée depuis le Danemark dure environ 38 h jusqu'à Tórshavn, elle est opérée par smyrilline.fr

Pour circuler dans l'archipel, cette fois, vous monterez à bord des ferries de Strandfaraskip Landsins, en particulier pour les îles non desservies par un pont ou un tunnel sous-marin. Certaines comme Koltur ou Stóra Dímun ne sont accessibles qu'en hélicoptère !

Très pratique, le pass de 4 ou 7 jours (incluant bus et ferries) : ssl.fo/en/tickets-and-prices/travel-card-see-the-faroe-islands-on-busses-and-ferries/

Seul le trajet vers l'île de Mykines (mai-août seulement) n'est pas compris. Celui-ci se réserve auprès de : mykines.fo

TRANSPORTS EN COMMUN

▸ **A Copenhague**, le réseau est actif de nuit comme de jour, 24h/24 grâce à la mise en place de services spéciaux (train, métro et bus de nuit), néanmoins ils sont moins fréquents qu'en journée, environ toutes les 20 minutes au lieu de 2. La plupart des billets peuvent être utilisés sur toutes les lignes et dans tous les services de transport.

Avec la **Copenhagen Card** vous pouvez voyager librement sur tout le réseau bus, métro et train de la zone métropolitaine. Elle est valable 24, 48, 72 ou 120 heures à partir du moment où elle est compostée. Bon à savoir : un adulte peut prendre gratuitement deux enfants de moins de 12 ans avec son billet de transport ! Tarif 24 h adulte 399 DKK, enfant de 10 à 15 ans 199 DKK ; 48 h adulte 599 DKK enfant de 10 à 15 ans 299 DKK ; 72 h adulte 739 DKK, enfant de 10 à 15 ans 369 DKK ; 120h adulte 989 DKK, enfant de 10 à 15 ans 499 DKK.

Plus de 87 lieux et monuments sont inclus dans le forfait. Pour l'achat en ligne, cliquez www.copenhagencard.dk

Bonne nouvelle, le métro s'agrandit. Le Ring M3 a mis en service 17 nouvelles stations au printemps 2020. La ligne M4, prolongement du Cityringen - familièrement appelé Ring par les Copenhaguois ! – qui circule par le nouvel écoquartier de Nordhavn sera étendue jusqu'à Sydhavn en 2024. Conséquence de ces travaux d'amélioration du réseau, une refonte totale des lignes du bus. Attention donc au changement des numéros de ligne et des arrêts.

Pour toutes les infos trafic, une adresse : www.intl.m.dk. Pour préparer son itinéraire, www.rejseplanen.dk

Pour circuler en toute tranquillité, plusieurs options s'offrent à vous. Les billets standard : le Small Eventbillet valable 12 heures, en zones 1 à 4, coûte 30DKK ; le Large Eventbillet valable 12 heures sur toutes les zones coûte 60 DKK par adulte. Le City Pass Large permet de voyager pendant 24 heures sur toutes les zones de 1 à 99 pour 160 DKK par adulte, 80 DKK par enfant ; pour 48 heures 300 DKK - 150 DKK ; pour 72 heures 400 DKK - 200 DKK. Pour l'achat en ligne, consultez https ://dinoffentligetransport.dk

▸ **Pour le reste du pays**, vous pouvez aussi voyager en profitant du réseau de lignes longues distances. Les connexions bus sont exploitées par des opérateurs tels qu'Eurolines Germany, FlixBus et Swebus et elles comprennent des routes entre les villes danoises et plusieurs villes en Europe.

▸ Sur **l'archipel des Féroé,** vous bénéficierez d'un excellent réseau de bus. Quelques sites touristiques ne sont pas reliés, notamment Bøur et Gásadalur (île de Vágar) ou Saksun, au nord de Streymoy. Sur les itinéraires les moins fréquentés, les passages sont souvent réduits (2-3 fois par jour) et il peut s'avérer nécessaire de pré-réserver pour que le bus s'arrête. Consultez les horaires sur le site ssl.fo/en et la carte du réseau sur ssl.fo/fo/um-ssl/ferdslukort Bonne nouvelle ! Les bus urbains sont gratuits à Tórshavn.

VÉLO, TROTTINETTE & CO

▸ **Le vélo** est dans l'ADN des Danois et particulièrement du Copenhaguois. C'est le moyen le plus sûr, le plus rapide, le plus plaisant pour se déplacer en ville, même si aux heures de pointe le flux de deux-roues est intense. Mais la bonne énergie qu'il dégage est terriblement contagieuse et motive les plus indécis. Important à savoir, les vélos sont prioritaires sur les voitures ET sur les piétons ! Quelques règles sont à connaître avant de vous lancer. Levez la main avant de vous arrêter, tendez le bras pour signaler un changement de direction, utilisez la sonnette avant de doubler…

Pour en savoir plus, lisez le feuillet en ligne : international.kk.dk/sites/international.kk.dk/files/uploaded-files/copenhagen_cycling_guidelines 2019.pdf

Plusieurs sites permettent de louer des vélos tels www.bycyklen.dk (E-mail : info@bycyklen.dk). Il suffit de créer son compte en ligne, de parler anglais et d'être détenteur d'une carte bancaire. Les tarifs sont de 12 DKK pour les 20 premières minutes puis de 24 DKK de 21 à 40 minutes et ainsi de suite. Plus simple pour les moins connectés ou ceux qui maîtrisent mal l'anglais, le service location des hôtels. Adressez-vous à la réception. Les tarifs sont forfaitaires, environ 90 DKK pour 4 heures et 150 DKK pour 8 heures. Soyez à votre tour, vélo-éco-friendly !

▸ **Quant aux trottinettes**, elles sont un nouveau moyen de transport qui s'est énormément popularisé depuis l'été 2019. Pour faire face à cette mode, la municipalité de Copenhague a pris des mesures sévères notamment en cas de conduite en état d'ivresse ou sous l'emprise de stupéfiants. De plus, elle a annoncé la limitation d'accès du centre-ville, majoritairement

© LEONARDO PATRIZI - ISTOCKPHOTO

Copenhague à vélo.

piéton, à 200 appareils avec un maximum de 3 000 autres trottinettes électriques disponibles sur l'ensemble de la ville. Location en ligne LIME sur www.li.me/locations. Des frais fixes s'appliquent au déverrouillage d'un véhicule. Le trajet est ensuite facturé à la minute. Les tarifs peuvent varier en fonction du jour de la semaine ou de l'heure de la journée. Pour afficher le tarif du moment, choisissez un véhicule sur la carte interactive dans l'application Lime. Nous le répétons encore et encore : pour un séjour dans la joie et la bonne humeur, respectez les codes de circulation en vigueur !

- Faire du vélo **aux îles Féroé** revient à se préparer au Tour de France ! Des côtes, des descentes, des côtes... des tunnels asphyxiants... Bon, vous l'aurez compris, ce n'est pas l'idéal sauf pour la ville de Tórshavn. Renseignez-vous après de l'office de tourisme pour trouver une location.

AVEC UN CHAUFFEUR

- Les taxis sont un moyen sûr et rapide de se déplacer, de jour comme de nuit, surtout si vous êtes encombré de vos valises. Mais ils restent chers. Comptez environ 300 DKK pour un transfert à l'aéroport et 80 DKK pour une course en ville. Néanmoins, si vous voyagez à plusieurs, le tarif s'en trouve alors divisé, d'autant que les chauffeurs acceptent jusqu'à quatre passagers. Le règlement par carte bancaire est accepté et les véhicules peuvent être adaptés à la prise en charge de vos vélos... Qui dit mieux ?
- Si les services de covoiturage comme Uber et Lyft ne sont pas autorisés au Danemark, les grandes villes disposent de services de taxi fiables.
- Encore plus chers, voire très chers aux Féroé ! Pour une course à Tórshavn, prévoyez 20 euros. Et, depuis et/ou vers l'aéroport, environ 600 Kr (80 €)...

EN VOITURE

- Au **Danemark**, les autoroutes sont gratuites. Attention : la vitesse est limitée à 110 km/h. En-dehors des stations-services, il n'y a pas d'aire de repos ni de restaurants. Les feux de croisement sont obligatoires en journée, en ville comme sur la route. La vitesse est limitée à 50km/h en agglomération et 80 km/h sur les routes. Les amendes sont très salées et payables immédiatement ! Alors mieux vaut respecter, y compris en tant que touriste. La traversée des ponts-tunnels est payante. Comptez entre 250 et 360 DKK par voiture. www.storebaelt.dk et www.oeresundsbron.com.

Le pont de l'Øresund.

Aux Féroé, la location de voiture permet de circuler plus librement, surtout dans les zones non couvertes par les transports en commun. Les loueurs sont majoritairement AVIS et Hertz comme dans tout le Danemark, ils se situent soit à l'aéroport soit à Tórshavn . Leurs tarifs sont assez similaires. Il vaut mieux réserver à l'avance car le parc automobile est assez limité. Quelques sites : avis.fo ; 62n.fo ; ustdrive.fo ou reyniservice.fo.

La plupart des routes sont en très bon état, mais certaines sont à voie unique (des dégagements sont aménagés pour les croisements). La vitesse est limitée à 50 km/h en ville et 80 km/h partout ailleurs (70 km/h pour les camping-cars). Il est également obligatoire de rouler avec ses phares allumés.

Deux tunnels sous-marins sont payants (100 Kr. A/R) : Streymoy-Vágar, et Eysturoy-Norðoy. Ici, nul guichet ou automate, le montant du passage sera automatiquement débité de votre carte de crédit si vous avez loué un véhicule. Dans le cas où vous voyagez avec votre propre voiture, vous devrez payer dans les 3 jours qui suivent, dans une station-service en communiquant votre numéro d'immatriculation. Une cinquantaine de stations-services à votre service de 7h à 23h.

Pont de l'Øresund (16 km). Le pont entre le Danemark et la Suède a été inauguré le 1er juillet 2000. C'était un vieux serpent de mer qui a fini par émerger du fond du détroit de l'Øresund, qui sépare les deux pays. Copenhague et Malmö sont désormais reliés par cet ouvrage qui n'est en réalité un pont que sur 8 km, ce qui en fait tout de même le plus long pont suspendu du monde. On y accède une fois passé un tunnel de 4 km (qui s'enfonce sous la mer, en partant du côté danois et abrite 4 voies d'autoroute, 2 voies de chemin de fer et une voie de service), puis une île artificielle elle-même longue de 4 km. Le trajet par le train de l'aéroport de Copenhague à Malmö est d'à peine un quart d'heure (même si parfois de petits ennuis techniques viennent tout bloquer : les Suédois n'ont pas la même tension électrique que les Danois sur leur réseau ferré !). Un ouvrage réalisé par un consortium dano-suédois, qui a coûté près de 15 milliards de couronnes (1,7 milliard d'euros). L'Union européenne y a participé pour 6,5 % du coût total, qui ne sera rentabilisé que d'ici à 30 ans. D'où des prix exorbitants à son inauguration, aménagés depuis, vu le trafic modéré. Compter entre 234 et 468 DKK par voiture. Renseignements sur Internet : www.oeresundsbron.com

Store Bælt (18 km). Inauguré en juin 1998, entre la Fionie et la Seeland, le lien fixe sur le Grand Bælt consiste en un pont suspendu de 6,8 km entre la Seeland et la petite île de Sprogø, au-delà de laquelle on roule sur un pont bas de 6,6 km qui aboutit à Nyborg, en Fionie. Les voies de chemin de fer empruntent un tunnel au niveau du pont suspendu et rejoignent ensuite l'île et le pont bas. Le chantier a duré près de 10 ans, marqué par de graves incidents qui ont retardé les travaux et considérablement alourdi la facture, qui au final a dépassé les 39 milliards de couronnes, contre 21 milliards prévus. Les ferrys qui sillonnaient le détroit du Grand Bælt depuis 1883, en emportant avec eux les trains de DSB, ont fait retentir leurs sirènes pour la dernière fois le 1er juin 1997. La compagnie danoise de chemin de fer fait désormais passer un train toutes les 20 minutes entre la Seeland et la Fionie, quadruplant sa capacité par rapport aux ferrys, et réduisant considérablement le temps de la traversée : on peut relier Copenhague à Odense en 1 heure 45 au lieu de 2 heures 30. Prix de la traversée pour les automobilistes : 250 DKK. Renseignements sur Internet : www.storebaelt.dk

Femern Bælt (18 km). Un pont-tunnel pour relier la Seeland à l'Allemagne. En septembre 2001, la Commission européenne envisageait d'inscrire ce projet sur la liste de ses projets prioritaires en matière d'infrastructures. La construction a débuté en 2015 avec une fin prévue entre 2024 et 2029. Pour l'heure, il faut toujours prendre le bateau à Puttgarden pour rejoindre Rodbyhavn et gagner Copenhague. Renseignements sur Internet : www.femern.com

ACCESSIBILITÉ

La note est plutôt bonne en ce qui concerne les transports en commun et les sites touristiques. Seul bémol, les trottoirs pavés et les rigoles des gouttières à franchir dans certaines villes. Le site Handilol vous conseille en s'appuyant sur le vécu de leurs bloggeurs – deux frères, Julien et Rudy qui voyagent en fauteuil roulant. Vous trouverez des informations concrètes sur leur site (https ://handilol.com/guides-de-voyage-pmr/europe/copenhague-accessible). Autre site en anglais qui recense l'accessibilité des lieux au Danemark par type de handicap : https ://godadgang.dk.
Le confort et l'accessibilité sont des préoccupations tout à fait danoises. D'ailleurs, en 2016, Copenhague a remporté le prix Européen « Urban Public Space » récompensant sa politique urbaine en matière d'accessibilité. Nombre de lieux recevant du public, musées, salles de spectacles, etc… sont équipés de portes robotisées, d'ascenseurs et de rampes.

Dans **les stations de métro ou les gares**, les ascenseurs sont plutôt de dimension XXL. Ils ont bien pensé qu'entre les cargo-vélos, les nombreuses poussettes, les cyclistes en transit, il fallait de la place. Alors c'est d'autant plus pratique pour les personnes à mobilité réduite. Il suffit de repérer le pictogramme vélo pour ne pas se tromper… Pour accéder au compartiment, les quais sont à la hauteur des wagons grâce à une plateforme rétractable. Les personnes non-voyantes ou mal-voyantes ne sont pas oubliées. Les trottoirs sont dallés et quelques traversées piétonnes disposent de guidages podotactiles, de bandes d'éveil de vigilance et de feux sonores.

LES PHRASES CLÉS

Bonjour, comment puis-je me rendre à…
Hej. Hvordan kommer jeg til…

Est-ce loin à pied ? Y a-t-il le métro ou un bus… pour y aller ?
Er det langt væk til fods ? Er der en metro eller en bus, jeg kan tage derhen ?

Pouvez-vous me montrer cet endroit sur la carte s'il vous plait ?
Kan du vise mig dette sted på kortet ?

Où puis-je acheter les tickets de transport ? Est-ce que je peux payer en carte de crédit ?
Hvor kan jeg købe billetter til offentlig transport ? Kan jeg betale med kreditkort ?

Où est la sortie ? A gauche, à droite ou tout droit ?
Hvor er udgangen ? Til venstre, højre eller lige ud ?

Je suis perdu et je suis en retard, s'il vous plait, aidez-moi ! Merci beaucoup !
Jeg er faret vild og er sent på den, vil du hjælpe mig ? Mange tak !

HORAIRES

Les horaires varient d'un lieu à un autre, il est donc important de les vérifier avant de programmer sa journée. Les musées sont en général ouverts du mardi au dimanche de 10 h à 17 heures ou de 11 à 18 heures. Un soir par semaine, une nocturne pousse l'ouverture jusqu'à 21 ou 22 heures.
De juin à septembre, la plupart d'entre eux ouvre tous les jours de la semaine, c'est le cas du *Musée National du Danemark* à Copenhague mais ils ferment plus tôt les jours de fête.
En ce qui concerne les monuments, l'amplitude horaire peut être plus restreinte, de 10 h à 15 h voire 16 heures.

A RÉSERVER

- Il est toujours fortement conseillé de réserver en ligne lorsque des expositions très attendues sont programmées. De même, le préachat du billet d'entrée sert de coupe-file, par exemple au musée de *Louisiana*, d'*ARoS*. Il vaut mieux réserver votre visite guidée à *Listasavn Føroya (national gallery of feroe)*.
- En 2021, l'ouverture d'un nouvel univers, LEGO Movie Worls à LEGOLAND à BILLUND nécessite d'être prévoyant, ça va secouer !
- Bakken le plus vieux parc d'attraction. Il rouvre dès Avril. Un événement attire les foules : la rencontre avec des centaines de Père Noel ! Eh oui, chaque année en juillet, depuis 1957, ne ratez pas leur bain de foule à Bellevue Beach !
- De même, participez au plus grand festival d'Europe du Nord, la première semaine de juillet, dans l'ancienne ville de Roskilde. 100 000 festivaliers rassemblés devant l'Orange stage ! Réservez très très très tôt !

BUDGET / BONS PLANS

- L'achat de Citypass tel que *Copenhagen Card* ou *Aarhus Card* reste la valeur sûre et la plus économique si vous ne bénéficiez pas de tarifs réduits ou de gratuité car les entrées à de nombreux sites et musées sont incluses, y compris lors des expositions temporaires. A Copenhague, son utilisation est particulièrement utile pour la visite du château de *Christianborg* (plusieurs entrées payantes).
- **Bon à savoir** : certains musées proposent des visites guidées gratuites avec le billet d'entrée, la pratique de l'anglais est cependant requise. C'est le cas du *Statens Museum for Kunst* de Copenhague : chaque dimanche à 14h15, découverte d'un chef d'œuvre des collections durant une demi-heure environ. **Autre possibilité** : *NewEurope Tours* coordonnent les visites gratuites de Copenhague effectuées par des guides indépendants, tous les jours à 10h, 11h et 14h. Rendez-vous à la fontaine du Dragon, sur la place de l'hôtel de ville. Vous les reconnaîtrez facilement à leur polo rouge. Et à leur petit drapeau !

LES ÉVÉNEMENTS

- Comme dans de nombreuses villes du Nord de l'Europe, la période des fêtes de Noël est particulièrement féerique avec ses éclairages, les scénographies des devantures des magasins, les marchés de Noël, les patinoires géantes de plein-air, les promenades en calèches… A ce moment de l'année, les sites et monuments ferment plus tôt ou ne sont pas ouverts au public. Idem certains jours fériés. Pensez à réserver vos billets très à l'avance pour profiter pleinement du parc de Tivoli, à Copenhague, très fréquenté à ces moments de l'année, envahi de citrouilles à Halloween, tout poudré de blanc et scintillant de lumière à Noël. Idem pour Tórshavn où Noël prend une vraie magie !
- **En août 2021, du 12 au 22,** Copenhague et la ville voisine de Malmö en Suède accueillent le WorldPride LGBTQIA en combinaison avec l'événement sportif EuroGames ! (championnat de foot Euro 2021).
- Aux îles Féroé, le festival annuel majeur est le Summartónar, un festival de musique plutôt classique qui met les compositeurs contemporains à l'honneur (de début juin à fin août).

VISITES GUIDÉES

- Pour découvrir la ville, des visites originales sont programmées par des prestataires privés : à vélo, en faisant son jogging, en segway, en hydravion, en zodiaque... Les grands classiques : à Copenhague, le tour panoramique en bus permettant d'appréhender la ville de manière globale, ou la visite à pied des différents quartiers, *Must see Copenahgen Tour.* Plus spécialisées : les visites à thème. Réservée au plus de 18 ans, *le Pub Crawl*. Une tournée des bars branchés avec quelques consommations pour vivre la Copenhague locale et festive. Pour les gourmands et les gourmets, le *Food Tour*. Tout savoir sur les traditions culinaires danoises avec dégustations incluses.

▸ Et si vous essayiez une visite guidée en side-car ? Une idée originale pour découvrir les forêts et les lacs de Faalborg (Fionie) Aux Féroé, il est indispensable de survoler en hélicoptère l'archipel ou appréhender les côtes en bateau de pêche, ou bien consacrez une journée à Mykines, île qualifiée de « paradis des oiseaux » pour découvrir les colonies de macareux.

FUMEURS

On ne fume pas à l'intérieur des restaurants ou des bars mais les danois apprécient en toute saison de s'installer en terrasse où fumer est autorisé. Exception est faite pour les cafés qui ont une licence pour vendre de l'alcool et qui font moins de 40 m^2 de superficie ! Dans ce cas, fumer à l'intérieur est encore autorisé ! Bien évidemment, le mégot repart sagement avec son propriétaire ou finit sa vie dans un cendrier mais jamais, au grand jamais par terre ou dans une bouche d'égout !

LES PHRASES CLÉS

Bonjour, puis-je avoir deux entrées adultes et un enfant s'il vous plait ?
Hej. Jeg vil gerne bede om to billetter til voksne og to billetter til børn.

Le tarif enfant est jusqu'à quel âge ? Et pour les seniors, est-ce qu'il y a une réduction ?
Hvilken alder tæller som barn ? Er der rabat for ældre mennesker ?

Est-ce qu'il y a des visites guidées en français ou un audioguide ?
Er der en guidet tur på fransk eller en lydguide ?

Combien de temps faut-il pour faire la visite ?
Hvor længe varer rundvisningen ?

J'ai du mal à monter les escaliers, avez-vous un ascenseur ?
Jeg har problemer med trapper, har I en elevator ?

Excusez-moi, pouvez-vous me dire où sont les toilettes ? Merci beaucoup.
Undskyld, kan du fortælle mig, hvor toiletterne er ? Mange tak.

SE RÉGALER

HORAIRES

▸ Les **nordiques** ont l'habitude de manger de bonne heure. Le déjeuner *frokost* est servi classiquement entre 12h et 15h30 mais on dîne *aften* dès 17h30 ! Après 21h, il peut s'avérer difficile d'être reçu dans un restaurant même si cet usage change et s'adapte au développement touristique. La bonne nouvelle est que, dans leur grande majorité, les restaurants sont ouverts le dimanche.

▸ Aux **îles Féroé**, les supermarchés et restaurants sont souvent fermés les weekend et les jours fériés, hors juillet et août. Heureusement, les stations-services sont ouvertes et disposent d'une supérette qui dépanne bien.

BUDGET / BONS PLANS

▸ A noter cependant que le coût reste de manière générale élevé et qu'il est recommandé de réserver une table au restaurant, indispensable chez les étoilés jusqu'à un mois ou deux à l'avance, ou dans les lieux très touristiques comme *Nyhavn à Copenhague*. La carte bancaire est acceptée partout.

▸ Les Danois ont l'habitude de déjeuner sur le pouce, c'est l'occasion de faire comme eux et de goûter *Smørrebrød* et *Pølser* ou de se laisser tenter par les douceurs gourmandes et autres plats préparés - à manger sur place ou à emporter - des boulangeries telles que *Meyers bageri*. Ces formules sont moins chères bien que suffisamment copieuses. Vous trouverez à manger bon marché dans les grands marchés couverts. Les restaurants des musées sont une excellente alternative : nourriture de qualité, formule rapide en froid ou en chaud, prix modérés.

EN SUPPLÉMENT

Manger dehors, c'est pourquoi les aires de pique-nique sont nombreuses dans les parcs urbains. La carafe d'eau mise à disposition sur la table n'est pas une habitude danoise. Important à savoir : commande et paiement s'effectuent au comptoir.

C'EST TRÈS LOCAL

▸ Le hareng, au moins une vingtaine de façon de le préparer ! En saumure, mariné, sauce aigre-douce, accompagné d'œuf dur haché… Les *Frikadeller* ou boulettes de viande, composées en quantité égale de veau et de porc, de farine, de lait, d'œufs, d'oignons et d'épices. Le *Stegt flæsk med persillesovs*, plat national préparé avec du porc croustillant à la sauce au persil et accompagné de pommes de terre.

▸ **Aux Féroé,** le poisson reste ce qui se mange le plus, notamment le saumon et le cabillaud. Bon à savoir : la peau de cabillaud séchée est une spécialité ! Quant à l'agneau, il se mange de mille façons : *áarstovubógvur* (épaule de mouton), *mjóryggur* (longe), *skerpikjøt* (souris ou patte séchée/fermentée, coupée en tranches pour faire des sandwichs), *garnatálg* (version féroïenne du *haggis*, la panse de brebis farcie écossaise), *slátur* (boudin de mouton)… Mais le plus inédit, le *ræst* ou « fermenté »… En fait, il s'agit d'un procédé de séchage à l'air frais, entre 5 et 9 mois et donc de conservation !
Manger des **oiseaux de mer**. Le macareux ou le guillemot (une spécialité du restaurant *Elizabeth*, à Viðareiði, sur l'île de Viðoy). Ils sont généralement marinés ou pochés dans de l'eau ou du lait, leur chair, de couleur foncée, a un léger goût de poisson ! Recette locale : le rôti de macareux farci et lardé de raisins.
Sachez que la baleine entre encore dans la consommation annuelle de viande des Féringiens, ce qui pose quelques soucis sanitaires, en raison d'une forte présence de mercure, la baleine se trouvant au bout de la chaîne alimentaire océanique… Pour le repas quotidien du touriste, il faudra se rabattre de temps en temps sur un *hamburger* ou un *fransk* hot dog que l'on trouve dans tous les *kiosks* des villages. Quant au quotidien du Féringien, en dehors des pizzas et des hamburgers importés, il se réduit le plus souvent à de l'agneau sous toutes ses formes, accompagné de pommes de terre bouillies, avec de la margarine ou une sauce très farineuse… Pensez que pour eux, les calamars sont avant tout des appâts pour le poisson. Même chose pour les moules, pourtant excellentes : on n'a pas l'habitude de les manger ici… Des buffets traditionnels sont proposés certains jours dans les grands hôtels de Tórshavn à un prix tout à fait abordable. L'occasion de goûter la morue ou le mouton séché traditionnellement. Peu de poisson frais : on le trouve surtout surgelé dans les bacs des supermarchés, ou alors sur les ports au retour des chalutiers.

A ÉVITER

Les smileys dégoûtés ! Les vitrines des restaurants affichent le rapport du contrôle effectué chaque année : le *Certificat smiley*. Pour la grande majorité d'entre eux, vous verrez fièrement exposé un smiley heureux baptisé *Elite* ! Depuis 2008, quatre émoticônes supplémentaires, de joyeux à dégoûté, indiquent si le restaurant a reçu une notification ou une amende. Point fort des restaurants danois, les conditions d'hygiène et les normes alimentaires rigoureusement respectées.

ENFANTS

Les enfants sont les bienvenus. Les restaurants mettent à disposition des sièges bébés, des chaises hautes, des tables à langer. Des menus adaptés sont à la carte.

FUMEURS

On ne fume pas à l'intérieur des restaurants ou des bars mais les danois apprécient en toute saison de s'installer en terrasse où fumer est autorisé. Exception est faite pour les cafés qui ont une licence pour vendre de l'alcool et qui font moins de 40 m^2 de superficie ! Dans ce cas, fumer à l'intérieur est encore autorisé ! Bien évidemment, le mégot repart sagement avec son propriétaire ou finit sa vie dans un cendrier mais jamais, au grand jamais par terre ou dans une bouche d'égout !

LES PHRASES CLÉS

Bonjour, je voudrais réserver une table pour deux personnes pour ce midi ou ce soir.
Hej. Jeg vil gerne reservere et bord til to i dag enten til frokost eller i aften.

Avez-vous un menu en français ou en anglais ?
Har I en menu på fransk eller engelsk ?

Je suis végétarien, y a t-il des plats sans viande ?
Jeg er vegetar, er der retter, der ikke indeholder kød ?

Je n'ai vraiment plus faim mais avez-vous une carte des desserts ?
Jeg er mæt nu, men må jeg se dessertmenuen alligevel ?

Puis-je avoir l'addition s'il vous plait ? Je peux payer par carte ou en espèces ?
Må jeg bede om regningen ? Kan jeg betale med kort, eller skal du have kontanter ?

C'était très bon, nous reviendrons. Merci et à bientôt.
Det var lækkert, vi kommer igen en anden gang. Tak, vi ses snart.

FAIRE UNE PAUSE

HORAIRES

Les horaires fluctuent en fonction des établissements mais de manière générale, les bars et cafés ouvrent à partir de midi ou de 15h et ferment à minuit. Les vendredis et samedis soirs ouverture jusqu'à 2 heures du matin. Les bars sont très fréquentés à partir de 16/17heures à la sortie du travail.

BUDGET / BONS PLANS

▸ La bière en pression est la boisson alcoolisée la moins onéreuse et on la trouve partout au Danemark. Chaque habitant consommerait 64 litres par an. On estime qu'il y a plus de 200 microbrasseries et une vingtaine de bières populaires, majoritairement installées autour de Copenhague. Parmi les plus connues, la Carlsberg ou la Tuborg. A Copenhague, une pression coûte en moyenne 50DKK/6.69€. Ce prix est de 34 % plus élevé qu'en France. Pour un cocktail, comptez 90/120 DKK ; un café 32DKK/4, 30€. La solution « économie » est de profiter du *Happy Hour*. Bon, il est parfois un peu tôt entre 16h et 18h ! mais certaines adresses démarrent entre 20h et 21h et prolongent jusqu'à minuit !

▸ **Aux Féroé,** il existe deux brasseries : Føroyar Bjór et Okkara, dont les bières sont vendues dans les points de vente Rúsdrekkasøla ou dans les points de vente de bière locaux autour des îles.

A PARTIR DE QUEL ÂGE

Au Danemark, la consommation excessive d'alcool chez les jeunes est un réel problème. Il semblerait que les 15-17 ans soient les plus gros buveurs d'Europe dans cette tranche d'âge. L'une des raisons majeures est l'accès facile à l'alcool dès 16 ans. Boire fait partie de la culture danoise et des relations sociales des lycéens. Les exemples sont nombreux. Annuellement, ils se réunissent près de Copenhague pour fêter la nouvelle rentrée scolaire, l'occasion d'une grosse beuverie. Le jour de leur confirmation *Blå mandag*, la tradition veut que l'on donne à boire aux jeunes adolescents. De même, plus tard dans leur vie, les jeunes Danois ne pourront éviter le *Fredag's bar* (Bar du vendredi), très populaire dans les universités et au sein des entreprises. Leur fréquentation est souvent considérée comme un passage obligé pour s'intégrer dans la société.

C'EST TRÈS LOCAL

▸ L'ouverture dominicale est un usage à Copenhague. On aime à se retrouver en famille pour un brunch. L'*Aquavit*, une eau-de-vie qui vous décoiffe, accompagne traditionnellement les *smørrebrød*. Longtemps délaissée, elle redevient très à la mode. Pas de vente d'alcool dans les magasins après 17 heures. Au Danemark, la prise de commande et le règlement se font quasi systématiquement au comptoir. Mais les serveurs débarrassent les tables.

Café vintage dans les rues de Copenhague.

- Aux îles Féroé, toutes les boissons alcoolisées à plus de 2,8 % vol. sont importées et vendues par Rúsdrekkasøla Landsins, qui a le monopole national sur l'alcool. Rúsdrekkasøla Landsins possède six points de vente aux îles Féroé. Les spiritueux vendus aux îles Féroé ne doivent pas excéder un pourcentage supérieur à 60 % vol.
- Consultez la réglementation douanière pour plus d'informations sur l'importation de boissons.

ENFANTS

Il faut avoir 18 ans pour avoir le droit d'acheter des boissons alcoolisées dans les bars et dans les discothèques. Les mineurs ont le droit de fréquenter les restaurants sans être accompagnés de leurs parents ou d'autres personnes chargées de leur éducation. Les établissements indiquent lorsque les enfants ne sont pas autorisés, ce qui est plutôt rare au Danemark, à l'exception de certains bars à cocktail et des discothèques ! http ://www.protection-of-minors.eu/fr/country/DK

FUMEURS

On ne fume pas à l'intérieur des restaurants ou des bars mais les danois apprécient en toute saison de s'installer en terrasse où fumer est autorisé. Exception est faite pour les cafés qui ont une licence pour vendre de l'alcool et qui font moins de 40 m² de superficie ! Dans ce cas, fumer à l'intérieur est encore autorisé ! Bien évidemment, le mégot repart sagement avec son propriétaire ou finit sa vie dans un cendrier mais jamais, au grand jamais par terre ou dans une bouche d'égout !

LES PHRASES CLÉS

Bonjour, quelle est la spécialité de la maison ? Nous voulons découvrir.
Hej. Hvad er jeres specialitet ? Vi vil gerne prøve den.

Avez-vous de la place en terrasse ?
Er der plads på terrassen ?

Quel est votre nom ? Je m'appelle… Ravi de vous rencontrer !
Hvad hedder du ? Jeg hedder... Det er hyggeligt at møde dig !

A votre santé ! Zut, j'ai renversé mon verre… pouvez-vous m'aider ?
Skål ! Åh nej, jeg har væltet min drink... Vil du hjælpe mig ?

C'était très bon. Nous allons reprendre la même chose s'il vous plait.
Den var lækker. Vi vil gerne bede om det samme igen.

(SE) FAIRE PLAISIR

HORAIRES

- Les horaires sont assez élastiques. Les boutiques ouvrent généralement de 9/10h à 17/18h en semaine mais ferment vers 15h le samedi. Les grands magasins et les centres commerciaux – *Illum* ou *Fisketorvet Copenhagen Mall* - sont ouverts en continu de 10h à 21/22h y compris le dimanche. Pour faire ses courses, de nombreuses chaines de supermarchés sont présentes dans les différents quartiers : *Netto, Føtex, SuperBrugsen, Fakta* et *Irma*. Les horaires habituels sont de 8h à 22h, mais ils peuvent varier. On vous conseille de contrôler les sites internet de chaque chaine.
- Aux Féroé, à *Handil* ou à *Landavegur* : petites enseignes ouvertes du lundi au samedi de 7h30 à 22h.

BUDGET / BONS PLANS

- La TVA est incluse dans le prix annoncé qui s'affiche en couronne danoise. On peut payer par carte bancaire un peu partout. Vérifiez auprès de votre banque pour connaître les frais de commission liés à la transaction.
- **Info super** ! Aux Féroé, tous les non-résidents sont exonérés de la taxe sur la valeur ajoutée (TVA) de 25 % sur les achats supérieurs à 300 DKK (sous réserve des conditions réglementaires). Les magasins sont signalés par un panneau bleu et blanc « Tax Free » soit 200 magasins à travers les îles Féroé.

Comment faire ? À la caisse, lors de l'achat de votre article, demandez un chèque de remboursement de taxe. Remplir le formulaire. Avant l'enregistrement au moment du départ, faites valider votre formulaire soit par les douanes de l'aéroport de Vágar, soit par les douanes situées dans le hall de départ de *M/F Norrøna* (les chèques doivent être tamponnés par les douanes avant l'embarquement). L'agent des douanes peut demander à voir vos achats avant de valider votre chèque de remboursement de taxe. **Pour percevoir le remboursement** : par **carte de crédit**, inscrivez votre numéro de carte de crédit sur le chèque de remboursement de taxe et postez l'enveloppe pour un remboursement direct sur votre carte de crédit.
Remarque : le traitement de la carte et la réception des fonds peuvent prendre jusqu'à 6 à 8 semaines. **En espèces**, rendez-vous au bureau d'information de l'aéroport de Vágar ou à bord du *M/F Norrøna*. Le remboursement peut également être effectué à bord des navires de croisière.
Remarque : des frais seront facturés pour les remboursements en espèces.

SOLDES

Tout comme sa voisine, la Suède, le Danemark ne connaît pas de cadre légal concernant les soldes. Ils ont lieu deux fois par ans comme dans la majorité des pays européens. Les grands magasins démarrent à partir du 27 décembre et finissent fin février. En été, la période

© E FEHRENBACHER - SHUTTERSTOCK.COM

Petits souvenirs danois.

s'étend de début juin à fin août. Cependant, les soldes ne présentent pas le même intérêt que dans une capitale telle que Londres !

C'EST TRÈS LOCAL

▸ Le design danois que l'on trouve dans les objets de décoration, du porte-clé au service à café en passant par le mobilier et les luminaires, chez *Bo Bendixen* ou *Aveva Design*. N'oublions pas la mode vestimentaire et les chaussettes à paillettes de *Beck Sondergaard* ou celles fleuries de *Marimekko*, sa concurrente finlandaise ! Quant à la nourriture, quelques notes salées [Saumon fumé ou hareng] accompagnées de douceurs [caramel *Karamelleriet,* chocolat *Svend Mikelsen* et réglisse *Lakrids by Johan Bülow]* servies avec une *Aquavit* ou un thé [*A.C Perch's Thehandel* - fournisseur officiel de la cour du Danemark ; *Nute* emballé dans de jolies boîtes en bois] prolongeront gustativement votre séjour danois ! Enfin, afin de préserver le « chouchoutage » *hygge* et se faire du bien une fois rentré à la maison, pensez aux cosmétiques de chez *Meraki*, soin des mains, des pieds et du corps… On adore !

▸ Aux Féroé, l'artisanat traditionnel a pris un coup de jeune. Le tricot est plus que jamais à la mode grâce à des créateurs comme Guðrun & Guðrun, qui utilise de la laine des îles Féroé pour produire des vêtements haut de gamme vendus dans le monde entier [surtout des pulls] ; ou Navia and Sirri, Jóhanna av Steinum ou Soul Made/Einstakt. La Création ne se limite pas aux aiguilles et aux pelotes, la verrerie féroïenne est un autre artisanat de qualité chez Rabarbuglas et Mikkalina Glas, la musique féroïenne est renommée à Tutl et... l'alcool féroïen comme la bière se trouve dans le magasin de monopole d'état Rúsan..

LES PHRASES CLÉS

Bonjour, c'est superbe, mais combien ça coûte ?
Hej. Den er flot, men hvad koster den ?

Vous auriez ma taille ? Où se trouvent les cabines d'essayage ?
Har du den i min størrelse ? Hvor er prøverummene ?

Est ce que je pourrai vous le rapporter et l'échanger si ça ne va pas ?
Kan jeg bytte den, hvis den ikke passer ?

J'ai trop dépensé aujourd'hui, pouvez-vous me faire une réduction sympa ?
Jeg har allerede brugt for mange penge i dag, er der mulighed for at få lidt rabat ?

Je prendrai celui-ci. Pouvez-vous me faire un paquet cadeau ?
Jeg tager den her. Kan du pakke den ind til gave ?

Vous prenez la carte de crédit ? Où puis-je trouver un distributeur de billets ?
Tager I kreditkort ? Hvor kan jeg finde en hæveautomat ?

BOUGER & BULLER

BUDGET / BONS PLANS

Pas besoin d'avoir un abonnement pour faire du sport. La section de gym https ://www.friskissvettis.dk/ propose gratuitement des cours en plein air durant l'été. De même, les férus de course à pied peuvent se joindre à NBRO Running pour leurs séances d'entraînement hebdomadaires. https ://www.facebook.com/groups/108900355842020/about/

Autrement, il est possible de rejoindre les expatriés français lors de leurs balades à vélo. https ://www.copenhagueaccueil.org

C'EST TRÈS LOCAL

- Les piscines de plein-air dans les eaux du port de Copenhague, un gage de la qualité de l'eau ! Presque un rituel, le plongeon en tenue d'Eve ou d'Adam dans les canaux en hiver ou dans les eaux de la Baltique ! Une tradition partout au **Danemark**, le vinterbadning. Il paraît que ça raffermit ! Concernant la piscine-sauna, il faut prendre une douche avant d'aller nager ou de barboter dans le bassin. Une éponge imbibée de savon vous est remise lors de votre passage en cabine. Attention, certains établissements sont fermés en été, notamment en juillet, ou appliquent des horaires modifiés par rapport au reste de l'année. Marcher sur un pont ! Du bridgewalking... Seul pays après l'Australie à proposer ce genre d'expérience à 60 m au-dessus du sol ! Bridgewalking Lillebælt est une nouvelle attraction unique en Europe, cela se passe à Middelfart (Fionie).
- La plongée en hiver aux **îles Féroé**, alors que la température de l'eau avoisine les 4/6 degrés. La visibilité, environ 30 mètres, est meilleure lorsque la température de l'eau est basse. C'est le meilleur moment pour prendre des photos ! Pour les passionnés du grand bleu, le Faroe Dive organise des plongées sous-marines.

VOS PAPIERS SVP

- Certaines compagnies permettent de louer des bateaux électriques ou solaires d'une capacité allant jusqu'à huit personnes sans qualification ni permis spécifique. Il faut avoir plus de 18 ans. C'est la cas à Copenhague, vous naviguez autour des canaux et du port. Concernant les yachts ou les voiliers, si vous n'êtes pas accompagnés d'un skipper ou d'un équipage, il vous faut être titulaire du permis côtier.
- Pour les **îles Féroé**, vous trouverez plus d'informations sur la location d'un bateau auprès de Boat.fo.

© FRANK BACH - SHUTTERSTOCK.COM

Saunas à Skjern.

A RÉSERVER

A l'occasion des championnats de hockey sur glace ou des sélections pour le mondial qui ont lieu au Royal Arena de Copenhague, réservez bien à l'avance car le show est très prisé ! Idem pour participer au Marathon de Copenhague de plus en plus couru !

LES ATTRAPE-TOURISTES

Quelques mots à connaître pour éviter tout quiproquo car les panneaux sont écrits en danois ! !
Svømmebad : bassin pour nager
Tørluftsbad : sauna sec
Dampbad : hammam
Damer-piger : dames et filles
Herrer-manddrenge : messieurs et garçons

LES PHRASES CLÉS

Bonjour, comment puis-je me rendre à… ? Est-ce loin ?
Hej. Hvordan kommer jeg til ... ? - Er det langt væk ?

J'aimerais aller courir. Il y a un coin sympa pour cela dans la ville ?
Jeg vil gerne løbe en tur. Er der nogle gode steder at løbe en tur her i byen ?

J'adore cuisiner. Savez-vous où je peux trouver des cours de cuisine ?
Jeg elsker at lave mad. Ved du, hvor jeg kan tage et madlavningskursus ?

Vous pourriez m'indiquer une salle de sport pas très loin ?
Kan du fortælle mig, hvor det nærmeste fitnesscenter er ?

Quel est le sport national ?
Hvad er nationalsporten ?

Pensez-vous que nous pourrions voir cela ou même participer ?
Tror du, at der er et sted, hvor vi kan se det eller måske prøve det ?

SORTIR

HORAIRES

La vie nocturne est très active du jeudi au dimanche soir. Les jours d'ouverture ainsi que les horaires fluctuent légèrement d'un établissement à l'autre. Clubs et discothèques ouvrent de 22/23h à 4/6h du matin. Aux **îles Féroé**, certains établissement n'acceptent pas les moins de 25 ans ! Au **Danemark**, il faut souvent avoir plus de 23 ans.

BUDGET / BONS PLANS

Le prix des entrées varient de 30 à 80 DKK selon les événements. Vous paierez à peu près la même chose pour les boissons. On peut bénéficier de soirées entrée libre, c'est le cas le jeudi soir au Mambo club de Copenhague. Les cartes bancaires sont acceptées à peu près partout.

A RÉSERVER

- Si vous aimez le théâtre d'improvisation et le rire est votre moteur, en ce cas achetez vos billets coupe-file pour ICC Théâtre (Copenhague), spectacle en anglais, car la salle est toute petite ! https ://www.improvcomedy.eu/
- Les festivals de musique sont très reconnus aux **îles Féroé**, pour réserver votre billet pour le Summer festival au mois d'août à Klaksvik : summarfestivalur.com, ou le G-Festival à la mi-juillet sur gfestival.fo.

TRANSPORTS NOCTURNES

- Le métro de Copenhague est actif 24 heures sur 24. Des services spéciaux de train et de bus fonctionnent pendant la nuit. Les bus assurant le service de nuit portent la mention « N », entre 1h et 5h du matin. En cas de doute, vérifiez sur *Journey Planner* https ://www.rejseplanen.dk/.
- Si les services de covoiturage comme Uber et Lyft ne sont pas autorisés au Danemark, les grandes villes disposent de services de taxi fiables.

A PARTIR DE QUEL ÂGE

Il faut avoir 18 ans minimum pour avoir le droit d'acheter des boissons alcoolisées dans les bars et dans les discothèques. Certains établissements tels que les bars à cocktail et les discothèques n'autorisent pas l'entrée aux mineurs. Pensez à prendre votre carte d'identité avec photo !
http ://www.protection-of-minors.eu/fr/country/DK

© BORISB17 - SHUTTERSTOCK.COM

Le Théâtre royal danois, situé à Kongens Nytorv à Copenhague.

C'EST TRÈS LOCAL

Le *Fredag's bar* ou Bar du vendredi est très populaire au Danemark aussi bien dans les universités qu'au sein des entreprises. Leur fréquentation est devenue un passage obligé pour s'intégrer dans le groupe alors l'habitude est prise de se retrouver aussi dans les clubs et les bars. Dans les clubs et les discothèques, il est de bon ton d'être bien habillé. Vous le constaterez les Danois aiment être élégants ! Certains clubs ont un *scramber mobile*, un brouilleur d'ondes donc vous ne pouvez pas utiliser votre téléphone pour appeler ou envoyer des messages !

Les Danois adorent le Jazz, les concerts sont fréquents tout comme les *jam sessions*.

FUMEURS

La loi anti-tabac est similaire à la France : on ne fume pas dans les lieux publics. C'est pour cela que les terrasses sont si prisées. Dans les clubs, il vous faudra aller dans les zones réservées.

LES PHRASES CLÉS

Bonsoir, comment puis-je me rendre à…
Godaften, hvordan kommer jeg til…

Est ce que cet endroit est tranquille ? Il n'y a pas de problème de sécurité ?
Er det et roligt område ? Er det et sikkert sted ?

J'aimerais voir un spectacle typique ! Qu'est-ce qu'il y a en ce moment ?
Jeg vil gerne se et traditionelt show ! Hvad er der at se i øjeblikket ?

Je ne comprends pas… pouvez-vous répéter s'il vous plait ? Merci.
Det forstod jeg ikke, vil du gentage det ? Tak.

Est-ce que je peux vous offrir un verre ? Quel est le meilleur cocktail de la maison ?
Må jeg give dig en drink ? Hvad er huset bedste cocktail ?

J'ai la gueule de bois, auriez-vous quelque chose pour que j'aille mieux ?
Jeg har tømmermænd, har I noget, der kan hjælpe ?

BUDGET / BONS PLANS

▶ L'hébergement hôtelier reste cher au Danemark et les prix fluctuent en fonction du taux d'occupation et de la période (jour de semaine, mois, saison...). Difficile de dormir pour moins de 750 DKK en chambre double. L'automne demeure une saison moins fréquentée par les touristes et la météo est encore clémente. Les tarifs sont plus doux ! Si les ronflements intempestifs de vos voisins de chambrée ne vous dérangent aucunement, votre sommeil étant de plomb, réservez un lit dans un dortoir. L'auberge de jeunesse (Danhostel) offre du confort dans les espaces communs et globalement, ce n'est pas mal du tout. Avantages certains : la convivialité et les services ! On dispose en principe d'une cuisine et de services tels que le wifi, la connexion internet, une laverie, une bibliothèque... Budget moyen : à partir de 30/40€ en dortoir, dès 50/60€ dans une chambre simple.

▶ **Aux Féroé**, seulement 3 auberges de jeunesse (à Tórshavn, Sandavágur et Mykines). Plus modestes et bien moins équipées, avec de petits dortoirs (2-4 lits) et sanitaires et cuisine en commun.

▶ L'option appartement ou gîte est idéale quand on voyage à plusieurs ou sur des séjours plus longs. De surcroît, l'utilisation de la cuisine équipée permet d'éviter de manger trop souvent au restaurant et les marchés regorgent de produits qui font envie ou de plats préparés. Dans les zones rurales, l'Agritourisme s'est bien développé. la majorité des fermes s'inscrivent dans une démarche bio, elles sont répertoriées sur le site www.ecoholidays.dk ou www.bondegaardsferie.dk.

Le camping est une option très avantageuse. Au **Danemark**, 510 terrains agréés et signalés par un panneau sur lequel est dessinée une tente qui ressemble à un tipi indien ! Comptez 50-60 DKK par personne et par jour selon la classification du camping (1 à 5 *). Près de 85 % d'entre eux se situent à proximité du littoral. La plus importante fédération est Dk-Camp www.dk-camp.dk. Aux **Féroé**, 21 campings, dont certains **gratuits**, ouverts d'avril-mai à septembre-octobre. https ://camping.fo/

Bon à savoir : le camping sauvage est interdit !

A RÉSERVER

Copenhague a le vent en poupe. Sa notoriété grandissante voit la fréquentation augmenter. Au vu des tarifs hôteliers élevés, privilégier les jours en semaine au lieu du traditionnel week-end peut être une astuce « bon plan ». Toutefois, réservez très en avance pour les séjours à Noël, pendant les vacances d'été ou lors des week-ends prolongés type pont.

L'offre hôtelière étant plus limitée sur les îles Féroé, il vaut mieux s'y prendre très en avance surtout, en juillet et août, et les tarifs explosent !

C'EST TRÈS LOCAL

▶ *Danhostel* est l'enseigne sous laquelle sont rassemblées une grande majorité d'auberges de jeunesse. www.danhostels.dk Elle se répar-

© EZUME IMAGES - SHUTTERSTOCK.COM

Wienerbrød.

tissent sur tout le territoire et leur emplacement se situe dans des environnements agréables. Classées de 1 à 5 étoiles selon les niveaux de services proposés, elle sont ouvertes à tous les globe-trotters… sans limite d'âge ! La carte internationale Hi-Hostelling International www.hihostels.com peut vous être demandée mais dans la majorité des cas, elle n'est pas nécessaire.

▸ Un label La Clef Verte (Den Grønne Nøgle) a été créé, il est attribué aux établissements (auberges de jeunesse, hôtels, etc.) qui respectent un cahier des charges rigoureux, comportant une cinquantaine de principes : utiliser des détergents et des lessives non polluants, instaurer des chambres non-fumeur, maîtriser la consommation d'eau, ne pas mettre à disposition dans les chambres de gobelets jetables, etc. Le label est renouvelé chaque année.

POUR LES GOURMANDS

▸ C'est le moment de vous réjouir : le petit-déjeuner ou *Morgenmad* est le repas à ne pas négliger au Danemark. Entre les pains spéciaux, les salaisons, les fruits et les fromages, il est très copieux et équilibré. Typiquement, vous mangerez des *Ostemad,* petits sandwichs constitués d'un morceau de pain recouvert de fromage ; des *wienerbrød,* sorte de viennoiseries faites de pâte feuilletée et de pâte d'amande. Elles contiennent souvent de la cannelle, de la cardamome, des amandes ou encore des noix de pécan ; du *Havregød*, un porridge à l'anglaise. Pour les boissons chaudes, les danois sont des amateurs de café. Mmmm !

▸ Aux **îles Féroé**, la rhubarbe est à l'honneur. Peu de douceurs mais d'excellente tartes ou de la *rabarbutriffla*, une compote servie avec de la crème et un léger crumble ou en accompagnement de gaufres divinement relevées d'une pointe de cardamome…

FUMEURS

La législation concernant les hôtels est la même qu'en France, il est interdit de fumer dans les lieux publics sauf si des aménagements spéciaux, comme des cabines à extraction de fumée, sont prévus.

LES PHRASES CLÉS

Bonjour, avez-vous de la disponibilité pour une chambre double pour ce soir ou demain soir ?
Hej. Har I et dobbeltværelse ledigt i dag eller i morgen ?

Avez-vous un code wifi… les enfants ne tiendront pas sans !
Har en en wi-fi-kode ? … ellers går mine børn amok !

C'est bruyant, est ce que je peux changer de chambre ?
Der er meget larm, kan jeg få et andet værelse ?

Jusqu'à quelle heure est-ce que nous pouvons aller à la salle de sport et à la piscine ?
Hvad tid lukker poolen og fitnessrummet ?

Est-ce que je peux laisser mon bagage et revenir plus tard le récupérer ?
Kan jeg lade min bagage stå og komme tilbage og hente den senere ?

Est-ce que vous pouvez nous appeler un taxi ? Merci beaucoup.
Kan du bestille en taxa til os ? Mange tak.

ALLO ?

Pour appeler du Danemark ou des Féroé vers la France, composez le +33 suivi du numéro de téléphone sans le 0. Pour appeler de la France vers le Danemark, composez le +45 suivi du numéro de votre correspondant à 8 chiffres.

Pour appeler **depuis** la France aux îles Féroé, composez le +298. Les appels sont inclus dans les forfaits Orange.

ACCESSIBILITÉ

La note est plutôt bonne en ce qui concerne les transports en commun et les sites touristiques. Seul bémol, les trottoirs pavés et les rigoles des gouttières à franchir dans certaines villes. Le site Handilol vous conseille en s'appuyant sur le vécu de leurs bloggeurs – deux frères, Julien et Rudy qui voyage en fauteuil roulant. Vous trouverez des informations concrètes sur leur site. https ://handilol.com/guides-de-voyage-pmr/europe/copenhague-accessible/.
Autre site en anglais qui recense l'accessibilité des lieux au Danemark par type de handicap https ://godadgang.dk.

SANTÉ

Les conditions sanitaires sont similaires à celles de la France et l'hygiène est respectée dans la majorité des établissements. Les vaccins sont ne sont pas obligatoires. En cas de maladie, contactez le consulat de France. Il vous accompagnera dans vos démarches et vous fournira la liste des médecins francophones. Il pourra éventuellement s'occuper d'un éventuel rapatriement.
A Copenhague, Steno Apotek, 6 C Versterbrogade (www.stenoapotek.dk) est une pharmacie ouverte 24h/24.

Consultez le site des hôpitaux danois : https ://www.rigshospitalet.dk/english/Pages/default.aspx

Aux Féroé, les premiers soins sont fournis dans les hôpitaux de Tórshavn, Klaksvík et Tvøroyri.

URGENCES SUR PLACE

Un seul numéro d'urgence général partout au Danemark et aux îles Féroé pour la police, les pompiers et les ambulanciers : le 112. Appeler le 112 est toujours gratuit, y compris à partir de cabines publiques, et accessible 24h/24h.

Aux Féroé : Si vous avez besoin de soins médicaux urgents en dehors des heures d'ouverture du médecin généraliste, soit entre 16h00 et 8h00, vous devez appeler les urgences : 1870. Un service dentaire d'urgence est également disponible à Tórshavn et la clinique est ouverte les samedis, dimanches et jours fériés de 10h00 à 11h00. Pour prendre rendez-vous, appelez le tél. (+298) 314544.

SÉCURITÉ

Pays très sûr, le Danemark se vit en toute quiétude...
Copenhague Poste de police principal – Politi Politistation – Reventlowsgade- +45 33 14 14 48/114 – ouvert en semaine de 8h à 21 h, le week-end et jours de fête de 10h à 17h.

Le numéro de **Police aux îles Féroé** : +298 351448

LGBTQ

Copenhague est l'une des destinations les plus *gay friendly* au monde. Le Danemark a été le premier pays à reconnaître le mariage homosexuel et c'est à Copenhague que se situe le plus ancien bar ouvertement gay d'Europe ! Il a célébré son 100e anniversaire en 2017 !

En avril 2016, le **Parlement des îles Féroé** a approuvé l'adoption des lois danoises sur le mariage homosexuel. La seule différence (par rapport à la loi danoise) est que l'Église d'État Féroienne n'est pas obligée de participer à un mariage homosexuelle. Les mariages homosexuels et les adoptions sont entrés en vigueur aux îles Féroé en 2017. Concernant les personnes transgenres, un nouveau projet de loi permet de changer légalement de sexe sans chirurgie invasive ni castration.
Pour en savoir plus, contactez l'organisation nationale LGBT Føroyar, http ://fimff.fo.

AMBASSADE ET CONSULATS

L'ambassade se situe à **Copenhague** dans le centre-ville près de Kongens Nytorv. 2022 marquera le centième anniversaire de son installation au Palais Thott, une présence en tant que locataire dès 1922 puis comme propriétaire

© STÉPHAN SZEREMETA

Boîte postale.

en 1930, date à laquelle le Palais bâti au XVIIème siècle pour l'amiral Niels Juel fut acheté par l'Etat français.

Ambassade de France- Chancellerie - Kongens Nytorv 4 DK – 1050 København K Tél : (+45) 33 67 01 00 Fax : (+45) 33 93 97 52 (https :// dk.ambafrance.org/)

Ambassade de France – Section consulaire - Ny Østergade 3, 2ème étage DK-1101 Copenhague K - Tél : (+45) 33 67 01 64/61/00 Fax : (+45) 33 33 75 70. Horaires d'ouverture au public en-dehors des jours fériés français et/ou danois : du lundi au vendredi SANS RENDEZ-VOUS de 8H30 à 12H30.

Outre le consulat général de Copenhague, il existe 7 consuls honoraires basés à Aalborg, Aarhus et Frederikshavn, Rønne, Odense, Ribe, Nuuk (Groenland) et Tórshavn (îles Féroé).

POSTE

Les bureaux de poste sont ouverts du lundi au vendredi de 9/10h à 17/18h, le samedi de 9h à 12h. Achat des timbres à la poste ou dans les bureaux de tabac. Les boîtes aux lettres sont de couleur rouge, on en trouve dans toute la ville.

Prix du timbre pour un courrier simple vers la France : 9 DKK.

Copenhague, Poste centrale, Hedegaardsvej 88, (www.postnord.dk). Le bâtiment date de 1912. Il fut conçu par Heinrich Wenck dans un joli style néo-baroque !

Aux Féroé, La Poste (Posta) à Tórshavn est ouverte du lundi au vendredi de 8h00 à 17h00. Les bureaux de poste des petits villages ont des amplitudes horaires d'ouverture plus courtes. Ils sont fermés les samedis et dimanches. Un timbre pour la France coûte 17-19 Kr. soit 2,30-2,60 €. Ce serait dommage de s'en priver car les timbres féroiens sont très recherchés par les collectionneurs !

MÉDIAS LOCAUX

Le journal le plus utile, en tous les cas pour ceux n'ayant qu'une vague idée de la langue danoise ! est ***The Copenhagen Post***, seul journal danois publié en anglais informant des News au Danemark. Il existe soit en version papier distribuée gratuitement à l'office de tourisme, dans certains hôtels et cafés, soit dans sa version en ligne. Sous cette forme, ***CHPPOST Online*** est sans cesse actualisé. www.cphpost.dk

© GALYNA ANDRUSHKO - SHUTTERSTOCK.COM

Maisons typiques aux Féroé.

▸ Sinon, si le danois ne vous pose aucun souci, ***Weekendadvisen*** vous informe de la vie culturelle et politique au Danemark.
Le journal est un mélange de débats d'idées, d'infos culture ou de moments d'histoire, des nouveautés sous forme d'articles illustrés. www.weekendavisen.dk

▸ Enfin, le leader de la presse en ligne, ***WN Network*** présent dans différents pays, fournisseur d'infos pour BBC, CNN, Reuters, Washington Post, The New York Times et de nombreuses autres sources régionale, est lui aussi accessible en ligne et en anglais https ://wn.com/Copenhagen_news/Copenhagen

▸ **Aux Féroé,** en anglais, vous trouverez Ice News, un journal d'information indépendant sur l'Islande, la Scandinavie et l'Europe du Nord. Il publie des articles sur l'actualité, la politique, les divertissements, la culture, les voyages et les événements à venir. www.icenews.is. Le grand groupe de médias publics du territoire est kvf.fo (Kringvarp Føroya). Il regroupe la chaîne de télévision SvF (Sjónvarp Føroya) et la station de radio ÚF (Útvarp Føroya).

LES PHRASES CLÉS

Bonjour, mon téléphone ne fonctionne pas, pouvez-vous m'aider s'il vous plait ?
Hej, min telefon virker ikke, kan du hjælpe mig ?

Je ne me sens pas bien, pouvez-vous m'amener à l'hôpital le plus proche ?
Jeg har det ikke godt, kan du køre mig til det nærmeste hospital ?

Est-ce que vous avez un médecin qui parle français ?
Har I en læge, der taler fransk ?

Je viens de me faire voler mes papiers, où est le poste de Police le plus proche ?
Mit pas er lige blevet stjålet, hvor er den nærmeste politistation ?

Est-ce un quartier dangereux ou je peux y aller sans crainte ?
Er dette et farligt område, eller kan jeg gå rundt uden at være bekymret ?

Avez-vous des timbres pour une carte postale à envoyer en France ? C'est combien ?
Har I nogle frimærker til et postkort til Frankrig ? Hvad koster det ?

Pays aux multiples facettes, le Danemark ne laisse personne indifférent. Dès la première fois, le charme opère. Pourquoi cet attachement ?

Parce qu'ici, tout est question d'équilibre. On allie la décontraction à la rigueur, l'altruisme à la technologie de pointe, la discrétion à l'élégance affichée, le patrimoine au design sélectif, la monarchie à la démocratie, l'insularité au continent.

Parce que son ambiance plus méridionale le rend légèrement exubérant, en particulier dans sa vie nocturne, ou dans son goût pour les plongeons entièrement nu, dans des eaux à 6° !

Parce que le pays a su préserver son ADN tout en s'affirmant comme un inconditionnel de la modernité et de l'audace architecturale en attirant les plus grandes signatures contemporaines.

Parce qu'il fait bon vivre dans un pays où embouteillages, klaxons et pollution sont des mots bannis du vocabulaire, et que piétons et cyclistes sont des rois.

Parce que les gens y sont heureux !

LE PARADIS DU VÉLO

Ville verte, ville écolo, ville du vélo… Copenhague sans vélos serait aussi inimaginable que Paris sans tour Eiffel ou Venise sans gondoles ! Avec ses 350 km de pistes cyclables, la capitale dresse haut le pavillon de « Capitale de la petite reine », au grand dam de sa rivale Amsterdam. Utiliser son vélo est devenu synonyme d'art de vivre, à tel point que de nombreuses cités engorgées par la circulation et étouffées par l'air pollué lui envient ce parti pris et s'en inspirent. Chaque jour, des milliers d'habitants – environ les deux tiers de la population – parcourent avec sérénité les pistes urbaines spécialement aménagées où se croisent toutes les générations et couches sociales. Père de famille et son vélo-cargo rempli de produits du marché, mère de famille et ses têtes blondes de retour de la crèche ou femme d'affaires connectée, en tenue de pluie ou costume-cravate, tout un chacun vaque à ses obligations, en peloton fluide et bien réglé.

Et ce, peu importe la météo !

Par tous les temps, que ce soit un jour de pluie comme sous un soleil radieux, les Danois pédalent et nous réconcilient, nous les touristes, avec les aléas météorologiques. L'envie nous prend alors, malgré un crachin chagrin ou un vent de face, d'enfourcher à notre tour une bicyclette et de partir à la découverte des trésors de la ville dans le sillage rassurant de ses habitués. Tout cela dans le calme et la tranquillité. Il faut dire que l'application des bonnes règles de conduite y est pour beaucoup. Respect des pistes à usage uniquement cyclable, des espaces réservés aux piétons et surtout… des feux de circulation ! On ne passe pas au rouge dans la ville verte !

Force est de constater que les moyens techniques mis en place par la municipalité concourent au succès du vélo et encouragent vivement son utilisation. Point non négligeable, les pistes cyclables sont aisément repérables tant au niveau de leur matérialisation sur la chaussée, bien séparée des autres voies réservées aux divers utilisateurs (piétons, voitures, taxis, bus…), que par la signalisation pourvue de nombreux panneaux indicateurs. La circulation se fait en toute sécurité. Vous remarquerez que les Copenhaguois ne sont pas des acharnés de la sonnette, elle n'est utilisée qu'en cas de nécessité absolue. Quant aux stationnements, ils sont nombreux, que ce soit à l'entrée des grands magasins ou des petits commerces de proximité, dans les cours intérieures des lieux de travail ou de résidence, beaucoup étant couverts afin de se prémunir d'une éventuelle averse. De leur côté, les sites touristiques, y compris le Palais royal Christiansborg, sont accessibles aux cyclistes et sont également équipés de parcs à vélos.

Vélos devant l'hôtel de ville de Copenhague.

En train ou en métro !

Pour les banlieusards, voyager accompagné de son vélo fait partie des habitudes. Les voyageurs peuvent emporter leur vélo gratuitement dans le S-train (réseau intra-muros), mais en ce qui concerne les trains régionaux ou le métro, ils doivent s'acquitter d'un supplément (environ 12 DKK) lors de l'achat du billet effectué aux bornes de couleur rouge présentes dans les différentes stations. Mais attention ! Du lundi au vendredi, aux heures de pointe de 7h à 8h30 et de 15h30 à 17h, montées et descentes ne sont autorisées ni dans le métro ni à la station Nørreport. Des compartiments réservés sont signalés par un pictogramme, ils se partagent avec les poussettes et les personnes à mobilité réduite. Les wagons sont bien adaptés. Larges et spacieux, ils s'ouvrent à hauteur de la plateforme du quai pour en faciliter l'accès.

Vous l'aurez compris, l'esprit vélo est bel et bien présent, à tel point qu'il paraîtrait que les feux de signalisation du centre-ville sont synchronisés sur la vitesse moyenne des deux-roues !

Pourquoi un tel engouement dans la capitale danoise ?

La réponse la plus facile serait de dire que la topographie locale le permet aisément, car ici tout est plat… voire très plat ! Il y a peu de relief dans le paysage. Ou que la grande histoire y est pour beaucoup. En particulier depuis les chocs pétroliers de 1973 et 1979 qui ont conduit le gouvernement à trouver des alternatives. Mais la réalité se trouve peut-être dans l'attachement des Scandinaves à la nature et à sa préservation puisque Copenhague joue de plus en plus la carte de « ville écologique et du bien-vivre » avec pour ambition d'atteindre l'objectif de zéro émanation à l'horizon de 2050. Autre carte maîtresse, la communication autour des bienfaits pour la santé d'une activité physique pratiquée quotidiennement. Certains Copenhaguois parcourent une trentaine de kilomètres par jour !

Une envie de tenter à votre tour l'expérience ?

Pour louer un vélo, plusieurs options s'offrent à vous.

Les hôtels sont nombreux à avoir leur propre service de location, ouvert à tous, que vous soyez client ou pas. Il suffit de s'adresser à la réception. Les tarifs sont forfaitaires, environ 90 DKK pour 4 heures et 150 DKK pour 8 heures.

Quel que soit le quartier où vous séjournerez, vous croiserez de nombreuses cycleries. Très centrale, Copenhagen bicycle, située à l'angle du port de Nyhavn 44, juste à côté du point Info, propose un discount de 10 % aux touristes détenteurs de la Copenhagen Card (p.122).

Pour les adeptes connectés, la société danoise GoBike loue des vélos innovants et performants en libre-service. Reconnaissables à leur total look blanc, ils sont à assistance électrique, équipés d'une tablette tactile et d'un système de navigation intégré. Il vous en coûtera 25 DKK par heure d'utilisation. Leur location se fait aux différentes stations-bornes réparties en ville, après votre inscription préalable d'utilisateur et l'enregistrement de votre carte bancaire. La pratique de l'anglais se révèle indispensable pour la transaction.

Une fois équipé et les réglages de selle effectués, n'oubliez pas que le système de frein se fait par rétropédalage. Pour freiner, bloquez le pédalier ou pédalez en arrière ! Le temps de vous familiariser, si ce système est pour vous inhabituel, choisissez plutôt des rues peu fréquentées. Parfaitement adapté pour un démarrage en douceur, le quartier de Christiana permet de flâner le long de ses canaux, une fois le pont cyclable Inderhavnsbroen franchi. Sinon, optez pour la place Sankt Annæ et le front de mer de Larsens Platz. Ce sera l'occasion de rendre visite à la Petite Sirène (p.140) et de découvrir les environs de la citadelle.

© FOTOVOYAGER - ISTOCKPHOTO.COM

Vélos dans le quartier de Nyhavn.

Vous avez pris goût au « biking » ?

Alors appuyez sur les pédales en direction du Cycle Snake-Cykelslangen. Ce pont cyclable inauguré en 2014 est devenu presque aussi emblématique que la Petite Sirène. Situé à quelques mètres de Dybbølsbro station, dans le quartier de Vesterbro, il doit son nom à son étonnante structure qui sinue tel un serpent entre les immeubles, juste à hauteur des fenêtres du premier étage. Long de 235 mètres, large de 4 mètres avec une circulation à double sens, il permet de relier le quartier d'Islands Brygge et le Mall de Havneholmen. 12 000 cyclistes l'empruntent chaque jour. On ne peut qu'admirer ce projet exécuté par l'agence Dissing+Weitling qui a parfaitement réussi à intégrer cet ouvrage tout en palliant l'important dénivelé de 5 mètres entre les deux rives. Il est l'un des points de passage du Havneringen ou Harbour Circle, une boucle de 13 kilomètres aménagée le long des docks récemment réhabilités. Une belle balade en perspective, les cheveux au vent !

Si votre temps est compté, d'autres circuits plus courts de 2, 4 et 7 km sont également proposés, mais dans tous les cas vivre Copenhague à pied, c'est bien, mais vivre Copenhague à vélo, c'est encore mieux ! Et puis, on ne le répétera jamais assez, mais faire du vélo contribue au bien-être, à préserver sa santé. Rouler zéro carbone, c'est bon pour la planète. Pédaler donne le sourire et la bonne énergie, c'est ce qui explique sans doute pourquoi les Danois ont le *hygge* !

LE DESIGN DANOIS

Fonctionnel, élégant et minimal, le design scandinave a la classe ! Ses lignes épurées participent au côté intemporel de son style si caractéristique, qui a su donner ses lettres de noblesse à la création danoise. Ce style est lié au rapport très intime et permanent entretenu par les populations nordiques avec la nature, à la fois source d'inspiration et matière première. Parcs et jardins occupent une place essentielle dans le quotidien des Scandinaves jusque dans le cœur des villes. Terrasses, balcons, toitures se couvrent de végétation. Quand les plantes ne se développent pas en extérieur, elles habillent les lobbys d'immenses jardins verticaux foisonnants de verdure, avec de temps en temps, un goût pour l'exotisme et les palmiers. À chaque époque, les Scandinaves ont su tirer le meilleur de leur environnement, sans fioriture ni superflu. Une économie de moyen mise au service de la fonctionnalité... et le design est né !

Quand la rencontre du bois et de la lumière crée l'harmonie

Le bois est le fil conducteur du mobilier scandinave, il apporte une note chaleureuse aux pièces de vie où l'ambiance cosy contrarie la froidure des jours de neige. Il est vrai que les forêts dominent le paysage à perte de vue, un matériau facile à se procurer qui permet par ailleurs de s'occuper dans l'attente du retour des beaux jours éclatants de soleil ! D'une certaine façon, les conditions environnementales expliquent la palette des décors intérieurs où les nuances claires et les harmonies de gris dominent. Une manière de compenser les longs mois d'hiver baignés dans l'obscurité, à la recherche de la lumière. L'absence de volets ou de rideaux aux fenêtres joue un rôle précieux. Quand la clarté venue de dehors fait défaut, la rue s'illumine depuis les intérieurs où le goût très prononcé pour les éclairages doux, filtrés par le papier ou l'opaline, s'affirme. Un sentiment de bien-être ouaté vous enveloppe à peine le pas de porte du lieu de résidence franchi... et ça, on ne s'en lasse pas !

Le premier âge d'or du design danois

Tout a commencé au début des années 1930 avec les recherches menées par Karre Klint (1888-1954), considéré comme le père du design danois. Ce contemporain du Corbusier s'est essayé à rationaliser les besoins de l'homme dans son quotidien avec la fonctionnalité du meuble ou de l'objet utilisé. Petit à petit, il va établir une normalisation ergonomique en développant son propre Modulor, enseigné par la suite à l'École du meuble, une section intégrée aux Beaux-Arts de Copenhague. Même si son œuvre reste empreinte d'académisme et privilégie le savoir-faire artisanal, elle a néanmoins posé les bases du mobilier du XXe siècle. Le travail du bois reste, certes omniprésent, mais il s'associe parfaitement avec d'autres matières telles que le cuir ou le textile. Chef-d'œuvre du genre, sa *Safari chair* encore et toujours indémodable. Créée en 1936, elle fut la pionnière du meuble en kit à monter chez soi, vendue entièrement démontée dans une petite caisse pour l'expédition. Elle revisite les *Indian Roorkhee Chairs*, des fauteuils pliants, très légers et faciles à transporter tout en étant ultra-résistants, utilisés aux Indes par l'armée britannique au tournant des années 1890. Autres de ses pièces phares lancées quelques années plus tôt, en 1933, la « chaise longue de pont » ou le tabouret pliant demeurent des références de l'histoire du mobilier.

Quant à la lampe *The Lantern*, familièrement appelée *Le Klint*, vous la trouverez un peu partout à Copenhague, aussi bien chez les particuliers que dans les lieux branchés. Née en 1944, cette suspension reste très appréciée pour la douce lumière non éblouissante qu'elle diffuse et la poésie de son pliage. Fabriquée à l'origine en feuilles de papier, elle est produite depuis 2007 en feuilles de PVC, grâce au relooking de Kim Weckstrom Jensen, et existe désormais en version XXL. Vous en rêvez ? Un petit détour par la Boutique Le Klint saura combler toutes vos envies.

Design et architecture : de grandes signatures

Modernisme et notoriété internationale furent apportés par Arne Jacobson (1902-1971), véritable touche-à-tout honoré de plusieurs prix internationaux pour son travail sur le textile, la décoration intérieure, le design ou l'architecture. C'est dans ce domaine qu'associé à l'architecte Flemming Lassen, il démarra sa carrière en gagnant le concours de la Maison du futur en 1929. Cette maison circulaire, Fremtidens Hus, était complètement visionnaire pour l'époque. Elle offrait les dernières avancées technologiques dont beaucoup sont aujourd'hui développées par le domaine de la domotique. Ouverture automatique de la porte du garage à l'approche de la voiture, aspiration intégrée dans le paillasson de l'entrée de la maison pour nettoyer les saletés apportées par les chaussures, antenne sur le toit destinée à capter l'électricité transférée sans câblage, écran plat dans le salon central...

Salon danois.

Cette modernité ne pouvait se passer du rapport à la nature, source infinie d'inspiration pour Jacobson, féru de botanique et de jardinage. Les jeux de lignes courbes ainsi que le sens du détail marquent le style du célèbre designer.

De cet attachement au monde organique vont naître des assises universellement connues. La chaise Fourmi, *the Ant* dessinée en 1952 pour la cantine de l'entreprise Novo Nordisk détonna ! Elle fut la première chaise moulée produite en grande quantité du Danemark. Une ligne de contour simple, optimisée et rationalisée afin d'être parfaitement adaptée à la vie moderne et à une production industrielle. Puis vinrent un œuf et un cygne… *Egg chair* aux formes rondes et enveloppantes ou le *fauteuil Swan* aux ailes déployées, tous deux mis au point par un bricolage assidu dans le garage de sa maison de Klapemborg en 1958. *Egg chair* fut réalisée pour le hall et les salles de réception du SAS Royal hôtel de Copenhague. Sa forme parfaite apportait confort et bulle d'intimité dans des espaces souvent saturés de bruit. Le Radisson Blu ou SAS Royal Hôtel fut précurseur de cette dynamique de l'équilibre entre fonction et lignes. Premier gratte-ciel de Copenhague, son projet fou intégrait architecture et design dans l'ensemble des éléments de l'hôtel, des couverts du service de table aux poignées de porte, comblant par là même tous les désirs créatifs d'Arne Jacobson. Il est considéré comme son chef-d'œuvre, son ***Gesamtkunstwerk*.** On ne se lasse pas des *lampes de table AJ* dont le piètement ingénieux fut conçu pour poser un cendrier.

Avis aux amateurs de vintage, la chambre 606 du Radisson Blu Royal est la chambre témoin entièrement conservée dans son jus. Pour la réserver, prenez-vous-y à l'avance, car elle est très convoitée !

Designmuseum Danemark.

Plastique, mousse polyuréthane et fibres de verre : des matériaux inspirants

Les années 1960 et 1970 vont déborder d'idées de plus en plus audacieuses en utilisant des matériaux composites issus du monde de l'automobile, des équipements industriels ou des matériels de sport. Le post-modernisme va puiser dans la culture populaire une envie de superficialité et un intérêt grandissant pour la couleur. Désormais « *Form follows fun* » remplace le « *Less is more* » des décennies précédentes. Folk, humour, coloris… sont incarnés par Verner Panton (1926-1998). Sa prédilection pour les assises de tous types : tabourets, fauteuils, chaises, etc. va le faire entrer dans le panthéon du design avec sa chaise éponyme, la fameuse *Panton***,** reconnaissable entre mille par sa silhouette monolithique en S avec assise suspendue. Première chaise en plastique moulée par injection. Une prouesse technique possible grâce à l'investissement de la maison Vitra. Au fil des années, sa production a suivi l'amélioration des matières synthétiques afin de lui assurer résistance et pérennité : fibres de verre laquées, plastique Baydur, plastique ABS et polypropylène. Fun, pop et sympathique, la suspension *Flowerpot-VP1* se décline depuis 1964 en coloris vitaminés. Son nom fait référence au *Flowerpower* triomphant de la nouvelle génération *Peace and love*. Une autre vision de la nature !

Les années 2000 et le renouveau

Mondialisation, technologie digitale et soif de solutions durables, tels sont les nouveaux défis posés aux designers. En plus d'être fonctionnel, l'objet doit être éthique et durable. La promotion du Made in Danemark va se voir renforcée. Local, régional, naturel et fait-main sont des notions majeures. La modularité est un autre mot-clé des spécificités du design danois. Pouvoir à partir de formes préétablies, créer du sur-mesure. C'est le leitmotiv de la maison Montana, fondée en 1982 par Peter J. Lassen, réputée pour son système d'étagères et de meubles à caissons ouverts ou fermés, avec un goût immodéré pour la couleur. Au total, 45 coloris permettent de personnaliser l'ameublement de chaque pièce de la maison. Tout nouveau, tout beau, le Montana showroom vous attend pour faire le plein d'idées à quelques mètres de Nyhavn !

En 2008, de retour de Bali, nourrie par l'artisanat local, Trine Bøttger développe sa propre ligne d'objets pour la maison, un subtil mélange scandinave et balinais. Encoded mixe les cuirs de vache tressés, les ceintures de sécurité recyclées et le bois de teck non traité aux lignes épurées du classique danois. Le showroom s'est installé dans le quartier branché en pleine mutation de Vesterbro, à l'entrée de l'ancienne brasserie Carlsberg, autre institution danoise !

© EVIKKA - SHUTTERSTOCK.COM

Designmuseum Danmark.

Pas de travail des créateurs sans le soutien des éditeurs

Maison d'édition incontournable, Louis Poulsen Lighting manufacture depuis 1892 des luminaires haut de gamme, dont ceux signés par Poul Henningsen ou plus récemment en 2019, la suspension *OE Quasi* d'Olafur Eliason composée de deux polyèdres imbriqués avec pour matière première de l'aluminium recyclé à 90 %. Faites une halte dans leur magnifique showroom du quartier de Christiana aménagé dans d'anciens entrepôts, une visite au pays des lumières garantie !

House of Finn Juhl, depuis 2001, s'est vu confier un héritage fabuleux : la réédition des meubles créés par Finn Juhl (1902-1989). À ce jour, 40 pièces sont façonnées dans le respect de celui qui souhaitait que les éléments structurels de ses pièces donnassent l'impression de flotter. De la légèreté avant tout. Un esprit de sculpteur animé par le mouvement et la vie, par une carrière d'artiste et d'historien de l'art contrariée. « *L'art a toujours été ma principale source d'inspiration. Je suis fasciné par les formes qui défient la gravité et créent une légèreté visuelle* », disait-il… et chacune de ses pièces, en plus d'être une référence à l'art contemporain, porte le souffle du minimalisme japonais. De cette combinaison sont nées *Chair Chieftain* et *Grasshopper-Sauterelle* qui en dépit de leurs 70 et 80 ans n'ont pas pris une ride !

Un design toujours plus innovant, toujours plus original, toujours plus visionnaire

Depuis quelques mois, un étonnant îlot arboré d'un tilleul flotte sur le port de Copenhague. Un nouveau genre de parc public vient de voir le jour, après une intense réflexion urbanistique menée sur la Copenhague du futur, avec des questions sur : « Comment occuper l'espace public ? » ou « Quelles sont les fonctions de l'espace public ? », et une prise en considération du contexte d'une capitale où l'urbanisation s'intensifie chaque jour davantage, notamment aux abords du port qui sera confronté d'ici quelques années aux futures montées des eaux, conséquence du réchauffement climatique. Ce prototype baptisé Copenhagen Islands 1 ou *CPH-01* de 20 m² est un ponton flottant construit en mélèze, un bois traditionnellement utilisé en construction nautique pour sa résistance à la salinité de l'eau. D'autres modules vont bientôt compléter cette nouvelle ville flottante et pourront accueillir différents services : cafés, saunas, aire de jeux… Un Waterworld où la science-fiction est devenue une réalité.

Pour en apprendre davantage, que faire ?

Une visite du **Designmuseum Danmark** (p.136) s'impose. Une muséographie chronologique, des pièces originales d'hier et d'aujourd'hui et surtout la possibilité de les essayer ! Quoi de mieux lorsqu'on pense, on rêve, on vit design !

Un après-midi shopping dans les grands magasins ! Magasins du Nord et **Illum** (p.185) débordent de rayons dédiés au design 100 % danois, *of course* ! L'occasion de découvrir la toute jeune marque rraawii, 2 ans à peine, mais déjà connue pour ses céramiques dessinées par Nicholai Wilgh Hansen : des pichets, bols, saladiers, vases aux lignes cubistes et couleurs monochromes embellissant l'objet usuel ; Zone et ses accessoires de salle de bains ou de cuisine que l'on collectionne tant leur look simplissime rend addict ; ou encore Vipp et ses poubelles tellement belles qu'on ne veut pas les cacher… à tel point qu'elles sont exposées dans les collections du MoMA de New York ! Qu'on se le dise !

GÉOGRAPHIE

Rattaché au continent européen par sa péninsule nommée le Jutland, vu du ciel, le Danemark se détache du paysage comme un bras tendu vers la Suède. Cerné par la mer Baltique, le Skagerrak, le Kattegat et la mer du Nord, il s'émiette en un archipel de 443 îlots (dont 76 sont habités), coincé entre l'Allemagne et la Norvège. Parmi les plus importants : la Fionie au sud, le Seeland (région de la capitale Copenhague, à l'est) ou l'île de Bornholm qui semble dériver en direction de la Suède. Mais c'est compter sans le continent de glace, le Groenland, ancré aux portes du Pôle Nord, entre Arctique et Atlantique, ou les îles Féroé, posées comme un trait d'union, à mi-chemin entre Écosse et Islande. Ce plat pays dont le relief ne dépasse pas les 170 mètres au-dessus du niveau de la mer à Møllehøj, son point culminant, devrait son nom à cet aspect de vaste champ, autrefois peuplé par les Danes, mais c'est un autre chapitre à découvrir plus loin !

Le Danemark : petit pays ?

La superficie totale du territoire couvre 42 924 km², soit à peu près l'équivalent de la région Centre-Val de Loire en France, ce qui en fait le plus petit État de Scandinavie. Mais en incluant les îles Féroé et le Groenland, elle avoisine les 2 210 579 km². Petit pays devient alors un géant, mais peuplé de 5,8 millions d'habitants uniquement. Avec 68 kilomètres de frontières terrestres avec l'Allemagne et 7 314 km de littoral, le Danemark est un pays essentiellement maritime et il n'est pas un point qui se trouve à plus de 52 km de la côte ! Il est vrai que rien ne semble démesuré, pas même les cours d'eaux qui creusent son relief peu accidenté : le Gudenå, sa plus longue rivière, ne dépasse pas 158 km de long. Peu de relief mais des paysages variés, parfois insolites, alternant surfaces agricoles (autour de Femo, île située au nord de Lolland) et boisées (forêt de Gribskov, Seeland Nord), des côtes sablonneuses (Skagen, Jutland Nord ou Hvide Sande, Jutland Ouest) et rocheuses (île de Bornholm, Sanctuary Cliffs ou Opalsøen, où les carrières de granite crénelées se reflètent dans les eaux du lac en contrebas), des fjords (Veststadil, Jutland) et des falaises somptueuses (Vendsyssel-Thy, mer du Nord), crayeuses et vertigineuses (île de Møn au sud de Seeland) qui culminent à plus de 100 m de haut. On retrouve également des paysages sablonneux au cœur du Jutland, notamment dans les landes près de Billund. Vers le sud-ouest, on remarque la présence de polders, naturels ou artificiels, nés de l'ampleur des marées et de l'affaissement du terrain.

Si vous associiez monotonie aux paysages du Danemark, détrompez-vous ! Vous allez en prendre plein les yeux !

© PIA VESTERGAARD FRIIS - SHUTTERSTOCK.COM

La rivière Gudenå.

Une spécificité géographique : du plat et des côtes

Un jeu patient de mille-feuille du temps a structuré sa géologie. Les sols, essentiellement constitués de roches sédimentaires, se sont formés au cours de l'ère secondaire (à l'exception de l'île de Bornholm composée de granites). Les craies et le calcaire ont été ensuite recouverts par des argiles et des sables durant l'ère tertiaire. Mais c'est le quaternaire qui a le plus profondément bouleversé le paysage danois. La fonte des glaciers continentaux a engendré de puissants courants d'eau qui ont modelé de vastes vallées traversant le Jutland d'est en ouest. À la suite de quoi, les débris de roches entraînés par cette fonte ont formé une couverture morainique sur le sous-sol sédimentaire ; des bourrelets de terre sur lesquels sont apparues des tourbières, drainées et cultivées par l'homme au cours des siècles. De la même manière, le littoral n'a cessé d'évoluer, modifié par l'érosion et l'ensablement.

Les dunes des côtes du Jutland du Nord, avec en arrière-plan le phare Rubjerg Knude.

Depuis le Néolithique, l'activité humaine a pris le pas sur les phénomènes naturels, elle a façonné radicalement ce paysage. La déforestation, la culture des terres et l'habitat ont profondément modifié les données géographiques. De nos jours, les deux tiers du pays sont exploités par des agriculteurs, 12 % par des forestiers. L'est du Danemark se distingue par ses plaines et ses collines morainiques, très fertiles et donc essentiellement investies par de vastes champs cultivés. À l'ouest, les nouvelles techniques d'irrigation et la construction de coupe-vent ont favorisé l'émergence d'une culture, elle aussi intensive, dans cette région autrefois épargnée. On y plante généralement des résineux qui s'accommodent du sol peu fertile. Le sud-ouest, région de plaines marécageuses et de polders (marais asséchés), est plus encore marqué par l'intervention humaine puisqu'il a fallu construire des digues pour contenir les inondations fréquentes venues des mers environnantes.

Et si le XIXe siècle et l'industrie croissante ont fait tristement émerger de vastes coopératives sur les landes du Jutland, désormais la protection du patrimoine naturel est un vrai enjeu pour lequel écologie et politique ont réussi à s'accommoder afin d'ouvrir une nouvelle ère, celle de la culture biologique et du développement durable.

Qui, que, quoi, donc, où ? Ou comment se repérer d'une région à une autre

Le Jutland est la péninsule, c'est-à-dire la partie continentale, du Danemark. Ce sont les Jutes, peuple germanique de la mer du Nord très largement implanté dans le sud du pays, qui ont donc laissé leur nom à ces terres baignées à l'ouest par la mer du Nord, au nord-ouest par le Skagerrak, au nord-est par le Kattegat et à l'est par le Petit Belt, un détroit qui relie le Kattegat à la mer Baltique. C'est par le sud que ce bout de terre d'une longueur de 368 km s'accroche à l'Europe, avec pour limite territoriale la frontière avec l'Allemagne. Sa capitale administrative est Aarhus, une importante ville portuaire située dans la partie orientale.

La Fionie est la troisième plus grande île du pays. Presque 3 000 m² de superficie et un point culminant à 130 m, Frøbjerg Bavnehøj. Elle se situe entre le Jutland Sud et l'île principale de Seeland, où s'est développée Copenhague, dont elle est séparée par le canal maritime du Petit Belt. Deux célèbres ponts, l'Ancien pont (un pont en treillis 1929-1935) et le Nouveau pont (un pont suspendu 1965-1970) la relient au continent. Son chef-lieu, Odense, est bien connu pour être la ville natale de celui qui a bercé nos couchers de ses contes, Hans Christian Andersen.

Seeland est la plus grande des îles danoises et la plus peuplée : 7 000 km² et plus de 2 millions d'habitants. Tournée vers la Suède, elle contrôle le détroit de l'Øresund que l'on traverse en bateaux, par voie ferrée en empruntant le tunnel sous la mer de Drogden ou par voie routière grâce au pont à haubans (construit en 1995-1999) qui fait désormais partie du paysage ! L'île est traversée par l'un des plus grands axes autoroutiers de Scandinavie, la route européenne E47, qui relie Hambourg à Copenhague.

Les îles Féroé ou Føroyar. Un archipel de 18 îles (soit à peu près 1 400 km² de superficie) posé dans l'océan Atlantique nord. Cette province, autonome depuis 1948, possède son propre gouvernement qui gère ses affaires à l'exception de la défense. En ces terres, ni arbre ni végétation. La cause : un vent puissant qui souffle toute l'année. En revanche, les eaux de l'archipel, très poissonneuses, bénéficient du passage du courant marin chaud, le fameux Gulf Stream. On compte quelque 50 000 habitants… pour une centaine de milliers de moutons !

Le Groenland, « la terre verte », est une immense île de 2 millions de km², située dans l'océan Atlantique en Amérique du Nord. La couverture de glace recouvre 95 % du territoire et les conditions climatiques y sont extrêmes. Sur 56 000 habitants, dont un tiers se concentre autour de la capitale Nuuk, située dans le sud-ouest de l'île, 80 % sont des Inuits et 14,5 % des Danois. Longtemps dédaigné, il intéresse désormais pour son patrimoine naturel et pour une autre raison, qui pourra avoir de lourdes conséquences : le pétrole ! Les Américains estiment que ses réserves représenteraient la moitié de celles de l'Arabie saoudite…

Une nature à l'état brut !

La nécessité de préserver certains paysages uniques par leur spécificité a amené l'Unesco à mettre en place une convention du patrimoine mondial impliquant divers pays, dans le but de les inciter à prendre conscience de la beauté de leur environnement. C'est ainsi que quatre sites d'exception ont été inscrits au Danemark.

Une mer de sable et de vasières : la mer de Wadden

Ce parc national, absolument unique en son genre, est considéré comme le plus grand système mondial de ce type : des vasières et des bancs de sable à marée étendus sur 450 km, depuis Helder aux Pays-Bas jusqu'à Esbjerg au Danemark, en passant par la Basse-Saxe et le Schleswig-Holstein en Allemagne, soit une superficie d'environ 10 000 km². En plus d'être inscrit patrimoine naturel mondial, la mer de Wadden est aussi classée Réserve de biosphère. *Wadden* signifie l'estran c'est-à-dire la zone de sable située entre les deux niveaux de marées (haute et basse). Elle bénéficie de salinité, de lumière, d'oxygène et de températures variables d'où un écosystème d'une grande richesse. On y trouve une multitude d'habitats de transition : chenaux à marée, bancs de sable, marais

© DBA87 - SHUTTERSTOCK.COM

Les falaises de Stevns Klint.

salants, prairies d'herbe marines, moulières, barres de sable, vasières, lagunes, estuaires, plages et dunes. De nombreuses espèces animales et végétales en ont fait leur territoire, comme le phoque commun, le phoque gris et le marsouin commun. Les processus naturels se poursuivent de manière quasi non perturbée, alors autant profiter de cette rareté… mais en restant respectueux et discret !

Une météorite et la fin des dinosaures : Stevns Klint

Le site géologique des falaises de Stevns Klint se situe sur l'île de Seeland, au sud-ouest de Store Heddinge. Ce littoral long de 15 km est ponctué de falaises fossilifères d'une blancheur immaculée. Sa réputation est mondiale et pour cause ! Se trouve ici l'un des témoignages marquants des conséquences de la chute d'une météorite sur notre planète. « Et alors quoi ? » pensez-vous ! L'affaire qui nous intéresse est survenue à la fin du crétacé, il y a environ 65 millions d'années. Pour être précis, à Chicxulub, dans le Yucatán, au Mexique. Les scientifiques considèrent de manière générale que l'impact de cette météorite fut responsable d'une extinction massive à grande échelle, celle des dinosaures et de plus de 50 % de la vie sur Terre. Ici, au Danemark sont encore visibles les traces du nuage de cendres projeté dans l'espace après la collision de la météorite avec la terre. Le cratère de 180 km de diamètre (au Mexique) laisse imaginer la puissance explosive de plusieurs milliers de fois supérieure à… celle d'Hiroshima ! Aujourd'hui, le paysage semble si paisible…

Odsherred : un géoparc mondial

À une centaine de kilomètres de Copenhague, se trouve le premier géoparc mondial créé par l'Unesco. Qu'est-ce qu'un géoparc ? C'est un espace territorial qui présente un héritage géologique d'importance internationale, avec pour mission principale d'aider à comprendre les risques naturels, les conséquences des changements climatiques et d'améliorer les dynamiques de protection de la nature, tout en maintenant une activité humaine locale. Odsherred couvre une superficie de 355 km², il est constitué principalement de 160 km de côtes et de vallons, des structures glaciaires formées pendant la dernière glaciation vistulienne, l'équivalent de Würm, il y a 17 000 ans. Parmi les 21 sites répertoriés sur l'ensemble de ce territoire, les plus connus sont les trois moraines appelées les Arches Odsherred, un exemple géomorphologique classique de relief glaciaire, plutôt rare en Europe. De belles balades en perspective !

Entre nature et culture, les paysages de chasse à courre de la Zélande du Nord

La chasse à courre, appelée également chasse de force, était un plaisir royal à l'origine d'aménagements spécifiques de certaines forêts et de quelques terrains afin de répondre aux besoins des meutes et des pratiquants de la chasse dite courtoise. La nature est ici façonnée par l'homme : allées cavalières, chemins de traverse, balisage, clôtures, pavillons de chasse. Tout une trame orthogonale, à partir d'un centre en étoile, qui donna naissance au paysage baroque des XVIIe et XVIIIe siècles. Vous êtes à 30 kilomètres au nord de Copenhague dans trois zones principales : le Magasin Dyrehave, Gribskov et Jaegersborg Dyrehave-Jægersborg Hegn. Son plan, qui combine les modèles français et allemand, optimisait sa fonction pendant la chasse tout en attestant la puissance de la monarchie absolue, de son rôle dans la société, de sa raison et de son pouvoir par le contrôle de la nature. Une agréable promenade forestière à compléter par une visite au Musée danois de la Chasse et de la Foresterie à Hørsholm.

NATURE

Qui dit paysage varié, dit variété d'espèces. Et c'est bien le cas du Danemark. Si ce pays est couvert d'une forêt dense de feuillus, le reste du territoire se répartit principalement entre landes, marais et dunes auxquels s'ajoutent des parcelles agricoles et une zone côtière importante. La déforestation et le défrichement ont évidemment bouleversé l'équilibre naturel et les espèces les plus rares ont disparu mais la faune est petit à petit réintroduite et de mieux en mieux protégée. Ainsi, on dénombre environ 400 variétés de vertébrés, une quinzaine de batraciens, cinq sortes de reptiles, une quarantaine de poissons d'eau douce et une centaine de poissons d'eau salée. On a également recensé pas moins de 200 000 variétés d'insectes ! À ces chiffres s'ajoutent 400 espèces d'oiseaux différentes, avec moitié d'oiseaux nicheurs et moitié de migrateurs, d'été ou d'hiver. La flore, quant à elle, s'épanouit dans les différents milieux y compris en Arctique.

Des feuillus et des oiseaux

Si dans un temps très éloigné, le Danemark consistait en de vastes forêts essentiellement composées de tilleuls, chênes, frênes, bouleaux et ormes, l'arrivée d'un climat moins froid et humide a permis l'apparition du hêtre, toujours très présent dans les forêts danoises. Au fil de l'histoire et du développement de l'activité humaine, la déforestation a radicalement bouleversé le paysage : dès 1600, la forêt ne représentait déjà plus que 20 à 25 % du territoire, et 4 % seulement en 1800 ! En 1990, des mesures environnementales ont heureusement renversé ces pourcentages en ramenant à 12 % la superficie forestière avec une prédominance de conifères, hêtres, chênes et frênes. Les fruitiers sont également présents : arbres à papillons, sureaux noirs, pommiers dont la variété ancienne Patte de loup (Nord Seeland), bouleaux et noisetiers. Du côté des arbustes, le choix est large : houx, groseillers, rosiers « Reine du Danemark » ou « Irène du Danemark » une variété ancienne datant au Moyen Âge, résistante au froid et très parfumée, sureau hièble, if, ronce commune, oseille des bois, ail des ours… Le sous-bois préfère les variétés de fougères et de mousses. À Valby Hegn (Seeland nord), chaque printemps voit fleurir un tapis d'anémones blanches.

Les landes et marais sont l'habitat de prédilection de nombreuses fleurs, très souvent médicinales, parfois comestibles : criste marine ou fenouil marin, benoîte des ruisseaux, orties, plantain grand et moyen, pâquerettes, *Conopodium majus* aussi appelé noisette de terre et consommé par l'homme depuis la Préhistoire, houblon, pissenlit, cranson du Danemark qui aime les sables, *Astragalus danicus* qui pousse sur la craie et le grès, et scabieuse des prés.

Dans les tourbières, les mousses de sphaignes sont la principale composante de ces terres humides, acides et pauvres en éléments nutritifs. D'autres variétés recherchent les eaux davantage minéralisées. Roseaux, graminées, luzule Starmaker de la famille des joncs, aux longues feuilles bleu-vert persistantes et aux fleurs blanches vaporeuses, ou *Drosera rotundifolia*, plantes à fleurs carnivores se nourrissant d'insectes attirés par les gouttes sucrées recouvrant ses feuilles. Ce sont majoritairement des hyalocystes, c'est-à-dire que leur paroi est percée de plusieurs pores (2 à 5) qui permettent de stocker l'eau dans la plante. Ainsi, les sphaignes peuvent absorber jusqu'à 40 fois leur poids sec.

Dans les îles Féroé, quelque 400 espèces constituent le patrimoine floral. Plus de la moitié est commune à celle de l'Islande dont une espèce endémique l'*Alchemilla faeroensis*, une plante vivace à feuilles caduques. Le territoire est essentiellement constitué de landes et de prairies. Les espèces ligneuses non arborescentes (arbustes ou arbrisseaux) n'existent presque pas. Or l'analyse pollinique de sols datant de 2500 ans, donc antérieurement à l'installation humaine, a révélé la présence de noisetiers et de bouleaux. Les espèces existantes furent introduites par l'homme notamment les hêtres austraux.

La faune danoise

Elle doit composer avec un territoire que l'activité humaine a profondément modifié. Aujourd'hui, 54 % de cette faune est forestière. Si elle jouit d'un climat favorable, puisque tempéré, elle reste fragilisée par une gestion tardive de l'écosystème : l'agriculture intensive et l'urbanisation ont eu un effet néfaste sur la préservation de nombreuses espèces. Néanmoins, le cerf élaphe règne en maître des sous-bois. Ce grand cervidé, qui a survécu à trois glaciations, y déploie ses ramures majestueusement. Le corbeau est un autre habitant important de la forêt. Il y a 50 ans, il avait presque disparu. Aujourd'hui, cet oiseau identifiable à son plu-

© OANDERSON - SHUTTERSTOCK.COM

Poneys des Féroë.

mage d'un noir métallique, impressionnant par son envergure allant jusqu'à 130 cm, est protégé et de nouveau répandu. S'il est présent toute l'année, il ne s'éloigne jamais de sa zone de reproduction. Autre particularité : il vole presque toujours par paire et son croassement peut être entendu des kilomètres à la ronde. N'oublions pas qu'il a joué un rôle important dans la mythologie nordique. Les deux corbeaux, Hugin et Munin, étaient les éclaireurs d'Odin, et le Raven Banner, ancien drapeau danois avant Dannebrog, était orné d'un corbeau sur fond rouge. Autre oiseau répandu au Danemark, proche des zones boisées et des prairies : la buse, appelée fauvette des souris en danois car elle se nourrit essentiellement de rongeurs. Environ 5 000 couples au Danemark et plusieurs milliers d'autres traversant le pays lors de la migration hivernale. Cette richesse aviaire est en partie liée à la situation géographique, entre Scandinavie et continent européen, qui permet à de nombreux oiseaux migrateurs « une connexion de ponts » et d'espaces où se reposer avant de continuer leur voyage. Majestueux, les cygnes sont indissociables des parcs et jardins des plus beaux châteaux danois.

Dans les îles Féroé, ce sont les oiseaux qui dominent avec 300 espèces recensées, nichant sur les falaises et dans les rochers (Fou de Bassan, pie de mer ou huîtrier pie, oie féroïenne…). Les plus nombreux sont les macareux moines ou « clown des mers », des oiseaux marins blanc et noir, reconnaissables à leur bec triangulaire avec une pointe rouge sur une base bleue. Autres espèces majeures, le mouton, indissociable de l'archipel auquel il a donné son nom ; aujourd'hui encore, ils sont 70 000, ils étaient plus de 600 000 au XIXe siècle ! – et le cheval Féroé, un poney de petite taille aux poils très épais en hiver, qui s'était adapté au relief et au climat, et dont la race a failli disparaître dans les années 1950-1960.

Plus inédit, le safari papillon à Valby Hegn, près d'Helsinge. Au moins 15 espèces différentes vivent dans et autour de la forêt. Le Cul doré aux ailles blanches et au corps velu en fait partie. Il vole en août et septembre et pond ses œufs sur les rameaux de plantes arbustives ou fruitières. L'Agreste aux ailes fauves marbrées de marron et de blanc préfère les landes à bruyères, les bois clairs ou les lieux buissonneux. Le parc de Sommerfugle sur l'île de Bornholm émerveillera les lépidoptéristes. D'autres espèces d'insectes relativement rares : la callidie rouge sang, un coléoptère xylophage amateur de bois morts ou la fourmi Hercule, la plus grosse du Danemark, préférant les forêts de conifères (Jutland N et Seeland N). Elle porte bien son nom : fortement bâtie avec une tête large et un corps noir façon cuirasse !

Des espaces protégés

Il existe actuellement quatre parcs nationaux au Danemark et une écorégion terrestre aux îles Féroé :

Le parc national de Thy dans le Jutland Nord est surnommé « le désert de sable ». Ici 240 km² principalement composés de landes et de dunes. Créé en 2007, il fut le premier parc danois. Ce paysage dunaire n'est pas uniforme, il est dynamique et ses variations dépendent de la force du vent ou des conditions physiques telles que la teneur en chaux, l'orientation des pentes et la distance par rapport à la nappe phréatique.

La végétation se compose essentiellement d'arbustes nains, de camarine noire et de bruyère, mais aussi de gentianes, habitat préféré de l'Azuré des mouillères ou Petit bleu des marais, un papillon aux ailes bleutées, d'oyat ou « roseau des sables ». Les plus grandes dunes sont Hanstholm, Vangså et Ålvand : on y trouve des porc-épic, des loutres et des vipères, et un certain nombre d'oiseaux rares tels que les grues, les cygnes, l'engoulevent d'Europe (un oiseau nocturne) et le courlis cendré. Pour l'anecdote, question insectes : la mouche est très présente. Au cours d'une étude réalisée en collaboration avec le musée d'Histoire naturelle d'Aarhus, pas moins de 227 espèces différentes ont été répertoriées dont une vingtaine jusque-là jamais trouvées au Danemark. La star : la mouche géante Harald, la plus grande mouche parasite d'Europe. Elle se nourrit de nectar et de pollen.

Le parc national de Mols Bjerge, dans l'est du Jutland, s'inscrit dans un vaste paysage de 180 km² témoin de la période glaciaire. Des collines morainiques (la moraine est un mélange de roches, de sable et d'argile poussé par les glaciers), des amas rocheux et des dépressions remplis d'eau après la fonte des glaces. Vous pouvez imaginer de riches pâturages où paissent moutons, poneys sauvages d'Exmoor (l'une des plus anciennes races au monde venues des îles britanniques) et vaches Galloway (race ancienne à la robe noire, longue et frisée). La biodiversité bénéficie dans ce parc d'une quarantaine d'habitats préservés sur les 60 répertoriés dans tout le Danemark. Si vous êtes attentif, vous y verrez la très rare araignée-coccinelle ou érèse-coccinelle dont le mâle se reconnaît aisément à son abdomen rouge vif marqué de quatre points noirs. Levez les yeux, vous verrez planer le cerf-volant rouge, autre nom du milan rouge, un oiseau de proie domestiqué et mentionné dès le XVe siècle.

Le parc national de la Mer des Wadden (2014) protège l'une des plus grandes zones de marée mondiales (d'où le classement par l'Unesco). Trois pays sont concernés : les Pays-Bas, l'Allemagne et le Danemark. Ce paysage sauvage et unique – beau mélange d'îles, de canaux de marée, de lagunes, de vasières et de côtes – change constamment de forme et parfois même d'emplacement. Sa grande diversité de vie, végétale et animale, en fait l'un des écosystèmes les plus productifs du monde. Sa biomasse élevée fournit aux poissons, phoques (une colonie de 500 sur l'îlot de Fanø) et oiseaux, toute la nourriture dont ils ont besoin. La zone est également un espace fréquenté par près de 10 à 12 millions d'oiseaux migrateurs qui s'y arrêtent aussi bien en hiver qu'en été. Autre phénomène extraordinaire à vivre absolument : le soleil noir. Il se produit lorsque des volées d'étourneaux se rassemblent dans un ballet millimétré pour se reposer pendant la nuit dans les roselières du marais. Par milliers (parfois jusqu'à 500 000 à la fois !), ils viennent masquer la lumière du couchant d'où le nom de soleil noir. Les ornithologues danois l'appellent aussi « le ballet de la mort » car ce vol de masse sert à se protéger des prédateurs que sont les faucons pèlerins. Il a lieu durant deux semaines en mars-avril et deux autres semaines en septembre-octobre.

Le parc national de Kongernes Nordsjælland (2014), dans la région de Hovedstaden-Seeland, est le deuxième plus grand parc du pays, avec 246 km² de landes et de forêts. Il s'étend depuis l'ouest, du lac Arresø jusqu'à la ville de Gribskov au nord, du détroit de Kattegat au sud-est jusqu'aux limites septentrionales de l'agglomération de Copenhague. Environ 70 % du parc bénéficient de plusieurs statuts de protection Natura 2000. Côté faune, à Holløse Bredning et aux lacs d'Arresø et d'Esrum se rassemblent un grand nombre d'oiseaux nicheurs – notamment une importante colonie de cormorans –, ainsi qu'une population de castors sauvages (éteinte au Danemark, elle fut réintroduite en 2009). La forêt de Gribskov possède la plus grande population de daims sauvages du Danemark. Côté flore, toujours dans la forêt de Gribskov (5 500 ha), le chêne est roi. Beaucoup furent plantés après la conquête de la flotte danoise par les Anglais en 1807, en prévision de la construction de navires pour de nouvelles batailles. Même si les arbres sont prêts pour la coupe, outre le fait que le temps des paquebots est révolu, le coût de ce type de construction est exorbitant. En effet, un seul paquebot nécessite environ 2 000 chênes adultes, et un grand chêne de qualité coûte plus de 20 000 DKK !

Écorégion terrestre, c'est l'identification de l'archipel des îles Féroé dans la classification de WWF, le Fonds mondial pour la nature, afin de préserver ses spécificités sous le nom de « prairies boréales des îles Féroé ». Un écosystème, caractérisé par des prairies, des savanes et des brousses tempérées de l'écozone paléarctique, très fréquenté par les oiseaux migrateurs.

Info futée : dans les pays membres de l'Union européenne, Natura 2000 est un réseau qui recense les sites naturels ou semi-naturels ayant une faune et une flore exceptionnelles. Au Danemark, fin 2018, on comptait 384 sites dont 124 zones de protection spéciale (ZPS) pour les oiseaux, soit une superficie de 14 664 km², et 269 zones spéciales de conservation (ZSC) pour les habitats et les espèces, sur une superficie de 19 781 km².

CLIMAT

Voyager, c'est oublier ses idées reçues. Si les pays scandinaves ont la réputation d'être frais pour ne pas dire froids… et incontestablement, ils le sont en période hivernale ou dès que l'on se rapproche du cercle polaire, toutefois, le Danemark se démarque grâce à son climat océanique adouci par les courants et les entrées maritimes. Cerné par les eaux, soumis aux brises nordiques, il offre une palette changeante de lumières douces et de camaïeux de gris et de vert en hiver. Tout change à la venue du printemps. Les couleurs deviennent pimpantes et le souffle du vent plus chaleureux. Les fleurs s'épanouissent sous la caresse des rayons du soleil qui ne veut plus se coucher quand vient le solstice de la Saint-Jean. En été, bikinis et parasols viennent remplacer bottes en caoutchouc et cirés huilés… Car il ne faut pas oublier, que pluie et bruine sont les caractéristiques d'un climat océanique. Alors en automne, ressortez vos parapluies !

Les quatre saisons du Danemark

Le climat au Danemark est océanique. Les hivers y sont plus longs, pas si froids pour un pays du nord de l'Europe mais très (très) humides ; les étés sont très doux et bénéficient d'un ensoleillement maximum.

▸ **En hiver**, les températures oscillent autour de 0 °C en janvier et en février, et dépassent rarement les 4 °C au cours de la journée. Évidemment, comme partout ailleurs, au-delà des températures moyennes, le temps peut varier en fonction de la situation météorologique. Si les vents d'ouest dominent, le thermomètre peut légèrement dépasser 0 °C, même la nuit, ce qui génère des précipitations sous forme de pluie. Mais si jamais l'anticyclone russo-sibérien pointe le bout de son glaçon, la température dégringole brusquement en dessous de zéro, jusqu'à -20 °C environ… dans les pires moments. Ces épisodes glaciaux peuvent durer quelques jours mais ils durent moins longtemps qu'en Suède ou qu'en Finlande. Autre particularité danoise, des journées qui se font très courtes : le soleil traîne un peu et ne se lève que vers 8h30 pour se coucher… vers 15h30 ! On comprend mieux la passion des Danois pour les boissons chaudes, de gros consommateurs de café, et la tradition du hygge réconfortant !

Du côté des îles Féroé, le climat s'adoucit avec le passage du Gulf Stream. Ce qui peut étonner sous ces latitudes. Il gèle en moyenne 30 à 40 jours par an et il neige 20 à 30 jours. Seules les terres en altitude, soit quand même 80 % du territoire, connaissent un climat arctique. Là, le vent souffle puissamment et le taux d'humidité avoisine les 90 % ! Bon à savoir : il pleut sur cet archipel 300 jours par an…

▸ **Le printemps** venu, c'est le retour à la vie après un long hiver. Le paysage se métamorphose même si les températures restent fraîches et ne dépassent guère les 11 °C en avril ou les 16° en mai. L'occasion est belle de découvrir les cerisiers en fleurs, un hanami danois bouleversant à différents endroits, comme le cimetière de Bispebjerg à Copenhague ou Fredens Torv à Aahrus. C'est avec une joie amplifiée que l'on voit arriver juin, quand l'air se radoucit vraiment et que le ciel prend de belles teintes bleutées. Quant au soleil, il s'invite plus longuement et reste au-dessus de la ligne d'horizon une fois minuit sonné. L'obscurité ne dure guère plus de 3 ou 4 heures, tout juste le temps de baisser ses paupières pour se reposer du retour éblouissant de la lumière ! Les nuits blanches à Copenhague se déroulent du 4 juin au 9 juillet environ. Durant ces mois, on oublie un peu sa tenue de pluie car les précipitations sont les plus faibles de toute l'année. Et l'on retrouve le plaisir d'enfourcher sa bicyclette en toute liberté…

▸ **Que dire de l'été ?** Cette saison est attendue avec impatience par tous. En août, les températures sont plutôt douces, 22 °C à Copenhague et dans les principales villes (Aarhus, Aalborg, Odense, etc.), mais elles peuvent se rafraîchir autour de 13 °C dès que la nuit tombe, particulièrement le long du littoral. On retrouve un peu du climat breton français ! Après s'être calmées au cours du printemps, les pluies reviennent en juillet et août. Attention toutefois aux courants d'air chaud venus du Sud qui peuvent apporter quelques jours de chaleur caniculaire, pas plus de deux ou trois jours en général. Il est rare que la température atteigne les 30 °C, cependant on assiste à des records de chaleur, de plus en plus fréquents, autour de 33/34 °C. De l'air chaud mais de l'eau froide. Le Danemark n'est pas la destination recherchée pour se baigner en mer sans appréhension ! La température de l'eau, qui est de 3 °C en janvier, atteint péniblement les 18 °C en août. À défaut de vous tremper, pour ceux qui trouveront que c'est un peu frisquet, profitez de superbes balades le long des plages de sable fin de Søndervig (Jutland ouest) ou de Hestehoved sur l'île de Lolland, ou sur les dunes géantes de Råbjerg Mile près de Skagen, dans le nord du Jutland.

© VLAD ANDREI NICA - SHUTTERSTOCK.COM

Les jardins de Tivoli sous la neige.

Dès que l'automne pointe le bout de son nez, le ciel devient plus gris et le soleil se raréfie. Les températures passent à 12 °C en journée pour descendre à 6 °C durant la nuit. Les premiers jours de septembre, la température est encore acceptable, et les forêts et les parcs se parent des belles couleurs chatoyantes de l'automne. Même si une ondée mouille votre parcours dans la nature, le soleil n'est jamais bien loin. Il revient égayer votre excursion, c'est le principe du climat océanique… En automne, le compte à rebours des journées clémentes a commencé. Les feux de cheminée crépitent dans l'âtre des maisons, les contes et légendes se racontent et Halloween marquent les esprits. Les festivals s'enchaînent avant de replonger dans la nuit…

En revanche, le mot-clé du climat des îles Féroé, au printemps comme en été d'ailleurs, reste le mot… frais ! En effet, les températures ne montent que très lentement : en mai, la maximale est de 9 °C, en juillet de 14 °C avec parfois un pic à 18 °C. Sachez également que dans les zones de relief, en altitude, des chutes de neige peuvent se produire, même en été. Heureusement, le ciel est dégagé, l'air chargé en oxygène. Et il paraît que depuis le sommet du Slættaratindur (880 mètres au-dessus du niveau de la mer), on peut voir le glacier islandais Vatnajökull !

Que mettre dans sa valise ?

Une réponse du genre « un peu de tout » frustrera les plus organisés ! Pourtant, il est préférable de prévoir à la fois du chic et du confortable. Au Danemark, les mamans ont l'habitude de répéter à leurs enfants : « *Der findes ikke dårligt vejr, kun dårlig påklædning*. » Traduisez par : « Il n'y a pas de mauvais temps, il n'y a que de mauvaises tenues ! » Et cela est bien vrai !

En période hivernale, prévoyez des vêtements chauds et étanches (polaire, duvet, chapeau de pluie, bonnet, gants, écharpe, caleçon long…) et de bonnes chaussures confortables ou encore des bottes en caoutchouc. Choisissez plutôt des vêtements isolants en fibres naturelles (coton ou laine), mélangées à du synthétique pour absorber l'humidité du corps. Faites l'oignon en superposant les couches, ce qui facilitera votre confort et vous aidera à mieux vous dépouiller du surplus une fois à l'intérieur d'un musée ou d'un grand magasin hyper chauffé. Évitez les chaussures à talons et les sneakers à la mode : la chaussée est souvent pavée, elle peut être glissante et vous aurez très vite mal aux pieds en plus de les avoir mouillés. N'oubliez pas un imperméable, un coupe-vent respirant ou une cape de pluie adaptés à la randonnée urbaine ou au vélo. Le parapluie peut être utile sauf en cas de bourrasques ! Enfin, bichonnez votre peau : baume à lèvres et crèmes hydratantes insuffleront de la douceur très *hygge*.

En période estivale, découvrez-vous ! Robes fleuries, bermudas, sandalettes ou claquettes, casquettes et solaires sont les bienvenus. Néanmoins, ayez toujours dans votre valise des vêtements de mi-saison. Il faut pouvoir se couvrir ou se découvrir en fonction du moment. Des t-shirts oui, mais également des pantalons longs, une veste légère et un pull-over !

Mais tout au long de l'année, les indispensables d'une garde-robe danoise restent : le parapluie ou l'imperméable en plus de votre bikini, car pour un spa ou un sauna, c'est mieux. Enfin, une tenue habillée est toujours de bon ton pour une soirée à l'opéra ou un dîner dans un bon gastro !

Enfin, info très futée : prévoyez toujours des affaires de rechange et une serviette dans votre voiture, cela vous permettra de poursuivre votre journée d'excursions sans gâcher votre bonheur de séjourner au Danemark. Être bien équipé, signifie bien séjourner !

HISTOIRE

Le Danemark a pour capitale Copenhague. Une capitale à échelle humaine puisqu'elle compte seulement 623 000 habitants en ce qui concerne sa Commune et grosso modo 2 millions pour le Comté de Copenhague, l'une des cinq régions composant administrativement l'ensemble du territoire. Son statut, elle le doit à sa situation géographique idéale, au confluent des voies de circulation aussi bien terrestres que maritimes reliant la Scandinavie au reste de l'Europe. La Grande Histoire a fait d'elle le cœur étatique et économique du pays : son système gouvernemental est basé sur une monarchie constitutionnelle incluant le Groënland et les Iles Féroé. Au cœur de la ville siègent le Parlement national *(Folketinget)*, le gouvernement danois représenté par son Premier ministre et bien sûr la monarchie avec sous la couronne depuis le 14 janvier 1972, année de ses 32 ans, la très populaire Margrethe II. Et si on essayait d'y voir plus clair en remontant le fil du temps ?

- 12000

Tout a commencé sur l'île de Seeland ou *Sjælland* avec la Culture de Bromme. Les collections du Musée national du Danemark de Copenhague illustrent merveilleusement cette période durant laquelle les premières populations de cueilleurs-chasseurs ont développé une civilisation fascinante basée sur la taille des silex et de l'ambre. Cette résine fossilisée, récoltée sur le littoral du Jutland entre Baltique et mer du Nord, était considérée comme très précieuse. Habilement taillée sous forme de perles ou de pendeloques, elle servait d'offrandes ou d'ornements. Ces bijoux étaient souvent incrustés dans le tissage des textiles. Certaines pièces d'exception exposées dans les vitrines du musée pèsent jusqu'à 8 kg.

- 1600

L'ambre circulait à travers toute l'Europe, on la retrouve jusqu'en Grèce et dans les tombes royales de Mycènes datant de 1600 avant J.-C. ! Par ailleurs, de nombreux monuments mégalithiques attestent d'une conscience religieuse et de rites funéraires complexes. En témoignent les nombreuses pierres gravées de symboles abstraits, dont la signification semble d'ordre magique, retrouvées dans des sépultures de cette première société danoise qui n'avait pas peur des défis !

500 AP. J.-C

Invasion des Danes et tentative d'un premier royaume

Au fil des siècles, cette péninsule située au carrefour entre terres du Nord et terres du Sud a attiré la convoitise de peuples majoritairement germaniques et répondant aux doux noms de Cimbres et d'Angles. A leur tour, les Daners venus de la Suède actuelle, choisirent de s'y installer mais plus durablement. Ils laissèrent d'ailleurs leur nom à la contrée. Ces conquérants, qui vivaient divisés en clans, allaient par la suite donner naissance aux clans vikings. Au début du VIIIe siècle, ils tentèrent de s'unir et de fonder un premier royaume, faisant du Danemark le plus ancien royaume d'Europe ! Des traces d'urbanisation attestent de la création de villes telles que Ribe, près de la mer du Nord, Jutland Sud, qui serait la plus ancienne ou d'Aarhus, ouverte sur le Kattegat. Cette période dite âge des Vikings fut marquée par les épopées de ces Normands (autre nomination utilisée dans les chroniques franques), des païens superstitieux, des navigateurs audacieux, des explorateurs sans peurs, des commerçants doués et d'infatigables guerriers dont l'histoire coule jusqu'au XIe siècle. La muséographie très originale du rez-de-chaussée du Musée national du Danemark à Copenhague reconstitue avec brio la vie de ces méconnus mais néanmoins très attachants « hommes du Nord ».

960

Création du royaume viking

Harald à la Dent bleue, un amateur de baies violines du genre myrtille ou un homme à la dentition gâtée, l'histoire n'a pas encore tranché ! Sa conversion au christianisme lui apporta le soutien du Saint-Empire Germanique et lui permit d'assoir son royaume avec une nouvelle capitale, Roskilde, située à une trentaine de kilomètres de l'actuelle Copenhague, en bordure du fjord du même nom. Une position stratégique pour quiconque souhaitait contrôler la baie de Kattegat et l'accès aux deux mers déjà citées plus avant. Sa fondation fut suivie par l'implantation d'un évêché très puissant et la construction d'une cathédrale de briques rouges, véritable chef-d'œuvre du gothique, utilisée comme nécropole royale. Un petit détour par Roskilde permet également de visiter le musée des Navires vikings et d'aborder ces formidables embarcations, de bâbord à tribord ! Un consortium d'industriels scandinaves, parmi lesquels les groupes Nokia et Ericsson, s'est approprié le surnom du fameux Harald. Sa Dent bleue, une fois traduite en anglais, est devenue Bluetooth… le très populaire outil de communication sans fil utilisé dans le monde entier !

NÉ VERS 910 - 986

Harald à la Dent bleue

© BIRGERNISS - ISTOCKPHOTO.COM

Harald Ier, dit Harald à la dent bleue.

Il fut l'un des dirigeants les plus marquants de son époque, sachant jongler habilement entre tradition et innovation, à l'image du pays sur lequel il régna de 958 à 986. Né de l'union entre Gorm l'Ancien et Thyra du Danemark, il est issu de la dynastie de Jelling originaire de la ville éponyme de Jelling, située au sud de la péninsule de Jutland. Elle donna des rois à la Norvège et à l'Angleterre durant les Xe et XIe siècles. Grâce à sa persévérance et à son entreprise tacticienne, le pouvoir se stabilisa, l'économie prit un élan qui concourut à améliorer les conditions de vie de ses concitoyens et à développer la vie culturelle, le pays se convertit au christianisme. Jusque-là, la flotte danoise qui était constituée essentiellement de bateaux à usage militaire se dota de navires-cargos à vocation commerciale. Les runes, système d'écriture ancien, ne furent pas négligées et de nombreuses pierres furent élevées. Parmi les plus célèbres, les Pierres de Jelling inscrites au patrimoine mondial par l'Unesco, érigées par Harald et par son père. À la manière d'une épopée, elles témoignent des faits marquants du règne de celui que l'histoire a immortalisé pour sa dent bleue ! Pourtant en 2018, Harald faisait la une des journaux de la planète. Et quel scoop ! Un enfant de 13 ans aurait retrouvé son prestigieux trésor ! Un trésor composé de pièces de monnaie et d'objet fabuleux ! Des perles, des broches, un incroyable marteau de Thor… Un trésor enfoui après avoir perdu la bataille contre son fils Sven. Ah ! les enfants... Sa tombe se trouve dans l'église de Roskilde.

1157

La naissance officielle de Copenhague alors nommée København « le port des marchands » est racontée dans la *Gesta danorum*, un texte écrit vers la fin du XIIe siècle. C'est à Absalon, évêque de Roskilde que l'on doit ce fait. La ville s'est développée autour d'un petit port situé en bordure de l'Øresund, un cadeau du roi Valdemar, son frère de lait, qui choisit la ville comme nouvelle capitale. Ce dernier imposa une monarchie désormais héréditaire et consacrée par l'Église, le christianisme étant reconnu comme religion officielle. Le royaume se tourna alors vers la Baltique qui devint une mer danoise ! La prospérité s'installa grâce à la pêche aux harengs. Une fois séchés, ces poissons étaient commercialisés dans toutes les capitales et tous les grands ports d'Europe, ceci à la grande déconvenue de Lübeck, ville majeure de la puissante Ligue hanséatique. Le petit pays était devenu un puissant royaume…

1219

Naissance du drapeau du Danemark

Appelé le *Dannebrog*, ce qui signifierait « vêtement danois », il est constitué d'une croix blanche sur fond rouge que l'on retrouve identiquement dans les drapeaux des autres pays scandinaves. Son origine mêle légende et histoire. Nous sommes en 1219. Valdemar le Victorieux mène une croisade contre l'Estonie païenne. L'affaire se présente plutôt mal pour ses troupes quand une bannière frappée d'une croix d'argent apparaît soudain dans le ciel. Le roi y voit un message divin adressé à ses soldats qui, ragaillardis, vont se battre jusqu'à la victoire finale. Une deuxième version raconte qu'à l'issue de cette même bataille, la tunique blanche du roi, entièrement rougie du sang de ses adversaires à l'exception de l'emplacement de sa ceinture et de son baudrier, serait à l'origine de ce drapeau.

Le Dannebrog.

1369

La Hanse était une association de villes marchandes établies dans le Nord de l'Europe. La richesse économique danoise attisa la jalousie de la Teutonne. À la suite de plusieurs attaques, elle parvint à détruire la forteresse de Copenhague en 1369 et contraignit les Danois à signer le traité de Stralsund l'année suivante, les obligeant ainsi à ouvrir les ports de l'Øresund à ses marchandises. Malmö et Helsinborg, anciennement dépendantes du royaume du Danemark, étaient des villes de comptoirs et de bureaux de la ligue.

1387

Union de Kalmar, Copenhague redevient la capitale du Royaume. L'union faisant la force, face à la redoutable Hanse et sa prépondérance économique, les pays scandinaves décidèrent d'une alliance. Ce fut chose faite avec l'Union de Kalmar qui vit la Suède et la Norvège passer sous contrôle du Danemark, alors le pays le plus peuplé et le plus riche de Scandinavie. Très étendu, il possédait la partie méridionale de ces territoires et contrôlait tous les accès menant à la Baltique et à la mer du Nord. Christian Ier du Danemark, de la maison d'Oldenbourg, fut élu roi par les Danois.

1417

Le statut de capitale de Copenhague s'officialisa avec l'installation du roi Erik de Poméranie. Suivirent la mise en place d'un péage dans le détroit du Sund, une source de revenus très conséquente ; la construction du château de Kronborg à Elseneur en renfort du système défensif déjà en place ; la fondation de l'Université et l'organisation en guildes des commerçants et artisans. Copenhague comptait alors 10 000 âmes. La Suède exaspérée par les taxes de plus en plus lourdes se détacha de l'Union et obtint son indépendance, donnant ainsi naissance à son propre royaume.

1536

Luthérianisme, début des colonies et règne des Christian

Le XVIe siècle fut le siècle des rois réformateurs et bâtisseurs. Pivot de l'histoire, Christian III. Son coup d'État du 12 août 1536 imposa le luthérianisme comme religion officielle, les biens de l'Église furent confisqués et la majorité catholique se trouva éliminée du Conseil d'État. Autre point non négligeable, les finances du royaume furent rigoureusement assainies. Quant à Christian IV dit le bâtisseur, il entreprit différents aménagements durant un long règne (1588-1648) tragiquement marqué par les déboires militaires avec la Suède. De nouveaux quartiers confiés à des architectes allemands et hollandais – Chritianshavn sur l'île d'Amager, Nyhavn « le nouveau port » ou le quartier des marins de Nyboder – doublèrent la superficie de Copenhague. Le souverain fit également édifier la somptueuse résidence royale de Rosenborg (1606), la Bourse ou encore la célèbre Tour ronde. La ville nageait alors dans une bienheureuse prospérité renforcée par la guerre de Quatre-Vingts Ans aux Pays-Bas au cours de laquelle de nombreux réfugiés fuyant ce pays, alors le plus avancé d'Europe, s'installèrent au Danemark, contribuant de la sorte à son développement. Cette immigration permit de moderniser divers aspects de la société en plus d'établir des liens commerciaux avec les Pays-Bas. Au XVIIe siècle, le Danemark, qui possédait déjà le Groenland et l'Islande, commença à développer d'autres colonies, des forts et des comptoirs par-delà les mers, en Afrique, aux Antilles et en Inde.

DÉCOUVRIR

12 AVRIL 1577 - 28 FÉVRIER 1648

Christian IV

Né au XVIe siècle, il incarnait l'homme des temps modernes. Érudit, parlant plusieurs langues, amoureux des arts, féru d'astronomie, réformateur dans l'âme, sa cour était l'une des plus raffinées d'Europe. À l'âge de 11 ans, au décès de son père le roi Frédéric II, il monta sur le trône. Son sens de la stratégie, de la politique, son intérêt pour les sciences ou la marine, déterminèrent de profonds changements dans l'histoire du Danemark. À partir de 1610, de nombreuses forteresses furent construites sur les frontières territoriales et le long des rivages, la flotte fut multipliée par trois en nombre de vaisseaux capables d'aller au bout du monde où fut fondée dès 1616 la Compagnie des Indes orientales avec pour objectif, asphyxier économiquement le géant habsbourgeois ! Malheureusement, de nombreuses guerres et la perte de certains territoires marquèrent la fin de son règne. Investi jusqu'au bout, il alla jusqu'à mettre sa couronne royale au clou… dans le but de financer son armée. Pour en savoir plus sur son quotidien, une petite visite de sa résidence, le château de Rosenborg, s'impose.

Statue de Christian IV à Copenhague.

Siège par la Suède et régime absolutiste

Les guerres contre la Suède allaient se succéder durant presque 100 ans (guerre de Kalmar, guerre de Tortosan, ...). Copenhague était une ville puissante... mais située seulement à une portée de canons de la Suède qui la prit pour cible. Lors du siège de 1659 et après six mois de résistance, le Danemark dut se résoudre à abandonner la Scanie, le Blekinge et le Halland à ses rivaux. Meurtrie par ces attaques, isolée à l'extrémité orientale du pays, son équilibre politique flancha. Frédéric III profita des circonstances pour imposer une monarchie absolue en s'appuyant sur la bourgeoisie commerçante très utile à l'affaiblissement de l'aristocratie. La Loi Royale fut appliquée dès 1665 (jusqu'en 1848). Un siècle de galères s'installa avec dans son sillage la Peste noire et un terrible incendie qui ravagea la résidence royale. En dépit des aléas de l'histoire, Frédéric IV, grand
1659 amoureux de l'Italie où il séjourna à deux reprises, fit construire le château de Frederiksberg (1700 à 1735) et le château de Fredensborg (1720 à 1726) dans le style baroque italien ; ils symbolisèrent la conclusion tant attendue de la grande guerre du Nord contre le tsarat de Russie.

Suivit l'avènement du premier âge d'or sous le règne de Frédéric V (entre 1746 et 1766). Un nouvel essor économique ouvrit les portes d'une période faste symbolisée par l'émergence d'un quartier d'apparat, Frederikstaden « la ville de Frédéric » à Copenhague, au goût rococo triomphant. L'architecte Nikolai Eigtved s'engagea dans la construction des quatre palais d'Amalienborg, la vie artistique connut une période faste marquée par l'inauguration de l'Académie des beaux-arts en 1754 et les publications du premier grand écrivain nordique, Ludvig Holberg. Cette époque lumineuse vit une fois encore la bourgeoisie accroître son pouvoir, en partie grâce au ministre Struensee, celui-ci profitant de la démence du roi Christian VII monté sur le trône en 1766 pour mener d'importantes réformes. Mal lui en prit ! Il fut exécuté quelques années plus tard...

Bombardement de Copenhague et destruction massive

Pourtant, le pire restait à venir... avec les guerres napoléoniennes opposant la France à l'Angleterre. Durant ce conflit, le Danemark avait opté pour la neutralité. Or, l'amiral Nelson en avait décidé autrement. Il avait enfin trouvé le moyen efficace de se débarrasser d'un concurrent maritime de premier ordre.
1807 Après avoir battu la flotte danoise au large de Copenhague, les Anglais sortirent de leur chapeau une clause secrète incriminant les Danois, a priori disposés à prêter main forte à Napoléon. Ce prétexte leur suffit pour bombarder la ville. Bilan : des centaines de victimes, le château de Christiansborg endommagé, Notre-Dame et un tiers des habitations ravagées. Le traité de Kiel (14 janvier 1814) fut signé. Le pays ruiné dut céder la Norvège toujours en sa possession à la Suède.

Paradoxalement, cette période de trouble s'accompagna d'une intense vie culturelle à tel point que l'on parle d'Age d'or danois ! Tous les arts furent concernés. Le courant néo-classique s'imposa à la peinture comme à la sculpture. Maître incontesté, C. W. Eckersberg est exposé avec ses élèves au Statens Museum for Kunst de Copenhague. Parmi ses toiles célèbres, le très touchant double-portrait
1820 *Hanna et Bella* datant de 1820. L'artiste Bertel Thorvaldsen incarnait l'art de cette époque, il réalisa pour la cathédrale Notre-Dame de colossales statues représentant le Christ et les apôtres. Par testament, le sculpteur légua à la ville sa collection personnelle et les modèles de ses œuvres, depuis exposées dans le musée Thorvaldsen. La littérature s'imposa dans les contes de Hans Christian Andersen et les pensées philosophiques existentielles de Søren Kierkegaard. Les sciences ne furent pas en reste. Hans Christian Ørsted découvrait l'électromagnétisme...

DÉCOUVRIR

1840-1900

Un deuxième âge d'or éclatant et une nouvelle Constitution. Malgré l'euphorie ambiante, le pays dut faire face à une vive crise politique avec l'extinction de la maison Oldenbourg à la mort de Frédéric VII. Cette branche nommée Maison du Danemark, une famille originaire de Basse-Saxe en Allemagne, régna de 1448 à 1863. Le prince Christian de Sonderbourg-Glücksbourg lui succéda et devint roi sous le nom de Christian IX. Ce fin stratège réussit à marier plusieurs de ses enfants à des héritiers de familles royales européennes, si bien que l'histoire le connaît sous le surnom de « beau-père de l'Europe ». Il ne faut pas oublier qu'il permit de nombreuses réformes sociales, telles que la retraite pour les personnes âgées en 1891, une assurance chômage et des éléments de politique familiale en 1892. Dans le même temps, le Danemark passait le virage de l'ère de la modernité. En politique tout d'abord, avec l'élection du premier Conseil municipal au suffrage restreint à Copenhague, une victoire des bourgeois sur l'absolutisme, et l'établissement en 1849 du *Rigsdag*, le parlement royal bicaméral rebaptisé *Folketinget* en 1953, installé depuis sa création dans le palais de Christianborg. Technologique ensuite, avec la construction en 1847 du chemin de fer reliant Roskilde et la gare centrale.

1915

Les heures sombres de la Première Guerre mondiale n'affectèrent pas trop le pays qui fut relativement épargné du fait de sa neutralité. Le parti Radical Social-libéral de centre gauche et le parti de la Gauche Libérale Venstre se partagèrent le pouvoir durant deux décennies, engageant d'importantes réformes sociales et du droit du travail. En 1915, le droit de vote était accordé aux femmes. Les années 1920 offrirent un nouveau visage à la ville avec la mise en service de l'aéroport de Kastrup à Copenhague, premier aéroport civil au monde en 1925 et l'installation de l'éclairage public en 1928. Cependant, à l'égal d'une majeure partie des pays de l'Europe de l'entre-deux-guerres, la situation sociale difficile vit le chômage exploser et l'arrivée au pouvoir des Sociaux-démocrates, premier parti du Danemark jusqu'en 2001.

1940

Occupation allemande

Cette fois-ci la neutralité du pays ne fut pas respectée. Les armées allemandes occupèrent le Danemark le 9 avril 1940 sans trop imposer de restrictions. Mais trois ans plus tard, face à la montée en puissance de la Résistance, les libertés politiques et le droit de grève furent supprimés, les premières rafles et les déportations furent mises en place. Le roi Christian X, assigné à résidence dans son palais jusqu'à la capitulation des forces allemandes le 4 mai 1945, se déclara opposé à ce procédé. Pendant ce temps, les Copenhaguois s'étaient organisés pour permettre à leurs concitoyens juifs de passer en Suède, en les cachant dans des bateaux de pêche. Longtemps, le Danemark fut cité en exemple pour son engagement humanitaire et humaniste. Après la Libération, le pays entama une longue période socio-démocrate durant laquelle fut mis en place l'efficace système de protection sociale toujours actif. L'après-guerre fut marqué par la reconstruction économique, mais aussi par le règne des sociaux-démocrates, dont l'idéologie avait parfaitement intégré les mécanismes capitalistes. L'ouverture vers l'extérieur se fit plus grande : fini la neutralité, le Danemark devint l'un des membres fondateurs de l'OTAN en 1949, puis chercha à organiser une sorte de marché commun scandinave au sein du Conseil nordique (dont l'aboutissement fut notamment la création de la compagnie aérienne SAS).

Les années d'effervescence

1960-70

La conscience écologique démarra très tôt à Copenhague, dès 1962, avec la piétonisation du centre ancien : le fameux Strøget. Elle fut renforcée durant la décennie suivante par la volonté politique réagissant aux deux crises pétrolières. Les années 1960 furent rythmées par des moments heureux, glamour et people alternant avec des moments de contestations et d'opposition. Le 10 juin 1967, les Copenhaguois se rassemblaient dans la Holmens Kirke « l'église des Marins » pour célébrer les noces de la princesse héritière Margrethe avec Henri de Laborde de Monpezat. Une union bénie par les naissances du prince héritier Frederik en 1968 et du prince Joachim en 1969. La princesse monta sur le trône en 1972 sous le nom de Margrethe II, succédant ainsi à son père, Frederick IX. D'un autre côté, la jeunesse contestataire faisait parler d'elle en réquisitionnant un terrain militaire transformé en squat. Chômeurs et hippies autoproclamèrent Christiania « ville-libre », entièrement autogérée de 1971 jusqu'en 2003. En 1973, le Danemark devenait membre de la Communauté européenne. Il dit oui à l'Europe mais non à l'euro.

LES ANNÉES 1990

Bien qu'intégré à l'Europe communautaire, le Danemark craignit de perdre son identité. D'où le développement d'un fort sentiment nationaliste qui se traduit par le fameux « non » des Danois à Maastricht lors du référendum de juin 1992. La CEE négocia un compromis qui dispensa le Danemark de quatre points du traité : la monnaie unique, la défense commune, la citoyenneté européenne, et la coopération en matière de police et d'immigration (mais le royaume finit par adhérer à l'espace Schengen en 2001). Résultat, en juin 1993, au second référendum : 56,81 % des Danois disaient « oui » à ce « Maastricht allégé » comme on l'a appelé. En revanche, pour l'abandon de la couronne danoise, ils ont redit « non » !

2000-2020

Le tournant du XXIe siècle fut celui des défis et de l'audace, en particulier en matière d'architecture. De grandes signatures ont répondu aux appels à projet et ont su intégrer des édifices monumentaux dans des villes en pleine réhabilitation. Les travaux n'ont pas cessé : pont de l'Øresund pour rejoindre Malmö en Suède, piétonisation des centres-villes, transformations de bâtiments industriels et d'entrepôts en logements. À Copenhague, les zones anciennement portuaires sont devenues une ville ouverte sur l'avenir. À l'ouest, la Marine a libéré ses terrains sur l'île de Christianshavn, une zone investie par la culture et le savoir. Son joyau, l'Opéra dessiné par l'architecte Henning Larsen, fut inauguré en 2005. Autre réalisation, le Diamant noir, un vaste bâtiment de granit sombre, extension de la Bibliothèque royale, rivalise avec la salle de concerts conçue par Jean Nouvel. Les ouvertures de lignes de métro facilitent les déplacements urbains d'une capitale qui défend son engagement dans l'écologie. En 2014, elle est désignée « Capitale verte de l'Europe » par la Commission européenne. Copenhague se déploie vertigineusement tout en préservant son intégrité et en améliorant la vie de ses habitants. Seule épine à son pied, la difficile gestion de la crise liée au flux des migrants vers le Danemark.

LA LIGUE HANSÉATIQUE

FONDATION DE LA PREMIÈRE COMMUNAUTÉ COMMERCIALE D'EUROPE

Il y a huit siècles était fondée la Hanse ou Ligue hanséatique. Cinq siècles durant, elle domina l'économie européenne et par extension, la politique qui en découlait. Étymologiquement, le terme d'origine allemande signifie « association de marchands », il correspond à l'équivalent français de guilde ou gilde. Celle-ci fut créée au XIIe siècle, conséquence de la fondation de villes nouvelles entreprenantes, et vit son terme vers 1648, à la fin de la guerre de Trente Ans opposant les Habsbourg ultra-catholiques aux États allemands protestants. Alors que la navigation marchande prospérait en mer du Nord et en Baltique, le Saint-Empire germanique morcelé en différents États devait faire face à la convoitise de bandes de pirates et aux nombreuses attaques de gangs de bandits très organisés. Les villes marchandes subissant ces méfaits, lassées de ces périls, décidèrent de se liguer. En unissant leurs forces, en organisant des voyages groupés, elles parvinrent à dominer le marché d'Europe du Nord.

Un conseil parlementaire se met en place

Ainsi, les commerçants allemands, flamands et baltes créèrent un système parlementaire totalement inédit, le Harsetag. Indépendant du pouvoir politique, il se composait d'un représentant officiel pour chacune des villes membres. Il y eut jusqu'à 200 adhérentes. Elles établirent de nombreux comptoirs permanents dans différentes villes devenues par la suite d'importantes métropoles : Londres, Bruges, Bergen, Novgorod, Naples ou… Bordeaux ! Lübeck devint la place bancaire de la Ligue. Les privilèges marchands dont elles bénéficiaient étaient des atouts importants : réduction des taxes douanières, baisse de certains impôts, monopole de certains produits. Les cargaisons de denrées et de matières premières circulant à travers ce réseau des villes membres étaient essentiellement composées de produits du quotidien. Venues du Nord, la cire et les fourrures descendaient de Novgorod, le bois et les céréales partaient de Pologne et de Prusse, le hareng des pays scandinaves. Plus au sud, la laine s'exportait depuis l'Angleterre et les draps depuis les Flandres, tandis que la Gascogne alimentait en vin et eaux-de-vie à fort degré. À la croisée de tous ces cheminements se situait le Danemark. Il est facile de comprendre l'intérêt stratégique que représentaient Copenhague et l'accès au détroit de l'Øresund. Par ailleurs, les marges dégagées étant faibles, ce n'est que par la quantité et les volumes importants que des bénéfices pouvaient être assurés. Le nerf de la guerre commerciale restant l'argent, la Hanse l'avait bien compris ! Et si jamais des concurrents venaient à ne pas respecter les règles, elle s'organisait pour pouvoir lever une armée de mercenaires ! Et ça, Copenhague a bien reçu le message en 1369… Le traité de Stralsund, signé par le roi du Danemark en 1370, mit un terme au conflit. Parmi les avantages accordés à la Ligue, cette dernière obtint un droit de veto sur la succession au trône du Danemark. Ne disposant pas d'une armée, le nez de la guerre restait majoritairement d'ordre économique. Tractation commerciale et blocus des opposants étaient les armes tacticiennes employées. En outre, afin de faciliter les échanges, une union monétaire fut créée. Basée uniquement sur les pièces en argent, elle interdisait toutes les monnaies d'or ! Gare aux petits malins qui essayaient malgré tout d'écouler celles-ci, la confiscation leur pendait au nez !

Les temps modernes marquèrent le début de la fin.

Les commerçants hanséatiques, connus pour être entreprenants, n'étaient malheureusement pas des banquiers dans l'âme. Ils ne surent pas rebondir face aux nouveautés fiscales d'une époque changeante, contrairement aux banquiers lombards qui devinrent les créanciers de l'Europe. Très vite, la montée en puissance des États monarchiques comme la Russie, la découverte du Nouveau Monde, l'expansion maritime des Hollandais et des Anglais en route pour les Indes, détournèrent les voies commerciales de la Baltique au détriment de la Hanse qui perdit son monopole. La Ligue hanséatique n'était plus suffisamment compétitive. Le prince de Moscou, Ivan III, prit Novgorod et ferma définitivement son comptoir. À son tour, le luthérianisme rajouta un impact politique : la Réforme divisa les pouvoirs en place, impulsant une nécessité économique afin de financer la guerre, nécessité bien évidemment liée au commerce… et vous devinez la suite… La Hanse ne put résister. Son histoire se clôtura lors de la dernière diète, nom de la journée d'assemblée, qui fut réunie en 1669.

LES ENJEUX ACTUELS

Pays exemplaire. Comment définir autrement une nation qui a réussi à créer l'équilibre entre une monarchie et une démocratie ? Qui fait des envieux pour ses choix politiques sur le plan économique et social ? Où le mot chômage n'est pas synonyme de fatalité ? Qui met l'écologie et la santé tout en haut de ses priorités ? Où le mot vert n'est pas que publicitaire ? Qui a pour ambition de réduire à zéro l'impact carbone ? Que dire d'un État-providence qui a à cœur le bien-être de ses concitoyens ? Qui choie sa jeunesse tout en l'aidant à voler de ses propres ailes ? Où les femmes sont Reine et Premier ministre ? Qui en période de crise COVID, se mobilise avec énergie ? On parle de « miracle danois », de « flexicurité », de monarchie constitutionnelle, de positive attitude… Tant de qualités dans un si petit pays… Bienvenue au Danemark, une nation où il y a tant de belles choses à découvrir !

Un peu de politique

C'est en 1660 que le roi Frederik III institua une monarchie absolue au Danemark, un absolutisme qui perdura jusqu'au 5 juin 1849, année durant laquelle le roi Frederik VII accéda à la requête du peuple danois en adoptant une monarchie constitutionnelle, garantissant ainsi à ses citoyens la liberté d'expression et de religion. Depuis, le pouvoir législatif est exercé par le souverain, la reine Margarethe II (intronisée en 1972) et par un parlement monocaméral, le Folketing ou « Assemblée du peuple », composé de 179 députés dont deux pour les îles Féroé et deux pour le Groenland. La cheffe du gouvernement est Mme Mette Frederiksen depuis le 28 juin 2019. La constitution du gouvernement dépend des élections législatives qui ont lieu tous les quatre ans. Il est fréquent de devoir composer avec un gouvernement de coalition. Ce fut le cas après les dernières élections du 5 juin 2019, remportées par le parti social-démocrate dirigé par Mme Frederiksen. Après trois semaines de négociations, un nouveau gouvernement a été formé sur la base d'un accord politique intitulé « une direction juste pour le Danemark », signé par 4 partis (Social-démocrate, Liste unitaire ou gauche radicale, Parti populaire socialiste (verts) et Parti social-libéral). Ils détiennent la majorité absolue au Parlement avec 91 des 179 sièges. L'arène politique est multipartite et comprend douze partis, pour la plupart représentés au sein du Parlement.

L'appellation des partis politiques danois peut prêter à confusion puisqu'elle n'a pas toujours strictement à voir avec une appartenance gauche-droite : ainsi, le parti libéral Venstre, qui signifie « gauche », est un parti de droite ! On compte trois partis majeurs parmi les douze partis existants : Socialdemokratiet, Parti social-démocrate de centre gauche fondé en 1871 (c'est un des plus anciens partis européens). Mette Frederiksen est secrétaire générale ce parti depuis 2015. Ce groupe politique soutient en priorité le droit des travailleurs et des chômeurs, leurs idées sont relativement proches de celles du parti socialiste en France. Avec pour emblème, également une rose. Dansk Folkeparti, parti populaire danois fondé en 1995, s'approche de l'extrême-droite et fait régulièrement la couverture des journaux satiriques…. Il est souvent classé « droite populiste ». En 2019, il est arrivé en deuxième position des votes et compte 37 sièges. Présidé depuis sa création par Pia Kjærsgaard, le député Kristian Thulesen Dahl a été choisi en 2012 pour lui succéder. En 2010, une scission dénommée Fokus s'est formée. Sa politique se rapproche du parti libéral Venstre mais est beaucoup plus radicale en matière d'immigration. Venstre, un parti libéral de centre-droit créé en 1870, issu de la tradition agraire scandinave : deuxième parti d'opposition aux dernières élections législatives, avec à sa tête Lars Loekke Rasmussen. Il mise sur une politique basée sur la libéralisation des entreprises, des aides amoindries pour les chômeurs et une baisse de l'imposition.

Les engagements annoncés par le nouveau gouvernement au sortir des élections concernent majoritairement l'écologie. Lors de son discours d'ouverture, Mme Mette Frederiksen a déclaré « entendre profiter de la reprise économique pour tenir la promesse d'une transition verte ambitieuse ». Elle s'est engagée à dépenser 10 Mds DKK (1,3 M€) supplémentaires au cours des cinq prochaines années afin d'accélérer la réduction des émissions de carbone. Sa politique climatique prévoit :

- Des mesures dans les secteurs du transport, de l'agriculture et de l'énergie. En effet, le Danemark souhaite que l'Union européenne devienne une « Union climatique », qu'elle adopte des objectifs climatiques intermédiaires pour 2030 afin de garantir la neutralité carbone en 2050.
- La promotion de l'énergie éolienne afin que l'Europe devienne autosuffisante en énergie.
- Un renforcement de l'État-providence par des investissements massifs pour la santé et les politiques sociales, notamment pour les enfants.

▸ Une politique économique « juste et responsable » : une politique pro-business, un renforcement des services publics, la lutte contre la pauvreté et contre les inégalités).

En novembre 2020, une vaste polémique a eu pour conséquence un remaniement ministériel. Le ministre de l'Agriculture a démissionné à la suite de la décision du gouvernement d'abattre l'ensemble des élevages de visons, après détection de souches mutantes du coronavirus SARS-CoV-2.

Sur le plan européen, le Danemark se singularise par quatre options de retrait de la CEE : la monnaie unique (Euro), la défense, la justice et la citoyenneté européenne – mais il est membre de l'espace Schengen. Sur la plan international, le Danemark fait partie de l'OTAN, il fut d'ailleurs l'un des membres fondateurs parmi les 12 pays à avoir signé le traité de sa création en 1949. Les priorités du Danemark sont les migrations, la croissance durable et inclusive, la démocratie et l'égalité des genres. Très actif en termes de « diplomatie technologique », de cybersécurité, d'innovation et de transition numérique, un poste d'ambassadeur dédié aux nouvelles technologies a été créé en 2017.

Un peu d'économie

Le Danemark est un parent pauvre en ce qui concerne les matières premières et les réserves naturelles. C'est pourquoi 70 % des importations consistent en matières premières et produits semi-fabriqués ! L'économie et le PIB du pays reposent largement sur les échanges commerciaux et les exportations avec les pays étrangers. Les pays européens représentent 40 % des exports de marchandises danoises : produits pharmaceutiques, industrie agro-alimentaire, équipements mécaniques et matériel de transport, soit 43 % des emplois du secteur privé. Autrefois, les exportations provenaient majoritairement du secteur agricole (seulement 10 % en 1990) : des céréales telles que le blé et l'orge, largement utilisés pour la fabrication de la bière, du sucre et des pommes de terre. Les bovins, volailles et moutons, les produits laitiers représentaient également une part importante des exportations danoises. Pour résumer, le commerce extérieur représente à lui seul les deux tiers du PIB national. On comprend pourquoi le Danemark est un fervent partisan du libre-échange ! Autre secteur majeur, la pêche qui subit une réduction constante du nombre de poissons due à la pollution, ce qui a entraîné une crise réduisant de deux tiers le nombre de pêcheurs à temps plein. Environ 90 % de la production est destinée à l'export (principalement la morue et les lançons) ; en sylviculture, la forêt produit 12 % de la consommation de bois nationale, et le Danemark est le principal exportateur de sapins de Noël et de bois ornementaux (0,3 % des exportations) ; l'énergie : des gisements de gaz ont été découverts en 1979, ils couvrent 23 % de la consommation totale d'électricité. Les aérogénérateurs produisent à eux seuls 18 % et représentent 3 % des exportations danoises ; le tourisme avec 12,5 millions de visiteurs en 2018, 348 navires de croisière accostés au port de Copenhague et 1,1 million de passagers en 2019, 56,1 millions de nuitées enregistrées en 2019 soit 25 % de plus qu'en 2009. Au total 132,5 milliards de couronnes dépensées dont 57,5 milliards provenant des touristes étrangers et 74,8 milliards des touristes danois (soit 5,7 % du PIB du Danemark, en comparaison l'agriculture, la pêche ou la sylviculture ne représentent que 2,4 % du PIB). Ce secteur emploie 160 000 personnes. Il est à noter que la baisse considé-

© PARETO - ISTOCKPHOTO.COM

Éoliennes au large de Copenhague.

DÉCOUVRIR

rable des tarifs aériens de ces dernières années participe indubitablement à cette augmentation tout autant que le passé du Danemark (en tant que nation viking) qui attire énormément, remis au goût du jour par les séries télévisées telles que *Vikings* ou *The Last Kingdom*.

Le miracle danois

C'est ainsi que le modèle économique du Danemark est perçu en France. Après avoir connu un excédent budgétaire conséquent, grâce notamment aux activités pétrolières dans la mer du Nord durant les années 2000, l'économie danoise a subi une forte récession en 2009. Mais depuis 2014, elle affichait une croissance constante (proche de 2 % en moyenne) et une amélioration de ses finances publiques, son économie continuait d'être florissante malgré des signes de ralentissement et les contrecoups de la crise financière mondiale. Le principal moteur de l'économie était la hausse de la consommation privée, grâce à l'augmentation des salaires réels et à la baisse continue du chômage (5,7 % en 2017, 5 % en 2018, 4,8 % en novembre 2019).

La réforme de l'État-providence engagée par le gouvernement a permis de passer d'une économie poussive à une économie dynamique que bien des pays européens lui envient. La clef de cette réussite la « flexicurité », à savoir la souplesse du marché du travail alliée à une formation efficace des travailleurs et à une mobilité élevée. De plus, sa position géographique stratégique entre l'Europe continentale et la Scandinavie, ainsi que sa stabilité économique doublée d'infrastructures parmi les plus modernes, ont fait du Danemark l'un des pays les plus attractifs pour les investissements étrangers. Elle a su gérer le marché du travail permettant au nombre de chômeurs (13 % de la population active à la fin des années 1980) de décroître grâce à sa politique d'aide à la recherche d'emploi pour les jeunes. Cette politique généreuse financièrement exige en revanche des contreparties : les moins de 25 ans sont obligés, au bout de six mois sans travail, d'accepter une formation qui coûte la moitié de leurs allocations. Autre clé pour comprendre la baisse du taux de chômage : le recours au temps partiel qui concerne 19 % des salariés danois. Pour les actifs, le régime d'allocations a été maintenue (80 % de leur salaire mensuel pendant cinq ans). Toutefois, l'assurance chômage au Danemark n'étant pas obligatoire, le salarié peut s'affilier volontairement à une caisse d'assurance chômage agréée par l'État et fonctionnant sous son contrôle. Conséquence de la flexisécurité, le Danemark a aujourd'hui l'un des taux d'emploi les plus élevés de l'Union européenne : 75,6 % des femmes et 80,6 % des hommes pour seulement 4,8 % de chômage en 2019. Jusqu'au début de 2020, tout allait bien. Mais comme pour de nombreux pays, la crise sanitaire du Covid-19 est venue bouleverser cette dynamique. Pour y faire face, le gouvernement danois a pris rapidement des mesures économiques inédites : compensation salariale (chômage partiel), prise en charge de coût fixes, report de TVA, nouveau régime de prêts garantis pour les PME... et les indépendants, idem pour les agences de voyages (fonds de garantie d'État), les étudiants (aides financières), la culture et l'événementiel (paquets d'aides). Au total, ces plans d'aide s élèvent à environ 400 Md DKK (53,6 Md€), dont un peu plus de 100 Md DKK (13,4 Md€) d'aides directes, soit 5 % du PIB.

Qu'en est-il du côté des îles Féroé ?

Sur le plan politique, les îles Féroé sont devenues un territoire autonome en 1948 après avoir été sous autorité du Danemark depuis 1388. La capitale est Tórshavn. Y siège le parlement monocaméral, le Løgting, qui a compétence dans tous les pouvoirs à l'exception de la défense. À sa tête, un Premier ministre, le Løgmaður ou « personne de loi », Aksel V. Johannesen depuis 2015. Il travaille avec 33 membres du gouvernement élus au suffrage universel pour quatre ans. Chaque année, les îles bénéficient d'importantes subventions de la part du Danemark. En tant que territoire autonome, elles font partie du Conseil nordique mais leur statut particulier fait qu'elles ne sont ni reconnues en tant que nation indépendante par l'ONU ni en tant que membre de l'Union européenne. En revanche, elles ont leur propre drapeau et leur propre langue, le féroïen même si le danois doit être enseigné. Une question qui revient souvent dans les attentes politiques de ses habitants : une totale indépendance. Un dilemme revient ponctuer les hésitations des indépendantistes : l'aspect économique. L'économie locale repose essentiellement sur la pêche qui représente environ 97 % des exportations (des harengs et des maquereaux en majorité) et la moitié du PIB. A cela s'ajoutent l'extraction pétrolière - depuis l'été 2012, la compagnie norvégienne Statoil a obtenu des concessions pour prospecter à l'est de l'archipel – et le tourisme en hausse croissante avant la crise sanitaire de 2020 (+13 % en 2019). L'implantation de deux nouveaux hôtels et une apparition dans le dernier film de James Bond avaient tourné les projecteurs vers l'Atlantique Nord ! Malgré les crises successives, le chômage atteignait seulement 2,2 % de la population active en 2017. Néanmoins, ce faible taux de chômage doit être temporisé. Il serait davantage lié à l'exode massif des jeunes, en particulier à destination du Danemark, qu'à la bonne santé de l'économie. Un exode pénalisant le développement d'industries et de services à haute valeur ajoutée tels que les TIC (technologies de l'information et de la communication).

ARCHITECTURE

Comment résumer le patrimoine architectural danois ? Peut-être en disant que sa richesse est inversement proportionnelle à la taille du pays. Un trésor vous attend à chaque pas ! Tout commence avec les légendaires Vikings et leurs puissantes forteresses circulaires. Vous serez ensuite transporté au cœur des cités médiévales aux superbes sanctuaires romans et gothiques, avant d'être emporté dans un tourbillon Renaissance et baroque où se mêlent somptueux châteaux et jardins. Vous ferez ensuite d'étonnantes découvertes nimbées de Romantisme National, avant d'entrer dans la modernité en suivant les célèbres Arne Jacobsen et Jorn Utzon. Puis, vous irez de surprises en surprises contemporaines, signées pour la plupart par… des Danois évidemment ! Et n'oublions pas les Îles Féroé, surprenant mélange d'architecture vernaculaire et de créations contemporaines. Alors, prêt pour la chasse aux trésors ?

Héritage viking

Le Danemark abrite de fascinants témoins de la civilisation viking : les forteresses circulaires. Ces cercles parfaits, protégés par des remparts de terre, des palissades et des fossés, étaient divisés en quadrants par deux larges « rues » se coupant à angle droit et menant à quatre portes orientées chacune vers un point cardinal. Chaque quadrant accueillait plusieurs maisons longues. Avec leur silhouette aux murs légèrement bombés vers l'extérieur rappelant celle d'un navire renversé, elles impressionnent par leur taille et leur puissante architecture, l'ensemble étant soutenu par des piliers de bois intérieurs et extérieurs. Les parois étaient souvent protégées par une couche d'argile, tandis que le toit, en chaume le plus souvent, pouvait aussi être couvert de petites tuiles de bois. L'intérieur se découpe le plus souvent en trois espaces : deux petites pièces aux extrémités servant de chambres ou lieu de stockage, et une vaste salle principale le long de laquelle court le foyer central de la maison, à demi enterré. Trelleborg, Frykat et Aggersborg sont les plus célèbres forteresses vikings du pays. Le site de Lindholm Hoje (p.302), lui, vous fera découvrir les rituels funéraires vikings. Ce vaste cimetière abrite près de 700 tombes délimitées par des pierres disposées selon d'étonnants schémas géométriques. Le site de Jelling fait, quant à lui, la transition entre les rites funéraires païens – comme en témoignent ces deux tumuli de tourbe abritant, pour celui du Nord, une chambre funéraire en chêne – et le culte chrétien – comme l'ont montré les vestiges des églises en bois retrouvés sous l'église actuelle. Charpentiers de génie, les Vikings ont su développer d'ingénieuses techniques comme l'assemblage en tenon et mortaise permettant aux rondins de bois de s'imbriquer parfaitement pour une solidité maximale, tandis que le bois lui-même pouvait être sculpté à des fins décoratives, notamment sur les pignons et portails.

Le site funéraire de Lindholm Hoje.

© ALLARD ONE - SHUTTERSTOCK.COM

Intérieur de la Tour Ronde à Copenhague.

Richesse médiévale

À partir des XIe et XIIe siècles, la pierre remplace le bois, comme le montre la très belle église en pierre de taille de Tveje Merlose à **Holbaek** ★ (p.224). L'art roman se caractérise alors par des édifices plutôt massifs et ramassés avec nefs à plafonds plats et arcatures en plein cintre. Puis la pierre sera remplacée par la brique locale. Saint-Bendts de Ringsted et Notre-Dame de Kalundborg en sont les premiers exemples. La seconde, avec ses tours octogonales, n'est pas sans rappeler l'architecture byzantine, tout comme la cathédrale de Ribe, toute de grès et de tuf, avec son dôme à la croisée du transept. Son portail méridional est, lui, l'un des rares exemples de sculpture romane au Danemark. À ne pas manquer non plus à Osterlars, sur l'île de Bornholm, les étonnantes églises romanes et… rondes ! Les églises rurales, notamment dans le Sjaelland, amorcent, elles, la transition avec le gothique. On les reconnaît à leurs murs blanchis à la chaux, leurs toits de tuiles rouges, leurs massives tours carrés et leurs galbes à redans. La cathédrale de Roskilde est sans doute le plus beau témoin du gothique danois. Sa silhouette de brique rouge dominée par deux tours surmontées de flèches élancées et ses hautes voûtes à croisée d'ogive sont autant de manifestes de cet art de la hauteur et de la légèreté… tout comme les superbes voûtes nervurées et les arches pointues de la **cathédrale Saint-Knuds** (p.238) à **Odensee** ★ (p.238). Le Moyen Âge voit également se multiplier les édifices civils qui se parent aux couleurs du gothique. C'est l'avènement des hôtels de ville, témoins du pouvoir urbain. L'hôtel de ville d'Odensee, inspiré du Palazzo Pubblico de Sienne, et le Radhuskirken de Naestve, plus vieil édifice civil du pays, en sont les fiers représentants. Les villes s'organisent alors autour d'une place principale, *torvet*, et d'une grande artère commerçante, *stroget*, le reste se mêlant dans un enchevêtrement de ruelles pavées étroites… Une atmosphère pittoresque que des villes comme Aarhus ou Ebeltoft ont su parfaitement conserver.

Renaissance et Baroque

La Renaissance danoise porte clairement l'influence de la Hollande, ses édifices de brique rouge aux élégantes proportions multipliant pignons à volutes, tours surmontées de dômes et de flèches et riches décorations de grès. Le **château de Kronborg** (p.199), réalisé par des maîtres flamands, et le Palais de Frederiksborg, baptisé le Versailles danois, en sont les plus beaux représentants. Le second est l'œuvre de Christian IV, surnommé le roi bâtisseur. C'est à lui que l'on doit le développement de Copenhague et notamment du quartier de Christianshavn, centré autour du Kastellet, la citadelle de la ville, dont ne subsiste plus aujourd'hui que la Tour Jarmers. Dans ce nouveau quartier, comme dans de nombreuses villes du pays, apparaissent les maisons à colombages, reconnaissables à leur toit de chaume et à leur structure tout en longueur. À Koge, vous pourrez admirer la plus ancienne maison à colombages du pays datant de 1527. Ne manquez pas non plus le quartier historique d'Aarhus avec ses superbes maisons rouges et jaunes. C'est également à Christian IV que l'on doit deux des plus étonnants édifices de la capitale : la **Tour Ronde** (p.142), dont la rampe tournant 7 fois et demie autour de la tour rappelle la Tour de Babel, et la **Bourse** (p.124), dont la flèche en spirale domine la ville de ses 56 m. Une architecture très personnelle dont les formes annoncent l'exubérant baroque et ses influences italiennes.

L'église Notre-Sauveur de Copenhague, avec son escalier en colimaçon externe et sa flèche en spirale, s'inspire ainsi des œuvres de Franscesco Borromini, maître du baroque italien. Le baroque est aussi l'art de la mise en scène de la nature comme le montre le complexe de Fredensborg, inspiré des villas italiennes. Copenhague va connaître de nouvelles grandes transformations sous l'impulsion de l'architecte Nicolaï Eigtved au style mêlant exubérance rococo et harmonie classique. C'est à lui que l'on doit le quartier de Frederiksstaden aux larges avenues bordées de somptueuses demeures bourgeoises convergeant toutes vers la grande place que domine le **Palais Amalienborg** (p.139), aux élégantes façades classiques abritant une surcharge ornementale toute rococo. C'est également à Eigtved que l'on doit la célèbre Marmorkirken, dont le dôme est inspiré de Saint-Pierre de Rome.

Néoclassicisme et romantisme national

Durement touchée par la Bataille de Copenhague de 1807, la capitale fait l'objet d'importants travaux de reconstruction mettant à l'honneur le style néoclassique. Le grand architecte de l'époque est Frederik Christian Hansen, célèbre pour la pureté formelle de son style, que certains qualifièrent d'austère et sévère, à l'image de sa Cour de justice à l'imposante façade de pierre ornée de colonnades. On lui doit également l'impressionnante **cathédrale Notre-Dame** (p.126) dont la façade flanquée de colonnes doriques supportant un fronton sculpté rappelle celle des temples antiques…, tout comme le **Musée Thorvaldsen** (p.138) inspiré du Parthénon. Puis ces lignes classiques vont laisser place à un style historicisant cherchant à redéfinir l'identité nationale. C'est ce qu'on appelle le romantisme national. Les deux grands représentants de ce style sont Martin Nyrop et Vilhelm Dahlerup. Au premier, on doit l'hôtel de ville de Copenhague dont la silhouette rouge brique emprunte autant au gothique nordique qu'au gothique italien. Au second, on doit le musée d'Art national dont les lignes harmonieuses sont des emprunts directs à la Renaissance italienne, l'**Hôtel d'Angleterre** (p.163) et surtout le grand complexe de la Brasserie Carlsberg mêlant décor antiquisant, inspiration florentine et puissance gothique. Ces formes historicisantes ont également accompagné les premiers élans de la modernité. La **Gare centrale** (p.150) de **Copenhague** ★★★★ (p.117) est ainsi un étonnant mélange de lignes médiévales et prouesses d'architecture métallique, tandis que la silhouette néogothique du Palace Hotel laisse apparaître de somptueux éléments Art nouveau, notamment de belles ferronneries aux courbes douces et harmonieuses.

Triomphe de la modernité

L'**église de Grundtvig** (p.156) opère de façon spectaculaire la transition entre historicisme et modernité. La hardiesse de ses lignes verticales et sa silhouette de brique rouge sont des emprunts évidents au gothique, mais la distorsion de ses formes résulte d'un expressionnisme très moderne. La véritable modernité va faire son apparition avec Arne Jacobsen et sa Fremtidens Hus qui lui fit remporter, en 1929, le Concours de la Maison du Futur, grâce à des gadgets aussi géniaux qu'un système d'aspiration à poussière sous le paillasson. Jacobsen va ensuite poser les bases du modernisme organique scandinave, combinant rationalité, fonctionnalité, respect des matériaux et respect de l'environnement naturel. C'est à lui que l'on doit l'immeuble Bellavista à Klampenborg, l'hôtel de ville d'Aarhus, et l'hôtel de ville de Rodovre, superbe exemple d'une utilisation fonctionnelle de matériaux naturels dans un rendu sobre et élégant, teintant le style international de touches très personnelles. L'autre grande figure de la modernité danoise est Jorn Utzon (créateur du légendaire Opéra de Sydney !) qui a su associer culture régionale et valeurs universelles, comme dans l'**église de Bagsvaerd** (p.197). Très sollicité lors de la reconstruction d'après-guerre, Jorn Utzon a développé de nouvelles solutions d'habitat, comme avec ses Utzonian Houses, reconnaissables à leur silhouette de briques jaunes, à leurs murs s'étendant sur le terrain alentour et s'y intégrant ainsi parfaitement et à leurs grands espaces intérieurs tout en fluidité et lumière. La maison de l'architecte à Hellebaek en est le manifeste. On lui doit également des lotissements travaillés comme des compositions paysagères, comme le lotissement Kingo Houses à Helsingor dont les maisons en forme de L sont directement inspirées des fermes traditionnelles danoises. Les musées aussi se font les vecteurs de la modernité, à l'image du musée des Beaux-Arts du Jutland du Nord réalisé par Elissa et Alvar Aalto, tout de marbre et de verre, dont les espaces intérieurs sont divisés par des cloisons mobiles offrant clarté et lumière.

Effervescence contemporaine

Le Danemark est une destination phare pour tous les férus d'architecture contemporaine. Vous pourrez y découvrir les réalisations de grands architectes internationaux, tels le **Musée Juif du Danemark** (p.137) de Daniel Libeskind, l'extension du Musée Ordrupgaar signée Zaha Hadid, et bientôt la Maison Enchantée de Kengo Kuma à Odensee, structure inspirée des contes d'Andersen. Mais vous découvrirez surtout l'incroyable vivacité de la création contemporaine danoise. C'est à l'agence Schmidt-Hammer-Lassen que l'on doit l'incroyable Diamant Noir de Copenhague, la nouvelle aile de la Bibliothèque Royale en forme de cube tout de marbre noir et de verre fumé, ou bien encore le musée ARos à Aarhus, étonnant cube rouge aux espaces intérieurs circulaires. L'architecte Henning Larsen a

© FRANCKREPORTER - ISTOCKPHOTO.COM

Maison typique des Féroé.

réalisé le complexe résidentiel baptisé La Vague à Bolgen et l'Opéra de Copenhague, dont la structure en béton armé et la façade rehaussée d'une grille en acier firent quelque peu... polémique ! Pas de polémique en revanche pour le musée d'Art moderne (p.282) de Copenhague ★★★★ (p.117), l'Arken (p.206), structure émergeant des dunes imaginée par Soren Robert Lund. C'est à l'agence 3XN que l'on doit les incontournables tours torsadées du Bella Sky Hotel, plus grand hôtel design de Scandinavie, et Planète Bleue, le plus grand aquarium d'Europe, à la silhouette ondulant comme une vague. Mais la grande star de l'architecture danoise, c'est Bjarke Ingels. C'est à lui que l'on doit la transformation du quartier d'Orestad avec des édifices tels le Big House, étonnant complexe résidentiel reprenant la forme d'un 8 ; ou bien encore The Mountain, prix du meilleur complexe résidentiel du monde en 2008. Autre étonnante création : son Musée maritime à Helsingor. Aménagé dans un vieil embarcadère asséché, on y accède par des passerelles aux allures futuristes. Mais son projet le plus fou est sans aucun doute celui de CopenHill ou Amagger Bakke. Il s'agit d'un incinérateur à déchets que l'architecte a imaginé comme une montagne artificielle. Au-dessus de la structure qui alterne briques en aluminium et grandes fenêtres de verre, Ingels a imaginé un toit entièrement végétalisé qui peut se transformer en... piste de ski ! Une manière de rendre l'architecture durable et ludique. Autres projets durables : les maisons biologiques convertissant les déchets agricoles en matériaux de construction... et qui sait, peut-être certains architectes s'inspireront-ils des étonnantes maisons aux toits d'algues de l'île de Laeso pour imaginer la maison durable de demain. Pour découvrir tous ces projets, rendez-vous en 2023, Copenhague sera alors la capitale mondiale de l'architecture !

Escapade aux Féroé

Les Féroé sont célèbres pour leurs maisons traditionnelles aux toits recouverts d'herbe. Inspirées des techniques élaborées par les Vikings, ces maisons de pierre sèche ou de bois sont recouvertes d'un toit composé de carrés d'herbes et de tourbes disposés sur des écorces de bouleau, l'ensemble assurant une parfaite isolation. Les maisons de Tjornuvik en sont de beaux exemples, tout comme la ferme médiévale de l'île de Koltur. Le centre-ville de Toshavn, lui, conserve le charme des petites cités médiévales avec ses ruelles étroites et ses maisons de bois. Sur le promontoire de Tinganes, les maisons de bois rouges abritant les instances gouvernementales donneraient presque au lieu des allures de village de poupée. Ne manquez pas non plus le village de Kirkjubur. Célèbre pour abriter l'une des plus vieilles maisons en bois d'Europe (une ferme en bois noir aux fenêtres encadrés de rouge), le village possède également une jolie petite église du XIe siècle aux murs chaulés de blanc et à la charpente en coque de bateau renversé, une tradition que l'on retrouve dans de nombreux villages de pêcheurs, peuplés également de petites maisons basses (pour éviter la prise au vent) et habillées de couleurs vives. Mais les Féroé abritent aussi quelques belles réalisations contemporaines, à l'image de la Nordic House du norvégien Ola Steen, qui combine design moderne et toit végétalisé, ou du Glasir-Torshavn College, véritable tourbillon architectural porté par plusieurs architectes dont... Bjarke Ingels ! Et n'oublions pas les prouesses d'ingénierie réalisées pour relier les îles entre elles. Dernière en date : l'Eysturoyartunnilin reliant Streymay et Eysturoy et possédant sans doute l'unique rond-point sous-marin du monde. Méduse de pierre illuminée de bleu, ce rond-point est l'œuvre de l'artiste Trondur Patursson... un Féroïen évidemment !

BEAUX-ARTS

Dans le domaine de l'art, le Danemark entretient une longue tradition de terre d'accueil. Des artistes flamands, hollandais et germaniques sont conviés à décorer les églises dès le Moyen Âge. Durant des siècles, les artistes locaux jouissent d'une aura nationale qui ne les incite guère à traverser les frontières. Il faut attendre le XVIIIe siècle pour que des artistes danois partent se former en Italie ou en France, bien que la plupart soient revenus poursuivre leur carrière au Danemark. C'est pourquoi, à l'exception du mouvement CoBrA et des peintres Asger Jorn ou Vilhelm Hammerhsøi, peu d'artistes danois sont connus à l'étranger. De nos jours, des lieux comme Arken, le musée d'Art moderne de Copenhague, prolongent cette volonté de favoriser un art ouvert aux influences internationales. Côté rue, la capitale prête des façades entières à des fresques joyeusement combinées pour participer à la revitalisation de l'espace public.

Les pionniers

La création de l'Académie des beaux-arts en 1754 par Frédéric V signe la naissance d'une école nationale : formés au pays, de jeunes artistes vont ensuite étudier en Italie. C'est le cas de Nikolai Abildgaard (1743-1809) qui voyage à Rome. Également sculpteur et architecte, il impose un style néoclassique qui puise ses sujets dans la mythologie gréco-romaine. Son contemporain et ami Jens Juhel (1745-1802), lui aussi formé à Rome, devient le portraitiste de la cour et du gratin de Copenhague à partir de 1780. C'est le sculpteur néoclassique Bertel Thorvaldsen (1770-1844) qui inaugure l'essor de l'art danois. Longtemps fixé à Rome, il s'affirme comme un maître de la sculpture. Les passionnés de corps idéalisés se précipiteront au Musée Thorvaldsen (p.138) situé sur la petite île de Slotsholmen.

Deux autres noms sont à retenir. Le peintre Christoffer Wilhelm Eckersberg (1783-1853), formé à Paris auprès de Jacques-Louis David. Il excelle dans le tableau historique, les marines, ainsi que dans le portrait officiel. Mais son importance se révèle surtout dans son enseignement basé sur la peinture au grand air. Carl Gustaf Pilo (1711-1793), né en Suède, travailla majoritairement au Danemark en tant que peintre de la cour et directeur de l'Académie. En plus des portraits officiels, il exécuta des peintures de genre d'inspiration hollandaise.

L'âge d'or

La génération suivante est parfois qualifiée de « romantisme national ». Les artistes s'attachent à peindre des paysages, monuments et scènes populaires danois. Cette tendance est représentée par Christen Købke (1810-1848) qui prend pour sujet de prédilection une Copenhague alors rurale ou par Wilhelm Marstrand (1810-1873) aux scènes de genre volontiers caustiques. Johan Thomas Lundbye (1818-1848) et Peter Christian Skovgaard (1817-1875) se consacrent quant à eux au paysage. Cependant, l'exaltation des valeurs nationales ne permet pas à l'art danois de séduire l'Europe et encore moins Paris, alors capitale mondiale de l'art.

L'âge d'or danois et nordique de 1750 à 1900 possède ses salles au musée national des Beaux-Arts (Statens Museum for Kunst) (p.137). Le SMK présente plus généralement la création occidentale du XIVe siècle à nos jours. Ne manquez pas l'Allée des sculptures, un passage couvert qui relie les deux bâtiments du musée. Dans l'aile consacrée au XXe siècle, l'évolution vers la modernité, l'expressionnisme, le surréalisme puis vers l'art contemporain est clairement montrée à travers les œuvres de Per Kirkeby, Danh Vo et Ursula Reuter Christiansen. Tout aussi exceptionnelle, la Glyptothèque Ny Carlsberg (p.154) détient une riche collection d'œuvres de l'âge d'or aux côtés de créations de Gauguin, Matisse ou encore Rodin dans sa partie moderne. Ne manquez pas son département de sculptures qui couvre toute l'histoire de l'art de l'Antiquité au XXe siècle français et danois.

Refus de l'académisme

Tandis que l'école de Skagen perpétue une tendance plus folklorique, Anna Ancher (1859-1935), Peter Severin Krøyer (1851-1909) et Theodor Philipsen (1840-1929) s'orientent vers l'impressionnisme. Nombre d'artistes danois partis à l'étranger s'initient aux courants novateurs. C'est le cas d'Emilie Mundt (1842-1922), peintre et féministe danoise qui réalisa des tableaux à quatre mains avec Marie Luplau. Ensemble, elles fondèrent à leur retour une école d'art destinée aux femmes peintres.

Dans ce contexte, Wilhelm Hammershøi (1864-1916) apparaît avec son réalisme empreint de mystère, de vide et de poésie. Peu sociable, il prenait pour modèles ses proches, souvent sa femme, dépeinte dans leur intérieur. Devenu mondialement connu, ses œuvres sont visibles dans plusieurs musées de la ville. La Collection

DÉCOUVRIR

© DENNIS JACOBSEN - SHUTTERSTOCK.COM

Le musée Thorvaldsen situé sur la petite île de Slotsholmen.

DÉCOUVRIR

David (p.129) expose 14 de ses peintures dans sa partie consacrée à l'art moderne danois qui rassemble peintures, sculptures et céramiques réalisées entre 1880 et 1950.

Autre rébellion anticonformiste, l'Exposition libre, variante du Salon des refusés, fondée en 1881 par Jens Ferdinand Willumsen (1863-1958), Peter Hansen (1868-1928) et Johannes Larsen (1867-1961). Ces peintres sont les premiers à utiliser la photographie pour enrichir leur démarche picturale. Adoptée dès ses balbutiements au Danemark, la photographie divisera jusque dans les années 1970 : est-ce une technique ou un art ? Pour Willumsen, Peder Severin Krøyer et Laurits Andersen Ring, elle permet d'accéder à des détails réalistes qui sont ensuite retranscrits en peinture.

Entrée dans le XXe siècle

Au tournant du XXe siècle, les scandales se succèdent : en 1918, avec Vilhelm Lundstrøm (1893-1950), le premier cubiste danois puis avec Edvard Weie (1879-1943) qui évolue vers l'abstraction où va s'illustrer Eljer Bille (1910-2004). L'expressionnisme importé d'Allemagne a pour principaux représentants Oluf Høst (1884-1966), le sculpteur Astrid Noack (1888-1954) et le peintre Jens Søndergaard (1895-1957). Ce dernier, membre du groupe Grønningen, se forme en France et en Italie avant de se spécialiser dans les paysages dont les couleurs vives traduisent la fulgurance de ses émotions.

Précurseur de l'expressionnisme et fondateur du groupe Grønningen, Harald Giersing (1881-1927) est nourri par ses voyages à Paris et le travail de Cézanne, Manet, Gauguin ou encore Braque. Vilhelm Lundstrøm (1893-1950) affirme quant à lui une tendance cubiste dans ses natures mortes avec oranges et ses nus.

Richard Mortensen (1910-1993) est également membre de l'association de Grønningen. Sa peinture expressionniste atteint son apogée durant la guerre. Pionnier de l'art abstrait, il s'intéresse de près au travail de Kandinsky et de Miró puis opère un détour par le surréalisme.

Surréalisme et CoBrA

Tout cela n'est rien à côté du surréalisme qui choque profondément le puritanisme danois. Les toiles de Wilhelm Freddie (1909-1995) sont confisquées en 1937 par la police.

Concernant la photographie, des associations comme *Danske Kamera Piktorialister* dans les années 1930 permettent à des activistes tels H. B. J. Cramer de lutter pour la reconnaissance de ce moyen d'expression. Leurs revendications devront attendre les années 1970 pour obtenir gain de cause.

Le mouvement CoBrA est créé en 1948 à Paris par le peintre danois Asger Jørn, l'écrivain belge Christian Dotremont et le sculpteur néerlandais Karel Appel. CoBrA rappelle leurs origines : Copenhague, Bruxelles et Amsterdam. Rejoint par d'autres artistes (pour le Danemark, Erik Thommesen, né en 1916, et Henry Heerup, 1907-1993), ce mouvement avait pour ambition de faire bouger l'art académique en dérangeant le regard du public. Son but était de promouvoir un art populaire authentique et réaliste. Art primitif, expression spontanée : il s'agissait de libérer les forces créatrices du peuple. Le groupe s'est officiellement dissous en 1951, mais les artistes qui s'en réclamaient ont presque tous connu un grand succès.

Face à ce mouvement, le sculpteur Robert Jacobsen (1912-1993) représente avec Mortensen le « concret non figuratif ». D'autre part, un « expressionnisme figuratif » de facture plus traditionnelle, mais dénonçant les dérives de la société moderne se développe avec Wiig Hansen (1922-1997) et Anne Haugen (née en 1932). Personnalité marquante, Per Kirkeby (né en 1938) se fait remarquer dans les années 1960, époque de révolte marquée par les happenings de Bjørn Nørgård (né en 1947).

Vers demain

Dans la seconde moitié du XXe siècle, New York donne le ton. Les Danois adoptent les courants qui traversent le monde de l'art : hyperréalisme avec Niels Strøbeck (né en 1944), minimalisme et art conceptuel (Stig Brøgge, Mogens Møller), pop art, art vidéo, installation. Sous l'influence américaine, la photographie accède au statut de discipline artistique. L'exposition New American Photography accueillie par le Bella Center de Copenhague en 1971 présente les photographes majeurs des années 1950 et 1960 comme Diane Arbus ou Harry Callahan. En 1973, s'ouvre à Copenhague la « Galerie pour la photographie créative » (Galleriet for Creativ Fotografi) qui encourage la photographie expérimentale. Kristen Klein et ses paysages, Per Bak Jensen et ses images méditatives, Nanna Bisp Büchert dans un genre conceptuel ont enfin voix au chapitre.

Pour admirer la photographie danoise et internationale, le Musée national de la Photographie regroupe au bord de l'eau pas moins de 18 millions de photographies d'intérêt historique ou artistique. Plus récent, le Centre Photographique (Fotografisk Center) expose tous les ans une sélection de photographes danois émergents.

Parcours street art

Le street art s'est établi plus tardivement à Copenhague que dans d'autres capitales occidentales. Parmi ses spécificités, chaque fresque bénéficie souvent d'une façade entière. Ces œuvres géantes revitalisent des quartiers délaissés quand elles ne dissimulent pas des sites de construction. Bien que présent dans toute la ville dans des formes plus discrètes, l'art urbain se concentre dans deux quartiers : Vesterbro et Nørrebro.

Vesterbro (p.154) est une vaste galerie d'art à l'accrochage dynamique. Amusez-vous à localiser le splendide cosmonaute en apesanteur, l'immense bouquet de fleurs blanches qui pousse sur un toit ou le couple mixte, nu dans un jardin qui n'est pas sans évoquer un nouvel Éden. Dans ce quartier bourré de charme, et en particulier dans le Meetpacking district, les galeries d'art et les bars branchés se sont établis dans les abattoirs reconvertis.

Dans Nørrebro ★★★★, le Bananna Park constitue une oasis de calme et de créativité. Entre les jeux pour enfants et le bloc d'escalade gardé par des singes acrobates (peints), certaines fresques sont signées par des street artistes de renom. Signalons l'Yggdrasil de Chr Hansen, un gigantesque arbre stylisé qui ne perd jamais ses feuilles. Non loin, le **Superkilen** (p.157) abrite un projet artistique qui réunit des pièces du monde entier. Le but est de refléter la diversité sociale en égayant le mobilier public : une fontaine orientale, des bancs brésiliens et une table de ping-pong espagnole se côtoient dans la verdure.

Fresque dans le quartier de Nørrebro signifiant « Nous adorons Nørrebro ».

MUSIQUES ET SCÈNES

Comment ne pas se laisser séduire par Copenhague ? Ce joyau scandinave à cheval sur deux îles et parcouru de canaux dégage un charme hors norme, entre douceur de vivre méditerranéenne et spleen brumeux. C'est d'ailleurs sans doute ce dernier aspect qui a dû jadis envoûter nombre de jazzmen – Stan Getz et Dexter Gordon, parmi d'autres, s'y sont installés – faisant de Copenhague une capitale européenne (et mondiale) du jazz. À plus grande échelle, le Danemark est un pays de musique. Les Danois aiment chanter et entonnent à la moindre occasion de vieux chants populaires. Cette tradition est restée d'autant plus vivante que le chant choral est depuis 1814 une matière de base de l'enseignement scolaire. Peuple mélomane, les Danois cultivent un paysage musical très varié, exportant aujourd'hui dans le monde de nombreuses vedettes dans tous les genres. Un pays à voir autant qu'à écouter.

La musique classique et le théâtre

La musique danoise est traditionnellement largement influencée par l'Allemagne, et la plupart des compositeurs danois du XVIIIe siècle sont des immigrés allemands appelés à la cour royale. C'est le cas de Mogens Perdersøn (vers 1580-1623) et de l'organiste Dietrich Buxtehude (1637-1707), compositeur fécond qui, lors de son séjour à Elseneur entre 1660 et 1668, crée et anime les « concerts du soir » qui seront organisés dans la ville jusqu'en 1810. C'est également le cas au début du XIXe siècle avec Christoph Weyse (1774-1842), célèbre pour ses romances ainsi que Friedrich Kuhlau (1786-1832), connu pour ses nombreuses pièces pour flûte et pour sa musique de théâtre – dont celle d'*Elvehøj* considérée comme la première pièce danoise.

Durant « L'Âge d'or danois », période d'une exceptionnelle prolificité créative couvrant la première moitié du XIXe siècle, est créée la Société de musique (1836), une institution s'employant à promouvoir la musique danoise. Le Conservatoire royal de musique du Danemark est fondé quelques années plus tard, en collaboration avec le compositeur Johann Hartmann (1805-1900). Hans Cristian Lumbye (1810-1874), surnommé le « Strauss du Nord » est, quant à lui, nommé chef d'orchestre du Tivoli lors de son inauguration (1843) et se dédie à la diffusion de la musique de ses confrères. Niels Gade (1817-1890) participe alors, à la tête du Conservatoire, à la formation de jeunes musiciens de talent comme Victor Bendix ou Thomas Laub (1852-1927). Ceux-ci développent un style, qualifié parfois de « nationaliste », rejetant l'influence postromantique allemande et puisant leur inspiration dans la tradition nordique. Ce nationalisme musical vaudra à un brillant compositeur tel que Rued Langgaard (1893-1952), malgré le caractère parfois novateur de sa musique, de rencontrer l'incompréhension générale. Autre élève illustre de Niels Gade formé au Conservatoire, Carl Nielsen est devenu l'icône du classique danois, compositeur de renommée internationale et auteur de six symphonies et de plusieurs opéras dont *Maskarade* (1906), considéré comme l'opéra national danois

De la génération suivante, il faut citer Vagn Holmboe (1909-1996), ne serait-ce que pour son influence sur les musiciens contemporains. Ceux-ci se sont détachés de cet esthétisme moderne nordique qui limitait les champs de la composition en renouant avec l'Europe centrale. Parmi les grands de cette génération, Per Nørgård, créateur du « sérialisme organique », Ib Nørholm et Pelle Gudmundsen-Holmgreen. Ces recherches formelles avant-gardistes entraînent après les années 1960 une brutale réaction avec un mouvement prônant une « nouvelle simplicité ». Le foisonnement musical actuel du pays (certains parlent même de « deuxième Âge d'or ») a été facilité par la loi sur la musique votée en 1976. Celle-ci est destinée à aider les compositeurs, à subventionner les orchestres symphoniques, les théâtres produisant des opéras de chambre, les solistes, etc. C'est dans ce cadre qu'a été édifié le magnifique Opéra national (p.147), inauguré en 2005 avec une œuvre d'un compositeur danois, Poul Ruders. Très appréciées au Danemark, les symphonies et la musique de chambre de ce dernier sont sans doute les œuvres contemporaines les plus jouées à l'international. En 1994, la création à Copenhague d'un « opéra alternatif » au succès prodigieux contribue également à l'essor de la musique danoise marquée notamment par les œuvres exigeantes de Bert Sørensen (né en 1958), de Karsten Fundal (né en 1966) ou Hans Abrahamsen (né en 1952). Aujourd'hui, une des dernières « vedettes » est le compositeur et pianiste Frederik Magle dont l'approche très libre et métissée de la musique savante reflète la pratique de la jeune génération danoise.

Tout l'amour que portent les Danois à la musique classique se ressent dans l'architecture de l'Opéra de Copenhague ★★★★ (p.117). Bijou signé Henning Larsen, il surplombe l'eau sur son petit îlot avec prestance et dégage sobriété et élégance grâce à ses lignes et matériaux. Disposant d'une belle salle pouvant accueillir plus de 1 500 mélomanes, l'endroit est le lieu de résidence de l'Orchestre royal du Danemark (dirigé par le chef russe Alexander Vedernikov). De très bonne qualité, il n'égale cependant pas l'ensemble le plus prestigieux du pays : l'Orchestre symphonique national du Danemark. Dirigé par l'Italien Fabio Luisi (autrefois au Metropolitan Opera), il est l'orchestre responsable des meilleures interprétations de compositeurs danois comme Niels Gade, Rued Langgaard ou Per Nørgård et joue à la salle symphonique de Copenhague construite par Jean Nouvel. Appelé « Koncerthuset » en danois, le lieu est inclus dans le vaste ensemble architectural de la DR-Byen, le siège de la Société danoise de la radiodiffusion nationale. L'auditorium principal, d'un orange velouté, dispose de 1 800 fauteuils, et des panneaux amovibles modulent l'acoustique d'un espace sur plusieurs niveaux véritablement extraordinaire. Un must pour les amateurs de musique classique.

Un mot sur le théâtre danois

Méconnu en France (et peu, voire pas, joué ici) Karl Adolph Gjellerup est un des grands auteurs du pays, à la fois poète, dramaturge et romancier récipiendaire du prix Nobel de littérature en 1917. Célèbre au Danemark, sa renommée ne dépasse pas celle du dramaturge danois par excellence : Adam Gottlob Oehlenschläger (1779-1850). Précurseur du renouveau poétique danois, il est l'auteur de l'hymne national et du texte de l'*Aladdin* (1805) de Carl Nielsen. L'emblème du théâtre local, en somme, mis en scène régulièrement au Nouveau Théâtre Royal (p.142) (aussi appelé *Skuespilhuset* ou « *The Playhouse* »). Dessiné par Boje Lundgaard et Lene Trandberg, il a été inauguré en 2008 et se compose de trois belles salles et, surtout, d'un grand hall ouvert sur l'eau. C'est désormais ici qu'ont lieu les représentations théâtrales, le Théâtre Royal (p.142) (Kongelige Teater) étant devenu le lieu de résidence de la troupe du Ballet royal danois.

Carl Nielsen.

Le jazz

Le jazz fait irruption à Copenhague en 1923 lorsque le musicien Valdemar Eiberg enregistre les deux premiers morceaux du genre dans le pays : « I've Got a Cross-Eyed Papa » et « In Bluebird Land ». Très vite, les Danois sont séduits et le musicien classique Erik Tuxen (1902-1957) fonde un orchestre de jazz local. Quelques musiciens se font alors connaître et incarnent ce premier âge d'or du jazz danois comme les célèbres pianistes Leo Mathisen (1906-1969) et Kjed Bonfils (1918-1984). Réduit à l'*underground* durant l'occupation allemande, le jazz danois renaît de ses cendres à l'issue de la guerre avec entre autres Max Brüel (1927-1995), représentant du be-bop et le bassiste Erik Moseholm (né en 1930). Mais c'est l'effervescence du début des années 1960, liée à la création du Jazzhus Montmartre, (p.193) qui fait entrer la capitale danoise dans le gotha international du jazz. L'ambiance et l'aura du lieu (ainsi que l'atmosphère de la capitale) y attirent de nombreux musiciens américains tels que Stan Getz, Dexter Gordon ou Ben Webster. À leur contact, une formation danoise constituée de Kenny Drew, du bassiste Niels-Henning Ørsted-Petersen (dit NHØP) et du batteur Axel Ried se fait connaître. Le free-jazz a pour représentant John Tchicai, un immense avant-gardiste – tandis que le compositeur et trompettiste Palle Mikkelborg (né en 1941) s'impose. Passé au second plan après l'irruption du rock et de la pop, le jazz danois survit cependant grâce aux subventions du gouvernement et à un noyau de passionnés. Les vétérans sont toujours là et de nouveaux noms apparaissent : le saxo ténor Bent Jædig (né en 1935) et ses jeunes disciples Hans Ulrik (né en 1966) et Jacob Dinesen (né en 1968). NHØP fait école auprès de plusieurs remarquables contrebassistes parmi lesquels Mads Vinding (né en 1948) et Thomas Ovesen (né en 1965). Le guitariste Pierre Dørge (né en 1946) fait parler de lui avec son New Jungle Orchestra de même que le violoniste Kristian Jørgensen (né en 1967), tandis que le bon vieux style « New Orleans » survit grâce au tromboniste Ole « Fessor » Lindgren (né en 1938). Aujourd'hui, la scène danoise est toujours aussi fournie, menée par une jeune garde particulière-

ment dynamique. Parmi eux, citons le guitariste Hasse Poulsen (Danois installé à Paris), le très élégant pianiste Magnus Hjorth ou – plus pop et excentrique – Jeppe Zeeberg.
Si cette âme jazz court partout dans les artères de Copenhague, rien ne vaut un passage par le fameux **Jazzhus Montmartre** (p.193) pour goûter à son prestigieux passé. Toujours en place, on ne fait pas club plus légendaire en ville. Depuis ses débuts en 1959, il a accueilli des monstres sacrés tels que Dexter Gordon, Stan Getz ou Kenny Drew. Après avoir été fermé en 1995, le club a rouvert ses portes à une nouvelle adresse et, de nouveau, les musiciens de renom s'y bousculent. Un autre haut lieu du jazz à Copenhague, c'est le Copenhagen Jazz House qui lui aussi évoque par plein d'aspects le rôle de la capitale danoise dans l'essor de cette musique. Autrement, pour les jams live et le jazz improvisé, **La Fontaine** (p.193) est une adresse tout indiquée. Citons aussi le Palæ Bar qui peut convier quelques bons groupes de jazz dans une très bonne ambiance. Mais le clou du spectacle est évidemment le Copenhagen Jazz Festival. Grand rendez-vous du jazz international, l'événement anime chaque année les rues, cafés et clubs de Copenhague en juillet. Au programme, plus de mille concerts en dix jours – la plupart gratuits – avec beaucoup de jazzmen danois et de grands invités du monde entier.

Les musiques actuelles

Contrairement au voisin suédois, le Danemark n'a pas donné de vedettes internationales durables tant dans le domaine du rock que de la pop, en dépit d'une scène actuelle très active (avec MØ ou Oh Land comme figures de proue). Parmi les pionniers, le groupe de folk-rock psyché Steppeulvene (Les Coyottes) apparu en 1967 avec son album *Hip* est clairement la première icône de la pop culture danoise. Il faut également citer Savage Rose avec sa chanteuse Annisette Hansen, groupe formé en 1958 et toujours actif de nos jours. Dans les années 1970, c'est Gasolin', un groupe de rock issu du quartier de Christianshavn, qui a défrayé la chronique et son album *Midt om Natten* (1983) détient toujours le record des meilleures ventes. L'époque voit aussi l'apparition d'auteurs-compositeurs-interprètes dont les plus connus sont Sebastian (né en 1949) et Anne Linet (née en 1953). Par la suite, le groupe Pretty Maids, formé en 1981, a connu quelques succès internationaux, mais ce n'était rien à côté d'Aqua et du succès planétaire de son *Barbie Girl* en 1998 : plus de 28 millions de disques vendus dans le monde avant que le groupe ne disparaisse, en 2001, emporté par la fin des boys band et de la « bubblegum dance ». Aujourd'hui la pop danoise, souvent très noble et bien produite, est particulièrement appréciée dans le monde. Une scène gouvernée par les femmes où l'on croise les bijoux de folk sombre

© DMITRY POLONSKIY - SHUTTERSTOCK.COM

L'opéra de Copenhague.

d'Agnes Obel, l'électro-pop d'Oh Land dont Elton John est fan (rien que ça) ou encore cette machine à hits qu'est MØ.
Ville très portée sur l'électronique, citons aussi un pur produit de Copenhague, le label Posh Isolation, très chic maison d'électro, new wave et avant-garde. Label qui est d'ailleurs lié à la grande figure de l'underground local, Elias Bender Rønnenfelt, considéré comme le Nick Cave danois et leader du groupe de punk rock Iceage. Des artistes à écouter les yeux fermés.

Les scènes à connaître

Copenhague est une ville pour tous les amoureux de musique et les amoureux de toutes les musiques. On trouve des lieux convenant à un large éventail de goûts, certains proposant une meilleure direction artistique d'autres. Parmi eux, le Børneteater est à surveiller. Plus petite salle de Christiania elle est aussi la plus underground et programme de très bons concerts de hip-hop, rock ou électro. C'est aussi le cas de **Spillestedet Stengade** (p.192) dans le quartier branché de Nørrebro ★★★★. Plus électroniques, deux adresses très populaires sont le **Vega** (p.192), très design, installé dans un ancien siège de syndicats et le **Rust** (p.192), dédié aux « clubaholics » et demeurant une des meilleures boîtes du quartier (Nørrebro), si ce n'est de la ville. Et la saison estivale est naturellement criblée de festivals dont celui de Roskilde, considéré comme le Woodstock de l'Europe du Nord et abonné aux affiches XXL (on a pu y voir Iggy Pop, Rita Mitsouko, David Bowie ou Daft Punk...) et des rendez-vous électroniques très courus comme le Distortion Festival en juin, très agréable, qui se déroule dans les rues de la capitale ou Strøm, réputé pour sa programmation hyper pointue.

LITTÉRATURE

La littérature danoise naît autour de 1200 avec un texte en latin, *Gesta Danorum*, écrit par un moine de Sorø, Saxo Grammaticus. Les premiers textes composés en langue danoise sont des ballades, récits versifiés. Chansons de geste ou fabliaux comiques, ces ballades ont traversé les siècles par tradition orale, mais aussi écrite et elles ont été regroupées en recueil dès 1591, ce qui leur a permis d'influencer la poésie danoise au moins jusqu'à l'époque du romantisme. Au XVIIe siècle, la langue danoise est codifiée. C'est l'époque où Thomas Kingo (1634-1703) se fait connaître pour ses psaumes et sa poésie profane. Le siècle des Lumières impose une première figure : Ludvig Holberg (1684-1754), le « Molière danois », auteur de 25 comédies satiriques, très populaires encore de nos jours. Et puis bien entendu, quelques noms sont évidemment très connus à travers le monde surtout dans le monde des enfants. Tel est le cas d'Andersen…

Du romantisme au réalisme

La période préromantique est dominée par les poèmes larmoyants de Joannes Ewald (1743-1781) et surtout les écrits d'Adam Oehlenschläger (1779-1850), dramaturge et précurseur du renouveau poétique danois. Mais c'est son disciple Hans Christian Andersen (1805-1876), qui atteint la notoriété internationale grâce à ses fameux Contes, mais aussi à des récits de voyage, poèmes et romans. Tous les enfants ont un jour ou l'autre rencontré ce nom et lu l'un de ses contes ou du moins un passage. Et sans même le savoir, les plus petits d'entre eux le connaissent aussi à travers… *La Reine des neiges* bien entendu qui fait un ravage chez les petites filles depuis quelques années grâce à l'adaptation de Disney. La chanson est déjà dans

© NASTASIC - ISTOCKPHOTO.COM

Adam Oehlenschläger.

vos têtes… et pour la journée en plus. D'autres contes sont également illustres : *Le Vilain Petit Canard*, *La Princesse au petit pois*, *La petite Fille aux allumettes*, *La Petite Poucette*, sans oublier *La Petite sirène* qui a aussi connu sa version filmique. Saviez-vous qu'Andersen est né au sein d'une famille pauvre, mais tout de même heureuse ? C'est à l'âge de 14 ans qu'il quitte sa ville natale, Odense, pour Copenhague. Là, il essaie de publier ses poésies et ses pièces. C'est alors qu'il rencontre le directeur du Théâtre royal, Jonas Colin, qui le prend sous son aile et le met au collège. Il étudie ensuite à l'Université puis part à la conquête du monde en voyageant à travers les pays et en faisant de certains personnages ses amis : Victor Hugo, Franz Liszt ou encore Charles Dickens, Balzac, Lamartine ! À 30 ans, en 1835, il publie son premier recueil de contes. Il en écrira en tout 164 ! Il met en scène des rois et reines légendaires ou réels, ainsi que des personnages fantastiques comme les sirènes et les fées, et même des animaux, des plantes et des objets. Il s'inspire de ses souvenirs d'enfance et de son imagination aussi. En effet, derrière le merveilleux et le style enfantin de ses écrits, l'auteur raconte un peu de lui. Contrairement à d'autres conteurs très connus, comme Perrault et les frères Grimm, Andersen utilise un langage courant et simple ainsi que des expressions populaires. Teintés de romantisme, ses contes mêlent avec brio merveilleux et ironie, farce et tragédie. Ses six romans sont beaucoup moins connus, voire pas du tout par certains lecteurs : *L'Improvisateur* (1834) ; *Rien qu'un violoneux* (1837) ; *Les Deux Baronnes* (1848) ; *Conte de ma vie* (1855) ; *Être ou ne pas être* (1857). Il a fallu attendre quelques années avant que certains critiques modernes considèrent son œuvre romanesque comme pionnière. Il a également publié des récits de voyage : *Voyage à pied à Amager* (1828), *Promenade du canal de Holmen* (1839), *Images d'ombres rapportées d'un*

Henrik Pontoppidan et Karl Gjellerup.

voyage dans le Harz (1831), *Voyages en Suisse 1833-1873, Le Bazar du poète* (1842) qui sont les souvenirs de son voyage en Orient, *En Suède* (1851), *En Espagne* (1863), *Visite au Portugal* (1866). Il a aussi écrit de la poésie (*Fantaisies et Esquisses*, 1831 ; *Les Douze mois de l'année*, 1832…) et du théâtre (*Amour sur la tour Saint-Nicolas*, 1829 ; *La Mulâtresse*, 1839 ; *Nouvelle ruelle de l'accouchée*, 1840…). Hans Christian Andersen est l'auteur danois le plus traduit au monde et pourtant il a longtemps été moqué dans son propre pays, sa reconnaissance a débuté à l'étranger. Il continue depuis de faire le bonheur des petits comme des grands pour l'heure du coucher !

Dans un genre radicalement différent, le philosophe Søren Kierkegaard (1813-1885), reconnu comme le fondateur de l'existentialisme international, impose également son œuvre complexe et novatrice hors des frontières du royaume. En 1846, il publie *Miettes philosophiques*, et deux ans plus tard *Post-scriptum aux miettes philosophiques*. Ce post-scriptum, beaucoup plus long que le premier ouvrage, est l'un de ses écrits majeurs. Le titre est bien entendu ironique, car ce n'est pas longueur habituelle d'un post-scriptum ! Dans cet ouvrage, l'auteur s'attaque violemment à la philosophie de Hegel. Cet écrit peut être résumé par l'une de ses citations qui est que « la subjectivité est vérité ». Il s'agit d'une interrogation sur la foi et fait le distinguo entre la religiosité et l'attitude religieuse. Tout un programme, passionnant pour les amateurs ! Changement de décor avec Georg Brandes (1842-1927), créateur autour de 1870 d'un mouvement littéraire dénommé « la percée moderne » qui ouvre les écrivains danois aux influences de leurs contemporains étrangers. Parmi les membres du mouvement, le poète et romancier Jens Peter Jacobsen (1847-1885) qui introduit le naturalisme, le réaliste Henrik Pontoppidan (1857-1943), connu surtout en Allemagne, auteur du *Roman des Morts*, et Karl Gjellerupp (1873-1950).

Au XXe siècle

Johannes V. Jensen (1873-1950) est considéré comme le premier grand nom du XXe siècle. Son cycle littéraire *Le Long Voyage* lui a valu le prix Nobel… qu'aurait bien pu remporter Karen Blixen (1885-1962) si son ami Hemingway ne lui avait soufflé la récompense. Villy Sørensen (1929-2001) explore dans ses *Histoires étranges* la veine fantastique, tandis que Klaus Rifbjerg (né en 1931), très inspiré par la littérature anglo-américaine, est l'auteur d'une œuvre considérable : pas moins de 100 titres entre romans, recueils de poèmes ou de nouvelles ! Le poète Peter Højholt (né en 1928), autre figure de proue du XXe siècle, exerce une grande influence sur ses jeunes confrères. Également cinéaste, Henrik Stangerup (1937-1988), « l'enfant terrible de la littérature danoise », connaît le succès international avec une trilogie basée sur les trois stades (esthétique, éthique et religieux). Depuis lors, le romancier Jens Christian Grøndahl s'est imposé par un retour à l'analyse psychologique et en créant des personnages féminins qui marquent les mémoires. Ib Michel (né en 1945) acclimate avec succès le réalisme magique latino-américain dans *Prince* (1997) comme Peter Høeg (né en 1957) qui s'impose également sur la scène internationale. À lire également Jørn Riel (1931) et ses hilarants récits groenlandais.

© JANUSZ PIENKOWSKI - SHUTTERSTOCK.COM

Karen Blixen.

Littérature contemporaine

Morten Brask (né en 1970), avant 2007, écrit essentiellement récits de voyage, essais et textes satiriques. À cette époque, il publie *Terezin Plage* qui lui vaut la reconnaissance des critiques littéraires et qui est le « coup de cœur » des libraires français. En 2011, paraît sa seconde fiction romanesque : *William Sidis perfekte liv*. Autre écrivain contemporain de renom, Svend Åge Madsen (né en 1939), auteur de plus de 50 romans, essais et livres pour enfants et adolescents, pièces radiophoniques, et scénarios pour la télévision. Il vit actuellement dans la ville d'Århus. Parmi ses œuvres, citons : *La femme sans corps* (1986) et *Raconter les hommes* (1989). Enfin, un jeune talent, Josephine Klougart, née en 1985, mélange la poésie et la prose dans ses nouvelles. Elle a été nominée deux fois pour Le Grand Prix du Conseil Nordique. Son troisième roman, *L'un d'entre nous dort* (2012), est aujourd'hui un best-seller dans le pays. À la suite d'une rupture sentimentale, la narratrice se rend à la campagne chez ses parents pour y retrouver le calme et l'espoir de guérir. Mais elle se retrouve face à un univers qui a changé.

Littérature populaire

Moins connus que leurs voisins suédois ou norvégiens, les auteurs de polars danois ont pour figure de proue Dan Turrèll (1946-1993), qui a donné le jour au premier détective privé de la littérature danoise et Michael Larsen (né en 1961), dont les thrillers, et en particulier *Le Cinquième Soleil*, ont été traduits en français. La tradition du roman noir, assez récente dans le pays, semble se développer ces dernières années avec notamment Sara Blædel (née en 1964) qui a publié quatre romans entre 2006 et 2009. Dans la même veine, Leif Davidsen, par ailleurs grand reporter, s'est fait connaître avec des romans d'espionnage traduits en plusieurs langues. *L'Ennemi dans le miroir* (2004) a déchaîné les passions. Ses deux derniers romans s'intitulent *L'Épouse inconnue* (2006) et *À la recherche d'Hemingway* (2008). Il faut aussi citer *Libri di Lucca* de Mikkel Birkegaard, best-seller au Danemark. En 2008, le pays a dû dire adieu à Jakob Ejersbo, né en 1968, et qui a bouleversé la littérature contemporaine danoise. Sa trilogie sur l'Afrique (2009), avec d'abord *Exil*, puis *Révolution* et enfin *Liberté*, est considérée parmi les plus grandes trilogies scandinaves. L'auteur y présente une histoire basée sur sa propre vie en Afrique, où le monde occidental rencontre le tiers monde.

Trois prix Nobel de littérature

Si certains de ces trois noms ont déjà été évoqués rapidement un peu plus haut, il est temps à présent de s'y pencher plus longuement. Trois écrivains danois ont donc reçu le prix Nobel de littérature qui ne garantit pas forcément une gloire posthume internationale, puisqu'il faut le dire, ils sont peu connus et peu lus en France. Les deux premiers, Pontoppidan et Gjellerup, ont été récompensés conjointement en 1917 : il est vrai que l'époque se prêtait assez peu à la lecture. Karl Gjellerup (1857-1919) est principalement lu pour ses deux premiers romans : *Minna* (1887) et *Le Moulin* (1896). Il a également écrit des recueils de nouvelles, des pièces de théâtre et de la poésie. C'est « pour sa poésie variée et riche, inspirée par de grands idéaux » qu'il est couronné par le prix Nobel ! Henrik Pontoppidan (1857-1943) est un auteur réaliste connu entre autres pour son recueil de nouvelles *Ailes rognées*. Il reçoit cette haute distinction pour « ses descriptions authentiques de la vie de tous les jours au Danemark ». C'est également une période troublée qui a vu le couronnement du troisième, Johannes V. Jensen, puisque c'est en 1944 que l'Académie suédoise l'a distingué « pour la rare force et la fertilité de son imagination poétique avec laquelle se combine une curiosité intellectuelle de large portée et un style audacieux et fraîchement créatif ». Il reste à souhaiter qu'il ne faille pas une troisième guerre mondiale pour qu'un autre écrivain danois soit reconnu par la prestigieuse assemblée !

TOP 10

LECTURE

Découvrir des auteurs d'hier et d'aujourd'hui et admirer les us et coutumes ainsi que l'histoire de ce beau pays.

MINUIT À COPENHAGUE

© ÉDITIONS DE L'AUBE

Une série noire très appréciée, un héros adoré par les lecteurs, une lecture à recommander ! Dan Turèll. *Éditions de l'Aube, 2016*

LES PLUS BEAUX CONTES D'ANDERSEN

Quelques-uns des plus beaux contes avec de superbes illustrations. Pour les petits comme pour les plus grands… Andersen. *Éditions Auzou, 2012*

CÉLINE AU DANEMARK : 1945-1951

Des Documents inédits et photographies pour découvrir l'exil de l'auteur Céline au Danemark alors que le gouvernement français le réclame. David Alliot et François Marchetti. *Éditions du Rocher, 2008*

COPENHAGUE, LES RECETTES CULTES

100 recettes témoins des traditions culinaires du pays ! Christine Rudoph et Susie Theodorou. *Marabout, 2019*

L'ÉTOILE JAUNE

© L'ÉTOILE JAUNE, DE CARMEN AGRA DEEDY – HENRI SORENSEN, 2003, ÉDITIONS MIJADE

Un livre jeunesse sur ce roi qui a défendu les Juifs de son pays. La légende du roi Christian X du Danemark, Carmen Agra Deedy. *Éditions Mijade, 2007*

LES VIKINGS EN 200 OBJETS

© ÉDITIONS OUEST-FRANCE

Un bel ouvrage pour découvrir les objets qui témoignent de la richesse et de la diversité de cette civilisation. Collectif. *Éditions Ouest-France, 2019*

COUP DE CHAUD À COPENHAGUE

© CRÉATION STUDIO J'AI LU. STUDIO PIAUDE D'APRÈS © SHUTTERSTOCK - LIGHT_S, VIKTORIYA PA, RED MONKEY

De la *chick lit* parfaite pour la plage, existe aussi en numérique ! Julie Caplin. *J'ai lu, 2019*

LE NAUFRAGE DE LA VESLE

Bienvenue dans l'univers drôle et touchant de l'auteur. Rires assurés ! Jørn Riel, Mari et autres racontars, *Gaïa éditions, 2009*

DICTIONNAIRE DU DESIGN

Un beau livre pour admirer le savoir-faire des designers scandinaves. Bernd Polster. *Scandinavie Seuil, 1999*

SAISON À COPENHAGUE

© FOLIO

Entre souffrance et désespoir, une splendide histoire d'amour. Karen Blixen. *Folio, 2009*

À L'ÉCRAN

Le Danemark a de bonnes raisons d'être fier de son cinéma, une tradition vieille d'un siècle qui compte parmi les premières au monde. Le photographe Peter Elfelt posa les premières pierres dès 1897 avec *Des chiens groenlandais tirent un traîneau*, séquence documentaire tournée deux ans après le premier film des frères Lumière. En 1903, c'est également Elfelt qui réalise le premier film de fiction : *The Execution*, qui raconte l'exécution d'une femme condamnée à mort pour le meurtre de ses enfants. Par la suite, les productions danoises se sont caractérisées par leur réalisme, leurs thèmes religieux et moraux, leur goût pour le sexe et pour les innovations techniques, notamment grâce aux cinéastes du Dogme95. Concernant la production cinématographique, la société Nordisk Film est l'un des plus anciens studios du monde encore en activité. Créée dès 1906 par Ole Olsen, elle a permis au cinéma danois de se développer et de s'exporter à travers le monde.

1900-1940, le cinéma muet, entre religion et érotisme

La première vamp de l'histoire du cinéma est danoise : Asta Nielsen, devenue une icône du muet suite à une scène de danse considérée comme hautement érotique dans *Afgrunden* en 1910 (*The Abyss*), censurée aux États-Unis. Une autre star du cinéma danois muet est Carl Theodor Dreyer, bien qu'il fût longtemps boudé dans son pays et d'abord reconnu à l'étranger, notamment en France. Il eut des difficultés pour trouver les financements au Danemark en raison de son pessimisme et de son goût pour le surnaturel qui déplaisait aux producteurs. Parmi les chefs-d'œuvre qu'il a réalisés, *La Passion de Jeanne d'Arc* (1928), tourné en France avec Renée Jeanne Falconetti, et *Ordet* (*La Parole*, 1954).

Films de genre

La plupart des films des années 1930-1980 sont des comédies, sauf exception, comme les films noirs de l'actrice et réalisatrice Bodil Ipsen, co-réalisés avec Lau Lauritzen Jr. En 1942, *Afsporet* est le premier film de ce genre, un drame psychologique qui raconte une relation érotique entre une femme mariée amnésique et un voleur. Leur film *De Røde enge* (*La terre sera rouge*), à propos de la résistance danoise, remporte le grand prix à Cannes en 1946. Bodil Ipsen donne son nom à la récompense cinématographique danoise : les Bodilprisen. Dans les années 1960-1970, les films érotiques danois commencent à attirer l'attention des spectateurs à travers le monde. À la fin des années 1960, le Danemark devient le premier pays à légaliser la pornographie, et à gagner, par conséquence, une réputation sulfureuse et avant-gardiste.

Années 1980 : reconnaissance internationale

C'est surtout à partir des années 1980 que le cinéma danois marque la scène internationale lorsque *Le Festin de Babette* de Gabriel Axel remporte un Oscar en 1988. L'histoire se situe après la Commune de 1871, tandis que Babette, une jeune Française entre au service de deux sœurs puritaines, filles d'un pasteur, dans un petit village du Danemark.

Cette même année, Bille August reçoit la Palme d'Or à Cannes pour *Pelle le conquérant*, puis une seconde fois en 1992 pour *Les Meilleures Intentions*. C'est l'un des neufs rares réalisateurs à avoir reçu à deux reprises la prestigieuse récompense !

Tandis qu'il remportait à deux reprises le prix CST de l'artiste technicien à Cannes, en 1984 pour *Element of Crime*, puis en 1991 avec *Europa*, Lars von Trier s'est fait remarquer par la critique autant par sa recherche formelle que par la violence mise en scène dans ses œuvres. Après une mini-série télévisée qui a tenu en haleine tout le Danemark : *Riget* (*L'Hôpital et ses fantômes* en français) diffusée entre 1994 et 1997, Lars von Trier a totalement convaincu de son talent avec *Breaking the Waves* (1996) : gagnant le Robert 1997 (la plus haute distinction du cinéma danois), le grand prix du jury à Cannes, et obtenant un grand succès dans les salles des pays européens.

Grâce au Robert 1998, qui revient à *Barbara*, de Nils Malmros, le public peut découvrir ou redécouvrir l'archipel des îles Féroé. Tourné dans les vieux quartiers de Hoyvík et Tórshavn, le film est la deuxième adaptation du roman éponyme publié en 1939 de l'écrivain féroïen Jørgen-Frantz Jacobsen. Il s'agit de l'histoire de Beinta Broberg qui épousa successivement trois pasteurs de l'archipel.

Dogme95

Mouvement lancé par plusieurs réalisateurs danois, dont Lars von Trier et Thomas Vinterberg en 1995, le Dogme95 énonce dix commandements qui rejettent tout artifice (musique, lumière, décor, caméra fixe, etc.). Considérant que Hollywood, les productions onéreuses et les effets

© TANIAVOLOBUEVA - SHUTTERSTOCK.COM

Thomas Vinterberg.

spéciaux avaient nui au cinéma, ils firent vœu de chasteté en s'imposant caméra à l'épaule, lumière naturelle, musique intradiégétique (dont la source doit être contextualisée à l'intérieur du film) et en favorisant des expériences repoussant les limites du jeu des acteurs (dont des scènes de sexe non simulées). Parmi les films labellisés Dogme95, on compte *Festen* de Vinterberg, récompensé par le Prix du jury à Cannes en 1998, *Les Idiots* de Von Trier, ou encore *Julien Donkey Boy* de Harmony Korine et *Open Hearts* de Susanne Bier.

Années 2000

Le cinéma danois, dont la renommée est désormais établie, continue de se distinguer par des prix et des collaborations internationales, ainsi que l'arrivée de nouvelles figures.

D'abord cinéaste du Dogme, Susanne Bier s'en détache et gagne en renommée internationale. Elle est nommée en 2006 pour l'Oscar du meilleur film étranger avec *After the Wedding*, mais la consécration arrive en 2011 pour *Revenge* avec un Golden Globe et un Oscar du meilleur film étranger.

Entre 1996 et 2005, Nicolas Winding Refn sort la trilogie des *Pusher* qui le fait connaître au grand public et lance notamment la carrière de Mads Mikkelsen. Cet acteur danois emblématique a été révélé par son jeu froid et nerveux en tant que némésis de James Bond dans *Casino Royale* en 2006. En 2012, l'acteur remporte le prix d'interprétation masculine pour son rôle dans *La Chasse* de Thomas Vinterberg. En 2020, l'acteur et le réalisateur sont à nouveau réunis pour la comédie dramatique *Drunk*, qui se questionne sur les bienfaits et les méfaits de l'alcool - pari gagnant, il remporte l'Oscar du meilleur film étranger.

Citons encore *The Danish Girl* (2016), qui, bien que réalisé par le Britannique Tom Hooper, est inspiré de l'histoire de la danoise Lili Elbe, née Einar Wegener, première personne à bénéficier d'une chirurgie de réattribution sexuelle en 1930. Le film remporte le Queer Lion à la Mostra de Venise.

Les séries TV

La série policière américaine *The Killing* est adaptée de la série danoise *Forbrydelsen* créée par Søren Sveistrup. La deuxième saison remporte le prix de meilleure production européenne au Festival de Télévision de Monte-Carlo en 2010. Elle se termine en 2012, mais la version américaine continue jusqu'en 2014.

Adam Price est un auteur de série salué par la critique. Parmi ses créations : *Borgen* (2012) qui suit la montée au pouvoir d'une femme au Danemark, qui bien que fictive, rappelle la vie de Helle Thorning-Schmidt, ancienne Premier ministre du pays. Également *Au nom du Père* (2017) qui dépeint une famille de pasteurs, aux prises avec ses démons. Il collabore actuellement avec Michael Dobbs, créateur de *House of Cards* pour une nouvelle série politique à suivre de près, intitulée *The Club*.

POPULATION

Du point de vue des Scandinaves, les Danois se caractérisent curieusement par une certaine indolence toute méridionale ! Ils sont chaleureux, accueillants, ils aiment prendre le temps de se retrouver autour d'un verre en terrasse ou de flâner, et sont plutôt d'un nationalisme bon enfant. Du point de vue des Latins, le côté « propreté et ordre » les associe systématiquement à l'idée de discipline toute nordique. Pour exemple, on s'énerve rarement en faisant la queue à la Poste, on attend avant de traverser une rue que le feu soit vert pour les piétons, même en l'absence de toute voiture à l'horizon et on respecte les espaces réservés aux cyclistes ! Les Féroïens peuvent paraître froids ou distants, voire taciturnes, sauf quand il s'agit de météo ! Pourtant, ils se révèlent généreux, amicaux et très hospitaliers. Ils sont d'un pragmatisme évident et ont une grande estime pour la tradition.

Une nation viking

On peut considérer qu'historiquement et majoritairement, la population danoise est d'origine scandinave, avec des individus d'origine inuite et féroïenne issus des territoires autonomes du Groenland et des îles Féroé. À cela s'ajoute une minorité officielle allemande qui compte environ 25 000 individus originaires d'un territoire, l'ancien amt du Jutland-du-Sud – autrefois un département danois correspondant au Schleswig septentrional allemand – et aujourd'hui intégré dans le Syddanmark danois. Il faut remonter jusqu'en 3000 avant J.-C. pour trouver la trace des ancêtres danois : des nomades vivant de chasse et de pêche, originaires du sud-est de l'Europe. Mille ans plus tard, le Danemark est colonisé par des Indo-Européens, émigrants issus du Moyen-Orient, puis par les Cimbres, une tribu danoise du nord de la péninsule, dont les conquêtes rappellent étrangement les campagnes vikings, fameux ancêtres des Scandinaves qui peuplent le Danemark dès le début du IXe siècle. On comptait alors environ deux millions d'habitants sur le territoire. Le Danemark compte désormais 5,8 millions d'habitants, ce qui représente environ 1,5 % de la population totale en Europe. La répartition de la population est relativement égale, avec une concentration plus importante toutefois dans l'agglomération de Copenhague, un peu moins du tiers de la population totale : 1,3 million d'habitants. Viennent ensuite les villes d'Aarhus (315 000 habitants), Odense (175 000) et Ålborg (130 000).

Au 1er avril 2020, le nombre d'immigrés (1re et 2e générations confondues) représentait 13,9 % de la population. La communauté turque étant la plus importante suivie par une majorité d'Européens (160 000 personnes), d'Asiatiques (57 000), d'Africains (24 000) et de Nord-Américains (6 000). Un pourcentage qui devrait se

© WDNET CREATION - SHUTTERSTOCK.COM

Place Amagertov, Copenhague.

© LAURADIBIASE - ISTOCKPHOTO.COM

Les runes inscrites sur les pierres de Jelling.

stabiliser ou diminuer dans les années à venir, en raison d'une politique de plus en plus stricte en matière d'immigration. En 2002, le gouvernement conservateur, nationaliste, imposait la règle dite des 24 ans : les Danois ne sont autorisés à se marier avec des étrangers que si les deux fiancés ont plus de 24 ans et remplissent un ensemble de conditions drastiques. En 2015, le pays adoptait une loi controversée de confiscation, qui permet de saisir aux migrants leur argent liquide et leurs objets valant plus de 1 340 euros. En 2018, la petite île de Lindholm est transformée en un centre de rétention à ciel ouvert pour les étrangers condamnés à une peine de prison, mais que les conventions internationales empêchent de renvoyer dans leur pays d'origine. En 2019, les demandes d'asile sont à leur plus bas niveau depuis 2008.

Une langue ancienne

Le danois fait partie du groupe des langues germaniques. L'ancien norrois, langue viking, fut utilisé en Scandinavie du VIe au XIIIe siècle. L'alphabet alors utilisé consistait en signes divers appelés runes dont on retrouve encore des traces sur les fameuses pierres runiques de Jelling (p.265). Les langues scandinaves se sont ensuite diversifiées en introduisant l'ancien danois jusqu'au XVIe siècle, puis le danois moderne usité de nos jours. On retrouve néanmoins de grandes similarités entre le danois, le norvégien et le suédois. Ceux qui maîtrisent l'allemand n'auront pas trop de mal à s'y faire, du moins à la lecture ; en revanche, la prononciation et la compréhension sont plutôt difficiles ! Utile à savoir lorsqu'on consulte un index, un dictionnaire ou un annuaire danois : il y a trois lettres de plus que dans notre alphabet, et elles se retrouvent en fin de liste, après les 26 lettres que nous connaissons en français, dans cet ordre : æ (« è »), ø (« eu »), å (« o »). Par ailleurs, le y se prononce « u ». Sachez aussi qu'en danois, le vouvoiement a été abandonné car jugé trop inégalitaire. On ne dit plus « vous » qu'à la reine… Vous pouvez vous essayez au danois en plaçant des *tak* (merci) ou *farvel* (au revoir) pour faire couleur locale, mais les Danois parlent couramment l'anglais ce qui facilite les échanges et la compréhension pour les petits mots de la vie courante. Sinon employez tout simplement le français : les mots « merci » et « bonjour » sont encore compris, même si la francophonie est en recul. En revanche, il existe des situations pour lesquelles vous aurez besoin d'un peu de vocabulaire, pour déchiffrer un menu au restaurant ou si vous vous heurtez à une porte fermée. Pour ce qui est des toilettes, pas de soucis, on trouve la lettre D pour Damer et H pour Herrer, aucune confusion possible pour les francophones qui assimileront d'emblée à D pour « Dames » et H pour « Hommes » (littéralement « Messieurs »).

Du côté des îles Féroé

Les Féroïens sont issus des Gall Gàidheal, un peuple né des rencontres entre les Vikings et les Celtes. La population s'élevait en 2020 à 52 656 personnes, chiffre le plus haut de toute l'histoire insulaire, avec près de la moitié vivant dans la capitale, Tórshavn. Une île où il fait bon vivre puisque l'espérance de vie des hommes est de 80,4 ans et de 85,3 ans pour les femmes. En 2019, le nombre de citoyens étrangers et d'immigrés recensés était respectivement de 2 040 et 1 760 personnes. Les îles se distinguent par leur taux de fécondité de 2,4 : le plus élevé d'Europe, et pourtant de nombreuses femmes quittent l'île pour le continent.

Côté immigration, les statistiques de 2014 montraient que 87 % des ressortissants étaient issus des pays nordiques. Les Danois représentaient 77,5 %, le Groenland (1,5 %), l'Islande (2,9 %), la Norvège (3 %), la Suède (1,8 %) et la Finlande (0,0 %). Les 8,3 % restant correspondaient aux immigrants venus de 90 pays différents dont une majorité européenne : Croatie, Macédoine, Pologne, Roumanie, Russie, Serbie, Lituanie, Royaume-Uni, États-Unis, Canada. Les pays asiatiques (Thaïlande, Philippines, Indonésie...) représentaient la communauté étrangère la plus importante qui se caractérise par une migration surtout féminine. Ces chiffres reflètent l'émigration des femmes féroïennes, en attente que la société féringienne évolue vers davantage d'égalité et de tolérance. Une exception en Scandinavie (plutôt exemplaire en matière de parité) liée au fait que dans ces îles conservatrices, 66 % des femmes travaillent à temps partiel, et seuls 6 % des hommes prennent un congé parental.

Une langue insulaire propre

La langue nationale est le féroïen. Le danois, deuxième langue officielle, ainsi que l'anglais - langue optionnelle très facilement utilisée - sont enseignées dans toutes les écoles. Le féroïen est également une langue germanique qui prend ses racines du vieux norrois tout comme l'islandais, le norvégien, le danois et le suédois. Bien que proche de ces langues scandinaves, les Féroïens sont les seuls à la parler dans le monde et elle reste un peu hermétique, y compris au sein du cercle linguistique nordique ! Alors, pour un Français, nous vous laissons imaginer la complexité ! C'est en 1846, que Venceslaus Ulricus Hammersheimb, un ministre luthérien féroïen, développa son système d'orthographe. Pour vous dépatouiller des complexités phonétiques, une fois sur place lors de votre séjour, une application gratuite de traduction a été mise au point : Féroé Islands Translate. Vous tapez votre mot ou une phrase et vous recevez presque instantanément une traduction vidéo réalisée par un Féroïen bénévole ! Facile lorsque vous devez vous exprimer vos sentiments sans tarder par un « Je t'aime » ou que voulez dire « Je voudrais une bière » !

Des solutions face à la problématique d'intégration

À la veille des élections de 2015, le Comité pour l'élimination de la discrimination raciale de l'ONU a examiné un rapport présenté par le Danemark, ce dernier ayant mis en place une unité antidiscrimination au sein du ministère chargé de l'Intégration, et préparé un nouveau plan pour l'intégration sur la question de l'accès à l'emploi sans inégalité. Ce rapport, incluant les représentants du Groenland et des Îles Féroé, faisait état que 45 % de personnes d'origine ethnique minoritaire étaient victimes de discrimination dont la communauté Rom. Il soulevait par ailleurs la situation des Inuits. Le rapporteur avait aussi noté la montée de la propagande xénophobe dans les discours politiques et les médias, de la montée de l'islamophobie et de l'attaque terroriste contre la communauté juive commise en février 2015. De même, la question de la liberté d'expression et de l'incitation à la haine avait été soulevée après l'accord donné par le Parlement danois à une exposition d'œuvres racistes d'un artiste suédois plusieurs fois condamné pour racisme dans son pays. En conclusion, le rapport faisait état des diverses mesures optimistes et positives prises par le gouvernement danois pour lutter contre le racisme et la xénophobie ainsi que des mesures d'intégration.
Le sujet de l'immigration concerne de nombreux pays européens, la fiction traite souvent de cette problématique que ce soit dans des séries télévisées, comme *The Team* (série policière où collaborèrent l'Allemagne, la Belgique, l'Autriche et le Danemark), qu'au cinéma.

Bateau dans le port de Tórshavn.

SOCIÉTÉ

Il paraîtrait que le Danemark serait le pays des gens heureux ! Encore mieux, diverses statistiques internationales affirment que les Danois seraient les gens les plus heureux de la planète ! Tandis que nous, les Français, occuperions la 62e place… Une pointe de jalousie pourrait nous amener à penser : comment est-ce possible ? Voilà bien un mystère quand on sait qu'ils vivent une partie de l'année dans l'obscurité sous une météo peu clémente ! Eh oui, envers et contre tout, les Danois forment un peuple convivial et ouvert d'esprit, un peuple où femmes et enfants tiennent leur place dans la société et cela depuis fort longtemps, un peuple qui se distingue par sa tolérance, son engagement et sa discrétion. Un pays exemplaire qui fut l'un des premiers à reconnaître les couples et le mariage homosexuels. Un pays qui peut également servir de modèle en matière de systèmes éducatifs et sanitaires, comptés parmi les meilleurs du monde.

Un État-providence ?

Quel est donc le secret de ce petit pays ? Plusieurs facteurs expliquent cette énergie positive. Laborieux et travailleur, Le Danemark se place parmi les plus riches pays au monde bénéficiant d'une croissance économique stable avec presque pas de chômage. Fort de sa politique sociale-démocrate, l'État prend soin de ses habitants, ce qui a un effet très rassurant. Si la santé, l'école, l'université, les formations, sont totalement gratuits, chaque citoyen paie entre 60 et 80 % d'impôts. Ici, l'État et l'individu ne s'opposent pas. Au contraire, ils ont les mêmes intérêts et ne font qu'un, ce qui annihile tout rapport de force. Sans doute un héritage du protestantisme qui valorise l'individu plutôt que le groupe ! L'absence de tension concourt au bien-être… Et la jeunesse en sort renforcée et indépendante. À 18 ans, 90 % des jeunes ont quitté le nid parental. La pression sociale exercée sur eux est moins forte. On a droit à l'erreur, à changer de parcours d'études, on peut même interrompre ses études pour réfléchir quelques mois, se réorienter. Le diplôme ou le réseau social ont moins d'influence que les aptitudes du futur salarié !

Ceci est possible grâce à un système éducatif performant. Il faut dire que l'État dépense une partie importante de son budget en matière d'éducation : 8 % du PIB (5 % en France). Les infrastructures scolaires sont modernes : accès à Internet, nombreux équipements sportifs et aires de terrains de jeux… L'enseignement dispensé est beaucoup plus souple que celui que nous connaissons : les rapports entre enseignants et élèves sont moins rigides (on tutoie les professeurs) et le contrôle continu évite le stress des examens répétés. Peu d'élèves choisissent de se diriger vers des études universitaires dès l'obtention du baccalauréat : souvent, ils voyagent afin d'épanouir leur personnalité et d'élargir leur champ d'expériences tout en profitant d'un système de points qui permet d'accéder plus facilement à l'université. Une fois inscrit, une bourse d'étude leur est octroyée automatiquement pendant cinq ans, toutes classes sociales confondues : l'équivalent de 500 euros mensuels ! L'enseignement parallèle occupe également une place importante : de nombreux cours du soir sont subventionnés par l'État, les écoles privées sont très fréquentées (***højskole***) et proposent une foule d'activités destinées à parfaire les connaissances dans un domaine spécifique avant de poursuivre son éducation dans des établissements d'enseignements supérieurs.

Le Danemark est également avant-gardiste en matière de sécurité sociale. L'organisation de l'assistance publique date de 1849, date de la première Constitution danoise. On garantissait déjà une aide minimale aux malades sous forme de subventions ou de soins. Le système d'assurance maladie universelle repose sur un principe d'assurance nationale décentralisée. Si l'État gère la partie administrative, les autorités régionales et municipales possèdent et gèrent les structures hospitalières, elles financent la totalité des professionnels de santé et des praticiens libéraux conventionnés. Toute personne ayant la qualité de résident au Danemark a droit aux soins de santé. Les soins médicaux et hospitaliers sont gratuits ainsi que les soins dentaires ou optiques. La consommation de médicaments y est plus faible que dans tous les autres pays européens.

La vie de famille

Au Danemark, l'arrivée de bébé donne droit à 52 semaines de congés parentaux. Quatre semaines pour la mère avant l'accouchement puis 14 après, les 32 autres semaines sont réparties entre les parents selon leur envie ! En revanche, elles sont indemnisées de façon variable, en fonction des conventions collectives. Cela a de quoi nous faire rêver ! Depuis 2017, le gouvernement s'est lancé dans une campagne choc pour inciter les pères à profiter de cet acquis social et de leur nouveau-né. Certains employeurs jouent vraiment le jeu. Pour exemple, le laboratoire pharmaceutique Novo Nordisk, le promeut en vrai argument de recrutement et verse à l'ensemble de ses employés la totalité de leur salaire pendant leur absence.

© LKOIMAGES - SHUTTERSTOCK.COM

Parents à vélo dans Copenhague.

La vie de famille est importante, alors tout est fait pour la concilier avec la vie professionnelle. La durée légale du travail est de 37 heures par semaine, les journées commencent très tôt, la pause déjeuner flirte avec la demi-heure mais à 16 heures, tous les bureaux se vident. Il est temps d'aller chercher les enfants à l'école. Ici pas d'obligation d'avoir une baby-sitter à la maison en attendant le retour des parents, ni de courir à la crèche le regard fixé sur la montre, car de nombreuses entreprises ont une structure d'accueil sur place. Et ce n'est pas négligeable, d'autant que 80 % des femmes danoises travaillent. C'est l'un des taux les plus élevés au monde ! Le concept de l'enfant-roi a dû naître ici, au pays des contes d'Andersen : les plus grands musées leur ouvrent spécialement des salles, les parcs regorgent d'aires de jeu. On les emmène partout avec soi (surtout à vélo, à l'arrière ou dans le cargo à l'avant). Des cinémas organisent des séances spéciales pour permettre aux parents de vivre normalement. En 1997, le parlement a voté une loi permettant de porter plainte contre leurs parents qui donnent une fessée ! Autre facteur familial important : le mélange des générations. Le poids de la tradition rassemble les familles, même les plus désunies, autour de petits événements ou de fêtes traditionnelles, comme le montre l'importance de la célébration des anniversaires ou encore des festivités de Noël. Les couples se marient de plus en plus tard : à 33 ans pour les hommes, 30 ans pour les femmes. Quant aux divorces, il semble que le taux de séparation ait atteint son maximum dans les années 1970 : un mariage sur deux contre un sur trois aujourd'hui. Raison pour laquelle le taux de concubinage est très élevé, un couple sur cinq.

Famille et mariage concernent aussi la communauté gay. Les homosexuels, homme ou femme, peuvent se marier civilement depuis 1989 (une première mondiale) avec les mêmes droits en matière de fiscalité ou d'héritage qu'un couple hétérosexuel. Plus de 2 000 couples ont ainsi déjà fait leur déclaration de vie commune. Depuis mars 2009, l'adoption pour les couples homosexuels est légale et en 2012, la loi autorisait le mariage à l'Église luthérienne d'État. De nouveaux statuts qui marquent bien le degré de tolérance des Danois à l'égard d'une communauté qui demande simplement le « droit à l'indifférence ». La vie gay danoise est particulièrement active, tant sur le plan associatif que sur celui de la vie nocturne.

Une parité décomplexée

Dans les pays scandinaves, les femmes occupent une place sociale importante. Et ce n'est pas nouveau ! Déjà, durant l'âge viking, elles se voyaient confier de lourdes responsabilités. Le Danemark a toujours été pionnier en matière d'avancées des droits des femmes, en témoignent les nombreuses conquêtes et droits acquis depuis le début du XXe siècle, bien avant les pays voisins. Pour exemple, le divorce par consentement mutuel fut autorisé en 1790 (avant la France et la loi du 20 septembre 1792). Les Danoises furent également les premières femmes à participer aux Jeux olympiques à Athènes en 1906. Si leur droit d'accès au trône se fait de manière égalitaire depuis des siècles, elles n'obtinrent le droit de vote qu'en 1915 (1944 en France). De même, le principe d'égalité pour l'entrée dans la fonction publique fut posé en 1921. En 1924, Nina Bang était la première femme au monde à accéder au poste de ministre de l'Éducation nationale, mais ce n'est qu'en 2011 que Helle Thorning-Schmidt, chef des sociaux-démocrates danois, devenait à 44 ans la première femme à occuper le poste de Premier ministre. De nos jours, elles ont acquis une égalité réelle : les écarts de salaires sont moins élevés qu'ailleurs en Europe et une législation sévère a été mise en place pour lutter contre les discriminations sexistes. Grâce aux nombreuses crèches (70 % des enfants de 3 à 6 ans fréquentent les jardins d'enfants), il est plus facile de reprendre rapidement le travail après avoir eu un enfant.

Le hygge : la recette du bonheur ?

Plus que jamais à la mode, le hygge danois a tendance à envahir nos habitudes de vie. Mais qu'est-ce que le hygge ? Outre le nom difficile à prononcer, c'est avant tout un état d'esprit. Si sa définition littérale se rapproche du mot « bien-être » en vieux norrois, usuellement, elle signifie créer une atmosphère chaleureuse et profiter de la vie. Alors pour se sentir bien, commencez par allumer des bougies ! Un ciel couvert, de la lumière à l'intérieur. Chaque année, les Danois consomment 6 kilos de bougies par personne. Pour info, un rabat-joie se dit *lyseslukker*, c'est-à-dire « celui qui éteint les bougies » ! Ensuite, préparez une boisson chaude réconfortante, café, thé, chocolat viennois, tisane, grog, vin chaud… que vous boirez bien pelotonné sous un plaid, devant la cheminée c'est encore mieux. 86 % des Danois associent les boissons chaudes au hygge. Ce qui fait d'eux les quatrièmes plus grands buveurs de café au monde. Puis, mangez ce qui vous fait plaisir. Chocolat, confiseries, pâtisseries... Les Danois consomment environ 8 kg par an de sucreries, soit deux fois plus que la moyenne européenne. Si le sucre vous culpabilise, cuisinez en famille ou entre amis. La règle d'or au Danemark : plus un plat mitonne, plus il sera hygge ! Alors, à vos recettes de famille ! Ou mieux, pédalez ! Les études scientifiques l'ont prouvé : les personnes qui se rendent au travail à vélo sont plus heureuses que celles utilisant la voiture ou les transports en commun. Voilà pourquoi, la ville de Christiana (Copenhague) a inventé le vélo-cargo. En plus d'être un moyen de se déplacer écolo, on peut embarquer couvertures, pique-nique, musique… tout ce qu'il faut pour prolonger le hygge même en été !

DÉCOUVRIR

Le « hygge » ou l'art de vivre à la danoise.

© SORINCOLAC - ISTOCKPHOTO.COM

Maisons à Tòrshavn.

Vivre à la danoise

L'art de vivre danois est peut-être avant tout un art d'habiter la ville ou le village, l'immeuble ou le quartier, mais en premier lieu l'appartement ou la maison. Les Danois sont pour les 2/3 propriétaires de leur habitation et ils attachent une attention toute particulière à leur intérieur. Ce n'est pas pour rien que le design danois s'est fait connaître internationalement. Les lignes épurées participent au côté intemporel de son style si caractéristique, elles ont su lui donner ses lettres de noblesse. Ce style est lié au rapport très intime et permanent entretenu par les populations nordiques avec la nature, à la fois source d'inspiration et matière première. La lumière occupe une place majeure dans l'agencement. Les fenêtres sont hautes, sans volet ni rideau, et il ne se trouve pas une pièce sans lampes ou bougies sur les rebords de fenêtres. Icône du design danois, la lampe The Lantern, familièrement appelée Le Klint, créée par Karre Klint en 1944, illumine toujours les intérieurs privés tout comme les lieux branchés. Les couleurs sont douces et claires et le bois dominant (parquet et mobilier). S'il est un mot pour caractériser ces intérieurs, c'est *hyggeligt*. Terrasses, balcons, toitures se couvrent de végétation. Quand les plantes ne se développent pas en extérieur, elles habillent les lobbys d'immenses jardins verticaux foisonnants de verdure, avec de temps en temps, un goût pour l'exotisme et les palmiers.

Si l'expérience de vie à la danoise vous tente, contacter Meet the Danes, un concept créé en 2001. Vous vous inscrivez sur leur site meetthedanes.com et vous serez invité à partager un repas cuisiné spécialement pour vous chez un des hôtes membres, un moment de convivialité en soirée ou le week-end au déjeuner.

Vivre à la féroïenne

La vie insulaire détermine un renforcement de la solidarité et du regroupement. L'art de vivre y est plus rustique. Aux îles Féroé, peu d'habitat dispersé mais de coquets petits hameaux aux maisons construites en bois et très souvent peintes d'un rouge profond. Ne soyez pas étonné de découvrir à la belle saison, les habitants tondre l'herbe… de leur toiture ! En effet, fort de la tradition viking, le style est toujours là. Des maisons basses protégées par d'imposants toits recouverts d'herbe, bien enfoncées dans le sol pour résister aux violents changements de vent et de pluie. La maison de pêcheur repose sur un sous-sol de pierres blanchi à la chaux. Ses murs sont souvent goudronnés d'un brun plus ou moins foncé, l'encadrement des fenêtres peints en blanc contraste et accentue la luminosité, pas de volets ou de contrevents car le plus petit rayon de soleil est le bienvenu. Et tradition oblige, un toit d'herbe épaisse. À Tórshavn vivent 20 000 habitants, soit 40 % de la population de l'archipel. Une croissance qui a bien évidemment nécessité une planification urbaine mais les Féroïens continuent à préférer vivre en cellule familiale dans des maisons individuelles plutôt que dans des habitats collectifs. On aime à se retrouver autour d'un morceau de poisson séché et d'un ragoût d'agneau *raest* c'est-à-dire fermenté (ouaip !) ou dans un pub chaleureux pour partager une bière locale. Autre façon de s'intégrer à la culture féroïenne, le « *heimablídni* » prononcez « hi-mɑ-blydne » que l'on peut traduire par « hospitalité à la maison ». Une expérience culinaire autour d'un délicieux repas traditionnel chez l'habitant. Pour participer, le principe est simple, soit vous vous informez à l'office de tourisme local soit vous vous inscrivez sur le site Eatlocal.fo.

RELIGIONS

Dans la Constitution danoise, il est écrit que « l'Église évangélique luthérienne est l'Église du peuple danois ». Elle cohabite dans ce pays réputé pour son bon esprit avec une mosaïque de communautés religieuses, sans tension apparente en dépit d'une montée du nationalisme. Le luthérianisme est une réforme du catholicisme qui trouve son origine dans les thèses écrites, en 1517 à Wittenberg, par le moine théologien allemand Martin Luther. Même si la pratique de culte n'a pas la rigueur d'antan, le respect des traditions et des fêtes populaires se poursuit avec autant de ferveur que par le passé. En particulier en période de Noël. De plus, il est à noter un regain d'intérêt pour les cultes nordiques. En 2003, le ministère des Affaires religieuses a reconnu le statut de religion au paganisme nordique, une émanation de la Société des Ases et des Vanes fondée en 1997 à Odense (environ 600 fidèles). Alors à vos marteaux !

Quelques clés pour mieux comprendre le luthérianisme

L'Église nationale évangélique luthérienne est subventionnée par l'État. En 2021, 70 % de la population est protestante même si cette proportion a tendance à décroître depuis 30 ans. En 1984, elle était de 91 %. Le reste de la population se rattache aux Églises orthodoxe (1,7 %) et catholique (1,3 %) ou à d'autres formes de christianisme (7 %), ainsi qu'aux confessions que sont le bouddhisme (1,1 %), le judaïsme (0,5 %) ou l'islam (0,8 %) de plus en plus présent. On compte désormais 2 300 paroisses et autant de pasteurs (formés dans les universités théologiques de Copenhague et d'Aarhus) dans les onze diocèses danois administrés par le ministre des Cultes. Chacun d'eux s'organise en évêché et possède une cathédrale. Si on assiste à une désaffection certaine des pratiques religieuses ces dernières années, c'est une situation, il faut bien le reconnaître, qui n'est pas propre au Danemark. Spécificité féroïenne : en 2007, l'ancien « diocèse des Féroé » est devenue l'Église nationale féroïenne, indépendante de l'Église du Danemark.

Petit rappel historique et fonctionnement

Le christianisme s'implanta dès le début du IXe siècle et devint religion du roi en 950 lorsque Harald « à la dent bleue » se fit baptiser. Les runes inscrites sur la pierre de Jelling témoignent encore des débuts de la christianisation du Danemark. La plupart des églises danoises furent construites quelque deux cents ans plus tard, entre le XIIe et le milieu du XIIIe siècle. La Réforme luthérienne de 1536 éradiqua le catholicisme, rompant avec l'Église papale et instaurant le luthéranisme, seule religion autorisée par l'État.

© DAAN KLOEG - SHUTTERSTOCK.COM

L'intérieur de l'église de Fanefjord, à Stege.

© KIMSTENSDAL - ISTOCKPHOTO.COM

Sankt Hans aften, le feu de la Saint-Jean.

La hiérarchie de l'Église s'organise avec à son sommet, l'épiscopat. Plus haut poste auquel plusieurs femmes ont pu accéder ces dernières années. Le ministre de l'Église est responsable des églises et des pasteurs. Depuis 1947, les femmes sont également pasteurs au Danemark. Chaque église dispose d'une gestion autonome. Le pasteur et quelques laïcs forment le conseil presbytéral qui assure la gestion de la paroisse et décide des activités liées à la religion. Tous les quatre ans, les paroissiens se réunissent pour choisir un « conseil de congrégation » (*menighedsråd*). Ce conseil désigne les pasteurs, mais ces derniers perçoivent leur salaire de l'État. Sachez que tous les membres de l'Église danoise payent l'impôt de l'Église (en plus de l'impôt d'État) qui couvre une partie des dépenses de l'Église. Les vœux monastiques ayant été abolis, il n'y a pas de communautés monastiques ou conventuelles ni de vœux de chasteté, en conséquence, les pasteurs ont le droit de se marier et de fonder une famille.

Leur rôle consiste à mener les fondements de l'église : baptême, confirmation, mariage, enterrement ou messe. Cette dernière se tient tous les dimanches midi. On y chante des psaumes et on y écoute le prêche du pasteur sur un extrait de la Bible. Il y a d'autres messes plus spécifiques pour Noël, Pâques ou la Pentecôte. En outre, les pasteurs jouent un rôle social communautaire important : ils échangent avec les gens en difficulté ou rendent visite aux personnes âgées ou aux malades.

En ce qui concerne le dogme, les luthériens ne reconnaissent que deux sacrements : la baptême et l'eucharistie. Les baptisés deviennent automatiquement membre de l'Église, mais peuvent se retirer quand ils le souhaitent. Les adolescents danois, à l'âge de 14-15 ans peuvent faire leur profession de foi en Dieu ou Confirmation. Elle a lieu après un an d'études religieuses et l'obligation de se rendre huit fois à l'église. À cette occasion, les villes hissent le Dannebrog (drapeau danois). Le lundi suivant la Confirmation, « le lundi bleu », est un jour chômé durant lequel les confirmés peuvent profiter d'un parc d'attraction et s'amuser. Le système de protection sociale danois est un héritage direct du protestantisme.

Fêtes et traditions populaires

Les principales fêtes religieuses sont Pâques, la Pentecôte, L'Ascension et la Nativité ou encore la Réformation le 31 octobre.

- Juste avant Pâques, Fastelavn est le temps du carnaval. Il est célébré sur tous les territoires associés au Danemark, le dimanche ou le lundi avant le mercredi des Cendres. Le terme Fastelavn, dérivé du vieux norrois, signifie « avant le jeûne », soit la veille du début du Carême. Lors de cette fête, les enfants se déguisent et pratiquent la tradition du « *slå katten af tønden* ». Traduisez par « frapper le chat hors du tonneau », une sorte de piñata où jadis on enfermait un chat noir, désormais remplacé par plein de bonbons ! Celui ou celle qui réussit à les faire tomber devient *kattedronning* (« la reine des chats »), et doit choisir son roi, *kattekonge*. Ces jours-là, les vitrines des boulangeries-pâtisseries se remplissent de *Fastelavnsboller*, des petits pains briochés ronds fourrés d'une délicieuse crème fouettée.

- Après cette période gourmande, vient le temps du jeûne et de la pénitence. Store Bededag, le « Grand Jour de Prière » a lieu le 4e vendredi après le dimanche de Pâques. Depuis 1686, il réunit sur une journée différentes dates liées à la contrition. Durant la période de Pâques, la tradition veut que l'on s'écrive une lettre « *gækkebreve* ». Elle est rédigée sur des morceaux de papier joliment découpés de multiples motifs différents et chacune doit être personnalisée. Le texte doit rimer et l'expéditeur ne doit pas signer la lettre car c'est au destinataire de deviner qui lui a écrit. S'il devine, il reçoit un œuf de Pâques en chocolat. Sinon, le gage est pour lui.

- À la Saint-Jean, Sankt Hans aften, on saute et on danse autour des feux de joie. C'est une journée d'allégresse car on célèbre, le soir du 23 juin, le solstice d'été. Famille et amis se réunissent au bord de la plage ou près d'un lac. C'est l'occasion de chanter *Midsommervisen* de Holger Drachmann et de brûler une sorcière placée au sommet du bûcher.

- Jul est la période de Noël, la plus intense du calendrier. Elle commence un peu avant décembre avec le J-Dag (le jour J), abréviation de « *julebrygsdag* » (le jour de la bière de Noël). Cette initiative, on la doit à la brasserie danoise Tuborg qui lança en 1990 la bière de Noël, devenue depuis une tradition du pays. Cette journée qui tombe le premier vendredi de novembre donne le coup d'envoi des festivités de la Nativité. Tout commence à 20h59 tapantes. Puis vient la Sainte-Lucie, Luciadag, célébrée le 13 décembre. Une fête introduite en 1944 depuis la Suède par Franz Wend, secrétaire de Föreningen Norden, dans un but « d'apporter de la lumière en ces temps noirs ». Dès le lendemain du réveillon de Noël, Juleaften, s'ensuivent deux jours fériés, les 25 et 26 décembre. Née à l'époque viking, la célébration de Jul marquait le retour de la lumière. Les maisons se parent de bougies et de décorations où le rouge domine, un joli contraste avec le vert du sapin. Contrairement à ce que l'on pourrait penser, la tradition du sapin n'est apparue qu'en 1808, et pour la première fois à Holsteinsborg, puis trois ans plus tard à Ny Kongensgade (Copenhague). Quant au Père Noël, il arrive sur un traîneau tiré par des rennes avec des cadeaux pour les enfants. Ça, on connaît bien. Mais avez-vous entendu parler de ses amis lutins et des elfes aux oreilles en pointe dont le très connu Nisse ? Ce mois fastueux se conclue avec le Saut de minuit. Faites comme tous les Danois, montez sur une chaise et... sautez dans la nouvelle année quand retentissent les douze coups de minuit. Soyez vigilant car ne pas sauter vous portera malheur pour le restant de l'année ! Du moins, c'est ce que disent les Danois...

Thor, Odin et autres dieux du Walhalla : les croyances vikings

En langage courant, on parle simplement de Den Gamle tro (la vieille croyance), la notion de folklore n'existe pas. Thor, dieu du tonnerre, Odin, dieu créateur, Loki, le malicieux ; Yggdrasil, le grand arbre ou Mjöllnir le marteau ; les héros Siegfried et Ragnar, les géants, les elfes, les nains... autant de personnages issus des mythes nordiques. À travers l'histoire des dieux et des héros, les Vikings expliquaient le monde qui les entourait depuis sa création jusqu'à sa fin... dans le chaos. Une tradition orale compilée au XIIIe siècle dans les *Eddas* qu'il ne faut pas confondre avec les *Sagas*, des récits plus romanesques qui relatent les hauts faits d'un roi, d'un héros ou d'un clan. Cette mythologie fut remise au goût du jour par le courant romantique du XIXe siècle. Religion panthéiste, elle accordait une place prépondérante aux femmes, à la nature et à la divination. Ce panthéon, Hof, est constitué par deux familles de dieux, les Ases (dieux guerriers et souverains) et les Vanes (fertilité) qui vont finir par s'unir. Pour exemple Odin, dieu de la guerre, avait pour épouse Frigg, déesse du mariage et de la fertilité par la maternité. Les animaux jouent un rôle important, boucs – Tanngrisnir et Tanngnjóstr –, corbeaux – Hugin et Munin –, chevaux – Sleipnir –, sanglier – Sæhrímnir –, etc. Ils sont les compagnons fidèles et totémiques des divinités.

C'est dans la ville d'**Aarhus** ★★★★ (p.280) que se tient annuellement en juillet la fête médiévale viking la plus ancienne du pays et l'une des plus importantes. Trois semaines d'animations, de costumes, de bateaux vikings, de reconstitution pour faire revivre cette épopée et de gastronomie... Hanap et aquavit pour vous servir ! *Skål* !

© PH2212 - ISTOCKPHOTO.COM

Fête médiévale viking à Aarhus.

QUE RAPPORTER ?

Mieux vaut prévoir une grande valise pour le retour à la maison car vous allez craquer, ça c'est sûr ! Facile et léger à rapporter, le magnet à coller sur frigo fera sans doute l'unanimité. Ou peut-être hésiterez-vous entre le mug à l'effigie de la Petite Sirène ou celui orné d'un casque viking. Bien qu'incontournables, les objets déco du design danois sont souvent plus originaux, du porte-clés au service à café en passant par le mobilier et les luminaires. N'oublions pas la mode vestimentaire et les chaussettes à paillettes de Beck Sondergaard ou celles fleuries de Marimekko, la concurrente finnoise ! Quant à la nourriture, quelques notes salées (saumon fumé ou hareng) accompagnées de douceurs servies avec un alcool ou une boisson chaude prolongeront gustativement votre séjour danois ! Enfin, pour profiter encore un peu du « chouchoutage hygge », pensez aux cosmétiques de chez Meraki, soin des mains, des pieds et du corps… On adore !

Du design made in Denmark, of course !

Fonctionnel, élégant et minimal, le design scandinave a la classe ! Ses lignes épurées participent au côté intemporel de son style si caractéristique qui a su donner ses lettres de noblesse à la création danoise. Un style lié au rapport très intime entretenu par les populations nordiques avec la nature, à la fois source d'inspiration et matière première. Le travail du bois reste certes omniprésent mais il s'associe parfaitement avec d'autres matières telles que le cuir ou le textile. À chaque époque, les Scandinaves ont su tirer le meilleur de leur environnement, sans fioritures ni superflu. Une économie de moyens mise au service de la fonctionnalité… et le design est né ! Karre Klint (1888-1954) est considéré comme le père du design danois. Ce contemporain de Le Corbusier a essayé de rationaliser les besoins de l'homme dans son quotidien, en recherchant avant tout la fonctionnalité du meuble ou de l'objet. Indémodable, sa lampe The Lantern, familièrement appelée Le Klint se trouve un peu partout au Danemark et notamment à la Boutique Le Klint, près de Strøget à Copenhague. Elle se reconnaît à la douce lumière filtrée par la poésie du papier plié. Arne Jacobson est le créateur de la chaise Fourmi, The Ant, dessinée en 1952 pour la cantine de l'entreprise Novo Nordisk. Ce fut la première chaise moulée produite en grande quantité au Danemark. Une ligne de contour simple, optimisée et rationalisée afin d'être parfaitement adaptée à la vie moderne et à une production industrielle. Puis naquirent la Egg Chair, aux formes rondes et enveloppantes, et le fauteuil Swan aux ailes déployées, tous deux mis au point après un bricolage assidu dans le garage de sa maison de Klapemborg en 1958.

Ces sièges devenus des icônes, vous les trouverez dans les grands magasins, Magasins du Nord (p.185) et Illum (p.185) dont les rayons débordent de produits et d'accessoires au design 100 % danois. L'occasion de découvrir la toute jeune marque RAAWII, 3 ans à peine mais déjà connue pour ses céramiques dessinées par Nicholai Wilgh Hansen : des pichets, bols, saladiers, vases aux lignes cubistes et couleurs monochromes embellissant l'objet usuel ; Kay Bojesen et ses animaux en bois aux formes enfantines, très colorés, dont le tout mignon petit singe à accrocher à une étagère ; Kähler (maison née il y a 180 ans) dont les vases aux formes épurées, cannelées ou soulignées de bandes colorées, restent indémodables ; ZONE et ses accessoires de salle de bains ou de cuisine que l'on collectionne tant leur look simplissime rend addict ; ou encore VIPP et ses poubelles tellement belles qu'on ne veut pas les cacher… à tel point qu'elles sont exposées dans les collections du MOMA de New York ! Mais qu'on se le dise, d'autres enseignes, comme Normann Copenhagen, Bo concept, Hay, Flying tiger ou Søstrene Grene proposent également de belles collections d'objets à prix souvent plus abordables.

Enfin, notre idée futée pour se faire plaisir sans se ruiner : une visite du Designmuseum Danmark. Une muséographie chronologique, des pièces originales d'hier et d'aujourd'hui et surtout la possibilité de les essayer ! Ou bien une halte dans le magnifique showroom de Louis Poulsen Lighting, une maison d'édition incontournable qui manufacture depuis 1892 des luminaires haut de gamme dont ceux signés par Poul Henningsen ou plus récemment, en 2019, la suspension OE Quasi d'Olafur Eliason, composée de deux polyèdres imbriqués avec pour matière première de l'aluminium recyclé à 90 %. Une visite au pays des lumières garantie. Quoi de mieux lorsqu'on pense, on rêve, on vit design ! Et vous pourrez rapporter des photos !

De la gourmandise !

Les amateurs de douceurs seront gâtés. Biscuits et chocolat vont les régaler. À commencer par les Danish Butter Cookies de Royal Dansk, Kelsen ou Bisca. Très connus et reconnus à leur jolie boîte en fer bleue. À l'intérieur, plusieurs couches de délicieux sablés au beurre. Même si on peut se les procurer dans différents pays, c'est ici que vous trouverez une grande variété de décor sur le couvercle, en particulier des illustrations montrant les endroits les plus caractéristiques du pays. Un cadeau éco-gourmand puisque vous pouvez réutiliser la boîte une fois son contenu dévoré ! Mi-biscuit mi-choco, les *flødebollers* ou « petits pains à la crème ». Une meringue moelleuse façon chamallow, une mousse d'amandes enrobée de chocolat en forme de bouchons. Les Danois en raffolent, ils en mangent au moins un chaque jour de l'année. Toute pâtisserie ou chocolaterie digne de ce nom en propose. Vous êtes davantage chocolat ? Toms est l'un des plus importants producteurs diffusés internationalement. Cette marque, fondée en 1924 à Copenhague sous le nom de Tom Chokoladefabrik A/S par les chimistes Hans Trojel et Victor Hans Meyer, est présente dans tous les supermarchés du pays. Ne passez pas à côté de Toms Skildpadde, à la popularité grandissante depuis 1948, une tortue au chocolat fourrée de rhum, de crème et de caramel. Plus haut de gamme, le chocolatier Svend Mikelsen fournit la famille royale depuis 1933. Ses produits sont exclusivement sans gluten. Très originaux à offrir, les œufs Fabergé. De gracieux coffrets, inspirés des créations du célèbre joaillier pour le tsar Alexandre III, garnis de petits œufs savoureux ! Du côté des confiseries, Karamelleriet ou Lakrids by Johan Bülow vont vous titiller les papilles. Deux maisons, chacune avec sa recette de base, l'une au caramel, l'autre à la réglisse, toutes deux aromatisées de différents parfums et présentées sous forme de billes. De la gourmandise née sur l'île de Bornholm à Svaneke.

Et pour étancher sa soif ? À boire sans modération (ou presque) : le thé. De la maison A.C. Perch's Thehandel, une institution danoise qui depuis 1835 est fournisseur officiel de la cour du Danemark, avec plus de 210 références. Coup de cœur pour « Koeben Blend » et « Un jardin en été » à déguster aussi bien chaud qu'en thé glacé. Nute est une jeune marque innovante de thés biologiques, emballés dans de jolies boîtes en bois qui marient l'esthétique scandinave à la tradition asiatique. À boire avec beaucoup plus de modération : les alcools. Pour se désaltérer en journée, la gamme est large en ce qui concerne les bières traditionnelles : Mikkeller, BRAW (Nørrebro Bryghus), Flying Couch, Carlsberg ou Føroya bjór, la bière nationale des Féroé (uniquement dans les bars, les restaurants ou les magasins de monopole d'État). En soirée, la convivialité s'accompagne d'un shot bien glacé d'aquavit, la boisson nationale : Fisk, Dr. Nielsen, Gammel Dansk. Une « eau-de-vie » à base de pomme de terre aromatisée aux herbes ou d'épices, cumin et aneth principalement. Attention, ça décoiffe ! Les amateurs de gin ne seront pas déçus avec le gin de l'île de Møn, marque créée en 2016. La bouteille évoque l'époque des marins et autres pirates danois qui sillonnaient les mers en suivant leur carte maritime !

De la tradition mais toujours au goût du jour !

Les collectionneurs et amateurs d'objets traditionnels trouveront pareillement leur bonheur. Délicates et intemporelles, les porcelaines bleues et blanches de Royal Copenhagen (p.189), LA manufacture de porcelaine danoise à la notoriété internationale.

Souvenirs au marché de Noël à Copenhague.

L'usine royale fut fondée en 1775 par la reine Juliane Marie. Une large variété d'assiettes, de tasses, de théières et de bols qui, 240 ans plus tard, parent toujours les tables de quasiment toutes les maisons du Danemark. Notamment lors des fêtes traditionnelles comme Noël, occasion de ressortir du placard, Nisse. Un elfe malicieux qui sème la pagaille et fait des blagues. Pour l'amadouer, la veille de Noël, la tradition veut que l'on prépare un bol de riz au lait ou de porridge, en espérant que cela lui sera agréable. Vous le reconnaîtrez aisément dans les boutiques de souvenirs ou sur les stands des marchés de Noël à ses vêtements de laine grise, ses sabots et ses bas blancs, son bonnet rouge. Pays de traditions, de contes et de jeux, votre panier sera donc très bien garni. Entre les mobiles Flensted en carton et papier (boutiques du SMK ou celle de la bibliothèque royale), légers et aériens, inspirés de la mer (oiseaux, bateaux, poissons, brise océane...), de formes géométriques, des silhouettes de petits drakkars ou encore de personnages des contes de H. C. Andersen ; les célébrissimes briques LEGO qui ont vu le jour chez un charpentier visionnaire de Billund dans le Jutland, en 1933, afin d'occuper ses enfants. Que ce soit à LEGOLAND® Billund Resort ou à la boutique de Copenhague, des inédits que l'on ne trouve qu'ici et nulle part ailleurs ! Pourquoi pas rapporter une affiche illustrant le Copenhague vintage pour décorer ses murs – deux magasins offrant un large choix : Poster & Frame et Posterland – ou une collection de timbres. Les amateurs de philatélie trouveront leur paradis aux Féroé où les timbres sont vraiment magnifiques (contes et légendes, histoire biblique, paysage et nature...) des thématiques à n'en plus finir... Plusieurs nouvelles collections chaque année avec en 2021, le 150e anniversaire de la Poste féroïenne. https :// fr.stamps.fo/

À la fois issus de l'histoire danoise et de l'art de la parure, les bijoux vikings. Le Danemark est la destination idéale pour tous les admirateurs de ces audacieux navigateurs et entreprenants commerçants. Le pays regorge de musées (musée des Bateaux vikings de Roskilde) et de monuments où trouver de très belles répliques de ces bijoux. À la fois fonctionnel, utilisé comme attache d'un vêtement (fibule, anneau ou broche...) et symbolique avec des motifs religieux (spirales, roues, marteau...) ou l'écriture runique, ils attestaient de la position sociale et de la richesse de ceux qui les portaient en plus du talent exceptionnel des artisans. Tout aussi culturels, les bijoux en ambre. « Les larmes des dieux ». C'est ainsi que cette résine fossilisée, issues des forêts de conifères englouties par la mer, est poétiquement surnommée. Sa couleur de miel translucide a fait la richesse de Copenhague. On la trouve en abondance sur les plages danoises où la chasse à « l'or de la Baltique » fait partie des traditions hivernales. La maison House of Amber, créée en 1933 par le Danois Einer Fehrn, réalise des bijoux à partir de cette matière naturelle aussi belle qu'un rayon de soleil.

Des accessoires mode entre le hype et le hygge !

Se vêtir à la danoise, c'est non seulement afficher un style chic et décontracté mais cela signifie aussi être paré à affronter la météo du jour ! L'un des vêtements sans lequel les Danois ne sortent pas de chez eux : l'écharpe. La raison : des températures fraîches et du vent. Très pratique lorsqu'on se déplace à vélo toute la journée. Le créateur Henrik Vibskov est la référence du bon goût et de l'originalité. En 2021, la marque fête ses 20 ans. Ses écharpes colorées sont devenues incontournables au Danemark. La pluie ne va pas tarder à tomber ! Un sac ou un accessoire de la marque Rains permet d'affronter les éléments en toute sérénité. Imperméables, coupe-vent, couvre-chef... de belles matières et des couleurs très tendance. Plus branché, y a pas ! Pour le fun, les enfants vont adorer les t-shirts et sweats à l'effigie de vikings (dont un barbu très rigolo nommé Erik) chez Danefae ; enfin, pour ceux qui veulent un vêtement sympa et pas cher, faîtes un tour chez !Solid à Copenhague.

S'il y a bien une chose à rapporter des îles Féroé, c'est un vêtement en laine de mouton ! Bonnets, écharpes, gants ou chaussettes... du tricot oui, de la tradition oui, mais remis au goût du jour (attention, il faut un peu de budget). Chez **Guðrun & Guðrun** (p.328), des jeux de mailles originales, des couleurs pop flashy. Vous reconnaîtrez certainement l'un des pulls : le Star jumper, porté par Sobie Gråbøl (Sarah Lund) dans la célébrissime série télévisée danoise *The Killing*. Chez **Sirri** (p.329), c'est un peu du genre *Game of Thrones*, du celtique mélangé à du hippie chic !

Pour compléter la panoplie, pourquoi ne pas se laisser tenter par un bijou ? La boutique **Georg Jensen** (p.187) est l'adresse qu'il vous faut. De la haute tradition d'orfèvrerie, créée dans l'atelier de Copenhague dès 1904, un spécialiste de l'argent et du raffinement un peu luxueux. Plus récemment, Pilgrim a développé une gamme de bijoux fantaisie sans utiliser de nickel, ça c'est bien pour les allergiques. Des modèles dans l'air du temps que l'on a plaisir à accumuler ! Chez Pernille Corydon, c'est le glamour épuré, discret et tout en subtilité, des pièces poétiques aux doux noms de Esther, Rêverie, Ombre, Ella... Plus végétales, en laque émaillée ou en porcelaine colorée, les créations de Scherning Kobenhaven. Maintenant, c'est à vous de choisir !

SPORTS ET LOISIRS

Comme la plupart des pays européens, le Danemark s'intéresse beaucoup aux sports collectifs, notamment le football. Très populaire également, c'est surtout le handball qui a permis aux Danois de briller sur la scène internationale. Également férus de cyclisme (entre deux parties de backgammon), les Danois parcourent le pays sur leurs deux-roues. Côté activités, on pourra profiter des superbes paysages danois en vélo, donc, mais aussi en VTT, à cheval et surtout à pied. La randonnée est en effet une activité très prisée, sur le continent comme aux îles Féroé, une référence du genre. Et partout, on profitera pendant les mois d'été des milliers de kilomètres de côtes qui abritent un grand nombre de plages. Un littoral qui fera le bonheur des amateurs de sports nautiques, des plaisanciers et des pêcheurs. Des pêcheurs qui pourront aussi profiter des lacs et des rivières pour taquiner de beaux poissons.

Des sports collectifs très populaires

▸ **Le football** est LE sport national. On a même qualifié les supporters danois de *roliggans*, (*rolig* signifiant calme en danois), en opposition à la violence des hooligans anglais ! Le premier grand succès a lieu le 21 septembre 1983, lorsque l'équipe nationale, entraînée par l'Allemand Sepp Piontek, bat les Anglais dans le mythique stade de Wembley. Trois semaines avant l'événement, un quotidien danois organisait un concours dans le but de trouver une chanson fétiche pour encourager les joueurs. Le refrain élu reprend les couleurs du drapeau : « *We are red, we are white, we are danish dynamite* ». Depuis, il suit l'équipe nationale dans tous les stades et fut notamment reprise en chœur pour accompagner les Danois jusqu'à la victoire finale lors de l'Euro 1992, organisé chez le voisin suédois (finale remportée contre l'Allemagne 2-0). La plus grande performance de l'équipe à ce jour. Lors de la dernière Coupe du monde, organisée en Russie en 2018, les Danois sont tombés en 1/8e de finale face à la Croatie. Égalant ainsi leur meilleur performance dans un Mondial (avec les éditions 1986 et 2002).

Aux îles Féroé aussi, le football est le sport roi, d'autant qu'il symbolise « l'indépendance » des Féroé à l'étranger. L'archipel a en effet une équipe « nationale » qui évolue dans les championnats d'Europe.

▸ **Le handball** est également un sport très populaire au Danemark et a souvent provoqué la fierté locale. L'équipe nationale féminine a en effet remporté trois fois la médaille d'or aux Jeux olympiques (1996, 2000, 2004). L'équipe nationale masculine a elle remporté l'or aux Jeux olympiques de Rio en 2016 et a été sacrée championne du monde en 2019 pour la première fois. Des résultats exceptionnels, dus en grande partie au génie et meilleur joueur du monde Mikkel Hansen.

De belles découvertes sur les chemins danois

Côtés loisirs, les activités sportives ne manquent pas au Danemark : le cyclisme est particulièrement populaire tant chez les locaux que chez les touristes. Il faut dire qu'il y a très peu de relief et que le réseau de pistes cyclables permet de sillonner le pays très confortablement. Le golf offre aussi de belles possibilités aux amateurs de la petite balle blanche, alors que les randonneurs ne seront pas en reste avec de beaux spots à découvrir. En effet, on trouve encore ici des terres « sauvages » qui offrent des paysages insolites et époustouflants en toute saison : les falaises de craie de l'île de Møn (au sud de Seeland) qui culminent à plus de 100 m, mais aussi Skagen et la pointe nord du Jutland qui sont appréciés pour leur lumière nordique et les couleurs magiques qui inspirèrent jadis les peintres danois. Il faudra aussi aller se promener sur la côte ouest de la péninsule, parée de ces vastes plages de sable fin et de ces mers de dunes qui attirent chaque année des milliers de visiteurs. Des forêts de hêtres, des étendues de landes et des reliefs vallonnés, un littoral exceptionnel, font le bonheur des promeneurs et des randonneurs.

Golf sur l'île de Bornholm.

© ANDREI MOLDOVAN 2709 - SHUTTERSTOCK.COM

Randonnée sur l'île de Mykines.

Aux Îles Féroé, la randonnée sera la première activité des visiteurs. Il est fortement recommandé de se procurer une carte dans les librairies ou à l'office du tourisme (très précise et fort utile). Avec une simple carte générale de l'archipel, on peut aussi se débrouiller : les chemins à travers les plateaux et les montagnes sont tous ponctués de petits tumulus de pierres. Les bergers se réchauffent en hiver à les remettre en place lorsque le vent ou la pluie les ont bousculés. Ces bornes bien utiles permettent de parcourir sans crainte des sentiers qui parfois font passer un peu en hauteur, mais qui ne sont pas dangereux. En dehors de ces chemins balisés, il est recommandé de partir avec un guide. Et on n'oubliera pas de s'équiper. Même en été, il faut prévoir pulls et chaussures imperméables, sans avoir à recourir pour autant à un équipement de haute montagne ! Enfin, on prendra surtout garde à la brume qui peut transformer une balade idyllique en un véritable cauchemar si l'on veut retrouver son chemin !

Un littoral qui offre de nombreuses possibilités

Sports nautiques. Au Danemark, on trouve plus de 7 000 km de côtes qui permettent également de pratiquer les sports nautiques. Parmi les plus populaires : plages, natation, navigation de plaisance, canoë, kayak, planche à voile... Il faut dire que le pays ne manque pas de stations balnéaires (Riviera de Copenhague et toute la Seeland), de grandes plages de galets (Fionie) et d'immenses plages de dunes et de sable blanc (Jutland). En été, la température de l'eau est en général comprise entre 18 °C et 20 °C (mais oui !). Le drapeau bleu, synonyme de qualité des eaux de baignade, flotte sur une grande partie des plages danoises. Attention toutefois aux algues urticantes qui se développent sur les côtes orientales de Seeland, de Lolland et de Falster.

Plongée. Pour la plongée, direction les Îles Féroé. Dans ces eaux réputées les plus propres du monde (en attendant l'exploitation pétrolière, il faut en profiter...), on peut découvrir de beaux fonds marins.

Un paradis de la pêche

Au Danemark, les amateurs de pêche seront aux anges, tant les options ici semblent infinies. Les nombreux cours d'eau et les lacs regorgent d'anguilles, de carpes et de truites (une licence de pêche est obligatoire). Dans les ports danois, les pêcheurs peuvent vous emmener pêcher le turbot, le maquereau, le saumon, la truite de mer et le carrelet.

Aux Îles Féroé, la saison de pêche est ouverte du 1er mai au 31 août. Si vous venez pêcher dans l'archipel, sachez d'abord que votre matériel pourra être particulièrement inspecté par les douaniers. Après, on peut pêcher sans problème (et gratuitement) sur les côtes. En revanche, il faut un permis ou une autorisation pour pêcher dans les 40 lacs de montagne. On y trouve une belle truite brune et du saumon, particulièrement dans les lacs Leynavatn (près de Kvívík) et Saksunarvatn (près de Saksun) dans la moitié nord de l'île de Streymoy (où se trouve Tórshavn). Attention tout de même aux cercles multicolores qui renferment des saumons d'élevage. Par ailleurs, la coutume veut que l'on ne pêche jamais le dimanche... Le bureau de tourisme des Féroé a édité une brochure complète, avec liste des règles à respecter et carte des lacs, des côtes et des quais où on pourra lancer ses hameçons.

GASTRONOMIE

Souvent décriée pour être trop grasse ou trop simpliste la cuisine danoise a longtemps fait écho à une ancienne tradition agricole, d'où une gastronomie à base de pommes de terre, de seigle, d'orge, de pois cassés et de porc, le tout arrosé bien évidemment d'une bonne bière danoise. À cela s'ajoute une position maritime favorable faisant du poisson et des fruits de mer des éléments centraux dans la gastronomie danoise. Grâce à l'amélioration de l'industrie agroalimentaire, le pays est devenu également un gros producteur de laitages, que l'on retrouve en abondance dans des desserts riches et copieux, souvent consommés avec beaucoup de café, boisson que les Danois vénèrent. Dans les années 2000 cependant, le pays connaît une révolution culinaire connue sous le nom de « nouvelle cuisine nordique » où les habitants et surtout des chefs de renom se réapproprient – tout en modernisant – les classiques de la cuisine danoise.

Les habitudes culinaires des Danois

Si le *morgenmad* (petit déjeuner) est assez solide, à base d'œufs, de charcuteries et de pain, le *frokost* (déjeuner), plus frugal, est pris le plus souvent à l'extérieur : sandwichs, smørrebrød ou encore hot-dogs vendus dans les *pølsevogn*. Dès le retour des beaux jours, les Danois aiment particulièrement déjeuner dans les parcs et la plupart des restaurants ont des terrasses ouvertes. L'*aften* (dîner) est généralement constitué de plats chauds, qui sont plus rares au déjeuner. Certaines soupes constituent des entrées appréciées comme la *gule ærter*, un épais potage de pois cassés que l'on sert avec du porc salé. Plus légère, la *hønsekødssuppe* est un bouillon de poule servi avec des *melboller* (petites boulettes de farine), des boulettes de viande et des légumes. Sinon, laissez-vous tenter par des *tarteletter*, qui sont sans surprise des tartelettes, généralement salées, préparées avec des garnitures variées, même si traditionnellement on les garnit d'un mélange appelé *høns i asparges*, une farce crémeuse au poulet et aux asperges.

L'en-cas roi : le smørrebrød

Parmi tous ces en-cas, il en est un que les Danois ont magnifié au point d'en faire un véritable emblème de leur cuisine. Le *smørrebrød,* qui se traduit littéralement par « beurre et pain », se compose en effet d'une fine tranche de pain noir que l'on recouvre d'une garniture salée. Les classiques comptent crevettes, hareng, poisson fumé (saumon, anguille, flétan, haddock), œufs brouillés, rôti froid (*saltkød*), etc. Le tout, souvent assaisonné de mayonnaise. Mais on en recense plus de deux cents sortes et, chaque jour, il s'en invente de nouveaux. Le *smørrebrød* doit d'abord être coloré et alléchant, certains étant décorés avec une immense méticulosité. Le pain généralement utilisé est le fameux *rugbrød*, un pays de seigle au levain, assez dense, qui lui aussi est emblématique de la cuisine danoise. Mais il existe aussi d'autres variétés comme le *franskbrød* (pain blanc), le *rundstykker*, un petit pain rond individuel (au blé ou multi-grains) ou encore le *birkes horn*, variante locale du croissant. En plus des garnitures classiques, on peut y ajouter le fameux *gravad laks* (gravlax) du saumon mi-cuit au sel et parfumé à l'aneth. Ainsi que plusieurs types de charcuterie comme le célèbre salami danois (*spegepølse*), le pâté de foie (*leverpostej*) ou encore le *rullepølse*, un jambon roulé parfumé aux herbes. Les fromages sont aussi populaires et au-delà du fromage frais (*hytteost*) on retrouve plusieurs spécialités comme le samsø, le vesterhavsost et le molbo, proches du gouda, le mycella (un bleu), ou encore le havarti, connu pour sa texture à la fois fondante et légèrement granuleuse. Sans oublier diverses garnitures à base de choucroute, crudités, coleslaw (salade crémeuse de chou et de carotte râpée), etc.

Le Smørrebrød.

DÉCOUVRIR

Viandes ou poissons

Bien que les Danois apprécient de plus en plus le bœuf et le poulet, le porc représente environ la moitié de la viande consommée dans le pays. Traditionnellement servi à Noël, le *flaeskesteg med rødkål*, est un savoureux rôti de porc dont la couenne est grillée. On l'accompagne généralement avec du chou rouge confit (*rødkål*) et des pommes de terre caramélisées (*brunede kartofler*). Plus simple, le *stegt flæsk med persillesovs* est composé de bacon grillé servi avec des pommes de terre vapeur et une sauce crémeuse au persil. Le *æbleflæsk*, un plat de lard aux pommes est une spécialité très ancienne, tout comme le boudin noir (*blodpølse*). Les saucisses (*pølse*) sont très communes au Danemark et on retrouve diverses variétés, fumées, fraîches ou sèches. La plus savoureuse est probablement la *medisterpølse*, une saucisse au couteau enroulée, finement épicée. La *kartoffelsalat* ou salade de pommes de terre – assaisonnée de mayonnaise et d'oignon haché – est souvent proposée en accompagnement.

On savoure également d'autres viandes comme l'oie rôtie (*stegt gås*) et le canard rôti (*stegt and*) farcis de pommes, de pruneaux et parfumés de thym, traditionnellement à Noël, bien qu'ils aient été progressivement remplacés par le porc, plus accessible et meilleur marché. Le *påskelam* (agneau de Pâques) est grillé aux herbes et à l'ail. Le bœuf est aussi populaire et le *bøf béarnaise* – servi avec des frites – est omniprésent. Le *culottesteg* est un rôti de haut de surlonge de bœuf aux herbes, servi avec pommes de terre et salade verte. Le *pariserbøf* est une sorte de steak tartare mi-cuit, servi sur une tranche de pain de seigle toastée, que l'on décore d'un jaune d'œuf cru et de condiments assortis : câpres, oignon cru, cornichons, persil ciselé. Sinon les immanquables *frikadeller* (fricadelles) sont des boulettes de viande hachée, moitié bœuf, moitié porc.

Certains restaurants proposent également des *fiskefrikadeller*, où le poisson remplace la viande. En effet avec quelque 7 300 km de côtes entre la mer de Nord et la Baltique, sans compter les îles Féroé et le Groenland, les produits de la mer sont traditionnellement communs dans la cuisine danoise. Le cabillaud, pêché dans les confins de la mer du Nord, est souvent poché, apprêté au beurre fondu et assaisonné de sauce moutarde (*rémoulade* en langage local). Le *rødspættefilet* est un filet de plie façon meunière (fariné et rissolé). Le hareng ou *sild* est servi en *smørrebrød*, mariné en saumure (*spegesild*), fumé (*røget sild*), frit (*stegte sild i eddike*). On dénombre plus d'une vingtaine de préparations. Le *sol over Gudhjem* – littéralement le « soleil sur Gudhjem », un village de l'île de Bornholm – est une recette de hareng fumé avec jaune d'œuf cru et radis, de la ciboulette, des oignons, le tout sur du pain noir. Sinon les petites crevettes de la mer du Nord accompagnées d'une sauce cocktail (*rejecocktail*) sont servies en apéritif, tout comme les huîtres, très appréciées des Danois.

Une belle carte de desserts

Pour un petit pays, le Danemark possède une belle diversité de pâtisseries et de viennoiseries comme le *spandauer*, un type de chausson feuilleté souvent fourré de crème ou de chocolat ou encore un *kringle* – répandu en Europe du Nord – sorte de large bretzel feuilleté garni de pommes ou de pâte d'amande et nappé d'un glaçage blanc. Sans oublier les *fastelavnsboller*, des petites brioches à la crème fouettée, nappées de chocolat. À noter que généralement ces viennoiseries ne sont pas servies en dessert, mais pendant le goûter avec une boisson chaude.

En dessert, on préférera des entremets qui sont légion, d'autant plus que les Danois semblent vouer un culte assez passionnel à la crème fouettée que l'on retrouve partout. On peut citer l'*æblekage*, une verrine composée de couches de compote de pomme, de biscuits écrasés et de *makroner* (une meringue parfumée à l'amande), couronnée de crème fouettée et parfois de gelée de groseille (*æblekage med flødeskum* dans ce cas). Sinon, le très frais *citronfromage* est une mousse citronnée allégée de blancs d'œufs en neige, que l'on décore de crème fouettée. Le *karamelrand* est simplement une crème aux œufs aromatisée au caramel, parfois moulée en forme d'anneau. Le *fløderand* ressemble plus à un bavarois, très blanc, aromatisé à la vanille que l'on sert en été avec des fruits rouges, ou avec des fruits en conserve le reste de l'année.

Sinon les classiques *pandekager*, des crêpes fines comme on trouve en France, sont servies avec des garnitures variées. La *rødgrød med fløde* est une soupe estivale à base de fruits rouges (fraises, mûres, framboises et rhubarbe). Plus frugal, mais néanmoins populaire, le *koldskål*, du babeurre (lait fermenté) sucré, se sert bien froid en été avec des petits sablés appelés *kammerjunker*. Le *risalamande* est une recette de riz au lait vanillé, lié avec de la crème fouettée – encore – et saupoudré d'amandes hachées, servi froid avec une sauce aux cerises (*kirsebærsovs*). On le sert le plus souvent le soir de Noël. Autre dessert festif, l'impressionnant *kransekage* se compose d'un empilement de biscuits à l'amande en forme d'anneaux décoré de glaçage blanc. Ce gâteau en forme de sapin est servi pour les grands événements. On retrouve quelques gâteaux classiques comme le *gåsebryst*, une génoise couronnée d'un dôme de crème fouettée et de confiture, camouflées sous une fine couche de pâte d'amande. Le *othellolagkage* est un gâteau multicouche composé de génoise, de glaçage au chocolat et de pâte d'amande.

© WILA_IMAGE - SHUTTERSTOCK.COM

Le risalamande.

Les boissons

Toutes ces pâtisseries sont généreusement dévorées avec du café. Les Danois en sont fous et en consomment quelque 8,7 kg par an et par habitant, faisant d'eux les quatrièmes plus gros consommateurs au monde. Le café noir classique est le plus commun, mais évidemment la plupart des cafés servent aussi des expressos et des cappuccinos. Le chocolat chaud (*kakaomælk*) est aussi très apprécié. En été, on sirote traditionnellement le *hyldeblomstsaft*, une boisson sucrée à la fleur de sureau, servi parfois chaud en hiver.

De tous les alcools servis au Danemark, la bière est de loin le plus populaires. Appelée *øl*, elle est largement consommée au Danemark depuis des millénaires. Carlsberg et Tuborg sont deux grands producteurs danois avec une exportation notable, bien que Royal Unibrew émerge depuis quelques années. Autre alcool emblématique du Danemark, l'akvavit est aussi appelé *snaps*. Cet alcool de pomme de terre titrant environ 40° est aromatisé, généralement avec des graines d'aneth et de carvi. Le *mjød* est l'hydromel légendaire des Vikings, composé d'eau et de miel fermenté titrant 10 à 18°. En hiver, on apprécie le *gløgg* ou vin chaud, à base de vin rouge, brandy et xérès avec raisins secs et amandes. Épicé de clous de girofle et de cannelle, il est indissociable de Noël. Le vin – de plus en plus populaire – est très majoritairement importé, bien qu'il existe une production nationale – très localisée – dans la péninsule du Jutland.

Le renouveau gastronomique du Danemark

Depuis 2004, l'avènement de la « nouvelle cuisine nordique » a révolutionné la gastronomie danoise et remis les produits oubliés au goût du jour. Les plats traditionnels ont été redécouverts et/ou revisités et mis en avant. 2004 c'est l'année où le chef René Redzepi ouvre le NOMA. En 2010, 2011, 2012 et 2014, il est classé comme le « meilleur restaurant au monde » par la revue britannique *Restaurant*.

Ce chef de renom travaille d'abord au Bulli en 1999, restaurant espagnol cinq fois nominé au titre de meilleur restaurant du monde, situé à proximité de Barcelone. Il travaillera ensuite entre les USA et le Danemark avant de s'associer à Claus Meyer – un auteur culinaire danois que l'on considère souvent comme le ponte de la « nouvelle cuisine nordique » ou *Det nye nordiske køkken*. Le NOMA ouvre ainsi ses portes dans un ancien entrepôt, transformé en Maison de l'Atlantique Nord, un centre culturel dédié à cette région du monde. Situé sur le front de mer, dans le quartier Christianshavn, près de la place du Commerce du Groenland, ce bâtiment servait initialement à stocker les marchandises venant de toutes les régions du Grand Nord. Caviar de Finlande, oursins des Féroé, foie de cabillaud ou encore bœuf mariné aux airelles y sont traités avec talent. Les champignons, les légumes-racines oubliés et baies sauvages rencontrent le lichen, les jeunes pousses de pin et la mousse. Ainsi la carte qui varie selon les saisons est un hommage à la nature, les assiettes ressemblent à des paysages.

Inspirés par René Redzépi, entre autres, beaucoup de jeunes chefs danois ont ouvert leur restaurant. Aujourd'hui, la capitale compte 13 restaurants étoilés Michelin. La plupart des restaurants qui ont récemment ouvert à Copenhague ont modifié les habitudes alimentaires des habitants. Habitués aux hamburgers, paninis, pizzas et autres plats rapides à emporter, les Danois redécouvrent les *smørrebrød* et autres spécialités traditionnelles. Depuis le début des années 2000, Copenhague est devenue un laboratoire où l'on peut déguster le meilleur de la cuisine nordique.

AGENDA

L'agenda danois est bien rempli. Chaque mois de l'année vous invite à vivre un moment festif sur l'ensemble du territoire. Seul le mois de mars joue l'exception à cette règle. Effectivement, aucune manifestation spéciale n'est organisée au cours de ces jours-là. Il est vrai que l'on sort de Mardi-gras ! Peut-être est-ce la raison de ce hiatus calendaire ? En revanche, du nord au sud, des îles jusqu'au continent, par toutes les saisons, marché viking et musique, folklore et traditions, venus d'ici ou d'ailleurs, sont au programme. ÓLAVSØKA est la fête traditionnelle des Féroé, Odense renoue avec les mots de l'univers du conteur Andersen, Roskilde est la ville rock, Copenhague vibre par toutes ses fibres musicales (jazz, blues, musique de chambre...) ou pour son Marathon, on saute dans Minuit, on brûle des sorcières en papier à *Midsommer,* un « roi du tonneau » reçoit un baiser de sa reine, et l'on fête une Reine un *skull* à la main !

ANNIVERSAIRE DE LA REINE

COPENHAGUE

Le 16 avril.

Chaque année, même jour, même heure, même palais, les Copenhaguois se réunissent sur la place d'Amalienborg. Ce matin-là, les écoles sont fermées afin que chacun puisse rendre hommage à la très populaire Margrethe II. À midi, la reine apparaît au grand balcon entourée de sa famille. La foule venue l'acclamer agite de petits drapeaux rouge et blanc. En 2020, Sa Majesté a reçu des messages par centaines, venus de toutes les familles du gotha, pour célébrer son 80e anniversaire.

CARNAVAL D'AALBORG

Hasserisgade 10

AALBORG

✆ +45 9813 7211

https ://www.aalborgkarneval.dk/

Pass 900 DKK. En mai.

Le plus grand carnaval de toute l'Europe du Nord vous attend à Aalborg. Chaque année, environ cent mille participants viennent assister aux trois événements principaux, répartis sur deux week-ends : la Parade internationale, le Carnaval des enfants et le carnaval d'Aalborg. La grande parade n'a rien à envier aux principaux carnavals du monde (Dunkerque, Nice ou Rio !). Des personnages truculents, de la musique, des maquillages extraordinaires. Les enfants ont leur parc enchanté où vivre un moment festif comme les plus grands ! En soirée, des concerts grandioses !

BAKKEN

COPENHAGUE

www.bakken.dk

Ouverture annuelle mi-avril.

Au Danemark, le retour du printemps s'accompagne de la réouverture de l'un des plus vieux parcs d'attraction toujours en activité. Bienvenue à Bakken ! Entouré par les bois de Dyrehaven, il fut créé par le roi Christian V au XVIIe siècle, dans une ancienne réserve de chasse royale. Situé à une dizaine de kilomètres à peine au nord de la capitale, il est l'un des lieux favoris des Danois. Venez découvrir ses incroyables montagnes russes. Trente-trois au total et beaucoup d'autres attractions. Info futée : l'entrée est gratuite !

COPENHAGEN COOKING AND FOOD FESTIVAL

COPENHAGUE

www.copenhagencooking.dk

Dix jours fin août.

Ce festival de la gastronomie passe à l'heure d'été. Comment recharger ses batteries dans une ville comme Copenhague ? En s'initiant à la cuisine danoise. Ce festival, l'un des plus importants d'Europe du Nord propose de découvrir la Nouvelle Cuisine à travers divers rendez-vous accueillant un public international. Même si l'anglais est utilisé, sa pratique n'est pas requise quand il s'agit de laisser s'exprimer ses papilles. À votre tour, soyez l'un des 80 000 amateurs du bien-manger.

COPENHAGEN JAZZ FESTIVAL

COPENHAGUE ✆ +45 33 93 20 13

www.jazz.dk

Chaque premier vendredi de juillet et pendant 10 jours.

La renommée du Jazz festival n'est plus à faire. 40 ans que saxos et banjos investissent les cafés, les salles de concert, les scènes de plein air quand les beaux jours s'accompagnent d'un soleil qui ne veut plus se coucher et qu'aller au bout de la nuit ne veut plus rien dire ! Une dizaine de jours durant, 1 200 concerts font battre le rythme des jazzmen venus du monde entier. Des programmes adaptés aussi bien pour les aficionados et autres amateurs pointus que pour les enfants et les adolescents qui découvrent leur spécial « Jazz for kids ».

COPENHAGEN SUMMER FESTIVAL

15 Højstrupvej

COPENHAGUE

✆ +45 24 27 79 38

www.copenhagensummerfestival.dk

Dix jours en août.

En version estivale, un festival majeur de la capitale. Au programme, douze concerts classiques en douze jours, organisés au sein du Kunsthal Charlottenborg, dans le quartier de Nyhavn. Depuis 1969, il met en scène essentiellement des jeunes talents qui se voient ouvrir les portes de la reconnaissance parfois internationale. L'idée est de jumeler des stars à venir avec des artistes de haut niveau, pour donner au public un aperçu varié de l'évolution de l'art de la musique de chambre.

COUNTRY MUSIC FESTIVAL

SILKEBORG ✆ +45 26 71 00 11

www.sccdk.com

Mi-août.

Autre ambiance pour ce festival qui se tient chaque année pendant la deuxième semaine d'août. Là, Silkeborg prend des allures de ville *western* en accueillant des danseurs et musiciens country de renommée internationale. Autour de Torvet, les places s'enflamment au son de l'harmonica, du violon, des guitares et du banjo ! Les rives du lac prennent des allures de Texas, avec chapeaux de cow-boys et gilets à franges, santiags et chemises à carreaux ! Un dépaysement absolu dans une ambiance bon enfant. Et l'occasion de s'essayer au Lindy Shuffle !

CPH PIX FILM FESTIVAL

85 Tagensvej

COPENHAGUE ✆ +45 33 45 47 49

www.cphpix.dk

Mi-novembre.

Tapis rouge, vedettes de cinéma, stars internationales, film d'auteurs ou blockbusters : tous les ingrédients sont réunis pour faire de ce festival un grand du 7e art. Il reste néanmoins le plus grand festival du film du Danemark et met à l'honneur les cinéastes danois sans pour autant négliger les productions venues d'ailleurs. Idéal pour découvrir de nouveaux réalisateurs, acteurs et scénaristes. Les films sont projetés à travers la capitale, tant pour le jury que pour le public. En 2019, un nouveau concept a vu le jour : WEEK-End est la nouvelle formule.

DISTORTION COPENHAGEN FESTIVAL

COPENHAGUE

✆ +45 81 72 01 27

www.cphdistortion.dk

En juin.

La première semaine de juin, faites une distorsion à Copenhague ! Cinq jours durant, la musique enflamme les rues de la ville. Trois moments forts marquent ce festival entièrement gratuit : Nørrebro Street Party avec une quarantaine de lieux et événements petits ou grands, Distortion Club ouvre ses portes aux groupes émergents dont certains se sont fait connaître via ce festival, Distortion Ø clôture par six concerts de Danse Music nouvelle génération.

FESTIVAL DE ROSKILDE

19 Darupvej

ROSKILDE ✆ +45 46 36 66 13

www.roskilde-festival.dk

Fin juin–début juillet.

Chaque année, début juillet, la jeunesse se rue vers Roskilde pour profiter du festival le plus couru d'Europe de Nord. Ce festival, dont l'ADN est la musique rock, est considéré comme le Woodstock scandinave depuis 50 ans déjà ! Il n'a pas pris une ride et attire des milliers de festivaliers pour des concerts en plein air, où Rock stars et groupes confirmés viennent de toute l'Europe et d'outre-Atlantique (Simple Minds, The Nits, Paul Simon, Iggy Pop, Rita Mitsouko, David Bowie, Suede, Daft Punk...), sans oublier le Danemark et le Groenland !

RÉGION DE COPENHAGUE

Bien que Copenhague soit le point d'ancrage où séjourner, ses environs méritent tout autant des escapades consacrées à l'exploration de leurs richesses. L'île de Seeland, qui constitue l'essentiel du territoire de la région de Sjælland, vous réserve de belles découvertes. Selon la mythologie nordique, elle aurait été créée par la déesse Gefjon, celle-ci aurait emporté un petit bout de Suède vers le Danemark. Du mythe vers l'histoire, par voie de terre ou par chemin de fer, sillonnez les routes de vos envies. Envie de nature ? Larguez les amarres vers l'île de Bornholm et ses falaises abruptes et rocheuses. Envie de culture ? Explorez l'art contemporain au musée d'Arken ou de Louisiana. Un peu d'histoire ? Revivez les heures glorieuses de la monarchie danoise à Hillerød. À la recherche d'authenticité ? Filez à Dragor, un charmant petit port de pêche.

TISVILDELEJE
Tisvilde
Tibirke
Vejby
Ørby
223
GRÆSTED
VERS GILLELEJE
Esbønderup
Esrum
Kattegatt
Kattegat
Tisvilde Hegn
267
205
Ramløse
Helsinge
Skærød
227
Liseleje
Asserbo
Ramløse Søkrog
Annisse Nord
Gribskov
Hald
Melby
Vinderød
Nødebohuse
Torup
Hanehoved
Arresø
Annisse
267
Nødebo
Sørup
FREDERIKSVÆRK
Alsønderup
Gadevang
16
Vers HUNDESTED
Tulstrup
19
Grævlingehøj
16
Meløse
HILLERØD
Kulhuse
Barakkerne
Ølsted
Store Lyngby
6
Hornsved
Ny Hammersholt
Store Havelse
Skævinge
Nordskoven
6
Nørre Herlev
207
Gørløse
Isefjord
Lillerød
Græse Bakkeby
Uvelse
Jægerspris
233
Slangerup
FREDERIKSSUND
Uggeløse
Over Dråby
207
Over Dråby Strand
Gerlev
FARUM
Store Rørbæk
Dalby Huse
53
Tørslev Hage
16
211
ØLSTYKKE
Ganløse
SJÆLLAND
Værløse
Skuldelev
Torp Mark
STENLØSE
Veksø
Skibby
Jyllinge
Vellerup
211
53
6
Sønderby
Gundsømagle
Østrup Holme
BALLERUP
Roskilde Fjord
Gershøj
SÆBY
Ledøje
Kirke Hyllinge
Ågerup
04
Nationalpark Skjoldungernes Land
Sengeløse
Veddelev
GLOSTRUP
Lyndby
ALBERTSLUND
Høje Taastrup
Gevninge
ROSKILDE
156
Hedehusene
TÅSTRUP
VALLENSBÆK
155
Kirke Såby
Svogerslev
Ishøj Landsby
Vindinge
Reerslev
Vor Frue
ISHØJ
Greve Landsby
6
Øm
Hundige
Hvalsø
Allerslev
LEJRE
Tune
GREVE
Hundige Strand
14
Mosede
Karlslunde
Gadstrup
Snoldelev
Karlslunde Strand
Osted
Dåstrup

Région de Copenhague
HELSINGØR
Helsingborg
Mörarp
Langesø
Tikøb
Snekkersten
Nyrup
Espergærde
Kvistgård
Påarp
Bårslöv
Gantofta
HUMLEBÆK
Rydebäck
Vallåkra
Glumslöv
Tågarp
Niverød
NIVÅ
Kokkedal
Mikkelborg
VEN
HØRSHOLM
Rungsted
Smidstrup
Vedbæk
Isterød
Landskrona
Asmundtorp
Häljarp
Trørød
Gammel Holte
Skodsborg
Saxtorpsskogen
NÆRUM
Søllerød
Hjortekær
Taarbæk
Øresund
KONGENS LYNGBY
KLAMPENBORG
Barsebäck
BAGSVÆRD
GENTOFTE
CHARLOTTENLUND
Gladsaxe
ORDRUP
HERLEV
HELLERUP
Bispebjerg
Husum
BRØNSHØJ
Nørrebro
Østerbro
Vanløse
Frederiksberg
COPENHAGUE
Valby
Vesterbro/ Kongens Enghave
Amager Øst
BRØNDBY
Amager Vest
HVIDOVRE
SALTHOLM
TÅRNBY
AMAGER
Vallensbæk Strand
Store Magleby
DRAGØR
Ostsee
Østersøen
Östersjön
Søvang
Bunkeflostrand
4 KM
237
235
6
152
111
21
E4
109
E20
E6
17
201
19
E47
02
151
E20

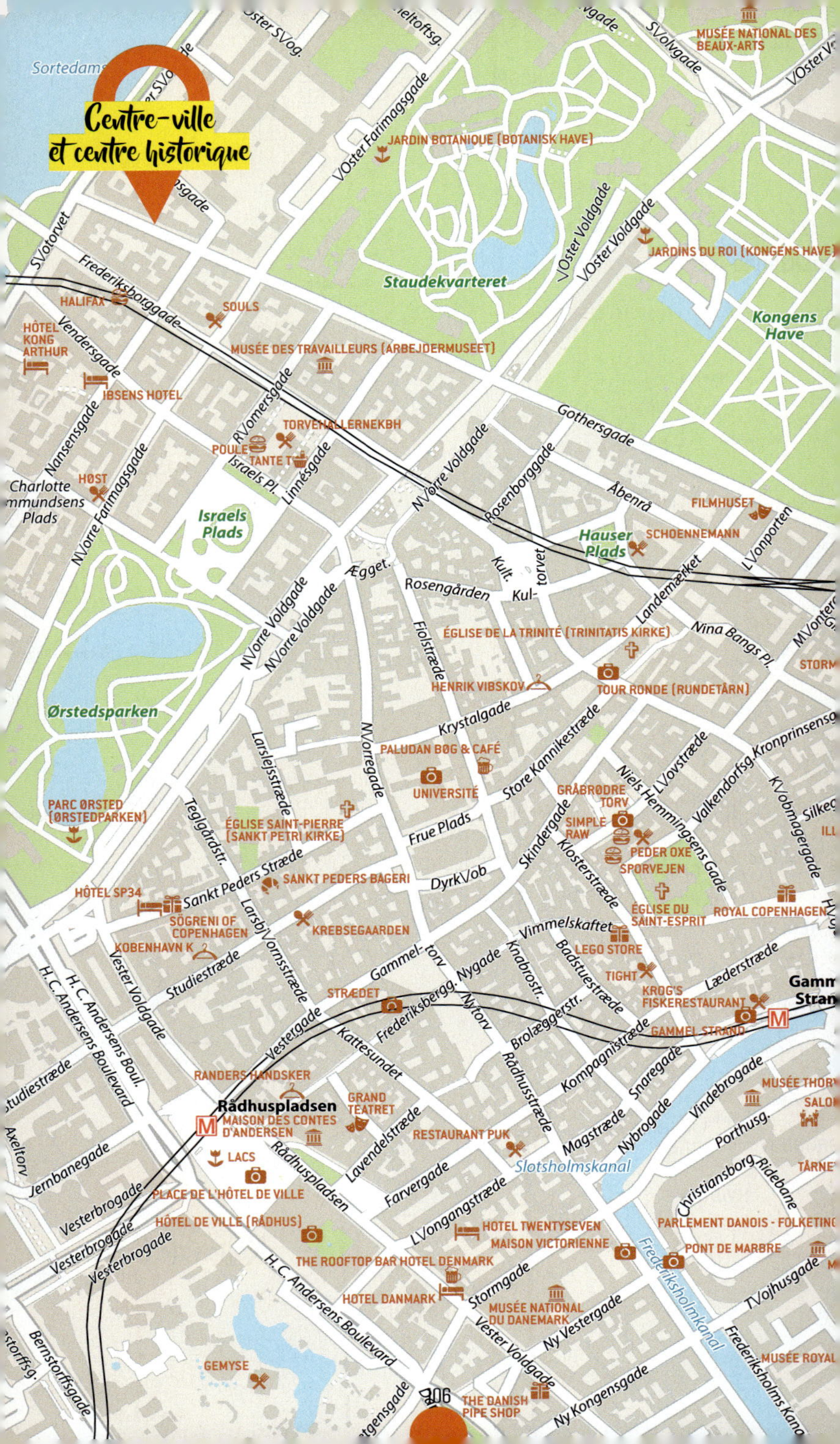
Centre-ville
et centre historique
MUSÉE NATIONAL DES BEAUX-ARTS
JARDIN BOTANIQUE (BOTANISK HAVE)
JARDINS DU ROI (KONGENS HAVE)
Staudekvarteret
Kongens Have
Sortedams
HALIFAX
SOULS
HÔTEL KONG ARTHUR
MUSÉE DES TRAVAILLEURS (ARBEJDERMUSEET)
IBSENS HOTEL
TORVEHALLERNEKBH
POULE
TANTE T
HØST
Charlotte Ammundsens Plads
Israels Plads
Gothersgade
Åbenrå
FILMHUSET
SCHOENNEMANN
Hauser Plads
Rosengården
Kultorvet
Nina Bangs Pl.
ÉGLISE DE LA TRINITÉ (TRINITATIS KIRKE)
HENRIK VIBSKOV
TOUR RONDE (RUNDETÅRN)
STORM
Ørstedsparken
Krystalgade
PALUDAN BØG & CAFÉ
UNIVERSITÉ
GRÅBRØDRE TORV
SIMPLE RAW
PEDER OXE
SPORVEJEN
PARC ØRSTED (ØRSTEDPARKEN)
ÉGLISE SAINT-PIERRE (SANKT PETRI KIRKE)
Frue Plads
ÉGLISE DU SAINT-ESPRIT
ROYAL COPENHAGEN
HÔTEL SP34
SANKT PEDERS BAGERI
SÖGRENI OF COPENHAGEN
KØBENHAVN K
KREBSEGAARDEN
LEGO STORE
TIGHT
KRØG'S FISKERESTAURANT
GAMMEL STRAND
Gammel Strand
STRÆDET
RANDERS HANDSKER
Rådhuspladsen
MAISON DES CONTES D'ANDERSEN
GRAND TEATRET
RESTAURANT PUK
MUSÉE THORV
SALO
LACS
PLACE DE L'HÔTEL DE VILLE
Slotsholmskanal
TÅRNE
HÔTEL DE VILLE (RÅDHUS)
HOTEL TWENTYSEVEN
MAISON VICTORIENNE
PARLEMENT DANOIS - FOLKETING
PONT DE MARBRE
THE ROOFTOP BAR HOTEL DENMARK
HOTEL DANMARK
MUSÉE NATIONAL DU DANEMARK
Frederiksholmkanal
MUSÉE ROYAL
GEMYSE
THE DANISH PIPE SHOP
Frederiksborggade
Vendersgade
Nansensgade
N. Vorre Farimagsgade
Vester Voldgade
H. C. Andersens Boulevard
Vesterbrogade
Strøget
Nørregade
Store Kannikestræde
Skindergade
Købmagergade
Vimmelskaftet
Nytorv
Vestergade
Christiansborg Ridebane
Stormgade
Ny Vestergade
Ny Kongensgade
Bernstorffsgade

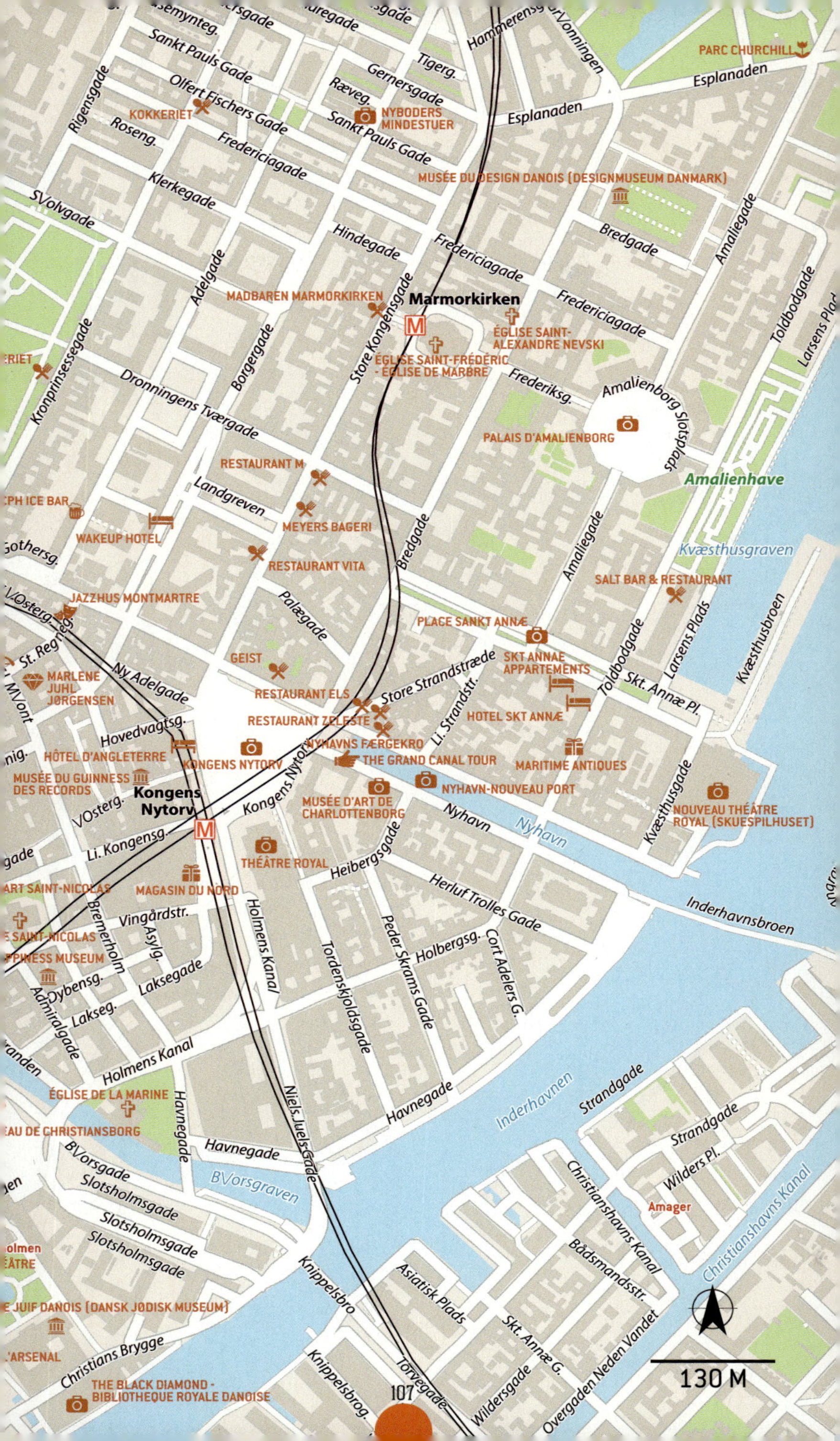

PARC CHURCHILL
Esplanaden
Sankt Pauls Gade
Olfert Fischers Gade
KOKKERIET
Rigensgade
Roseng.
Fredericiagade
Klerkegade
Sølvgade
Rævег.
Gernersgade
Tigerg.
NYBODERS MINDESTUER
Hammerensg.
MUSÉE DU DESIGN DANOIS (DESIGNMUSEUM DANMARK)
Bredgade
Amaliegade
Toldbodgade
Hindegade
Adelgade
Borgergade
MADBAREN MARMORKIRKEN
Marmorkirken
Store Kongensgade
ÉGLISE SAINT-ALEXANDRE NEVSKI
ÉGLISE SAINT-FRÉDÉRIC - ÉGLISE DE MARBRE
Frederiksg.
Amalienborg Slotsplads
PALAIS D'AMALIENBORG
Amalienhave
Kronprinsessegade
Dronningens Tværgade
RESTAURANT M
Landgreven
MEYERS BAGERI
CPH ICE BAR
WAKEUP HOTEL
RESTAURANT VITA
Kvæsthusgraven
SALT BAR & RESTAURANT
JAZZHUS MONTMARTRE
Palægade
PLACE SANKT ANNÆ
Kvæsthusbroen
Larsens Plads
SKT ANNAE APPARTEMENTS
Skt. Annæ Pl.
GEIST
St. Regneg.
MARLENE JUHL JØRGENSEN
Ny Adelgade
RESTAURANT ELS
Store Strandstræde
Li. Strandstr.
RESTAURANT ZELESTE
HOTEL SKT ANNÆ
Hovedvagtsg.
HÔTEL D'ANGLETERRE
KONGENS NYTORV
NYHAVNS FÆRGEKRO
THE GRAND CANAL TOUR
MARITIME ANTIQUES
MUSÉE DU GUINNESS DES RECORDS
Kongens Nytorv
NYHAVN-NOUVEAU PORT
Kvæsthusgade
NOUVEAU THÉATRE ROYAL (SKUESPILHUSET)
MUSÉE D'ART DE CHARLOTTENBORG
Nyhavn
Li. Kongensg.
THÉATRE ROYAL
Heibergsgade
Herluf Trolles Gade
Inderhavnsbroen
MAGASIN DU NORD
Holmens Kanal
Bremerholm
Vingårdstr.
Asylg.
Dybensg.
Laksegade
Lakseg.
Admiralgade
Tordenskjoldsgade
Peder Skrams Gade
Holbergsg.
Cort Adelers G.
ÉGLISE DE LA MARINE
Havnegade
Niels Juels Gade
Inderhavnen
Strandgade
Wilders Pl.
Amager
Christianshavns Kanal
Slotsholmsgade
Knippelsbro
Asiatisk Plads
Bådsmandsstr.
Skt. Annæ G.
Overgaden Neden Vandet
Christians Brygge
THE BLACK DIAMOND - BIBLIOTHEQUE ROYALE DANOISE
Knippelsbrog.
Torvegade
Wildersgade
130 M

Vingårdstræde
Asylgade
Bremerholm
Laksegade
Nikolajgade
Holmens Kanal
Herluf Trolles Gade
Holbergsgade
Peder Skrams Gade
Cort Adelers Gade
Tordenskjoldsgade
Sjælland
Havnegade
Inderhavnen
Strandgade
BVorsgraven
O2
BVorsgade
Slotsholmsgade
Slotsholmen
Niels Juels Gade
Knippelsbro
ASIATISK PLADS
Asiatisk Plads
DAC
CHRISTIANSHAVNS FÆRGECAFÉ
Bådsmandss.
Christians Brygge
Knippelsbrogade
Wildersgade
Overgaden Neden Vandet
Sankt Ann.
ERA ORA
CHRISTIANSHAVNS BÅDUDLEJNING & CAFÉ
Mikkel Vibes G.
Nicolai Eigtveds G.
Nicolai Eigtveds Gade
EGLISE CHRISTIANS KIRKE
RESTAURANT KADEAU
Christianshavn
M
Torvegade
PONT CIRCULAIRE
(CIRKELBROEN)
Johan Semps Gade
David Balfours G.
Langebrogade
Hammershøis Kaj
Christianshavn Kanal
Overgaden Oven Vandet
Dronningensgade
Sofiegade
Prinsessegade
Amager
Voldgården
Ved Kanalen
St. SVondervoldstr.
Li. SVondervoldstr.
Christianshavns Voldgade

Christianshavn et Amager
Inderhavnsbroen
Trangravsvej
Christianshholms
Arsenalgraven
FLYVEFISK
Kuglegårdsvej
Kuglegården
Halvtolv
Danneskiold-Samsøes Allé
MAISON DE L'ATLANTIQUE-NORD
Prinsessegade
Trangraven
Islands Plads
Bodenhoffs Plads
Islands Pl.
Arsenalvej
Arsenalvej
Strandgade
Wilders Plads
Christianshavns Kanal
Overgaden Oven Vandet
Andreas Bjørns Gade
Burmeistersgade
Bodenhoffs Plads
Laboratoriegraven
Brobergsgade
CHRISTIANSHAVNS KANAL
Psyak
Refshalevej
Prinsessegade
Amager
L.Vovehuset
Psyak
Mælkevejen
Sydområdet
Tinghuset
MORGENSTEDET
CHRISTIANIA CYKLER
CHRISTIANIA
CAFÉ MÅNEFISKEREN
WOODSTOCK CHRISTIANIA
Bådsmandsstræde
ÉGLISE SAINT-SAUVEUR (VOR FRELSERS KIRKE)
Fredens Ark
CAFÉ NEMOLAND
Fabriksområdet
Voldboligerne
Christianshavns Voldgade
Kanninø
Vennelyst
100 M
Kl.Overmarksvej
Kl.Overmarksvej

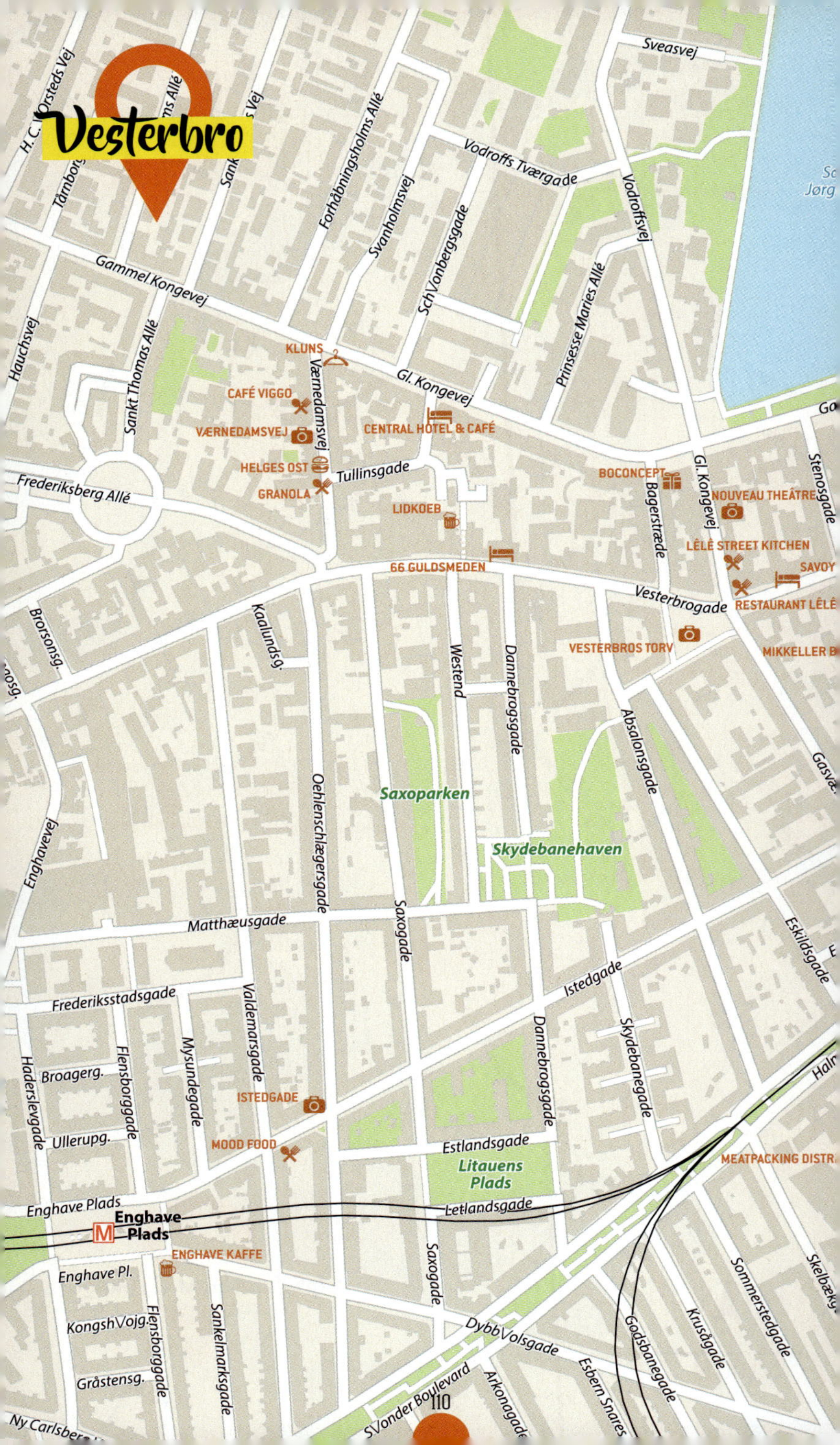
Vesterbro
KLUNS
CAFÉ VIGGO
VÆRNEDAMSVEJ
HELGES OST
GRANOLA
CENTRAL HOTEL & CAFÉ
LIDKOEB
66 GULDSMEDEN
BOCONCEPT
NOUVEAU THEÂTRE
LÊLÊ STREET KITCHEN
SAVOY
RESTAURANT LÊLÊ
VESTERBROS TORV
MIKKELLER B
Saxoparken
Skydebanehaven
ISTEDGADE
MOOD FOOD
Litauens Plads
MEATPACKING DISTR
Enghave Plads
ENGHAVE KAFFE
Gammel Kongevej
Gl. Kongevej
Vesterbrogade
Frederiksberg Allé
Istedgade
Matthæusgade
Sveasvej
Vodroffs Tværgade
Vodroffsvej
Prinsesse Maries Allé
Forhåbningsholms Allé
Svanholmsvej
SchVonbergsgade
Sankt Thomas Allé
Hauchsvej
Værnedamsvej
Tullinsgade
Bagerstræde
Stenosgade
Kaalundsg.
Brorsonsg.
Westend
Dannebrogsgade
Absalonsgade
Oehlenschlægersgade
Saxogade
Enghavevej
Eskildsgade
Frederiksstadsgade
Valdemarsgade
Skydebanegade
Haderslevgade
Broagerg.
Flensborggade
Mysundegade
Ullerupg.
Estlandsgade
Letlandsgade
Enghave Pl.
KongshVojg.
Gråstensg.
Sankelmarksgade
DybbVolsgade
SVonder Boulevard
Arkonagade
Esbern Snares
Godsbanegade
Krusågade
Sommerstedgade
Skelbæk
Ny Carlsberg

HOTEL ALEXANDRA
ASCOT HOTEL
SQUARE
Rådhuspladsen
BURGER SHACK
DSB - CHEMINS DE FER DANOIS
HOUSE OF AMBER
STEEL HOUSE
IMPERIAL BIOGRAF
AXELTORV
OFFICE DE TOURISME
HOTEL RADISSON BLU ROYAL
MÉMORIAL DE LA LIBERTÉ
JARDINS DE TIVOLI
SET SANDWICH BAR
FIRST HOTEL MAYFAIR
GARE CENTRALE (HOVEDBANEGÅRDEN)
CITY HOTEL NEBO
URBAN HOUSE COPENHAGEN BY MEININGER
RESTAURANT COFOCO
København h
HALMTORVET
DGI-BYEN
MEATPACKING DISTRICT (KØDBYEN)
KØDBYENS FISKEBAR
RESTAURANT GORILLA
WAKEUP COPENHAGEN
TIVOLI HOTEL
Sydhavnen
150 M
Studiestræde
Andersens Boul.
Voldg.
Vestergade
Axeltorv
Nyropsgade
Herholdtsgade
Vester Søgade
Hammerichsgade
Jernbanegade
Vesterbrogade
Ved Vesterport
Meldahlsgade
Vester Farimagsgade
Trommesalen
Sankt Jørgens Allé
Banegårdspladsen
Bernstorffsg.
Reventlowsgade
Colbjørnsensgade
Helgolandsgade
Reverdilsgade
Abel Cathrines Gade
Helgolandsg.
Li. Istedgade
Tietgensgade
Kvægtorvsgade
Kvægtorvet
Kvægtorvsg.
Stoltenbergsgade
Bernstorffsgade
Halmtorvet
Slagterboderne
Slagtehusgade
Staldgade
Ingerslevsgade
Carsten Niebuhrs Gade
Kristian Erslevs G.
Kalvebod Brygge
Arni Magnussons G.

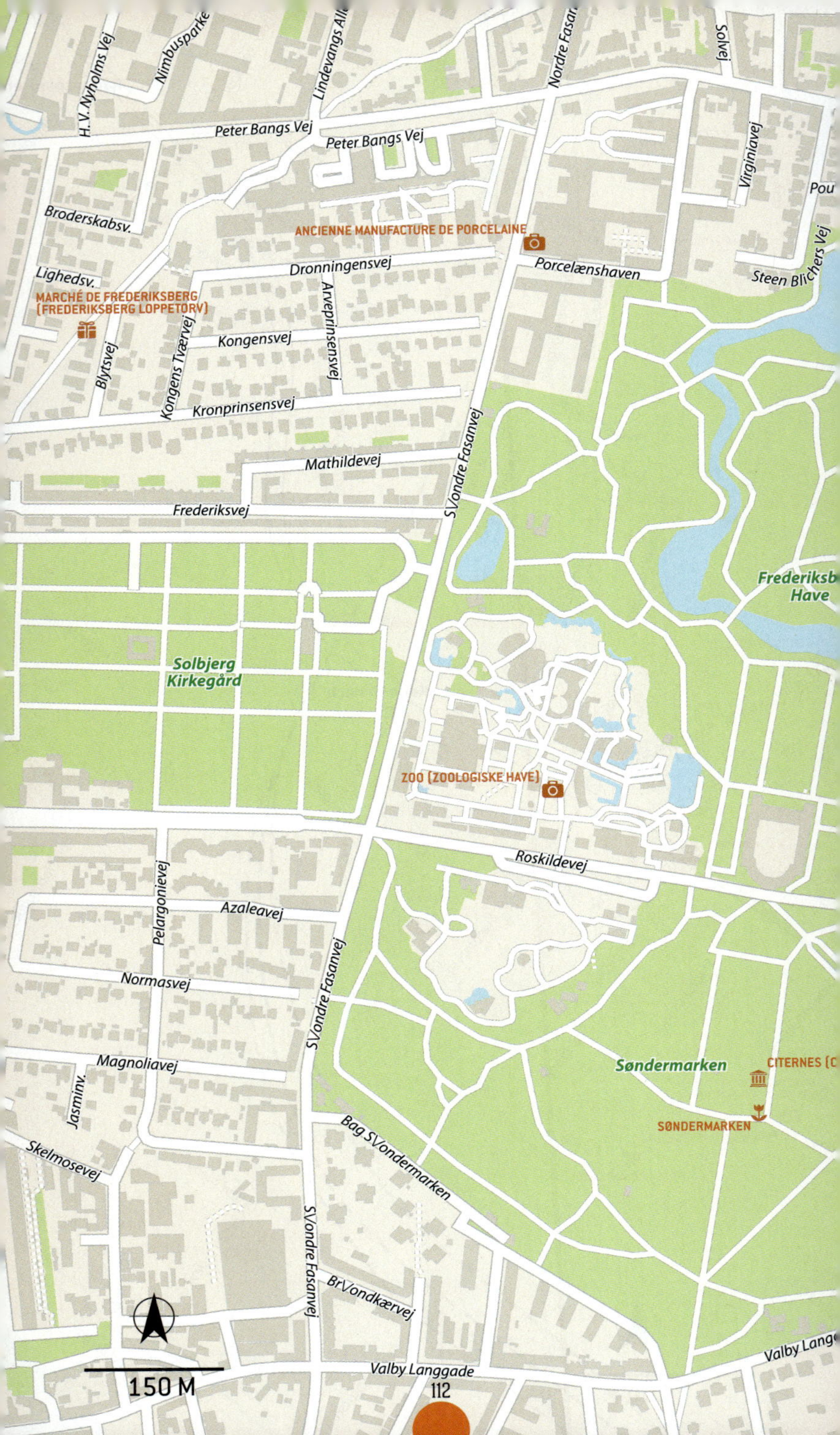

H.V. Nyholms Vej
Nimbusparken
Lindevangs Allé
Nordre Fasanvej
Solvej
Peter Bangs Vej
Peter Bangs Vej
Virginiavej
Broderskabsv.
ANCIENNE MANUFACTURE DE PORCELAINE
Porcelænshaven
Steen Blichers Vej
Lighedsv.
Dronningensvej
Arveprinsensvej
MARCHÉ DE FREDERIKSBERG (FREDERIKSBERG LOPPETORV)
Blytsvej
Kongens Tværvej
Kongensvej
Kronprinsensvej
Mathildevej
SVondre Fasanvej
Frederiksvej
Frederiksb
Have
Solbjerg Kirkegård
ZOO (ZOOLOGISKE HAVE)
Roskildevej
Pelargonievej
Azaleavej
Normasvej
SVondre Fasanvej
Magnoliavej
Søndermarken
CITERNES (C
Jasminv.
SØNDERMARKEN
Skelmosevej
Bag SVondermarken
SVondre Fasanvej
BrVondkærvej
Valby Langgade
Valby Lange
150 M

Frederiksberg
Howitzvej
Hospitalsvej
Sylows Pl.
REINH. VAN HAUEN
Falkoner Alle
BANG & OLUFSEN CENTER
Sagasvej
Rathsacksvej
Ceresvej
Grundtvigsvej
Smalleg.
Frederiksberg Bredegade
Henrik Steffens V.
Gammel Kongevej
Bianco Lunos Allé
Hortensiavej
Frederik VI's Allé
Edisonsvej
ALLEGADE & PILE ALLÉ
Allegade
Hollændervej
Alleg.
Dr. Priemes Vej
Maglekildevej
Amicisvej
Nyvej
Madvigs Alle
MUSÉE STORM P.
Den Franske Skole Plads
MIELCKE & HURTIGKARL
FREDERIKSBERGS CHOKOLADE
Frederiksberg Allé
ÉGLISE DE FREDERIKSBERG FREDERIKSBERG KIRKE)
FREDERIKSBERG ALLÉ
Frederiksberg Allé
Frederiksberg Kirkegård
Pile Alle
Asgårdsvej
Frydendalsvej
Kochsvej
Henrik Ibsens Vej
Platanvej
HANSENS GAMLE FAMILIEHAVE
Jacobys Alle
Schlegels Allé
Asmussens Allé
FORMEL B
Vesterbrogade
Br. Vondsteds A.
Halls Alle
Vesterbrogade
Bakkegårds Allé
Pile Alle
Rahbeks Allé
MAISON DE LA COLLINE (BAKKEHUSMUSEET)
Kammasháve
Carstensgade
Lundbyesg.
Sissersg.
Freundsg.
Jerichausgade
Vesterfælledvej
Bag Elefanterne
Enghave
HOTEL OTTILIA
Ny Carlsberg Vej
Carl Jacobsens Have
Ottilia Jacobsens Pl.
Pasteursvej
Ejderstedgade

Nørrebro
Nørrebros Runddel
Nuuks Plads
114
THE COFFEE COLLECTIVE
GRØD
GÅGRØN !
KARAMELLERIET
RELÆ
KERAMIKER INGE VINCENTS
LADYFINGERS
MANFREDS
JÆGERSBORGGADE
KIIN KIIN
CIMETIÈRE JUIF (MOSAISK KIRKEGÅRD)
CIMETIÈRE DE L'ASSISTANCE (ASSISTENS KIRKEGÅRD)
RUST
KAFFE PLANTAGEN
MUSÉE DE LA POLICE (POLITIMUSEET)
THE BARKING DOG
NØRREBRO BRYGHUS
HOOKED
Sjælland
KUNG FU II & IZAKAYA BAR
MARCHÉ AUX PUCES
MÉLANGE DE LUXE
HOTEL NORA
SPILLESTEDET STENGADE
SLIDERS
KAFFESALONEN
PONT DE LA REINE LOUISE
BLÅGÅRDSGADE
CHAMP DE PATATES
COLLECTION HIRSCHSPRUNG
UNDER URET
Hans Tavsens Park
Folkets Park
Blågårds Plads
Fredenspark
Østre Anlæg
Botanisk Have
Staudekvarteret
Sortedams Sø
Peblingesø
Vodgade
Julius Bloms Gade
HVorsholmsgade
Humlebækgade
Hellebækgade
Jagtvej
Hans Egedes Gade
Hjort Lorenzens G.
Ågade
Struenseegade
Henrik Rungs G.
Brohusgade
Rantzausgade
Jægergade
Skytteg.
Ingemannsvej
Bülowsvej
Rolighedsvej
C. VOrsteds Vej
Norsaaesvej
Åboulevard
Åboul.
Prinsesse Charlottes Gade
Meinungsg.
Guldbergs Have
Hans Kirks Vej
Alleen
NVorre Allé
NVorrebrogade
Peter Fabers Gade
MVollegade
Guldbergsgade
Ahornsgade
Birkegade
Egeg.
Fælledvej
Sankt Hans Gade
LæssVoesgade
Ryesgade
Blegdamsvej
Fredensgade
SVopas.
Sortedam Dossering
Fredensbro
Kapelvej
TjVorneg.
Griffenfeldsgade
Stengade
Slotsgade
Baggesensgade
Todesg.
Korsgade
Gartnergade
Blågårdsgade
Smedegade
Thorupsg.
Wesselsgade
Ravnsborggade
SVotorvet
Frederiksborggade
Vendersgade
NVorre SVogade
NVorre Farimagsgade
RVomersgade
Linnésgade
Gothersgade
Charlotte
Bartholinsg.
VOster SVogade
VOster SVog.
Gammeltoftsgade
Ole Suhrs Gade
RVorholmsgade
Webersgade
Wiedeweltsgade
Jens Juels Gade
Abildgaardsg.
Eckersbergsg.
HVoyensg.
Hallinsg.
Zinnsg.
VOster Farimagsgade
SVolvgade
VOster Voldgade
200 M

Østerbro
GERANIUM
STADE (TELIA PARKEN)
FÆLLEDPARKEN
RUCHE (BRUMLEBY)
MUSÉE DE LA POSTE ET DES TÉLÉCOMMUNICATIONS
Trianglen
M
LETZ SHOP
HOS FISCHER
VINBORSEN
NORMANN COPENHAGEN
GOURMANDIET
DEN FRANSKE CAFÉ
Sjælland
JOE & THE JUICE
DAG H.
FAMO METRO
Garnison Kirkegård
Sortedams Sø
Holmens Kirkegård
CIMETIÈRE DE LA MARINE (HOLMENS KIRKEGÅRD)
Hjalmar Brantings Plads
Østre Anlæg
CHAMP DE PATATES (KARTOFFELRÆKKERNE)
COLLECTION HIRSCHSPRUNG (HIRSCHSPRUNGSKE SAMLING)
UNDER URET
150 M
Per Henrik Lings Allé
Kirsteinsgade
Rothesgade
Gammel Kalkbrænderi Vej
Hobroade
Skt. Jakobs G.
Gustav Adolfs G.
Ribegade
Carl Johans Gade
J. E. Ohlsens Gade
Ved Vænget
Nordre Frihavnsgade
Øster Allé
Brumleby
Olufsvej
Østerbrogade
Rosenvængets Sidea.
Rosenvængets Hov
Faksegade
Odensegade
Trianglen
Saabyesvej
Rosenvængets Allé
Sortedam Dossering
Holsteinsgade
Slagelsegade
Rosendalsg.
Ringstedg.
Østerbrog.
Willemoesgade
Blegdamsvej
Classensgade
Kastelsvej
Irmingersgade
Ryesgade
Kroghsg.
Helgesensgade
Dag Hammarskjölds Allé
Collinsg.
Zinnsgade
Øster Søgade
Voldmesterg.
Hallinsgade
Øster Farimagsgade
Upsalagade
Visbyg.
Olof Palmes Gade
Høyensgade
Skovgaardsgade
Upsala gade
Eckersbergsgade
Malmøgade
Abildgaardsgade
Lundsgade
Jens Juels Gade
Wiedeweltsgade
Stockholmsgade
Webersgade
Sølvgade
Fredensbro
Øster Søgade
Ole Suhrs Gade
Rørholmsgade
Lundingsg.
Stengade
Søpas.

COPENHAGUE

Ville aux multiples facettes, Copenhague ne laisse personne indifférent. Dès la première fois, le charme opère. Pourquoi cet attachement ?

Parce que Copenhague allie la décontraction à la rigueur, l'altruisme à la technologie de pointe, la discrétion à l'élégance affichée, le patrimoine au design sélectif, la monarchie à la démocratie. Pour son ambiance plus méridionale qui la rend peut-être légèrement exubérante, en particulier dans sa vie nocturne, ou dans le goût pour les plongeons dans les eaux glacées du port… le corps entièrement nu ! Parce qu'elle a su préserver son ADN tout en s'affirmant comme une inconditionnelle de la modernité et de l'audace architecturale en attirant les plus grandes signatures contemporaines. Parce qu'il fait bon vivre dans une ville où embouteillages, klaxons et pollution sont des mots bannis du vocabulaire, et que piétons et cyclistes sont des rois. Parce que Copenhague… est de plus en plus belle !

SE REPÉRER SE DÉPLACER

Rien de plus facile que se déplacer à Copenhague ! Sa superficie plutôt réduite, ses connections entre services bien pensées, la multiplicité de l'offre de transport en font la destination rêvée. Bus, métro, bateaux, vélos, trains régionaux faciliteront votre découverte de la ville et de ses alentours en toute sérénité. Segway ou hydravion apporteront la touche *fun* à votre séjour tandis que la marche à pied reste une valeur sûre. Il suffit de respecter les espaces dédiés. Alors que la chaussée ou les trottoirs sont souvent couverts de petits pavés irréguliers, de larges pierres plates sagement alignées en deux lignes parallèles attendent les piétons, leur offrant ainsi un meilleur confort en ménageant leurs pieds. Par ailleurs, c'est une manière discrète de bien séparer les divers espaces dédiés. Voilà une belle idée ! C'est bien mieux pour circuler... mais attention à bien respecter ces derniers et à ne pas zigzaguer !

AÉROPORT KASTRUP

Lufthavnsboulevarden 6
✆ +45 32 31 32 31
www.cph.dk

Après avoir récupéré vos bagages, suivre sur la gauche un long couloir. Là distributeur automatique et bureau de change permettent de se procurer des DKK. En face, office de tourisme : achat de la Copenhague Card (CPH Card) pour rallier le centre-ville. Les diverses sorties n'étant pas très bien indiquées, une fois dans le hall de sortie, avancez vers la gauche. Vous trouverez les divers accès : métro, train (guichets pour achat de billet avant de descendre sur le quai), bus (lignes urbaines et nationales). A l'extérieur : loueurs de voitures.

GARE CENTRALE (KØBENHAVNS HOVEDBANEGÅRD)

Banegårdspladsen 1
✆ +45 70 13 14 15
hovedbanen.dk

Bornes automatiques disponibles 24h/24. Consignes. Point info. Cash. Hall fermé, accès aux plateformes via Tietgensgade.

Chaque jour, près de 100 000 passagers transitent par la gare centrale. Elle constitue le hub principal du réseau ferroviaire national. Vous y trouverez de nombreux commerces, un Point info tourisme, ouvert du lundi au dimanche de 9h à 17h, un distributeur de cash où vous procurer des couronnes danoises. Trois autres gares, Østerport, Verterport et Nørreport, balisent les transits depuis la ville vers la banlieue avec le S-Tog, équivalent du RER français.

DFDS SEAWAYS

Dampfærgevej 30 ✆ +45 33 42 30 00
www.dfdsseaways.com

Traversée de nuit avec ou sans véhicule. Tous les jours. Chambre double à bord, à partir de 1 100 DDK.

Liaisons quotidiennes par ferry entre Oslo et Copenhague. Départ chaque jour à 17h avec arrivée le lendemain à 9h30. Une soirée à vivre comme une véritable mini-croisière avec tout le confort à bord. Quatre restaurants, des bars et des boutiques, un sauna-spa, discothèque, casino, cinéma, des jeux pour enfants, de très confortables cabines. A votre arrivée, vous pouvez laisser vos affaires en cabine car vous repartez avec le même ferry le soir même pour retourner à Copenhague le matin du troisième jour. Service de navettes gratuit, Bus Service pour les passagers.

BAISIKELI

Ingerslevsgade 80
✆ +45 26 70 02 29
www.baisikeli.dk

Ouvert tous les jours 10h-18h, samedi et dimanche basse saison jusqu'à 16h. 80 DKK, 40 DKK la location du casque.

En plus de pratiquer les tarifs parmi les plus bas de la ville, cette boutique de location de vélos aide à améliorer la mobilité en Afrique en y développant l'accès aux vélos. En effet, *Baisikeli*, qui signifie vélo en swahili, collecte des vélos d'occasion au Danemark et les envoie en Afrique de l'Ouest (Mozambique) où ils seront réparés puis vendus. Depuis le début du projet, plus de 5 000 vélos ont été expédiés. Pour les familles, l'idéal est de louer un cargo-bike. Réservation en ligne possible. Chez *Baisikeli*, une location c'est également une bonne action.

CHRISTIANIA CYKLER

Mælkevejen 83A
✆ +45 70 70 76 80
https ://christianiacykler.dk/12/Rentabike/
7j/7, 9h-17h30, samedi 11h-15h. 100 DKK le 1er jour, 50 DKK jour suivant. 500 DKK vélo-cargo le 1er jour.

Avec plus de 30 ans d'ancienneté, ils furent les premiers à avoir utilisé le fameux vélo dit « Christiania Bikes ». Vous en croiserez partout dans Copenhague. Selle haute et guidon surélevé. A l'avant, un cadre rectangulaire maintient en place une caisse de bois amovible. Voici le célèbre vélo-cargo parfait pour transporter les enfants, les courses ou le chien ! Fabriqués sur place dans un hangar non loin du point de vente, l'offre est large. Vous trouverez tous les accessoires : capotes pour la pluie, matelas pour le confort, antivols, sacoches...

FLYVEFISK

Trangravsvej 9
✆ +45 32 96 49 64
www.flyvefisk.dk
Privatisation bateau, durée 1h de 6h-17h 950 DKK, de 17h-21h 1 250 DKK. Autres tarifs dimanche et jours fériés.

Une compagnie de bateaux-taxis établie depuis 2004. Petit à petit, Flyvefisk s'est spécialisé dans les transports et visites guidées privés. Un moyen plutôt original de se déplacer en toute liberté sur les eaux de Copenhague et de découvrir les sites historiques. Il est obligatoire de pré-réserver, ensuite l'itinéraire est à votre convenance. Il suffit que l'arrêt que vous souhaitez soit adapté à l'amarrage du bateau. Un joli bateau bleu avec cabine décapotable en bois qui peut transporter jusqu'à 12 personnes. Très pratique pour un groupe d'amis ou une famille.

HAVNEBUS

✆ +45 70 15 70 00
www.dinoffentligetransport.dk
991 : en semaine 6h25-20h25, le week-end 10h-20h30. 992 : en semaine 6h55-21h25, le week-end 10h15-20h45.

Tous les transports existent à Copenhague et enrichissent la découverte de la ville. Avez-vous déjà emprunté des bateaux-bus ? Alors embarquez sur les lignes 991 et 992 du réseau portuaire de la ville. Ces bateaux effectuent des rotations en 30 minutes, tous les jours et toute l'année sauf si météo contraire. Ils desservent 9 arrêts dont Nyhavn, Islands Brygge. Vous pouvez monter ou descendre selon vos envies. S'il n'y a pas foule à bord, vous pourrez embarquer votre vélo. Havnebus 991 - direction : Teglholmen (sud). Havnebus 992 - direction : Refshaleøen (nord).

MÉTRO

✆ +45 32 48 28 00
www.intl.m.dk
Pour toutes les infos trafic, une adresse : www.intl.m.dk. Eventbillet valable 12 heures, en zones 1 à 4, coûte 30DKK.

Ce réseau est actif de nuit comme de jour grâce à la mise en place de services spéciaux (train, métro et bus de nuit, moins fréquents qu'en journée, environ toutes les 20 minutes au lieu de 2). La plupart des billets peuvent être utilisés sur toutes les lignes et dans tous les services de transport. Depuis 2020, le métro s'agrandit avec la mise en service du Ring M3. La ligne M4, prolongement du Cityringen sera étendue jusqu'à Sydhavn en 2024. Conséquence de ces travaux, une refonte totale des lignes du bus avec changements des numéros de ligne et des arrêts.

S-TOG

✆ +45 70 13 14 15
www.dsb.dk
Billet de 24 à 108 DKK, selon les zones. Billet 24h toutes zones à 130 DKK. Billet inclus avec la Copenhagen Card.

Cet équivalent du RER ou du TER traverse le centre-ville entre la gare centrale (København H) et le port (Nordhavn), desservant au passage les gares de Vesterport, Nørreport et Østerport. Fréquences : *grosso modo* toutes les 10 minutes en journée et semaine, toutes les 20 minutes le week-end. Détail très danois qui montre le souci de ne pas désorienter l'usager : chaque S-Tog a sa propre voie à la gare centrale, impossible donc de se tromper. Il y a 7 lignes au total, chacune étant désignée par une lettre. Bien utile pour quelques escapades en dehors de Copenhague.

TAXA 4X35

8 Rosenlunds Allé
✆ +45 35 35 35 35
www.taxa.dk

Une belle histoire que celle de TAXA. Une compagnie de taxi née en 1909 au démarrage de l'histoire automobile, quand les premières voitures remplacèrent les calèches ! Bien évidemment trop rares et trop chères, un service de location s'était alors mis en place. Depuis TAXA a su s'adapter à l'Histoire et à ses aléas. Aujourd'hui, cette association de taxi compte une flotte de plus de 1 000 véhicules ! Chauffeurs en uniforme et berlines noires élégantes pour vous servir. Wi-fi à bord gratuit. Possibilité de réserver son taxi sur l'application en ligne.

LES QUARTIERS DE COPENHAGUE

Il faut faire un effort d'imagination pour reconstituer les lieux tels qu'ils étaient quand Absalon prit possession d'un petit port, une grande partie de la ville actuelle étant alors sous les flots. Notez que ce qui apparaît dorénavant comme un canal est en réalité un bras de mer. De son passé, elle a gardé des dizaines de flèches et de clochers. Dans son présent, de nouvelles tours se dressent fièrement. Sans agressivité pour le moment, Copenhague s'étale dans toutes les directions en préservant son âme chaleureuse et son accessibilité. Au nord, au-delà du port, s'étend le long de la « Riviera danoise » une banlieue aux villas plus que coquettes. Au sud, c'est le règne des logements collectifs. À l'ouest, on se retrouve rapidement au milieu des champs. Enfin à l'est, c'est la mer, l'Øresund, les ferry-boats et les éoliennes. Au loin se profile la côte suédoise accessible en quelques dizaines de minutes par la route comme par le rail.

Centre-ville et centre historique

C'est sur l'île de Slotsholmen que l'évêque Absalon édifia le premier château. L'île a conservé sa vocation première puisqu'elle abrite toujours les lieux du pouvoir. Enserrant Slotsholmen, le centre historique d'Indreby correspond à la ville fortifiée du Moyen Âge. Son centre d'animation reste Rådhusplads, la place de l'Hôtel de Ville, et Strøget, le quartier piéton et commerçant. Il a conservé quelques traces de la ville médiévale visibles dans ses immeubles à colombages ou de briques rouges et dans ses passages étroits et fleuris. De jour, il apparaît comme un décor de théâtre, mélangeant la Renaissance hollandaise et les formes vikings à un vaste carrefour métamorphosé par la nuit, pris entre la gare centrale et Tivoli. Au nord s'étend le quartier pensé par Christian IV au XVIIe siècle, qui a pris toute sa personnalité à mesure que les activités portuaires étaient repoussées vers le nord et qui s'enorgueillit d'une architecture oscillant entre un baroque très rococo et un style néoclassique plus austère. Jamais bien loin, la nature l'emporte toujours sur la pierre et le béton, ainsi de vastes parcs jouxtent le centre-ville, des lacs artificiels baignent l'ouest, des canaux dessinent une trame aléatoire plus au sud.

Quartier de Nyhavn.

▶ **Nyhavn**, dont le nom signifie « nouveau port » est le canal central de Copenhague facilement reconnaissable aux couleurs vives des maisons qui le bordent. C'est ici que se trouve l'ancienne demeure du célèbre écrivain et poète Hans Christian Andersen. À son embouchure, il rejoint le Syhavnen, un cours d'eau qui traverse la ville. Nyhavn (p.139) fut construit à l'instigation du roi Christian V, entre 1670 et 1673, par les prisonniers de guerre suédois de la guerre dano-suédoise (1658-1660). Il s'agissait alors d'une passerelle vers la mer ouverte depuis la vieille ville intérieure et Kongens Nytorv (p.135) (la place Royale). Le pont actuel date de 1912. Autrefois lieu de perdition et de débauche où séjournaient les marins et les pêcheurs, il fut déserté par les navires après la Seconde Guerre mondiale pour laisser place à un agréable port de plaisance.

Christianshavn et Amager

▶ **Christianshavn** fait face au centre-ville. Cette île est aisément repérable grâce à la flèche hélicoïdale de l'église de Notre-Sauveur. Parcourue de canaux, elle présente des petits airs d'Amsterdam. Ses quais réaménagés accueillent des universités, des espaces de coworking branchés, le siège de Poulsen ; ils créent un vif contraste avec la friche soixante-huitarde de Christiana où le *Peace and Love* tente de résister à la pression immobilière. Plus loin, sur l'île d'Holmen se dresse l'Opéra, une des fiertés de la ville, un peu à l'écart, mais bien agréable pour sa tranquillité. C'est super à vélo.

▶ **Amagerbro**, niché derrière Christianshavn [p.144], sort également de son anonymat et devrait profiter du métro et de la naissance de la ville nouvelle d'Ørestad, véritable laboratoire architectural. Empruntez le bateau-bus pour rejoindre Reffen – Copenhagen Street Food [p.173] et ses 6 000 m² mis à disposition de start-up et de food-trucks ! Allez skier à Copen-Hill, une pente artificielle de 85 mètres de haut qui s'appuie sur une centrale de traitements des déchets au look futuriste. Une plongée dans le monde marin de l'aquarium Den Blå Planet [p.146], le plus grand d'Europe du Nord, offre une alternative moins sportive que le ski nautique ou la planche à voile !

Vesterbro et Fredriksberg

▶ **Vesterbro**, autrefois quartier canaille des abords de la gare et place forte du prolétariat surnommé « le quartier rouge », est né du démantèlement des remparts au XIXe siècle. Aujourd'hui, c'est le quartier bobo branché de la capitale, très en vogue pour son Meat packing district [p.153], ancienne zone de l'industrie des bouchers, fréquenté pour ses restaurants et ses bars funky. Réhabilitation de bâtiments industriels et constructions modernes font bon ménage autour du siège de la brasserie Carlsberg où les boutiques de mode, les galeries d'art côtoient les éternels sex-shops !

▶ **Islands Brygge** fait face à Vesterbro, on y accède une fois franchis les rails du chemin de fer. Il peut sembler un peu excentré, mais mérite absolument d'y flâner, ne serait-ce que pour un plongeon rafraîchissant dans les eaux de sa piscine naturelle ou pour parcourir les eaux du port en devenant capitaine de son bateau auprès de GoBoat. Le quartier revit depuis qu'un pont réservé aux piétons et aux cyclistes, Bryggebroen, – et son extension le fameux Cykelslangen « the Bike Snake » – l'a arraché à son isolement. Il réhabilite ses docks en espaces alternatifs, ses silos en résidences audacieuses, certaines très luxueuses à l'exemple de Gemini Residence.

▶ **Frederiksberg**. Quartier vert de la ville, il est réputé pour son calme, ses avenues bordées d'arbres, le chic de ses architectures et ses parcs ombragés. Lieu de promenade favori des riverains, le parc royal Fredericksberg Have [p.174]. Un détour par le zoo ou le jardin horticole de la Société royale font de ce havre de paix un incontournable de Copenhague. Un après-midi bucolique où canotage et halte gourmande [suggestion : arrêt au pavillon chinois de la Maison de thé royale bâtie au XVIIIe siècle] éloignent de l'agitation urbaine. Cependant, il reste facile de rejoindre la gare centrale en empruntant la rue de Gammel Kongevej, une rue commerçante bordée de beaux bâtiments anciens et animée de cafés et de restaurants à la mode.

© OLIVER FOERSTNER - SHUTTERSTOCK.COM

Parc royal Fredericksberg Have.

LES QUARTIERS DE COPENHAGUE

Nørrebro et Østerbro

▶ **Nørrebro** est un quartier populaire, multiculturel et coloré, investi par la jeunesse branchée, le street art et les créateurs. Un quartier idéal à parcourir à vélo et super fun à *Superkilen*, une aire géante en extérieur aménagée pour « skaters », « trottineters », « roller bladers »... en résumé, pour tout ce qui a des roues ! Le point de rendez-vous de Nørrebro est le pont de la reine Louise [Dronning Louises Bro] qui enjambe des lacs bordés de guinguettes ; ses nombreux bancs permettent de profiter de la lumière du soleil couchant tout en écoutant les musiciens à la recherche d'inspiration. Les plus romantiques préfèrent canoter sur des embarcations en forme de cygnes blancs ! Autrement romantique, la virée par le cimetière d'Assistens Kirkegård où sont inhumés les gloires locales que sont Andersen et Kierkegaard.

▶ **Østerbro**, autrefois très apprécié des artistes de « l'âge d'or » danois, est toujours très appréciable pour son environnement où se mêlent espaces verts, avenues résidentielles, coins de campagne et zone portuaire. C'est le quartier *family friendly* par excellence. Pour ses gourmandises, Oluf est juste « ouf » avec ses glaces à l'italienne ; pour sa plage, Svanemølle est accessible tout au long de l'année ; pour ses boutiques branchées, elles valorisent le 100 % made in Danemark ; pour ses institutions culturelles Den Frie Centre d'Art contemporain [p.155] ou la collection Hirschsprung [p.155] ; pour la citadelle près de laquelle patiente encore et encore... la Petite Sirène !

À VOIR / À FAIRE

L'avantage d'une ville comme Copenhague, c'est qu'il n'est pas nécessaire de s'éparpiller dans toutes les directions pour visiter les lieux incontournables qui l'ont façonnée, ceux-ci se situant majoritairement dans un périmètre plutôt restreint ou facilement accessibles par les transports en commun (ou à vélo). Il faut davantage jongler avec les horaires de fermeture (qui peuvent fluctuer d'un lieu à un autre) ou les minutes humides des journées moins ensoleillées… Mais très vite le rythme du *slow life* vous prend quels que soient vos centres d'intérêt : culture, architecture, nature… Amateurs d'art, férus de design, convaincus du « Suivez le guide », mordus des « hors sentiers battus », addicts des disciplines sportives matinales ou noctambules insomniaques, votre carnet de voyage se remplira de moments de vie, de photos souvenirs et d'expériences immersives à en avoir le sourire… jusqu'à la fin de votre séjour, au moins.

COPENHAGEN CARD

✆ +45 33 25 74 00
www.copenhagencard.com
Adulte et enfant. Tarifs variables selon la durée. Possibilité d'acheter la carte en ligne sur le site dédié.

Cette carte offre de nombreux avantages. Elle vous permettra de rentrer gratuitement dans 87 musées et attractions touristiques, d'avoir des réductions dans certains restaurants, magasins ou loueurs de voiture. Vous pourrez vous déplacer librement dans tous les transports en commun. Elle est vendue dans les gares, les points de vente du réseau de bus, au comptoir Service information de l'aéroport, dans les hôtels, certaines agences de voyages et à l'office du tourisme de Vesterbrogade (près de Tivoli). Pour plus d'informations, consulter le site web.

OFFICE DE TOURISME

Vesterbrogade 4A ✆ +45 70 22 24 42
www.visitcopenhagen.com
Octobre-avril 9h-16h, mai, juin, septembre 9h-18h, week-end 9h-16h. Juillet-août 9h-20h, le week-end 9h-18h.

Des brochures, des panneaux indiquant de bonnes adresses, des ordinateurs et une équipe sont à disposition dans ces locaux situés à deux pas de la gare centrale. Service gratuit de recherche et réservations d'hôtels. On peut réserver directement depuis les ordinateurs ou via le personnel des guichets (prendre son numéro) qui vend également la Copenhagen Card (CPH Card). Petit café pâtisserie dans les locaux. On trouve aussi le *Copenhagen Post*. Info futée : chaque matin, une liste d'hôtels est affichée avec des tarifs affichant jusqu'à 50 % de réduction.

BIKE COPENHAGEN WITH MIKE

Sankt Peders Stræde 47
✆ +45 26 39 56 88
www.bikecopenhagenwithmike.dk
Départ tous les jours à 10h. Réservation conseillée. Renseignements pour les départs sur le site. Age minimum 12 ans.

Du vélo et encore du vélo. Mike a fait de cet objet le leitmotiv de sa vie et ce depuis sa plus tendre enfance. En dépit des années, il n'a pas perdu son enthousiasme et il fait partager son amour des deux-roues à tous les aventuriers de la vie copenhaguoise. Différents tours sont proposés, la visite se fait en anglais. Une belle rencontre humaine, une façon agréable de parcourir les trésors de la capitale danoise, de la bonne humeur... et ça, ça n'a pas de prix !

CITY SIGHTSEEING

Gammel Strand ✆ +45 32 96 30 00
www.stromma.dk
Ticket 48h : 175 DKK, 72h : 195 DKK. Audioguides en 11 langues. Tour guidé en anglais, 2h30 : 345 DKK.

Envie de faire un tour panoramique tout en étant confortablement installé ? Choisissez l'option hop-on/hop-off. A bord d'un bus à l'impériale, c'est-à-dire à étage et entièrement découvert, découvrez les sites touristiques principaux, avec la possibilité de vous arrêter quand vous le souhaitez ! 31 arrêts proposés sur l'un des trois itinéraires proposés. C'est le *sightseeing* classique ! Celui qui peut sembler un peu kitsch mais toujours bien sympathique ! Réservez vos places sur Internet ou achetez-les sur place à l'entrée du port de Nyhavn, côté Kongens Nytorv.

COPENHAGEN WALKING TOURS

✆ +45 40 81 12 17

www.copenhagen-walkingtours.dk

Réservation obligatoire. Compter 1 300 DKK pour un groupe jusqu'à 13 personnes.

La visite guidée reste la meilleure approche pour découvrir l'histoire d'une ville et ses petits secrets, en particulier lors d'un premier séjour. En groupe constitué d'une dizaine de personnes, parcourez à pied les quartiers de la ville. Plusieurs balades ont été pensées par une association de guides confirmés. Parmi les tours qui sont proposés, quelques classiques : « Château de Rosenborg », « Sur les pas de Hans Christian Andersen », « La Copenhague historique »... Il est impératif de réserver en ligne ou par téléphone. Guides anglophones uniquement.

GO ! RUNNING TOURS COPENHAGEN

Bille Brahes Vej 3, 1.th. 1963 Frederiksberg C

✆ + 45 20 23 09 54

www.gorunningtours.com

1 personne 88 €, 2 personnes 71,50 €/personne, 3 personnes 66 €/personne, 4 personnes 60,50 €/personne.

Copenhague est une ville parfaite pour faire de la course à pied. Alors pourquoi ne pas mêler l'agréable à... l'agréable et courir tout en visitant la ville accompagné d'un guide... qui court lui aussi ! Lena et son équipe proposent différents circuits entre 5 et 21 kilomètres et s'adaptent au niveau des coureurs. Il suffit de prendre les chaussures adaptées, de se charger de bonne humeur et de faire le plein d'énergie. Notre avis futé : à plusieurs c'est mieux. Le tarif est dégressif.

HISTORY TOURS

Højbro Plads

✆ –45 28 49 44 35

www.historytours.dk

D'avril à septembre, le samedi à 10h. 100 DKK par personne. Réservation non obligatoire.

Amoureux de l'histoire dans ses moindres détails, à la recherche du pittoresque dans les grandes lignes de la grande Histoire, History Tours est pour vous ! Une visite détaillée de la capitale et de ses aspects historiques et le tour est joué. Ces visites ont été initiées en 2003 par l'historien Christian Holm Donatzky, qui exerce d'ailleurs toujours sa profession. Plusieurs thématiques possibles mais pointues : « Copenhague de 1100 à 1600 », « Copenhague de 1600 à 1800 », « Copenhague de 1800 à 2018 », « Helsingør », « Bombardement 1807 »...

KAYAK TOURS

Kalvebod Brygge 7

✆ +45 40 50 40 06

www.kajakole.dk

Tour en kayak monoplace ou double. Balade d'1h30 345 DKK, 2h 395 DKK, 3h 445 DKK (prix par personne). Boisson incluse.

Envie d'une sortie originale en famille ou entre amis ? Pourquoi pas une balade en kayak à travers les canaux de Copenhague ? Quoi de mieux pour découvrir la ville sous un nouveau jour que de glisser doucement juste au niveau de l'eau ? Encore mieux lorsque le soleil est sur le point de se coucher et que le silence se pose sur le port. C'est le Sunset tour. Il dure deux heures environ. Seule condition pour pagayer, avoir plus de 18 ans. Débutant ou confirmé, tout le monde peut essayer ! Mais il vaut mieux réserver à l'avance.

RUNNING TOURS COPENHAGEN

50 Peblinge Dossering

✆ +45 50 59 17 29

www.runningtours.dk

A partir de 50 €/pers. Réservation en ligne sur le site. Plusieurs tours possible. RDV place Rådhuspladsen.

En voilà une idée saugrenue : découvrir Copenhague en courant ! Et pourquoi pas ? Et comme le dit si bien la chanson « Running, running, running... I'm ready to face it all ». Alors, vous aussi, soyez prêts à tout affronter ! Chaussez vos baskets et courrez ! Seul ou à plusieurs, accompagné d'un guide. Plusieurs circuits possibles. Si vous optez pour « The grand Tour », vous visiterez les endroits incontournables de Copenhague : la Citadelle, la Petite Sirène, le port coloré de Nyhavn, la ville moderne. Une façon utile et agréable de vivre la ville autrement...

THE GRAND CANAL TOUR

Nyhavn 3 ✆ +45 32 96 30 00

www.stromma.dk

Tous les jours. 95 DKK par personne, forfait famille 275 DKK. Durée 1 heure. Possible en français. Horaires site web.

Un agréable tour du port à travers les canaux, pour découvrir par la même occasion l'histoire de la ville, de ses églises, ses chateaux, ses bâtiments... Le tour classique part de Nyhavn et comprend : Operaen, Den Lille Havfrue, Amalienborg Slot, Amaliehaven, Christianshavn, Vor Frelsers Kirke, Den Sorte Diamant, Nationalmuseet, Gammel Strand, Christiansborg Slot, Holmens Kirke, Børsen, Nationalbanken et retour à Nyhavn. Tous les tours se font en anglais ou en danois. Certains tours sont prévus pour les francophones. D'autres balades thématiques sont proposées.

AMAGERTORV ★★

Amagertorv

Amagertorv est considérée comme la place centrale de Copenhague, le carrefour de la ville au cœur de Strøget. Son nom est mentionnée dès 1472. Il semble lié au marché autrefois approvisionné par les paysans de l'île d'Amager. Parmi les éléments notables, son pavement de granit polychrome, dessiné par Bjørn Norgaard ; la fontaine aux Cigognes, cadeau d'anniversaire de mariage offert à Frederik VIII et à son épouse Louise en 1894, faisant face au très chic café Europa ; les immeubles aux élégantes façades à pignon dont celle du maire Matthias Hansen datant de 1666.

ANCIENNE & NOUVELLE PLACE [GAMMELTORV & NYTORV] ★

Strøget

Frederiksberggade, le premier tronçon de Strøget en venant de Rådhuspladsen, aboutit sur ces deux vastes places.

Sur la gauche, Gammeltorv (la Vieille Place), première place aménagée dans la cité. Le lieu a toujours servi de point de rassemblement. La grande fontaine, nommée Caritas (1610), représente une jeune femme portant dans ses bras un bambin. Cet exemple rare de fontaine Renaissance au Danemark fut dessiné par un sculpteur allemand, un dénommé Statius Otto. Bon à savoir : les jours d'anniversaire d'un membre de la famille royale, une pomme d'or flotte au-dessus de son jet. Quant à la rue Nørregade, elle conduit à la cathédrale Notre-Dame et au Quartier latin.

Sur la droite, Nytorv (la Nouvelle Place) abrite Domhuset, l'ancien hôtel de ville de Copenhague devenu par la suite le palais de justice. Édifié en pierre de taille en 1815 par C. F. Hansen, dans un style néoclassique assez sévère, il présente une façade à colonnades surmontée de l'inscription « *Med Lov skal man Land bygge* » signifiant « Par les lois, il faut construire le pays ». Petite anecdote : le balcon latéral - enjambant une ruelle sur la gauche de l'édifice - était le passage emprunté par les condamnés pour gagner leur geôle, une version scandinave du pont des Soupirs ! Ironie de l'histoire : la prison étant aujourd'hui désaffectée, ce sont les magistrats qui occupent désormais les cellules reconverties en bureaux et dont le niveau de confort a été, du moins on peut l'espérer, quelque peu revu à la hausse.

ASSOCIATION D'ART GL STRAND ★

Gammel Strand 48 ✆ +45 33 36 02 60
www.glstrand.dk

Ouvert mardi-jeudi-vendredi 11h à 18h, jusqu'à 20h le mercredi, 17h Samedi-dimanche. Adulte 85 DKK, réduit 75 DKK.

GL Strand est une société d'art fondée en 1825 par le professeur Eckersberg afin de diffuser la culture artistique et d'établir un lien étroit entre l'art émergeant et le grand public. C'est un lieu de passage incontournable pour les artistes qui veulent asseoir leur notoriété ou se faire un nom au Danemark. Parmi les plus célèbres, furent exposés ici : Edvard Munch en 1908, Vilhelm Hammershøi en 1916, Robert Jacobsen et Richard Mortensen en 1949 et Asger Jorn en 1953. C'est dire !

BIBLIOTHÈQUE PRINCIPALE [HOVEDBIBLIOTEKET] ★

Krystalgade 15
✆ +45 33 66 30 00
www.bibliotek.kk.dk

Ouverte du lundi au vendredi de 10h à 18h, le samedi de 10h à 14h.

Succédant à une première bibliothèque universitaire, installée dans les combles de l'église de la Trinité et détruite par l'incendie de 1728, elle fut construite à partir de 1855 en brique et en métal, dans le souci d'éviter un nouveau drame. L'architecte Johan Herholdt s'inspira de l'architecture médiévale italienne pour la dessiner. A l'intérieur, deux niveaux de galeries aux colonnettes de fer forgé supportent les rayonnages, elles sont visibles à la nuit tombée depuis Krystal Gade.

BOURSE [BØRSEN] ★

Børsgade

Ne se visite pas.

Un bien bel édifice que cette Bourse au style architectural caractéristique du Maniérisme flamand. Selon la volonté de Christian IV, elle fut élevée entre 1619 et 1640 par les frères van Steenwinckel. Elle se détache de l'île de Slotsholmen par sa surprenante flèche torse haute de 56 mètres, dressée dans le ciel de Copenhague. Depuis sa base, quatre dragons entrelacent leurs queues jusqu'au sommet où se superposent trois couronnes symbolisant les royaumes du Danemark, de la Norvège et de la Suède. Sa façade est rythmée par de nombreux ornements de grès sculptés.

© STÉPHAN SZEREMETA

AMALIENBORG SLOTSPLADS ★★

Amalienborg Slotsplads

La place royale s'inscrit dans un projet d'aménagement souhaité par le roi Frederik V, en 1749, à l'occasion de la célébration du tricentenaire de l'accession au pouvoir de la dynastie des Oldenburg. Le favori du roi, le comte Moltke, fut chargé de superviser le projet confié au maître d'œuvre Nicolai Eigtved. De plan octogonal, la place, flanquée de quatre palais, est divisée par deux axes perpendiculaires ouvrant sur les portes d'Amalie Gade et de Frederiks Gade. Le projet englobait également l'église de Marbre et la statue équestre du roi. Ainsi, tous les pouvoirs y étaient ainsi réunis !

Le premier palais à être achevé fut le palais Christian VII ou palais Moltke (du nom de son premier propriétaire) au coin de Frederiksgade, côté sud-ouest. Il fut réalisé par Eitgved lui-même qui assura la décoration de la Grande Salle, un des plus beaux exemples d'intérieur rococo qui soit. Après la mort de l'architecte, son successeur, le français Nicolas-Henri Jardin, aménagea la grande salle de banquets. Puis à son tour, C.F. Harsdorff le transforma en résidence royale. Admirablement restauré, il reçoit depuis 1885 les invités officiels de la famille royale, on y organise des réceptions et le public peut y accéder lors de visites guidées.

Le palais de Christian VIII (ou palais Leventzau) occupe le côté nord-ouest de la place. C'est Lauritz de Thurah qui acheva les travaux après le décès d'Eitgved, tout en respectant les plans de son rival. Aménagé dans le style Empire par Niciolai Abildgaard, il abrite aujourd'hui le musée Amalienborg où est exposée la Collection royale de bijoux et de costumes réunie par la famille régnante depuis son arrivée au pouvoir.

En face, à l'angle nord-est, le palais de Frederik VIII (ou palais Brockdorff), également terminé par Lauritz de Thurah. Il fut affecté quelque temps aux cadets de la Marine, avant d'accueillir des membres de la famille royale. La reine mère Ingrid y vécut jusqu'à sa mort en septembre 2000. Une restauration complète a été menée à bien dans les années 2009-2010 afin que l'actuel prince héritier puisse s'y installer avec toute sa petite famille.

Enfin, au sud-est, le palais de Christian IX (appelé le palais Løvenskiold ou encore palais Schack) fut quant à lui achevé par Philip de Lange dans le style Louis XVI. C'est ici que la famille royale trouva refuge en 1794. Réaménagé par Harsdorff, le roi Christian IX y résida entre 1863 et 1906. Ce dernier surnommé le « beau-père de l'Europe », y maria ses trois filles à des monarques européens. Il est aujourd'hui la résidence de la souveraine Margrethe II.

CINQ CHÂTEAUX

En un peu moins de neuf siècles, cinq châteaux se sont succédé depuis le XIIe siècle sur cette île.

Bispeborgen. A l'origine, Absalon fait édifier une forteresse, en 1167, sur ce qui n'était alors qu'un îlot calcaire au large de la côte. Ce château de l'Evêque (Bispeborgen) était assez sommaire, il comprenait un donjon et une enceinte (5 m de hauteur sur 1,50 m d'épaisseur), ce qui suffisait largement pour qu'il remplisse son rôle principal : intimider les pirates.

Københavns Slot. Après sa destruction par la ligue hanséatique, le château de Copenhague (Københavns Slot) le remplace en 1369. Ce château, qui va devenir château royal lorsque le roi Erik de Poméranie le confisque aux évêques, est plus élaboré avec des murailles crénelées et un donjon. Au fil du temps, il va subir des modifications : la Tour bleue est élevée en 1417, le donjon est coiffé d'une flèche, les appartements vont être rendus plus habitables et, tout en gardant une allure massive propre aux constructions médiévales, il perd son rôle défensif.

Christianborg. En 1731, le roi Christian VI fait raser la forteresse afin d'élever le premier château de Christianborg : il en confie les plans à Elias David Häusser. Mais deux jeunes architectes du pays vont peu à peu prendre la direction des opérations : Lauritz de Thurah et Nicolai Eigtved, tandis que le peintre Nicolai Abildgaard s'occupe de la décoration des salles d'apparat. Ce somptueux palais aura une vie très courte, puisqu'il est dévasté en 1794 par un incendie qui contraint la famille royale à émigrer à Amalienborg. De ce château ne subsistent guère que le pont de Marbre, les écuries, le carrousel et le théâtre de cour.

Christianborg 2. Un deuxième château de Christianborg est élevé entre 1803 et 1828, cette fois dans le style néoclassique. Lui aussi disparaît dans les flammes en 1884, sans que la famille royale n'ait pu réintégrer les lieux. Il ne reste que la chapelle, dessinée (comme l'ensemble de l'édifice) par C. F. Hansen.

Christianborg 3. Ce n'est qu'en 1907 qu'est entreprise la construction du château de style néo-baroque que l'on découvre aujourd'hui, et qui n'a été inauguré qu'en 1928. Si la famille royale ne le fréquente guère que pour les grandes occasions, il abrite les sièges du véritable pouvoir, puisque le gouvernement et le Parlement y ont établi leur siège.

BREDGADE ★★

Bredgade

Le « faubourg Saint-Honoré » de la capitale danoise ! Cette élégante voie rectiligne est bordée de petits palais et de nobles demeures (nos 28, 42 et 54 notamment), pour la plupart élevés au XVIIIe siècle. Son environnement est dédié à l'art et au design avec des galeries et des *showrooms*, l'église russe et le passionnant musée des Arts appliqués. À cela s'ajoutent quelques boutiques de marque et des restaurants gastronomiques. Plutôt désertée en fin de journée, l'animation se concentre sur une voie parallèle, Store Kongensgade, où abondent cafés et restaurants.

CATHÉDRALE NOTRE-DAME ★★★

Nørregade 8

✆ +45 33 15 10 78

www.koebenhavnsdomkirke.dk

Tous les jours de 8h à 17h. Ne se visite pas pendant les offices. Entrée libre. Répétition des orgues à 9h30. Concerts.

La cathédrale Notre-Dame est la plus importante église luthérienne du diocèse. L'édifice actuel succéda à la première église construite par Absalon au XIIe siècle. Celle-ci fut détruite par un incendie dans la nuit du 4 au 5 septembre 1807, lors du bombardement de la ville par la Royal Navy. Sa reconstruction en 1829 fut confiée à l'architecte C. F. Hansen, en charge de nombreux autres chantiers. L'entrée est marquée par un podium où s'élève la façade néoclassique aux six colonnes doriques, évocation des temples antiques. Le contraste est saisissant entre la massivité de l'extérieur uniformément enduit de rouge et la blancheur immaculée de l'intérieur. La nef de 60 mètres de long et de 25 mètres de hauteur, est couverte d'une voûte en berceau à caissons. Toutes les sculptures de marbre (y compris celles de la façade) représentant les apôtres ont été réalisées à Rome par le célèbre sculpteur danois Bertel Thorvaldsen. On vient en ces lieux écouter le Copenhagen Boys Choir, un chœur regroupant les garçons de 6e et 7e année du Sankt Annæ Gymnasium.

Sur la place se dresse un obélisque décoré de bas-reliefs de bronze exécutés par Max Andersen. C'est le monument à la Réforme, commandé en 1936 pour célébrer le quatrième centenaire du choix de l'église luthérienne comme église nationale par Christian III. On y voit quelques scènes pieuses de prédication, de lutte au cours de la Réforme (des soldats en train de chasser *manu militari* des moines catholiques) et le souverain annonçant sa décision à une foule en liesse sur Gammeltorv.

CHAPELLE PALATINE DE CHRISTIANSBORG ★★

Christiansborg Slotsplads ✆ +45 33 92 64 92
www.kongeligeslotte.dk
Ouverte le dimanche de 10h-17h, à Pâques, à Toussaint. En Juillet : du mardi au dimanche de 10h à 17h. Entrée gratuite.

Inaugurée en 1826, ses plans furent dessinés une fois encore par l'architecte néoclassique Christian Frederik Hansen, très inspiré par le Panthéon de Rome. Cette commande ayant pour intention de commémorer le premier millénaire de la conversion du Danemark au christianisme. De nos jours, la chapelle sert pour quelques cérémonies officielles, telles que la messe présidée par la reine qui inaugure traditionnellement l'année parlementaire, ou familiales (le baptême des enfants princiers).

CITADELLE (KASTELLET) ★★

Kastellet 1
www.kastellet.dk/
Ouvert tous les jours de 6h à 22h. Entrée libre.

Vous la croiserez sur le chemin qui conduit à l'inévitable *Petite Sirène*. Un pont mène à la citadelle une fois les douves franchies. Elle fut construite en 1661 par Christian IV pour protéger l'entrée du port de Copenhague, une partie des remparts est encore intacte. Certains bâtiments, toujours utilisés par l'armée danoise et l'OTAN, ont été restaurés en 1996 et ouverts au public. C'est un très beau lieu de promenade, un peu hors du temps. Il est possible de monter sur les remparts herbeux d'où surgissent un moulin et des casemates rouges où vivent les soldats.

COLLECTION ROYALE DE COPIES ★

Toldbodgade 40
✆ +45 33 74 84 94
www.smk.dk
Pas d'horaires fixes. Visites guidées sur réservation : booking@smk.dk ou au ✆ +45 33 74 84 84.

Les amateurs d'insolite seront comblés en pénétrant dans cet ancien entrepôt signalé depuis le quai par la reproduction du célèbre *David* de Michel-Ange. Le lieu renferme une collection de copies de sculptures allant de l'Antiquité à la Renaissance. On déambule parmi une foule de célébrités figées dans le plâtre. Stars mondialement connues, le *Discobole* ou la *Vénus de Milo* semblent bien à l'étroit dans ce décor de brique et de grosses poutres en bois. Dépend du Statens Museum for Kunst.

CHÂTEAU DE CHRISTIANSBORG (CHRISTIANSBORG SLOT) ★★★

Prins Jørgens Gård 1 ✆ +45 33 92 64 92
www.kongeligeslotte.dk
Tous les jours 9h/10h-17h.Fermé le lundi de septembre à mai. Forfait Adulte 160 DKK, réduit 140 DKK, gratuit -18 ans.

Le château est le centre du pouvoir au Danemark depuis le XIIe siècle. Il se situe au cœur de la ville, sur l'île historique de Slotsholmen. Il est aujourd'hui le siège du Parlement danois, le Folketing, du ministère d'État et de la Cour suprême. Une partie des lieux est utilisée par la famille royale pour des événements officiels : dîners de gala ou audiences publiques. Les aléas de l'histoire firent qu'il fut détruit et reconstruit à plusieurs reprises au cours d'incendies. En 1367, à nouveau en 1794, ce qui força la famille royale et la cour à s'installer à Amalienborg, et enfin en 1884. Entre-temps, il fut démoli pour le bon plaisir de Christian VI qui désirait une demeure plus confortable,

Le site tel qu'il se présente aujourd'hui fut achevé en 1928. Les murs sont recouverts de granit, à l'exception de la façade principale faite de galets, offerts symboliquement par 750 communes du royaume. Du premier château royal de style baroque édifié en 1730, il ne subsiste que le Pont de Marbre (menant à l'entrée principale de Christiansborg), les écuries, le carrousel et le théâtre de cour. Clou des salles d'apparat : la salle du Chevalier et son cycle de tapisseries signées Bjørn Nørgaard. Elles furent réalisées en France par les manufactures des Gobelins et de Beauvais, qui n'avaient pas reçu de commande royale depuis bien longtemps ! Elles demeurent la plus importante commande de tapisserie contemporaine du XXe siècle.

Les cuisines royales brillent de l'éclat de leurs ustensiles de cuivre répartis autour des fourneaux et autres pianos, utilisés pour concocter les délices des banquets royaux. Les recettes les plus célèbres y sont affichées : garniture à la bouquetière, crème glacée royale, etc... De quoi saliver !

Les écuries, toujours en activité, hébergent les chevaux blancs de race Kladubers, introduits depuis la République tchèque en 1994 à la demande du prince consort. Leur spécificité : voir le jour avec une robe noire qui blanchit totalement par la suite ! Vous pourrez assister à leur entraînement dans la carrière. A l'intérieur des stalles de marbre, sont exposés les divers attelages utilisés par la cour.

Le théâtre est un petit bijou. Même si la façade et l'escalier, un peu raide et défraîchi, ne semblent pas très engageants, persévérez. Un théâtre gracieux, tout de rose poudré, expose reconstitutions de scénographies et costumes. Pour la pause goûter, petit salon de thé et terrasse dominant la cour d'honneur du château vous attendent.

Château de Rosenborg.

CHÂTEAU DE ROSENBORG [ROSENBORG SLOT] ★★★

Øster Voldgade 4A ✆ +45 33 15 32 86
www.kongernessamling.dk
Novembre à avril 10h-16h, fermé le lundi. Mi-avril à octobre 7j/7 10h-16h (17h l'été). Adulte 120 DKK. Gratuit -18 ans.

Un petit bijou d'architecture pour protéger les bijoux de la couronne ! Car c'est bien ici que sont conservés les joyaux royaux. D'ailleurs, dès l'entrée du château, une authentique haie de gardes vous accueille. Sécurité oblige ! Certaines pièces peuvent à l'occasion être portées par la reine (exception faite de la couronne). Avant de pénétrer par la porte coffre-fort donnant accès aux vitrines du sous-sol, prenez le temps d'admirer le Salon vert et son étonnant bric-à-brac de vaisselle. Des chopes en ivoire, du cristal de roche, des cadeaux amassés jusqu'en 1696, 699 pièces ni plus ni moins, exposées dans la chambre peinte en vert ! ! d'une des quatre tours flanquant le corps de logis. Un extraordinaire témoignage de l'art occidental et oriental des XVIe et XVIIe siècles.

Le château lui-même fut édifié pour Christian IV, entre 1606 et 1633. Il est admirablement conservé puisque, à la différence des autres propriétés du Roi bâtisseur, il n'a subi aucun dommage lié à un incendie ou un quelconque bombardement. Il servit de résidence secondaire aux souverains danois pendant un siècle avant d'abriter la cour à la suite de la destruction de Christiansborg, à la fin du XVIIIe siècle. L'intérieur a subi quelques modifications au gré des différents successeurs. En 1833 fut prise la décision d'ouvrir au public, pour notre plus grand bonheur.

Un beau voyage dans le temps vous attend dans la grande salle des fêtes du second étage, le Long Hall anciennement nommé Salle des Chevaliers, où trône le trône du couronnement ! Les monarques l'ont utilisé de 1871 à 1940. Fait d'ivoire et d'une dent de narval, il est entouré par trois lions en argent du XVIIe siècle. Levez la tête et découvrez le plafond en stuc décoré des armoiries danoises entourées des ordres de l'éléphant et de Dannebrog. Le circuit à travers les différentes salles vous aidera à comprendre la chronologie des différents règnes qui se sont succédé à la tête du pays jusqu'à Frederik VII (pour le reste, il faut se rendre à Amalienborg, au palais de Christian VIII) au moyen de tableaux et de mobilier. Le charme de Rosenberg tient beaucoup à la sensation de visiter un château habité… N'hésitez pas à faire un tour dans le jardin du roi (Kongens Have), le vaste parc qui entoure le château. Il est très fréquenté par les habitants de Copenhague qui viennent s'y déshabiller au moindre rayon de soleil : c'est en effet le parc le plus central. Et la vue sur le château est splendide.

COLLECTION DAVID [DAVIDS SAMLING] ★

Kronprinsessegade 30-32 ✆ +45 33 73 49 49
www.davidmus.dk
Ouvert du mardi au dimanche de 10h à 17h, le mercredi jusqu'à 21h. Entrée gratuite.

Ces collections privées ont été réunies par un richissime avocat d'affaires, amateur d'art confirmé : Christian Ludvig David (1878-1960). Elles sont exposées dans l'immeuble qu'il occupait, faisant face au Jardin royal. Ces collections permanentes se répartissent en trois sections distinctes, et sont occasionnellement complétées par des expositions temporaires.

- **Collection d'art islamique.** Une fabuleuse collection représentative de l'Islam, du VIIe siècle au milieu du XIXe siècle, superbement mise en valeur par une muséographie à la fois chronologique et géographique. Les objets proviennent des quatre coins du monde musulman, depuis Al-Andalus jusqu'en Inde, en passant par l'Empire ottoman et la Sicile. Miniatures persanes ou turques, calligraphies, tapisseries, zelliges, émaux, céramiques, etc.
- **Collection d'art danois.** La collection d'art moderne danois rassemble peintures, sculptures et céramiques, réalisées entre 1880 et 1950 par Theodor Philipsen, Jens Ferdinand Willumsen, L. A. Ring et Peter Hansen ainsi que 14 peintures du peintre de renommée internationale Vilhelm Hammershøi (1864-1916).
- **Collection d'art européen du XVIIIe siècle.** Mobilier et arts décoratifs majoritairement dont un goût spécifique pour l'argenterie et la faïence danoise en provenance de la manufacture de Store Kongensgade (1724-1770) et de la Manufacture royale de porcelaine. En plus du mobilier anglais, des porcelaines françaises et allemandes, des chinoiseries et des meubles.

ÉGLISE DE LA MARINE [HOLMENS KIRKE] ★

Holmens Kanal 21 ✆ +45 33 13 61 78
www.holmenskirke.dk
Ouverte lundi, mercredi, vendredi et samedi de 10h à 16h ; le mardi et jeudi jusqu'à 15h30, le dimanche de midi à 16h.

Faisant face à la Bourse, cette ancienne forge à ancres de bateaux fut transformée en église en 1619 et vouée à la Marine. Pour l'anecdote, sa tour-clocher fut élevée afin de dissimuler, au regard délicat des résidents du château royal, la fumée des cheminées de la forge. Dès 1640, Christian IV entreprit d'agrandir le sanctuaire et lui donna son apparence actuelle. Épargnée par les bombardements et les incendies grâce à sa situation isolée, elle n'a pas subi les outrages du temps !

ÉGLISE DE LA TRINITÉ [TRINITATIS KIRKE] ★★

Pilestræde 67
✆ +45 33 37 65 40
www.trinitatiskirke.dk
Ouverte tous les jours de 9h30 à 16h30. Pas de visite durant l'office du dimanche.

L'histoire de cette église est intimement liée à celle de l'Université. Elle appartient au complexe Trinitatis qui inclut la Tour d'observation astronomique et la bibliothèque universitaire. L'édifice achevé en 1656 dans un style gothique tardif a été voulu par Christian IV qui chargea un de ses architectes habituels, Hans Van Steenwinkel le Jeune, d'en dessiner les plans. Lors de l'incendie de 1728, l'église Trinitatis n'a pas été aussi gravement endommagée que les autres églises de la ville. La structure du toit fut touchée par les flammes, une flèche s'écrasa sur la bibliothèque, perçant certaines arches de l'église mais les murs et les voûtes résistèrent. Lors du bombardement britannique de Copenhague en 1807, quatre bombes frappèrent une fois encore la bibliothèque, mais l'église fut épargnée.

L'architecture est simple et épurée : un long vaisseau fait d'une maçonnerie de petites briques hollandaises, les murs sont percés de fenêtres élancées sans vitraux colorés. L'intérieur, entièrement chaulé de blanc, est l'un des plus beaux des églises de la ville. Une galerie de bois ceinture la nef unique superposant ainsi deux niveaux réservés aux fidèles. Le côté élancé est accentué par l'élégance des voûtes de style gothique flamboyant rehaussées de peintures dorées. Elles soutiennent de superbes lustres hollandais en bronze. Le maître-autel présente une crucifixion intégrée dans un décor de marbre et de bois doré. Des concerts y sont régulièrement organisés.

ÉGLISE DU SAINT-ESPRIT [HELLIGAANDSKIRKEN] ★

Niels Hemmingsens Gade 5
✆ +45 33 15 41 44
www.helligaandskirken.dk
Ouverte en semaine de midi à 16h, le samedi de 11h à 13h.

Cette église faisait jadis partie d'un monastère élevé en 1296. Outre l'église, devenue paroissiale au moment de la Réforme, il reste aujourd'hui comme témoignage de cet ensemble monastique un curieux passage reliant Læderstræde (Strædet) à Strøget, sans doute une ancienne galerie du cloître. Tout à côté, la maison du Saint-Esprit est l'un des rares vestiges de la Copenhague médiévale puisque sa fondation date de la même période. Cet ancien hospice est reconverti en lieu d'expositions.

ÉGLISE SAINT-ALEXANDRE NEVSKI ★★

Bredgade 53 ✆ +45 33 13 60 46
www.ruskirke.dk
Lundi 16h30-19h30, mardi 7h30-10h, mercredi 11h30-13h30, samedi 9h30-13h & 17h–20h et le dimanche matin.

Trois bulbes dorés se dressent dans le ciel. Un air de Russie ? Effectivement, il s'agit d'une église orthodoxe, édifiée en 1883 à la demande de la princesse Dagmar (1847-1928), fille du roi danois Christian IX et de son époux le tsar Alexandre III. Elle est consacrée au saint patron du Tsar. Son architecture de style russo-byzantin interpelle dès la façade de briques rouges et blanches posée sur une base de granit gris. A l'intérieur, sol de mosaïques et mur d'iconostase magnifiques.

ÉGLISE SAINT-PIERRE [SANKT PETRI KIRKE] ★

Sankt Peders Stræde 2
Ouvert d'avril à août, du mercredi au samedi, de 11h à 15h. Entrée libre.

Au cœur du quartier Pisserenden (le Pissoir), jadis haut lieu des amours tarifées, cette église fut élevée vers 1450 et affectée aux fidèles de langue allemande. Entourée par son ancien cimetière, elle est surtout unique au Danemark pour ses chapelles funéraires datant de 1648. Dans le jardin, un monument retient l'attention. *La Mort et la Mère de* Niels Hansen Jacobsen, 1892. La faucheuse qui enlève son gamin à une mère effondrée illustre le texte d'Andersen, *L'Histoire d'une mère*.

BALADE

UNE BALADE ROYALE !

Départ de **Kongens Nytorv** par le quai rive gauche de **Nyhavn** jusqu'au **Théâtre royal**, un impressionnant bâtiment à la façade de verre offrant une belle vue panoramique sur le port. Il donne sur l'élégante **place Sankt-Annae**. Empruntez la passerelle de bois pour rejoindre l'**Admiral Hotel** et longer **Amalienhavn** en suivant **Larsen Plads**. Petite halte au jardin Churchill, beau jardin contemporain. Continuez votre promenade. Quelques mètres plus avant se dresse la sculpture monumentale du *David* de Michel-Ange ! Vous êtes devant l'entrepôt de **Westidian** qui abrite la collection de moulages de la Royal Cast Collection. Vous arrivez au **Tolbodens Badehavn** pour une pause désaltérante ou pas ! Bifurquez sur votre gauche et passez les grilles et l'imposante Fontaine du Griffon pour rejoindre la **Petite Sirène** presque à l'embouchure du port. Changement de décor ensuite avec une boucle dans le quartier de **Nyboder** et ses maisonnettes jaunes construites par Christian IV au cœur de la citadelle. Longez les glacis jusqu'au moulin à vent. Belle vue sur l'ensemble des bâtiments. Empruntez ensuite l'élégante **Bredgade** et sa succession de belles demeures, de musées dont le **musée du Design danois** jusqu'à l'**église de Marbre et la royale place d'Amalienborg**. Retour par l'arche d'**Amaliengade** vers Nyhavn.

LES PASSAGES

Il existe de nombreux passages reliant les rues principales du centre-ville. De belles surprises architecturales vous y attendent : des maisons des XVIIe et XVIIIe siècles rescapées des incendies et autres bombardements qui ravagèrent le centre ancien. Certains passages sont devenus des galeries marchandes avec boutiques et restaurants, assez luxueuses lorsqu'on approche de Kongens Nytorv. C'est le cas de Benikow Gåreden ou de son voisin Pistolstræde qui relie Ny Østergade au Strøget (entrée sous le n° 24) . Beaucoup plus étonnant, ce passage un peu sombre, murs de pierres gris d'un côté et grilles de fer forgé de l'autre, qui part de Læderstræde pour arriver sur Strøget.

ÉGLISE SAINT-FRÉDÉRIC - ÉGLISE DE MARBRE ★★★

Frederiksgade 4
✆ +45 33 15 01 44
www.marmorkirken.dk

Lundi, jeudi et samedi 10h-17h, vendredi-dimanche 12h-17h. Entrée libre. Visite du dôme 7j/7 à 13h de mi-juin à août.

La construction de cette église fut envisagée dès la fondation du quartier dont elle devait être le point d'orgue mais les aléas se sont enchaînés ! Le premier projet fut confié à Nikolai Eigtved, et la première pierre posée en grande pompe par le roi Frederik V le 30 septembre 1749. L'édifice de style rococo devait être réalisé en marbre de Norvège d'où cet étrange nom pour une église. Or l'architecte décéda en 1754. Son rival Lauritz de Thurah fit des pieds et des mains pour lui succéder, sauf que... un architecte français, Nicolas-Henri Jardin venait d'arriver à Copenhague, et il importait la nouvelle mode de son pays, le classicisme. Le souverain fut séduit, le Français fut donc chargé de remodeler le projet. Mais... le roi mourut en 1766. Son successeur Christian VII souffrait... de troubles mentaux et était dans l'incapacité de régner. Le chantier fut alors arrêté par Johann Friedrich Struensee, conseiller du roi. Conséquence : l'édifice resta en état d'ébauche pendant 150 ans. Finalement, les travaux reprirent sous l'égide de l'architecte Ferdinand Meldahl, grand défenseur du style historiciste, grâce aux financements du banquier Carl Frederik Tietgen. Au grand soulagement des Copenhaguois, elle put enfin être inaugurée le 19 août 1894. Et vous ne pourrez pas la manquer. Son gigantesque dôme de 31 mètres de diamètre domine la place ouverte dans l'axe du palais d'Amalienborg et lui donne des airs de basilique Saint-Pierre bien que luthérienne !

FONTAINE DE GEFION (GEFIONSPRINGVANDET) ★★

Churchillparken

La plus grande fontaine de Copenhague et sans doute la plus spectaculaire. La fontaine s'appuie sur la pente de la colline. Réalisée en 1908 par Anders Bundgaard, elle illustre une des plus importantes légendes nordiques. On peut y voir une jeune femme en train de fouetter énergiquement quatre taureaux attelés. Son char est posé au sommet d'une pyramide de cercles concentriques d'où émergent des jets d'eau qui apportent un effet visuel dynamique. Il s'agit une fois encore d'une donation de Carl Jacobsen pour célébrer le cinquantième anniversaire des brasseries Carlsberg. C'est l'occasion de réviser un peu nos connaissances en matière de mythologie nordique : cette Gefion (alias Gefjon ou Gefjun) serait une vierge pour les uns, la déesse de la fécondité pour les autres. Toujours est-il qu'elle se vit accorder par le légendaire souverain suédois Gylfi autant de terrains qu'elle pourrait en labourer en une journée et une nuit. Aussitôt dit aussitôt fait ! La jeune femme, qui se trouvait avoir eu quatre fils avec un géant, nés sous l'apparence étrange de taureaux, les attela et se mit au labeur avec une telle ardeur qu'une partie de la Suède se détacha. Dérivant vers l'ouest, ce morceau de terre serait à l'origine du Seeland, l'île correspondant au territoire de Copenhague et de ses environs. Une autre version précise que le lac Mälaren appelé aussi *Lögrinn* se serait formé à ce moment-là et devint le lieu de résidence de Gefion qui aurait épousé le fils d'Odin !

GALERIE D'ART SAINT-NICOLAS (KUNSTHALLEN NIKOLAJ) ★★

Nikolaj Plads 10 ✆ +45 33 18 17 80
www.nikolajkunsthal.dk

Du mardi au vendredi de 12h à 18h, samedi-dimanche de 11h à 17h. Adulte 70 DKK, gratuit pour les moins de 18 ans.

Ancienne église, dominée par son impressionnant clocher carré du XVIe siècle, reconvertie en un lieu d'expositions – souvent remarquables – d'art contemporain. La présence de l'orgue et la forme des fenêtres rappellent sa fonction passée... Un café est aménagé dans la sacristie. A l'extérieur du chevet, un buste. Celui du peintre SvendTauscher, une figure du Copenhague bohème, sans doute un joyeux luron ! Car ce sont ses compagnons de beuverie qui se sont cotisés pour l'immortaliser.

GAMMEL STRAND ★★

Gammel Strand

A l'origine, Gammel Strand était un port naturel abrité par quelques îlots, d'où son nom en danois signifiant « l'ancien rivage ». C'est à cet endroit que fut fondée la première colonie de pêcheurs qui donna naissance à la ville de Copenhague. Les fouilles archéologiques ont démontré que le littoral se situait un peu plus à l'intérieur des terres par rapport à l'emplacement actuel de cette agréable promenade longeant les quais. La zone était alors très marécageuse. Séparé de Slotsholmens par le canal, elle a été entièrement réaménagée en 2019. Tout le long se dressent les hautes façades de demeures de marchands, aujourd'hui investies par des restaurants et des antiquaires. La plupart des bâtiments avaient été complètement détruits lors de l'incendie de 1795. Celui-ci s'était propagé depuis un entrepôt de charbon et de bois localisé à Gammelholm. La plus ancienne maison de la rue est le n° 48. Construite en 1750, elle a survécu au drame sans subir de trop graves dommages. Elle abrite la galerie d'art Kunstforeningen.

Vous remarquerez lors de votre déambulation deux sculptures posées sur le quai : du côté du canal, près de l'entrée du métro, une *Marchande de poissons ;* cette œuvre de Charles S. Madsen (1883-1943) rappelle le rôle des femmes occupées à vendre du poisson sur ce qui était jadis un marché ; en face légèrement peu plus loin, un groupe sculpté réalisé par Svend Wiig Hansen (1922-1997) et intitulé *Les générations portent les générations,* est un hommage à un ancien ministre danois de la Culture.

GRÅBRØDRE TORV ★

Gråbrødre Torv

Voici une bien jolie place que celle des « Frères Gris », autrement dit des franciscains qui avaient établi un couvent à cet emplacement en 1238. Ils en furent délogés lors de la Réforme en 1536. Plus rien ne subsiste des anciens bâtiments conventuels. Ornée d'un grand arbre et d'une fontaine (commémorant les 800 ans de la fondation de Copenhague), la place pavée, un tantinet biscornue, est bordée de maisons aux façades colorées. Un lieu des plus animés en raison des nombreux cafés-restaurants, leurs terrasses envahissent presque tout l'espace aux beaux jours.

MAISON DES CONTES D'ANDERSEN ★

Rådhuspladsen 57

✆ +45 33 32 31 31

Du lundi au jeudi 10h-18h, vendredi-samedi de 10h à 20h. Adulte 60 DKK, enfant de 4 à 11 ans 40 DKK.

N° 57 place de l'Hôtel de Ville. Au-dessus de l'entrée, une enseigne avec un profil d'homme portant haut-de-forme. Vous êtes devant la maison consacrée au grand conteur danois Hans Christian Andersen (1805-1875). Un parcours pour grands et petits à travers dix galeries, qui illustrent sept contes présentés à grand renfort d'effets spéciaux (lumières, sons, personnages animés...). Évocation de la vie et de l'œuvre de l'écrivain national. Le tout en danois sous-titré anglais et allemand.

COPENHAGUE

© EQROY - SHUTTERSTOCK.COM

Gråbrødre Torv.

HÔTEL DE VILLE [RÅDHUS] ★★

Rådhuspladsen 1 ✆ +45 33 66 25 86
www.kk.dk

Tour accessible, nombre de personnes limité. Ouvert lundi-vendredi 9h à 16h.

L'hôtel de ville de Copenhague est facilement repérable grâce à son beffroi haut de 106,6 m. Ce grand bâtiment a été dessiné en 1905 par Martin Nyrop dans un style fidèle à l'éclectisme triomphant du XIXe siècle. Un subtil méli-mélo inspiré par la Renaissance danoise, avec une pointe de réminiscences italiennes (Nyrop se serait inspiré de la mairie de Sienne) et un soupçon de gothique. C'est dire si tourelles, clochetons, créneaux et autres échauguettes abondent dans cet édifice décoré par ailleurs d'innombrables sculptures. Découvrez à l'intérieur l'immense salle des Pas-perdus, magnifiquement éclairée d'une verrière, et son ensemble de peintures murales.

Par temps dégagé, si possible bien sûr, montez au beffroi pour admirer la vue panoramique de la capitale et, au loin, la mer et sa forêt d'éoliennes. Attention : la tour compte 300 marches et n'a pas d'ascenseur.

Mais c'est avant tout l'horloge astronomique de Jens Olsen Verdensur, située dans le hall d'entrée, qui attire tous les regards. Cette horloge mécanique aux multiples fonctions, mise en service le 15 décembre 1955 par le roi Frédéric IX, dix ans après la mort de son créateur de génie (1872-1955), indique les éclipses du Soleil et de la Lune, comprend un calendrier perpétuel et donne naturellement l'heure, non seulement de Copenhague, mais de partout dans le monde. Le mécanisme est constitué de quelques 14 000 pièces. Deux salles très pédagogiques expliquent sa conception, depuis les premiers calculs effectués en 1928 jusqu'à sa construction.

© ICONOTEC.COM

JARDIN BOTANIQUE [BOTANISK HAVE] ★★

Øster Farimagsgade 2B
www.botanik.snm.ku.dk

Ouvert tous les jours d'avril à septembre de 8h30 à 18h, le reste de l'année jusqu'à 16h. Entrée gratuite.

10 hectares de verdure, de nature et de démesure ! Séparé du château de Rosenborg par l'avenue Øster Voldgade, ce jardin botanique occupe un vaste quadrilatère à la limite du quartier d'Østerbro. Il dépend du Museum d'histoire naturelle. Ancien Hortus Medicus, créé par une charte en 1600, il était très étroitement lié à l'université, on y cultivait les plantes servant à la médecine. Le transfert vers le site actuel se fit en 1870 car les terrains antérieurs n'étaient plus suffisamment grands. Plus de 15 000 espèces de plantes, toutes identifiées bien entendu, poussent dans ce jardin doté d'un lac romantique ! Au total 27 serres dont la Palmehuset, « Maison des palmiers ». Les variétés les plus tropicales sont protégées dans cette extraordinaire structure de verre et de métal construite en 1874. Une végétation particulièrement dépaysante quand arrivent les jours de froid et de neige ! Elle s'inspire du célèbre Crystal Palace londonien et fut financée par le mécène Jacobson ! 94 mètres de long, 16 mètres de haut, constituée de 4 000 m^2 de panneaux de verre et d'une superficie de 3 000 m^2 ! Elle est dotée d'une belle rotonde et de coursives permettant de surplomber la forêt tropicale, pratiquement à la hauteur de la cime des palmiers et autres bananiers (accès par un escalier de métal en colimaçon). Mais c'est surtout à la belle saison que le jardin prend tout son intérêt quand la floraison transforme les massifs. Une belle virée chlorophylle en perspective !

MAISON VICTORIENNE [KLUNKEHJEMMET] ★

Frederiksholms Kanal 18 ✆ +45 41 20 60 66
www.natmus.dk

Visite guidée samedis et dimanches à 11h00, 12h30 et 14h00. Adulte 100 DKK, réduit 50 DKK, gratuit -18 ans.

Visiter une authentique maison victorienne et son intérieur bourgeois, c'est possible grâce au Musée national. Construite en 1850, elle fut rachetée par l'industriel Rudolf Christensen en 1886. Il s'installa avec son épouse à l'étage noble de la résidence. Les meilleurs designers de l'époque participèrent à son ameublement. On y découvre, dans un univers capitonné de velours rouges à pompons (*klunkehjem* signifie « la maison des pompons » !), une multitude d'objets très bien conservés !

JARDINS DU ROI [KONGENS HAVE] ★

Øster Voldgade 4A

Ouvert tous les jours en été de 8h30 à 18h, jusqu'à 16h en hiver.

C'est le parc préféré des Copenhaguois qui viennent s'y exposer dès l'apparition du moindre rayon de soleil. Normal, il est le plus central mais surtout très paisible ! L'hiver, on vient promener son chien ; l'été, on étudie assis sur les bancs qui ponctuent les longues allées de tilleuls ; on y joue aux boules en toute saison ! Certains soirs, on écoute des groupes musicaux, on sirote une boisson chaude ou froide, tandis que les enfants assistent avec bonheur aux spectacles du théâtre de marionnettes. Plusieurs statues habitent le lieu. Près de la porte d'accès sur Gothersgade, parmi les plus notables, l'hommage à l'homme politique Viggo Hørup (1841-1902) par J. F. Willumsen. Ce fier moustachu fut un leader du parti Venstre (alors de gauche comme son nom l'indique), fondateur (en 1884) du quotidien *Politiken*.

Pour la petite histoire, Christian IV rêvait d'un jardin au pied de sa résidence estivale. Nous étions en 1606. Son jardinier Otto Heider répondit à son désir et ce fut une réussite. L'ouverture au public fut décidée à la fin du XVIIIe siècle. Plus récemment en 2001, une opération d'envergure décidée par une association professionnelle de jardiniers, à l'occasion des 60 ans de la reine Margrethe, a permis de le remodeler selon les plans d'origine de la Renaissance. Des parterres de roses (*Rosa gallica*, *Rosa mundi*, *Rosa centifolia*, *Rosa toscana*, etc.) et 140 pommiers furent plantés.

Depuis l'allée centrale, prenez le temps d'admirer la vue sur le château de Rosenborg.

KONGENS NYTORV ★★

Kongens Nytorv

Le Strøget débouche sur cette noble et vaste place ayant la forme d'un écusson. Elle fut créée à partir de 1688 pour faire le lien entre la ville historique et les nouveaux quartiers édifiés extra-muros. A cette époque, le site était plus ou moins à l'état de terrain vague jusqu'à ce que Christian V décide d'en faire la nouvelle place royale sur laquelle élever la statue équestre le glorifiant. Abraham-César Lamoureux fut choisi pour mener à bien ce projet. Outre les habituelles figures allégoriques, Lamoureux décida de placer un homme nu sous les pattes du cheval pour une double nécessité, ce pauvre garçon est venu symboliser l'Envie afin d'aider le sculpteur à faire tenir debout un groupe équestre assez instable… au point que l'on a dû refondre la statue en 1944 pour assurer sa pérennité. Appelé tout simplement par les Copenhaguois « le cheval », le monument est un des hauts lieux des célébrations estudiantines de fin d'année universitaire : la « danse autour du cheval » est un grand moment de la vie de tout étudiant. Récemment réaménagée, la place est aujourd'hui vouée en partie aux piétons. De nombreux bâtiments officiels entourent cette place : le Théâtre royal où réside la compagnie du Ballet royal, le Palais de Charlottenborg, ancien château royal hébergeant l'Académie royale des beaux-arts, le palais Tott où siège de l'ambassade de France, le prestigieux Palace Hôtel d'Angleterre et le grand Magasin du Nord. Commerce, art, culture et pouvoir se partagent ainsi le cœur stratégique de Copenhague !

MUSÉE D'ART DE CHARLOTTENBORG ★★

Nyhavn 2 © +45 33 74 46 39

www.kunsthalcharlottenborg.dk

Mardi-vendredi 12h-20h, samedi-dimanche 11h-17h. Adulte 90 DKK, réduit 50 DKK, gratuit -16 ans et le mercredi après 17h.

Le palais de Charlottenborg, édifié à partir de 1672, doit son nom à la reine mère Charlotte Amalie qui l'avait acheté en 1699. Après la mort de sa propriétaire, il fut affecté à l'Académie royale des Beaux-Arts en tant que bibliothèque (toujours active). Au-delà de la cour intérieure, un second bâtiment ouvrant sur Nyhavn, abrite le Kunsthal Charlottenborg, un centre d'Art contemporain. Des expositions temporaires sont organisées toute l'année, plutôt pointues quant à leur approche !

MUSÉE DES TRAVAILLEURS [ARBEJDERMUSEET] ★

Rømersgade 22

© +45 33 93 25 75

www.arbejdermuseet.dk

Ouvert 7j/7 10h-17h, mercredi 10h-19h. Adulte 90 DKK, réduit 65 DKK, gratuit pour les moins de 18 ans.

Voilà un musée inhabituel qui vaut le détour. Le Danemark est connu aujourd'hui pour l'efficacité de sa protection sociale, mais celle-ci fut longue et difficile à obtenir. Installé dans le bâtiment des Travailleurs (1875) utilisé par les syndicats et les partis de gauche, le lieu décrypte la vie quotidienne des couches populaires durant la seconde moitié du XIXe siècle et au XXe siècle. Pour illustration, vous visiterez l'appartement de la famille ouvrière Sørensen remonté ici !

LES LACS ★

A l'est du centre-ville se trouve l'un des plus agréables lieux de promenade de Copenhague. **Søerne** est un ensemble de 5 lacs s'appuyant sur un ancien bras de mer avant qu'il ne soit endigué au XVIe siècle. Les premiers aménagements remontent à l'époque médiévale, le lac central fut aménagé pour alimenter les moulins et stocker l'eau potable. Petit à petit, il fut complété par cette succession de plans d'eau pour servir de défense militaire. Afin d'éviter toute attaque, il suffisait d'immerger la zone, la barrière d'eau servant alors de rempart. Aujourd'hui, ils n'ont pas d'autre utilité pratique que d'être un très large fil d'eau, calme et paisible, propice à la rêverie et à la balade où se reflètent les lumières de la nuit, les couleurs du ciel et les nuances infinies des feuilles des arbres qui bordent ces grands réservoirs. Les ponts qui les enjambent sont en fait le double usage d'être les digues qui les séparent les uns des autres. On fait du jogging le long de leurs rives, côté ouest, elles sont entièrement piétonnes. On y canote et, pendant les hivers les plus rudes, on patine lorsque la surface de l'eau est gelée ! On vient aussi écouter chanter ou se chamailler les nombreux oiseaux qui nichent là – y compris les cygnes sur les berges.

▶ En venant du sud, le premier lac est **le Sankt Jørgens Sø ou lac Saint-Georges**, en limite de la commune indépendante de Frederiksberg, et côté ville de Vester Søgade, rue bordée d'immeubles fonctionnalistes qui ont servi de modèles aux architectes des quartiers populaires. Animé par un jet d'eau, flanqué par le cône tronqué du planétarium, ce lac est partagé en deux par Kampmannsgade.

▶ Il est séparé du **Peblinge Sø**, « le lac des étudiants » par Gyldenløvesgade au milieu de laquelle se dresse un curieux pavillon peint en blanc et doté de tours en forme de minaret turc. Vilhelm Dahlerup (architecte de la glyptothèque et du Théâtre royal) a édifié ce bâtiment afin d'abriter les locaux de la Société de patinage qui s'occupait de gérer les lacs gelés en hiver à la fin du XIXe siècle.

▶ Bordée de bâtiments assez bourgeois (et du superbe hôtel Kong Frederik), **Nørre Søgade** longe Peblinge Sø et fait face au quartier ouvrier de Nørrebro, auquel on accède par Dronning Louise Bro (pont de la reine Louise), également dessiné par Dahlerup. Son accès est marqué par deux statues allégoriques représentant le Nil et le Tibre, ce sont des copies d'originaux de l'époque romaine.

Les deux lacs septentrionaux sont appelés **Sortedams Sø** ce qui signifie « Lac du barrage noir ». Ils jouxtent le quartier d'Osterbro.

MUSÉE DU DESIGN DANOIS (DESIGNMUSEUM DANMARK) ★★

Bredgade 68 ✆ +45 33 18 56 56

www.designmuseum.dk

Ouvert du mardi au dimanche de 10h à 18h, le mercredi jusqu'à 21h. Adulte : 115 DKK, gratuit pour les moins de 26 ans.

Précédé d'une cour ouverte sur Bredgade, ce musée a investi un bel immeuble rococo. Les collections, spécialisées dans les arts décoratifs et le design, s'établissent autour de la cour intérieure et balaient les siècles et les continents. Si vous ne disposez que de peu de temps, consacrez-le à la section **Design danois et européen.** Après une introduction consacrée à l'Art nouveau et à « l'art industriel », sont abordés chronologiquement les grands designers danois : le fonctionnalisme illustré par le « mobilier du peuple » (*folke møbler*), simple et robuste, dont la production est supervisée par Børge Morgensen ; une salle consacrée à Poul Henningsen, plus connu pour ses seules initiales PH et ses luminaires ; une autre dédiée à Arne Jacobsen, architecte connu pour le mobilier adapté à ses principaux édifices. Puis vient la « modernité danoise » des années 60-75 toujours à la recherche de lignes pures et douces en réaction avec l'apparition des matières plastiques et des couleurs vives (Gunnar Aagaard Andersen, Vera Panker), avant d'évoluer vers le design « écologique » où tout doit être recyclable. On termine avec le post-modernisme conçu comme une révolte contre la tristesse utilitaire du fonctionnalisme triomphant. Coup de cœur futé pour la galerie des chaises qui illustre à merveille la success story du design danois et comment joindre le beau à l'utile.

Bref, une balade passionnante dans un siècle de création d'objets de la vie de tous les jours.

MUSÉE DU GUINNESS DES RECORDS ★

Østergade 16

✆ +45 33 32 31 31

www.ripleys.com

7j/7 de juin à août 10h-22h, autres mois mardi/mercredi/jeudi 10h-18h, vendredi/samedi 10h-20h. Billet adulte 130 DKK.

À quelques pas de Stroget, le musée des records, le fameux Guiness, vous ouvre ses portes ! Le plus rapide, le plus haut, le plus grand... bref, les admirateurs de records en tout genre seront comblés. Des bornes interactives vous permettront peut-être, de battre à votre tour l'un de ces incroyables défis ! A ce musée s'ajoute celui du Mystic Exploratorie, pour tout savoir sur les phénomènes étranges ou la terrible chaise électrique ! Sensations fortes garanties !

MUSÉE DU THÉÂTRE [TEATERMUSEET I HOFTEATRET] ★

Christiansborg Ridebane 18
✆ +45 33 11 51 76
www.teatermuseet.dk

Fermé le lundi. Ouvert de 12h à 16h. 40 DKK, réduit 30 DKK, gratuit -18 ans. Visite guidée gratuite le mercredi 14h.

Un musée dédié à l'histoire du théâtre du XVIIIe siècle à nos jours, en s'appuyant sur des costumes, gravures, décors de scénographie. Un véritable petit bijou, intimiste à souhait, niché au-dessus des stalles royales du palais de Christianborg ! C'est donc le théâtre de la cour aménagé par Nicolas-Henri Jardin et inauguré en 1767 en présence de Christian VII qui vous ouvre sa scène. Véritablement, puisqu'il est possible de circuler entre cour et jardin, du carré d'or au poulailler !

MUSÉE JUIF DANOIS [DANSK JØDISK MUSEUM] ★★

Proviantpassagen 6 ✆ +45 33 11 22 18
www.jewmus.dk

Juin à août, mardi-dimanche 13h-17h ; septembre à mai : jeudi 12h30-18h30, vendredi au dimanche 12h-17h. Adulte 60 DKK.

Le musée se situe à l'intérieur de la Bibliothèque royale. Il a été aménagé par l'architecte américano-polonais Daniel Liebekind, également auteur du Mémorial juif de Berlin et de l'un des immeubles de *Ground Zero* à New York. L'originalité des lieux (conçus à partir de la graphie du mot « *Mitzvah* » en hébreu, symbole des terres inconnues qu'abordent les immigrants, un refuge face au péril nazi) justifie la visite de ce musée retraçant la vie quotidienne de la communauté juive danoise.

MUSÉE ROYAL DANOIS DE L'ARSENAL ★

Tøjhusgade 3 ✆ +45 33 13 44 11
www.natmus.dk

Ouvert du mardi au dimanche de 10h à 17h. 7/7 de juin à août. Adulte 80 DKK. Gratuit pour les moins de 18 ans.

Situé à Slotsholmen, ce Musée Royal a investi l'arsenal de Christian IV, bâti en 1604. Plus de 100 000 pièces d'armement sont exposées, depuis les épées du Moyen Âge en passant par les canons (environ 300 !), jusqu'aux armes les plus récentes. Bien entendu, il faut s'intéresser à l'histoire militaire mais les rappels historiques intéressants permettent de bien comprendre le présent. La construction en brique mérite vraiment le coup d'œil. A voir, la salle de près de 160 m de long.

MUSÉE NATIONAL DES BEAUX-ARTS ★★

Sølvgade 48-50 ✆ +45 33 74 84 94
www.smk.dk

Ouvert de 10h à 18h, le mercredi jusqu'à 20h, fermé le lundi. Adulte 120 DKK, -30 ans 95 DKK, gratuit -18 ans.

SMK pour les intimes est le principal musée du Danemark consacré aux Beaux-arts. La collection, majoritairement constituées de peintures, présente la création artistique occidentale depuis le Moyen Âge jusqu'à nos jours. Deux bâtiments distincts sont reliés : l'un dédié aux maîtres anciens, l'autre à l'art moderne et contemporain. Le premier, conçu par Vilhelm Dahlerup et G.E.W. Møller dans un style inspiré de la Renaissance italienne, fut construit entre 1889 et 1896. Le deuxième pensé comme une extension moderne, fut dessiné en 1998 par les architectes Anna Maria Indrio et Mads Møller, dans une partie du parc situé sur l'arrière. La liaison entre les deux structures se fait grâce à un passage couvert d'une verrière, appelé l' « Allée des Sculptures ». Moulages et marbres occupent cette « rue » intérieure qui s'étend sur toute la longueur du musée. Des concerts et des spectacles de danse y sont régulièrement organisés. Vous y trouverez également l'atelier réservé aux enfants.

Quelque 9 000 peintures et sculptures, environ 300 000 dessins et gravures, et plus de 2 600 moulages en plâtre. Une partie de la collection qui appartenait à la *Kunstkammer* « chambre des arts » des rois du Danemark, s'est étoffée de nombreuses acquisitions.

Chronologiquement, les premières salles sont consacrées à l'art européen entre 1300 et 1800. Un panorama de chefs-d'œuvre de l'histoire de l'art, dont certaines figures majeures comme Andrea Mantegna, Lucas Cranach l'Ancien (5 œuvres dont le *Portrait de Luther*), Tintoret, Brueghel l'Ancien ou Rembrandt.

Une section est entièrement dédiée à l'art danois et nordique de 1750 à 1900. Une période connue comme l'Âge d'or danois. Vous pourrez admirer les œuvres de Vilhelm Hammershøi (*Double Portrait de l'artiste et de sa femme, Une ferme, Soirée au salon)*, Christoffer Wilhelm Eckersberg et L. A. Ring.

L'art français des avant-garde de 1900 à 1930, est très bien représenté. Fauves et cubistes majoritairement.

Henri Matisse (*La Raie verte* ou *Luxe II*), Modigliani, Emil Nolde, Pablo Picasso et André Derain, ont notamment introduit de nouvelles réflexions sur la notion d'art moderne.

Enfin, l'art danois et international après 1900 aborde l'évolution vers la modernité, de l'expressionnisme et du surréalisme vers l'art contemporain le plus récent, à travers les œuvres de Per Kirkeby, Danh Vo et Ursula Reuter Christiansen.

Boutique et café complètent agréablement le passage par ce musée. Les amateurs pourront y passer la journée !

MUSÉE NATIONAL DU DANEMARK [NATIONALMUSEET] ★★★

Ny Vestergade 10 ✆ +45 33 13 44 11
www.natmus.dk
Fermé le lundi. Ouvert de 10h à 17h, jeudi jusqu'à 20h. 100 DKK, gratuit -18 ans. Musée des enfants. Café, boutique.

Cet immense musée occupe tout un pâté de maisons encadré par Vester Voldgade, Frederiksholms Kanal, Stormgade et Ny Vestergade où se situe l'entrée. Celle-ci donne sur un grand atrium entouré de deux étages de galeries. Sur la gauche de ce premier hall, l'Egmont Hall est dédié aux expositions temporaires. Les autres salles sont vouées aux collections ethnographiques. Sur la droite, les jardins du palais traversés par un couloir vitré, sont entourés de trois niveaux de galeries. Bref, il y a de quoi passer une journée entière pour l'explorer à fond. Néanmoins, la richesse et la variété des collections étant tellement denses, il vaut mieux visiter en plusieurs fois ou cibler ses centres d'intérêt.

▸ Les salles du rez-de-chaussée présentent l'archéologie du Danemark et l'épopée viking. Des pièces uniques et exceptionnelles y sont exposées : *le char solaire de Trundholm*, un char miniature cultuel en bronze, découvert en 1902 par un paysan dans le marécage de Trundholm en Zélande-du-Nord, il est daté du premier âge du bronze soit aux alentours de 1400 av. J.-C ; le chaudron de Gudenstrup datant du Ier siècle av. J.-C. qui fut retrouvé en 1891 dans une tourbière du Jutland. Il est constitué de l'assemblage de 13 plaques d'argent décorées de scènes mythologiques celtes. Impressionnant par sa taille, il mesure 42 cm de haut pour un diamètre de 69 cm ; la Pierre runique de Kingigtorssuaq trouvée en 1824 dans un cairn, sur l'île de Kingigtortagdlit à l'ouest du Groenland. Sur cette pierre figurent des inscriptions vikings datant probablement du XIIIe siècle ; ou la tombe de la Fille d'Egtved (Egtvedpigen), une jeune femme morte vers 1370 av. J.-C. à l'âge de 16-18 ans, dont le corps momifié a été retrouvé dans un tumulus avec vêtements et offrandes.

▸ L'étage traite de l'histoire des temps modernes et de l'époque des colonies. Armures de chevaliers, bijoux, retables. Reconstitution de l'épicerie d'Aalborg de 1602, et son ensemble de plafonds à caissons et de sculptures en bois. Partez à la rencontre de chasseurs de morses, de marchands d'esclaves. Découvrez la vie des Danois partis aux colonies : Inde, Afrique de l'Ouest ou Groenland ! Autre département tout aussi garni d'objets sensationnels : la chambre du roi Frederik III. Un cabinet de curiosités pour ce passionné d'objets ingénieux témoignant du savoir-faire et des connaissances de son temps, tout autant que des objets exotiques venus des quatre coins du monde.

MUSÉE THORVALDSEN ★

Bertel Thorvaldsens Plads 2
✆ +45 33 32 15 32
www.thorvaldsensmuseum.dk
Du mardi au dimanche 10h-17h, jeudi 10h-21h. Adulte 90 DKK, réduit 50 DKK, gratuit -18 ans et tous les mercredis.

Ce vaste musée, inauguré en 1848, fut spécialement construit pour abriter les œuvres léguées par le sculpteur national Bertel Thorvaldsen, à sa ville natale. Et il y en a beaucoup ! Pour donner une idée du prestige de cet artiste, on fit édifier ce bâtiment sur l'île du château et on accéda à sa demande d'être enterré dans la cour intérieure. L'architecte Michael Gottlieb Bindesbøll fut chargé du projet et s'inspira de l'architecture grecque. Les murs extérieurs sont recouverts de peintures murales évoquant le voyage retour de l'artiste depuis Rome.

NOUVEAU THÉÂTRE ROYAL [SKUESPILHUSET] ★

Sankt Annæ Plads 36
✆ +45 33 69 69 33
www.kglteater.dk

Majestueusement posé sur le port, ce Nouveau Théâtre royal dessiné par Boje Lundgaard et Lene Trandberg a été inauguré en février 2008. Il est situé presque en face de l'Opéra. L'endroit renferme trois salles de spectacle de différentes capacités, mais surtout un hall immense ouvert sur l'eau abritant un café et restaurant. A l'extérieur, une passerelle constituée de lattes de chêne relie Nyhavn à Langelinie : la vue est splendide et c'est un repli idéal en cas de pluie !

NYBODERS MINDESTUER ★

Sankt Paulsgade 24
✆ +45 33 32 79 13
www.nybodersmindestuer.dk
Ouvert le dimanche de 11h à 14h. Entrée : 20 DKK.

Anciennes demeures du personnel de l'armée navale construites sous le règne de Christian IV (1588-1648). Un authentique vieux loup de mer, ancien officier de la marine royale, vous accueille. Dans un mélange d'anglais et de danois, il vous raconte comment il a passé les premières années de sa vie dans une maison semblable du quartier, et comme tous les bébés de ces maisons, à dormir dans le tiroir ouvert de la commode en guise de landau ! Deux familles (soit une vingtaine de personnes car les enfants étaient nombreux) logeaient dans cette minuscule maison de 1631.

NYHAVN-NOUVEAU PORT ★★

Nyhavn

Embarcadère des croisières, des bateaux-bus 991/992 (Bibliothèque royale-Nordre Toldbod) et 993 (navette pour l'Opéra).

L'ancien quartier mal famé des marins a bien changé. De nos jours, il est bien agréable de flâner le long des maisons aux pignons colorés et de se laisser bercer par le balancement des bateaux de plaisance amarrés à quai ! Nyhavn est l'escale quasi obligée de tout visiteur à Copenhague, c'est la carte postale idéale. Ici, il est de bon ton de s'installer en terrasse, même en plein hiver, au besoin emmitouflé dans un confortable plaid, pour boire son café ou sa choppe de bière. Le « Nouveau Port » n'est autre qu'un canal creusé entre 1671 et 1673 pour relier le port à Kongens Nytorv et pouvoir ainsi débarquer les marchandises au plus près de la ville. Christian V autorisa les marchands et autres négociants à construire leurs demeures en bordure de la voie d'eau. Peu à peu, tripots et autres lieux de plaisir se multiplièrent sur les quais : il fallait bien occuper les matelots lors des escales... C'est dans les années 1980 que tout a changé. Désormais, il est agréable d'arpenter ce quai en détaillant les demeures parfois biscornues, investies par de nombreux restaurants. Certaines sont pourvues de courettes ouvertes sur la rue. L'ombre de Hans Christian Andersen hante toujours ces lieux desquels il fut un familier. En effet, il vécut au numéro 20 un grande partie de sa vie et on peut l'imaginer en train d'y écrire ses célèbres contes.

Certaines demeures sont très anciennes. Celle du n° 9 date de 1681. Au n° 65, une belle porte en bois sculpté rappelle qu'une compagnie maritime avait installé là son siège en 1737.

PALAIS D'AMALIENBORG ★★★

Amalienborg Slotsplads 5

✆ +45 33 12 21 86

www.kongernessamling.dk

7j/7 mai, sept, oct 10h-16h. Juin, juillet, août 10h-17h, nov-avr. mardi-dimanche 10h-15h. 95 DKK, gratuit -18 ans.

Amalienborg est la résidence d'hiver de la famille royale danoise, située dans le très élégant quartier de Frederiksstaden. Elle doit son nom à un ancien palais construit par la reine consort Sophie, palais régulièrement anéanti par les très fréquents incendies ravageant la ville au cours des XVIIe et XVIIIe siècles. Pour se reloger, la cour loua une partie des quatre hôtels particuliers, propriétés de familles d'aristocrates, qui flanquaient les pans coupés de la place du même nom. Ces bâtisses de style néoclassique furent dessinées par Niels Eigtved, sur des plans de Nicolas Jardin. La sobriété de leur style architectural contraste avec la richesse du décor intérieur rococo. Pour s'en faire une idée, le palais Christian VIII est ouvert à la visite. Réparties sur deux étages, différentes pièces ont été reconstituées avec le mobilier et les objets d'origine, retraçant de manière très pédagogique la vie privée et publique des monarques. De nombreux cartels jalonnent le parcours, appuyés de documents photographiques et d'anecdotes. Les enfants ne sont pas oubliés, des cartels adaptés mettent en avant les points essentiels de chaque pièce de vie. Ils sont identifiables grâce à un éléphant. Cet éléphant se trouvait sur le collier de l'ordre de chevalerie de l'Éléphant fondé en 1460 par Christian Ier.

A l'intérieur du palais, une maquette interactive permet de mieux appréhender l'histoire complexe de ce lieu. Lorsque midi sonne, rendez-vous sur la place afin d'assister à la relève de la garde, elle a lieu tous les jours.

COPENHAGUE

© CINOBY

Port de Nyhavn à Copenhague.

PARC CHURCHILL [CHURCHILLPARKEN] ★

Churchillparken 7

Cet agréable parc, aménagé le long des quais, relie Nyhavn au Kastellet. Il permet de profiter de la vue sur l'autre rive, vers Amager, tout en bénéficiant de l'animation des allers et venues des bateaux dans le port de Copenhague. Il est un des lieux préférés des familles avec poussettes et enfants en bas âge, et le paradis des *runners* car ici, point de voiture ni de bruit autre que ceux de la vie. Fontaine et oiseaux rendent son environnement encore plus charmant.

PARC ØRSTED [ØRSTEDPARKEN] ★

Nørre Voldgade 1

Herbes folles dans les plates-bandes, fleurs sans prétention au bord du petit lac, quelques sculptures de-ci de-là, des vestiges de bastions et du gazon suffisamment ras pour s'étendre et bronzer en été. Voilà un endroit un peu hors des sentiers battus ! Mais bien qu'il soit bordé par deux artères plus que passantes (Gyldenløvesgade et Nørre Voldgade), c'est le plus calme des parcs de Copenhague et celui qui offre la meilleure ombre grâce à ses grands arbres !

PARLEMENT DANOIS - FOLKETINGET ★

Christiansborg ✆ +45 33 37 55 00

www.thedanishparliament.dk

Nouvelle promenade audio numérique The Walls of Power. Gratuite, téléchargée depuis l'application Useeum.

Le Parlement danois est ouvert à tous. On peut assister librement aux séances durant lesquelles les 179 députés débattent des sujets du jour. Le château héberge ces réunions parlementaires depuis 1918. La visite des lieux permet d'en comprendre les coulisses et les rouages, de s'initier aux arcanes politiques et de voir quelques documents historiques majeurs dont la première Constitution promulguée en 1849. La visite inclut également l'accès à la tour la plus haute de Copenhague.

LA PETITE SIRÈNE [DEN LILLE HAVFRUE] ★★★

Langelinie

Cernée par les touristes et les bateaux, la Petite Sirène est sans nul doute le symbole de Copenhague. Certes, elle n'est pas bien grande mais il en émane un charme empreint de mélancolie. Elle fut sculptée par Edvard Eriksen en 1913 pour Carl Jacobsen afin d'immortaliser les traits de sa maîtresse Ellen Price, danseuse étoile du Théâtre royal. Il en était tombé amoureux lors d'un ballet illustrant ce conte d'Andersen. La statue fut offerte à la ville et installée à l'entrée du port.

PLACE DE L'HÔTEL DE VILLE [RÅDHUSPLADSEN] ★★

Rådhuspladsen

Le passage par la place de l'Hôtel-de-Ville est inévitable. Ce vaste rectangle, enserré par le boulevard Andersen et Vester Volgade, donne accès au centre piéton ; il fait le lien avec Tivoli et les anciens faubourgs de Copenhague. Aménagée à l'emplacement de la Porte Ouest des anciens remparts, elle est occupée sur un côté par l'hôtel de ville, à qui elle doit son nom. Côté centre historique, on remarque le haut beffroi du Palace Hôtel (au n° 27) et son balcon en forme de proue de navire viking surplombant l'entrée principale. Élevé en 1907 par Anton Rosen, il est un bel exemple d'architecture Jugendstil (Art nouveau) de la capitale.

Quelques monuments parsèment la place : au coin du Rådhus et d'Andersen Boulevard, la statue de Hans Christian Andersen datant de 1961. Coiffé d'un haut-de-forme, il contemple, imperturbable, l'animation des lieux. Non loin, se dresse la fontaine aux Dragons dessinée en 1908 par le sculpteur Joakim Skovgaard et l'architecte Thorvald Bindesbøll, représentant un taureau luttant avec un dragon. Elle fut seulement achevée en 1923 et installée ici alors qu'elle était destinée à Amagertorv. Vers Vester Voldgade, deux joueurs de trompette en bronze juchés sur une colonne : les Lurblæseren, exécutés en 1914. Au beau milieu de l'espace, un bâtiment en verre abrite le *hub* de Movia, la compagnie d'autobus de la capitale. La nuit, les enseignes lumineuses qui criblent la façade des immeubles alentour donnent aux lieux un petit côté new-yorkais.

PLACE SANKT ANNÆ ★

Sankt Annæ Plads

Dernier vestige du jardin de la Reine, plus qu'une place, il s'agit d'une belle promenade ombragée reliant Bredgade au port. Bordée de nobles édifices pour la plupart de style classique, ils sont aujourd'hui occupés par des cabinets d'architectes, des représentations diplomatiques ou des sièges de banques. En son centre, le petit jardin est animé de statues dont celle de C.F. Tietgen qui finança les travaux de l'église de Marbre. À voir dans l'ancien cimetière de l'église de la Garnison, le mémorial de la Première Guerre mondiale, réalisé par Ausa Hofman-Bang.

PONT DE MARBRE (MARMORBROEN) ★

Marmorbroen

Ce pont, qui franchit le canal de Frederiksholm, permet d'accéder à la carrière du château de Christianborg. Il devait en être autrefois l'entrée principale. Parmi les rares vestiges du premier palais antérieur à l'incendie de 1795, demeurent les deux pavillons auxquels il mène et les écuries royales. Cet ensemble rococo signé Nicolai Eigtved fut terminé en 1772. Décoré de médaillons par le sculpteur Louis-Augustin Le Clerc, il doit son nom au marbre clair de Norvège qui le recouvre.

RUINES SOUTERRAINES DU CHÂTEAU DE CHRISTIANSBORG ★★

Christiansborg Slotsplads ✆ +45 33 92 64 92
www.kongeligeslotte.dk

7j/7 de 10h à 17h, fermé le lundi de septembre à mai. Adulte 60 DKK, réduit 50 DKK, gratuit -18 ans.

Un des lieux insolites de la capitale. Sous le château actuel furent découverts les vestiges des deux premiers édifices : la forteresse de pierre d'Absalon et le château de brique qui lui succéda en 1369. On circule parmi les fondations des deux lignes d'enceinte. De nombreux panneaux informatifs et les maquettes des cinq châteaux successifs permettent de se repérer dans les différentes chronologies. Ceci dans une atmosphère souterraine un peu mystérieuse. Les plus jeunes vont adorer !

SALONS OFFICIELS - KONGELIGE REPRÆSENTATIONLOKALER ★★

Prins Jørgens Gård 5 ✆ +45 33 92 64 92
www.kongeligeslotte.dk

Ouvert 7j/7 de 10h à 17h, fermé le lundi de septembre à mai. Adulte 95 DKK, billet combiné 160 DKK.

Les salons de réceptions royaux vous plongent dans l'histoire et le faste de la monarchie. Si les salles du rez-de-chaussée (où la reine donne parfois audience) sont fermées au public, le grand escalier donne accès à plusieurs pièces somptueuses que l'on peut visiter. La salle Alexandre le Grand doit son nom à la frise de 35 m de long sculptée par Thorvaldsen. La salle de la Tour, celle du Trône, ou encore l'impressionnante Grande Salle et son décor de tapisseries valent le coup d'œil.

STRÆDET ★★

Strædet

Straedet est le nom familier d'une enfilade de trois rues. Successivement : Favergade dont le nom vient d'une usine royale de teinture textile, Kompagnisttræde ou la Royal Copenhagen Shooting Society, une milice civile, et Læderstræde, une jetée donnant sur le port ! Grand' Rue beaucoup moins fréquentée que le Strøget voisin, son nom est déjà cité dans les archives de la ville en 1397. Elle possède de belles demeures anciennes, antérieures à l'incendie de 1795, ainsi qu'un secteur très commerçant : cafés, restaurants et boutiques allant de la brocante au design.

THE HAPPINESS MUSEUM

Admiralgade 19

Fermé le lundi. Ouvert de 11h à 17h. Adulte 95 DKK, jeune 65 DKK.

Le bonheur, voilà une quête importante de ce siècle ? Mais d'où vient ce bonheur ? Qu'en pensaient nos ancêtres ? Dans ce musée typiquement nordique qui a ouvert ses portes en août 2020, on essaie de vous répondre de façon ludique et interactive. Rien de plus logique au pays du *hygge* ! Ici, on veut partager les recettes du bonheur à la scandinave, et faire en sorte que les visiteurs repartent avec l'envie de transmettre ce bonheur aux autres... On découvre que d'autres pays sont aussi des pays heureux : Bouthan, Paraguay... En sortant d'ici, vous aurez le *smile* !

THE BLACK DIAMOND - BIBLIOTHEQUE ROYALE DANOISE ★★

Søren Kierkegaards Plads 1 ✆ +45 33 47 47 47
www.kb.dk

Entrée gratuite. Lundi-vendredi 9h-21h, samedi 9h-19h. Visite guidée le lundi à 15h. Adulte 60 DKK, gratuit - de 18 ans.

L'extension de la Bibliothèque royale est l'un des symboles du renouveau de la ville qui se lance dans les défis architecturaux. Conçu par les architectes danois Schmidt Hammer Lassen, le Black Diamond a été achevé en 1999. Il est le premier d'une série de bâtiments culturels à grande échelle bâtis le long du front de mer de Copenhague. Il doit son surnom à son revêtement de granit noir poli ! Pour accéder à son entrée principale, deux possibilités : arriver par le côté Nyhavn, après le pont Knippel qui va vers Christianshavn – ou côté Fredericksholms Kanal en bateau-bus. Le nouveau bâtiment est relié à l'ancien par une série de passerelles. Conçu telle une boîte irrégulière, il penche sur un côté et se dilate sur sa base ! Une prouesse technique pour cet imposant polygone coupé en son milieu par un vaste atrium. L'élément fort demeure le noir de sa couleur qui change selon la météo et le moment de la journée. Le plafond du passage entre l'ancienne et la nouvelle bibliothèque est signé par l'artiste Per Kirkeby.

Le hall d'entrée est immense, on y trouve une librairie, un café, un restaurant, des salles d'expositions et des escaliers mécaniques menant aux salles de lecture. La programmation culturelle est très variée : exposition de photos, concert, débats d'auteurs... Le Diamant noir abrite un fonds très riche : 2 millions et demi de livres, des dizaines de milliers de manuscrits, des journaux, des portraits... C'est la plus importante bibliothèque de toute la Scandinavie.

THÉÂTRE ROYAL [KONGELIGE TEATER] ★★

Kongens Nytorv 9
✆ +45 33 69 69 33
www.kglteater.dk

Visites guidées ou à thème : 135 DKK par personne. Voir calendrier sur le site.

Entre Holmenskanal et Nyhavn. Précédé des statues des deux dramaturges Ludwig Holberg et Adam Oehlenschläger, et coiffé par le chariot de Pégase, le Théâtre royal (Kongelige Teater) fut construit dans le style néo-Renaissance par Vilhelm Dahlerup et Ove Pedersen en 1874. Depuis l'inauguration en 2008 du Nouveau Théâtre royal, situé sur le port à l'extrémité de Nyhavn, il est désormais le lieu de résidence de la troupe du Ballet Royal fondée en 1775. Salle de spectacle de 1 600 places.

TOUR RONDE [RUNDETÅRN]

Købmagergade 52A ✆ +45 33 73 03 73
www.rundetaarn.dk

Tous les jours. Avril-septembre 10h-20h, octobre-mars 10h-18h. Adulte 40 DKK, enfants 10 DKK.

En 1642, Christian IV fit construire la Tour ronde accolée à l'église de la Trinité, pour servir d'observatoire astronomique. Du haut de ses 36 m, la vue sur la ville historique se mérite tout autant que la montée : pas d'escalier, mais un plan incliné en colimaçon qui permettait aux chevaux de monter jusqu'au sommet. En 1716, le tsar Pierre le Grand l'aurait emprunté avec un carrosse tiré par six chevaux ! La tour a conservé sa vocation initiale d'observatoire, le plus ancien d'Europe encore en activité et dispose d'un télescope ouvert au public les mois d'hiver.

TYCHO BRAHE PLANETARIUM ★

Gammel Kongevej 10 ✆ +45 33 12 12 24
www.planetariet.dk

Ouvert lundi 12h-18h30, mardi-mercredi 9h30-20h, jeudi-samedi 21h, dimanche 19h. Adulte 160 DKK, enfant 3-11 ans 99 DKK.

Sur la rive sud du lac Sankt Jørgen, ce gros cylindre, biseauté au sommet, abrite le planétarium Tycho Brahe, du nom de l'astronome danois du XVIe siècle. Sa construction, en 1988-1989, est signée des architectes Knud et Munk. Elle fut financée par une donation de Bodil and Helge Petersen à la fondation Urania, à hauteur de 50 millions de couronnes. On y trouve une salle de projection Omnimax (projection sur écran hémisphérique de 1 000 m^2), des expositions sur l'astronomie, une boutique et le restaurant Cassiopeia, dont la salle s'ouvre largement sur le lac.

UNIVERSITÉ [UNIVERSITET] ★★

Nørregade 10
Accès libre

Fondée en 1479, l'université est installée depuis 1836 dans ce bâtiment dessiné par Peter Malling (1781-1865). La façade est précédée des bustes des doctes, les dignes représentants de l'intelligentsia : au total, 9 d'entre eux. Parmi ceux-ci, le plus connu est peut-être Niels Bohr (1885-1962), prix Nobel de physique pour ses recherches sur la mécanique quantique. En entrant dans le bâtiment, riche ensemble de peintures murales peint par Constantin Hansen (hall d'entrée) et Wilhelm Marstrand (salon d'honneur). Dans la cour se niche la Maison du consistoire (1420).

AMAGER FÆLLED ★★

Artillerivej

Nous sommes sur la petite île voisine de la grande Seeland, à laquelle elle est connectée par divers ponts. Jadis, sa terre très fertile était cultivée par les paysans approvisionnant la capitale. De ce passé agricole, elle conserve un immense parc séparant la ville nouvelle d'Ørestad et ses architectures futuristes du port. Sur une superficie de 20 km², une réserve naturelle protège faune et flore. Informations auprès du Nature Center et de ses *rangers*. Une digue ainsi que des plateformes ont été aménagées comme poste d'observation, des oiseaux en particulier.

ASIATISK PLADS ★

Asiatisk Plads

En arrière-plan du bassin situé près du canal de Christianhavn, se dressent les bâtiments, entrepôts et docks de l'ancienne Compagnie des Indes orientales devenue Compagnie d'Asie danoise, depuis sa fondation en 1732 jusqu'à sa dissolution en 1843. Ce bel entrepôt construit par Nicolai Eitgtved en 1750 et entièrement rénové, présente des façades sur arcades rehaussées de pignons très caractéristiques. On pouvait hisser les produits d'importation puis les stocker dans les celliers. C'est aujourd'hui le ministère des Affaires étrangères qui a investi les lieux.

BAINS DU PORT [HAVNEBADE]

Islands Brygge 14

✆ +45 30 89 04 69

www.svoemkbh.kk.dk/indhold/havnebade

24h/24, 7j/7 juin-septembre. Sauveteurs de 10h à 18h. Gratuit. WC sur le quai. Baignade hivernale du 1/10 au 15/04.

Se baigner dans les eaux du port de Copenhague, c'est possible ! Du moins en été. Cette « plage » urbaine est constituée de cinq bassins [dont deux sont réservés aux enfants], de belles plages de bois et d'un plongeoir qui ressemble à la proue d'un bateau. Elle est la preuve d'une certaine qualité de l'eau... Celle-ci est d'ailleurs vérifiée quotidiennement et approuvée par les autorités avant l'entrée des nageurs. En cas d'interdiction, un drapeau rouge est levé.

BELLA CENTER

Center Boulevard 5

✆ +45 32 52 88 11

www.bellacentercopenhagen.dk

Une vague jaillissant de l'océan ! C'est l'impression que donne l'architecture de cet immense hôtel dépendant du Centre de congrès inauguré en 1965, depuis sans cesse agrandi et modernisé jusqu'à la construction de ces deux tours inclinées de 15° et hautes de 77 mètres, conçues par le cabinet danois 3XN. Le Bella Sky Hotel, à l'époustouflante vue panoramique, est certainement le plus grand hôtel de Scandinavie avec 814 chambres. Sans doute furent-elles toutes occupées lors de la Conférence internationale sur le climat organisée à Copenhague en décembre 2009 !

CHRISTIANIA ★★

Bådsmandsstræde 43

✆ +45 21 85 38 78

Accès libre et gratuit. Parmi les règles de bonne conduite à respecter : photos interdites ! Restauration sur place.

© STÉPHAN SZEREMETA

Christiania attire les curieux et pour cause : il s'agit d'une ville libre dans la ville de Copenhague ! L'histoire a débuté en 1971 quand quelques résidents décidèrent d'occuper illégalement une ancienne base militaire. Depuis, ils se battent pour conserver leur indépendance car l'avenir de Christiania est souvent menacé. Ils ont donc constitué une assemblée locale pour les représenter devant l'administration politique. Les habitants sont ravis d'accueillir les touristes qui peuvent les soutenir en achetant leurs produits artisanaux pas chers et... originaux !

CHRISTIANSHAVNS KANAL ★★

Christianshavns Kanal

Nous sommes sur l'île d'Amager. C'est ici que Christian IV décida de faire aménager vers 1617 ces canaux pour protéger la flotte danoise et faire fructifier, par droits de péage, les échanges avec les étrangers, d'où le nom Port de Christian ! Un remblai fut donc aménagé et fortifié par cinq bastions. Ce canal qui partage l'île en deux parties est bordé de deux rues parallèles aux quais. Et là, Copenhague se donne des petits airs d'Amsterdam : non seulement en raison des ponts fleuris qui enjambent l'eau, des quelques maisons anciennes à pignons et aux façades colorées, mais aussi par la présence des péniches et autres voiliers de plaisance qui y sont amarrés, dont quelques-uns servant d'habitation. Un petit port paisible très agréable à arpenter à pied en dépit de ses rues pavées ! Un éclectisme architectural qui témoigne, d'une rive à l'autre, de l'intense activité qu'a connue au cours des siècles cette enclave portuaire.

Quelques demeures méritent toute notre attention : sur Overgaden Neden Vandet 19, remarquez la maison de marchands. Sur la partie centrale de son pignon, elle a conservé la poulie utilisée autrefois pour hisser meubles et marchandises. Peut-être toujours utile vu l'étroitesse de la porte d'entrée ! Tout à côté, au n° 17, Overgaden, l'Institut d'art contemporain est un lieu expérimental où sont organisées des expositions temporaires (fermé pour travaux jusqu'en août 2020). Un peu plus loin, Heerings Gaard abrite le musée de la Banque et de la Caisse d'épargne (Bank og Sparekasse Museet).

DAC ★

Strandgade 27B

✆ +45 32 57 19 30

www.dac.dk

7j/7 de 10h à 18h, jeudi 10h-21h. Adulte 95 DKK, réduit 50 DKK, gratuit - 17 ans.

Cet imposant bâtiment à la façade de verre faisant penser à un jeu de Tétris est le DAC. Le centre d'architecture danoise. Encore un édifice d'audace et de démesure ! Effectivement, Copenhague est bien une capitale de la modernité : design, archi, culture urbaine. C'est ici que se combinent un laboratoire expérimental et un espace de médiation pour tout savoir sur le monde de demain. Des expos adaptées à tous les publics y sont organisées. Si l'archi vous laisse indifférent, peut-être que la vue depuis le café au premier étage et sa super terrasse vous tenteront !

DR-BYEN & KONCERTHUSET ★

Emils Holms Kanal 20

✆ +45 35 20 30 40

www.dr.dk

C'est au très médiatique architecte français Jean Nouvel qu'a incombé la tâche de réaliser la salle symphonique de Copenhague. 25 000 m^2 de superficie, une salle de concert de 1800 places et 4 studios d'enregistrement ont été installés dans ce bâtiment autant détonnant qu'étonnant ! Coulée dans un béton lissé, l'architecture est enveloppée dans une sorte de filet bleu qui s'illumine totalement la nuit. L'auditorium principal, d'un orange velouté, dispose d'une acoustique exceptionnelle. A cela s'ajoute un orgue contemporain, œuvre du Néerlandais Van den Heuvel.

Christianshavns kanal.

COPENHAGUE

HISTOIRE

CHRONOLOGIE DE CHRISTIANIA

1971. Des centaines de jeunes en mal de logement et à la recherche d'une vie différente investissent les dizaines d'hectares inoccupés au nord de Christianshavn. Le 26 septembre est proclamée la Commune libre (Fristaden) de Christiania, avec pour principes l'interdiction des voitures et des drogues dures, l'autorisation du haschich et l'autogestion. La police tente en vain de déloger tout ce petit monde.

1975. Le Parlement décide la suppression définitive de Christiania, prévue pour le 1er avril 1976 au plus tard. Ses habitants, qui reconstruisent le site pour répondre aux normes de sécurité exigées, décident de poursuivre en justice le gouvernement pour ne pas avoir tenu ses promesses de 1972.

1976. 50 % des Danois sont favorables au maintien de Christiania. Le 1er avril, rien ne se passe. L'ordre d'expulsion a été modifié la veille par le Parlement, supprimant toute date limite au nettoyage de la commune libre.

1977. La Haute Cour de justice donne raison au gouvernement contre les Christianites, qui font appel. La consommation de drogue et d'alcool augmente dans la commune libre, l'insécurité suit.

1979. L'héroïne a fait une entrée en force au Danemark, et les ravages sont grands dans Fristaden. La police multiplie les opérations coup-de-poing. Les Christianites organisent alors un blocus (la *blokade*) contre les *dealers* qui sont expulsés. Dans le même temps, les junkies sont pris en charge.

1982. La Suède lance une vaste campagne anti-Christiania, la commune libre danoise étant accusée d'être la capitale de la drogue en Europe du Nord. Les Christianites se rendent en Suède pour une opération Elske Sverige (« Aimer la Suède ») afin de promouvoir, de pièces de théâtre en expositions, les apports culturels et sociaux de leur commune libre.

1987. Le gouvernement conservateur cherche à légaliser l'existence de Christiania, en récupérant des taxes sur les cafés et restaurants qui, bien entendu, ne paient pas de licences…

1989. La police ferme tous les bars et restaurants de Christiania. Mais des négociations continuent et la vie reprend.

1992. Un accord est signé en janvier avec le ministère de la Défense, toujours propriétaire des lieux, pour mieux contrôler la gestion des vieux bâtiments et de l'infrastructure de l'ancien terrain militaire. La moitié des ressources du « fonds collectif » va au ministère pour payer l'électricité, l'eau et les travaux de rénovation. L'expérience continue…

1994. Les dealers de « Pusher Street » se mettent en grève contre la ville de Copenhague qui menaçait de fermer Christiania si la vente du haschisch ne revenait pas à un niveau tolérable !

1998. Plus grande descente de police de l'histoire de Christiania : non seulement Pusher Street, mais aussi les bâtiments publics et les maisons de la commune libre sont perquisitionnés.

2002. Les élections législatives du 20 novembre 2001 ont donné, pour la première fois depuis 1929, la majorité parlementaire aux partis libéraux et conservateurs, conséquence désastreuse pour la survie de Christiania… Dès avril 2002, le nouveau gouvernement décide de « nettoyer » la commune en éradiquant toute forme de criminalité et en interdisant le commerce jadis toléré des drogues douces. Pusher Street n'est plus désormais.

2004-2007. Le gouvernement de droite a réussi à imposer la loi Christiania visant à privatiser les logements de la commune, sacrilège dans ce micro-Etat libre qui n'appartient encore à personne. Face à des manifestations et à une vague de protestation, une bataille juridique est lancée par les Christianites.

2011. La Cour suprême danoise confirme le 18 février que ce quartier très convoité par les promoteurs immobiliers devrait rentrer dans le rang et que ces terres appartiennent bien à l'Etat danois, scellant ainsi la survie de Christiania. Si la bataille juridique est perdue pour les Christianites, les deux camps sont entrés dans une phase de négociations pour trouver une sortie honorable. Peu après cela, l'Etat a fait une offre d'achat à Christiania pour racheter les bâtiments et les terrains construits dans la « zone libre ».

2012. Christiania a décidé d'accepter l'offre. Une fondation a été créée pour racheter Christiania (16,8 millions d'euros).

DEN BLÅ PLANET-AQUARIUM ★★

1 Jacob Fortlingsvej ✆ +45 44 22 22 44
www.denblaaplanet.dk
7j/7, 10h-17h, lundi 21h. Adulte 185 DKK, -11 ans 100 DKK. Réductions Internet. Navette 4/04 au 31/10/2020.

Le premier aquarium fut inauguré en 1939 à Charlottenlund. Devenu trop petit, il fut transféré ici en 2013. Ce nouvel aquarium est le plus vaste d'Europe du Nord et certainement le plus beau ! Vu de l'extérieur, le bâtiment évoque un coquillage gigantesque posé sur la plage. Vue d'en haut, sa forme en spirale rend hommage aux nautiles de nacre des cabinets de curiosités. Tout autour de l'eau... Bienvenue à la Planète bleue ! Cette prouesse architecturale, on la doit au célèbre cabinet d'architectes danois 3XN. A l'intérieur, le visiteur a l'impression d'être sous l'eau, il circule dans des tunnels vitrés. Une immersion totale dans une semi-pénombre parmi des milliers d'espèces qui nagent tout autour de lui. A chacun de choisir quels poissons ou quelles espèces il veut observer. Dans le plus grand espace, « Ocean Tank » nagent les requins-marteaux, les raies et les murènes tandis que l'espace « Amazonas » permet d'apercevoir papillons et oiseaux. Plus loin, sous une cascade, vivent piranhas et anacondas. Les plus audacieux pourront plonger parmi les requins, le premier lundi de chaque mois entre 16h30 et 18h30 !

Des navettes gratuites – bus bleu planète, bien évidemment ! – vous permettent de vous rendre à l'aquarium en toute tranquillité depuis le centre-ville. Départ de la gare centrale ou de l'aéroport. Les horaires sont sur le site Internet. Vous pourrez également acheter vos billets d'entrée à bord. Un gain de temps futé car la popularité du lieu explique aussi les files d'attente très longues certains jours !

EGLISE CHRISTIANS KIRKE ★

Strandgade 1
✆ +45 32 54 15 76
www.christianskirke.dk
Ouverte du mardi au vendredi de 10h/11h à 16h/17h. Concerts et conférences. Accès possible à la crypte.

Nichée au fond de cette partie de Standgade longeant le siège de la banque Nordea, se cache une étrange église plutôt spectaculaire. Elle fut construite pour la communauté allemande qui obtint l'autorisation du roi Christian VI. Une loterie fut même organisée pour la financer. Dessinée par Nicolai Eigtved en 1759, sa disposition intérieure est inhabituelle : un vaste quadrilatère entouré sur trois côtés par trois niveaux de loges en bois dont la loge royale faisant face au chœur. Une église de prêche pensée comme un théâtre ! La crypte était un lieu d'inhumation.

ÉGLISE SAINT-SAUVEUR [VOR FRELSERS KIRKE] ★★

Sankt Annæ Gade 29
✆ +45 32 54 68 83
www.vorfrelserskirke.dk
Tous les jours 11h-15h30. Entrée libre sauf pendant les offices. Tour 35/50 DKK (selon saison), gratuit -14 ans.

Consacrée en 1696, cette église de style baroque hollandais fut conçue dans ce nouveau quartier émergeant par l'architecte Lambert Van Haven à la demande de Christian V. Son plan en forme de croix grecque est plutôt inédit à Copenhague. Au-dessus de l'entrée, prenez le temps de détailler le buffet d'orgues. Vous y verrez le buste du roi, coiffé d'une perruque à la Louis XIV, et la présence curieuse de deux éléphants de stuc qui rappellent que ce dernier avait relancé l'ancien Ordre de chevalerie de l'Éléphant. A voir également le magnifique autel baroque en marbre, de facture très italienne car inspiré du Romain Francesco Borromini. La vie de la paroisse étant particulièrement active, des concerts d'orgue gratuits sont souvent programmés le dimanche après-midi. Mais le point d'orgue de cette église, c'est avant tout son clocher spiraloïde. Élevé en 1752 par Lauritz de Thurah (1706-1759), il est devenu le symbole du quartier. Avant d'en entreprendre l'ascension, sachez qu'il faudra monter 400 marches... dont 150 à l'air libre sur un colimaçon extérieur qui s'enroule jusqu'au sommet de la flèche ! Un grillage sépare du vide mais si vous êtes sujet au vertige, il vaut peut-être mieux s'abstenir. Les efforts des autres recevront une belle récompense : une vue à couper le souffle sur toute la capitale danoise. L'accès est fermé entre la mi-décembre et fin février ou en cas d'intempéries. Avis aux hardis ! Aux beaux jours, la grimpette est possible dès 9h du matin jusqu'à 19h.

MAISON DE L'ATLANTIQUE-NORD ★

Strandgade 91 ✆ +45 32 83 37 00
www.bryggen.dk
Ouverte en semaine de 10h à 17h, week-end et jours fériés dès 12h. Adulte 40 DKK, réduit 30 DKK, gratuit -12 ans.

Ce grand entrepôt datant de 1767, où jadis les navires en provenance des mers glaciales de l'Atlantique Nord venaient décharger leurs marchandises, s'est reconverti en centre culturel pour promouvoir et présenter l'art et la culture du Grand Nord. Il regroupe également l'ambassade d'Islande ainsi que les représentations diplomatiques permanentes des îles Féroé et du Groenland. Un petit café librairie-boutique, où trouver gâteaux, snaps ou bières... vous accueille au rez-de-chaussée.

OPÉRA [OPERAEN] ★★

Ekvipagemestervej 10
✆ +45 33 69 69 33
www.kglteater.dk
Visites guidées en anglais (pour les groupes) sur réservation.

Henning Larsen fut choisi par la fondation de l'armateur A. P. Moller pour dessiner cet Opéra sur un îlot entouré de canaux. Offert à la ville et dédié à la reine Margrethe II, il a été inauguré le 15 janvier 2005. Le résultat – une parfaite réussite ! – mêle avec sobriété courbes et matériaux d'acier, de marbre et verre. L'architecte s'est entouré de la fine fleur du design contemporain : reliefs de bronze dans le foyer par Per Arnoldi, lustres créés par l'Islandais Olafur Eliasson. L'Opéra compte une immense salle pouvant accueillir plus de 1 500 mélomanes.

ØRESTAD NORD ★

Ørestad Nord

Ørestad, autrefois nommée l'île aux pêcheurs, a bénéficié du plus grand challenge urbanistique mené par le gouvernement danois au tournant des années 2000. Une ville futuriste a émergé des terres, mettant au défi les plus audacieux cabinets d'architecture de la planète, dont certains 100 % danois ! Une ville certes futuriste mais qui combine modernité et éco-compatibilité.

Dès la descente du métro DR-Byen que délimite un mur-statue en brique (monument de Per Kirkeby), deux grands bâtiments s'élèvent de part et d'autre de l'Emil Holms Kanal. Sur la droite, le DR-Byen siège de la radio nationale, élevé par l'architecte Vilhelm Lauritzen et l'agence Dissing+Weiting. De l'autre côté du canal, le DR-Koncerthus (salle de concerts) du Français Jean Nouvel. Il faut pénétrer dans le foyer (ouvert le samedi et le dimanche entre 9h et 16h) pour véritablement apprécier l'originalité de ce bâtiment tout en asymétrie et ondulations.

Autres immeubles spectaculaires, Le 8Tallet ou Grand Huit, surnommé le « Serpent ». Un immense édifice assez anguleux qui enjambe le « canal paysager », dont les principaux corps de bâtiments reliés par de spectaculaires portiques sinuent tels des serpents. Le VM Mountain, de l'architecte danois Bjarke Ingels. Avec ses balcons en proue de bateaux, il fait penser à un assemblage de Lego. La résidence universitaire Tietgenkollegiet. Pour sa forme circulaire, Lundgaard & Tranberg se sont inspirés des *hakka tulou*, bâtiments en pisé du sud-est de la Chine. Ici, 360 chambres d'étudiants sont réparties sur huit étages.

PARC DU PORT [HAVNEPARK] ★

Islands Brygge 37

Face au port, le littoral d'Islands Brygge, qui longe la rue du même nom, est la partie moderne du quartier : nouveaux bâtiments et docks réhabilités en constituent la trame. Cette façade maritime est aménagée en promenade piétonne et cycliste. Un long jardin public où subsistent des vestiges de son passé industriel : voies ferrées désaffectées, wagons de marchandise ou coque de bateau devenue un kiosque à musique ! Ce lieu de vie très animé offre de nombreuses structures aux habitants : Maison de la culture, skate-park, piscines, beach-volley ou pétanque.

PARC ET PLAGE D'AMAGER [AMAGER STRANDPARK] ★

Amager Strandvej
✆ +45 33 66 33 19
www.amager-strand.dk

Trois ponts étroits mènent à cette longue île. Au bout, se trouvent la plage (artificielle) et les dunes. Aménagée dans les années 1930, la « plage » de Copenhague était tombée à l'abandon car le sable était emporté par les courants. Au début des années 2000, le lieu a subi un sérieux lifting. On y a construit une « île » artificielle qui s'étend sur 2 km de long, délimitant une sorte de lagon bordé par 5 km de plages. En été, difficile de trouver une place où poser sa serviette !

PONT CIRCULAIRE [CIRKELBROEN] ★

Cirkelbroen

Offert par la fondation Nordea à la ville de Copenhague et inauguré en août 2015 à Christianshavn, le pont a été conçu par l'enfant du pays, l'architecte Olafur Eliasson. Cinq plates-formes circulaires de tailles variées, chacune affublée de son propre mât, offrent aux passants et aux vélos une route alternative. Illuminé la nuit, pivotant pour laisser entrer et sortir les bateaux, cet ouvrage est un chef-d'œuvre qui s'inscrit dans le plan de développement urbain local.

ALLEGADE & PILE ALLÉ ★★

Allegade

Longeant le parc de Frederiksberg, Allegade est une avenue très aérée bordée dans sa partie haute de coquettes villas, précédées d'un jardin retiré de la rue par la clôture blanche. Certaines demeures arborent un style néoclassique avec frontons et colonnades. Ces anciennes propriétés de campagne datent de l'époque où Frederiksberg était une destination estivale située en dehors de Copenhague. A l'origine de ce quartier, le transfert par le roi Christian III de 20 familles hollandaises installées à Amager depuis 1651. Agriculteurs et maraîchers, ils établirent leurs métairies de chaque côté de la rue. Quelques-unes accueillent aujourd'hui de populaires restaurants bénéficiant de larges terrasses où l'on peut agréablement lézarder, l'esprit en vacances !

▶ **Au numéro 7-9 Riddersalen.** Ancienne auberge qui abrite à la fois le théâtre Lorry et les locaux de la chaîne de télévision régionale TV Lorry. Juste après, au 5, la maison Riises (1860) est devenue le musée de la Revue perpétuant la mémoire de comédiens et d'artistes jadis populaires au Danemark.

▶ **Pile Allé** est bordée d'hôtels particuliers. Côté parc, trois bâtiments aux allures de fermes traditionnelles avec toits de chaume et murs à pans de bois : ces anciens cafés de quartier, dont le plus ancien date de 1799, constituent De Små Familiehaver « les petits jardins familiaux ». Ces restaurants sont appréciés pour leur ambiance (le personnel chante et danse, les clients reprenant en chœur les airs les plus populaires) et leurs plats rustiques à la carte... comme il se doit.

AXELTORV ★

Axeltorv

Cette place semi-piétonne ouvrant sur Vesterbrogade en face de Tivoli fut inaugurée en 1917. Elle porte le petit nom du fondateur de la ville, l'évêque Absalon, appelé Axel en danois. Depuis ses origines, se concentrent sur son périmètre les lieux de divertissement dont le plus célèbre, le National Scala, fut rasé en 2013. Nous étions alors aux limites des faubourgs et aux abords des gares.

Au croisement de la place avec Studiestræde se situe le cirque. Ouvert en 1880, ce bâtiment circulaire, coiffé d'un dôme peu élevé et orné de frises influencées par la Grèce et la Rome antique, a perdu sa fonction initiale en 2003 après avoir accueilli les principales troupes circassiennes européennes. A l'époque, comme les chapiteaux étaient rares, les troupes s'installaient dans des salles permanentes. Détail curieux : ce genre de spectacle était interdit durant les mois d'hiver par un règlement d'origine obscure, le cirque se transformait alors en cinéma. Aujourd'hui, il est géré par un exploitant qui organise des dîners spectacles pour la plus grande joie des amateurs de ce type de divertissement.

En face, l'immeuble particulièrement coloré dans des tons de rose indien et de mauve est un cinéma historique, le Palads Biografen, ouvert en 1918 à l'emplacement de la première gare. Il possédait une salle immense qui pouvait accueillir à sa grande époque près de 3 000 spectateurs en plus d'un orchestre de 30 musiciens. Bien entendu, ce genre de salle a cessé d'être rentable, et aujourd'hui pas moins de dix-sept salles se partagent les lieux.

ANCIENNE MANUFACTURE DE PORCELAINE ★

Porcelænshaven 28

✆ +45 38 15 38 15

www.cbs-academic-housing.dk/porcelænshaven

Cette ancienne Manufacture de porcelaine de Copenhague datant de 1882 a été rénovée et reconvertie en école de commerce (Copenhagen Business School) en 2009. Elle accueille plus de 17 000 étudiants. L'école ne se visite pas mais une promenade permet de découvrir les vestiges de son passé industriel. Passez par Søndre Fasanvej 9. Ici Royal Copenhagen maintient un magasin d'usine sur deux étages où sont vendues les porcelaines de 2e qualité et les produits discount à prix spéciaux.

CITERNES (CISTERNERNE) ★★

Søndermarken ✆ +45 30 73 80 32

www.cisternerne.dk

Du mardi au dimanche 11h-18h, jeudi jusqu'à 20h. Adulte 125 DKK, réduit 60 DKK, gratuit pour les moins de 18 ans.

Deux pyramides de verre s'élèvent de part et d'autre d'un bassin aménagé au cœur d'une immense pelouse de Søndermarken Park. Elles indiquent l'entrée et la sortie d'un espace souterrain exceptionnel, réservé aux expositions d'art essentiellement contemporain. Vous êtes aux citernes de la ville. Pendant près d'un siècle, elles ont formé le réservoir alimentant Copenhague en eau potable. Vidé en 1981, cet espace souterrain très caverneux, rythmé de galeries voûtées, est devenue une galerie d'art unique au monde, investie par des artistes de renommée internationale.

CHÂTEAU DE FREDERIKSBERG [FREDERIKSBERG SLOT] ★★★

Roskildevej 28A
✆ +45 72 81 77 71
www.frederiksbergslot-frbslot.dk
Ouvert le dernier samedi du mois, à 11h et 13h. Visite guidée par un cadet. Adulte 75 DKK, gratuit -15 ans.

© ALEXANDER REITTER

C'est au tout début du XVIIIe siècle que l'architecte Ernst Brandenburger dessina pour Frédéric IV une grande demeure inspirée des villas italiennes, en souvenir d'un séjour du monarque là-bas. Construit et agrandi de 1699 à 1735, le palais servit de résidence d'été à la famille royale jusqu'à l'installation en 1869 de l'Académie militaire. A voir : la chapelle baroque. Il domine un immense jardin aménagé à l'anglaise avec ses lacs, ses sentiers sinuant entre les îles et les canaux.

DIESELHOUSE ★

Elværksvej 50 ✆ +45 32 54 02 27
www.dieselhouse.dk
Du mardi au vendredi 10h-16h. Gratuit. Mise en service de la machine 1er et 3e dimanches du mois de 11h à 13h30.

Le patrimoine industriel est ici à l'honneur. Autour d'une énorme machine Diesel datant de 1932, ce grand bâtiment rouge surmonté d'une énorme cheminée présente l'évolution de cette technologie qui rendit obsolète la machine à vapeur. Elle fut mise au point par l'ingénieur allemand Rudolf Diesel (1858-1913). Petit zoom également sur la façon dont Copenhague pourvoit à ses besoins énergétiques. Enfin, visite des installations de l'usine B&W Burmeister & Wain, société de forge et fonderie créée en 1843 à la fois chantier naval et constructeur de moteurs (maquettes).

ÉGLISE DE FREDERIKSBERG [FREDERIKSBERG KIRKE] ★★

Frederiksberg Allé 71
Ouverte tous les jours de 8h à 17h.

Face à l'entrée du parc s'élève une petite église de plan octogonal, aux murs couverts de lierre et au toit coiffé d'un clocheton central. Achevée en 1734, elle est la plus ancienne du quartier. De style baroque néerlandais, elle accueillait la communauté de Hollandais transférée depuis Amager. C'est donc un architecte du plat pays, Félix Dussart, qui fut en charge du chantier. Elle possède un retable de C. W. Eckersberg. Entrez dans la belle nef immaculée vous poser un peu !

ÉGLISE DE JÉSUS ★

Kirkevænget 5A
✆ +45 36 30 35 79
www.jesuskirken.dk
Ouverte du mardi au vendredi de 9h à 12h.

A la manière des familles royales, les Jacobsen ont fait construire leur panthéon familial à proximité de leur maison et de la brasserie Carlsberg ! L'église bâtie par Vilhelm Dahlerup en 1891 est caractéristique de l'éclectisme historiciste ambiant du XIXe siècle. Son plan reprend la plan basilical des églises de Ravenne avec son clocher hors-les-murs, et les nefs s'inspirent de la synagogue de Tolède ! Dans la crypte se trouvent les sarcophages. A l'extérieur une étonnante sculpture vous attend, *Troll qui sent le sang chrétien*. L'original est à la glyptothèque.

FREDERIKSBERG ALLÉ ★★

Frederiksberg Allé

Cette grande, large et noble avenue ombragée de tilleuls conduit du quartier populaire de Vesterbro au splendide parc de Frederiksberg. Lors de sa création, l'avenue était une route privée, la Route du Roi, réservée à la cour durant leurs migrations saisonnières vers le parc. Bien plus tard, cet axe rectiligne traversant une ancienne zone champêtre s'est peuplée de guinguettes et d'estaminets offrant de salutaires pauses aux Copenhaguois en quête, eux aussi, de verdure. Aujourd'hui elle est bordée d'immeubles cossus, de boutiques élégantes et de cafés bourgeois.

COPENHAGUE

GARE CENTRALE (HOVEDBANEGÅRDEN) ★

Banegårdspladsen 1

© CROMO DIGITAL - SHUTTERSTOCK.COM

Sous ses airs de château viking, la gare centrale de Copenhague a de quoi impressionner. Cœur névralgique du réseau de transport ferroviaire et urbain, en dehors de cet aspect fonctionnel, elle mérite que l'on prenne le temps de la regarder ! Dessinée par Heinrich Wenck en 1911, son style architectural fait écho à l'hôtel de ville situé au-delà du parc de Tivoli. Des influences historicistes médiévales, la modernité de son hall, ses 12 quais couverts d'une charpente métallique.

HAVNEHOLMEN ★

Havneholmen

Ce quartier est né des réhabilitations d'anciennes friches industrielles désaffectées, coincées entre voie de chemin de fer et docks, transformées en lieu de vie dynamique et ultramoderne. Le long de Kalvebod Brygge, une promenade piétonne a été aménagée au bord de l'eau jusqu'au port de plaisance « Copencabana ». Les immeubles de verre (certains abritant des hôtels) et le centre commercial de Fisketorvet (le marché aux poissons) sont désenclavés par la passerelle amovible à la fois cycliste et piétonne de Bryggebroen prolongée par le célèbre Snake circle bridge.

HOTEL RADISSON BLU ROYAL ★

Hammerichsgade 1

Même si les codes en matière d'hôtellerie ont changé, Le SAS demeure une référence dans l'univers du design puisqu'il fut réalisé par le célèbre architecte-designer Arne Jacobsen (1902-1971). Commandé par la compagnie aérienne SAS, il témoigne d'une époque et notamment de l'architecture des années 1960. Conçu de A à Z par Jacobsen, son mobilier est devenu iconique : ses fameuses chaises Egg (Œuf) et Swan (Cygne) permettent toujours de patienter confortablement installé dans le lobby de l'hôtel. Entièrement rénové, seule la chambre 606 est restée dans son jus !

HALMTORVET ★

Halmtorvet

Située aux abords de la gare et faisant face au quartier de la viande, Halmtorvet est une large esplanade ombragée qui doit son nom au marché au foin et au fourrage qui s'y tenait jadis. Complètement réaménagé ces dernières années, le lieu jadis populaire et peut-être mal famé est aujourd'hui bordé de cafés, de galeries ainsi que d'un théâtre, le Huset. Juste à côté, Øksnehallen, un marché aux bestiaux actif de 1879 à 1959, est un lieu hybride de création et de mode qui reçoit notamment l'événement VISION pendant la Fashion Week de Copenhague.

ISTEDGADE ★

Istedgade

Istedgade sillonne un quartier jadis ouvrier dit « le quartier rouge », connu pour avoir été un bastion du mouvement ouvrier au Danemark. En complète mutation de nos jours, avec le renouvellement de sa population, où bobos, créateurs et immigrés se partagent les espaces, chacun ayant ses thématiques et ses magasins attitrés ! Historiquement, c'est ici qu'est conservée la mémoire du soulèvement général des habitants contre l'occupant nazi en août 1944... Le tout débouche près des brasseries Carlsberg sur Enghave Plads, autre espace multiethnique doté de cafés *hype*.

BALADE BOBO À VESTERBRO

Départ depuis la place de l'hôtel de ville et la **statue d'Andersen**, suivre **Vesterbrogade**, passez devant l'entrée du **parc de Tivoli** puis bifurquez sur votre gauche à **Banegardspladsen**, c'est l'occasion de pénétrer dans la gare centrale et d'admirer son imposante architecture de briques. Rejoindre **Istedgade**, agréable artère bordée de petits cafés et prendre à droite **Victoriagade** pour découvrir la zone branchée des anciens abattoirs **The Meatpacking area**. Revenir sur Istedgade jusqu'à **Enghave Plads**. Là, **Ny Carlsberg** vous amène aux **brasseries Carlsberg**, témoin de l'industrie triomphante de la fin du XIXe siècle. Passez sous la **porte des Éléphants**. Un cheminement sur votre droite rejoint **Bakkehusmuseet** installé dans une charmante maison entourée d'un jardin paisible dont la serre abrite un petit salon de thé. Sur votre droite en sortant, **Rahbeks Alle** vous ramène à **Verterbrogade**, grande avenue très animée de belles boutiques et de commerces, où règne aujourd'hui une diversité de cultures et de classes sociales. Vous passerez devant le **musée de l'Histoire de Copenhague** et **Sorte Hest** (le Cheval noir), une ancienne auberge relais de poste du XVIIe siècle située autrefois aux portes de la ville. Elle est une des plus anciennes bâtisses de la capitale danoise. Retour jusqu'à Tivoli.

JARDINS DE TIVOLI ★★★

Vesterbrogade 3 ✆ +45 33 15 10 01
www.tivoli.dk
7/7 11h à 23h, jusqu'à minuit vendredi et samedi. Tarif billet en semaine 135 DKK (dès 8 ans), 145DKK le week-end.

C'est à l'extérieur des remparts que Christian VIII fit aménager ce parc en 1843 sur le modèle du Vauxhall de Londres. Le roi fit appel à un entrepreneur de spectacles, Georg Carstensen. Quant au nom, il fut emprunté aux jardins Tivoli de Paris. Comptez plus ou moins 3 heures pour faire le tour du parc qui possède l'une des plus vieilles montagnes russes au monde, régulée manuellement par un opérateur. On retrouve toutes les attractions habituelles des fêtes foraines : manèges d'autrefois, grandes roues et autres attractions propres à mettre le cœur à l'envers ! Et c'est parti pour un tour de manège !

Bienvenue dans un monde enchanté. Un univers de sucreries et de décors féeriques avec jeux de lumières, parterres multicolores fleuris et effets d'eaux. Tivoli a une authenticité qui lui vient de sa longue histoire : depuis 160 ans, des générations d'enfants et d'adultes nostalgiques sont venues s'amuser ici. Imaginez ! Le parc a reçu environ 300 millions de visiteurs depuis son inauguration. Actuellement, on compte 4 millions et demi par saison, dont 60 % de Danois. On peut se demander pourquoi un tel engouement ? D'où vient la magie de ce vaste jardin ? Sans doute de son atmosphère un peu surannée de fête foraine du XIXe siècle. Cela commence dès l'entrée. Un pavillon qui évoque un palais de maharaja, lumineux à souhait avec ses guirlandes d'ampoules ! Puis viennent les contrôleurs de billets, vêtus comme des portiers de palace ou des garçons de piste de cirque. Gants blancs, casquettes rouges et costumes à boutons dorés. Une fois passez le poste de contrôle, vous pénétrez dans le monde merveilleux du rire et du jeu. Les allées sinuent entre les pavillons inspirés des architectures d'ailleurs : pagode chinoise, château des *Mille et Une Nuits*, bateau de pirates... De tous côtés, des manèges, certains traditionnels, d'autres ultramodernes : autos tamponneuses, trains fantômes, labyrinthes de verre, pêche aux canards, stands de tir... comme au bon vieux temps. Quant aux machines à sous, qui, jusqu'à la fin des années 1990 ne permettaient de gagner que des bons pour acheter des glaces ou des places de manège, elles délivrent désormais aux heureux gagnants des jetons (*tokens*) qu'ils peuvent échanger contre des couronnes sonnantes et trébuchantes, dans la limite de 300 DKK, au maximum !

400 000 fleurs. Les espaces verts sont des lieux de vie très appréciés par les Danois. Pas un jour sans faire un petit tour dans un jardin. Tivoli est très fréquenté et plutôt calme en journée : on vient s'y promener, distraire les enfants. Théâtre de marionnettes pour les tout-petits, terrain de jeu surveillé d'accès gratuit jusqu'à 18h, près du lac. On peut aussi nourrir les canards, déjeuner, admirer les plans d'eau et (à la belle saison, bien entendu) les 400 000 fleurs dont un tiers est replanté à chaque saison. Lorsque la nuit vient, le jardin revêt un aspect magique auquel même les plus blasés ne restent insensibles ! Des lampions par milliers, des lampes de toutes les couleurs et de toutes les formes éclairant un décor qui devient presque irréel. Un univers de contes de fée s'ouvre à la tombée du jour ! Il faut dire que nous sommes au pays d'Andersen, fables et contes font partie du quotidien ! N'oublions pas non plus le pouvoir d'attraction de l'Orient sur l'imaginaire des Européens du XIXe siècle. Au plaisir des yeux s'ajoute le plaisir des oreilles, dans une ambiance très bon enfant, avec l'orchestre de jazz New Orleans, ou encore la garde de Tivoli composée de jeunes musiciens de 9 à 16 ans qui donnent des concerts sur le podium en plein air le samedi après-midi. Chaque week-end à 17h30 et à 19h20, ils défilent à travers le parc.

Pantomimes et autres spectacles. Autre lieu magique : le théâtre chinois dont le rideau de scène s'ouvre et se ferme comme la roue d'un paon. Le Pantomime Teater construit en 1874 par Vilhelm Dahlerup fut le premier bâtiment du parc. Chaque soir un spectacle de pantomime perpétue la tradition de la *comedia dell'arte*. Si vous aimez la musique ou la danse, le parc dispose aussi de salle de concerts : Concerthus, précédée par une rotonde et Glasshalen, la Salle de verre. Revues, ballets et concerts y sont programmés. Parmi les rendez-vous majeurs, chaque année, le Festival de danse de Copenhague reçoit les troupes de ballet venues du monde entier. De même, l'orchestre symphonique de Tivoli donne une cinquantaine de concerts par an. Enfin, autre façon de se divertir : le grand aquarium d'eau salée qui serait le plus grand du monde, paraît-il !

Halloween et Noël à Tivoli. La fréquentation ayant baissé ces dernières années, Tivoli est parti à la reconquête d'un public plus jeune en ouvrant désormais ses portes jusqu'à minuit ou 1h (le week-end) et en programmant des concerts pop et rock le vendredi soir. Proposer des animations sans cesse renouvelées est l'objectif souhaité. Ainsi le parc ouvre pour les fêtes de la Toussaint et de Noël. Les thématiques sont respectées.

Info pratique : Les visiteurs ayant pré-acheté leur billet d'entrée peuvent accéder directement à Tivoli par les différentes grilles installées sur tout le périmètre. En revanche, les détenteurs de la Copenhagen Card doivent obligatoirement passer par le guichet de l'entrée principale. Le ticket d'entrée n'inclut pas l'accès aux attractions qui sont payantes !

LAC [SANKT JØRGENS SØ] ★

Sankt Jørgens Sø

Ce lac artificiel constitue un paradis pour les flâneurs et les sportifs du dimanche. Il fait partie d'un ensemble plus vaste de lacs composés au total de cinq bassins délimitant le centre des quartiers Est et Nord, et qui s'étendent jusqu'à *Nørrebro*. Jusqu'à la fin de la Seconde Guerre mondiale, ces bassins ont joué un rôle crucial pour l'approvisionnement de la ville en eau. Appréciez le calme. Regardez la beauté des reflets, en particulier lorsque le soleil couchant transforme le paysage ambiant. Jeunes et moins jeunes profitent ensemble du spectacle. Et vous ?

MEATPACKING DISTRICT [KØDBYEN] ★★

Kødbyen

Le « quartier des bouchers » se trouve juste derrière la gare centrale. Ces anciens abattoirs ont été réhabilités pour devenir un lieu branché, un nid de créativité où artistes, designers, musiciens, créateurs ont pris leurs quartiers ! Baladez-vous dans la rue Slagterboderne ou *Kødbyen* « ville de la viande » en danois. Vous y trouverez aussi des restaurateurs et des commerçants. Tout ce petit monde a transformé cette zone pour la rendre (très) attractive.

MÉMORIAL DE LA LIBERTÉ ★★

Vesterbrogade 6

Au centre de l'avenue, s'élève un obélisque de 20 mètres de hauteur qu'encadrent quatre beautés en toge, symboles de la Fidélité, la Vertu, la Justice et le Courage. Il a été dessiné en 1797 par Nicolai Abildgaard, maître de l'art danois très attaché aux valeurs de liberté de la Révolution française dont il avait été témoin lors de son séjour à Paris. La bourgeoisie de Copenhague voulait commémorer l'abolition neuf ans plus tôt par le futur Frédéric VI de l'obligation faite aux paysans de demeurer leur vie durant au service du manoir, variante danoise du servage.

MUSÉE DE LA MAISON DE LA COLLINE [BAKKEHUSMUSEET] ★

Rahbeks Allé 23 ✆ +45 33 31 43 62

www.bakkehusmuseet.dk

Avril à septembre Mardi-dimanche 11h00-17h00. Octobre à Mars 11h00-16h00, fermé le mardi. Adulte 60 DKK.

La « maison de la colline » est une maison jaune, avec deux ailes en retour d'équerre, enserrant un jardin, dans une rue tranquille en partie piétonne tout près de Carlsberg. La maison, existant déjà en 1520, était une auberge située sur la route principale menant à Roskilde. Rachetée au début du XIXe siècle, elle s'est transformée en un lieu dédié à la culture de l'âge d'or danois grâce à son nouveau propriétaire, Knud Lyne Rahbek (1760-1830). Esprit éclairé de l'époque, cet éditeur de revues (directeur du Théâtre royal et par ailleurs auteur de chansons) et sa femme Kamma, tenaient ici un salon recevant le beau monde de l'époque. Adam Oehlenschlager, Johannes Ewald, le tout jeune Hans Christian Andersen, le sculpteur Thorvaldsen et le peintre norvégien J. C. Dahl étaient des habitués de ce cénacle littéraire et artistique. Avant-gardistes jusqu'au bout des doigts, le couple avait ouvert une résidence d'artistes ainsi qu'une chambres d'hôtes pour financer leurs projets ! Conservée en l'état, la demeure permet de se faire une idée de la vie des milieux intellectuels aisés du siècle des Lumières finissant au Romantisme. L'appartement des Rahbek est dans son jus mais joliment restauré. Le jardin est un havre de paix. Kamma passionnée de jardinage avait aménagé l'un des premiers jardins anglais de la capitale. L'orangerie sert de café au musée, une adresse sympa où se poser pour déjeuner ! Une campagne de restauration achevée en 2020 lui a redonné l'éclat de sa jeunesse !

MUSÉE STORM P. ★

Frederiksberg Runddel ✆ +45 38 86 05 00

www.stormp.dk

Ouvert du mardi au dimanche de 11h à 17h. Adulte : 75 DKK, réduit : 60 DKK, gratuit pour les moins de 18 ans.

Robert Storm Petersen fut un personnage marquant de la vie copenhaguoise. Doté d'un humour caustique assez noir privilégiant l'absurde, ce garçon boucher véritable « titi » copenhaguois adopta le nom de Storm P. Il collabora avec des journaux auxquels il livra plus de 60 000 dessins humoristiques. Sa marque de fabrique : des machines improbables... Il fut également peintre à ses heures perdues, artiste de cabaret et réalisateur d'un film d'animation. Ce petit musée présente aussi une reconstitution de son atelier ainsi que son impressionnante collection de pipes !

NOUVEAU THEÂTRE ★

29 Gammel Kongevej
✆ +45 33 25 50 75
www.detnyteater.dk
Réservation des tickets en ligne ou à la billetterie, ouverte lundi au vendredi de 12h à 16h.

Inauguré en 1908, ce théâtre à la particularité d'enjamber le passage entre Vesterbrogade et Gammel Kongevej. Cette salle de spectacles à l'ancienne, avec tapis rouges, chandeliers, salle à l'italienne, a heureusement échappé à la destruction lorsque le lieu fut contraint de fermer ses portes en 1990, sous le double effet de la désaffection du public et du manque d'entretien des locaux. Soigneusement restauré en 1994, il offre aujourd'hui une programmation dédiée à la comédie musicale : *Les Misérables*, *Billy Elliot* ou *Le Fantôme de l'Opéra* sont passés par ici.

NY CARLSBERGS GLYPTOTEK ★

Dantes Plads 7 ✆ +45 33 41 81 41
www.glyptoteket.dk
Mardi-dimanche 10h-17h, jeudi 10h-21h. Mardi entrée gratuite. Adulte 115 DKK, -27 ans 85 DKK, gratuit -18 ans.

Certainement l'un des musées les plus attachants de Copenhague. En vérité, il ne peut laisser personne indifférent. Une architecture élégante rythmée par un pavillon d'entrée surmonté d'une coupole. De part et d'autre, deux ailes : l'une construite entre 1897 par Vilhelm Dahlerup, l'architecte en vogue du moment, l'autre en 1906 par Hack Kampmann. Ce projet fut financé par la très fortunée famille de brasseurs des Jacobsen, Carl et Ottilia, pour exposer leur collection de sculptures, d'où le nom de « glyptothèque » !

Le premier coup de cœur va directement au jardin d'hiver aménagé sous la coupole. Éclairée par l'immense verrière, une végétation tropicale dominée par des palmiers élancés nous emmène sous d'autres latitudes. C'est là que le café s'est installé ! Le deuxième coup de cœur va aux collections. À ce jour, 10 000 œuvres balayant 6 000 ans d'histoire ! Les sculptures égyptiennes, grecques, romaines ou étrusques révèlent de véritables chefs-d'œuvre parmi lesquels 400 têtes d'empereurs romains dont certaines venues de Palmyre ! Les sculpteurs du XIXe siècle sont particulièrement à l'honneur avec 145 pièces dont certaines modelées par Degas. Nées de la cire, arabesques et « pas de deux » révèlent le mouvement et la danse des petits rats de l'Opéra... D'autres sont signées du grand Rodin. Réparties dans les galeries du rez-de-chaussée, elles offrent un voyage sensuel dans la modernité de l'expression des corps...

Que dire des collections de peintures ? Paysagistes français, impressionnistes et fauves n'attendent que vous !

PARC DE FREDERIKSBERG ★

Runddel
Ouvert tous les jours de 6h à 17h ou 18h en hiver, aux beaux jours jusqu'au coucher du soleil (22h-23h).

70 hectares de larges allées, de taillis et de futaies ! Frederiksberg et Søndermarken sont deux jardins romantiques où flâner agréablement ! Dès l'entrée principale, la statue de Frederik VI vous accueille. Temple d'Apis, jardin de Porcelaine, cascade, colline de Mathilde... de bien royales fantaisies ! Chênes et ormes de haute taille protègent les promenades menant au petit lac. Sur l'île : un pavillon chinois. Possibilité de faire un tour en barque. Le rameur serait un descendant de celui qui ramena le roi de la guerre. D'où ce privilège lui aussi très royal !

VÆRNEDAMSVEJ ★

Værnedamsvej

Si jamais la nostalgie de l'Hexagone vous prenait, faites une virée par Værnedamsvej. Un petit coin bien *frenchy* où rien ne nous dépayse. On y trouve des restaurants d'inspiration... française, des bars à vins, des commerces de proximité – boucherie-charcuterie, fromagerie, primeurs... –, sans oublier bien entendu le petit café du coin, repaire des expatriés. Il faut dire que dans la même rue se trouve la Prins Henriks Skole, le lycée français de Copenhague. Il porte le nom du Français le plus célèbre de la capitale, Henri de Laborde de Montpezat !

VESTERBROS TORV ★

Vesterbrogade

Une vaste place triangulaire un peu en retrait de Vasterbrogade. La place a été aménagée en 1850 comme lieu de promenade. En son centre, la fontaine d'Hercule. D'un côté, l'église massive dédiée à saint Elie, élevée en 1907 par Martin Nyrop, architecte également en charge de l'hôtel de ville. De l'autre côté de la place, au fond du passage rejoignant Gammel Kongevej, le Nouveau Théâtre inauguré en 1908. Un doux mélange de styles et quelques emprunts d'Art nouveau. Peut-être lui trouverez-vous des airs du parisien Palais Garnier, en plus sobre ?

BLÅGÅRDSGADE ★

Blågårdsgade

Sans doute la plus sympathique des rues de ce quartier populaire. Piétonne et multiculturelle, cette rue parallèle au Peblinge Sø conduisait à un château où, dit-on, le roi dément Christian VII s'adonnait à des soirées de débauche... Cafés, boucheries halal et boutiques plus ou moins alternatives bordent cette voie qui conduit à Blågårds Plads, envahie aux beaux jours par les terrasses. Le square central est orné depuis 1916 de sculptures de Kai Nielsen représentant seize personnages au travail : boucher, cordonnier, charpentier, pêcheur... et joueur d'accordéon.

CENTRE D'ART CONTEMPORAIN DEN FRIE ★★

Oslo Plads 1

✆ +45 33 12 28 03

www.denfrie.dk

Ouvert mardi-dimanche de 12h à 18h, jeudi jusqu'à 21h. Adulte 70 DKK, réduit 50 DKK, gratuit -12 ans.

L'Indépendance de l'art avant tout. C'est ce que prône l'Association libre d'artistes danois fondée en 1891 pour protester contre les conditions de participation aux expositions de Charlottenborg, en référence au « Salon des refusés » français. Installée dans ce pavillon de bois, très inspiré des temples antiques et orné d'un relief représentant Pégase, elle continue d'exposer les artistes libres. Pour être au fait des expositions du moment, consulter le site web (en anglais).

CHAMP DE PATATES (KARTOFFELRÆKKERNE) ★

Øster Farimagsgade

Encore un petit quartier campagnard établi par le bon docteur et philanthrope Emil Horneman, en bordure du lac Sortedam. De petites maisons en brique précédées de leur jardinet s'alignent le long de rues pavées interdites à la circulation et encombrées de jouets d'enfants. Ce lieu presque champêtre est très agréable, surtout aux beaux jours, car les habitants ont visiblement la main verte... Ces anciens logements sociaux sont devenus une zone d'habitat très convoitée de la capitale...

CIMETIÈRE DE LA MARINE (HOLMENS KIRKEGÅRD) ★

Øster Farimagsgade 46

✆ +45 22 22 71 80

www.holmenskirke.dk

Ouvert tous les jours de 8h à 17h, jusqu'à 20h en mai et août jusqu'à 20h, 21h en juin et juillet.

Plus qu'un cimetière, un agréable parc niché au cœur d'un quartier très résidentiel ! Ce cimetière, le plus ancien de la capitale, fut créé à l'origine par un architecte allemand, Henrik Rüse (en 1666) afin d'inhumer les marins indigents. Depuis nombre d'amiraux ainsi que plusieurs artistes de l'Âge d'or danois furent enterrés ici : Theodor Philipsen ou Johan Thomas Lundbye. Au fond du cimetière se dresse une jolie chapelle de bois, Esajas Kirke, copie d'une église de bois norvégienne.

CIMETIÈRE JUIF (MOSAISK KIRKEGÅRD) ★

Guldbergsgade 8

✆ +45 33 11 22 18

www.mosaiske.dk

D'avril à septembre et pendant les vacances scolaires. Dimanche-jeudi 10h à 18h. Fermé les jours de fêtes juives.

Fondé en 1694, ce cimetière est resté en service jusqu'en 1967. Il était autrefois le principal cimetière juif de Copenhague. D'une superficie de 13 500 m², il contient quelque 5 500 sépultures dont la plus ancienne de la capitale, celle d'un jeune joaillier enterré en septembre 1693. Ceinturé par un mur de briques construit en 1873, sur trois de ses côtés, son entrée est situé sur Møllegade. Comme il est de tradition, les stèles gravées en hébreu font toutes face à l'Est.

COLLECTION HIRSCHSPRUNG (HIRSCHSPRUNGSKE SAMLING) ★

Stockholmsgade 20 ✆ +45 35 42 03 36

www.hirschsprung.dk

Mercredi-dimanche de 11h à 16h. Dernier jeudi du mois jusqu'à 20h. Adulte : 95 DKK, gratuit pour les moins de 18 ans.

Cette importante collection privée de tableaux danois du XIXe siècle, dont une majorité peints durant le fameux Âge d'or, fut amassée par un prospère industriel juif (fabricant de tabac), le mécène Heinrich Hirschsprung. Présentée au public depuis 1902, l'accrochage à l'ancienne est resté inchangé, les murs sont recouverts d'une profusion de tableaux depuis le sol jusqu'au plafond. Parmi les toiles célèbres au Danemark, le *Soir d'été à la plage de Skagen* peint par Krøyer en 1849.

ÉGLISE DE GRUNDTVIG ★

På Bjerget 14B
✆ +45 35 81 54 42
www.grundtvigskirke.dk
Ouverte du mardi au samedi de 9h à 16h, jeudi jusqu'à 18h, dimanche de midi à 13h, jusqu'à 16h en été. Entrée libre.

© DENNIS JACOBSEN - SHUTTERSTOCK.COM

Cette monumentale façade en forme d'orgue rappelle les églises crénelées des campagnes danoises. Cette église fut bâtie de 1924 à 1936 en hommage au prêtre, poète et pédagogue N.F.S. Grundtvig (1783-1872) qui eut une influence considérable sur la vie intellectuelle danoise du XIXe siècle. Construite par Peder Vilhelm-Klint et son fils Kaare Klint, ce bâtiment de briques jaunes s'intègre dans un environnement d'immeubles également conçus par les deux architectes. Fidèle à la rigueur protestante, lumière et austère simplicité mettent en valeur la pureté des lignes.

FÆLLEDPARKEN ★

Fælledparken

Le plus grand parc de la capitale. 56 hectares aménagés de 1906 à 1914 par le paysagiste Edvard Glæse sur d'anciens pâturages. Ombragé de vénérables arbres sous lesquels s'installent les joueurs d'échecs et doté d'un grand lac, de pavillons et de jets d'eau, le « parc du peuple » mérite bien son nom. En effet, en dehors des amateurs d'activités outdoor, il devient le lieu de rassemblement à la fois festif et revendicatif des travailleurs chaque 1er Mai. Une ambiance très « Fête de l'Huma » ! Près du lac, le café Pavillonen abrite un kiosque à musique.

JÆGERSBORGGADE ★

Jægersborggade
De fin mai à début septembre se tient un marché fermier tous les samedis de 10h à 14h.

Cette jolie rue pavée est devenue une rue branchée. Fini les embrouilles, elle accueille désormais quantité de commerces aussi attractifs les uns que les autres. Que ce soit l'unique fabrique de caramels de la ville (Karamelleriet), le glacier Istid, premier magasin de crème glacée à l'azote de Copenhague ouvert en 2016, ou l'atelier de céramique de Inge Vincents (n°27). Une rue gourmande : notez également, la présence de très bons restaurants, notamment Relæ (n°41) et Manfreds & Vin (n°40). Tout au bout de la rue, on accède au parc Superkilen (à voir !).

MUSÉE DE LA POLICE (POLITIMUSEET) ★

Fælledvej 20
✆ +45 33 36 88 88
www.politimuseum.dk
Ouvert le mardi, jeudi et dimanche de 11h à 16h. Adulte : 40 DKK, gratuit pour les moins de 18 ans.

Ce musée inauguré en 1993 et rénové en 2006 est basé dans un ancien poste de police de Fælledvej, au large de Sankt Hans Torv. Il retrace l'histoire de la police danoise depuis sa création en 1682 jusqu'à nos jours en s'appuyant sur divers objets découverts dans le sous-sol du Palais de justice ! Uniformes, véhicules, portraits de l'identité judiciaire de criminels qui défrayèrent la chronique, armes ayant servi à commettre de sinistres forfaits. Bienvenue dans l'univers du crime !

MUSÉE DE LA POSTE ET DES TÉLÉCOMMUNICATIONS ★

Øster Alle 1 ✆ +45 33 41 09 00
www.enigma.dk
Ouvert du lundi au jeudi de 11h à 21h, le vendredi de 8h à 18h, le week-end de 10h à 16h. Entrée gratuite.

Ce musée très riche retrace l'histoire de la Poste royale danoise depuis sa création en 1624 par Christian IV. On suit l'évolution des services postaux en s'appuyant sur divers documents : tableaux et gravures, uniformes rutilants de facteurs, cors annonçant leur arrivée. De ce fait, ces cors stylisés sont devenus le symbole de la poste un peu partout dans le monde... sauf en France ! Quelques véhicules notables dont ce curieux *ball mail* en forme de boule en service entre 1815 et 1865.

PONT DE LA REINE LOUISE [DRONNING LOUISES BRO] ★

Dronning Louises Bro

Ce pont, reliant Indre By à Nørrebro, fut imaginé par l'architecte danois Vilhelm Dahlerup. Il a été construit entre 1885 et 1887 et doit son nom à la reine Louise, épouse du roi Christian IX. Il succède à divers ponts historiques dont le plus ancien remontant à 1562. Il est un point de rencontre important pour les Copenhaguois qui aiment s'y retrouver, pour son côté bucolique et romantique – puisque entouré des lacs de Søerne – et pour célébrer le passage dans la nouvelle année !

LA RUCHE [BRUMLEBY] ★

Brumleby

Voici l'un de ces petits coins de campagne charmants dont Copenhague garde le secret. La ruche est née d'une opération philanthropique, suite à l'épidémie de choléra qui décima près de 5 000 habitants de la ville en 1853. Attribuant la contagion de l'épidémie à l'air vicié de la zone intra-muros, le docteur Emil Horneman prit la décision de faire construire ce petit quartier dans ce qui n'était alors que prairies et pâturages. De ce projet utopique naquit le prototype de l'habitat des classes laborieuses. Pour concevoir ce lotissement, Horneman fit appel à Michael Gottlieb Bindesbøll [1800-1856], l'architecte qui venait de dessiner le musée Thorvaldsen. 240 maisonnettes furent bâties jusqu'en 1856, puis 300 autres furent ajoutées entre 1866 et 1872 à partir des plans d'un autre architecte, Vilhelm Klein. Ce village modèle, de plan trapézoïdal, ne comprenait pas uniquement de l'habitat mais également de nombreux équipements collectifs [jardin d'enfants, salle de réunion, magasin coopératif]. Désormais, ce quartier serti dans son enclos et parcouru de rues pavées délimitant des blocs, a quelque peu perdu de sa vocation sociale initiale pour devenir une zone résidentielle recherchée... Jalousement préservé des appétits immobiliers et soigneusement restauré, Brumleby offre au regard un coquet ensemble de maisons basses, peintes dans ce jaune si caractéristique de Copenhague et toutes pourvues d'un jardinet. Un petit paradis préservé de toute circulation automobile, à quelques mètres seulement du grand stade de la capitale !

LE STADE [TELIA PARKEN] ★★

Per Henrik Lings Allé 2

✆ +45 35 43 31 31

www.parken.dk

Ne se visite pas. Possibilité d'acheter les billets de matchs et places de concerts en ligne.

D'une verticalité impressionnante, voici le stade où évoluent l'équipe nationale de foot et le principal club de la capitale, le F. C. Copenhague, identifiable à ses couleurs bleues et blanches frappées d'un mufle de lion ! Inauguré en 1992 afin de remplacer l'historique Idrætsparken, puis agrandi en 2006, il est pourvu d'une couverture amovible. Sa capacité d'accueil de 38 000 spectateurs peut monter jusqu'à 55 000 lors de concerts. Parmi les artistes qui s'y sont produits, du beau monde ! Rolling Stones, U2, Madonna, Michael Jackson et Céline Dion... C'est dire.

SUPERKILEN ★

Nørrebrogade 210

Un nouveau genre de parc urbain a été imaginé en 2012 par le collectif d'artistes Superflex en collaboration avec le cabinet d'architecte Bjarke Ingels. L'objectif était de réhabiliter un quartier qui souffrait d'une mauvaise réputation et de se positionner dans la démarche du « vivre ensemble ». Pari réussi puisqu'il attire aujourd'hui des habitants de toute la ville. Le parc s'étend sur 750 m de long et se divise en trois zones aménagées avec du mobilier urbain provenant d'une soixantaine de pays représentatifs des différentes communautés vivant dans ce quartier. Cet espace ouvert est traversé par une piste cyclable matérialisée par une bande blanche, fil conducteur reliant ces zones.

Le « Carré Rouge » doit son nom au sol recouvert d'un caoutchouc de couleur rouge, rose et orange. Cette aire consacrée aux sports est entourée de bâtiments peints dans les mêmes tons. On y rencontre des skaters, des rings de boxe thaïlandais... Elle sert d'extension aux salles de sport adjacentes. Bancs venus du Brésil, balançoires importées d'Irak...

La deuxième zone est conçue comme une « salle de séjour urbaine ». Sol bétonné marqué de lignes blanches ondulées. L'espace est structuré par des palmiers et des cerisiers japonais, sous lesquels on peut jouer aux jeux de société... Fontaine marocaine, toboggan en forme de pieuvre japonaise...

Enfin, le « parc vert », au relief formé de collines et recouvert de pelouse, est dédié aux activités sportives [terrain de foot et de basket...] et aux activités de plein air [tables de pique-nique, barbecues...].

SE LOGER

L'offre hôtelière s'agrandit et de nouveaux hôtels voient le jour chaque année dans le cadre de réhabilitations de friches industrielles ou du développement de quartiers, à l'exemple de Vesterbro. Adresses confidentielles, hôtels de luxe, auberges de jeunesse, boutiques hôtels… il vous sera possible de choisir selon votre envie ou votre bourse. L'hébergement demeure la plus grosse dépense d'un séjour à Copenhague mais le point positif est que vous profiterez quasi systématiquement d'ambiances lookées et de décos soignées. Le design étant synonyme « d'art de vivre à la danoise », quoi de mieux que de s'installer confortablement dans un lobby meublé de pièces iconiques ? L'auberge de jeunesse, valeur sûre des budgets serrés, joue elle aussi la carte déco branchée ! Autres options pour vivre à la danoise, la location d'appartements meublés et la chambre chez l'habitant. Immersion garantie. De toutes les façons, il faudra bien vous loger !

CABINN CITY €

Mitchellsgade 14
✆ +45 33 46 16 16
www.cabinn.com

Lit à partir de 495 DKK, chambre double à partir de 625 DKK. Petit déjeuner 90 DKK. WiFi. Parking 180 DKK/jour.

Quatres adresses différentes sur Copenhague dont celle-ci très bien située derrière la Glyptothèque, à proximité de Tivoli et de la gare centrale. Ici l'hôtellerie applique le système du *low-cost*. En conséquence, ainsi que le nom de l'établissement l'indique, les 352 chambres sont conçues comme des « cabines ». Assez exiguës mais rien n'y manque. Salle de douche privée, téléphone, télévision, le nécessaire est là ! Côté déco en revanche, c'est basique et l'isolation phonique est parfois un peu juste, mais moins cher et mieux placé… c'est difficile à trouver !

CABINN SCANDINAVIA €

Vodroffsvej 55
✆ +45 35 36 11 11
www.cabinn.com

Chambre simple de 495 à 645 Dkr, double de 625 à 775 Dkr. Petit déjeuner : 70 Dkr par personne. WiFi.

Même concept que le Cabinn City : mais l'on est ici à deux pas des lacs, côté Vesterbro dans une rue tranquille. Un tout petit peu plus éloigné du centre, donc, mais avec la possibilité de se balader sur la rive de Jøregensen Sø sitôt levé : et c'est bien agréable lorsqu'il fait beau. Ici l'hôtellerie applique le système du *low-cost*. En conséquence, ainsi que le nom de l'établissement l'indique, les chambres sont conçues comme des « cabines ». Assez exiguës mais rien n'y manque. Salle de douche privée, téléphone, télévision, le nécessaire est là !

CITY HOTEL NEBO €

6 Istedgade
✆ +45 33 21 12 17
www.nebo.dk

Chambre simple 430 DKK, double 550 DKK. Chambre familiale. Petit déjeuner 75 DKK. WiFi. Non-fumeur.

Situé derrière la gare centrale et à proximité de Tivoli, cette adresse offre l'un des meilleurs rapports qualité-prix de la ville en terme de logement. Depuis 100 ans, l'établissement poursuit sa démarche d'accueillir des voyageurs ayant un petit budget. Géré depuis 1930 par une fondation protestante qui reverse une partie des bénéfices à des œuvres de charité, dormir dans l'une des 84 chambres revient aussi à faire une bonne action. Spacieuses, mais assez vieillottes, elles sont une alternative aux immenses auberges de jeunesse.

COPENHAGEN DOWNTOWN HOSTEL €

5 Vandkunsten ✆ +45 70 23 21 10
www.copenhagendowntown.com

Chambre simple dès 395 DKK. Dortoir réservé aux + de 18 ans. Petit déjeuner inclus. WiFi. Ouvert 24h/24.

Une situation très centrale pour cet établissement un peu *roots*, idéal pour les budgets serrés et ceux qui aiment l'esprit auberge de jeunesse. L'hébergement se fait en dortoir au look rétro chic : sommier sur palettes, guirlande lumineuse et papier peint psychédélique. Des chambres privées dans le style « compartiment de train » ou des familiales pouvant accueillir jusqu'à 10 personnes. Très fréquentée par la jeunesse internationale parfois fêtarde, mais accessible aux familles.

DANHOSTEL AMAGER €

Vejlands Allé 200 ✆ +45 32 52 29 08
https ://danhostelcopenhagen.dk

Chambre double dès 550 DKK. Avec cuisine (4 pers. max) 910 DKK. Petit déjeuner 85 DKK. Parking. WiFi. Réception 24h/24.

Sur l'île d'Amager, à seulement 4 km de l'animation du centre historique, Danhostel a choisi de se mettre au vert dans la réserve naturelle d'Amager Fælled. Car la démarche de cet établissement est totalement *green* elle aussi. Tri des déchets, économiseur d'eau des douches et wc, produits d'entretien écolo... L'hôtel ressemble à un village vacances. Différents bâtiments sont répartis autour de la grande salle principale à double usage de restaurant et de réception. Des architectures à toiture à double-pente vitrées comme des serres. La nature encore et toujours...

HOTEL COPENHAGEN €

Egilsgade 33
✆ +45 32 96 27 27
www.hotelcopenhagen.dk

Chambre simple avec salle de bains partagée à partir de 595 DKK, suite à partir de 1 295 DKK.

Situé à Islands Brygge (à quelques mètres du métro), tout près de l'eau en bordure de l'île d'Amager, le bien nommé Copenhagen Hotel est un hôtel sans prétention, inscrit dans une bâtisse datant des années 1960, mais qui offre de petits appartements et des chambres pouvant accueillir jusqu'à 4 personnes. Entièrement rénové ces dernières années (2015-2016), il demeure toutefois simple et fonctionnel mais comme toujours à Copenhague, l'hygiène est sans reproche. Une adresse pratique et bon marché, que ce soit pour une courte comme une longue durée.

HOTEL ØSTERPORT €

5 Oslo Plads
✆ +45 70 12 46 46
www.hotelosterport.dk

Chambre simple à partir de 695 DKK, double à partir de 770 DKK. Petit déjeuner inclus si réservé sur le site.

Situé au pied de la station ferrovière Østerport, ce qui peut occasionner un peu de bruit mais par ailleurs permet une liaison directe avec l'aéroport. Avant son inauguration en 1947, l'hôtel servait de baraquement hospitalier pour les militaires. Au fil du temps, sa réputation « d'hôtel du fer » en a fait un lieu très fréquenté et branché. Depuis divers réaménagements optimisent 170 chambres confortables et spacieuses incluant télévision et wi-fi. Le confort de la literie et l'espace sont mis en avant, quant à la décoration elle demeure neutre et épurée...

STEEL HOUSE €

6 Herholdtsgade ✆ +45 33 17 71 10
www.steelhousecopenhagen.com

A partir de 125 DKK par personne en dortoir 6 personnes. Dortoirs réservés aux femmes. Petit déjeuner 52 DKK.

Cet hostel ouvert en 2017 est aménagé dans l'ancien siège du Syndicat danois de la métallurgie. Il vous propose un tout nouveau concept d'hébergement : un hostel de luxe. D'une capacité de 1 150 lits, ce grand établissement très moderne au style industriel chic, met à disposition de ses hôtes : un bar, une cuisine équipée, une salle de gym très bien équipée, des jeux de société ainsi que piscine et salle de cinéma. Bref, c'est encore mieux qu'à la maison pour passer un séjour décontracté, en profitant de tous les services dans l'esprit d'une auberge de jeunesse.

URBAN HOUSE COPENHAGEN BY MEININGER €

11 Colbjørnsensgade
✆ +45 33 23 29 29
www.meininger-hotels.com

Chambre double dès 360 DKK, lit dortoir 215 DKK. Petit déjeuner 75 DKK. Consignes bagages 50 DKK par jour. Lave-linge.

Urban House est une auberge de jeunesse au top, toujours propre et ordonnée ! Au total 235 chambres réparties en chambre double ou dortoirs allant jusqu'à 10 lits. Possède une belle cuisine équipée avec mise à disposition de frigos pour ranger ses produits alimentaires. En plus des services classiques, restaurant, bar, cuisine et laverie, chambre de repos... Urban House possède une bibliothèque, une salle de cinéma et un karaoké. *Walking tour* gratuit et *pub crawl*.

WAKEUP COPENHAGEN €

11 Carsten Niebuhrs Gade ✆ +45 44 80 00 10
www.wakeupcopenhagen.com

Chambre standard à partir de 600 DKK, famille à partir de 1 000 DKK. Petit déjeuner 90 DKK par personne. WiFi.

Un des quatre Wake Up Copenhaguen répartis aux quatre coins de la ville. Celui-ci, imaginé par l'architecte danois Kim Utzon, ne déroge pas à la démarche de cette chaîne qui privilégie le nombre important de chambres, ici 510 ! pour pouvoir offrir des prestations supérieures à ses hôtes ! Situé un peu retrait de Kalvebod Brygge, à 10 minutes de marche des jardins de Tivoli, il se repère par son architecture ultramoderne et immense. Les chambres sont un tantinet exiguës, alors selon votre budget, vous pouvez opter pour les Heaven avec vue, aux étages supérieurs.

66 GULDSMEDEN €€

Vesterbrogade 66
✆ +45 33 22 15 00
www.guldsmedenhotels.com
Chambre standard à partir de 850 DKK. Petit déjeuner à 225 DKK par personne. WiFi.

Autre membre de la famille hôtelière Guldsmeden largement installée à Copenhague, dans chaque quartier de la ville ! Ici nous sommes au cœur de Vesterbro. Un hôtel de charme de 74 chambres à l'esprit bohème et voyageur du monde. Dès l'entrée, la magie des lieux opère ! Du confort, beaucoup de goût et un emplacement privilégié. Une valeur sûre d'autant que le petit déjeuner bio, servi dans une salle cosy comme une serre, les murs couverts de carreaux de couleur, est un régal. Le soir venu, profitez du feu de cheminée… et d'une caravane Carlton pour dormir !

ASCOT HOTEL €€

61 Studiestræde
✆ +45 33 12 60 00
www.ascot-hotel.dk
Chambre simple à partir de 795 DKK, double à partir de 1 095 DKK. Petit déjeuner 145 DKK. WiFi. Parking.

Élégance, authenticité et confort pour ces anciens bains publics de la ville, autrefois plutôt « exotiques » ! Bâtis en 1902 par Martin Nyrop, architecte en vogue dont on reconnaît le style proche de l'hôtel de ville, ils ont été reconvertis en hôtel haut de gamme. Une frise rappelle encore leur ancienne fonction juste au-dessus de l'entrée. Dès le hall d'accueil qui joue la carte « boudoir à l'anglaise », l'atmosphère très cosy est l'orientation également choisie pour l'aménagement des chambres. Le spa et fitness center rappellent la vocation initiale des lieux.

BRYGGEN GULDSMEDEN HOTEL €€

Gullfossgade 4 ✆ +45 3222 1500
https ://guldsmedenhotels.com/bryggen/
Chambre double à partir de 795 DKK. Free wi-fi. Fitness center. Jardin, terrasse.

Dernier-né de la famille Guldsmeden, fidèle à la dynamique éco-hôtels, le Bryggen s'est installé dans l'environnement de verdure d'Amager et de sa réserve naturelle. Une invitation au voyage entre terre et eau. Une décoration entre maison de famille et inspiration lointaine. En effet, une partie des attaches de la marque se situe à Bali, d'où l'amour pour les lits à baldaquin fermés par des voilages d'une blancheur rafraîchissante ! Présence d'une végétation luxuriante dans les cours extérieures ou les jardins, dépaysante… A essayer absolument !

CENTRAL HOTEL & CAFÉ €€

1 Tullinsgade
✆ +45 33 21 00 95
www.centralhotelogcafe.dk
2 500 la chambre double.Petit déjeuner inclus. Wifi.

C'est le plus petit hôtel du monde ! Et pour cause, le Central Hotel ne possède, en tout et pour tout, qu'une seule et unique chambre. D'inspiration navale et un brin rétro, avec meubles cirés et boiseries, literie intime et bouquet de fleurs, ce nid douillet permet d'héberger un couple. Au rez-de-chaussée, un minuscule et adorable café propose glaces bio, *milk-shakes* à l'ancienne, jus de fruits frais et sandwichs. Très disponible, l'équipe de l'hôtel est aux petits soins pour ses hôtes… et l'adresse très convoitée nécessite d'être réservée bien à l'avance !

CPH LIVING HOTEL €€

1C Langebrogade
✆ +45 61 60 85 46
www.cphliving.com
Chambre double et petit-déjeuner à partir de 1 000 DKK. WiFi. Bus 5C, arrêt Klaksvigsgade 30 min. Taxi aéroport 250 DKK.

Si vous recherchez un endroit insolite, charmant et atypique où séjourner à Copenhague, voici une bonne adresse. Ce bateau-hôtel jouit d'un emplacement unique face au Diamant noir. Il permet de profiter des animations de la ville (Tivoli) ou de se relaxer au bord de l'eau (sur le pont principal). 12 chambres seulement mais qui bénéficient toutes d'une vue panoramique sur le port. Simples mais confortables. Du bois précieux, des parquets flottants, de larges baies vitrées, quelques œuvres d'art. Attention toutefois, l'hôtel n'est pas facilement accessible.

HÔTEL CHRISTIAN IV €€

45 Dronningens Tværgade
✆ +45 33 32 10 44
www.hotelchristianiv.dk
Chambre simple à partir de 890 DKK, double à partir de 915 DKK. Petit déjeuner inclus. WiFi. Offres sur Internet.

Tranquille et idéalement placé, à proximité des jardins du Roi et de la zone piétonne, Christian IV conviendra aux petits budgets. Voici d'ailleurs les principaux atouts de ce petit hôtel sans prétention. Les chambres s'inspirent des maisons de famille avec du mobilier en acajou, d'accueillants fauteuils à oreilles recouverts de velours ou de tartan, les lits sont confortables. Seul bémol : les salles de douche un peu trop étroites. Choisissez de préférence une chambre avec vue sur le jardin. Copieux petit-déjeuner. On pourrait se croire dans un bed & breakfast.

HOTEL NORA €€

18B Nørrebrogade © +45 35 37 20 21
www.hotelnora.dk

Chambre simple à partir de 630 DKK, double à partir de 930 DKK. Petit déjeuner inclus selon offre. WiFi. Parking.

Un petit hôtel sans prétention doté d'une quarantaine de chambres. Des chambres très simples avec le minimum requis mais d'une propreté rassurante. Très appréciables, les plateaux de courtoisie à disposition dans les chambres. Situé au sud du populaire quartier de Nørrebro, sa localisation est idéale puisqu'on est à deux pas du centre-ville. Avantage incontestable, la tarification. Les prix sont ici raisonnables pour la capitale danoise. L'hôtel est calme et bien tenu, peut-être un tantinet démodé. Certains employés parlent français. Un bon rapport qualité-prix.

HOTEL TWENTYSEVEN €€

27 Løngangsstræde © +45 70 27 56 27
https ://www.hoteltwentyseven.dk/

Chambre double à partir de 730 DKK. Petit déjeuner 130 DKK/pers. WiFi. Parking. Offres sur Internet. Piscine.

Chez Twentyseven, c'est la classe ! Une déco plutôt sage, sans superflu, mais indéniablement moderne et soignée, ponctuée de teintes chaudes et enveloppantes. 200 chambres de catégorie standard ou luxe, spacieuses, confortables et lumineuses. Point fort du dernier étage, une terrasse avec vue sur les toits de la ville et ça on ne s'en lasse pas où que l'on soit ! Quant aux chambres, elles disposent de baies vitrées offrant également un beau point de vue. Très bien placé, à deux pas de la place Rådhuspladsen, l'hôtel met un parking à disposition des résidents.

HOTEL OTTILIA €€

4 Pasteursvej, Vesterbro © +45 33 38 70 30
www.brochner-hotels.com/hotel-ottilia

Prix à partir de 900 DKK pour une chambre double. Salle de sport, wi-fi, restaurant. Petit déjeuner-buffet.

Ce boutique-hôtel du groupe Brøchner occupe les anciens celliers de fûts de bière de la brasserie Carslberg. En souvenir, il porte le nom de l'épouse de Carl Jacobsen. Les fenêtres circulaires donnant sur l'ancienne usine reprennent les capsules dorées des fameuses bouteilles. Superbement restauré en tenant compte de l'aspect industriel et brut des matériaux, il associe le confort moderne et l'originalité dans son aménagement intérieur. Le bar accueille chaque jour les hôtes pour partager un moment de convivialité confortablement installé dans une Safari chair !

IBSENS HOTEL €€

Vendersgade 23 © +45 33 13 19 13
www.arthurhotels.dk

Chambre double à partir de 800 DKK. Petit déjeuner 175 DKK (selon offre Internet peut être inclus). WiFi.

Envie d'un décor au design minimaliste dans un cadre amical ? Ibsens hôtel est fait pour vous. L'esprit des lieux joue la tendance Nordic cool, comprenez une atmosphère très relax ! Accueil chaleureux et engagement s'inscrivent dans leur démarche. Effectivement, le groupe Arthur Hotels s'attache à préserver l'environnement et à réduire son empreinte carbone. Copieux petits déjeuners organiques. Vous êtes lève-tôt et amateur de running ? Rendez-vous à 6h30 devant l'entrée... pour parcourir 5 km avec le staff et les hôtes ! Un boutique-hôtel comme on les aime !

HÔTEL SP34 €€

34 Sankt Peders Stræde
© +45 33 13 30 00
www.brochner-hotels.dk

Chambre double à partir de 950 DKK. Petit déjeuner bio 199 DKK. WiFi. Parking. Offres sur Internet.

Une autre adresse de la famille Brøchner Hotels qui aime les défis de réhabiliter des bâtiments en boutiques-hôtels au design raffiné, avec le confort poussé à l'extrême et un sentiment très Hygge ! SP34 est un hôtel haut de gamme comptant 118 chambres et suites décorées avec un soin tout particulier, deux bars où s'organisent des soirées dégustation, un terrasse sur les toits, des restaurants, une salle de fitness et, détail assez rare pour être mentionné, un cinéma de 25 places ! En somme, c'est un lieu de charme et un lieu de vie pour les voyageurs esthètes.

SAVOY HOTEL €€

Vesterbrogade 34 © +45 33 26 75 00
www.savoyhotel.dk

Chambre à partir de 750 DKK, chambre familiale et junior suite. Petit déjeuner 95 DKK. WiFi. Offres sur Internet.

Installé dans un immeuble Art nouveau construit au début du XXe siècle, l'hôtel propose des chambres simples, doubles et familiales dans des tons bleu ciel et blanc, sobrement décorées avec du mobilier en bois clair dans un style typiquement scandinave. Les chambres les plus agréables donnent sur la cour intérieure et celles de l'étage supérieur (le sixième) offrent une belle vue sur les clochers de la ville. Accueil particulièrement aimable. Sachez que l'ascenseur, décoré de stucs et de boiseries, fut le premier installé au Danemark et est toujours en service.

TIVOLI HOTEL €€

Arni Magnussons Gade 2,
✆ +45 44 87 00 00
www.tivolihotel.dk
Chambre double à partir de 1 390 DKK. Salle de jeux, piscine, spa, chien accepté.

Un hôtel qui dénote du standard copenhaguois. Par son architecture tout d'abord. Kim Utzon s'est inspiré d'un paysage suédois pour créer cette façade irrégulière évoquant des rochers. Puis par la décoration des chambres, ludique à souhait, en lien avec le monde magique du parc de Tivoli à quelques centaines de mètres à vol d'oiseau ! Colombines et arlequins, moquettes à losanges colorées, pampilles et cotillons... Pour prolonger l'ambiance festive mais avec des prestations de haut standing ! Idéal pour les familles, le jardin Colombine est une belle surprise !

VILLA COPENHAGEN €€

Tietgensgade 35-39
✆ +45 78 73 00 00
https ://villacopenhagen.com
Chambre à partir de 1200 DKK. Petit-déjeuner 150DKK. Piscine. Chien accepté.

Villa Copenhagen se situe dans les bâtiments historiques de la Poste (1912). 390 chambres soigneusement restaurées dans le style initial avec une touche de modernité. Emplacement de choix au cœur de Copenhague, près des jardins de Tivoli, de la gare centrale, à cheval entre la vieille ville et le quartier branché de Vesterbro. Membre de la chaîne hôtelière Nordic Hotels & Resorts, l'hôtel attache une grande importance à l'engagement écologique. En témoigne par exemple, la luxueuse suite Earth conçue uniquement avec des matériaux durables. Magnifique piscine.

WAKEUP HOTEL €€

Borgergade 9 ✆ +45 44 80 00 90
www.wakeupcopenhagen.com
Chambre simple à partir de 400 DKK, double à partir de 500 DKK. Petit déjeuner 80 DKK. WiFi. Offres sur Internet.

Simple, propre et efficace, tels sont les qualités du Wakeup Hôtel. Ouvert en 2014, certifié *Green Key Environmental*, et conçu par le célèbre architecte Kim Utzon, trois établissements sur Copenhague dont cette adresse très centrale entre Kongens Nytorv et Kongens Have, reconnaissable à sa façade de briques brunes. Des chambres parfois un peu petites réparties en catégories Standard, Sky et Heaven, équipée d'un écran plat, d'un bureau et de la climatisation. Il est possible de louer des vélos sur place. Un excellent rapport qualité prix stratégiquement situé.

AC HOTEL BELLA SKY €€€

5 Center Boulevard
✆ +45 32 47 30 00
www.acbellaskycopenhagen.dk
Chambre standard à partir de 900 DKK. Petit déjeuner 180 DKK. Spa. Parking 80 DKK/jour.

Un bijou d'architecture que cet hôtel de verre installé au cœur d'Ørestad, à proximité de Amager. Impossible de rester indifférent devant ce gratte-ciel de 23 étages qui comprend 812 chambres à la pointe du design, avec vue imprenable sur Copenhague. Le Bella Sky propose des prestations de grand standing : 3 restaurants, un sky bar, du confort ultra-moderne, une zone *lounge*, consigne à bagages, un centre de fitness et spa, etc. Idéal pour les fans de contemporain ! Notez que vous pouvez rejoindre le centre-ville en métro ou en bus en 10 minutes seulement.

AXEL GULDSMEDEN €€€

11 Helgolandsgade
✆ +45 33 31 32 66
www.guldsmedenhotels.com
Chambre simple à partir de 995 DKK. Petit déjeuner inclus. Wi-fi.

Une adresse qui vaut vraiment le détour ! L'hôtel Axel revendique le label biologique pour ses produits cosmétiques naturels et ses repas maison – délicieux petit déjeuner et dîner. Les 129 chambres, toutes personnalisées, arborent une décoration moderne balinaise, aux couleurs chaudes et chaleureuses, et disposent de tout le confort nécessaire (écran plat, lecteur DVD, wifi). On apprécie le balcon et les salles de bains particulièrement modernes. Surtout ne vous privez pas ! Le groupe possède en tout cinq hôtels à Copenhague.

BABETTE GULDSMEDEN HOTELS €€€

78 Bredgade ✆ +45 33 14 15 00
www.guldsmedenhotels.com
Chambre simple à partir de 995 DKK, double à partir de 1 195 DKK. Petit-déjeuner à 185 DKK par personne. WiFi. Parking.

Babette, qui appartient à la chaîne d'hôtels de luxe créée et tenue par une famille danoise, s'attache à être le plus vert possible ! 98 chambres belles et raffinées qui répondent à cette charte. Le charme de cet établissement tient, d'une part, au spa situé sur le toit. Un cocon de douceur apaisant. Et d'autre part, au bar branché et inventif offrant vins biodynamiques et cocktails bio avec ou sans alcool ! La réception se présente comme une oasis de végétation et on adore !

COPENHAGEN ADMIRAL HOTEL €€€

Toldbodgade 24-28 ✆ +45 33 74 14 14
www.admiralhotel.dk

Chambre double à partir de 1 695 DKK. Petit déjeuner buffet 170 DKK par personne. WiFi. Parking : 170 DKK/jour.

L'Admiral hôtel est un bien admirable bâtiment extrêmement bien placé, juste en face du port et de l'Opéra, dans un ancien hangar à grains, daté de 1787, qui échappa aux flammes du grand incendie de 1795, puis aux bombes des Anglais en 1807 ! Luxueusement rénové – briques nues et poutres de bois verni –, cet hôtel singulier abrite 366 chambres et suites de haut standing, personnalisées avec soin. Certaines ont une mezzanine, toutes sont traversées de poutres formant l'armature de l'immense grenier. Sauna et solarium au dernier étage, jardin côté front de mer.

COPENHAGEN ISLAND €€€

53 Kalvebod Brygge
✆ +45 33 38 96 00
www.copenhagenisland.com

Chambre double à partir de 395 DKK. Forfait famille 990 DKK. Salle de fitness. Parking 150 DKK par jour.

Vivre Copenhague au bord de l'eau semble une évidence. Situé au bord de la Sydhavnen, cet hôtel flottant jouit d'une vue splendide sur le port et sur Amagerbro. Le jeu entre l'eau et la lumière lui confère une atmosphère unique, renforcée par un design minimaliste et un décor de verre. Les chambres sont aménagées dans un style sobre ultramoderne. La proximité de la gare de Dybbølsbro permet de rejoindre la gare centrale en dix minutes seulement. Restaurants du Mall de Fisketorvet, bains en plein air et départs en bateau se situent juste au pied de l'hôtel.

FIRST HOTEL MAYFAIR €€€

Helgolandsgade 3 ✆ +45 70 12 17 00
www.firsthotels.com

Chambre standard à partir de 880 DKK, petit déjeuner inclus selon le forfait. WiFi. Offres sur Internet.

Autre membre de la famille First, ici niché dans un bâtiment datant du début du XXe siècle, l'hôtel-boutique Mayfair promet à ses visiteurs un séjour confortable dans un cadre à l'élégance moderne, au sein du quartier branché de Vesterbro, à quelques minutes de la gare centrale et de Tivoli. Son inspiration vient des hôtels londoniens de Soho. Le Mayfair dispose de chambres au look intemporel des maisons bourgeoises de famille, mêlant mobilier contemporain et pièces d'antiquités. Mais pas d'inquiétude, tout le confort moderne est au rendez-vous.

HOTEL ALEXANDRA €€€

H. C. Andersens Boulevard 8
✆ +45 33 74 44 44
www.hotelalexandra.dk

Chambre à partir de 1 030 DKK, suite à partir de 2 250 DKK. Petit déjeuner inclus selon forfait. WiFi.

Plus qu'un simple hôtel, cette demeure classique qui abritait à l'origine des appartements haut de gamme s'illustre désormais comme un véritable musée vivant du design. Alexandra est né de la passion de son propriétaire pour le mobilier danois qu'il s'est mis à collectionner. Petit à petit, cette passion a été intégrée au concept de cet hôtel aménagé avec des pièces iconiques signées par les plus grands noms des années 1930-1950. Arne Jacobsen, Finn Juhl, Ole Wanscher ou Børge Morgensen… Une adresse singulière réservée aux esthètes et aux amateurs de design.

HÔTEL D'ANGLETERRE €€€

34 Kongens Nytorv
✆ +45 33 12 00 95
www.dangleterre.com

Chambre à partir de 3 200 DKK, suite 8 850 DKK. Petit déjeuner inclus. WiFi. Spa, salle de fitness, piscine inclus.

Depuis 1755, l'Hôtel d'Angleterre incarne le luxe à la danoise. Il est le pied-à-terre des têtes couronnées ! Poudré de classicisme avec juste ce qu'il faut de modernité. Situé en plein cœur de ville, face au Royal Théâtre, à proximité du canal de Nyhavn et de Strøget. Entièrement rénové, le bâtiment a su conserver son aspect majestueux. Chandeliers, dorures, marbre, hauteurs de plafonds et moulures, grands espaces, tons pastel… Et vous serez accueillis par des portiers en haut-de-forme. Son restaurant Le Marchal offre une cuisine reconnue par le Michelin.

HOTEL DANMARK €€€

89 Vester Voldgade ✆ +45 33 11 48 06
www.brochner-hotels.dk

Chambre simple à partir de 795 DKK, double à partir de 1 150 DKK. Petit déjeuner bio 199 DKK. Wi-fi.

C'est en 1790 qu'une première auberge a ouvert ses portes à deux pas de Slotsholmen. Depuis, l'hôtel Danmark a complètement renouvelé ses 88 chambres et se hisse désormais parmi les hôtels de luxe de la capitale. Un savant mélange de style classique et d'innovation dans l'extension moderne. Une sobre harmonie de bruns et de gris, une tendance un peu brute et un aspect fumoir à l'anglaise mais du cocooning à la danoise. Les plus : sa terrasse extérieure arborée et le roof-top où l'on peut prendre son petit déjeuner ou profiter du bar en soirée. Vue imprenable.

HÔTEL KONG ARTHUR €€€

11 Nørre Søgade © +45 33 11 12 12
www.arthurhotels.dk

Chambre à partir de 950 DKK. Petit déjeuner 200 DKK/personne. Accès au spa inclus. WiFi. Parking 275 DKK/jour.

Niché dans une impasse débouchant sur le Peblige Sø, l'hôtel occupe quatre bâtiments répartis autour d'un jardin où lézarder en été s'avère très agréable. Voué à la légende du roi Arthur, d'où les quelques objets de la réception faisant référence au Moyen Âge, l'hôtel est un point de chute très agréable. Dans ses 155 chambres spacieuses et meublées avec goût, on apprécie tout particulièrement les grands lits moelleux ! Trois restaurants, un Nimat SPA et des salons communs conviviaux figurent parmi les atouts de cet établissement raffiné. Une valeur sûre.

THE SQUARE €€€

Rådhuspladsen 14
© +45 33 38 12 00
www.thesquarecopenhagen.com

Chambre simple à partir de 990 DKK, double à partir de 1 180 DKK. Petit-déjeuner inclus.

À la frontière entre Frederiksberg et le centre-ville. Ne vous laissez pas impressionner par l'allure de l'immeuble (un gros cube typique de l'architecture des années 1970 dominant Rådhuspladsen, d'où son nom !) ni par l'aspect fonctionnel et un peu froid du hall. The Square est un hôtel moderne. Parmi ses points forts : la salle du petit déjeuner qui offre une vue fantastique sur le centre historique. Les chambres sont vastes et confortables, et le design est à l'unisson avec l'esprit des lieux. Fonctionnel et sans fioritures. Mais emplacement idéal.

HOTEL SKT ANNÆ €€€

18-20 Sankt Annæ plads © +45 33 96 20 00
www.hotelsktannae.dk

Chambre de 995 à 2 495 DKK, selon les saisons. Petit déjeuner-buffet inclus. Blanchisserie, lave-linge, bar, vélos.

Une adresse exclusive ! Un hôtel au très élégant design exclusivement danois et idéalement placé dans l'axe d'Amalienborg, sur une place baignée de tranquillité. Un bel édifice aménagé de chambres très cosy. Hall avec cheminée, couleurs poudrées, bois patiné, bougies allumées – ici tout respire le *hygge*, le fameux concept danois de confort chaleureux, de luxe et de simplicité. Un toit terrasse, où poussent des pieds de vigne, offre des soirées dégustation avec vue imprenable sur les toits de Copenhague. Petit déjeuner sous forme de buffet d'excellente qualité.

SKT ANNAE APPARTEMENTS €€

Sankt Annæ Plads 18-20 © +45 33 96 20 00
www.hotelsktannae.dk

Appartement de 46 à 54 m2. Capacité de 1 à 4 personnes. Cuisine équipée. Lit king Size. Pas d'ascenseur.

Aménagés par l'hôtel Skt Annae dans un bâtiment de caractère avec vue imprenable sur la place du même nom, ces appartements spacieux sont destinés à une clientèle souhaitant vivre une expérience de luxe absolu, en couple ou en famille. Chaque appartement dispose d'un bel espace au décor moderne, d'une cuisine entièrement équipée, d'un coin salon où prendre son repas, d'une chambre séparée et d'un canapé-lit. L'atmosphère luxueuse a été créée en collaboration avec le duo de designers SPACE Copenhagen, très inspirés par la palette du peintre Vilhelm Hammershøi.

RADISSON BLU SCANDINAVIA HOTEL €€€

amager boulevard 70
© +45 33 96 50 00

Chambre standard à partir de 855 DKK. Suite dès 4 495 DKK. Petit déjeuner inclus. Wi-fi. Salle de fitness.

Un gratte-ciel se détache de la ligne d'Amager. Bienvenue au Radisson blu. 26 étages. 544 chambres, un géant donc mais qualité et confort sont au rendez-vous. Les amateurs d'architecture fonctionnaliste et de design apprécieront de savoir que les lieux furent conçus par Arne Jacobsen. D'ailleurs pour les nostalgiques demeure une chambre témoin, la suite n° 606, restaurée dans son jus d'origine ! Cet hôtel de grand standing offre une vue panoramique de la capitale à couper le souffle.

STAY €€€

Islands Brygge 79A © +45 72 44 44 34
www.staycopenhagen.dk

Appartements 70 à 165 m2, 1 à 4 chambres, cuisine équipée. A partir de 2 000 DKK par nuit pour 2 pers. WiFi.

La résidence hôtelière se situe entre verdure et eau : le parc d'Amager Fælled et Islands Brygge. Des appartements contemporains, minimalistes et épurés, avec des pièces de mobilier de design nordique, entièrement équipés : lave-linge, lave-vaisselle, four, fer à repasser... Bénéficiant d'un balcon ou d'une vue panoramique. Deux autres adresses élargissent les propositions : Stay Kastellet, tout près de la citadelle comme le nom l'indique, ou Stay Seaport, près du bassin de Nordhaven, les pieds dans l'eau. Des hébergements qui vous donnent l'envie de... rester !

SE RÉGALER

Depuis quelques années, les chefs danois font parler d'eux grâce à la Nouvelle cuisine danoise dont Copenhague se targue d'être la fière ambassadrice. Chef le plus illustre de ce renouveau né au début des années 2000, René Redzepi. Son restaurant Noma, deux macarons Michelin, a été désigné à quatre reprises « Meilleur restaurant au monde ». Une cuisine locavore et raffinée s'est affirmée et plusieurs chefs se sont lancés dans l'aventure en ouvrant leur propre restaurant gastronomique. C'est dire que l'on mange bien à Copenhague ! La ville ne compte pas moins de 17 étoilés. A ne pas négliger pour autant, la cuisine de rue aussi bonne à manger que belle à regarder, qu'elle mette en avant les spécialités traditionnelles ou celles venues d'ailleurs. Ainsi les petits budgets pourront aussi se régaler avec pour ligne de conduite, le *Healthy food* et une tendance pour le *surf and turf*, le terre et mer !

Smorrebrod.

42RAW PILESTRÆDE €

Pilestræde 32
✆ +45 3212 3210
www.42raw.dk

Du lundi au vendredi de 8h à 20h ; samedi, dimanche et vacances de 9h à 18h. A partir de 129 DKK burger ou poké.

Une assiette sans protéines animales, des légumes et des fruits assemblés avec goût, et des couleurs. Voilà l'adresse idéale pour tous les amis végétariens ou vegans, pour les adeptes du *healthy food*, ceux qui aiment manger sain et bon. Des bowls, des burgers sans viande, des formules brunch ou petit déjeuner, un large choix de cafés ou de thés, des jus de légumes... Une jolie salle lumineuse, du personnel sympa et, certains jours, la rançon du succès dans le service qui peut sembler un peu expéditif car très organisé. Du copieux et du goûteux !

AAMANNS 1921 €€

19-21 Niels Hemmingsens Gade
✆ +45 20 805 204
www.aamanns.dk

7j/7 de 12h à 22h. Smørrebrød entre 95 et 155 DKK. Menus à partir de 360 DKK.

Une cuisine élégante et raffinée autour de la spécialité des en-cas danois : le Smørrebrød. Une ambiance et un décor très épurés : bois blond et teintes claires. Les serveurs sont aux petits soins, un établissement bistronomique réussi qui offre une grande liberté. Deux options s'offrent à vous : à consommer sur place ou à emporter ! Pas de panique si vous n'avez pas eu le temps de l'essayer, trois autres adresses vous attendent : l'adresse d'Østerbro qui ne fait d'ailleurs que du *take away*, Kokken troisième-né du groupe et... celui de l'aéroport de Copenhague !

AMALIE €€

Amaliegade 11
✆ +45 33 12 88 10
www.restaurantamalie.dk

Ouvert du lundi au samedi de 11h30 à 16h. Plats de 63 à 154 DKK.

Une belle adresse située rue Amaliegade. L'immeuble fut édifié en 1754-1755 pour le boucher Jan Jansen par le célèbre architecte, Nicolai Eigtved. Vous verrez au-dessus de la porte une plaque de pierre portant l'année 1745 et les initiales du constructeur JJSB pour Jan Jan-Sen Bødker. Un petit restaurant avec beaucoup d'allure et typiquement danois, où l'on peut déguster du hareng (*sild*) sous toutes ses formes, avant d'attaquer un plat plus consistant, à base de poisson (carrelet ou saumon) ou de viande (filet de porc, par exemple). Une cuisine qui rassasie !

BØF & OST €€

Gråbrødretorv 13
✆ +45 33 11 99 11
www.boef-ost.dk

Du lundi au dimanche de 11h30 à 22h. La cuisine ferme à 21h. Plats de 110 à 250 DKK.

Très agréable endroit où déguster des plats danois... à la sauce française. BØF & OST appartient au groupe Tholstrup. Le nom du restaurant signifie « bœuf et fromage » mais cela ne suffit pas à résumer sa carte. Au contraire, la tendance balance plutôt entre terre et mer. Crabe, saumon fumé et huîtres ont une place de choix à côté des filets de bœuf ou des ballottines. Une carte très alléchante par sa variété et la qualité des assiettes. Un cadre reposant, une ambiance réchauffée par le crépitement du feu dans la cheminée. Terrasse conviviale aux beaux jours.

BREW PUB €

Vestergade, 29
✆ +45 33 32 00 60
www.brewpub.dk

Restaurant ouvert du lundi au jeudi de 16h à 22h, vendredi et samedi de 12h à 22h. Menus de 318 DKK à 368 DKK.

Une microbrasserie très plaisante située à deux pas du Quartier latin, place Rådhuspladsen, dans un bel immeuble du XVIIe siècle. Un concept nouveau y a vu le jour : « la nouvelle cuisine de la bière danoise ». Qu'on se le dise ! Plaisir du goût autour d'une bière élevée sur place et d'une gastronomie traditionnelle. On commence par visiter les installations puis on passe à table. Au menu : huîtres, saucisses grillées, bœuf maturé... Les végétariens ne sont pas oubliés, un menu leur est spécialement concocté. A déguster : une cuisine de saison joliment dressée !

CAFÉ FREMTIDEN €

Sankt Annæ Pl. 22 ✆ +45 33 12 96 52
http ://cafefremtiden.dk

Ouvert du dimanche au mercredi de 11h à 16h, du jeudi au samedi de 11h à 20h. Plats à partir de 75 DKK.

Une adresse comme on les aime. Une carte variée avec des tarifs très corrects pour la qualité des smørrebrød dont le restaurant s'est fait une spécialité, mais pas uniquement puisque il s'agit de découvrir aussi une cuisine danoise familiale. De fait, l'adresse située sur l'élégante place Sainte-Anne est fréquentée par les locaux. Le charme du restaurant tient en partie à son atmosphère préservée qui rappelle les vieilles auberges de marins. Du bois foncé, des lustres à opaline, un accès semi-enterré comme dans la plupart des maisons anciennes proches du port.

CAFÉ OSCAR €€

58 Bredgade
✆ +45 33 12 50 10
www.cafeoscar.dk

Ouvert tous les jours de 10h à 22h. Brunch à 135 DKK, plats le midi de 72 à 145 DKK, le soir de 249 à 298 DKK.

La clientèle du « petit » café Oscar est un charmant méli-mélo d'étudiants, de résidents de ce quartier un peu huppé et de touristes de passage. Mais tous aiment s'installer dans la salle à la déco vraiment très bistrot pour une pause déjeuner. Sandwichs variés, sandwichs « ouverts danois », salades composées, burgers accompagnés de frites croustillantes... Chacun trouvera bonheur à son appétit. Possibilité de manger sur place ou d'emporter. Une minuscule terrasse s'installe sur le trottoir, la rue peut s'avérer passante mais l'adresse est animée et conviviale.

CAP HORN €€

Nyhavn 21
✆ +45 33 12 85 04
www.caphorn.dk

Ouvert tous les jours de 11h à 22h. Menu 3 plats 385 DKK, plats 99-200 DKK.

Comme de nombreuses adresses en bordure du canal de Nyhavn, ce restaurant a investi un bâtiment datant du XVIIe siècle. Un cadre qui a su préserver son cachet ancien. Honorable parquet et cheminée ouverte dans la salle. La cuisine, qui se veut danoise et traditionnelle, privilégie les ingrédients bio et de saison. A midi, la formule *smørrebrød* suffit à rassasier un petit creux. Sinon, les affamés opteront pour un plat plus consistant : une viande grillée ou un produit de la mer. Nous avons aimé la langoustine grillée marinée à l'ail. Terrasse chauffée en hiver.

CLOU €€€

16 Borgergade
✆ +45 91 92 72 30
www.restaurant-clou.dk

Ouvert du mercredi au samedi de 18h à minuit. Menu avec champagne 3 200 DKK, menu seul 1 600 DKK.

Clou fonctionne sur le principe de l'intimité et du savoir-recevoir. Ce restaurant gastronomique est tenu par des frères jumeaux aux valeurs très affirmées : Jonathan, le chef, et Alexander K. Berntsen, le sommelier autodidacte qui assure par ailleurs le service à table. Seuls 12 convives ont le privilège de déguster le menu du soir, un menu conçu autour de 9 mets associés à six champagnes cultes. De belles compositions, un mélange subtil de saveurs parfois exotiques, souvent audacieuses ou inédites. La créativité n'a pas de limites chez Clou...

GEIST €€

8 Kongens Nytorv
✆ +45 33 13 37 13
www.restaurantgeist.dk

Ouvert tous les jours de 11h30 à minuit. Plats autour de 99 à 299 DKK.

Geist est une adresse gastronomique renommée cachée au fond d'une succession de cours végétalisées. Les hôtes sont reçus dans un cadre chic et épuré, tout en harmonie de gris. Les assiettes sont belles à regarder et fraîches à déguster. A la carte, des mets recherchés : caviar, anguille, homard, coquilles Saint-Jacques, queue de veau, artichauts... Chaque produit est savamment cuisiné et délicatement présenté, toujours en association avec le vin idéal. Une adresse gourmande à l'excellent rapport qualité-prix. Entrée principale sur la place de Kongens Nytorv !

GEMYSE €€€

5 Bernstorffsgade
✆ +45 88 70 00 00
www.nimb.dk/en/gemyse

Ouvert tous les jours de 11h à 22h. Brunch 445 DKK. Menus de 275 DKK à 550 DKK.

Au cœur des jardins de Tivoli, Gemyse est un restaurant gastronomique unique en son genre. D'une part, parce qu'il est aménagé dans un incroyable bâtiment de verre et d'acier évoquant les serres des jardins d'acclimatation. D'autre part, pour ses plats sains et savoureux, cuisinés essentiellement à partir des légumes provenant de ce même jardin. Des combinaisons inédites, des recettes sans cesse renouvelées, en version végétarienne ou associées à du poisson ou des viandes bio. L'atmosphère est véritablement magique dans un cadre digne du *green power*.

HALIFAX €€

Frederiksborggade 35
✆ +45 82 30 43 00
www.halifax.dk

Ouvert du lundi au jeudi de 16h à 21h, le week-end de 11h30 à 21h. Burgers à partir de 95 DKK (accompagnements en sus).

Il y a 12 ans, Ulrich et Peter ouvraient leur premier Halifax burger. Depuis 12 restaurants ont ouvert dans tout le pays. L'adresse est réputée pour être un véritable *atelier* de burgers ! Du sur-mesure puisqu'on choisit d'abord le pain, ensuite la viande et enfin l'accompagnement pour composer un sandwich à son goût. Très bons burgers, bio, vegan pour le Berlin, viande hallal pour le poulet. Pas les moins chers de la ville, mais la qualité est là, les producteurs danois sont mis en avant et puis, ils sont servis avec le sourire dans une ambiance très *jazzy*.

HØST €€€

Nørre Farimagsgade 41
✆ +45 89 93 84 09
cofoco.dk

Ouvert tous les jours de 17h30 à 22H. Samedi de 12h à 15h30. Menus de 355 à 900 DKK.

Une cuisine raffinée, des assiettes à la beauté minimale, des saveurs plein la bouche, de l'esthétique dans la simplicité du rustique : voilà une belle récolte gastronomique ! Host, dont le nom signifie « récolte » en danois, est reconnu bien évidemment pour sa cuisine mais aussi pour sa déco où le bois et le végétal sont mis à l'honneur. Ils vous enveloppent d'odeurs forestières et champêtres qui vous font saliver avant même l'arrivée des assiettes. Une belle adresse plusieurs fois honorée de distinctions internationales. Du haut niveau alors, pensez à réserver !

KOKKERIET €€€

Kronprinsessegade 64
✆ +45 33 15 27 77
www.kokkeriet.dk

Ouvert du lundi au samedi de 12h à 1h. Menu de 500 à 1 200 DKK.

Kokkeriet affiche avec une grande discrétion son macaron Michelin. Derrière ses fourneaux, une belle équipe de jeunes passionnés rassemblés autour du non moins jeune chef, Morten Krogholm. Sachez que si vous le souhaitez, en plus de déguster une cuisine de haut vol, vous pourrez mettre la main à la pâte... deux jeudis par mois ! A vous, les délicates réjouissances ! Des saveurs typiquement danoises mais inspirées par les produits de saison, avec un penchant certain pour le croquant... les graines et les fleurs. De la beauté mais surtout de l'excellence en bouche !

KREBSEGAARDEN €€

Studiestræde 17
✆ + 45 20124015
www.krebsegaarden.dk

Ouvert du mardi au samedi de 16h30 à 22h. Fermé dimanche et lundi. Menu sans gluten à la demande ou végétarien.

Mariette et Mats sont heureux de vous faire partager leur cuisine inspirée et inspirante. Leur concept : préparer de nouveaux menus en fonction des expositions ou des artistes présentés dans la galerie d'art voisine. Leur source d'inspiration : la nationalité ou le pays d'origine de l'artiste, ce qu'il aime manger, le thème de l'expo. Mille et une versions gustatives… Vous allez en prendre plein les yeux et plein l'assiette ! Une adresse agréable car un petit établissement charmant malgré une déco un peu banale... Est-ce pour ne pas brouiller la vue et le goût ?

KROG'S FISKERESTAURANT €€€

38 Gammel Strand
✆ +45 33 15 89 15
www.krogs.dk

Ouvert du lundi au samedi de 11h30 à minuit. Smørrebrød à 95 DKK, menu de 245 à 850 DKK.

Ancien bar à huîtres à l'époque où le marché aux poissons battait son plein sur la place, ce restaurant de poissons et de fruits de mer fut fondé en 1910. Il s'est installé dans une belle maison du XVIIIe siècle, décorée de grands miroirs et de peintures murales exécutées en 1880 par un certain Valdemar Andersen. Une adresse au chic intemporel où déguster huîtres et crustacés, soupe de poisson ou de homard, sole ou lotte, saumon fumé... dans un cadre raffiné. Belle cave et service impeccable sur nappes blanches éclairées de bougies. Une adresse romantique.

MADBAREN MARMORKIRKEN €

Store Kongensgade 77 ✆ +45 42 90 90 65
https ://madbaren.com

Du lundi au vendredi de 9h à 20h, samedi de 9h à 18h. Sandwich autour de 59 DKK, pizza 69 DKK, salade 59 DKK.

Un établissement de petite taille mais bien sympathique, situé juste en face de l'église de Marbre, d'où son nom ! La salle est comme souvent en demi-sous-sol. A l'intérieur, quelques comptoirs le long du mur mais surtout une longue table où les clients peuvent partager leur repas. L'adresse est fréquentée essentiellement pour ses pizzas à base de produits 100 % bio issus du commerce équitable. Sans doute les moins chères de la ville et certainement parmi les meilleures ! A la carte de belles salades très copieuses et des sandwichs bien garnis. Accueil convivial !

MEYERS BAGERI €

Saint Kongensgade 46 ✆ +45 25 10 75 79
https ://meyers.dk

Du lundi au vendredi de 7h à 18h, samedi et dimanche jusqu'à 16h. Sur place ou à emporter. Buffet à partir de 255 DKK.

A deux pas de Nyhavn, dans l'une des rues les plus en vogue de la ville, se trouve la boulangerie Meyers. Vous ne pourrez pas la rater, à l'heure du goûter, la queue s'étire. Touristes, voisins et passants affairés se retrouvent dans cette jolie adresse, alléchés par l'odeur sucrée des feuilletés à la framboise, des rolls à la cannelle, du pain de seigle brun foncé et des petits pains chauds du matin. Un café et une douceur à déguster sur place ou à emporter avec vous. Meyers Bageri, forte de son succès, a ouvert une boulangerie dans chaque quartier de Copenhague.

NYHAVNS FÆRGEKRO €

Nyhavn 5
✆ +45 33 15 15 88
www.nyhavnsfaergekro.dk

Ouvert de 11h à 22h. Samedi et dimanche à partir de 10h. Buffet à 140 DKK, smørrebrød 90 DKK, plats autour de 200 DKK.

Cette auberge plaira à tous ceux qui veulent tester la cuisine danoise traditionnelle… Et donc le hareng ! Le midi, le buffet représente une bonne option, peu onéreuse, car il permet de goûter aux différentes recettes, une dizaine environ, servies avec des petites pommes de terre, du pain de seigle et du beurre. Enfin, pour conclure un repas danois digne de ce nom, rien de tel qu'un verre d'aquavit. La maison a dans ses réserves une vingtaine d'eaux-de-vie fruitées ou épicées. Chaque année en février, s'organise en ces murs le championnat nordique du hareng !

ORANGERIET €€€

Kronprinsessegade 13 ✆ +45 33 11 13 07
www.restaurant-orangeriet.dk

Du lundi au samedi de 11h30 à 15h, de 18h à 22h, dimanche de 12h à 16h. En semaine, dès 8h30. Menu de 295 DKK à 525 DKK.

Au milieu de la ville mais entouré de vieux arbres et de pelouses vertes, Orangeriet se situe en bordure du jardin Royal. Un cadre romantique à souhait, une orangerie au service d'une gastronomie inspirée par la cuisine danoise et européenne classique. Un déjeuner ou un dîner de haut vol dans une atmosphère feutrée, servi dans l'élégante salle à manger, lumineuse, éclairée par de larges baies vitrées, parée de blanc des chaises aux plafonniers, ou sur la grande terrasse donnant sur le jardin. Des mets qui naviguent entre terre et mer pour satisfaire votre palais.

PEDER OXE €

11 Gråbrødretorv
✆ +45 33 11 00 77
www.pederoxe.dk

Ouvert tous les jours de 11h à 22h30 ou 23h. Le midi : formule smørrebrød 170/200 DKK ; menu 370 DKK.

Une adresse que l'on se transmet de bouche à oreille ! Dynamisme et qualité ont contribué à faire de ce restaurant l'un des plus populaires de Copenhague. La cuisine est bonne – variantes de Smørrebrød et autres spécialités locales –, le service est impeccable et le décor magnifique : parquet de bois brut, murs clairs et faïence en harmonie de bleu, lustre bas qui descend au milieu de la table… et détail pour le moins amusant, l'ampoule s'allume pour signifier que l'on veut passer commande ! Chaque année, se fête ici en fanfare l'arrivée du beaujolais nouveau !

MA POULE €€

18 Rømersgade
✆ +45 27 63 19 81

Ouvert du lundi au vendredi de 10h à 19h, le samedi jusqu'à 18h, le dimanche jusqu'à 18h. Sandwichs autour de 70 DKK.

Ma Poule a plutôt bonne réputation ! L'adresse est très fréquentée par les locaux, en particulier à l'heure du déjeuner, qui viennent ici se régaler de recettes françaises et méditerranéennes. Édouard veille à la qualité des produits qu'il importe directement et vend sur son stand situé dans les halles de Torvehallen. Des salaisons et de la charcuterie, comme le fameux *pata negra*, ou des fromages, un comté Marcel Petit de 36 mois, par exemple. Son *best-seller* : le fameux sandwich au confit de canard, moutarde, roquette, élu « meilleur sandwich de Copenhague ».

RESTAURANT ELS €€

3 Store Strandstræde
✆ +45 33 14 13 41
www.restaurant-els.dk

Ouvert tous les jours de 11h à 22h. Plats autour de 230 DKK.

C'est en 1853 que la pâtisserie Grandjean a ouvert ses portes à cette adresse. Aussitôt, comédiens et auteurs du Théâtre royal y ont pris leurs quartiers et sont devenus des habitués. Parmi eux, le célébrissime Andersen. Converti en restaurant, l'établissement a conservé son décor d'origine dont les délicates peintures murales sur le thème des saisons. On n'y mange pas d'élan (contrairement à ce que le nom pourrait laisser entendre !) mais des plats traditionnels scandinaves et des viandes rôtis ou en sauce. Un peu cher, mais le lieu est tellement symbolique…

RESTAURANT M €

Store Kongensgade 56
✆ +45 22 79 36 38
www.restaurant-m.dk

Ouvert tous les jours de 11h30 à 16h30. Plats de 75 à 170 DKK.

Susan, Georg et leur fille Stine ont plaisir à vous recevoir chez eux dans leur restaurant M. M comme maison ! Depuis 2003, ce restaurant familial de bon standing accueille les visiteurs pour le déjeuner autour d'un vaste choix de *smørrebrød* (sandwiches ouverts) et autres spécialités à base de hareng. Également au menu : galettes de poisson, flétan fumé, œufs brouillés et ciboulette. Le décor est simple et rustique, la nourriture authentique et dépaysante... tout comme le plafond ! Levez les yeux... alignés par centaines, des bouchons de bouteilles en liège !

RESTAURANT PUK €€

Vandkunsten 8
✆ +45 33 11 14 17
www.restaurantpuk.dk

Ouvert tous les jours de 10h à 23h. Smørrebrød autour de 140 DKK, plats autour de 220 DKK.

Ce restaurant joue les prolongations avec succès puisque le site était déjà fréquenté en 1539 ! Après plusieurs incendies, le restaurant s'est installé en 1750 dans une cave voûtée, un cadre simple mais avec une pointe d'histoire ! Il paraît que le lieu protégeait les ébats du roi « fou », Christian VII, et de sa maîtresse... Les propriétaires successifs étant originaires de l'île de Bornholm, les spécialités, comme le *plankebøf* (filet de bœuf), sont toujours au menu. En soirée, dégustation d'assiettes scandinaves (*aften platte*) et de liqueurs de l'île de Møn !

RESTAURANT VITA €€

25 Store Kongensgade ✆ +45 33 11 80 11
https ://restaurantvita.dk

Tous les jours de 11h à 2h et les week-ends de 11h à 5h. Sandwichs ou entrée 72 DKK, plats 125-240 DKK.

En 1669, Johan Gottfried Becker fut chargé par la famille royale de bâtir « The Elephant Pharmacy » sur les vestiges de l'ancienne pharmacie royale, la plus ancienne de Copenhague. Sous le règne de Frédérik III, l'officine servait à donner des cours de pharmacologie. Et ceci pendant plus de 175 ans ! Aujourd'hui, sous le nom de Vita, un agréable restaurant vous reçoit. Sa carte propose des plats traditionnels danois dont les fameux smørrebrøds... Les assiettes sont bien garnies. Parmi leurs spécialités, le porc frit sauce au persil *ad libitum*. Qu'on se le dise !

RESTAURANT ZELESTE €€

Store Strandstraede 6
✆ +45 33 16 06 06
www.zeleste.dk

Ouvert lundi-jeudi 12h à 21h30, vendredi, samedi, dimanche 11h à 23h. Menu 345 DKK, 400 DKK.

Un peu à l'écart de l'agitation touristique de Nyhavn, ce restaurant très smart élabore des plats combinant fruits de mer et légumes gourmands, transformés et présentés dans des préparations raffinées. Le restaurant s'organise sur plusieurs niveaux : une belle cour au milieu d'immeubles des XVIIe et XVIIIe siècles, réchauffée par une cheminée extérieure ; une salle à l'étage, au décor plus intimiste et un cabinet réservé aux collations privées. Atmosphère générale très cosy, bougies et peintures de marine pour la touche portuaire ! Du beau et du très bon !

SALT BAR & RESTAURANT €€€

Toldbodgade 24-28 ✆ +45 33 74 14 44
www.saltrestaurant.dk

Tous les jours de 12h à 16h et de 17h à 22h. Plats du midi autour de 195 DKK, le soir menu à partir de 255 DKK.

Salt Bar § Restaurant dépend de l'hôtel Admiral. Sa particularité : une cuisine moderne connue sous le nom de fusion : les spécialités scandinaves se métissent d'influences françaises ou asiatiques. Le menu change tous les trimestres, un parti pris sympathique dont l'objectif est de maintenir un effet de nouveauté pour les convives qui prendraient goût à venir souvent. Dans ce cadre cosy, on poursuit bien volontiers la soirée au bar d'autant que des dîners-croisières ou des déjeuners jazz sont également orchestrés... Bref, une jolie occasion de casser la routine !

SCHOENNEMANN €€

Hauser Pl. 16
✆ +45 33 12 07 85
www.restaurantschonnemann.dk

Du Lundi au samedi de 11h30 à 17h00. Fermé dimanche et jours fériés. Réservation conseillée.

C'est en 1877 qu'est né ce restaurant dans le quartier fréquenté par les paysans des environs. Après le labeur, ces derniers venaient se désaltérer d'une bonne pinte bien brassée et se réconforter d'une assiette de harengs. Depuis, qualité et accueil sont toujours au rendez-vous faisant de l'adresse un incontournable de Copenhague. Une déco rétro et chaleureuse. Un accueil sympathique. Une cuisine pour s'initier aux plats traditionnels. La part belle est faite aux produits de la mer mais les viandes sont aussi de la partie. Attention, il vaut mieux réserver !

SIMPLE RAW €€

Gråbrødretorv 9
✆ +45 35 35 30 05
www.simpleraw.dk

Ouvert lundi-vendredi 12h-20h30, samedi 11h-20h30, dimanche 11h-17h. Brunch 190 DKK, plats de 60 à 120 DKK.

Comme son nom anglais l'indique, ce restaurant sert une cuisine à base d'aliments le plus souvent bio et consommés crus. Une cuisine dans laquelle le végétal est servi sous toutes ses variantes : fruits, légumes, graines germées, baies, oléagineux. Les plats sont préparés sans œufs, sans gluten, végétariens et végétaliens. Vous serez étonnés par les multiples possibilités : en purée, terrine, salade, pâté, gâteaux, etc. Sont mis en avant les goûts mais aussi les couleurs... Pour les sceptiques, essayez avant de juger ! Vous risquez d'être agréablement surpris !

SOULS €

Nørre Farimagsgade 63
✆ +45 33 30 01 50
www.soulscph.dk

Ouvert lundi-jeudi 11h-21h, vendredi 11h-21h30, samedi et dimanche 10h-21h. L'assiette brunch à partir de 135 DKK.

Une déco rustique et simple, de la verdure un peu partout mais majoritairement dans l'assiette puisque la profession de foi de Souls est le végétalien. Ce restaurant a été créé par deux amis d'origine australienne. Leur credo « *eat like you give a fork* ». Du petit déjeuner en passant par le brunch ou la pause du midi jusqu'en fin d'après-midi, vous mangez sain, bio, local. Vous faites du bien à votre corps et à la planète. D'ailleurs, les Danois l'ont bien compris d'où les nombreux prix obtenus depuis l'ouverture du lieu. Une belle reconnaissance pour Souls !

SPORVEJEN €

Gråbrødretorv 17 ✆ +45 33 13 31 01
www.sporvejen.dk

Du lundi au samedi de 11h à 22h, le dimanche à partir de midi. Burgers ou omelettes autour de 90 DKK.

Aujourd'hui au menu, c'est hamburger maison dans un train ! Spervejen vous invite à prendre place sur des banquettes en cuir avec *country music* en ronron sonore. Partout sur les murs, des photos rétro. On s'attend presque à sentir le roulis saccadé de la locomotive et à entendre son sifflement comme dans les vieux westerns. Une expérience originale. Attention, les voyageurs gourmands étant nombreux, il se peut que vous ayez de l'attente avant d'embarquer dans votre wagon ! Mais un verre en terrasse avec vue sur la charmante place trompera votre impatience...

TÅRNET €€€

Christiansborg Slotsplads
✆ +45 33 37 31 00
www.taarnet.dk

Ouvert du mardi au samedi de 11h30 à 23h, dimanche jusqu'à 16h. Smørrebrød autour de 110 DKK, plats autour de 245 DKK.

Réservation indispensable pour éviter la file d'attente où les langues du monde entier s'emmêlent. En effet, le lieu est très couru. On a pas tous les jours l'occasion de déjeuner au Parlement danois ! L'entrée se fait par la cour intérieure. Au sommet de la tour du parlement, Tårnet a ouvert en 2014 et offre une vue imprenable sur Copenhague. Le chef Rasmus Bo Bojesen (qui a travaillé dans des restaurants étoilés Michelin en France et au Japon) revisite les classiques avec esprit et propose une Nouvelle Cuisine Nordique qui suit le fil des saisons.

TIGHT €€

10 Hyskenstræde
✆ +45 33 11 09 00
www.tight-cph.dk

Ouvert du lundi au samedi de 11h à 16h et de 17h à 23h. 149 kr. pour 3 plats. Plat 129 DKK. Menu enfant 89 DKK.

Un peu à l'écart de l'agitation urbaine de Strøget, dans un bel édifice du Copenhague ancien de 1800, Tight joue la carte d'une cuisine danoise savoureuse, colorée et typique mais métissée de saveurs venues de l'hémisphère sud. Dans un cadre à la décoration soignée, Tight offre une pause décontractée et gourmande ! Le soir, on dîne aux bougies dans une ambiance tamisée. Carte variée, burgers, moules sauce poulette ou soupe de homard majoritairement. Végétariens et gluten free pourront aussi se régaler, les préparations sont réfléchies pour le bien de tous !

TORVEHALLERNEKBH €€

Frederiksborggade 21
✆ +45 70 10 60 70
https ://torvehallernekbh.dk

Ouvert du Lundi au Jeudi 10h-19h, Vendredi 10h-20h, Samedi 10h-18h et Dimanche 11h-17h.

Des étals alléchants de produits frais, entre terre et mer, du végétal et de l'organique, bienvenue aux halles de Torve. Ici, deux étages remplis de saveurs avec une vue extra sur l'ensemble du marché où il est agréable de picorer de-ci de-là... ou bien de grignoter aux comptoirs des restaurants. La cuisine paléo vous tente ? Envie de pâtes fraîches ? Une composition de fruits de mer ? Profitez aussi des animations organisées chaque jour de la semaine. Apprendre à ouvrir des huîtres ; déguster du vin ou les mille façons de préparer des œufs ! Vous allez adorer.

AMASS RESTAURANT €€

Refshalevej 153 ✆ +45 43 58 43 30
www.amassrestaurant.com
Ouvert du mardi au samedi de 18h à minuit. Le samedi de 12h à 15h30. Menus à 695 et 1 095 DKK.

De la gastronomie où esthétique et valeurs humanistes font de chaque bouchée un moment d'exception. A sa tête, le chef Matt Orlando a développé une cuisine moderne où « sous-produits et produits moins nobles » sont à l'honneur. Du frais, surtout pour la partie végétale, car herbes et légumes viennent du jardin (ouvert aux riverains). Un petit coin de nature avec programme pédagogique au milieu des environnements industriels de Refshaleøen ! De plus, la bière servie est issue de leur propre brasserie Broaden & Build. Le menu s'adapte à la saison et c'est un délice !

BRYGGENS SPISEHUS €

Islands Brygge 18
✆ +45 32 54 00 82
www.bryggens.dk
Du lundi au vendredi 8h-21h, samedi et dimanche 9h-21h. Brunch 160 DKK, smørrebrød 85/125 DKK, plat 195 DKK.

Installé dans le KIB, le centre culturel du quartier d'Amager, l'adresse est à la mode. Particulièrement le week-end, par ceux qui aiment *bruncher* avec vue imprenable sur les immeubles de verre de Kalvedod Brygge et leurs reflets dans les eaux du port. Vous trouverez ici, sans comparaison aucune, la plus belle et vaste terrasse de Copenhague. Une architecture contemporaine stylée. L'intérieur est aussi agréable grâce à ses immenses baies vitrées qui laissent la lumière pénétrer. Chaque jour, les plats se déclinent en toute simplicité mais c'est très bon.

CAFÉ ALMA €

Isafjordsgade 5-7 ✆ +45 32 54 32 04
www.cafealma.dk
Du dimanche au jeudi 10h-00h, vendredi & samedi jusqu'à 2h. Brunch 129/159 DKK, plat du midi 145 DKK, le soir 200 DKK.

Un cadre chaleureux où vous aurez plaisir à manger. Installez-vous sur les confortables banquettes capitonnées alignées le long du mur. Posez vos coudes sur les tables recouvertes de nappes blanches et... attention aux suspensions contemporaines un peu basses au-dessus de votre tête ! Vous allez consommer des spécialités danoises, comme les habituels *smørrebrod* mais aussi de la soupe à l'oignon, des soupes gratinées, des viandes braisées ou des moules-frites... Alma propose également un brunch le week-end. Une valeur sûre pour s'y retrouver entre amis.

CHRISTIANSHAVNS BÅDUDLEJNING & CAFÉ €€

29 Overgaden Neden Vandet ✆ +45 92 25 43 23
www.baadudlejningen.dk
Ouvert d'avril à septembre, dimanche-mercredi 11h-20h, jeudi-samedi jusqu'à minuit. Plats de 95 à 249 DKK.

L'histoire commence en 1898 avec l'installation d'un loueur de bateaux, entre barque et chaloupe. Très vite un café modeste a ouvert ses portes. Depuis, on peut y manger d'excellents en-cas à mi-chemin entre cuisine française et danoise, (smørrebrød oblige...) pour un bon rapport qualité-prix et, surtout, dans un cadre unique. Installé sur un ponton amarré le long du canal, entouré des façades du XVIIIe siècle de Christianshavn, au milieu des canards et des navires en tout genre !

CHRISTIANSHAVNS FÆRGECAFÉ €€

50 Strandgade ✆ +45 32 54 46 24
www.faergecafeen.dk
Lun-jeu 11h30-15h30/17h30-21h. Ven-sam 17h30-22h, dim 11h30-21h. Menus 195-345 DKK, plats 89-195 DKK.

Une ambiance café de port, une décoration sur le thème « pêcheur nordique ». De grands barbus se retrouvent ici pour déguster de fabuleux *smørrebrøds*. Fréquenté jadis par le marins, ce sont principalement des locaux qui viennent manger de nos jours. Vous ne devez absolument pas manquer le hareng mariné au curry, à tomber par terre ! Sélection de *schnaps* locaux. Un plat lui aussi très apprécié, les petites solettes. Possibilité de manger sur l'ancien ferry amarré au canal en face du pont.

ERA ORA €€€

33B Overgaden Neden Vandet
✆ +45 32 54 06 93
www.eraora.dk
Du lundi au samedi 12h-16h/18h30-00h. Déjeuner à partir de 400 DKK, dîner 850 DKK. Réservation très conseillée.

Restaurant étoilé Michelin, Era Ero porte haut les couleurs de l'Italie. Campanie, Pouilles ou Ombrie sont source d'inspiration pour le chef Antonio di Criscio, champion de la cuisine fusion. Celle-ci évolue au gré de ses envies, de ses inspirations et des saisons. A la fois moderne et novatrice, elle se construit comme une peinture. Résultat, dans l'assiette une palette de couleurs et de saveurs qui explosent en bouche. Les recettes traditionnelles revisitées avec les meilleurs produits d'Italie sont sublimées. Coup de cœur absolu pour le cadre également.

KANALEN €€€

Wilders Plads 2 ✆ +45 32 95 13 30
www.restaurant-kanalen.dk

Ouvert du lundi au samedi de 11h30 à 15h et de 17h30 à minuit. Plat le midi de 105 à 225 DKK, le soir de 225 à 285 DKK.

C'est un lieu hors du temps que vous trouverez ici autour de cet un ancien poste de police portuaire édifié au début du XVIIIe siècle. Un décor de carte postale en bordure du canal, face aux bateaux qui glissent mollement le long du quai. A vivre depuis la terrasse ou confortablement installé à l'intérieur, près des fenêtres. Une cuisine de qualité, forcément d'inspiration maritime (*fiske frikadeller* et diverses sortes de harengs au programme), préparée par un chef honoré de plusieurs belles distinctions, notamment le label Euro-toques et le Bib Gourmand Michelin.

NOMA €€€

96 Refshalevej
www.noma.dk

Ouvert mardi-vendredi 17h à minuit, samedi 11h-19h. Menu 2 800 DKK sans boissons. Réservation obligatoire en ligne.

On ne présente plus Noma, restaurant élu à plusieurs reprises « Meilleur restaurant du monde » ! Aux commandes, le chef René Redzepi lancé depuis février 2018 sur une nouvelle version, Noma 2.0. Une cuisine à la fois très élaborée et inventive, travaillée à partir de produits cultivés ou pêchés à 100 km à la ronde ! et de produits depuis longtemps oubliés. Pour ce « chef-magicien-révélateur de saveurs », qui a d'ailleurs inspiré de nombreux chefs en vogue aujourd'hui, tout est comestible : la terre, les insectes, la mousse des arbres... et se mange bien souvent cru.

REFFEN - COPENHAGEN STREET FOOD €

Refshalevej 167A
https ://reffen.dk/

Fermeture en hiver jusqu'en avril. Sinon 7j/7 de 11h à 21h, minuit les vendredi et samedi. Animations.

Les halles gourmandes de Copenhague en version plein air ! Cette zone s'est développée sur la commune voisine d'Amager, Refshaleøen. Vous trouverez 6 000 m² dédiés à la créativité et aux arts culinaires du monde entier. Reffen rassemble une cinquantaine de loges et de foodtrucks, un vrai paradis de la nourriture de rue. Non seulement la vue est exceptionnelle sur Copenhague mais l'ambiance est détendue avec de vraies valeurs écolo hippies chic ! A faire absolument.

RESTAURANT 56° €€

Krudtløbsvej 8
✆ +45 31 16 32 05
www.restaurant56grader.dk

Horaires d'ouverture en fonction des réservations. Consulter le site. Plat dès 120 DKK, le soir menu de 225 à 525 DKK.

Un peu à l'écart du centre, dans un décor bucolique, une ancienne bâtisse aux allures de chapelle attend les convives. Sous la voûte chaulée ou dans le jardin potager, les tables au décor rustique se révèlent très chaleureuses avec leurs chandeliers allumés. Un véritable havre de paix pour ce restaurant moins connu puisque hors des sentiers touristiques, et cela fait du bien ! On y sert une cuisine moderne et saine d'inspiration nordique (saumon, hareng, bœuf...), très épurée jusqu'aux limites possibles du minimalisme. La cuisson du poisson se fait... à 56°.

RESTAURANT KADEAU €€€

10b Wildersgade ✆ +45 33 25 22 23
www.kadeau.dk

Ouvert du mardi au samedi de 18h30 à minuit et le samedi midi. Attention, les horaires peuvent changer. Menu 2 500 DKK.

Toutes les racines de l'île de Bornholm, dans la mer Baltique, s'entremêlent dans les préparations culinaires des chefs de Kadeau, un cadeau gustatif, un voyage sensoriel élaboré pour les hôtes de cette table de plus en plus renommée qui a été récompensée de deux étoiles bien méritées. Le dressage est sublime, mettant en valeur chaque produit local et ses palettes chromatiques dans des assiettes qui évoluent au fil du temps. L'atmosphère est comme à la maison avec une cuisine ouverte et une salle intimiste au décor épuré mais chaleureux. De la haute cuisine !

VIVA €€

570 Langebrogade kaj
✆ +45 27 25 05 05
www.restaurantviva.dk

Ouvert d'avril à décembre du mardi au samedi de 17h à minuit. Brunch 295 DKK, plat autour de 225 DKK.

Si vous avez le pied marin alors Viva ! Ce restaurant est installé dans un bateau amarré sur l'île, au pied du pont de Langebro. Sa spécialité : les produits de mer. Si vous n'étiez pas fan des mollusques et crustacés, il y a toujours un plat de viande proposé dans le menu. Ce serait dommage de ne pas profiter du cadre et de la vue panoramique sur le Diamant noir. Le restaurant participe chaque année au Diningweek, deux semaines de gastronomie avec un menu 3 plats à tarif unique. De la cuisine élaborée avec produits frais et de saison uniquement !

BURGER SHACK €

Tapperitorvet 1
https ://burgershack.dk
Ouvert du lundi au dimanche de 11h à 22h.

Nouvellement arrivé à Copenhague, Burger Shack (originaire du Jutland) s'est installé près de la gare de Carlsberg, dans le quartier en pleine rénovation de la célèbre brasserie, un éco-quartier où universités et start-up ont pris leur quartier. Burger Shack prépare de délicieux burgers. Peu de choix mais un choix de qualité tant par le goût que par la liste de ses ingrédients. Sur son enseigne, un bûcheron. Élu meilleur burger du Danemark en 2018, meilleur burger de Copenhague en 2019 ! Une adresse à ne pas rater, surtout pour ceux qui ne peuvent s'en passer.

CAFÉ VIGGO €

Værnedamsvej 15
✆ +45 33 31 18 21
www.cafeviggo.com
Ouvert tous les jours de 10h à minuit. Vendredi et samedi jusqu'à 3h. Fermé le dimanche. Plats autour de 160 DKK.

Un visage familier se dessine sur la devanture de ce café dont la terrasse est bondée ! Mais oui, pas de doute, c'est bien lui : Gaston Lagaffe en personne ! Et cela s'explique. Gaston en danois se dit Vakkse Viggo. Et le resto affiche une carte avec les grands classiques de la cuisine française : omelettes, galettes et crêpes sucrées. À l'intérieur, la déco est digne d'un musée de l'école de BD franco-belge avec des panneaux à l'effigie de Tintin ou du Marsupilami. Et cerise sur le bistro, on parle français… Normal dans la rue la plus parisienne de Copenhague !

FORMEL B €€€

Vesterbrogade 182 ✆ +45 33 25 10 66
www.formelb.dk
Ouvert du lundi au samedi de 17h30 à minuit ou 1h. Plats à partir de 150 DKK, menu 995 DKK, business à 1 250 DKK.

Formel B joue dans la cour des grands restaurants de la ville... Sa cuisine nordique, à la fois novatrice et moderne, utilise des saveurs empruntées à la gastronomie française et asiatique. Il est certes un peu coûteux d'être fin gourmet mais une fois n'est pas coutume ! La haute gastronomie se mérite. Chaque plat est dressé avec une attention particulière, une esthétique minimale et épurée, avec des notes chromatiques ! Des assiettes aussi belles que des œuvres d'art contemporaines. A cela s'ajoute une sélection particulièrement soignée des vins qui accompagnent.

FREDERIKS HAVE €€€

Smallegade 41
✆ +45 38 88 33 35
www.frederikshave.dk
Ouvert du lundi au samedi midi et soir. Menu midi 275 DKK, plats de 75 à 120 DKK, le soir de 285 à 315 DKK.

Fredericks Have est à la fois un havre de paix et un havre gourmand, loin de l'agitation. D'ailleurs, le célèbre guide rouge l'a régulièrement coiffé d'une bonne note. A vous de choisir votre place : dans la belle salle éclairée de larges baies ou en terrasse, dans une cour protégée des bruits de la rue par la verdure. Quel que soit votre choix, la vaisselle blanche et bleue traditionnelle sera l'écrin du plat dressé de manière raffinée, concocté lui aussi dans la plus pure tradition danoise. Accueil chaleureux, quelques mots en français et le tour est joué !

FRK. BARNERS KÆLDER €€

Helgolandsgade 8A ✆ +45 33 33 05 33
www.frkbarners.dk
Ouvert tous les jours de midi à 22h. Plats du midi autour de 95 DKK, du soir autour de 200 DKK.

Oubliez la nouvelle cuisine et les assiettes aux portions riquiqui ! Ici, les assiettes sont plus que copieuses et valorisent la cuisine des grand-mères danoise. Dans une élégante rue bordée d'immeubles de briques rouges, en demi sous-sol ou sur la terrasse de bois, vous vous régalerez de spécialités : plusieurs préparations de harengs, « ragoût danois », carrelet de la mer du Nord à la sauce blanche, anguilles des fjords ou foie de veau et, en dessert, le célèbre, imprononçable et délicieux *rødgrød med flød* (fruits rouges et crème). Authenticité et générosité.

GRANOLA €

5 Værnedamsvej ✆ +45 31 31 15 36
www.granola.dk
De 7h30 à 23h, jeudi et vendredi jusqu'à 00h, samedi-dimanche dès 9h. Brunch 149 DKK, plats 145 DKK à 200 DKK.

Le Granola fait partie de l'Hôtel Central, le plus petit hôtel du monde. Pareillement pas très grand, ce joli restaurant possède ce je-ne-sais-quoi qui fait que dès que vous y pénétrez, le charme opère. Celui d'une autre époque, celle des années 1920 ou 1930. La cuisine d'inspiration brasserie française est simple mais de qualité. De l'omelette revisitée au tartare de bœuf, en passant par les salades et autres porridges aux fruits... Derrière le comptoir, les murs sont habillés de bouteilles, vous pourrez éventuellement vous laisser tenter par un cocktail maison !

HANSENS GAMLE FAMILIEHAVE €

Pile Allé 10-12 ✆ +45 36 30 92 57
www.hansenshave.dk
De 11h à 00h, dimanche 11h-18h, fermé lundi et mardi en janvier-février. Plats de 130 DKK à 290 DKK.

Le Jardin de Hansen est un restaurant situé dans un océan de verdure du parc Frederiksberg, dans des fermes qui dépendaient jadis du château. On y vient en famille ou entre amis, pour déjeuner dans le jardin ou dîner sous la belle véranda vitrée. Les recettes d'antan sont revisitées avec quelques notes de modernité, les assiettes sont copieuses servies par des serveurs en chemise blanche et gilet noir sur des nappages à carreaux. Bruyant mais convivial, bondé samedi et dimanche midi.

HELGES OST €

9 Værnedamsvej ✆ +45 33 24 41 02
www.helgesost.dk
Ouvert le lundi de 10h à 15h, du mardi au vendredi de 10h à 18h, le samedi de 9h à 15h. Sandwichs autour de 45 DKK.

Dans la plus parisienne des rues de la capitale danoise, cette fromagerie-charcuterie a elle aussi un air de titi parisien ! Et alors ? Pourquoi ne pas profiter de ses rayons traiteur et épicerie fine pour une courte pause déjeuner en toute simplicité mais avec de quoi se régaler ! En vitrine, de beaux pains complets et variés vous allèchent déjà. Les sandwichs vous sont préparés sur place après votre commande. Le Alm avec fromage, pesto, salade et charcuterie est vraiment délicieux ! Le vendredi, une variante autour d'un grand bol bien garni vous est proposée !

KØDBYENS FISKEBAR €€

Flæsketorvet 100
✆ +45 32 15 56 56
www.fiskebaren.dk
Ouvert lundi-jeudi 11h30 à minuit, vendredi et samedi jusqu'à 2h. Plats autour de 195 DKK, 215 DKK.

N'oublions pas que Copenhague est avant tout un port et que les produits de la mer sont une base culinaire. Fiskebar a un concept un peu différent puisqu'il s'agit d'un bar à poissons (*fish bar*) et à fruits de mer. Les produits ne peuvent être plus frais, plus sains qu'en respectant les saisons de pêche. La cuisine est réussie : salades originales, *fish & chips*, assiette végétarienne… L'atmosphère est informelle, vivante, parfois bruyante. Elle réchauffe l'endroit plutôt brut, au style » poissonnerie un peu aseptisée » avec ses carreaux de faïence blancs.

LÊLÊ STREET KITCHEN €

Vesterbrogade 40 ✆ +45 53 73 73 25
www.lele.dk
Tous les jours 11h30 à 21h30. Plats autour de 110 DKK, planches à partager autour de 220 DKK. Sur place et à emporter.

Un arrêt chez Lêlê, c'est changer sa façon de manger en se laissant tenter par quelques notes un peu plus asiatiques. Ici, on vous prépare une cuisine d'inspiration vietnamienne. Le concept : un service rapide et de la cuisine de rue finement associés au style épuré danois. Trois adresses dans cette partie de la ville où étudiants et jeunesse branchée aiment les propositions alternatives et le changement ! Des produits frais, de jolis plats bien préparés, en particulier les rouleaux de printemps et les assiettes au chou kalé ! Dans une ambiance super décontractée.

MEATPACKING DISTRICT FOOD - KØDBYEN €€

Flæsketorvet
✆ +45 3366 6100
https ://kodbyen.kk.dk
Heures d'ouverture : lundi-jeudi 11h30-00h, vendredi & samedi jusqu'à 1h, dimanche 11h30-23h.

À l'origine « Kødbyen » abritait les abattoirs de Copenhague. Le district de divise en deux parties : The Brown et The White datant respectivement de 1878 et 1934. Aujourd'hui, c'est un centre de vie dédié à la culture, à la vie nocturne et à l'alimentaire avec quantité de restaurants, chacun ayant sa spécialité. Parmi les plus courus : KUL et Fleish sont spécialistes de la viande grillée, WarPigs est une brasserie branchée, chez Fiskebaren, tout tourne autour de la mer…

MIELCKE & HURTIGKARL €€€

1 Frederiksberg Runddel
✆ +45 38 34 84 36
www.mhcph.com
Ouvert du mardi au samedi de 18h à 21h. Menus de 800 à 1 100 DKK.

Derrière ce nom se cache un restaurant blotti dans la maison de la Société royale danoise d'horticulture, sise dans le parc Frederiksberg. Sa philosophie ? Partager des histoires et des émotions. Et cela passe par une cuisine en osmose avec les saisons, des produits bio et souvent crus (*raw*). Une expérience véritablement multi-sensorielle. Le chef danois au tempérament sauvage, Jakob Mielcke, vous embarque dans son univers créatif et gustatif. Une belle décoration où impressions végétales se combinent harmonieusement avec la nature présente dans l'assiette !

MOOD FOOD €

Istedgade 103 ✆ +45 33 22 55 10
www.moodfood.dk

Ouvert tous les jours de 11h à 22h. Burgers à partir de 55 DKK, mezzé à partir de 40 DKK. Sur place ou à emporter.

Mood food propose de se dépayser vers les cuisines de la Méditerranée et des rives du Bosphore. Situé au cœur du Vesterbro populaire et « ethnique », comme disent les Danois, l'adresse est fréquentée par une clientèle essentiellement jeune. La spécialité maison est le mézzé. De copieuses assiettes sont servies à partir de produits frais et bio. Sandwiches et burgers sont aussi de la partie ainsi que des plats chauds à base d'agneau ou de poulet servis avec riz, tzatziki et pain frais. Personnel jeune et très sympathique. Jolie terrasse ensoleillée !

PATÉ PATÉ €€

Slagterboderne 1 ✆ +45 39 69 55 57
www.patepate.dk

Ouvert du lundi au jeudi de 9h à minuit, le vendredi et le samedi jusqu'à 1h. Plats environ 195 DKK.

Dans ce restaurant branché qui a investi une ancienne fabrique de pâté, vous dégusterez de la *slow food* (éco-gastronomie) et des plats rustiques et classiques revus à la sauce scandinave, toujours à base de produits frais et de saison liés aux activités du marché ! A la carte : ceviche de saumon, tartare de bœuf, risotto de radis, salade Caesar, œufs Bénédicte... Au cœur du Meatpacking District, le quartier rénové et branché des anciennes boucheries, vous le reconnaîtrez aux deux poings fermés dessinés sur sa façade et tatoués « Paté Paté ». Pensez à réserver.

RESTAURANT COFOCO €€

Abel Cathrines Gade 7
✆ +45 33 13 60 60
www.cofoco.dk

Ouvert du lundi au samedi de 17h30 à minuit (cuisine jusqu'à 21h30). Menus de 295 à 385 DKK.

En demi-sous-sol, ce restaurant élégant a le vent en poupe ! Eclairage chaleureux, longues tables d'hôtes et chaises hautes, une adresse du populaire (mais néanmoins branché) quartier de Vesterbro où il fait bon se retrouver, réputée pour sa carte gastronomique. On s'installe à côté de voisins inconnus avec lesquels on sympathise rapidement. C'est le concept même du lieu. Si vous souhaitez un peu plus d'intimité, le préciser au moment de la réservation. Cuisine raffinée et saveurs sont au rendez-vous. Au fait, Cofoco est l'acronyme de Copenhague Food Company.

RESTAURANT GORILLA €€

Flæsketorvet 63
✆ +45 33 33 83 30
www.restaurantgorilla.dk

Du lundi au samedi de 17h30 à 22h (la cuisine ferme à 19h30). Menu 395 DKK.

Au cœur de l'ancien site des abattoirs, le Meatpacking district food, Gorilla est ce qui se rapproche le plus des bistronomiques français. Une ambiance festive et donc plutôt sonore. Une adresse très branchée et fréquentée. Des assiettes de tapas et des ardoises de petits plats à partager. Coup de cœur pour les coquilles Saint-Jacques au sésame et mayo wasabi, le cod accompagné de chou kalé, les raviolis à la citrouille... Du bon, du très bon ! Et le service est à la hauteur. Large sourire et patience infinie pour les touristes qui ne pratiquent pas la langue.

RESTAURANT LÊLÊ €€

Vesterbrogade 40 ✆ +45 53 73 73 73
www.lele.dk

Ouvert du lundi au jeudi de 17h à 23h30, le vendredi et samedi jusqu'à 1h. Plats autour de 175 DKK.

LêLê est un restaurant très en vogue à Copenhague grâce à sa cuisine d'exception. La gastronomie impériale vietnamienne est mise à l'honneur et sublimée ! Les plats savoureux sont préparés avec goût, délicatesse et croustillant. Cette expérience culinaire est le fruit d'une rencontre entre Anh, une femme passionnée, grande dame de la cuisine vietnamienne, et du talentueux chef Vincent Chaisy. Mieux vaut réserver sinon on vous fera patienter en dégustant un cocktail Passion au bar ! L'établissement propose aussi des plats à emporter au n° 56 de Vesterbrogade.

SMAGSLOEGET SANDWICH BAR €

Vesterbrogade 19 ✆ +45 31 33 24 14
www.smagsloeget.dk

Du dimanche au jeudi de 10h à 22h, vendredi et samedi de 10h à 00h. Sandwiches classiques 89 DKK, spéciaux 105 DKK.

De supers sandwiches bien garnis ! A la carte, une vingtaine de recettes différentes : les grands classiques, les 100 % danois, les plus internationaux (latino-ibériques) ou les végans-végétariens. Situé au cœur de Verterbro, pas très loin des universités, une foule cosmopolite d'étudiants Erasmus vient déjeuner. Ambiance décontractée et surtout de quoi se sustenter et plutôt copieusement ! Du bon pain noir garni de laitue craquante, d'oignon rouge, de concombre et de poivron. Ensuite, c'est au choix : porc grillé, dinde, thon, mexicain… Sur place ou à emporter.

DAG H. €€

38 Dag Hammarskjölds Allé
✆ +45 35 27 63 00
www.dagh.dk

Du lundi au vendredi 9h-23h, samedi à partir de 10h, dimanche 10h-17h. Petit déjeuner 59 DKK, plats 140 DKK-210 DKK.

Une grande brasserie franco-danoise placée sous le patronage du deuxième secrétaire général de l'ONU, pris en photo en compagnie de JFK, il domine la salle de restaurant assez stylée. La partie café est plus décontractée. Dès le matin, on vous sert de copieux petits-déjeuners et divers thés ou cafés. Selon que vous veniez pour déjeuner ou dîner, divers plats sont à la carte. Les recettes, plutôt classiques, sont élaborées à la façon bistrot : salades, rémoulade, moules-frites, sandwiches ouverts ou appétissants burgers (toujours bien présentés).

FAMO METRO €€

114 Øster Søgade ✆ +45 35 556 630
www.famo.dk

Ouvert du lundi au samedi uniquement le soir de 17h30 à 22h, déjeuner seulement sur réservation. Menu 400 DKK.

Pour varier les plaisirs et sortir du traditionnel Smørrebrød, Famo est une *osteria* fameuse qui propose une cuisine italienne traditionnelle mais de haute volée, élaborée à partir de produits de saison. Une carte travaillée par le chef Fabbio Mazzon. Vivant au Danemark depuis 25 ans, il s'est fait un nom dans le milieu de la haute gastronomie avant de devenir son propre patron ! Une belle carte des vins italiens avec également un bon conseil du personnel. L'établissement est agréablement situé à Østerbro, face au lac, avec une vue sur les cygnes et les mouettes.

GERANIUM €€€

Per Henrik Lings Allé 4
✆ +45 69 96 00 20
www.geranium.dk

Du mercredi au samedi de 17h30 à 22h. Le samedi 11h30-15h30et 17h30-22h00. Menu 2 800 DKK. Réservation nécessaire.

Bocuse de bronze, d'argent et d'or, 3 macarons au Michelin, classé NUMBER 5 au Worlds 50 Best ! Quel beau palmarès pour le Chef Rasmus Kofoed, premier chef danois a recevoir la troisième étoile du célèbre guide rouge. De la haute gastronomie dans l'assiette et une adresse inhabituelle au huitième étage du stade national de football – Parken stadium. Une vue à couper le souffle sur le parc arboré et les toits cuivrés de la ville, une déco épurée, lumineuse et tellement danoise ! Attention toutefois, l'addition est à la hauteur de la prestation !

GOURMANDIET €€

Rosenvængets Allé 7A
✆ +45 39 27 10 00
www.gourmandiet.dk

Ouvert du lundi au jeudi de 11h à 18h, vendredi 19h, samedi 10h-15h. Plats autour de 300 DKK.

Dans une rue résidentielle donnant sur Østerbrogade, cette boucherie-charcuterie fait aussi office de restaurant. La viande rouge est à l'honneur : tournedos, entrecôte, côte de bœuf, etc. Une viande 100 % danoise et bio. Sur place, chaque pièce de bœuf est servie avec des légumes de saison et une sauce onctueuse. Pour information, Gourmandiet a été reconnue en 2015 comme étant l'une des 5 meilleures boucheries au monde par le *Wall Street Journal*. Ici, les végétariens pourront aussi profiter du buffet végétal dans une boutique à la déco on ne peut plus originale.

GRO SPISERI - ØSTERGRO €€

Æbeløgade 4 ✆ +45 20 88 38 98
www.grospiseri.dk

Ouvert toute l'année. Du mardi au samedi de 17h30 à 22H, 19h30 le dimanche. Menus de 260 à 700 DKK.

Tout a commencé en 2014 sur les toits de Nellemannhuset, une maison de ventes aux enchères de voitures devenue ØsterGRO, la première ferme sur le toit du Danemark. Sur 600 m^2 poussent des champs de légumes biologiques, des herbes aromatiques et des fleurs comestibles. On y trouve un poulailler, trois ruches et une serre qui se transforme en table d'hôtes le soir venu. Un restaurant extraordinaire, Gro Spiseri vous sert des plats de saison aux ingrédients directement récoltés dans le jardin potager qui l'environne. Du très frais, du bio... Un vrai coup de cœur !

GRØD €

Jægersborggade 50
✆ +45 60 89 78 98
www.groed.com

Ouvert en semaine de 7h30 à 21h, le weekend à partir de 9h. Petit déjeuner et plats de 45 DKK à 75 DKK.

Ce café conceptuel très tendance a une spécialité : le porridge ! Celui-ci est préparé à base de flocons d'avoine et de produits biologiques. Et n'allez pas croire que le menu est pauvre. Il fait preuve, au contraire, d'une grande créativité. La carte s'adapte à la saisonnalité. Vous allez vous nourrir de bouillie mais d'une bouillie savoureuse. L'instigateur de ce lieu original est Lasse Andersen, qui eut l'idée en 2011 d'ouvrir le premier bar à porridge au monde, ici à Nørrebro. Son but ? Prouver à tous que le porridge est bon, sain et bon marché ! Pari réussi.

HOOKED €

Nørrebrogade 59
✆ +45 3070 5922
www.gethooked.dk
Ouvert du lundi au dimanche de 12h à 22h. Sur place ou à emporter.

Tout a commencé avec un foodtruck. Puis en 2017, ces trois copains amateurs de produits de la mer ont décidé d'ouvrir leur restaurant en plein cœur de Nørrebro. Une salle avec des murs de faïence blanche décorés de poissons... une déco de type poissonnerie, quoi ! En 2019, le succès est là puisqu'ils reçoivent le prix Byens-Bedste du quotidien danois *Berlinske*, une référence dans le pays. Vous sont proposés des snacks, des plats, des dips à base de poisson mais façon cuisine de rue. Des roulés au homard, du fish & chips, des burgers au saumon, des poké bowl...

HOS FISCHER €€

Victor Borges Plads 12
✆ +45 35 42 39 64
www.hosfischer.dk
Du lundi au vendredi de 17h à 22h, week-end 12h-15h30 & 17h-22h. Plats 175 DKK, 200 DKK.

Ne vous y trompez pas, Fischer est un restaurant qui aime la *Dolce Vita* et concocte les traditionnels antipasti de Burrata ou de mozarella prosciutto, toutes les recettes de pasta (excellentes *Fettuccine all amatriciana*, ravioli épinard-ricotta), sans oublier les pizzas. Délectez-vous de la cuisine parfumée aux couleurs de l'Italie du chef David Fischer qui a longtemps travaillé à Rome, dans un décor convivial de pub... danois ! Nous aimons la large terrasse en été, l'ambiance décontractée avec billard et machines à jeux au sous-sol pour les jours pluvieux.

KAFFESALONEN €

Peblinge Dossering 6
✆ +45 35 35 12 19
www.kaffesalonen.com
En semaine 8h à minuit, week-end à partir de 10h. Burgers à 125 DKK, sandwichs à 95 DKK, plat à partir de 125 DKK.

Kaffesalonen est un café qui est resté dans son jus, si l'on puit dire ! Un décor très années 50 avec panneaux publicitaires, mobilier vintage et chaises rustiques. A la carte : de solides burgers, des sandwichs, des salades, des soupes et quelques plats familiaux typiques. Le café vient d'une exploitation en Colombie, il est servi dans les règles de l'art. L'été, un vaste ponton permet de manger sur l'eau du lac Pebling. Un joli cadre, loin du trafic automobile, seule une piste cyclable passe de ce côté du lac. Et puis, il y a les cygnes ! A la location.

KATE'S JOINT €

Blågårdsgade 12
✆ +45 35 37 44 96
Ouvert tous les jours de 16h30 à 20h. Plats autour de 125 DKK.

Kate est une adresse que les végétaliens et végétariens adorent. Un restaurant aux couleurs chaudes, sans chichis, un peu funky. Assis sur des tabourets, on y déguste des plats d'un peu partout, pourvu que ce soit épicé : un véritable voyage culinaire autour du végétal, des Caraïbes à l'Afrique en passant par l'Indonésie. A l'extérieur, une belle terrasse permet de profiter des rayons du soleil et de déguster sans se presser. A consommer sur place ou à emporter. Les bières biologiques et les vins naturels sont aussi de la partie. Petit budget, vous allez kiffer.

KIIN KIIN €€€

21 Guldbergsgade
✆ +45 35 35 75 55
www.kiin.dk
Ouvert du lundi au samedi de 17h30 à minuit. Menus à 495 et 975 DKK.

Kiin Kiin est un restaurant auréolé d'une étoile Michelin pour sa cuisine asiatique gastronomique. Le chef mélange savamment les atouts des cuisines thaïlandaise et européenne. La décoration se met au diapason de l'esthétique des dressages et de la gourmandise des plats. Deux menus sont proposés : le menu Théâtre, servi uniquement à 17h30 et 17h45, autour de 4 plats changés chaque jour ; le menu Dégustation, une variation de 7 plats avec accords de vin (si désiré). Bonne nouvelle, Kiin Kiin a ouvert VeVe à Østerbro, toujours aussi raffiné mais 100 % végétarien.

MANFREDS €

Jægersborggade 40
✆ +45 36 96 65 93
www.manfreds.dk
Ouvert tous les jours de midi à 22h. Plat à partir de 85 DKK, menu à partager 225/325 DKK par personne.

Fort de leur succès, Kim Rossen et Christian Puglisi ont célébré en février 2020 les 10 ans de Manfred's & Vin. Cadre rustique et simplicité sont les maîtres-mots. Ici on ne cuisine que les produits issus de leur ferme biologique située à une trentaine de kilomètres. De la ferme à la table, c'est leur devise. C'est donc frais, très frais ! Le menu consiste à partager avec votre tablée diverses recettes qui font la part belle aux légumes du potager. Le menu change régulièrement puisqu'il s'adapte à la saisonnalité. Une adresse vivement conseillée.

NØRREBRO BRYGHUS €€

Ryesgade 3 ✆ +45 35 30 05 30
www.noerrebrobryghus.dk
Du lundi au jeudi 12h-23h, vendredi et samedi jusqu'à 1h, dimanche jusqu'à 22h. Menus à partir de 350 DKK.

Tout est parti de la brasserie expérimentale et de l'idée de brasser de nouveaux types de bières. Puis, la nourriture est venue se greffer au projet. Établi dans une usine de métallurgie du XIXe siècle, superbement réhabilitée, ce restaurant brasserie se démarque par l'originalité de ses menus préparés à partir de produits traditionnels qui se conjuguent bien avec les bières maison. Les plats sont copieux, poitrine de porc servie avec de la purée de pommes ou homard avec sa purée de chou-fleur. Le menu vegan s'adapte au rythme du jardinier et de ses légumes.

LE SAINT-JACQUES €€

Sankt Jakobs Plads 1
✆ +45 35 42 77 07
www.lesaintjacques.dk
Ouvert tous les jours midi et soir (à partir de 17h). Plats du midi de 75 à 195 DKK, soir de 180 DKK à 250 DKK.

Envie d'un petit plat bien de chez nous ? Le Saint-Jacques vous ravira avec sa cuisine traditionnelle française. Mais on vient ici surtout pour le saumon fumé maison, l'Impérial Daniel Letz, du nom du chef strasbourgeois. A la carte : soupe de topinambour, joues de bœuf braisées, choucroute bien garnie, terrine de foie gras et gelée de fleur de sureau… On peut se restaurer dans la salle d'esprit brasserie, sous le regard d'un Christ en croix, ou sur la belle et grande terrasse qui s'étale en été sur la petite place qui a donné son nom francisé au restaurant.

PAUSTIAN €€

2 Kalkbrænderiløbskaj
✆ +45 39 16 65 65
www.paustian.com
Ouvert du lundi au samedi de 10h30 à 15h30 (la cuisine ferme à 15h). Menus de 225 à 450 DKK.

Du mobilier design signé Jørn Utzon, une cuisine signée Hans Lee. Un tout jeune chef talentueux aux fourneaux de ce lieu atypique. Le restaurant est hébergé au sein d'un magnifique espace lumineux contigu au célèbre magasin de design du même nom, dans une zone portuaire au nord d'Østerbro. Ne manquez pas le fabuleux brunch du dimanche. Il comprend : yaourt avec fruits frais, miel et noix, saumon gravlax, jambon fumé danois, fromages locaux, pains frais et pâtisseries, saucisse, bacon, patate, œufs brouillés avec du fromage « Vesterhav », café/thé et jus d'orange !

SLIDERS €

Nørrebrogade 1
✆ +45 31 32 26 20
https ://sliders.dk
Du lundi au jeudi 17h-21h30, vendredi, samedi et dimanche dès 12H. Formules de 45 à 165 DKK.

À quelques mètres du pont de la Reine Louise, Sliders ne désemplit pas. Les amateurs de burgers se retrouvent dans ce bar qui casse les codes du fast-food pour concourir dans la cour du Fast & Good. Preuve en est : sa consécration quatre années consécutives, élu meilleur burger de Copenhague. Au menu, trois petits burgers avec ou sans accompagnement et une surprise gustative à la clé : du goût et de la fraîcheur ! Une excellente adresse pour ceux qui ne peuvent se passer des petits buns garnis ! En plus, la déco est super jolie !

RELÆ €€€

41 Jægersborggade ✆ +45 36 96 66 09
www.restaurant-relae.dk
Ouvert du mardi au samedi de 17h à minuit, le vendredi et le samedi de midi à 15h. Menus à 475 et 895 DKK.

Dans cette rue branchée de Nørrebro se trouve le restaurant Relæ, illustre exemple de la « Nouvelle Cuisine danoise ». Le chef Jonathan Tam concocte une cuisine dans l'ère du temps : moderne, inventive, simple tout en étant réfléchie. Le menu change au gré des saisons et rend hommage aux produits du terroir : poisson et crustacés, noix, légumes oubliés (rave, céleri, topinambour, etc. venus directement de la Ferme des Idées), fromages… Le cadre est à l'image de la cuisine. Brut, authentique et convivial. Relæ s'inscrit à 200 % dans une démarche éco-responsable !

UNDER URET €

4 Øster Farimagsgade
✆ +45 28 353 510
www.restaurantunderuret.dk
Ouvert tous les jours de la semaine de 11h30 à 16h. Smorrebrods entre 68 et 145 DKK.

Sous l'horloge ! C'est le nom de cet établissement qui sert des plats traditionnels servis avec la bière maison et des smørrebrød à l'ancienne. Une ambiance familiale et accueillante. L'adresse était jadis fréquentée par les ouvriers qui venaient y manger avec leur famille et leurs amis. Les habitués avaient leur propre verre marqué de leur nom. Parmi ceux-ci, le peintre et écrivain Hans Scherfig. Ayant rarement de quoi payer, il laissait une de ses toiles en gage. Aujourd'hui, ses œuvres exposées dans les musées… sont aussi sur les murs du restaurant !

FAIRE UNE PAUSE

Les habitants de Copenhague aiment se retrouver tout au long de la journée. A l'heure du goûter autour d'une douceur sucrée et d'un café (les Danois adorent le café !), le soir pour partager un moment de convivialité autour d'une bière fraîche ou pour passer une soirée décontractée dans un bar branché. Les cocktails sont très à la mode et les bars se mettent au défi d'en créer de plus en plus originaux. Les brasseries sont nombreuses, la tradition ne se perd pas. Les clubs et bars musicaux proposent des soirées enflammées ! Pour les Danois, à chaque moment particulier, une façon de consommer. Au soleil couchant : rendez-vous à Vesterbro ou Nørrebro. On apporte ses boissons. Un peu de froid : un verre d'Aquavit en sous-sol dans une taverne. Seul bémol à la consommation, comme dans les autres pays scandinaves, boire de l'alcool coûte cher, à moins d'être plus malin et de profiter des *happy hours !*

APOLLO BAR

Nyhavn 2 ✆ +45 60 53 44 14
http ://apollobar.dk
Mardi et dimanche 10h-17h, du mercredi au vendredi 10h-22h. Cantine le midi du mardi au vendredi.

Apollon a ouvert au sein de la galerie d'art contemporain du Kunsthal Charlottenborg, elle-même installée dans un palais baroque du XVIIe siècle. Un beau mélange ! Aux rênes de ce café d'un genre nouveau, le chef Bille Brahe. Un lieu comme on les aime, doté de hauts plafonds et de fenêtres aux proportions généreuses, une déco conçue par le designer Rune Bruun Johansen qui associe les chaises « J39 » de Børge Mogensen aux plâtres de statues antiques. Un effet théâtral très réussi pour l'espace qui sert aussi de cantine aux étudiants des Beaux-Arts. Ouvert à tous.

BALTHAZAR

Ny Østergade 6
✆ +45 33 12 12 62
www.dangleterre.com
Ouvert du mercredi au samedi de 16h à 2h.

Luxe, bulles et volupté ! Une adresse iconique, celle de l'hôtel d'Angleterre installé depuis 1755 près de Kongens Nytorv. Parce qu'il y a toujours une bonne raison de partager une coupe de champagne, Balthazar est l'unique bar de Copenhague entièrement dédie à l'excellence champenoise. A la carte, une sélection affinée des meilleures bouteilles auprès de 42 maisons réputées. De la flûte au balthazar, bouteille de 12 litres, plongez dans le monde des bulles. Ce serait dommage de passer à côté de ce qui est sans conteste l'adresse la plus pétillante de Copenhague !

BANKERÅT

Ahlefeldtsgade 27-29 ✆ +45 33 93 69 88
www.bankeraat.dk
Ouvert du lundi au mercredi de 9h30 à 23h, minuit jeudi et vendredi, dès 10h30 samedi et dimanche. Brunch 164 DKK.

Entre Ørsteds Parken et les lacs près de Nansensgade, BANKERÅT (traduisez : Banqueroute) est le lieu de rendez-vous des artistes et des intellectuels du quartier, mais attire aussi les touristes futés ! Le décor est surprenant, avec des têtes d'animaux naturalisés et tatoués, des têtes de poupées qui servent de suspension, des jeux d'ombre et de lumière. On peut y déjeuner (nous recommandons le brunch), déguster quelques plats traditionnels ou commencer une soirée copenhaguoise... d'autant que les recettes participent au financement d'adductions d'eau en Afrique.

BASTARD CAFÉ

Rådhusstræde ✆ +45 42 74 66 42
https ://bastardcafe.dk
Tous les jours 12h-00h. 25 DKK par jeu et par personne. Réduction 50 % café-thé pour les étudiants de 12h à 17h.

Jouer à des jeux de société avec des amis et/ou en famille à Copenhague, c'est possible ! C'est surtout l'info très futée en cas d'après-midi pluvieuse ou neigeuse ! A disposition, plus de 2 800 jeux de société, de quoi bien vous occuper. Quelques idées : échecs, Monopoly, Settlers of Catan, Dungeons and Dragons, Battlestar Galactica, Trivial Pursuit ou Diplomacy. Vous ne connaissez pas les règles, pas de souci. Demandez à un Game Guru – un bénévole passionné – de vous aider avant de vous lancer. Et puis, vous pouvez toujours regarder en buvant un café bien chaud.

CAFÉ MÅNEFISKEREN

Fabriksområdet 97
✆ +45 32 57 14 56
www.maanefiskeren.dk
Ouvert du mardi au dimanche de 7h à 23h, fermé le lundi en hiver..

Au service dans cet établissement, une association d'irréductibles bénévoles implantée au cœur de Christiana. « Le Pêcheur de lune » (en français) a pris ses quartiers dans un ancien bâtiment de briques, un centre de chauffage qui autrefois alimentait la caserne des bateliers dominée par sa haute cheminée. Clientèle jeune dans ce très bel endroit plutôt brut, fait de ciment, de verre et d'acier. Un *coffee shop* (on n'y sert pas d'alcool) qui accueille des concerts les jeudis et vendredis. Brunch à déguster absolument, copieux et de super qualité.

CAFÉ NEMOLAND

Fabriksområdet 52
✆ +45 32 95 89 31
www.nemoland.dk
Ouvert du dimanche au jeudi de 11h à minuit, le vendredi et le samedi jusqu'à 3h.

Au café Nemoland, le plat du jour (qui change quotidiennement donc !) fait le tour du monde des spécialités en un clin d'œil ! Un jour, c'est coq au vin, l'autre c'est burrito ! L'histoire du café a démarré par un kiosque à fruits et à légumes avec Nemo avant de devenir un pub : le Bullshit ! Aujourd'hui, bonne ambiance garantie sur l'une des plus belles terrasses de Christiania où l'on boit de la bière brassée sur place, et où l'on s'installe sous des tentes bâchées tandis qu'au-dessus du bar, des pots de fleurs donnent une touche coquette assez surprenante…

CAFÉ OVEN VANDE

Overgaden Ovenvandet 44
✆ +45 32 95 96 02
www.cafeovenvande.dk
Ouvert tous les jours de 10h à minuit. Brunch 159 DKK.

Idéalement placé en bordure du canal de Christianshavn, Oven Vande offre une superbe vue sur les bateaux en transit. Une terrasse, que beaucoup lui envient, permet de profiter des derniers rayons de soleil ou des jolies guirlandes lumineuses une fois la nuit tombée. Lieu sympathique, à la fois café et restaurant, à fréquenter aussi bien pour sa situation que pour sa cuisine (dont le brunch plutôt copieux). A l'intérieur, la déco atteste d'une passion pour le cinéma français ! Des affiches d'époque sur lesquels Raimu interprète les classiques de Pagnol !

CONDITORI LA GLACE

Skoubogade 3
✆ +45 33 14 46 46
www.laglace.dk
Ouvert tous les jours de 10h à 17h.

Ce salon de thé, ouvert en 1870 à l'initiative d'un jeune pâtissier, Nicolaus Henningsen, demeure une véritable institution à Copenhague ! Boiseries en acajou, vitrines à l'ancienne, comptoir avec laiton, voici une adresse incontournable au pays de la gourmandise. Vous pourrez goûter la spécialité énergétique, le *sportskage* ou « gâteau du sportif ». Vous comprendrez qu'il faut du souffle pour terminer les généreuses parts bien crémeuses ! La glace fait bien évidemment partie des spécialités à tester. Si vous êtes au régime, la devanture suffit à régaler les yeux !

CPH ICE BAR

Adelgade 7 ✆ +45 78 77 54 00
https ://cphicebar.dk/en/icebar
Ouvert 17h à 22h, minuit vendredi. Samedi et dimanche 12h-00h. Entrée+boisson 125 DKK. Espace 5 challenges 195 DKK.

Venez vivre l'expérience Arctique dans un monde de glace au CPH Ice Bar ! Une température à -5° toute l'année et un décor de Royaume des Neiges avec ambiance lumineuse bleutée et figures sculptées dans les murs ! Des événements, des défis, on ne peut que passer une soirée sympathique, hors des sentiers battus certes, mais avec du monde ! Prévoyez une petite laine car vous l'avez compris... il fait frisquet ! Pour se réchauffer, essayez un Lapin de neige (gin et fleur de sureau) ou un Ours polaire (whisky et pomme)... Et on double la dose pour la... Happy Hour !

DEN BLÅ HUND

28 Godthåbsvej
✆ +45 77 77 20 00
www.cafedenblaahund.dk
Ouvert lundi au jeudi 9h30 à minuit, vendredi et samedi jusqu'à 1h30, dimanche 23h. Brunch 139 DKK, plat 135 DKK.

Un café cosy à souhait. Murs de briques laissés à l'état brut, confortables banquettes d'un bleu profond, jeu de miroirs et superbe comptoir central autour duquel les clients sirotent un verre ou un café en attendant de passer à table, pour ceux qui souhaitent y déjeuner d'un smørrebrød, d'un tartare de bœuf ou de pâtes aux truffes. Notre conseil futé : essayez leur brunch super healthy ou profitez de la belle terrasse pour une soirée apéro. Convivial et sympathique, le « Chien Bleu » est (aussi) le rendez-vous des amateurs de jeux de société.

DEN FRANSKE CAFÉ

Sortedam Dossering 101
✆ +45 35 42 48 45
www.denfranskecafe.dk
Ouvert du lundi au vendredi de 9h à 23h, le week-end à partir de 10h.

Bienvenue au « Café français ». Baptisé ainsi dans les années 1970, ce café de quartier n'a pourtant pas de liens directs avec la France ! Les propriétaires sont danois et ils proposent une carte 100 % danoise avec de la Carlsberg, des *frikadelles*, des salades composées et des plats nourrissants. Une adresse sympa pour s'attabler au bord de l'eau et savourer la très belle vue sur le lac Sortedams Sø, installé à l'ombre d'une allée arborée. Si vous prenez uniquement un verre, n'oubliez pas de vous servir au comptoir. Toujours typiquement danois !

ENGHAVE KAFFE

Enghave Pl. 3, stuen th
http ://enghavekaffe.dk
Ouvert du lundi au vendredi de 7h30 à 18h, samedi et dimanche de 9h à 17h.

Au cœur de Vesterbro, un café très copenhaguois a investi un ancien garage. En effet, motos, planches techniques et casques vintage décorent l'espace cosy du lieu. L'ambiance est chaleureuse dès le pas-de-porte où de confortables bancs permettent de discuter et de profiter des premiers rayons de soleil... Le patron est un biker et ça se voit. Ici pas d'ordinateurs ou de tablettes, on vient pour discuter, lire et déguster un vrai café préparé dans les règles de l'art. Petits déjeuners ou déjeuners sont tout aussi goûteux. Qu'on se le dise !

FREDERIKSBERGS CHOKOLADE

Frederiksberg Allé 64
✆ +45 33 22 36 35
www.frederiksbergchokolade.dk
Ouvert tous les jours de 10h à 18h.

Cette chocolaterie existe depuis 1923. Encore aujourd'hui, les chocolats sont élaborés sur place. Une adresse gourmande tenue par Tina Jacobsen. Au choix, des chocolats classiques mais aussi de nombreuses nouveautés. Spécialité maison : la boule de neige. Une base gaufrée et un peu de crème fraîche... un peu ! Idée pour le moins originale : vous pouvez acheter votre propre cacaoyer dans leur plantation colombienne ! Une belle façon de soutenir les agriculteurs locaux tout en vous faisant plaisir. Le petit café attenant propose chocolats chauds ou crèmes glacées.

HALVANDET

Refshalevej 325
✆ +45 70 27 02 96
www.halvandet.dk
Ouvert tous les jours de mi-avril à mi-septembre à partir de 10h.

Halvandet est un bar de plage où se détendre les pieds dans le sable au bord de l'eau tout en profitant d'une vue urbaine d'exception ! Ici, vous attend une fausse plage mais avec du vrai sable ! offrant terrain de beach volley, de football, de pétanque sur 6 000 m² ! L'endroit idéal donc pour le *farniente* au soleil ou pour des activités plus sportive. Les sandwiches sont délicieux et la musique branchée. Le lieu est pris d'assaut aux beaux jours naturellement mais l'ambiance reste très sympathique. Et la baignade est autorisée dans la zone réservée de la marina.

HVIIDS VINSTUE

Kongens Nytorv 19 ✆ +45 33 15 10 64
www.hviidsvinstue.dk
Ouvert tous les jours de 10h à 1h, le week-end jusqu'à 2h, ferme à 20h le dimanche. Bière à partir de 35 DKK.

Volets en bois, vitrail historié aux fenêtres, un pas-de-porte en contrebas de la rue et une enseigne qui se balance au vent... Un vrai bistrot dans son atmosphère « marins de retour au port » quasi inchangée depuis 1723 ! A l'intérieur, des boiseries, des photos anciennes, des figures d'hommes barbus sur les murs, une lumière tamisée... Un vrai voyage dans l'histoire et une ambiance qui change des cafés ultra branchés de la capitale ! Un peu d'authenticité, ça ne fait pas de mal de temps en temps ! On y boit surtout des bières et du vin chaud en période de Noël.

JOE & THE JUICE

48 Østerbrogade
www.joejuice.com
Ouvert en semaine de 8h30 à 19h, samedi 10h à 17h, dimanche à partir de 11h. A partir de 55 DKK.

Chez Joe les fruits sont rois ! Aussi bien frais que secs, ils sont préparés de façon différente à chaque fois, en fonction des mois de l'année. Est-ce utile de préciser qu'ils sont bio ? En dessert : Goji brownie ou Carrot cake, en jus de fruits frais : Sex me up ou Joe's identity ou en shake : avocat ou chocolat... En plus, ils sont bons pour la santé. Pour chaque consommation, l'indice calorique est précisé ! Vous reconnaîtrez son logo noir et rose : Joe porte une casquette et est attablé. Pour un déjeuner sur le pouce : il y a aussi des sandwiches et bowls.

K-BAR

Ved Stranden 20 ✆ +45 33 91 92 22
www.k-bar.dk
Ouvert du lundi au jeudi de 16h à 1h, le vendredi et le samedi jusqu'à 2h. Cocktails 110 DKK, vin 60 DKK, bière 50 DKK.

Voici un petit bar à cocktails plus que branché et à l'ambiance ultra conviviale. Le shaker s'agite sous juste sous vos yeux et les verres attendent sur une grande table ! Plusieurs gins danois et anglais, des whiskys et des cocktails pour vous servir. Vous pourrez éponger le taux d'alcool en grignotant quelques snacks ! Car attention, ça envoie grave ! « Death in the afternoon » assemble citron, absinthe et champagne tandis que « Mekhong-ki-Tong » associe chili, gingembre, Mekhong whisky et coriandre ! On peut toujours essayer le Virgin Mary.... sans alcool !

KAFFE PLANTAGEN

3 Sankt Hans Torv
✆ +45 35 36 22 32
www.kaffeplantagen.dk
Ouvert en semaine de 7h30 à 20h, le week-end à partir de 9h à 20h.

Ce sympathique salon de café ne rigole pas quand il s'agit de proposer du café. Cafés et thés sont rigoureusement sélectionnés. La qualité avant tout. Vous pouvez aussi varier les plaisirs en dégustant un excellent chocolat chaud de la maison Summerbird. Dans tous les cas, rendez-vous chez KafféPlantagen, une adresse très vite devenue le QG de nombreux riverains qui viennent y boire un (bon !) café en lisant le journal. Ou même avaler un petit déjeuner. A la carte, salades, smoothies, gâteaux, thés, etc. Atmosphère friendly à toute heure de la journée.

KARAMELLERIET

36 Jægersborggade ✆ +45 70 23 77 77
www.karamelleriet.dk
Lundi 12h-17h30, mardi-vendredi 10h-17h30, samedi et dimanche 11h-15h. Autre boutique : Kongens Nytorv 13.

Tout a commencé par une histoire d'amitié entre deux collégiennes de l'île de Bornholm, Tina et Charlotte, à l'initiative de ces délicieux caramels fabriqués sur place. Il en existe à tous les parfums. Après s'être entraînées dans leur cuisine et ayant enfin trouvé la bonne technique de confection, elles ont ouvert leur boutique-atelier en 2006. Des bonbons aux noms originaux : *rocking stone* (« pierre tremblante ») ou *granite* pour les caramels durs ; *summer flirt* (flirt d'été), *touch of sun* (« touche de soleil ») ou encore *dusk* (crépuscule) pour les caramels mous.

KUNG FU II & IZAKAYA BAR

Ravnsborggade 16B
✆ +45 40 63 69 76
www.kungfubar.dk
Ouvert du dimanche au jeudi de 17h30 à minuit, le vendredi et le samedi de 17h à 2h. Fermé le lundi.

Une adresse moins danoise que les autres mais une fois n'est pas coutume. Faites une pause au Pays du Soleil Levant ! Le traditionnel *Izakaya* est le ramen bar où se retrouvent les Japonais de Copenhague après une journée de travail, pour boire un verre. Vous découvrirez des cocktails japonais étonnants et détonants à base de fruits et d'herbes asiatiques, comme le Izakaya Saketini (vodka, saké, écorce de citron et citron vert) ou encore le Asian Mule (vodka, saké, gingembre). Un lieu original et un très bon accueil. Vous pourrez prolonger en restant manger !

LIDKOEB

Vesterbrogade 72B ✆ +45 33 11 20 10
https ://lidkoeb.dk
Ouvert du dimanche au mardi 20h à 2h, du mercredi au samedi de 1h à 2h. Cocktail entre 80 et 120 DKK.

Voici une ancienne pharmacie des années 1880 devenue un temple du cocktail ! Lumière savamment feutrée, feu de cheminée et service aux petits soins sont les ingrédients de cette adresse au succès garanti. Trois étages dédiés aux breuvages sophistiqués : Mynte Smash, Clover Club, Papirflyveren ou Valkyrie sont autant de cocktails acidulés, sucrés, frais ou encore épicés que vous pourrez tester. Le 3e étage s'est spécialisé en dégustation de whisky. Confortablement alangui dans votre canapé, prenez le temps de savourer. Clientèle plutôt « bobo-underground ».

MIKKELLER BAR

Viktoriagade 8 ✆ +45 33 31 04 15
http ://mikkeller.dk
Ouvert du lundi au vendredi de 14h à 22h, le samedi dès 12h. Autre adresse : Stefansgade 35 à Nørrebro.

Un *must* pour les amateurs de bières ! Tout a commencé quand Mikkel, prof de physique-chimie, décida de jouer à l'alchimiste dans sa cuisine en mélangeant houblon, malt et levure. Depuis, la florissante marque danoise Mikkeller a fait des émules dans le monde entier. Elle exporte sa bière micro brassée dans 40 pays et est reconnue comme étant la plus innovante au monde ! Ici vous aurez l'embarras du choix avec une carte unique et haut de gamme dans un bar intimiste au décor délicatement soigné. 350 bières en bouteille à la carte... Toujours avec modération !

PALUDAN BØG & CAFÉ

Fiolestræde 10-12
✆ +45 33 15 06 75
www.paludan-cafe.dk
Ouvert lundi-jeudi 9h à 22h, vendredi jusqu'à 23h. Week-end à partir de 10h jusqu'à 23h.

Une bibliothèque-librairie-café ayant conservé tout son charme du temps d'avant. Paludan se situe dans l'ancien quartier juif, juste derrière la bibliothèque universitaire. Son histoire est liée aux étudiants et aux ouvrages dont ils avaient besoin. Le cadre est très agréable : un espace de gourmandise aménagé au milieu des livres et des bibliothèques sur deux niveaux ! Thés et cafés sont réputés, on peut aussi commander du vin ou de la bière, des sandwichs en cas de petite faim ou le brunch le week-end. Le jeudi dès 17h, débat autour d'une œuvre littéraire.

REINH. VAN HAUEN

falconer allé 19
✆ +45 38 80 08 00
www.rvh.dk
Ouvert tous les jours de 7h à 19h.

Valeur sûre et classicisme chez RvH. Une enseigne facile à identifier : un pain en forme d'anneau, de la famille des bretzels portant une couronne. En effet, cette boulangerie royale ouverte en 1897, est tenue depuis lors par la même famille. Elle est considérée comme la grande spécialiste du *wiener brød*. Un pain aux céréales, moulé et de couleur brune qui, comme son nom ne l'indique pas de prime abord, est une spécialité typiquement danoise et non viennoise. Une base alimentaire comparable à la baguette de chez nous ! On y trouve également de généreux sandwichs.

SANKT PEDERS BAGERI

Sankt Peders Stræde 29
✆ +45 33 11 11 29
Ouvert du lundi au vendredi de 7h30 à 16h ; samedi 8h à 13h.

Cette petite boulangerie au cœur du quartier latin serait la plus ancienne de Copenhague. Depuis toujours, le fournil prépare des viennoiseries typiques et plusieurs sortes de pâtisseries à emporter. La spécialité maison est le *tebirke*, une brioche feuilletée fourrée à la pâte d'amande et saupoudrée de graines de pavot. Mais c'est le mercredi, et uniquement ce jour là, que vous pourrez goûter au *onsdagssnegle*, un appétissant roulé à la cannelle. Attention, vous ne serez pas seul à faire la queue dehors. En effet, plus de 4 000 sont vendus chaque mercredi !

THE BARKING DOG

19 Sankt Hans Gade ✆ +45 35 36 16 00
www.thebarkingdog.dk
Ouvert du mardi, mercredi, samedi et dimanche de 18h à 22h, jeudi à partir de 17H, vendredi à partir de 16h.

C'est le bar branché de la ville, réputé comme étant l'un des meilleurs *cocktail bar* par les locaux. Des cocktails malicieux à prix doux. Ne manquez pas le Penicillin Highball. Il a tout ce dont on a besoin pour soigner un mal de tête, une mauvaise rupture, le blues ou même la fièvre. Un whisky, gingembre et miel. Que dire de Freeda ? Né de la rencontre entre les dieux nordiques et les Indiens du Mexique : un mélange chocolat-sucre de canne dilué avec un Nordic Tonic. A cela ajoutez une douce musique, un service jovial et la possibilité de picorer. Juste parfait !

THE COFFEE COLLECTIVE

57 Jægersborggade
✆ +45 60 15 15 25
www.coffeecollective.dk
Ouvert en semaine de 7h à 19h, le week-end à partir de 8h jusqu'à 18h.

Une adresse telle qu'on les aime à Copenhague. Sobre et design en plus d'être sympathique. Une salle intimiste. Une agréable terrasse. Quelques tables en bois, de jolies suspensions et un excellent café ! Coffee Collective fait certainement l'un des meilleurs de la ville. Expresso, allongé, serré, café crème... Il y en a pour tous les goûts... et vous y prendrez goût... et vous reviendrez ! Le jeu des mousses est un régal pour les yeux dans la grande tradition des baristas ! Les cafés proviennent du Brésil, de Colombie, du Kenya et du Guatemala.

THE ROOFTOP BAR HOTEL DENMARK

Vester Voldgade 89 ✆ +45 33 11 48 06
https ://www.brochner-hotels.com/hotel-danmark/rooftop-bar
Au 7e étage. Ouvert tous les jours. Soirées à thème. Accessible à tous.

Le Rooftop Bar est situé sur le toit terrasse du boutique-hôtel Danmark, une situation enviable en plein cœur de la ville, aux abords du Musée national, de l'hôtel de ville et de Tivoli. Depuis le 7e étage, il offre une vue panoramique à 360° sur tout Copenhague. L'endroit est parfait pour déguster un cocktail ou un verre de vin, s'imprégner de l'ambiance hygge du salon et admirer la vue. Autre façon d'en profiter : une « soirée session » du vendredi ou une soirée dance-floor avec DJ.

(SE) FAIRE PLAISIR

Un souvenir à ramener ? Une envie de se faire plaisir ? Les idées de cadeaux ne manquent pas à Copenhague. Strøget est la principale voie piétonne où se concentrent la majorité des grandes enseignes danoises : Illums Bolighus, Georg Jensen, Søstrene Grene, Bang & Olufsen, Lego... Comme partout ailleurs, les chaines internationales sont inévitables, mais pour tous ceux qui sont lassés de leurs articles de masse, dirigez-vous plutôt vers les rues secondaires ou les quartiers moins fréquentés. C'est là que se trouve la jeune création et Copenhague a cette chance qu'elle soit très créative. Travaillant seuls ou en petits collectifs, les créateurs investissent des boutiques-ateliers ou des *concept-store* très tendance, souvent situés dans les quartiers à la mode que sont Vesterbro et Nørrebro, ou bien entre Kongens Nytorv et Købmagergade, et dans Strædet. Enfin, les marchés aux puces et les brocantes sont une alternative à vos achats.

ILLUM

Østergade 52
✆ +45 33 14 40 02
www.illum.dk
Ouvert tous les jours de 10h à 21h. Rooftop et restauration.

C'est en 1891 que l'homme d'affaires Anton Carl Illum (1863-1938) fonda son premier magasin auquel il donna son nom... Aujourd'hui, il appartient au groupe italien des grands magasins La Rinascente, l'équivalent des Galeries Lafayette ou du Printemps, et privilégie les grandes marques internationales et le haut de gamme. Véritable lieu de vie, il abrite des restaurants et des bars au rez-de-chaussée, ouverts sur Strøget et un super rooftop, en plus d'organiser des événements : concerts, cours de cuisine. Tous les services pour passer une belle journée shopping !

MAGASIN DU NORD

Kongens Nytorv 13
✆ +45 33 11 44 33
www.magasin.dk
Ouvert tous les jours de 10h à 20h.

Ce *department store* danois fut créé en 1868 et s'implanta à Copenhague trois ans plus tard dans cet ancien et très chic Hôtel du Nord où vécut Andersen quelques années. Sur plusieurs étages se répartissent des rayons dédiés au design, aux arts de la table, aux jouets (dont les Lego), à la mode (enfant, femme et homme), aux accessoires (montres, bijoux...) avec une prédilection pour les marques danoises ou nordiques. Au sous-sol se trouvent un *delicatessen* (alimentation fine), la presse étrangère et un tabac. Adresse phare pour une virée shopping complète.

LEGO STORE

Vimmelskaftet 37
✆ +45 52 15 91 57
www.lego.com
Ouvert du lundi au samedi de 10h à 18h, le vendredi jusqu'à 19h, le dimanche de 11h à 17h.

Que l'on soit petit ou grand, fan de Lego ou pas, cette boutique géante vaut le détour ! Saviez-vous que Lego est une marque danoise créée en 1932 ? Alors rendez-vous dans la rue piétonne Strøget. L'espace se divise en 3 zones : une dédiée au shopping bien sûr, mais il y a surtout une aire de jeux où s'essayer à la construction des célèbres briques, plus un espace d'exposition avec de magnifiques sculptures, des anecdotes sur l'histoire de la compagnie. Info très futée : pour les amateurs, les vrais de vrais, certains modèles en exclusivité ne se trouvent qu'ici.

NORDISK KORTHANDEL

Studiestræde 30
✆ +45 33 38 26 38
www.scanmaps.dk
Ouvert du lundi au vendredi de 10h à 18h, le samedi de 10h à 16h.

Nordisk Korthandel a été fondé en 1959. C'est le spécialiste des cartes et autres planisphères. Il fournit aussi des guides de voyage pour parcourir le monde entier ainsi que des guides pratiques d'activités sportives. Le vélo en particulier. Peut-être y trouverez-vous une version danoise du Petit Futé ! Dans la boutique située à Studiestræde, dans le « quartier des études » de Copenhague. Sur place, des imprimantes réalisent sur mesure des *DitKort*, des cartes topographiques du Danemark selon votre choix. A vous de sélectionner la période de 1842 à nos jours.

SÖGRENI OF COPENHAGEN

Sankt Peders Stræde 30A
✆ +45 33 12 78 79
www.sogrenibikes.com
Ouvert tous les jours de 10h à 18h, le samedi jusqu'à 16h.

Voilà près de 40 ans ans que Søren s'impose comme le créateur de vélos personnalisés, une référence dans le domaine. Les deux-roues de cette enseigne ultra renommée à Copenhague deviennent presque des œuvres d'art, des objets uniques. Ils sont en effet exposés dans certains musées, c'est le cas du Louisiana créé en collaboration avec des designers. Les pièces sont assemblées à la main avec les meilleurs matériaux. Le temple du vélo sur mesure fournisseur la famille royale. Mais cela a un prix, bien sûr... Selon vos moyens, optez pour de jolis accessoires.

THE DANISH PIPE SHOP

Vester Voldgade 92
✆ + 45 33 12 36 51
www.danishpipeshop.com
Ouvert du lundi au jeudi de 10h à 17h30, le vendredi jusqu'à 18h le samedi jusqu'à 15h.

Ce magasin qui existe depuis 1969 est spécialisé dans les pipes. Des pipes artisanales au design incroyable. De véritables chefs-d'œuvre à destination des amateurs de tabac. Ici à Copenhague, dans une capitale qui s'identifie avant tout comme un port, on imagine aisément de vieux loups de mer leur pipe au bec ! Vous trouverez également un large choix de cigares et de tabac ainsi que des accessoires tels que briquets, kits d'entretien, pochettes de voyage. Livraison dans le monde entier. Les prix sont à la hauteur de l'exception de certaines pièces exposées.

FISKETORVET

Havneholmen 5
✆ +45 33 36 64 00
www.fisketorvet.dk
Ouvert tous les jours de 10h à 20h.

Le « marché aux poissons », en activité de 1958 à sa fermeture en 1999, est un immense mall, le troisième centre commercial au Danemark par sa taille. Sur plusieurs niveaux se succèdent 120 boutiques en tout genre (prêt-à-porter notamment), un multiplexe IMAX et CinémaxX comprenant douze écrans et 15 enseignes de restauration classique ou rapide. Dans l'atrium, une immense sculpture, Shoal n° 8, composée de 8 500 poissons en acier rappelle l'ancienne activité du lieu. Elle est l'œuvre du studio Scabetti. A voir absolument même si vous n'aimez pas le shopping.

LETZ SHOP

Sankt Jakobsgade 4
✆ +45 33 11 00 57
www.letzshoponline.dk
Ouvert du lundi au jeudi de 10h à 18h, le vendredi jusqu'à 19h, le samedi jusqu'à 13h30.

Une épicerie fine au concept épicurien... français mais pas seulement ! Sur les étagères, large choix de vin, pain frais, fromage et autres gourmandises nées du savoir-faire artisanal. Un décor chaleureux inspiré des commerces d'avant-guerre, des celliers et garde-manger des arrière-cuisines où il faisait bon chaparder un petit quelque chose à grignoter ! Daniel Letz, originaire d'Alsace, a mis ses connaissance du fumage au service des saumons et harengs de la maison. Des dégustations conviviales sont régulièrement organisées autour de la longue table de ferme.

TANTE T

17 Linnésgade
✆ +45 32 10 36 10
www.tante-t.dk
Ouvert du lundi au jeudi de 10h à 19h, vendredi jusqu'à 20h, samedi jusqu'à 18h, dimanche de 11h à 17h.

Parmi les magasins installés au marché de Tove-rhallerne, Tante T s'est spécialisée dans le thé. A la vente une centaine de variétés de thé, blanc, vert matcha, oolong, noir ainsi que des thés parfumés. Les nobles feuilles séchées ne peuvent se préparer sans les bons accessoires, ni sans connaître les règles de l'art ou autre cérémonie associées à votre boisson préférée. Vous pourrez également déguster sur place, il y a un petit coin salon de thé qui ressemble au salon de Tante... T et une agréable terrasse où se poser tout en profitant de l'animation du lieu.

VINBØRSEN

Nordre Frihavnsgade 6
✆ +45 35 38 60 72
www.vinboersen.dk
Ouvert du mardi au jeudi de 10h à 18h, le vendredi jusqu'à 19h, le samedi jusqu'à 15h.

Vinborsen est une épicerie fine qui s'adresse aux fins gourmets. Sa large sélection de produits est source d'inspiration pour ramener un cadeau gourmand de son périple à Copenhague. Elle est majoritairement spécialisée en alcools, thés et chocolat. Même si les produits français sont à l'honneur, ne manquez pas les spécialités danoises. A savoir, les différentes bières. Amager Bryghu, Fanø, Man behind, Hvide sande ou Skagen. Amateurs de cacao, découvrez les chocolats danois Summerbird. Des chocolats bio depuis 30 ans déjà, présentés dans de délicats étuis blancs.

CARMEN COPENHAGEN

Larsbjørnsstræde 11

✆ +45 33 14 30 36

Ouvert du lundi au jeudi de 11h à 18h, le vendredi jusqu'à 19h, le samedi jusqu'à 17h.

Carmen est l'une des plus anciennes friperies de la ville. Vous reconnaîtrez aisément la boutique au Dannebrog flottant en façade et aux vêtements suspendus juste en dessous. Le jour de la fête nationale, uniquement des pièces de couleur rouge ! Une friperie certes mais une friperie qui renferme des trésors plutôt sélects donc griffés, en privilégiant les années 1970-1980. Un corner déco se glisse parmi les cuirs, les robes et les chaussures. Des coussins, des plaids visibles en vitrine. Courez-y si vous aimez chiner, ne serait-ce que pour le coup d'œil !

CHAPEAUX PETITGAS

Købmagergade 5

✆ +45 33 13 62 70

www.petitgas.dk

Ouvert du mardi au vendredi de 11h à 17h30, le samedi jusqu'à 15h.

C'est en avril 1857 que le Parisien François Petitgas a ouvert cette boutique au cœur de Copenhague. A l'époque, les chapeaux étaient fabriqués dans les ateliers situés aux étages supérieurs. Aujourd'hui, la maison – plusieurs fois revendue ! – est parvenue à conserver son activité. On y trouve casquettes, chapkas ou feutres, mais désormais ils sont fournis par les marques les plus emblématiques de la corporation : Stetson, Borsalino, Mayser, Tesi, Wigéns, CTH, et bien d'autres encore…. De nombreuses têtes couronnées sont venues se faire chapeauter ici…

GÅGRØN ! [GOGREEN]

Jægersborggade 48

✆ +45 40 18 07 72

www.gagron.dk

Ouvert du mardi au vendredi de 11h à 17h30, le samedi de 10h à 15h30, le dimanche de 11h à 15h.

La boutique GåGrøn ! traduisez « Soyons verts ! » se trouve dans la fameuse rue Jægersborggade de Nørrebro. Vous trouverez ici de quoi approfondir votre démarche durable, et pour les non-initiés, de précieux conseils pour aller vers un mode de vie plus vert. Outre les divers accessoires proposés à la vente, le personnel aime à partager ses convictions ! Tous les articles sont issus du commerce équitable ou du recyclage de matières premières. Un tas d'idées cadeaux de qualité pour tous les jours. Des objets déco en bambou, en bois, en laine, etc.

GEORG JENSEN

Amagertorv 4

✆ +45 33 11 40 80

www.georgjensen.com

Ouvert du lundi au samedi de 10h à 18h.

Depuis 1904, Georg Jensen est la référence en matière d'orfèvrerie et de bijouterie. Installée dans un immeuble à l'élégante façade de pierres blanches, le show-room est à la hauteur des attentes quant à une vénérable maison qui fournit la famille royale du Danemark. Du mobilier contemporain, minimal et architecturé pour mettre en valeur l'éclat et la pureté des lignes des pièces d'argenterie. De la vaisselle et des couverts bien évidemment mais aussi de belles montres et de supebes bijoux en argent. Pour rêver un peu ! ou se faire plaisir…

KLUNS

Gammel Kongevej 51

✆ +45 33 25 80 33

Ouvert du lundi au jeudi de 10h à 18h, le vendredi jusqu'à 19h, le samedi jusqu'à 16h.

Cette jolie boutique sélectionne parmi les fashion-weeks européennes le nec plus ultra de la mode féminine. De Berlin à Amsterdam en passant par le Danemark. La marque hollandaise King Louie et ses imprimés fleuris, ses robes légères à pois et ses manteaux structurés à rayures. Les élégants tricots légers et colorés de Mansted, créés par la Danoise Charlotte Mansted. Ou encore le casual chic urbain de MOS MOSH, autre marque danoise, à titre d'exemple. De quoi se vêtir mais avec de l'inédit en France ! Décoration acidulée et service de qualité. Prix raisonnables.

KOBENHAVN K

Studiestræde 32

✆ +45 33 73 15 19

www.koebenhavnk.com

Ouvert du lundi au jeudi de 11h à 18h, le vendredi jusqu'à 19h, le samedi jusqu'à 17h.

Kobenhaven K. Un nom qui semble directement sorti d'un film de James Bond ! Et pour cause, vous trouverez ici de quoi modifier votre apparence ou changer de look ! Une boutique très sélect de vêtements et d'objets maison de seconde main ! Une adresse pas facile à trouver, un peu cachée au fond d'une courette où garer son vélo et s'attabler pour papoter. Une vrai caverne d'Ali Baba du goût des *hipsters* danois. A l'intérieur, de nombreux accessoires et vêtements, tous très bien rangés et étiquettés, pour adopter un style cool et rétro à prix raisonnable.

MARLENE JUHL JØRGENSEN

Store Regnegade 2
✆ +45 33 93 09 92
www.marlenejuhljorgensen.dk
Lundi 12h-17h, du mardi au vendredi 11h-17h30, samedi 11h-15h. Prix Elle Style Award en 2016 « Bijoux de l'année ».

La créatrice de bijoux danoise, Marlene Juhl Jørgensen invente des bijoux à partir de ses expériences de vie. Modernes, en or ou argent, ornés de pierres précieuses et semi-précieuses. La technique et le savoir-faire s'inscrivent dans une démarche de haute joaillerie. Les sources d'inspiration sont variées, plutôt ethniques, collections Sioux City et Nairobi, ou historiques – croissant de lune et étoiles du Moyen-Orient avec Unspoken words. Née de l'observation de la nature, la collection Flow, entre entrelacs et arabesques, est totalement dans l'air du temps.

RANDERS HANDSKER

Frederiksberggade 36
✆ +45 33 13 04 33
www.randershandsker.com
Ouvert du lundi au jeudi de 10h à 17h30, le vendredi jusqu'à 18h, le samedi jusqu'à 15h.

Tout, tout, tout, vous saurez tout sur les gloves ! Bienvenue chez le plus ancien fabriquant de gants du Danemark ! Une autre très honorable maison créée en 1811 qui continue de fournir les membres de la famille royale ainsi que tous les corps officiels de la monarchie : la Marine Royale, Police, la Garde royale et le SWAT ! Moufles et gants en cuir, de toutes les couleurs, cousus dans leurs ateliers. Pour toutes les circonstances, en été comme en hiver, du chaud ou du léger mais toujours l'excellence dans la qualité. Vous trouverez aussi une gamme de pochettes.

BOCONCEPT

Gammel Kongevej 29A
✆ +45 33 26 87 87
www.boconcept.dk
Ouvert du lundi au jeudi de 10h à 18h, le samedi jusqu'à 17h et le dimanche de 11h à 16h.

Inutile de vous présenter cette enseigne danoise de mobilier design née en 1952 puisqu'elle s'est largement implantée partout en France. Fidèle aux codes du mobilier danois, simple, fonctionnel et esthétique, elle permet néanmoins à une grande majorité de pouvoir acheter des meubles de style sans trop se ruiner ! Outre du mobilier, on y trouve de petits objets de décoration aux lignes épurées et des accessoires tendance : bougeoirs, lampes, vases, porte-manteaux, etc. Bonne nouvelle, la boutique est ouverte également le dimanche. Pour faire le plein d'idées.

BROCANTE (THORVALDSENS PLADS ANTIQUE MARKET)

Bertel Thorvaldsens Plads 2
✆ +45 22 48 41 77
www.antikmarked.com
Ouvert du premier week-end de mai à fin octobre tous les vendredis et samedis de 7h à 18h.

20 ans déjà que Throvaldsens Antique market est devenu le marché préféré des Copenhaguois dans leur chasse au trésor de vieux objets. Emplacement en or, en bordure de l'un des vieux canaux près du palais de Christianborg et du musée Thorvaldsen. Des stands tenus par un regroupement d'antiquaires, c'est dire que l'on peut chiner bon nombre d'objets de qualité, loin des déballages du style vide-grenier. Antiquités, objets rétro, *vintage*, porcelaine danoise, céramiques, objets design...

CARL HANSEN & SON

Bredgade 18
✆ +45 64 47 23 60
www.carlhansen.com
Ouvert du mardi au vendredi de 11h à 18h, le samedi de 10h à 16h.

Une maison historique dans l'histoire du design danois à l'origine de la production de meubles devenus intemporels. Célèbre exemple, le tout premier modèle de Hans J. Wegner conçu exclusivement pour Carl Hansen & Søn en 1949, la chaise CH24, également connue sous le nom Wishbone Chair, est en production continue depuis 1950. Reconnaissable à son dossier en forme de Y et à son assise tissée à la main avec 120 mètres de corde ! Vous trouverez ici de quoi aménager la maison en indoor comme en outdoor... Une belle histoire qui a commencé en 1908 !

DANSK MØBELKUNST GALLERY

Aldersrogade 6C
✆ +45 33 32 38 37
www.dmk.dk
Ouvert sur rendez-vous. Boutique sur Bredgade 5, ouverte du lundi au vendredi 10h–18h, le samedi 10h–16h.

Un showroom tellement beau qu'une seule envie vient à l'esprit : s'y installer. En effet, chaque espace est traité comme une pièce de la maison. Le mobilier sublime est à la hauteur du design scandinave des années 1920 à 1970. Ole Høstbo a ouvert ce magasin en 1992, qui fait aussi office de galerie renfermant des chefs-d'œuvres uniques et originaux (étagères de Christian Vedel, Halyard chair de Hans J Wegner) et notamment des objets contemporains édités en série limitée (Claus Bjerre...). De l'exclusif donc, onéreux certes mais plaisir des yeux avant tout !

KERAMIKER INGE VINCENTS

Jægersborggade 43
✆ +45 40 70 17 50
www.vincents.dk
Du lundi au vendredi de 10h à 17h30 (jeudi à 18h), samedi 11h à 16h. Décembre et juillet ouvert tous les jours.

De l'extérieur, on est tout d'abord happé par la lumière qui s'échappe du lieu. En y regardant de plus près, on ne voit rien d'autre que du blanc. Vases, verres, pots... Une boutique épurée et minimaliste où chaque pièce est unique, et pourtant on aurait tendance à croire qu'elles se ressemblent toutes ! Inge Vincents, l'artiste, travaille les formes, les volumes, les courbes, toujours avec finesse et précision. Les formes naissent du pliage de feuilles de porcelaine blanche, fines et translucides. A son image, l'endroit est apaisant... On craque pour ses œuvres.

MARCHÉ AUX PUCES

Ravnsborggade
Certains dimanches en mars, juin, septembre et décembre. Les dates sont publiées sur le site Internet.

Plusieurs dimanche par an, Ravnsborggade, Ravnsborg Tværgade et Sankt Hans se transforment en un déballage géant, où chacun vient farfouiller... et espère dénicher la pièce rare parmi les antiquités, les meubles design, les objets rares, et bien plus encore puisque l'espace est aussi ouvert en vide-grenier pour les particuliers. Très bon esprit dans ces rues localisées aux abords des lacs, parfait pour une balade également si vous n'êtes pas amateur de chine car ces jours-là, tous les cafés, boutiques, galeries et commerces du quartiers restent ouverts.

MARCHÉ DE FREDERIKSBERG [FREDERIKSBERG LOPPETORV]

Frederiksberg
Tous les samedis début avril à mi-octobre, parking voisin de l'hôtel de ville de Frederiksberg.

Un incontournable du samedi matin, le marché aux puces de Frederiksberg Loppetorv. Les articles proposés ont tendance à être de qualité mais à des prix raisonnables. Stands de nourriture et tentes à bière sont aussi de la partie, vous pourrez ainsi profiter d'un hot-dog danois et d'un verre de « Gammel Dansk » amer pendant votre promenade. Plus ancien marché aux puces du pays, il vous invite à chiner dans une ambiance décontractée, entre antiquités, mobilier et articles de qualité.

MARITIME ANTIQUES

Toldbodgade 15
✆ +45 33 12 12 57
www.maritime-antiques.dk
Ouvert en semaine de 10h à 17h30, le samedi jusqu'à 14h.

Une boutique qui fera le bonheur des amateurs de navigation mais pas seulement. Ici vous trouverez tous les objets pour peaufiner la déco bord de mer ou plus exactement « vie au port » ! de votre intérieur. Maquettes de navires en bouteilles, sacs et cantines à matelots, gouvernails, casques de scaphandrier, lampes... Bref, un bric-à-brac propre à réveiller l'âme de marin qui sommeille en tout terrien. Mais, arrêtez-vous aussi pour les lignes de vêtements spécifiques telles que les superbes pulls Andersen Andersen ou les cirés colorés de Stutterheim.

NORMANN COPENHAGEN

Østerbrogade 70
✆ +45 35 55 44 59
www.normann-copenhagen.com
Ouvert du lundi au vendredi de 11h à 17h30, le samedi de 10h à 15h.

Marque phare du nouveau design danois, Normann connaît un succès retentissant. Depuis sa création en 1999 par Jan Andersen et Poul Madsen, sa ligne de conduite est restée fidèle au style épuré et aux lignes contemporaines du design scandinave. La marque emblématique qui a le vent en poupe est présente dans plus de 80 pays. Le magasin situé au cœur du quartier résidentiel d'Østerbro, a investi le site d'un ancien cinéma, 1 700 m^2 où sont exposés meubles et objets. De quoi ravir les férus de décoration qui pourront choisir une création inédite avant de repartir.

ROYAL COPENHAGEN

Amagertorv 6
✆ +45 33 13 71 81
www.royalcopenhagen.com
Ouvert en semaine de 10h à 19h, le samedi jusqu'à 18h, le dimanche de 11h à 16h.

La manufacture royale de porcelaine Royal Copenhagen fut créée en 1775. Elle est installée dans un magnifique bâtiment datant de 1616 où sont exposés sur trois étages tous leurs célèbres produits bleutés. Pour rappel, le bleu est la couleur historique des motifs. Bien que rachetée par un groupe suédois, la manufacture continue de fournir la famille royale et ses productions sont toujours agréées par la cour de Margrethe II. Pour identifier leur production, rien de plus simple : vous verrez trois vaguelettes bleues peintes au revers de chaque pièce.

BOUGER & BULLER

L'eau est le maître-mot. Il n'existe pas moins de sept piscines découvertes dont celles aménagées directement dans les eaux du port. Tout aussi typiques du mode de vie scandinave, les piscines-saunas. Le port du maillot de bain est dans ce cas précis prohibé ! Ce n'est pas exactement la Finlande, mais on se promène avec le plus grand naturel dans le plus simple appareil, en lisant son journal dans des cabines à 70 °C, en papotant entre amis… Autre approche des courants et des marées : le Yachting. L'âme des vikings ne s'est jamais vraiment perdue, les danois sont de fervents amateurs de nautisme. Les eaux sont gelées ? Il est temps de sortir les patins à glace. Saviez-vous que le hockey sur glace est le sport d'hiver le plus populaire du Danemark ? Le temps s'est radouci mais vous pouvez toujours chausser vos skis. Et rien n'empêche de marcher, de pédaler ou de courir... comme l'eau vive !

DGI-BYEN

Tietgensgade 65
✆ +45 33 29 80 00
www.dgi-byen.com
Du lundi au jeudi 6h30-22h, vendredi jusqu'à 19h30, samedi et dimanche 9h-18h. Adulte 65 DKK, réduit 45 DKK.

DGI-Byen est un centre aquatique assez étonnant. Tout d'abord pour son bassin de nage. Une belle piscine plutôt originale... puisque pour faire ses longueurs on tourne en rond ! En effet, le bassin est circulaire. Attention, on ne nage pas dans tous les sens. Pour éviter les accidents, le sens de nage est obligatoire et il change tous les lundis ! Les mardi et jeudi soir, soirée bien-être. Ambiance lumineuse tamisée et bruit de l'eau amplifié ! Des travaux sont prévus courant 2020. Restaurant, sauna, bowling à l'extérieur. Idéal en famille.

FREDERIKSBERG SVØMMEHAL

Helgesvej 29 ✆ +45 38 14 04 00
www.svoemmehal.frederiksberg.dk
Lundi au vendredi 7h-21h, samedi 7h-16h, dimanche et jours fériés 9h-16h. Adulte 46 DKK, enfant 20 DKK, spa 59 DKK.

Une très belle piscine intérieure construite en 1933, couverte d'une verrière en puits de lumière et ornée de superbes céramiques Art déco – représentant des baigneurs à l'antique ! – signées par le peintre danois Vilhelm Lundstrøm, artiste exposé dans tous les musées du royaume. Bassin d'eau salée pour flottaison, sauna et bain bouillonnant. Un soir par mois, c'est Minuit piscine. Pas de lumière autre que des bougies allumées et silence absolu ! Une expérience détente réservée aux adultes ! De même, certains dimanches, l'accès au spa est ouvert aux familles.

PORT DE FISKETORVET-FISKETORVET HAVNEBAD

Kalvebod Brygge 55
✆ +45 30 89 04 70
www.svoemkbh.kk.dk/indhold/havnebade
Ouvert du 15 mai au 15 septembre 24h/24. Baignade surveillée de 10h à 18h. Accès gratuit.

Les bains de Fisketorvet sont situés sur la rive de Kavelbod Brygge, non loin de la gare centrale, au pied du centre commercial et de l'hôtel Copenhagen Island. Un endroit prisé des Copenhaguois ! Trois bassins distincts sont à la disposition des nageurs. Un bassin de nage d'une longueur de 50 mètres, un bassin pour plongeons profond de 4 mètres et une pataugeoire adaptée aux plus petits. Tout autour de belles plages de bois permettent de lézarder au soleil et de profiter de la vue.

COPENHOT

Refshalevej 325 ✆ +45 31 32 78 08
https ://copenhot.com
Jeudi-dimanche 10h-22h, mercredi 14h-17h30. Réserver 24h à l'avance. A partir 300 DKK. Sauna 500 DKK par personne.

De l'eau de mer chauffée par un feu de bois versée dans des cuves en bois, une vue panoramique à couper le souffle, un sauna comme une cabane en bois, une heure et demie à barboter... Vous êtes en train de vous relaxer à la scandinave au spa de Copenhot ! Notre conseil futé : à essayer au crépuscule pour profiter de la vue à 160° sur le port et la ville de Copenhague. Le must du must, le Sailing Hot Tub : un spa flottant skipper inclus ! Jusqu'à cinq personnes, une croisière dans un bain à 40 °C. Rendez-vous à Refshalevej en bateau-bus, c'est encore mieux !

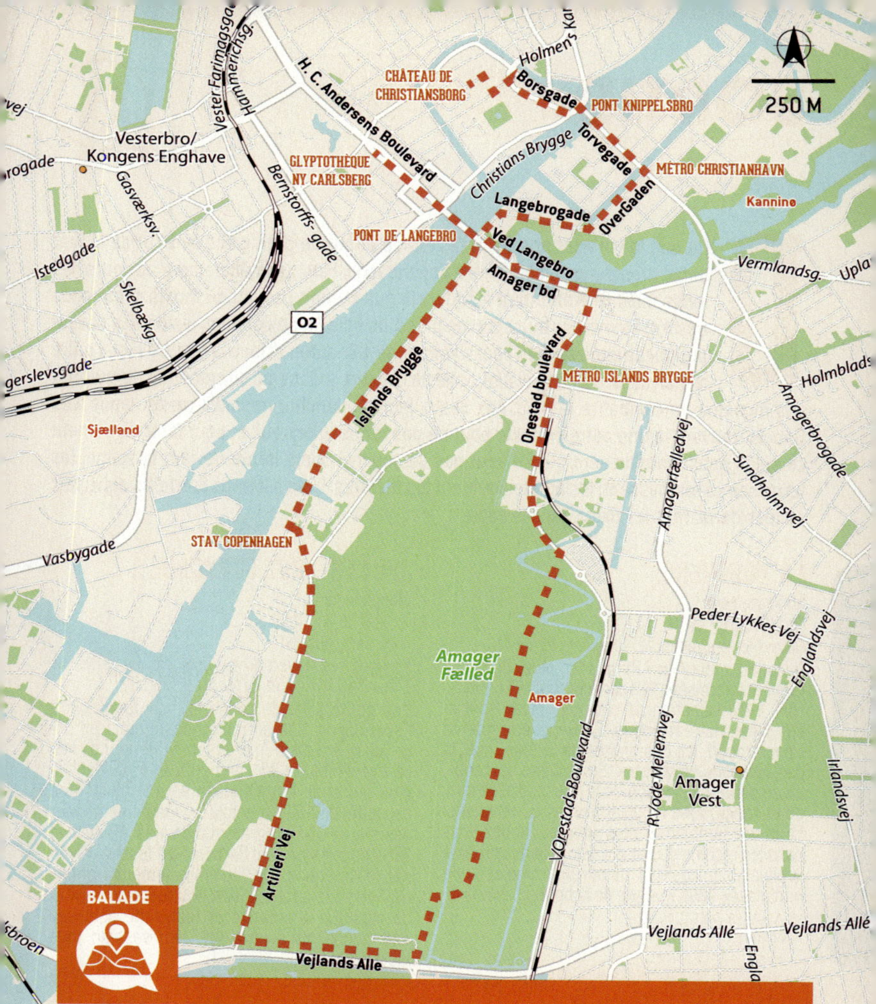

AMAGER EN PETITES FOULÉES

Distance 7 km.

Départ place du **château de Christiansborg**, le cœur historique et politique de Copenhague. Suivre **Borsgade**, traverser le pont **Knippelsbro** et poursuivre sur **Torvegade** en direction de la station de métro ChristianHavn. Un peu avant la station, un petit canal se dessine sur la droite, longez-le par **OverGaden** jusqu'à **Langebrogade,** une belle course au pied des bastions et des glacis de **Christiana**. Puis suivez **Ved Langebro** pour rejoindre **Amager boulevard**. Belle vue sur le système défensif de Christian Havn depuis l'autre rive. Prenez à droite à **Orestad boulevard** et le **Staens Serum Institut**. Après la station de métro de **Islands Brygge**, vous pénétrez dans le quartier universitaire et une superbe zone de réserve naturelle. Suivez l'allée cavalière qui longe le boulevard jusqu'à **Vejlands Alle** que vous empruntez sur votre droite. Rejoignez **Artilleri Vej** sur votre droite et remontez jusqu'à la fourche de **Drechselsgade** en direction de l'hôtel **Stay Copenhagen**. Là, le parcours longe **Islands Brygge** jusqu'au pont de **Langebro**. Traversez pour rejoindre le **H C Andersens Boulevard.** Fin du parcours devant la **Glyptothèque NY Carlsberg.**

Pour connaître les meilleurs parcours de course à pied de Copenhague, consultez www.strava.com

SORTIR

Dire que la vie nocturne est très animée et qu'elle dure jusqu'au bout de la nuit serait presque un pléonasme à Copenhague. Plus particulièrement au cours des longs mois d'hiver durant lesquels la nuit ne finit pas, ou du moins commence très tôt. Pour éviter tout coup de blues, de spleen, de déprime, les Danois savent profiter de leurs soirées pour s'animer, se réchauffer et faire la fête. Un mot d'ordre si bien assorti à convivialité. Salle de concert, théâtre ou discothèque permettent à la musique de combattre le froid. Aux beaux jours, la lumière ne faiblit presque pas. Les Danois trouvent là une autre prétexte pour ne pas rentrer chez eux et pour fêter dignement ce soleil quasi omniprésent qui ne veut pas se coucher. Alors la rue devient la scène, les terrasses se remplissent, les artistes quittent les théâtres. C'est le temps des festivals et des soirées dansantes les pieds dans le sable.

LA BOUCHERIE

10 Vestergade
✆ +45 30 27 16 49
Ouvert le vendredi et le samedi de 23h à 4h.

Un endroit pour les 21 ans et plus. Club aux lumières tamisées. Décor électrique et industriel. Belle sélection de cocktails et en spécialité : les shots arrangés. La Boucherie joue la *french touch*. Ici, des photos de la tour Eiffel, là des boissons enivrantes. Sur la piste de danse, on se déhanche au son de la house, de l'électro, de la dance, avec aux platines les DJ résidents. Pour une ambiance plus intime, rendez-vous dans les recoins du Bar 2. La Boucherie combine le plaisir d'un cocktail maison vitaminé et d'une nuit placée sous le signe de la bonne humeur !

SPILLESTEDET STENGADE

Stengade 18
✆ +45 35 35 50 69
www.stengade.dk
Musique live. Ouvert du mardi au dimanche de 14h à 2h, jusqu'à 5h du jeudi au samedi.

Une petite salle de concerts incontournable à Copenhague. Une entrée modeste mais un décor de géant dans l'univers du Graff pour ce lieu chargé d'histoire, bâti en béton en 1936 dans le plus pur style fonctionnaliste ou Funkis ! Une capacité de 230 spectateurs seulement pour assister à une programmation très affinée de 125 concerts par an. Participe au festival hivernal, le Vinterjazz ! Un lieu éminemment branché de Nørrebro, apprécié des amateurs de rock et de musique alternative et recherché pour ses animations qui électrisent. *Jam session* tous les mardis soir.

RUST

Guldbergsgade 8
✆ +45 35 24 52 00
www.rust.dk
Vendredi-samedi 20h30 concerts live (mercredi et jeudi selon événements). Discothèque jusqu'à 5h, âge 20 ans minimum.

Rust est un incontournable de Nørrebro et l'on y accourt de tous les quartiers de la capitale. Que dire si ce n'est que c'est en général bondé ? Au total, près de 670 personnes peuvent tenir sur les trois étages. Au programme, deux ambiances : musique *live* en début de soirée, discothèque pour finir en beauté. La playlist maison est plutôt orientée musique urbaine, house et électro. Les soirs de concert, la salle accueille des groupes de rock, d'électro ou de hip-hop. Terrasse en été. L'une des meilleurs boîtes du quartier mais réservée aux plus de 20 ans !

VEGA

Enghavevej 40 ✆ +45 33 25 70 11
www.vega.dk
Plusieurs salles de concerts et une discothèque. Ouvert selon programmation, en général à partir de 19h.

Initialement connue sous le nom de Folkets Hus, Vega fut construit en 1956 sur un plan de Vilhelm Lauritzen, architecte de l'aéroport de Copenhague. Après une rénovation complète, la salle a rouvert ses portes en 1996. Toujours très populaire à Vesterbro, cette *Musikkens Hus* (maison de musique) intimiste attire les férus de platine et de décibels. Son architecture est marquée par le style fonctionnaliste et ses lampes typiques des années 1960. La boîte de nuit est animée par les DJ les plus en vue. Concerts de groupes locaux et internationaux. Programme en ligne.

WOODSTOCK CHRISTIANIA

87 Mælkevejen
https ://cafe-woodstock.business.site
Ouvert tous les jours en continu de 9h à 5h le lendemain !

Le plus vieux troquet, au bout de la « Pusher Street » dans la communauté alternative de Christiania. Woodstock est à peu près aussi informel que possible. Ce café unique est probablement le seul endroit de la ville où vous pouvez partager une place au bar avec des Groenlandais qui n'ont pas sucé que des glaçons ! Et tomber sur des stars de la pop en visite. Un melting-pot de toutes nationalités et de tous niveaux sociaux. Comme l'endroit est rarement fermé, c'est LE repli pour finir sa nuit blanche lorsque la plupart des autres endroits ont tourné la clé !

GRAND TEATRET

Mikkel Bryggers Gade 8
✆ +45 33 15 16 11
www.grandteatret.dk
Ouvert tous les jours, fermeture des guichets à 21h30, fermeture du café à 22h.

L'un des plus vieux cinémas de Copenhague, comprenant sept salles et projetant une majorité de films européens. Le cinéma est situé à l'arrière du bâtiment du Palace Hotel conçu par l'architecte Anton Rosen, l'hôtel le plus en vogue de Copenhague au moment de son ouverture en 1910. Le premier cinéma a ouvert ses portes en 1913 sous le nom d'Empire Theatre, il se trouvait alors dans le Grand Hall du Palace. Bon à savoir : les lundis sont consacrés au cinéma français et pendant les vacances la séance du matin à 9h30 est à prix tout doux avec boisson chaude incluse.

FILMHUSET

55 Gothersgade
✆ +45 33 74 34 00
www.filmhuset.dk
Ouvert du lundi au vendredi 9h-22h, samedi à partir de 10h45, dimanche jusqu'à 19h. Billet 80 DKK.

La cinémathèque de Copenhague est située en face de Kongens Have, le jardin du roi près du château de Rosenborg. Plusieurs espaces vous accueillent : un grand café, une salle d'exposition, une librairie, une bibliothèque, et trois salles de cinéma avec projections. Entrée gratuite pour les documentaires, les courts-métrages et les films pour enfants. La bibliothèque possède l'une des plus grandes collections de littérature sur le cinéma et la télévision, quant au Videoteket, il donne accès à plus de 14 000 films et à l'ensemble du catalogue Media Stream.

IMPERIAL BIOGRAF

Ved Vesterport 4
✆ +45 70 13 12 11
www.nfbio.dk
Ouvert tous les jours.

Une unique salle avec écran géant ! Rare au pays des multiplex ! Avec ses 996 places, Nordic Film Cinemas Imperial ou Biograf pour les habitués, est le plus grand cinéma de Scandinavie. Le cinéma a ouvert ses portes en novembre 1961 et fut entièrement rénové en 2013. Ecran de 142 m^2, fauteuils hyper confortables, nouvel éclairage en plus du système audio super performant Dolby Atmos et du tout récent 4DX. Rendez-vous incontournable des cinéphiles de la capitale danoise, il peut également projeter des films en 70 mm. Sortie des nouveautés et ciné-club au programme.

LA FONTAINE

Kompagnistræde 11 ✆ +45 33 11 60 98
www.lafontaine.dk
Ouvert du lundi au jeudi et dimanche de 19h à 5h, vendredi et samedi de 20h à 5h. Musique live le week-end de 21h à 1h.

La Fontaine est un bar où se joue uniquement de la musique jazz. Très apprécié des Copenhaguois, c'est le paradis pour amateurs de jam session organisées le dimanche. L'ambiance y est détendue. La bière coule à flots. Vous êtes entouré de murs rouges habillés de photos de musiciens de jazz. Mais les amateurs de poésie vont aussi apprécier. Poète confirmé ou novice, connu ou reconnu, chacun dispose de 3 min pour s'exprimer librement sur une scène ouverte, le premier lundi de chaque mois. Idéal pour rencontrer du monde dans une ambiance serrée… collée !

JAZZHUS MONTMARTRE

Store Regnegade 19A
✆ +45 70 20 20 96
www.jazzhusmontmartre.dk
Salle de concerts et restaurant. Ouvert tous les soirs de 18h-19h à 23h. Réservations en ligne.

Un club de jazz de légende à Copenhague ! Depuis ses débuts en 1959, Jazzhus a accueilli de sacrés… monstres sacrés ! Dexter Gordon, Ben Webster, Stan Getz, Kenny Drew ont chauffé la salle en leur temps. Depuis 2010, le club a rouvert ses portes à son adresse d'origine et s'est de nouveau imposé comme une scène majeure du jazz. Ici, les concerts peuvent s'accompagner d'un bon dîner à prix très abordable. Concerts de jazz les jeudis, vendredis et samedis, mais programmation également le reste de la semaine avec Upcoming et Folk tous les deux mardis et mercredis.

DRAGØR ★

Situé à la pointe de l'île d'Amager, Dragør a connu la prospérité dès le XIIe siècle grâce à la pêche du hareng. Peuplé d'immigrants venus de Hollande, ils ont développé une agriculture prospère. L'écomusée d'Amager retrace leur quotidien. On prend plaisir à se promener dans les ruelles pavées, bordées de maisonnettes à pans de bois souvent revêtues de toits de chaume. Sur certaines d'entre elles, des petites tours vitrées servaient d'observatoires pour surveiller le trafic sur l'Øresund. Le port abrite encore une activité de pêche côtière. On y remarque un mémorial rappelant le rôle des marins en 1943 lors de l'évacuation des Juifs vers la Suède.

MUSÉE D'AMAGER (AMAGERMUSEET) ★

Hovedgaden 4 ✆ +45 30 10 88 66
www.museumamager.dk

Ouvert de 12h à 16h. Mardi au dimanche, juillet-août-vacances d'automne. Uniquement le week-end en mai. Adulte : 50 DKK.

Installé dans d'anciennes fermes hollandaises de la rue principale de Store Magleby, ce musée est dédié à l'histoire du village et de sa population venue des Pays-Bas au XVIe siècle. La vie quotidienne de ses maraîchers est évoquée en s'appuyant sur une collection exceptionnelle de costumes traditionnels, de mobilier et de documents divers. La vie agricole revient à la belle saison, en été et en automne. Barattage du beurre, tricot et jeux traditionnels, extraction de jus de pommes.

ENCLAVE NÉERLANDAISE

En 1521, le roi Christian II parvint à attirer des Néerlandais sur l'île d'Amager, à l'aide de différents privilèges fiscaux, dans le but de développer la culture maraîchère sur l'île. Les nouveaux arrivants s'installèrent à Store Magleby, à 2 kilomètres de Dragør. Ils conservèrent leurs coutumes, leur langue et leur église (où l'on prêchait toujours en néerlandais jusqu'en 1811). Ils firent de cette île le « potager de Copenhague » et venaient vendre leurs productions sur Amagertorv. L'une des fermes qu'ils établirent dans le village est devenue le musée d'Amager retraçant leur histoire et leur vie quotidienne.

MUSÉE DE DRAGØR (DRAGØR MUSEUM) ★

Strandlinien 4 ✆ +45 30 10 88 66
www.museumamager.dk

Ouvert du 17 mai au 30 septembre 7j/7 de 10h30 à 16h. En septembre, fermé le lundi. Adulte : 50 kr, enfants gratuit.

Un petit musée comme on les aime. Il se situe près du port, dans l'une des plus vieilles maisons de Dragør. Des façades ocrées, des pans de bois, des toits pentus : tout le charme d'antan. L'exposition permanente donne un aperçu de l'histoire maritime de la localité, de la vie des pêcheurs de l'Oresund, des connexions mondiales. Le rez-de-chaussée reconstitue les maisons des capitaines et expose l'artisanat typique de la région. En cours de rénovation, il devrait rouvrir été 2020.

COPENHAGEN CAMPING €

Bachersmindevej 11
✆ +45 32 94 20 07
www.copenhagencamping.dk

Ouvert toute l'année. Comptez autour de 100 DKK l'emplacement. Chalet à partir de de 675 DKK par nuit pour 4 personnes.

Un camping tout à fait propre et très bien équipé comme on peut en trouver dans toute la Scandinavie. Familial, il comprend 22 chalets de 3 types différents. Idéalement situé pour découvrir Copenhague (à 12 km seulement) et sa région sans se ruiner. À proximité des marais salants et du pont vers la Suède. Les bungalows sont de véritables petits appartements tout confort. Mini-golf, piscine, aire de jeux sur place. Attention : le camping est pris d'assaut en été, notamment en juillet ; n'oubliez pas de réserver avant d'y aller.

CAFÉ ESPERSEN €€

Færgevej 1-3
✆ +45 32 94 07 70
www.cafeespersen.dk

Ouvert tous les jours de 11h à 22h. Smørrebrød autour de 90 DKK, plats à partir de 95 DKK.

Un petit café sans prétention, idéalement installé en bordure du port, où l'on profite pleinement de la vie portuaire depuis la belle terrasse, très agréable aux beaux jours. Au menu, une cuisine de la mer tout aussi simple et familiale : harengs préparés selon diverses recettes, saumon et sole du détroit, crevettes... Deux belles salles aménagées dans de grandes vérandas, entièrement vitrées comme des serres, offrent un espace convivial très lumineux, d'autant plus à l'approche d'une averse ou quand le vent s'invite à votre table !

HVIDOVRE

Hvidovre se situe à 10 km environ au sud de Copenhague. Son nom lui vient de son église blanche, *hvid* en danois signifiant « blanc ». Cette petite ville se donne des airs de Californie : c'est un peu la Napa Valley et Hollywood à l'échelle du Danemark ! En effet, on y cultive quelques arpents de vignes, et Lars Von Trier et ses associés y ont installé leurs bureaux de Zentropa, rejoignant ainsi les autres sociétés de cinéma et de publicité déjà installées dans cette « ville ouverte du cinéma ». Côté aventure et fantastique, partez en famille à la recherche du troll géant Hill Top Trine, il se cache quelque part dans la forêt voisine !

HILLTOP TRINE

https ://thomasdambo.com/works/forgotten-giants

Accès libre. itinéraire sur le site de Thomas Dambo.

Thomas Danbo est un sculpteur qui ne voit pas les choses en petit mais plutôt en très grand ! Ses géants oubliés, issus des mythologies nordiques, s'inscrivent dans la nature. C'est l'histoire des *Little People* et des trolls XXL ! Six sculptures que vous découvrirez au fil de vos balades autour de Copenhague, dans les communes voisines dont Hvidrove ! À savoir : *Rødovre*, *Vallensbæk*, *Ishøj*, *Albertslund* et *Høje Taastrup*, *Teddy*, *Oscar*, *Hill*... sont fabriqués à partir de bois recyclé, avec l'aide de bénévoles locaux. Info futée : un troll vient d'arriver en France !

CHARLOTTENLUND ★★

Cette petite ville, située à une dizaine de kilomètres de Copenhague, s'est développée autour du château de Charlottenlund, une résidence royale d'été bâtie au sud de la capitale. Il doit son nom à la reine-consort Charlotte-Amélie du Danemark qui fut à l'origine de sa construction en 1733. Edifice de style baroque, il fut remaniée dans le très sobre style néo-classique en 1880. Le château à l'éclatante façade blanche ne se visite pas, il sert à l'occasion d'événements. Mais ne manquez pas les jardins ouverts au public toute l'année. Ce lieu de villégiature, bordé à l'est par le détroit d'Øresund, est resté un quartier cossu où il fait bon flâner.

ORDRUPGAARD ★★

Vilvordevej 110 ✆ +45 39 64 11 83

www.ordrupgaard.dk

Réouverture du musée printemps 2021. Le parc d'art est ouvert tous les jours de 8h à 18h. Entrée gratuite.

Un extraordinaire trésor se cache hors du circuit habituel des musées de la région, au milieu d'un parc incroyable où les aires de jeux ont été conçues par des artistes, parmi lesquels Elafour Eliasson, en véritables créations artistiques. Ensuite vient la richesse des collections, majoritairement des peintures, réunies par un homme d'affaires, Wilhelm Hansen, qui fit fortune dans les assurances. En amateur d'art éclairé, il acheta aux impressionnistes français de nombreuses toiles lors de ses voyages à Paris. Pour autant, les artistes danois ne furent pas négligés, que ce soit Hammershøi ou Johannes Larsen. Ainsi commença, en 1916, cette fabuleuse collection qui fut longtemps exposée dans la demeure (un agréable manoir campagnard) où vécut Hansen. Mais elle s'y trouvait un peu à l'étroit. Alors, une extension fut commandée à l'architecte Zaha Hadid, permettant de doubler la surface d'exposition. On reconnaît sa signature dans cette alvéole presque organique, parfaitement intégrée au paysage vallonné dans lequel elle semble se fondre. Le bâtiment est entièrement vitré, laissant la lumière dialoguer avec les œuvres qui y sont exposées.

Enfin, ne manquez pas un autre trésor : la maison de Finn Juhl, incontournable architecte et designer de meubles danois. La maison fut construite en 1942, kratvænget 15, sur un terrain de 1 700 m^2 adjacent au parc d'Ordrupgaard. Grâce à un don de Birgit Lyngbye Pedersen, elle fait partie intégrante d'Ordrupgaard et se visite ! Mobilier et aménagement intérieur vous inspireront certainement...

SKOVSHOVED HOTEL €€€

Strandvejen 267 ✆ +45 39 64 00 28

www.skovshovedhotel.com

Chambre à partir de 1 170 DKK. Parking. Restaurant : plats du midi autour de 200 DKK, le soir autour de 275 DKK.

Voici une adresse comme on les aime. Un air de maison de famille, de jolies prestations, au cœur d'un village de pêcheurs, en bord de mer... bref, idéal pour ceux qui veulent séjourner dans la région sans trop s'éloigner de Copenhague (à 15 minutes environ). Une magnifique demeure toute blanche, à l'architecture scandinave du XVIIe siècle, une vingtaine de chambres lumineuses avec vue sur mer ou sur cour, des balcons fleuris en été. Et petit plus non négligeable, le restaurant gastronomique de haut niveau proposant une cuisine fraîche, moderne et parfumée.

STRAND PARK ★

Strandvejen 150

Ouvert tous les jours. Toilettes publiques et kiosque.

D'un côté le port et Copenhague au loin, avec sa ligne d'éoliennes à l'horizon… de l'autre, le grand large et la grande plage publique du Sund, suffisamment éloignée de la route qui borde la Riviera pour y apprécier le bruit des vagues depuis les belles jetées de bois. À côté, le Charlottenlund Strandpark, situé autour du fort construit en 1886-1887, est actuellement utilisé comme camping, et un restaurant s'est installé sur le rempart. De belles pelouses accueillent ceux qui ne veulent pas tremper leurs pieds dans les eaux de l'Oresund !

KLAMPENBORG ★

Retour sur la Riviera avec cette localité posée en bordure de l'Øresund, devenue un lieu de villégiature à la mode à partir des années 1930. Côté terre, elle est bordée par une vaste chasse royale, Jægersborg Dyrehave reconvertie en parc public. Il est fréquenté en hiver par les Copenhaguois qui viennent alors s'adonner aux joies du ski de fond. Au retour des beaux-jours, la bourgeoisie locale se rassemble pour un pique-nique dont le *dress code* est le blanc. On étale sur l'herbe verte des nappes immaculées en allumant les bougies de quelques chandeliers. Sinon, il y a la possibilité de s'amuser à Bakken, le plus vieux parc d'attraction du Danemark !

PARC DES CERVIDÉS (JÆGERSBORG DYREHAVE) ★

Jægersborg Dyrehave

Ouvert 24h/24.

© ENOT POLUSKUNS - SHUTTERSTOCK.COM

Au début du XIIIe siècle, Dyrehaven était une réserve de chasse royale réservée à la chasse à courre du gros gibier. Sur plus de 1 000 ha, elle offre aujourd'hui encore un bois superbe, un parc d'attraction, un golf et un hippodrome ! Depuis 2015, le parc est inscrit sur la liste de l'Unesco. Une longue balade sur ses chemins balisés permet d'observer et même d'admirer de près des hardes de cervidés et de daims. Un spectacle fabuleux pour petits et grands et totalement gratuit !

BAKKEN ★

Dyrehavevej 62 © +45 39 63 35 44

www.bakken.dk

Du 3 avril au 6 septembre, du 10 au 18 octobre et en décembre. Entrée gratuite au parc. Billet à partir de 189 DKK.

Bakken est une véritable célébrité chez les Danois. Ce parc d'attraction, encore plus ancien que son illustre homologue Tivoli de Copenhague, fut inauguré il y a plus de 400 ans. Jadis rendez-vous d'une foire censée être éphémère, elle n'a en fait jamais quitté les lieux pour le plus grand bonheur de tous. Des baraques foraines, des restaurants relativement bon marché, un cabaret où se sont produites les premières *drag-queens* du royaume, des attractions et des manèges à vous mettre la tête à l'envers… Bref, un parc festif où partager de bons moments en famille !

PLAGE DE BELLEVUE (BELLEVUE STRANDBAD) ★

Strandvejen 340 © +45 39 90 06 95

Cette plage bon chic bon genre s'étend sur 700 m de long et attire les foules au cours des mois d'été. La station a été aménagée dans les années 1930 et confiée aux soins de Arne Jacobson. C'est à lui que l'on doit le théâtre Bellevue, original pour son toit escamotable, un restaurant (baptisé du nom du célèbre designer) et entièrement signé de sa main tout comme la… station-service. Petite, simple et élégante avec son auvent ovale et plat (au niveau du n° 24 de Kystenvejen).

BAGSVÆRD ★

A 16 km au nord-ouest de Copenhague, Bagsværd est un quartier résidentiel posé sur la rive sud d'un grand lac. La ville est connue des habitants du Danemark pour son école privée de haut vol, La Bagsværd Boarding School, fondée en 1908 ; et pour le siège de la société Novo Nordisk, entreprise pharmaceutique leader du traitement contre le diabète, à l'architecture contemporaine originale, conçue comme un tripode circulaire ouvert en son centre tel un oeil tournée vers le ciel ! L'endroit attire donc les amateurs d'architecture contemporaine qui y viennent surtout admirer l'église conçue par un grand maître de l'architecture organique, Jørn Utzon .

ÉGLISE DE BAGSVÆRD [BAGSVÆRD KIRKE] ★

Taxvej 14-16
✆ +45 44 98 41 41
www.bagsvaerdkirke.dk
Ouverte du mardi au vendredi de 9h à 16h, le dimanche à partir de 11h30, le samedi, en été, de 11h30 à 16h.

Une des rares réalisations de l'architecte créateur du célèbre Opéra de Sydney, Jørn Utzon [1918-2008] sur sa terre natale. Difficile au premier coup d'œil d'identifier l'édifice en tant qu'église. Sobriété administrative ! Tout se révèle à l'intérieur : jeux des volumes, matériaux, écriture, souffle oriental... Pour l'anecdote, sachez que Utzon aurait été inspiré par le soleil et les formations de nuages alors qu'il faisait bronzette sur une plage hawaïenne !

LYNGBY

Une petite ville agrémentée de lacs et de zones boisées à quelques kilomètres de Copenhague, dans l'Est de Seeland. Lyngby-Taarbæk, familièrement nommée Lyngby, saura vous séduire pour son atmosphère calme et authentique. Son nom est cité dès le XIVe siècle. Ville étape sur la route reliant le nouveau château de Frédériksborg, au XVIe siècle, elle devint une ville marchande importante dès le XVIIIe siècle. A voir : son église du XIIe siècle, rare exemple d'art roman au Danemark et le Frilandsmuseet, un écomusée en plein-air, où est évoquée la ville agricole d'antan. Vous y verrez de belles fermes aux toits de chaume revivre avec les beaux jours !

LYNGBY KIRKE [ÉGLISE] ✝

Kirkestræde 1
https ://www.lyngby-kirke.dk/
Ouverte du lundi au samedi de 9h à 16h.

Ce petit bijou de l'art roman, construit au milieu du XIIe siècle, a été magnifiquement rénové en 2012-2015. Sa particularité, deux portes d'entrée : pour homme côté sud, pour femme côté nord ; la figure d'un lion tenant un humain dans sa bouche appelé *Lyngby-Løven,* ou encore l'ensemble de fresques, datant de la construction vers 1500 de la voûte couvrant la nef unique. Les couleurs, légèrement atténuées, laissant éclater le rouge et le brun, nous narrent le cycle de la Genèse et de la Passion. À voir : bucolique cimetière autour de l'église.

MUSÉE DE PLEIN AIR [FRILANDSMUSEET] ★★

Kongevejen 100
✆ +45 33 13 44 11
www.natmus.dk
En attente de réouverture Pâques 2021. Calèche 35 DKK par personne. Parking gratuit.

Cette section en plein air du Musée national de Copenhague offre une agréable balade au milieu de dizaines de fermes aux toits de chaume, pour la plupart, venues de toutes les régions du Danemark actuel, transportées et remontées ici. Elles datent, pour la plupart, des XVIIe et XVIIIe siècles et sont toutes équipées en meubles, objets et outils d'époque. Ouvert en 1901 sur 36 hectares, le site est assez étendu. On peut s'y promener en louant une carriole à cheval ! Idéal en famille.

RUNGSTED

Bordant l'Øresund et faisant face aux côtes suédoises, un petit port où dansent quelques voiliers parmi les cygnes voguant majestueusement. Et puis, de l'autre côté de la route, de superbes villas agrémentées de jardins que l'on a plaisir à regarder. Parmi ces bâtiments, une ancienne auberge. C'est dans cette paisible maison qu'est née, Karen Blixen, la grande dame des lettres danoises. Elle y vécut une partie de sa vie, ses textes ont été écrits entre ces murs et elle y a fini sa vie. A l'ombre d'un bosquet, au fond du parc protégeant la maison, elle repose. Le musée a préservé tous les souvenirs de celle qui finança la réserve ornithologique.

MUSÉE KAREN BLIXEN ★★★

Rungsted Strandvej 111
✆ +45 45 57 10 57
www.blixen.dk
Mai-septembre : mardi-dimanche 10h-17h. 7j/7 en été. Octobre-avril : mercredi-vendredi 13h-16h, week-end dès 10h.

Karen Blixen est née en 1885 dans cette belle propriété, une ancienne auberge achetée par son père, où elle vécut avant d'épouser en 1914 le baron Bror von Blixen-Finecke, propriétaire d'une plantation de caféiers au Kenya. Une cafétéria et une petite librairie jouxtent la maison. A l'étage, sa bibliothèque ainsi qu'une salle d'exposition permettent de découvrir la vie et l'œuvre d'une femme écrivain connue essentiellement pour son célèbre roman autobiographique *Out of Africa*, ainsi que pour une nouvelle qui fut également adaptée au cinéma, *Le Festin de Babette*.

NIVÅ ★★

Petite bourgade plantée au bord de l'eau, Niva est un lieu de villégiature où se nichent de délicieuses résidences secondaires admirablement entretenues, aux toits de chaume où pas un brin ne dépasse ! Toutefois, son passé fut davantage industriel avec l'implantation de briqueteries exploitant les gisements d'argile, toujours visibles mais devenus des lacs ou des marinas. Installé aux abords du site industriel, où se trouve un ancien four circulaire de 1870 assez impressionant, le musée Nivaagaard recelle quelques trésors artistiques. Facilement accessible, Niva se situe sur la ligne ferroviaire Copenhague - Helsingør *Kystbanen* en 35 minutes environ.

MUSÉE DE NIVÅGAARD (NIVÅGAARDS MALERISAMLING) ★★

Gamel Strandvej 2 ✆ +45 49 14 10 17
www.nivaagaard.dk
Mardi-vendredi 11h à 20h, week-end et jours fériés jusqu'à 17h. Adulte : 90 DKK, réduit : 80 ou 70 DKK, gratuit -18 ans.

L'agriculture conduit à tout, notamment à collectionner des tableaux des diverses écoles européennes, pour peu que l'on dispose d'une fortune personnelle. Ce fut le cas de Johannes Hage (1842-1923), propriétaire des lieux, par ailleurs homme politique (conservateur bon teint) et philanthrope, mais qui aimait à se présenter comme un paysan. Il fit aménager ce qu'il appelait un « temple de l'art » dans un bâtiment construit en 1903 à proximité de son manoir, et plusieurs fois réaménagé.

HUMLEBÆK ★★

Humlebæk est une zone résidentielle cossue où de belles demeures arborées côtoient le littoral et la baie de Nivå Bugt. Néanmoins, on se déplacera jusqu'ici avant tout pour découvrir l'incroyable musée Louisiana. Un véritable écrin architectural abritant une collection unique d'art moderne et contemporain ainsi qu'un parc de sculptures exposées en plein air... L'accès se fait facilement en train depuis Copenhague en direction de Helsingør. Compter 55 minutes de trajet. Le musée n'est situé qu'à quelques minutes à pied de la gare. En voiture, le musée est abondamment fléché, donc facile à trouver et il dispose de vastes parkings ombragés.

LOUISIANA - MUSÉE D'ART MODERNE ★★★

Gammel Strandvej 13 ✆ +45 49 19 07 19
www.louisiana.dk
Ouvert mardi-vendredi de 11h à 22h, week-end jusqu'à 18h. Adulte 130 DKK, réduit 115 DKK, gratuit moins de 18 ans.

Quel fabuleux musée que Louisiana ! De l'art moderne immergé en plein nature grâce à une architecture aussi imaginative que fonctionnelle. Le musée a été construit sur une (petite) falaise dominant l'Øresund dans une propriété bourgeoise du XIXe siècle. En 1958, le propriétaire des lieux, Knud W. Jensen (mort en 2000), voulut y abriter sa collection personnelle consacrée aux grands noms de la peinture du XXe siècle : Picasso, Matisse voisinent avec Francis Bacon, le cubisme danois est représenté par Lundstrøm, la peinture abstraite par Richard Mortensen et Asger Jorn, le pop art avec Andy Warhol et Roy Lichtenstein, sans oublier bien entendu Per Kirkeby.

Pour édifier le musée, il fit appel aux architectes Jørgen Bo et Vilhelm Wohlert. Un dédale de couloirs vitrés serpente à travers la nature conduisant à des salles en lien étroit avec l'extérieur, comme en témoigne la superbe salle Giacometti ouverte sur l'étang d'Humlebæk... C'est aujourd'hui le musée le plus visité du Danemark. On le comprend aisément, on peut consacrer une bonne demi-journée à l'explorer et à profiter du superbe jardin de sculptures avec Henry Moore, César, Germaine Richier, Jean Tinguely et Alexander Calder, pour ne citer que quelques-uns parmi tant d'autres. Ne pas négliger non plus le très cosy coin cheminée ou la superbe terrasse du café-restaurant pour une pause gourmande, ni la boutique-librairie remplie de bonnes idées souvenirs. À visiter aussi en soirée grâce aux horaires tardifs des nocturnes.

HELSINGØR ★★★

Helsingør est une petite cité accueillante posée en bordure de l'Øresund dont elle commande l'entrée. Le détroit, large que de 4 km, contribua à la fortune de la ville, hier comme aujourd'hui. Des ferries relient toujours Helsingborg en Suède. C'est bien entendu le château de Kronborg (Unesco), qui est le pôle d'attraction. Cette puissante forteresse Renaissance servit de cadre à la célèbre tragédie de Shakespeare, *Hamlet*. Si le mythique prince n'y mit sans doute jamais les pieds, pas plus que l'auteur britannique d'ailleurs, les visiteurs marcheront tout de même sur les traces de deux grands souverains danois, Erik VII de Poméranie et Christian IV.

CHÂTEAU DE KRONBORG [KRONBORG SLOT] ★★★

Kronborg 2C ✆ +45 49 21 30 78
www.kongeligeslotte.dk

D'octobre à mars du mardi au dimanche 11h-16h, d'avril à septembre 7j/7, 10h-17h. Adulte 95/145 DKK, gratuit -18 ans.

Édifié sur un site stratégique qui commande le Sund, le château royal de Kronborg revêt une valeur symbolique considérable pour les Danois car il a joué un rôle prépondérant dans l'histoire de l'Europe du Nord. La construction de cet exceptionnel château Renaissance a commencé en 1574 et ses ouvrages défensifs furent renforcés à la fin du XVIIe siècle. Demeuré intact jusqu'à nos jours, il est mondialement connu pour avoir servi de cadre à *Hamlet*, la célèbre tragédie Shakespearienne.

AQUARIUM DE L'ØRESUND ★★

Strandpromenaden 5
✆ +45 35 32 19 70
www.oresundsakvariet.ku.dk

7j/7 de 10h à 16h ou 17h, en juillet et août jusqu'à 18h. Adulte : 79 DKK à 185 DKK (selon la saison).

Cet Aquarium d'eau salée fait partie du Département de biologie de l'Université de Copenhague. Des recherches scientifiques y sont menées et leur vulgarisation auprès du grand public en font un génial centre pédagogique de connaissances du milieu marin. Des expériences immersives à destination des groupes scolaires et des visiteurs y sont organisées. Point fort : l'observation de petites baleines à bord de bateaux zodiacs dans leur environnement naturel au cœur du détroit de L'ØRESUND. Les activités programmées ne manqueront pas de ravir les océanologues en herbe.

CHÂTEAU DE MARIENLYST [MARIENLYST SLOT] ★

Marienlyst Allé 32
✆ +45 49 28 18 30
www.marienlyst.nu

Fermé pour restauration. Les jardins sont ouverts tous les jours.

Le petit château d'agrément, ancienne résidence royale, fut construit en 1588 puis agrandi en 1760. Nicolas-Henri Jardin lui donna son aspect Louis XVI. Destiné aux soldats blessés, transformé en hôtel jusqu'en 1950, puis en musée, le château a souffert de ses successives attributions et fort heureusement les travaux de restauration ont redoré son blason ! Il reste quelques boiseries, cheminées, peintures murales et miroirs d'époque au deuxième étage. Magnifique parc.

© IRINA LEPNEVA - ADOBE STOCK

Château de Kronborg.

CIMETIÈRE [KIRKEGAARD] ★

Møllebakken 5 ✆ +45 49 21 05 89
www.helsingorkirkegaard.dk
Ouvert tous les jours.

Reposent ici quarante prisonniers de guerre français du premier conflit mondial. Un monument salue leur mémoire. L'inscription sur la colonne précise que « Le Danemark reconnaissant veille sur leur tombeau ». Plusieurs autres cimetières danois ont élevé un monument aux morts similaire après la Première Guerre mondiale. Sur Allegade, le caveau et les sépultures de la famille de Rudolph Tegner sont ornées de sculptures réalisées par ce célèbre artiste danois dont l'œuvre est assez proche de celle de Bourdelle. Sa femme et lui furent inhumés près de Dronningmølle.

MUSÉE DE LA VILLE [BYMUSEUM] ★

Sankt Anna Gade 36
✆ +45 49 28 18 00
www.helsingormuseer.dk
Mardi au vendredi et dimanche de 12h à 16h ; samedi de 10h à 14h. Adulte : 55 DKK, gratuit pour les moins de 18 ans.

Occupant l'ancien hôpital pour marins « étrangers, pauvres et malades, pour le repos et quelque chose, l'aide et le réconfort », le bâtiment fut construit par les Frères Carmes au XVIe siècle. N'hésitez pas à visiter ce musée qui retrace l'histoire de la Ville, avec notamment une maquette de l'Helsingør en 1801. Outre les trésors trouvés dans la ville et les objets offerts au musée par d'anciens habitants, vous assisterez à des reconstitutions en costume d'époque !

MUSÉE MARITIME [MUSEET FOR SØFART] ★

Ny Kronborgvej 1 ✆ +45 49 21 06 85
www.mfs.dk
Ouvert tous les jours 11h à 18h (fermé le lundi de janvier à juin). Adulte 120 DKK. Gratuit pour les moins de 18 ans.

Le rez-de-chaussée du château accueille le Musée maritime. Il retrace un millénaire d'histoire navale danoise. Instruments de navigation, maquettes de bateaux, embarcations telles que cet étonnant bateau en peau de phoque, évoquent les grandes heures du péage sur l'Øresund et du commerce danois, notamment à travers la Compagnie des Indes occidentales. Les passionnés pourront consulter les 25 000 volumes de la bibliothèque consacrés à la mer. Importante collection de photographies.

DANHOSTEL HELSINGØR €

Nordre Strandvej 24
✆ +45 49 28 49 49
www.danhostelhelsingor.dk

Chambre à partir de 495 DKK, lit en dortoir à 395 DKK. Petit déjeuner 69 DKK par personne. Parking.

Située au nord-est d'Helsingør, cette auberge de jeunesse est la plus sympa de la région. Et pour cause, elle possède sa propre plage privée en plus d'être une jolie bâtisse de briques rouges qui ressemble à un manoir. Toiture à quatre pans, perron en demi-sphère, pelouse bien entretenue : presque une vie de château dans cette ville royale ! Environnement très calme, promenade le long du rivage, chambres très propres. Une adresse à ne pas manquer ! Plusieurs activités y sont organisées. L'ambiance y est très chaleureuse en été.

STRAND & BADEHOTEL MARIENLYST €€€

Nordre Strandvej 2
✆ +45 49 21 40 00
www.marienlyst.dk

Chambre simple à partir de 795 DKK, double à partir de 1 095 DKK, suite à partir de 1 695 DKK. Petit déjeuner inclus.

L'un des hôtels les plus chic de la riviera, posé sur la dune, avec son spa ouvert sur la mer. Comme il est situé juste en face de l'Øresund, la majorité des chambres bénéficient d'une magnifique vue vers la Suède, d'autres sur le château. Elles sont spacieuses et très confortables, la décoration est scandinave. Il règne ici un air de *dolce vita* et on a plaisir à y passer plusieurs jours... Avis aux gourmets, le restaurant sert une cuisine danoise très raffinée (fruits de mer).

GÆSTGIVERGAARDEN €

Kampergade 11
✆ +45 49 21 19 78
www.gaestgivergaarden.dk

Lundi-jeudi 10h à 23h, vendredi-samedi jusqu'à 1h. Repas 11h30 à 16h30. Smørrebrød dès 69 DKK, plats de 134 à 209 DKK.

Un belle façade de briques tout en longueur, rythmée par de larges fenêtres. Un établissement (qui existait déjà au XIXe siècle), très charmant et cosy, avec ses vitraux colorés posés au plafond et qui éclairent doucement la salle. Confortablement installé sur ses banquettes en moleskine, dégustez une spécialité du coin : hareng, crevettes, flétan ou un Smørrebrød délicieux en buvant une Erdinger. Ne boudez pas la terrasse donnant sur la place piétonne où vous profiterez d'un rayon de soleil, même en hiver ! Ambiance chaleureuse et prix serrés garantis.

LÉGENDE D'HELSINGØR

Le valet de pique. Ogier est issu des chansons de geste. Tour à tour allié ou ennemi de Charlemagne. Il participe à des combats contre les Sarrasins en Lombardie. Quelques siècles plus tard, les Danois l'ont adopté et lui ont inventé des exploits qui en font le grand défenseur de l'indépendance du pays contre les princes allemands. Bref, il est un héros national. Dans ces textes, Ogier dort dans les caves de Kronborg ; il ne se réveille que lorsque le pays court un grand danger. C'est pourquoi, sous l'occupation allemande, la résistance danoise prit son nom.

De Saxo à William. Selon l'auteur de la *Gesta Danorum,* Saxo, le prince Amleth aurait régné sur le Danemark vers l'an 3507 av. J.-C. Ce jeune prince était le fils du roi Hordenkill, tué sur ordre du roi d'Angleterre et remplacé par son frère Feng. Amleth put d'échapper. Après avoir découvert le nom du commanditaire de cet assassinat, il se rendit en Angleterre où il épousa la fille du roi. Classique ! Puis, de retour au pays, il régla son compte à son oncle usurpateur. Envoyé en mission en Ecosse, il séduisit également la reine de ce pays et l'épousa, elle aussi. Dans cette première version, pas de Polonius ni d'Ophélie, pas d'Helsingør mais bien l'île de Mors. Alors, comment cette histoire est-elle parvenue aux oreilles de Shakespeare ? Sans doute par l'entremise d'un certain Matteo Bardello en 1554. Ou par son adaptation en français par François de Belleforest, transposée en anglais par Thomas Kyde. Enfin, reste le génie de Shakespeare...

STREET FOOD MARKET €

Værftshallerne Hal 21 Ny Kronborgvej
✆ +45 61 30 42 47

Ouvert tous les jours en été de 11h jusqu'à 21h. Hors saison ouvert seulement les week-ends jusqu'à 19h.

Même si le Danemark vous séduit, vous pouvez avoir envie de varier un peu votre assiette et de « manger le monde ». Tout comme de nombreuses villes, Helsingør a inauguré son « Street food Market » dans un ancien chantier naval. La déco, très inspirée du lieu, est juste extraordinaire et mérite à elle seule un petit tour par ici. Dans ce grand hangar situé près des docks et du château, vous trouverez des dizaines de restaurants très sympas, offrant tous les types de cuisine servies autour de grandes tables conviviales. Alors, pourquoi ne pas vous laisser tenter ?

DRONNINGMØLLE ★

Le nom Dronningmølle signifie le moulin de la Reine.Tout a commencé avec la construction d'un moulin à eau par les moines de l'abbaye d'Esrum, près du point où le ruisseau rencontre le Kattegat . En 1588, il fut reconstruit à la demande de Frédéric II du Danemark et baptisé en l'honneur de son épouse, le reine Sophie. Au début du 20ème siècle, le village devint une station balnéaire très prisée où l'on recense quelques 1500 résidences secondaires. Par ailleurs, on vient ici pour cet étrange bâtiment très minéral et qui ressemble à un bunker ! Il fut conçu par le sculpteur Rudolph Tegner pour y exposer près de 250 de ses sculptures, plâtres et argiles.

MUSÉE RUDOLPH TEGNER (MUSEUM OG STATUEPARK) ★

Museumsvej 19
✆ +45 49 71 91 77
www.rudolphtegner.dk
Du Mardi au dimanche de 12h à 17h. De juin à août de 11h à 18h. Adulte : 70 DKK, réduit : 55 DKK, gratuit -18 ans.

Un endroit qui ne ressemble à aucun autre et qui tranche radicalement avec l'environnement. Le bâtiment lui-même est conçu comme un vrai bunker. Il fut construit en 1938 : un haut cube de béton sans fenêtre, avec un dôme vitré pour apporter un éclairage naturel. On y découvre toute la démesure de l'artiste Rudolph Tegners (1873-1950). Son goût pour les statues immenses, aux proportions gigantesques. À l'exemple de cette femme nue, allongée dans une pose à la romaine, les formes très rondes, et le bras qui pend négligemment, aussi long ou presque que le corps dans son entier ! Son talent à traduire les sentiments. Sur les visages des couples qui s'enlacent se lisent la jouissance et la béatitude, parfois l'inquiétude. C'est un style assez proche des grands sculpteurs de sa génération tels Antoine Bourdelle en France ou Gustav Vigeland en Norvège. On y retrouve aussi la monumentalité emphatique des commandes nationalistes ou communistes. Ses sympathies politiques lui furent par ailleurs reprochées. Ce lieu se définit comme un musée mausolée puisque l'artiste est enterré au milieu de la salle principale, sous la dalle, tandis que les cendres de sa femme sont contenues dans la plinthe de l'immense Apollon ! À l'extérieur, un vaste parc, où paissent quelques moutons, abrite d'autres statues : il a été récemment réaménagé, n'hésitez pas à vous y promener. Enfin, sachez qu'on peut acheter des moulages de certaines œuvres... heureusement pas aussi monumentales !

GILLELEJE

A l'extrémité nord de Seeland, se trouve Gilleleje, un petit port de pêche faisant face à la Suède. Situé à une soixantaine de kilomètres de Copenhague. Son ambiance décontractée, son architecture colorée vous séduiront le temps d'une étape. Son origine remonte au 14ème siècle lorsque des pêcheurs s'y établirent. A proximité, les plages de sable blanc s'étirent en contrebas de la falaise où le phare de Nakkehoved éclaire encore la nuit venue la route maritime à travers le Kattegat. Edifié en 1770, il est facilement repérable à sa tour carrée blanche mesurant 21 mètres de haut. Il reste l'un des rares phares à charbon toujours actif.

Gilleleje dans la région du Seeland.

HOTEL STRAND €€

Vesterbrogade 4B
✆ +45 48 30 05 12
www.gillelejestrand.dk
Chambre simple à partir de 920 DKK, double à partir de 990 DKK. Petit déjeuner inclus. Menu 3 plats 195 DKK.

Cet établissement ouvert en 1896 n'a rien perdu de son charme tout en gagnant en modernité contemporaine, indispensable à tout séjour réussi. D'une capacité de 25 chambres, chacune disposant d'une balcon avec vue sur le port et d'un lit extra-confortable. Ce bel hôtel à la façade blanche sur la partie basse, bardée de bois vers le toit, est un excellent point d'ancrage pour s'éloigner de l'agitation d'une grande ville. Golf, activités nautiques ou culturelles, vous trouverez de quoi rassasier vos envies ou votre appétit car le restaurant ne dénote pas en qualité.

TISVILDELEJE ★

A moins d'une heure de route de Copenhague, voici la plage la plus dépaysante, celle que préfèrent les habitants de la capitale. Un vaste parking, et puis la nature : une mer superbe et claire, des dunes sur des kilomètres et, à l'arrière, une vaste forêt de hêtres et de chênes, plantée au XVIIIe siècle pour faire barrage à l'érosion de la côte. Le vent a créé de véritables sculptures sur bois à force de souffler sur les arbres de la région. On peut profiter de ce cadre pour enfourcher une bicyclette : les sentiers sont balisés et permettent d'accéder à la plage. Partout se nichent, parfois jusque dans les dunes, de petites maisons de bois.

SANKT HELENE €

Bygmarken 30 ✆ +45 48 70 98 50
www.helene.dk

Chambre à partir de 690 DKK, appartement à partir de 995 DKK. Petit déjeuner buffet : 225 DKK par personne.

Le centre de vacances Sankt Helene se cache au milieu de la verdure, entouré de bois, tout à côté d'une ferme pédagogique que l'on peut visiter en famille. L'hébergement proposé est varié : il comprend 25 studios, des appartements parfaitement équipés mais également une quarantaine de chambres familiales spacieuses et 28 chalets, appelés cabines, de formes pyramidales ! Situé à 500 m de la plage. Proche de pistes cyclables. Restaurant sur place. Pour s'occuper, tennis, tennis de table, billard, bibliothèque, aire de jeux... Un havre de paix où se reposer.

HELENEKILDE BADEHOTEL €€€

Strandvejen 25
✆ +45 48 70 70 01
www.helenekilde.com

Chambre simple à partir de 1 195 DKK, double à partir de 1 595 DKK, suite à partir de 2 395 DKK. Petit déjeuner 250 DKK.

Un hôtel posé sur le front de mer, au calme dans un quartier résidentiel. Décoré avec un goût exquis, d'une élégance gustavienne influencée par ses voisins suédois. Un lobby ultra cosy qui donne l'impression d'être invité dans une maison de famille danoise, datant de 1904. Le service y est impeccable et le restaurant excellent. Les chambres, très spacieuses, bénéficient pour la majorité d'entre elles d'une très belle vue sur la mer. Vous y trouverez même des jumelles pour admirer l'horizon et des bottes de pluie pour des promenades sur la plage, en contrebas.

FREDENSBORG ★★

Le village a été construit en même temps que le château au début du XVIIIe siècle, sur un domaine royal dédié à la chasse. Il est situé sur la rive orientale de l'un des plus grands lacs du pays (1 736 ha) et le plus profond (jusqu'à 22 m) : le lac d'Esrum. Un paysage vallonné, lacustre et arboré, simplement idyllique ! On comprend pourquoi la famille royale y passe une grande partie de l'année. Le magnifique Palais baroque de Fredensborg, dit « Palais de la Paix », est surnommé le Versailles du Danemark. Il fut édifié pour commémorer la fin de la Grande Guerre du Nord. De nos jours, ce lieu accueille les chefs d'état et diplomates du monde entier.

PALAIS DE FREDENSBORG (FREDENSBORG SLOT) ★★

Slottet 1B ✆ +45 33 95 42 00
www.kongeligeslotte.dk

Jardins ouverts tous les jours. Palais et jardins privés, visites guidées uniquement en juillet et août de 9h à 17h.

Construit entre 1720 et 1722 au bord du lac Esrum, ce château baroque continue à servir de résidence à la famille royale, au printemps et à l'automne. En juillet, les touristes y sont admis car la reine s'installe à Aarhus. Bâti par l'architecte Johan Cornelius Krieger, à la demande de Frederic IV très impressionné par ses voyages en Italie, Fredensborg fut agrandi au fil des décennies. Pour exemple, sa splendide coupole a vu pousser, vers la fin du XVIIIe siècle, quatre cheminées en forme de minarets.

- **L'orangerie.** La touche de modernité. Imposante et pourtant tout en légèreté, elle fut souhaitée par la reine Margrethe et conçue par l'architecte Søren D. Schmidt en 1995. Ce bâtiment de 650 m² est un écho de verre au château : sa coupole et son sol de marbre noir et blanc en reprennent les codes. Ce bâtiment audacieux épouse la déclivité du terrain. Il fonctionne en mode écologie : eau de pluie recyclée, aucun pesticide employé. Ici, on produit du bio royal ! Les cultures potagères approvisionnent les cuisines royales.
- **Le parc.** Une vaste perspective, conçue comme une large avenue de gazon, s'ouvre au milieu des arbres. A l'ouest se trouve une clairière en hémicycle, entourée de 69 statues offertes à leurs souverains par les pêcheurs islandais, norvégiens et féringiens.

Enfin près du lac, deux petits pavillons dessinés par Nicolas Jardin, se reflètent dans l'eau.

- **Parades militaires.** Lorsque la reine réside au château, la relève de la garde a lieu à midi, tous les jours.

DANHOSTEL FREDENSBORG €

Østrupvej 3
✆ +45 60 54 97 00
www.danhostelfredensborg.dk

Chambre à partir de 395 DKK. Location draps et serviettes 70 DKK par personne. Petit déjeuner 75 DKK. WiFi. Parking.

Attention ! Cette auberge de jeunesse a tout le standing d'une maison royale ! Située aux abords du parc du château, l'auberge, installée dans une ancienne résidence d'été d'un pharmacien, offre tout le confort : salle de jeux, cuisine des hôtes, salon cosy autour de la cheminée, salon vert où papoter et bouquiner, une belle terrasse couverte, une aire de jeux... De coquettes chambres individuelles ou des dortoirs pouvant héberger jusqu'à 6 personnes. Et pour vous accueillir : Anders, Charlotte et leurs deux enfants, Akio, le chien de garde et le chat Xavi...

SKIPPERHUSET FREDENSBORG €€

Skipperallé 6
✆ +45 26 33 99 19

Ouvert du mardi au dimanche de 12h à 17h. Plats autour de 190 DKK.

Un vrai coup de foudre pour ce petit restaurant, qui fonctionne plutôt comme une table d'hôtes. Installé dans une jolie maison en bois, toute blanche, posée sur les rives du lac Esrum auquel on accède par un long ponton de bois. La terrasse est également ouverte sur les eaux où barbotent des cygnes... Idyllique et tellement scandinave : nappes blanches, bougies, bouquets de fleurs sauvages. La cuisine est simple et raffinée à la fois, l'accueil chaleureux. Petit plus, la promenade digestive au bord de l'eau. À voir : hangar à bateaux.

CHÂTEAU DE FREDERIKSBORG [FREDERIKSBORG SLOT] ★★

Frederiksborg Castle ✆ +45 48 26 04 39
www.dnm.dk

Ouvert tous les jours. D'avril à octobre 10h-17h, de novembre à mars 11h-15h. Adulte 75 DKK, 6-15 ans 20 DKK.

Trois îlots posés sur un lac et un impressionnant château de briques rouges décoré d'ornements de grès. Frédériksborg slot fut édifié entre 1600 et 1620 à la demande de Christian IV, sur les bases d'un ancien manoir. Ce chef-d'œuvre d'architecture, de style Renaissance hollandaise, est devenu le symbole de la puissance de la monarchie danoise. Les rois se faisaient couronner dans la chapelle palatine, grandiose avec son décor d'ébène et de marqueterie. On remarquera l'orgue (1610) de Compelius et les nombreux blasons des grandes familles européennes. Le château, abandonné au profit de Fredensborg, plus pratique (à 9 km de là), fut dévasté en 1859 par un incendie. Heureusement Carl Jacobsen finança l'essentiel de sa restauration, notamment celle du Grand Salon situé au-dessus de la chapelle (superbe plafond de bois sculpté, impressionnante cheminée de marbre, galerie des musiciens). Il prit également en charge l'ameublement des salles avec du mobilier d'époque.

Depuis 1882, le **Musée d'Histoire Nationale** retrace 500 ans de la vie politique danoise, du XVIe siècle à nos jours. Ce département lié à la fondation Carlsberg abrite les collections royales (mobilier, peintures, objets) réparties sur trois étages de l'aile du Roi et de l'aile de la Princesse et expose la plus importante collection de portraits du Danemark. Notez plusieurs toiles de Hyacinthe Rigaud, célèbre peintre de Versailles.

HILLERØD

Aux portes de Copenhague se détache la tranquille bourgade de Hillerød, alanguie sur les rives du lac Slotsøen, lui-même dominé par la silhouette élancée de flèches du Château de Frederiksborg. Incarnation parfaite de l'absolutisme danois par son imposante stature de briques et la surabondance de ses décors intérieurs, ce chef-d'œuvre d'architecture vit le sacre de tous les régnants du Danemark. Autrefois résidence royale, il accueille désormais le Musée d'histoire danoise. De la magnificence des salles d'apparat à la rigueur du dessin de ses parterres à la française, rien ne laisse indifférent. Cela mérite tout à fait d'y consacrer une petite journée.

HOTEL HILLERØD €€

Milnersvej 41
✆ +45 48 24 08 00
www.hotelhillerod.dk

Chambre simple à partir de 915 DKK, double à partir de 1 370 DKK, suite à partir de 2 795 DKK. Petit déjeuner inclus.

Cet établissement d'une centaine de chambres appartient à la chaîne Best Western. Il se situe à 2 kilomètres du château de Frederiksborg (on peut s'y rendre avec des vélos prêtés par l'hôtel). Toutes les chambres ont été récemment rénovées, dans un style sobre mais très confortable. Certaines ont une terrasse ou bénéficie de l'accès au jardin potager du restaurant pensé comme un jardin de curé. La nature autour et dans la cuisine assez raffinée du chef. Bien placé, à 30 minutes environ de Copenhague. On aime son esprit village de vacances !

FREDERIKSSUND ★

On est ici sur les bords du fjord de Roskilde, celui-ci long de 275 km devient plus étroit à cet endroit, permettant à un pont de l'enjamber facilement. Frederikssund est connue pour ses jeux annuels Vikings mais aussi pour le musée de JF Willumsen, peintre danois associé au Symbolisme et à l'Expressionnisme. La nature, vallonnée, offre de beaux paysages couverts de bois et de champs. Le paysage est superbe en passant par Skibby. On peut aussi visiter l'île d'Oro qui se trouve au milieu du fjord.

Orientation : La ville est toute petite, un petit centre piéton traversé par une longue rue qui mène au Fjord et qui passe près du principal musée.

ISHØJ

Ishøj n'est qu'à 12 km de la capitale, entourée d'une zone verte et boisée. C'est aussi une longue plage de 7 km, l'une des plus prisées par les Copenhaguois. Mais on vient surtout pour le musée d'Art moderne d'Arken, une merveille architecturale que l'on doit à l'architecte Søren Robert Lunde. Y sont exposées des œuvres modernes ainsi qu'une collection d'environ 400 pièces d'art contemporain constituée de prestigieuses signatures : Damien Hirst, Olafur Eliasson ou le duo Ingar Dragset-Michael Elmgreen. Info futée : vous avez la possibilité de venir à vélo ou de louer sur place car il existe une belle piste cyclable de 37 km. Autant en profiter !

© PLOUGMANN - ISTOCKPHOTO.COM

Pierre runique au village viking de Frederikssund.

MUSÉE J. F. WILLUMSEN (J.F. WILLUMSENS MUSEUM) ★

Jenriksvej 4 ✆ +45 47 31 07 73
www.jfwillumsensmuseum.dk

Ouvert du mardi au dimanche de 10h à 17h. Adulte : 70 DKK, réduit : 50 DKK, gratuit -18 ans. Expositions temporaires.

Un très beau bâtiment aux volumes simples, à l'entrée de la ville, côté fjord. On y trouve les œuvres de Jens Ferdinand Willumsen (1863-1958), artiste aux multiples talents : peintre, sculpteur, graphiste caricaturiste et photographe danois qui s'est associé aux mouvements du Symbolisme et de l'Expressionnisme. Le musée, réaménagé il y une quinzaine d'années, propose une belle découverte du talent de celui qui, par ailleurs, collectionna de nombreuses œuvres classiques et modernistes.

ARKEN - MUSÉE D'ART MODERNE ★★

Skovvej 100 ✆ +45 43 54 02 22
www.arken.dk

Du mardi au dimanche 10h-17h, le mercredi jusqu'à 21h. Adulte 130 DKK, gratuit moins de 18 ans.

L'art contemporain n'a jamais été aussi pointu. Osons l'image ! L'architecte a bien osé l'angle aigu dans cet incroyable vaisseau alliant la simplicité des lignes et du matériau béton à la complexité du plan labyrinthique de salles et de corridors sous 12 m de hauteur de plafond. Inauguré en juin 1996, le musée abrite peu d'œuvres dans ses collections mais se fait fort de les étoffer par l'acquisition de jeunes artistes scandinaves. D'importantes expositions sont montées toute l'année.

DANHOSTEL ISHØJ STRAND €

Ishøj Strandvej 13 ✆ +45 43 53 50 15
www.ishojhostel.dk

Chambre simple à partir de 645 DKK, petit déjeuner 80 DKK. Parking gratuit. Location de vélos. Aire de jeux.

Cette auberge, de construction récente, se trouve près de l'aire de la plage. Très bien située, à environ 17 km de Copenhague, facilement accessible par voie cyclable ou par train. Cet hébergement qui offre tout le confort souhaité, peut être une alternative idéale pour un séjour sans casser son budget. Possibilité de louer des vélos sur place. 40 chambres avec salle de bains commune ou privée. Info futée : les amateurs de route historique en pleine nature, pourrons pédaler ou marcher le long du chemin de pèlerinage entre Ishøj et Roskilde, très bien balisé.

RØNNE ★★★

Surnommée la ville-jardin, Rønne ne manque pas de charme. Son port ouvert comme un conque à fleur de falaise, son église élancée, ses maisons à colombages derrière lesquelles se dissimulent des jardins embaumant l'air du parfum des lilas aux beaux jours. Son patrimoine admirablement réhabilité lui donne un charme fou. Ville la plus importante de l'île, elle fut fortement endommagée en mai 1945. Alors que le reste du Danemark était libéré de l'occupation allemande, elle servit de dernier repli aux soldats revenus du front de l'Est. Elle fut donc bombardée par les Russes. La reconstruction se fit alors en maisons de bois rouges, offertes par les Suédois.

ÉGLISE NOUVELLE (NY KIRKE) ✝ ★

Ellebyvej 1A

Ouvert du mardi au vendredi de 9h à 15h. Entrée : 10 DKK.

La plus petite et la plus récente des quatre églises rondes de l'île. Celle-ci, construite au XIIe, est la seule à ne pas avoir été utilisée comme tour de guet lors des nombreuses invasions. Au Moyen Âge, elle portait le vocable de Tous les Saints, Ecclesia Omnium Sanctorum. Ce n'est que vers 1550, qu'elle devint Nykirke : la nouvelle église. À l'intérieur, sur le pilier central, cycle de la Passion du Christ, 13 panneaux. Sans doute les plus belles fresques de l'île (vers 1250-1300).

MUSÉE D'HISTOIRE DE BORNHOLM (BORNHOLMS MUSEUM) 🏛 ★★

Sankt Morten Gade 29 ✆ +45 56 95 07 35

www.bornholmsmuseum.dk

Octobre-Avril lundi-vendredi 13h-16h, samedi 11h-15h. Juillet-Août tous les jours 10h-17h. Adulte : 90 DKK.

Pour comprendre l'histoire de cette petit île ouverte sur la Baltique, venez ici ! À la fois historique et ethnographique, ce musée, géré par une association existant depuis 1893, présente sur 3 étages, le passé de la Préhistoire à la Guerre froide. Archéologie, bien sûr avec l'âge de pierre de Hunter, mais aussi la navigation – à voir au dernier étage, la reconstruction de l'intérieur d'un navire plutôt impressionnante – ou la vie quotidienne (horloges, jouets, salle de classe).

PLAGES DE DUNES 📷 ★

Après Snogebæk, commencent les plages de Bornholm : 25 km de dunes, une mer à bonne température, et où on a pied très loin, un sable réputé pour être le plus fin de toute la Scandinavie. De la poudre étalée sur un vaste terrain presque lunaire. Vous pouvez tout aussi bien choisir de marcher vers le phare de Dueodde (accès payant). Après les 196 marches, vous comprendrez mieux, de là-haut, d'où vient la lumière si particulière qui inonde toute cette région de Bornholm. Une riche et dense végétation borde les plages : pins, bruyère, marais…

Rønne.

BAT

Munch Petersens Vej 2
✆ +45 56 95 21 21
www.bat.dk

Le terminus se trouve à deux pas de l'arrivée des ferries. Pour vous déplacer durant votre séjour, que ce soit pour une journée ou plus, n'hésitez pas à utiliser les bus rouges BAT. Vous trouverez les brochures des horaires à l'office de tourisme. Les bus circulent tous les jours de 6h à minuit, ils vous conduiront dans tous les coins de l'île. Vous pouvez acheter une carte pour la journée, elle permet d'utiliser tous les bus de toutes les lignes sans limitation. Il existe également un pass valable cinq ou sept jours. Facile et reposant !

BORNHOLMSLINJEN

DAMPSKIBSKAJEN 5 ✆ +45 70 900 100
www.bornholmslinjen.dk

4 à 8 départs chaque jour. A partir de 99 DKK par véhicule en basse saison. Personne supplémentaire 49 DKK.

Comment se rendre sur l'île de Bornholm ? Par mer, évidemment ! Arrivées et départs de ferries chaque jour. Vous pouvez embarquer avec votre véhicule. Si celui-ci est électrique, possibilité de recharger à bord. Le tarif comprend en général, le véhicule plus deux personnes embarquées. MOLSLINJEN est une compagnie maritime basée à Aarhus qui navigue sur le Kattegat depuis 1966. Plusieurs transferts : Rønne - Ystad, Rønne - Køge et Rønne - Sassnitz (Allemagne).

▶ **De Copenhague :** train ou bus jusqu'à d'Ystad, en Suède, puis bateau. Le trajet dure environ 80 minutes !

DAT

Søndre Landevej 2
✆ +45 76 92 30 40
www.dat.dk

DAT- Danish Air Transport est une compagnie danoise créée en 1989 qui effectue des vols en Scandinavie et sur le territoire de Kaliningrad (Russie). Pour rejoindre l'île de Bornholm, la compagnie effectue environ 75 vols entre Bornholm et Copenhague, chaque semaine et toute l'année. La durée de vol est de 40 minutes, c'est donc très rapide et très pratique ! Le tarif est d'environ 350 DKK. D'autres aéroports ouvrent des lignes entre avril et octobre : Aalborg, Aahrus ou Billund. Durée du vol : 1 heure15. Alors, n'attendez plus, embarquez !

DANHOSTEL RØNNE €

Arsenalvej 12
✆ +45 56 95 13 40
www.danhostel-roenne.dk

Chambre à partir de 395 DKK, lit en dortoir 200 DKK. Location de draps à 60 DKK. Petit déjeuner 60 DKK. WiFi. Parking.

Valeur sûre de l'hébergement au Danemark, la chaîne Danshostel. Ici à Rønne, l'auberge ressemble aux fermes suédoises. Architecture de bois d'un rouge éclatant, fenêtres blanches à petits carreaux sans volets, la nature tout autour. Depuis 1941, les hôtes apprécient le cadre avant tout, très bien situé à deux pas du bord de mer et du centre-ville et les prix serrés. Les chambres sont basiques, très simples, ultra propres. Une aire de jeux, un mini-golf occuperont les enfants. Attention, pour votre séjour en été, pensez à réserver à l'avance.

HOTEL SKOVLY €€

Nyker Strandvej 30
✆ +45 56 95 07 84
www.visitskovly.dk

Chambre à partir de 618 DKK. Appartement 1630 DKK. Petit déjeuner inclus. WiFi. Parking.

Autre véritable coup de cœur, l'hôtel Skovly. Entre lacs et Baltique. Un charmant cours d'eau vous mènera en quelques minutes à une plage sauvage sublime. Vous pourrez apercevoir au petit déjeuner des cerfs, puisque l'hôtel est situé en plein cœur de la forêt. Amateur de pêche, de randonnée, de cyclisme, de canotage, vous aurez tout loisir de profiter et de vous relaxer dans les confortables chambres de l'hôtel. Pourquoi ne pas choisir plutôt un appartement ? Nous avons kiffé celui sur le lac ! Une vraie petite maison avec sa terrasse et son ponton !

GSH - GREEN SOLUTION HOUSE €€€

Strandvejen 79 ✆ +45 56 95 19 13
www.greensolutionhouse.dk

Chambre simple à partir de 1 150 DKK, double à partir de 1 350 DKK. Petit déjeuner inclus. WiFi. Parking.

Un site de 65 000 m², en bordure de forêt, à 100 m de la mer. Un hôtel-restaurant de 64 chambres et 28 appartements. Un seul objectif : se servir au maximum d'énergies renouvelables et réduire les déchets. Ici tout est recyclable.. Dans la jardin, permaculture afin de préserver la biodiversité naturelle. Le potager est cultivé en partenariat avec la Croix-Rouge. Unique au monde : une verrerie construite par l'Université d'Oxford pour tester l'effet du soleil sur l'être humain. On aime.

BORNHOLMS MOSTERI

Skansevej 8
✆ +45 56 90 75 00
www.bornholmsmosteri.dk
Ouvert du lundi au vendredi de 9h à 13h.

Du goût, du goût, du goût… et de la qualité. Zéro sucre ajouté. Zéro additif. Vous allez vous régaler de jus de fruits et de nectars bio. Rhubarbe, fleur de sureau, pommes, orange, framboise, canneberges… tout le verger dans une bouteille ! L'entreprise se situe sur le port, elle occupe une ancienne conserverie de harengs. Elle peut être fière de sa réussite. Sachez que sa démarche vise à employer des personnes en situation de handicap ou de précarité sociale. Vous trouverez leurs produits dans toutes les épiceries de Bornholm et certains magasins spécialisés.

SVANEKE ★★

Svaneke, un cygne en danois, est une ville de la côte Est de l'île, et une des plus ravissantes. Ses origines anciennes sont attestées par des découvertes d'artefacts antérieurs à l'arrivée des Vikings, des plaques votives en or (amulettes de Sorte Muld). Le port était connu au 12ème siècle, il ne cessa de fructifier au cours des siècles jusqu'à être fréquenté par les prospères marchands de la Hanse en particulier d'août à octobre, lors de la pêche aux harengs. Ses rues étroites et ses maisons à colombages (avec un seul niveau, un toit en croupe, un soubassement en basalte) très bien conservées en font le plus beau village de l'île dixit ses habitants.

PERNILLE BÜLOW GLAS

Brænderigænget 8
✆ +45 56 49 66 72
www.pernillebulow.dk
Ouvert en semaine 9h à 17h30, samedi jusqu'à 15h ; juillet à mi-août jusqu'à 21h, le week-end jusqu'à 18h.

Du savoir-faire, de la technicité et de la créativité. Un atelier de soufflage de verre et une boutique-galerie. La verrerie Pernille Bülow existe depuis 1985. Vous y trouverez des objets d'art, des bijoux, des lampes, des vases… Coup de cœur pour la lampe de table Bubble ou le chandelier à deux bras perlé gris et noir ! Si vous ne voulez pas vous encombrer, mais souhaitez tout de même un souvenir à ramener chez vous ou à offrir, choisissez un bijou ou pourquoi pas, une boule de Noël. Le tout *made in Bornholm*. Vous êtes sûr de faire plaisir !

DANHOSTEL SVANEKE €

Reberbanevej 9
✆ +45 56 49 62 42
www.danhostel-svaneke.dk
Chambre double à partir de 460 DKK, lit en dortoir à 160 DKK. Petit déjeuner à 75 DKK par personne.

Une auberge de jeunesse à l'esprit colonie de vacances, dans un environnement propice à la détente. Située en pleine nature, proche du port de la ville et de criques où se baigner. Un plongeoir est installé dans une piscine naturelle. Des prestations simples mais très bien entretenues. Possibilité de choisir des chambres de 2, 4 ou 6 lits. Chacune dispose de sa salle de bains et d'une entrée privée indépendante, accessible par des galeries en bois. Petit déjeuner buffet, on peut manger dans la salle de restaurant ou sur la terrasse.

HÔTEL SIEMSENS GAARD €€

Havnebryggen 9 ✆ +45 56 49 61 49
www.siemsens.dk
Chambre simple à partir de 750 DKK, double à partir de 1 175 DKK en haute saison.

Cette ancienne maison de marchand du XVIIe siècle, sans doute une épicerie, donne directement sur le port. L'hôtel comprend trois ailes ouvertes sur une cour intérieure pavée, joliment fleurie d'hortensias. 51 chambres un peu classiques pour la décoration mais certaines jouissent d'une vue superbe. Certaines disposent même d'une kitchenette. Grand confort avec salle de sport, bain bouillonnant et sauna. Le restaurant bénéficie d'une terrasse avec accès direct sur la rade et les bateaux à quai. La vue est magnifique et l'endroit charmant.

LAKRIDS BY JOHAN BÜLOW

Glastorvet 1
www.lakrids.nu
Ouvert du lundi au vendredi de 9h à 17h30, le samedi jusqu'à 14h.

Lakrids est LA spécialité danoise que vous retrouverez partout au Danemark. Pour la petite histoire, le jeune Johan Bülow décida d'installer un atelier-boutique dans son village natal. Son idée : faire cuire de la réglisse dans la boutique et diffuser son parfum à la ronde. Et ça a plutôt bien marché. Tout a été vendu en moins de deux heures. Le dernier client aurait même acheté le bol de dégustation sur le comptoir ! 10 ans plus tard, on mange des réglisses à travers toute la Scandinavie ! Coup de cœur Futé pour Habanero et fruit de la passion.

SVANEKE CHOKOLADERI

Svaneke Torv 5
✆ +45 23 45 76 97
www.svanekechokoladeri.dk
Ouvert le Jeudi et le vendredi de 12h00 à 17h00, le Samedi de 11h00 à 15h00.

Svanke chokoladeri est une boutique-atelier qui va remporter l'unanimité ! En effet, ici uniquement de la gourmandise ! Le seul problème de cette chocolaterie, l'embarras du choix ! À déguster sur place avec un café ou à emporter. Parmi les spécialités : argousier de Bornholm, massepains au gingembre et abricot, truffe à la noix de coco, chocolats fourrés (café latte/caramel, fondant à la menthe ou nougat classique). Sans oublier les petits pains à la crème framboise-myrtille, vanille classique ou peut-être moka. Il est possible d'assister à la fabrication !

NEXØ ★

Deuxième plus grande ville, NEXØ est un port d'escale pour les ferries reliant Bornholm à Kolobrzeg, Darlowo et Ustka en Pologne, en plus d'être le plus grand port de pêche de l'île. Côté économie, la pêche occupe donc une part importante. Une distillerie (Bornholmske Spiritfabrik ApS) et une usine de moutarde (Bornholmersennep ApS) complètent les activités locales. La ville n'offre pas autant de charme que d'autres bourgades insulaires, elle fut fortement endommagée par les bombardements soviétiques lors de la Seconde guerre mondiale, mais elle bénéficie de la plus longue plage, Dueodde, située au sud de la ville, célèbre pour son sable blanc et fin.

PARC À PAPILLONS (SOMMERFUGLEPARK) ★

Gammel Rønnevej 14B ✆ +45 56 49 25 75
www.sommerfugleparken.dk
Ouvert tous les jours de mai à septembre de 10h à 17h. Adulte 115 DKK, réduit 100 DKK, enfant de 4 à 12 ans 75 DKK.

Vous voulez de l'inédit ? Alors, filez à Sommerfuglepark. Une bonne idée d'activité pour les enfants ou les passionnés de papillons. Une serre tropicale remplie de plantes et de papillons aux couleurs vives, plus d'un millier en liberté, venus des quatre coins de la planète. On peut aussi y observer des petits perroquets ou des carpes. Promenez-vous dans le magnifique jardin fleuri, à la rencontre de l'Amiral rouge ou de Petite Écaille de tortue, des papillons sauvages danois !

PLAGE DE DUEODDE (DUEODDE STRAND) ★★

Skrokkegårdsvejen 17

Des dunes et une pinède. À l'origine, Dueodde était une vaste étendue sableuse. Au XVIIIe siècle, furent plantés des pins et certaines plantes, Ammophila et Leymus, pour stabiliser la dune. Aujourd'hui, la zone est protégée, elle s'étend sur quelque 30 kilomètres presque sans interruption. Outre la plage, le phare de Dueodde mérite une visite. C'est le plus haut de l'île. Construit en 1962, il offre une vue panoramique sur les environs. Les anciens phares ne sont pas ouverts au public.

MOLEN €€

Havnen 6 ✆ +45 88 87 67 33
www.restaurantmolen.dk
Ouvert mercredi-samedi midi et soir, tous les jours en haute saison. Plats du midi 170 DKK, menu complet 400 DKK.

Fruits de mer et poissons frais sont servis dans ce restaurant de bord de mer ouvert depuis 2014. Le chef Daniel Kruse soigne particulièrement la présentation de ses mets, une cuisine très moderne et soignée. Au menu du jour : pétoncle/concombre/courge et topinambour/jaune d'œuf/jambon en entrée, filet de veau/moelle/céleri/Pomme de terre en plat de résistance. Et les desserts ne sont pas négligés. En effet, la maison a été honorée en 2018 par le Danish Dining Guide du titre de Dessert de l'année ! Alors, gardez un peu d'appétit ! Belle vue de la terrasse.

HASLE ★

Une ville prospère depuis le XIXe siècle, quand fut créé son port, sur la route des bateaux rejoignant Copenhague. Les nombreuses fumeries de harengs l'atteste, l'une d'entre elles est aujourd'hui devenue un musée. Une des attractions de la ville, l'église gothique de Ruth, datant du XVe, est juchée à 130 mètres au dessus du niveau de la mer. Une piscine naturelle se trouve dans le port de la ville avec une plateforme de plongée et une grande terrasse pour bronzer. Le restaurant Le Port, un des meilleurs de l'île, a une vue imprenable sur la baie. En voiture, compter 15 minutes depuis Rønne *via* la route 159. En bus, ligne 1, compter 20 minutes.

GUDHJEM ★

Un petit village pittoresque, au nord de l'île, où règne une atmosphère plus que sympathique. C'est la première ville de l'île à avoir fumé des harengs ! Les fumoirs sont typiques et reconnaissables à leur très haute cheminée pyramidale. Ces poissons sont exportés vers Copenhague depuis 1840. Vous ne manquerez pas d'en déguster un peu chaque jour ! Dès l'arrivée sur site, le moulin à vent saute aux yeux. Il se dresse sur la colline et déploie ses ailes blanches depuis 1893. Il est d'ailleurs considéré localement comme le plus grand de ce type au Danemark. Autre gloire locale, **Oluf Høst** ! Peintre expressionniste, membre de l'école de Bornholm.

Gudhjem.

CENTRE MÉDIÉVAL DE BORNHOLM ★

Stangevej 1 ✆ +45 56 49 83 19
www.bornholmsmiddelaldercenter.dk

Du lundi au samedi de 11h à 15h. Juillet-août 10h-17h ou 16h. Adulte : 80 DKK (selon la saison). Gratuit jusqu'à 3 ans.

Il s'agit d'une sorte de parc d'attractions qui reconstitue la vie quotidienne de la Bornholm médiévale. On trouve un petit village du Moyen Âge avec quelques fermes autour et un centre artisanal. Des troubadours qui racontent des histoires aux enfants, des jongleurs, des combats de chevaliers et des marchands venus d'ailleurs... Tout ce petit monde nous donne vraiment l'impression de voyager dans le temps. Ne pensez pas que ce soit uniquement réservé aux familles avec enfants !

ÉGLISE RONDE D'ØSTERLARS (ØSTERLARS RUNDKIRKE) ★

Vietsvej 25

Ouverte du mardi au samedi de 9h à 14h45.

Bornholm est célèbre pour ses églises rondes, des 7 existantes au Danemark, 4 sont sur l'île. Dans 2 d'entre elles, Nylars et Østerlars, la partie supérieure du pilier central est ornée d'une bande de fresques illustrant le cycle de la Passion, de l'Annonciation au Jugement dernier. Construite vers 1160, celle-ci est sans doute la plus ancienne de l'île. Une de ses particularités : le clocher est séparé de l'église. Deux pierres runiques sont visibles sous le porche et à l'extérieur.

MUSÉE DES BEAUX-ARTS (BORNHOLMS KUNSTMUSEUM) ★★

Otto Bruuns Plads 1 ✆ +45 56 48 43 86
www.bornholms-kunstmuseum.dk

Ouvert tous les jours juillet-août-Pâques 10h-17h. Fermé le lundi septembre-octobre. Adulte : 90 DKK, gratuit -18 ans.

Ce musée tout blanc est visible de loin ! Une architecture très moderne, simple et cubique, harmonieusement intégrée au site naturel exceptionnel, tout à côté des « rochers sacrés » d'Helligdomsklipperne. 4 000 m² d'espaces lumineux, grâce aux immenses verrières et aux nombreuses fenêtres ouvertes sur la nature, dédiés à l'art. Dans la grande salle, sont exposés les artistes de l'école de Bornholm, un groupe de peintres modernistes dont le mouvement fit pas mal de bruit dans le milieu artistique danois au début du XXe siècle. Parmi eux, Karl Isakson, Edvard Weie, Oluf Høst et Olaf Rude. Touchés par la beauté des paysages de l'île, ils s'en inspirèrent dans leurs toiles. Dans les salles périphériques : les peintres danois du XIXe siècle, tels que Michaël Ancher, Lars Hansen, Holger Drachman ou Kristian Zahrtman. Des peintures religieuses et des scènes de vie quotidienne, empreintes de réalisme et hautes en couleur). La suite de la visite se poursuit aux étages inférieurs : les œuvres plus contemporaines et les expositions temporaires, ainsi qu'une extension consacrée au design scandinave. Profitez également des extérieurs. Admirez la vue tout en étant à l'abri en cas d'intempéries !

▸ **Balade au bord des « rochers sacrés »** de Helligdomsklipperne. Pour rejoindre ces falaises rocailleuses et accidentées de granit (22 m de haut) qui plongent dans la mer, des sentiers partent du musée en suivant la côte ou en descendant par des escaliers en bois à flanc de roche.

MUSÉE OLUF HØST [OLUF HØST MUSEET] ★

Løkkegade 35

✆ +45 56 48 50 38

www.ohmus.dk

Ouvert tous les jours de 11h à 17h de mars à octobre. Adulte : 85 DKK, gratuit pour les moins de 18 ans.

L'enfant du pays, c'est Oluf Høst (1884-1966). Paysages, rivages et gens de l'île sont au centre de son œuvre. Le musée ouvert en 1998, occupe la maison dans laquelle il vécut. D'autres toiles sont également exposées dans la petite fumerie de harengs du port de Nørresand, tout près du musée. Le café en terrasse y est par ailleurs fort agréable. Le musée est tout petit avec un beau jardin de rocaille qui suit doucement le relief de la « montagne » de Gudjem. Il s'organise sur deux niveaux. Trois ou quatre salles consacrées au parcours artistique de l'artiste et aux expositions temporaires. Vous en ferez très vite le tour. A l'étage, vous trouverez une biographie du peintre, son atelier d'hiver avec quelques pinceaux et livres ainsi qu'une petite salle avec un film sur lui en danois. Son style est vraiment remarquable : il avait une manière très personnelle d'esquisser des silhouettes et de les fondre dans des nappes de couleurs aériennes presque abstraites. Oluf fut marié à Hedvig Høst (né Wiedemann) et ce que l'on sait moins, c'est qu'elle aussi fut peintre dans sa jeunesse. Elle participa d'ailleurs au Salon d'automne de 1910. Elle abandonna sa carrière peu après son mariage. Une exposition, dans l'ancien atelier d'été récemment rénové, présente une douzaine de ses peintures. Complétez votre visite par une promenade sur la formation rocheuse de Bokul et en direction du lac Gråmyr, ou bien le long de la côte à Salene Bay. Vous y trouverez les motifs qui ont inspiré Oluf Høst.

JANTZENS HOTEL €€

Brøddegade 33

✆ +45 56 48 50 17

www.jantzenshotel.dk

Chambre simple à partir de 850 DKK, double à partir de 1 225 DKK. Petit déjeuner inclus.

Le Jantzens hôtel fut fondé en 1872. Une très belle bâtisse de couleur jaune safran située en plein cœur d'un village de pêcheurs, entouré de falaises rocheuses et de prairies céréalières. Les quatre pavillons de l'hôtel clôture un jardin superbement fleuri et qui change selon le rythme des saisons. Les chambres sont simples, la décoration sans prétention, un peu datée peut-être, mais le calme est garanti. Rien que la présence du jardin mérite que l'on y séjourne... mais aussi pour son petit restaurant, très agréable, cerné de glycines.

ALLINGE ★★

Baignée par les eaux de la Baltique, Allinge est une toute petite bourgade portuaire de moins de 1500 âmes. Les fouilles archéologiques ont attesté d'une occupation très ancienne, avec de nombreux objets datant de l'âge du bronze. Le site de Madsebakke, ancien lieu de culte, est connu pour les gravures rupestres ou pétroglyphes, représentant des navires, des empreintes de pas et des roues solaires. Parmi le monuments notables à visiter, son église néogothique datant de 1892 ou la forteresse médiévale d'Hammershus, considérée comme est la plus grande d'Europe du Nord, édifiée près du promontoire de Hammeren, le point le plus septentrional de l'île..

ÉGLISE SAINT-OLAF [SANKT OLS KIRKE] ✞ ★

Rønnevej 51

Ouverte de mai à mi-octobre du lundi au vendredi de 10h à 13h et de 13h30 à 17h.

Olsk ou Olaf est le saint patron de l'une des quatre églises circulaires de l'île. Elle fut bâtie vers 1170. Sa forme spécifique, celle d'une tour, permettait d'assurer une meilleure protection contre les d'attaques de pirates venus de la mer Baltique. Avec ses 28 mètres de haut, elle est la plus haute de l'île. Sa voûte en berceau, soutenue par une colonne centrale, s'élève à 13 mètres. C'est assez spectaculaire à découvrir ! Notez les quelques fragments de fresques du XIVe siècle.

ALLINGE BADEHOTEL €€

Løsebækgade 3

✆ +45 56 48 08 86

www.allingebadehotel.dk

Chambre simple à partir de 599 DKK, familiale à partir de 1299 DKK. Petit déjeuner toujours inclus. WiFi. Parking.

Un bel hôtel aménagé dans une ancienne ferme du XVIIIe siècle, à deux pas de la plage et de sa côte rocheuse. Quatre bâtiments rassemblés autour d'une vaste cour intérieure, réaménagés dans la plus pure tradition des établissements balnéaires. Plutôt intime avec ses 24 chambres. Belles et lumineuses, entièrement redécorées en 2020. Des nuances claires, des lits extra-confortables, une vue à couper le souffle côté mer, ou paisible et fleurie côté cour... Un petit paradis les pieds dans l'eau, où l'on sait recevoir et chouchouter ses hôtes !

FORTERESSE DE HAMMERSHUS (HAMMERSHUS SLOTSRUIN) ★★★

Langebjergvej 26

Accès libre.

A la pointe nord de l'île, après avoir longé une côte très découpée avec quelques plages de galets, jaillissent du haut d'une colline, les ruines rouges d'un château fort du XIIe siècle. Modifié au cours du temps, il garde d'imposantes fondations d'origine. Des panneaux historiques, installés à l'emplacement des anciennes salles, racontent son histoire. Le site est superbe : nature sauvage, rochers, panorama… Vous adorerez vous y balader, y pique-niquer ou seulement y admirer le point de vue merveilleux et sans limites, à 72 mètres au-dessus de la mer. La lumière y est incroyable en fin de journée.

En bas du chemin menant au château, la cafétéria Slotsgarden est ouverte de 10h à 19h, tous les jours en été. Vous pourrez y voir une exposition qui reconstitue, à l'aide de maquettes, la vie du château : son architecture, ses habitants… (ouvert d'avril à octobre de 10h à 17h).

Non loin du château de Hammershus, plusieurs sites discrets mais agréables méritent votre visite :

- de jolis lacs à côté de Sandvig ; le phare Hammeren Fyr qui symbolise la pointe nord de l'île de Bornholm et oriente les navires (si vous continuez la route qui longe les lacs sur la droite en venant de Sandvig).
- Enfin depuis Sandvig en direction de Hammershus, une petite route vous conduira à la carrière de pierres (Moseløkken) agrémentée d'un lac artificiel en son milieu. Un petit musée sur l'histoire de la carrière de granit complète la découverte du site (Moseløkkevej 4, Allinge).

NORDBORNHOLMS RØGERI €

Kæmpestranden 2

✆ +45 56 48 07 30

www.nbr.dk

Ouvert d'avril à octobre tous les jours de 11h à 21h. Buffet à 197 DKK, enfant 98 DKK. Gratuit - 5 ans.

Ce grand restaurant à l'aspect cantine, situé en bord de mer, est immédiatement reconnaissable à son insolite cheminée blanche dressée vers le ciel. Il vous propose midi et soir de délicieux buffets de poissons fumés tout droit sortis du fumoir actif depuis 1898. Vous vous régalerez de spécialités de l'île : harengs au curry ou marinés, rollmops, anguilles fumées, maquereaux fumés, crevettes, boulettes de poisson… De nombreux autres restaurants de ce type proposent le même genre d'ardoise. L'adresse dispose également d'une boutique !

SOMMER €€

Havnegade 19

✆ +45 56 48 48 49

www.timos.dk

Lundi 16h–20h. Jeudi et vendredi 17h30–22h. Samedi-dimanche 10H–15h, 17h30–21h. Plats à partir de 125-190 DKK.

Difficile de ne pas tomber sous le charme du café-restaurant Sommer : une jolie bâtisse de briques, une belle terrasse ensoleillée et protégée des entrées maritimes, chauffée en hiver, une cuisine danoise gourmande avec un chef inventif et une équipe jeune et dynamique, une petite salle intérieure *cosy,* simple et soignée, sans fioritures inutiles. Tout comme l'assiette d'ailleurs : du beau, du bon, de la simplicité et de l'efficacité. Poissons et viandes sont de la partie. Le Petit Futé en a la certitude : vous allez adorer !

Forteresse de Hammershus (Hammershus Slotsruin).

AAKIRKEBY ★

Pour faire le plein de campagne, direction le petit village de Aakirkeby, dans le centre de l'île. Un bourg charmant, comme figé dans le temps, avec ses maisons de briques ou colorées, tantôt rouges, tantôt jaunes, ses ruelles pavées et ses jardinets soignés. A découvrir sur place, des vestiges mégalithiques, l'unique vignoble de l'île où déguster un petit vin local bien frais et le parc Naturbornholm, un centre muséographique pédagogique et ludique sur la géologie et la nature, tourné vers l'avenir autour des questions d'environnement et de consommation énergétique qui, malgré le sujet sérieux, ravira les plus petits comme les plus grands.

ÉGLISE DE NYLARS [NYLARS KIRKE] ✝ ★

Kirkevej 10K

Ouverte tous les jours d'avril à septembre de 8h à 18h, le reste de l'année jusqu'à 15h30.

Datant du XIIe, cette église fait partie des *rundkirke* de Bornholm, des églises circulaires chaulées de blanc qui servaient de forteresse et de refuge contre les pirates de Gotland et de Wendish. Dédiée à saint Nicolas de Myre, le saint patron des marins, elle est décorée de fresques du roman tardif (1275-1300) racontant la création d'Adam et Ève et leur exil du Paradis en sept panneaux. Peu éclairée, des murs de 2 m d'épaisseur, une nef d'un diamètre de 11 m cernée par le cimetière.

FORÊT D'ALMINDINGEN [ALMINDINGEN SKOV] ★

Almindingen

Si on partait sur les chemins, si on partait de bon matin ? La location de vélos s'impose pour découvrir la forêt de Almindingen ! Les senteurs des pins, les lièvres au détour des chemins, les chants des oiseaux bien à l'abri dans cette vaste réserve. Paradisbakkerne. Des étangs, des ruisseaux et des baies sauvages à cueillir au pied des arbres. Une des plus grandes forêts du Danemark qui s'étend sur 3 800 hectares avec, depuis 2012, quelques résidents insolites, des bisons.

NATURBORNHOLM

Grønningen 30 ✆ +45 56 94 04 00

www.naturbornholm.dk

Ouvert tous les jours du 28 mars au 31 octobre de 10h à 17h. Adulte : 125 DKK, enfant de 3 à 11 ans : 60 DKK.

NaturBornholm est un centre de découverte sur la nature environnante et la géologie, ouvert depuis 2000. Le bâtiment contemporain de verre et de granit a été conçu par l'architecte danois de renommée mondiale, Henning Larsen. D'une superficie de 3 800 m², plusieurs espaces traitent des changements climatiques et des enjeux pour les espèces. Dans cette dynamique, des panneaux solaires installés sur le mur sud permettent une autonomie quasi totale. Les enfants expérimenteront la production en énergie non polluante grâce à des voiturettes électriques... Fun, non ?

KADEAU €€€

Baunevej 18

✆ +45 56 97 82 50

www.kadeau.dk

Ouvert du jeudi au dimanche de 17h30 à 22h. Plat autour de 200 DKK.

Toutes les racines de l'île de Bornholm s'entremêlent dans les préparations culinaires des chefs de Kadeau, un cadeau gustatif, un voyage sensoriel élaboré pour les hôtes de cette table de plus en plus renommée qui a été récompensée d'une étoile bien méritée. Le dressage est sublime, mettant en valeur chaque produit local et ses palettes chromatiques dans des assiettes qui évoluent au fil du temps. L'atmosphère est comme à la maison avec une cuisine ouverte et une salle intimiste au décor épuré mais chaleureux. De la haute cuisine !

BATEAUX HESTHAVENS

Bodernevej 19

✆ +45 56 97 50 82

www.hest-havens.dk

Ouvert du lundi au vendredi de 8h à 17h, le samedi de 10h à 14h. A partir de 900 DKK par jour pour 3/4 personnes.

Découvrir l'île de Bornholm depuis la mer, c'est génial ! N'hésitez pas à louer un bateau. Depuis 1990, Mikael Hesthavens est spécialisé dans les bateaux de pêche et de promenade. Seul ou à plusieurs, partagez un moment sur l'eau comme un vrai insulaire. Vous êtes néophyte ? Pas de problème, louez une petite embarcation, ultra stable, à direction manuelle avec moteur de 20 CV. Vous n'avez pas le pied marin ? Hesthavens propose également des locations de motos à la journée. Pour cela, comptez 400 DKK par jour. Une seule condition : avoir le permis moto.

SUD-SEELAND

Autant de richesses dans une seule île, c'est vraiment incroyable ! Des paysages variés entre forêt et plages. Des falaises crayeuses vieilles de 70 millions d'année baignées par la Baltique à Møns Klint. Des parcs majestueux aux arbres centenaires, où règne le calme au milieu des cerfs et des pavillons royaux propices à la détente. Le Parc-aux-cerfs-royal ! Il est vrai que la monarchie a adoré ce territoire. Vos pas vous guideront là où tout a commencé, à Roskilde. Avec un viking bien décidé, Harald-à-la-dent-bleue ! La première capitale jusqu'à son transfert à Copenhague au XVe siècle, mais qui demeura un évêché puissant malgré les aléas liés à la Réforme. Aujourd'hui, Roskilde attire les foules du monde entier pour son célèbre festival et ses bateaux vikings. Seeland, une terre où les rois bâtisseurs édifièrent de véritables chefs-d'œuvre tels que le château de Frederiksborg et ses jardins sur les îles du petit lac Slotsø à Hillerød.

Sud-Seeland
Yderby Lyng
Overby Lyng
KLINT
Vester Lyng
Hundested
Nørrevang
FREDENSBORG
FREDERIKSVÆRK
HILLERØD
Kattegat
Kattegatt
Ellinge Lyng
NYKØBING SJÆLLAND
Isefjord
LILLERØD
Veddinge Bakker
ODSHERRED
FREDERIKSSUND
Søllerød
FARUM
ØLSTYKKE
Vers GENTOFTE
Havnsø
Svinninge
HOLBÆK
Åhuse
BALLERUP
Kaldred
KALUNDBORG
Jyderup
Svebølle
ROSKILDE
HVIDOVRE
LEJRE
GREVE
Brøndby Strand
Mosede
Hvalsø
SJÆLLAND
Bjerge Sydstrand
Stenlille
SOLRØD
Høng
Stillinge Strand
RINGSTED
KØGE
Store Bælt
Sorø
SLAGELSE
Glumsø
Vemmelev
TYSTRUP
HASLEV
STEVNS
Korsør
Fuglebjerg
Rønnede
Skælskør
FAXE
NÆSTVED
Faxe Ladeplads
Enø
Mogenstrup
PRÆSTØ
BORRE
Østersøen
Östersjön
VORDINGBORG
Nyråd
STEGE
MØN
MØN
Nørre Alslev
Ostsee
BOGØ BY
STUBBEKØBING
GULDBORG
FALSTER
NAKSKOV
Sakskøbing
LOLLAND
Guldborgsund
MARIBO
NYKØBING FALSTER
Rødby
LOLLAND
Sildestrup Strand
NYSTED
Lalandia
Bøtø
Rødbyhavn
MARIELYST
Fehmarnbelt
GEDSER
FEHMARN
20 KM

ROSKILDE ★★★

Comment comprendre le Danemark sans passer par Roskilde ? La ville, fondée par Harald à la Dent bleue, fut la capitale jusqu'à son transfert à Copenhague au XVe siècle, et demeura un évêché puissant malgré les aléas liés à la Réforme. Aujourd'hui, elle accueille de nombreux visiteurs pour la cathédrale Ste-Trinité, un joyau gothique servant de panthéon royal inscrit par l'Unesco, et pour le musée des bateaux vikings retrouvés dans son fjord. Mais la grande affaire, c'est le festival de rock né en 1971, le plus prestigieux d'Europe du Nord. Une merveilleuse combinaison entre musique et culture danoise vous attend à moins d'une demi-heure de Copenhague.

CHÂTEAU DE LEDREBORG (LEDREBORG SLOT) ★★

Ledreborg Allé 2D
✆ +45 46 48 00 38
www.ledreborg-slot.dk
Parc ouvert tous les jours de 11h à 16h.
Entrée au parc : 25 DKK.

© ALAN KRAFT - SHUTTERSTOCK.COM

Ce somptueux manoir de situe à Lejre, à 12 km de Roskilde. Dès le XVIe siècle, une bâtisse liée à une exploitation agricole occupait le site. Ce n'est qu'en 1739 que J. L. Holstein acheta la propriété et la transforma en l'une des plus belles demeures du pays. Il chargea Johan Cornelius Krieger d'étendre le bâtiment et d'ajouter la chapelle. L'escalier monumental fut conçu par Jacob Fortling. Le château n'est ouvert qu'aux groupes mais on peut se promener dans le magnifique jardin.

ÉPICERIE LÜTZHØFTS (LÜTZHØFTS KØBMANDSGÅRD) ★

Ringstedgade 6-8
✆ +45 46 35 00 61
www.romu.dk
Ouverte du lundi au vendredi de 11h à 17h, le samedi de 10h à 14h.

Cette épicerie traditionnelle est une annexe du musée de Roskilde consacré à la vie régionale. C'est dans une ambiance du début du siècle dernier que vous pourrez vous procurer de vieilles brosses artisanales, des pains de sucre, des harengs en tonneaux, de la farine vendue au poids sur une balance… Tous les produits sont authentiques et de qualité. Les industriels ont joué le jeu en retrouvant les emballages utilisés dans les années 1910-1920. Les produits sont donc un peu chers.

LES FORÊTS DE BIDSTRUP (BIDSTRUP SKOVENE) ★

Skovvej 23
www.naturstyrelsen.dk
Entrée gratuite.

Envie de nature et de chlorohylle ? Passez par les forêts de Bidstrup plantées de conifères par le roi Frédéric III après le siège de Copenhague durant la guerre contre la Suède. 225 ha traversés par plusieurs sentiers de randonnée, des chemins praticables en VTT, un chemin ludique **Jörmungand** constitué de 300 m de de pierres, de troncs et de souches d'arbres. Il serpente à travers les arbres jusqu'à la baie de Kattinge. Puis, trouvez une aire de camping pour dormir à la belle étoile...

MUSÉE DE ROSKILDE (ROSKILDE MUSEUM) ★★

Sankt Ols Stræde 3 ✆ +45 46 31 65 00
www.roskildemuseum.dk
Ouvert du lundi au dimanche de 10h à 16h, jusqu'à 21h le mercredi. Adulte : 60 DKK. Café pour déjeuner. CPH Card.

Ce musée local traite de l'histoire des municipalités de Roskilde et Lejre. Il occupe deux bâtiments voisins : une ancienne sucrerie du XVIIIe siècle (Sugar House) et une maison de marchand (Liebe House). Le musée très moderne se définit comme un musée vivant et ethnologique. Il s'organise en 8 sections traitant des activités humaines et économiques avec de belles reconstitutions. En 2016 a ouvert Le Ragnarock, une section dédiée au rock danois et aux musiques contemporaines.

CATHÉDRALE (DOMKIRKE) ★★

Domkirkepladsen 3
✆ +45 46 35 16 24
www.roskildedomkirke.dk

De mai à septembre du lundi au samedi 10h-17h (16h en hiver, 18h en été) ; dimanche 13h-17h. + 18 ans : 60 DKK.

Cette cathédrale est la plus connue et la plus prestigieuse du Royaume. Et pour cause ! Depuis le XVe siècle, elle protège la nécropole royale. 20 rois et 17 reines y ont été inhumés. Édifiée dès le XIIe siècle, elle fut la première cathédrale gothique scandinave de brique. Pour le côté insolite, ne ratez pas l'horloge représentant saint Michel terrassant le dragon. Vous pourrez la voir mais surtout l'entendre ! Le son, qui provient de trois tuyaux reliés à un soufflet actionné par le mécanisme de l'horloge, imite à perfection le cri d'agonie d'un dragon...

MUSÉE DES BATEAUX VIKINGS ★★★

Vindeboder 12 ✆ +45 46 30 02 00
www.vikingeskibsmuseet.dk

7j/7 de 10h à 16h, jusqu'à 17h de mi-mai à fin août. Adulte 115-150 DKK selon saison, gratuit jusqu'à 17 ans.

Bâti au bord du fjord, ce musée de béton et de verre est conçu comme l'écrin où exposer les vedettes du lieux : cinq grandes embarcations millénaires. C'est à la fin des années 1950 que furent découverts ces bateaux, volontairement coulés vers l'an 1000 pour faire barrage à une invasion. En 1962, l'eau fut pompée autour des épaves afin de récupérer 100 000 fragments numérotés et méticuleusement réajustés. Un fabuleux puzzle ! Et une reconstitution particulièrement impressionnante.

PALAIS DE ROSKILDE [ROSKILDE PALÆ] ★

Stændertorvet 3 ✆ +45 33 95 42 00
www.slke.dk

Ouvert du mardi au vendredi 12h-17h, mercredi 12h-20h, week-end 11h-16h. Adulte 50 DKK, gratuit -18 ans.

Ce superbe bâtiment peint d'un jaune vif, connu sous le nom de palais jaune, une teinte particulière mise au point par un artisan de Roskilde, fut édifié entre 1733 et 1736. Il servait jadis de gîte aux souverains de passage. Aujourd'hui résidence de l'évêque, il abrite par ailleurs le musée d'Art moderne et une galerie de peinture. A voir de superbes expositions temporaires en plus de l'exposition permanente parmi lesquelles les œuvres d'une artiste accomplie, Yoko Ono !

DANHOSTEL €

Vindeboder 7
✆ +45 46 35 21 84
www.danhostelroskilde.dk

Chambre simple de 475 à 575 DKK, double de 525 à 700 DKK. Animaux acceptés. Parking gratuit.

Indéniablement le thème ici, ce sont les Vikings et la monarchie. Portraits des monarques, drakkar et casques à cornes font partie de la déco. Une auberge de jeunesse idéalement située tout près du musée... Viking, au bord du fjord, dans de beaux bâtiments de bois brun. 40 chambres avec salle de bains privative. Laverie et cuisine commune équipée. Adaptée aux routards et motards. Pour le reste, simplicité et aménagement réduit au strict minimum mais les tarifs serrés et la localisation en plein centre de Roskilde sont des avantages non négligeables.

ROSKILDE CAMPING €

Baunehøjvej 7
✆ +45 46 75 79 96
www.roskildecamping.dk

Réception : 9h00 - 12h00 et 14h00 - 20h00. Ouvert d'avril à fin septembre. Bungalow de 400 à 600 DKK par jour.

Le point fort évident de Roskilde Camping est son emplacement et la vue qu'il offre. Idéalement situé, ce camping familial est à deux pas d'une plage magnifique où se baigner en toute tranquillité et où l'on peut louer des kayaks pour naviguer sur les eaux du fjord. De l'autre côté se détache la silhouette de la ville de Roskilde. Sur place, plantez votre tente ou louez un bungalow, appelé aussi chalet ou cottage. Ici aussi le maître-mot est propreté. Les sanitaires font rêver. Vous disposez d'une laverie et d'une cuisine équipée mise à votre disposition.

Drakkar dans le fjord de Roskilde.

COMWELL HOTEL ROSKILDE €€

Vestre Kirkevej 12 ✆ +45 46 32 31 31
www.comwellroskilde.dk

Chambre à partir de 998 DKK, double à partir de 1 198 DKK. Petit déjeuner inclus. Offres sur le site web de l'hôtel.

Confort et cocooning, voilà ce que vous trouverez dans cet établissement. Un grand hôtel moderne surplombant le Fjord, avec vue imprenable depuis la terrasse où petit-déjeuner ou depuis votre chambre. Les 159 chambres sont confortablement aménagées, récemment rénovées dans l'esprit du design danois (couleurs claires et mobilier épuré) et surtout très confortables. Comwell offre de nombreuses prestations : salle de fitness, billard, un bar avec cheminée et (un bon) restaurant. Et pour les sportifs, un parcours de course de 3, 5 ou 10 km avec l'application RunGo.

RESTAURANT VIGEN €€

Baunehøjvej 5 ✆ +45 46 75 50 08
www.vigen.dk

Tous les jours d'avril à septembre, 12h à 22h, puis du jeudi au dimanche. Plats du midi 100 DKK, le soir 195 DKK.

Tout en profitant d'une vue magique sur le fjord, dégustez des plats préparés à base de produits frais du terroir. Une cuisine bistronomique qui a de quoi vous réjouir. Le menu de Pâques nous a fait saliver : hareng avec groseilles et crème sure, hareng à la moutarde et aux échalotes cuites au four accompagné de rhubarbe marinée suivie d'une salade crémeuse aux œufs avec chou-fleur rôti et oignons nouveaux et de rillettes d'œufs de cabillaud fumé émulsion au sarrasin. Le tout accompagné de pain au levain... et de bières locales (pop up store sur place !)

SNEKKEN TRATTORIA €€

Vindeboder 16
✆ +45 46 35 98 16
http ://snekken-trattoria.dk/

Ouvert lundi-vendredi 11h30-22h, samedi et dimanche 10h-22h. Brunch 169 DKK, plats 120-250 DKK, pizzas 130 DKK.

Une nourriture à la mode italienne dans cette trattoria version viking. Au bord de l'eau, entre les hangars et le musée des bateaux vikings, et l'auberge de jeunesse. Très belle salle, avec de hauts plafonds, où l'on peut déjeuner et dîner dans un cadre lumineux, derrière les immenses baies vitrées qui donnent sur le fjord. La terrasse est tout aussi agréable. Au menu, des pâtes et des pizzas. Oui mais cela change un peu ! Et surtout, on apprécie le brunch copieux et goûteux du week-end, servi également pendant les vacances.

MUMM €€€

Karen Olsdatters Stræde 9
✆ +45 46 37 22 01
www.mummroskilde.com

Ouvert du lundi au samedi de 17h30 à minuit (les cuisines ferment à 21h30). Menus autour de 1 250 DKK.

Au cœur de Roskilde dans une des plus anciennes rues. Le restaurant le plus coté de la ville. Intime avec 35 couverts en soirée. On y mange des spécialités danoises revisitées, d'inspiration française et espagnole et de haute gastronomie. Les assiettes sont comme des œuvres d'art et les associations inventives. Réservation indispensable. Il y a également une belle cour utilisée tout au long de l'été. Ingrédients danois, de préférence locaux et de saison, et le menu est basé sur 11 petits plats de même taille et au même prix.

GIMLE CAFÉ

Helligkorsvej 2 ✆ +45 46 37 19 82
www.gimle.dk

mardi et mercredi de midi à minuit, jeudi jusqu'à 2h, vendredi jusqu'à 5h, samedi de 10h à 5h, dimanche de 10h à 17h.

Beau café géré par une association de bénévoles qui propose des concerts et se double le week-end d'une discothèque. Mais on peut venir grignoter toute la journée. Le corbeau, c'est l'enseigne du lieu. Un oiseau chargé de symboles. Ici la démarche est assumée : plusieurs ingrédients sont biologiques et du locaux. La carte des vins propose du vin rouge biodynamique et du vin blanc. Et zéro déchets alimentaires. Les bénévoles achètent les plats du jour à prix réduits. Les aliments et l'huile de friture sont recyclés par DAKA Refood en biogaz et de biodiesel !

KAFFEKILDEN

Hestetorvet 7
✆ +45 32 14 60 30
www.kaffekilden.net

Ouvert du lundi au vendredi de 7h30 à 21h, le samedi de 9h à 21h et le dimanche de 10h à 19h.

Un coffee shop à l'ancienne par le décor : murs de briques, plafonds de bois, lumière tamisée et vieux fauteuils éculés mais réconfortants tout comme le café qui vous est servi. Leur spécialité, un espresso 100 % arabica : Sweetmocca. Des notes de caramel, de miel et d'amandes torréfiées. Un mélange de trois pays : Éthiopie, Guatemala et Brésil. Ce café est fréquenté en majorité par des étudiants. Ici, vous serez accueilli avec le sourire. Vous pourrez vous sustenter de cheesecakes, tartes aux fraises, brownies, smoothies sans oublier un grand choix de thés.

LEJRE

Petite ville située au centre de l'île, Lejre mérite davantage qu'un détour. Elle est supposée avoir été la capitale d'un royaume putatif de l'âge du fer connu sous le nom de « royaume de Lejre ». C'est pourquoi, on s'y rend pour visiter le centre de recherche qui a pour but de faire découvrir l'artisanat traditionnel et historique grâce à un village reconstitué datant de 2 000 ans. Des animaux s'y promènent en liberté. On peut couper du bois, faire cuire de la viande et ramer sur des canoës en troncs d'arbres. Près du centre de recherche, le château de Ledreborg, édifice baroque achevé en 1746, et son parc boisé valent la peine d'être visités.

CENTRE EXPÉRIMENTAL ARCHÉOLOGIQUE DE LEJRE ★

Slangealleen 2
✆ +45 46 48 08 78
www.sagnlandet.dk
Mai-juin et août-septembre mardi au dimanche de 10h à 17h. Tous les jours en juillet. Adulte : 160 DKK, réduit : 100 DKK

Vivre comme les ancêtres, vêtus de toiles robustes, dans des maisons de bois et de chaume, faire son pain, cultiver des champs replantés de variétés de céréales d'une autre époque et n'utiliser que des outils de l'âge du bronze : voici le programme du centre expérimental. On peut librement se promener à travers ce village et pénétrer dans les maisons. Ce centre historique et pédagogique entièrement privé fut créé en 1964, et a dû s'ouvrir au tourisme pour survivre financièrement ! La balade sur ses 25 ha vallonnés et, par endroits, boisés, est plutôt agréable, sans être spectaculaire ; seule la vision de peaux de chevaux, tendues en offrande dans un marais, surprend quelque peu…

Sur ce même terrain, dans des fermes de style XIXe siècle, un vieux couple accueille des familles de vacanciers qui viennent en tant que volontaires pendant une semaine : ils n'ont rien à payer, mais doivent participer aux champs comme à la cuisine, comme les paysans d'il y a 150 ans. Ici aussi les visites sont autorisées… La visite se termine par des ateliers d'artisanat, dont le plus étonnant est celui du forgeron, qui réalise des copies d'outils (pré) historiques. Expositions et, selon les jours, démonstrations et reconstitutions (joutes à cheval, danses…). En 1996, une dalle de pierre de 2 tonnes, exposée au musée national de Copenhague depuis les années 1930, a été transportée et installée comme il y a 4 000 ans, avec des leviers, des traîneaux et des échafaudages de pierres.

CHÂTEAU DE LEDREBORG (LEDREBORG SLOT) ★

Ledreborg Allé 2D
✆ +45 46 48 00 38
www.ledreborgslot.dk
Parc ouvert toute l'année. Entrée : 25 DKK. Château : visites guidées l'été (sur réservation).

Un bel exemple d'architecture baroque danoise construit aux XVIIe et XVIIIe siècles. Cet édifice jaune vif est habité par la même famille depuis 1739. Son mobilier est également d'origine. Également conçu par l'architecte Krieger, le magnifique parc boisé s'étage en terrasses sur les pentes abruptes de la vallée de Kornerup alternant fontaines et sculptures. Il a été entièrement rénové en 2004-2006 et est accessible au public. Très belle vue sur la vallée.

KØGE ★★★

Cette petite cité portuaire, à 40 kilomètres de Copenhague, fut une ville marchande très prospère. Du Moyen-Age, elle a conservé l'atmosphère, en particulier les jours de marché, et de belles maisons des XVIe et XVIIe siècles. L'office du tourisme propose un parcours des lieux qu'affectionnait Andersen et dont il s'est inspiré. On raconte que c'est la ville danoise où l'on brûla le plus de sorcières ! En 1612, débuta une série de procès pour sorcellerie. Le port de Køge est l'un des plus vieux du pays, mais il a été modernisé au fil du temps. Un ferry assure la liaison avec l'île de Bornholm. De belles plages aux alentours feront la joie des familles.

© NIGAR ALIZADA - SHUTTERSTOCK.COM

La charmante ville de Køge.

SUD-SEELAND

ÉGLISE DE KØGE [KØGE KIRKE] ✝ ★

Kirkestræde 26

✆ +45 60 11 86 00

www.koegekirke.dk

Ouverte du lundi au vendredi de 10h à 16h, le dimanche à partir de midi. Entrée libre.

Bâtie au XIIe siècle, l'église recèle quelques trésors admirablement préservés : pierres tombales, fresques, orgues, mobilier baroque. Vous remarquerez ici et là des angelots sans nez ! Ils furent brisés par les Suédois lors de l'occupation de la ville à la fin du XVIIe siècle. Tout autour de l'église s'étend la ville médiévale, quelques belles maisons sont classées. La plus ancienne se situe Kirkestræde n° 20 et date de 1527, si l'on en croit l'inscription au-dessus de la porte.

CENTRALHOTELLET €€

Vestergade 3

✆ +45 56 65 06 96

www.centralhotellet.dk

Chambre de 555 à 1 145 DKK. Petit déjeuner inclus. WiFi. Parking limité.

Ce petit hôtel très central, comme son nom l'indique, est l'un des plus vieux de la ville. Il est installé dans une grande bâtisse blanche de deux étages, à proximité de la place du marché, du musée de Køge et des cafés et restaurants. À la fin du XIXe siècle, la vannière Kirsten Marie Terkelsen y vendait des poupées et des landaus. Elle vivait au premier étage de la maison et les premier et deuxième étages accueillaient une pension. Accueil très chaleureux. Bon rapport qualité-prix. Emplacement bucolique près du canal auquel on accède depuis le jardin.

HOTEL NIELS JUEL €€

Tolbodvej 20

✆ +45 56 63 18 00

www.hotelnielsjuel.dk

Chambre de 795 à 1 925 DKK. Petit déjeuner inclus. WiFi. Parking.

Adresse d'un bon rapport qualité-prix, Niels Juel possède des chambres raffinées, une cinquantaine, décorées sur le thème marin, et représente une halte fort agréable. Toutefois, sachez que les chambres, si elles ont toutes été rénovées, sont assez exiguës. Construit en 1989 dans le style ancien entrepôt, il est situé directement à côté du charmant vieux port et à seulement 5 min à pied du centre avec ses rues piétonnes, ses cours et ses nombreux magasins. Le restaurant donne directement sur la marina, la carte s'inspire de la cuisine française et italienne.

SANDWICH CAFEEN €

Brogade 19

✆ +45 56 65 04 28

www.sandwichcafeen.dk

En semaine 10h à 18h, samedi 10h à 15h, premier dimanche du mois 11h à 14h. Sandwichs et salades autour de 58 DKK.

Une adresse qui ne trompe pas sur ses produits à la vente ! Ici, vous ne trouverez que des sandwiches.... ou presque ! Situé dans le quartier de Hugo's Gård, dans un ancien fumoir à poisson, facile à reconnaître par sa façade ocre, c'est l'endroit de la ville où l'on peut manger les sandwiches les moins chers, mais aussi des salades et finir sur la note sucrée avec un très gourmand milkshake. Des produits frais (le pain sort chaque jour du four ! Au seigle et sans gluten) et locaux. Une trentaine de propositions à la carte, de quoi y revenir chaque jour...

RESTAURANT ARKEN €€

Bådehavnen 21

✆ +45 56 66 05 05

www.restaurant-arken.dk

Ouvert tous les jours de 11h30 à 20h, jusqu'à 20h30 le vendredi et le samedi. Plats autour de 200 DKK.

Arken signifie « L'Arche ». C'est un édifice passionnant qui est visité chaque année par de nombreux étudiants en architecture. Le bâtiment est construit sur les bases de la construction navale, avec des ponts supérieur et inférieur reliés par une échelle. Il y a aussi un pont de commande extérieur ! En plus d'avoir une vue tout à fait unique sur la baie de Køge, c'est un restaurant très apprécié. Spécialités danoises (harengs, soupes, crevettes), fruits de mer (en été), poisson du jour. La terrasse sur le port est très agréable.

HUGO'S KÆLDER

Brogade 19

✆ +45 56 65 58 50

www.hugos.dk

Ouvert du lundi au jeudi de 13h à 23h, le vendredi de midi à 2h, le samedi de 10h à 2h, le dimanche de 14h à 18h.

Hugo's Kælder, c'est le bar à bière à ne pas manquer tant le choix vous ravira : plus de 200 bières à déguster ! Mais toujours avec modération, évidemment ! On aime également l'ambiance qui y règne et la déco qui vous plonge direct dans les tavernes des villages vikings ! Tout un bric-à-brac, de pots, de brocs et d'enseignes de bières... Si vous avez une petite faim, vous pouvez y manger des sandwiches achetés au *Cafeen*, juste à côté. Les samedis soirs d'été, des groupes de musique, en particulier de jazz, jouent dans la cour.

FAXE

Petite ville industrielle à l'aspect populaire, on aurait tendance à la traverser rapidement et ne pas s'arrêter. Ce serait dommage de passer à côté de ce qui se dissimule tout près de l'auberge de jeunesse, une vaste et belle carrière de pierre calcaire avec deux ou trois bassins remplis d'une incroyable eau turquoise. Le paysage désertique et lunaire ne laisse personne indifférent. La carrière encore en activité se visite. Et si l'envie vous prend, vous pourrez vous lancer dans la chasse aux fossiles et les ramener chez vous. A la sortie de la ville, vous passerez peut-être à proximité de la brasserie locale qui produit la bière... Faxe.

SØRUP HERREGAARD €€€

Sørupvej 26 ✆ +45 57 64 30 02
www.sorup.dk

Chambre simple à partir 1 500 DKK, suite à 1 990 DKK. Petit déjeuner inclus. WiFi. Parking. Offres sur Internet.

Domaine très joli avec un manoir au bord d'un lac et des chambres dans des dépendances. L'équipement est luxueux et de qualité. Le restaurant est à la fois raffiné et installé dans un site magnifique (lac avec de nombreux oiseaux). On peut aussi accéder à une piscine intérieure. Le calme, l'accueil, le cadre et la qualité des services et de la restauration font de Sørup Herregaard un lieu de vacances reposant et enchanteur. La vue du restaurant sur le lac le soir au coucher du soleil est un délice. Vous pourrez nourrir les carpes du bassin avec du pain de maïs !

RINGSTED ★

Ancienne capitale du royaume. Les rois se faisaient enterrer dans l'église Saint-Benoit de Ringsted avant que le panthéon ne soit transféré dans la cathédrale de Roskilde. La ville est restée depuis un lieu de passage et de transit, du fait de sa position géographique au centre de Seeland. La campagne environnante est agréable et certains complexes hôteliers valent qu'on s'y arrête. La gare est desservie aussi bien par le réseau intérieur DSB que les services internationaux (EuroCity), à destination d'Hambourg, Copenhague, Nykøbing Falster et Odense. Pendant les mois d'été, un office de tourisme mobile est vous accueille sur la place de la ville.

ÉGLISE SAINT-BENOÎT (SANKT BENDTS KIRKE) ★

Sankt Bendtsgade 9
✆ +45 57 61 40 19
www.ringstedsogn.dk

Ouverte tous les jours de mai à août de 10h à 16h, le reste de l'année jusqu'à 13h. Entrée libre.

Originellement édifiée comme église du monastère des Bénédictins (qui brûla au XVIIIe siècle). De style roman, la première église en travertin, achevée en 1082, fut remplacée par l'église actuelle, bâtie par Valdemar I le Grand entre 1163 et 1170. Elle est la plus ancienne église en brique de Scandinavie et la première église royale du Danemark. Voilà qui explique pourquoi, elle sert de nécropole et abrite les tombes de nombreux monarques inhumés de 1182 à 1341.

HOLBÆK ★

Le Saint-Tropez du Danemark avec des plages de sable blanc aussi belles que celles du sud de la France. Les artistes danois ont commencé à découvrir ses charmes et à s'y installer au XIXe siècle. C'est la ville la plus ensoleillée du pays, elle jouit d'un microclimat. Il y flotte une odeur de roses sauvages et la côté est très peu bâtie. Une ville fut fondée au Moyen-Age, en tout cas, son nom « Holbækgaard - jardin d'Holbaek » est mentionné pour la première fois dans une lettre d'Absalon, datée du 8 juin 1199, où il fait donation de la plus grande partie de ses terres au monastère de Sorø. Dans son port transitent les *ferries* de l'île d'Orø.

MUSÉE DE HOLBÆK (HOLBÆK MUSEUM) ★

Klosterstræde 18 ✆ +45 59 43 23 53
www.vestmuseum.dk

Ouvert de mi-février à fin décembre du mardi au vendredi de 10h à 16h, le dimanche et jours fériés de 12h à 16h.

Holbæk Museum est le musée de l'histoire locale. Il occupe treize bâtiments à colombage des XVIIe, XVIIIe et XIXe siècles répartis autour d'un jardin central. L'ancien hôtel de ville abrite un auditorium, une boutique, un point infos, un café et l'administration. À Klosterstræde 16 : remarquez la Maison Søren Mayancienne résidence privée du pasteur Søren Ma, vers 1670. Expositions temporaires et permanentes. Le musée organise des activités pour les enfants, surtout les dimanches.

BROMØLLE KRO €€

Slagelsevej 78
✆ +45 58 25 00 90
www.bromoelle-kro.dk
Chambre simple à 745 DKK, double à 995 DKK. Petit déjeuner inclus. WiFi.

Une vieille et honorable bâtisse en chaume qui date du XIIe siècle. Entouré de forêt et près de la rivière Åmose, cet hôtel de 30 chambres est un havre de tranquillité. Le restaurant, ouvert midi et soir, propose des plats danois préparés avec des produits locaux. À la carte Plie avec pommes de terre fraîches, sauce au persil, canneberges et salade de concombre ou Club Viking braisé au vin rouge avec purée de carottes épicée, pommes de terre nouvelles aux herbes. De nombreuses possibilités de randonnée au milieu du parc naturel de West Zealand.

KALUNDBORG

On y arrive par la route 23 venant de Copenhague. Mais, c'est par voie maritime que l'arrivée sur Kalundborg est la plus spectaculaire : la ville est dominée par les flèches de son étonnante église de brique qui étincellent dans le lointain ! C'est avant tout un port, où l'on ne fait que passer pour aller au Jutland. On y prend le ferry pour l'île de Samsø ou pour aller jusqu'à Aarhus sans passer par la Fionie. Mais si on a du temps devant soi, on peut se promener dans cette ville qui a gardé de très vieilles maisons (remonter la rue pavée de Pragstegade). Kalundborg est aujourd'hui connue par son rôle pionnier en matière d'écologie industrielle !

ÉGLISE NOTRE-DAME (VOR FRUE KIRKE) ★

Adelgade 19
Ouverte tous les jours de 9h à 17h. Entrée libre.

Une église à cinq tours, pas moins, construite en 1170 par Esbern Snare, le frère de l'évêque Absalon, fondateur de Copenhague. On peut relier son histoire à la construction d'un château fort. L'église de Notre-Dame a survécu sans trop de dégradations. La forme de celle-ci est unique au Danemark et probablement en Europe avec sa tour centrale flanquée de quatre tours plus petites, très élancées et coiffées de hautes toitures, le tout construit en briques rouges.

SLAGELSE

Slagelse fut un bourg commercial très important au XIe siècle et conserve toujours une église datant de cette période. A proximité, le site de Trelleborg est l'un des sept châteaux vikings découverts en 2014. Le conteur Hans Christian Andersen, qui y vécut plusieurs années au cours de sa jeunesse, la décrivait comme une « nuisance ». Ce village moderne est aujourd'hui très animé, doté de centres commerciaux et de cafés sympas. Aux alentours : des terrains de golf, des plages sublimes et une campagne généreuse où se vivifier. Vous pourrez également prendre le ferry depuis Skælskør, au sud de Slagelse, pour vous rendre sur les îles d'Agersø et d'Omø.

MUSÉE DE TRELLEBORG (TRELLEBORG MUSEET) ★

Trelleborg Alle 4
✆ +45 41 20 63 93
www.natmus.dk
Tous les jours d'avril à octobre de 10h à 16h, jusqu'à 17h de juin à août. Entrée gratuite.

A 5 km du centre de Slagelse, les traces bien mises en valeur d'une place forte viking avec une maison reconstituée (à l'écart) sur le modèle des 30 bâtiments dont on peut voir les fondations au milieu de remparts circulaires. Trelleborg avait été édifié en 980, sous le règne d'Harald à la dent bleue. Le site permet de voir, en grandeur nature, comment était constitué un village viking. Exposition d'objets trouvés sur le site, qui a été exhumé dans les années 1930.

© FABIAN JUNGE - SHUTTERSTOCK.COM

Musée de Slagelse.

NÆSTVED ★★

Cette vieille ville de 80 000 habitants, qui bénéficie d'un environnement particulièrement accueillant, semble bénie des dieux : une rivière que l'on peut remonter en kayak, proche de la mer mais protégée par une barrière d'îles, des bois et des jardins. Ses bâtiments témoignent d'un Moyen-Âge prospère, son artisanat est toujours très dynamique (la fameuse verrerie d'Holmegaard et la céramique, avec le créateur, Herman A. Kahler). Un marché se tient sur la grande place depuis 1135 ! Une légende raconte qu'un troll, excédé par le bruit des clochers des églises de la région, voulut les noyer sous le sable. Mais son sac étant percé, Næstved fut sauvée !

KOMPAGNIHUSET ★

Kompagnistræde

Fermé au public.

Il s'agit de la seule maison de guilde du Moyen Âge existant au Danemark. Elle fut construite en 1493. Christian IV y avait établi des marchands espagnols dans les années 1620. Le nom parfois utilisé est Peblingehuset. L'église St-Peders louait les trois stalles du sous-sol et le rez-de-chaussée pour stocker les matériaux de construction dont elle avait besoin. Durant la fête du commerce, on utilisait probablement la maison à la fois comme entrepôt et pour les réunions. Ce bâtiment de briques ressemble aux maisons flamandes avec ses façades à pignons crénelés.

CHÂTEAU DE GAVNØ (GAVNØ SLOT) ★

Gavnø 2 ✆ +45 55 70 02 00

www.gavnoe.dk

Ouvert tous les jours de fin avril à septembre de 10h à 16h, jusqu'à 17h en mai. Adulte : 125 DKK, enfant : 75 DKK.

Repère des pirates au XIIIe siècle, ce manoir isolé fut transformé en couvent par la reine Margrethe Ire à la fin du XVIe siècle, puis en un superbe château rococo, jaune et blanc, au XVIIIe siècle, appartenant au propriétaire de la radio musicale privée *The Voice*, n° 1 à Copenhague. Il y a 20 ans, une partie de l'immense collection de tableaux a été vendue pour acquitter les droits de succession mais il en reste encore beaucoup dans de la partie du château ouverte au public.

MONASTÈRE DE GISSELFELD (GISSELFELD KLOSTER) ★

Gisselfeldvej 12A

✆ +45 56 32 60 32

www.gisselfeld-kloster.dk

Ouvert de début juin à septembre du mercredi au dimanche de 10h à 17h ; les horaires hors saison varient.

C'est la promenade préférée des habitants de la région. Le domaine s'étend sur près de 4 000 ha dans un cadre superbe. Le manoir fut construit durant le XVIe siècle dans un but défensif, avec de vastes douves ouvertes sur un petit lac. Andersen y aurait écrit *Le Vilain Petit Canard* ! Dans le parc, dessiné par un jardinier anglais, de petits pavillons abritent des plantes tropicales. Plus loin, un autre petit lac, des champs, et le bois de Hesede avec le restaurant Villa Galina.

ÉGLISE SAINT-PIERRE (SANKT PEDERS KIRKE) ★

Sankt Peders Kirkeplads 5

✆ +45 55 72 31 90

www.sct.pederskirke.dk

Ouverte du mardi au vendredi de 11h à 17h, le samedi de 10h à 14h. Entrée libre.

Cette massive église de briques rouges, au clocher crénelé en escalier, forme très courante des églises danoises, fut bâtie d'abord en style roman puis achevée au XIVe siècle en style gothique. A l'intérieur, une chaire richement sculptée de 1671, des fonts baptismaux du Moyen Âge et de belles fresques, dont une qui représente le roi Valdemar Atterdag et la reine Helvig, priant. Vu de l'extérieur, le chœur est impressionnant avec ses grands vitraux tout en hauteur.

MUSÉE DE NÆSTVED (NÆSTVED MUSEUM) ★

Sankt Peders Kirkeplads 8 ✆ +45 70 70 12 36

www.naestved-museum.dk

Ouvert du mardi au samedi de 10h à 14h, le dimanche jusqu'à 16h. Adulte : 40 DKK, gratuit pour les moins de 18 ans.

Le musée Næstved fait partie du réseau de musées de Sydøstdanmark. On peut visiter le Helligåndshuset, seule maison du Saint-Esprit préservée au Danemark, un hospice-maison de retraite pour les pauvres. Des soignants bénévoles sous la direction d'un prêtre prenaient en charge les enfants trouvés, les orphelins. Belle bâtisse de la fin du XVe siècle. Les portes de Boderne (le musée local) exposent quelques pièces de verrerie d'Holmegaard, des céramiques de Kåhler et de l'argenterie.

PENSIONNAT DE HERLUFSHOLM [HERLUFSHOLM KOSTSKOLE]

Herlufsholm Allé 170
✆ +45 55 75 35 00
www.herlufsholm.dk

Ouvert au public tous les jours de 11h à 13h pour les visites de l'église.

L'école la plus prestigieuse du Danemark se trouve dans un site superbe, près de la rivière Suså, entre les parcs de Klokker Kohave et Rådmandshave. Ce collège fut fondé en 1565 par l'amiral Herluff Trolle et sa femme (enterrés dans la chapelle, derrière l'autel) dans une abbaye bénédictine, dont les sœurs venaient d'être chassées par la Réforme. Le couvent du début du XVIe siècle n'existe plus, les bâtiments des cours ne se visitent pas mais l'église et le parc sont ouverts au public.

RIVIÈRE SUSÅ

Une bonne idée de sortie et une façon plutôt inédite de découvrir le Danemark : suivre le fil de l'eau, oui, bien sûr, mais pour une fois, cela se passe sur une rivière ! Voilà qui change un peu du canotage en bord de mer... On peut la remonter pratiquement depuis le centre de Næstved. A Suså Kanoudlejning, dans le parc Rådmandshave, vous trouverez à louer des canoës et des tentes. La rivière est plutôt calme et le trajet verdoyant, avec de nombreuses possibilités de camping sur les berges. Cette descente est très populaire dans la région.

HOTEL KIRSTINE €€

Købmagergade 20
✆ +45 55 77 47 00
www.hotelkirstine.dk

Chambre simple à 975 DKK, double à 1 175 DKK, suite à 1 525 DKK. Petit déjeuner inclus. WiFi. Parking.

L'hôtel Kirstine est une demeure pimpante qui affiche un parti pris : la vie de château ! Une adresse très romantique pour cet hôtel à l'architecture classique danoise : hautes toitures pentues recouvertes de tuiles, façades chaulées de blanc et colombages rehaussés de rouge. Un escalier majestueux dessert les chambres très Relais et Châteaux ! Tentures, têtes de lit avec ciel de lit, tables de famille, mobilier Louis XVI. Restaurant de grande qualité avec feu de cheminée, chandelles et trophées, et petit déjeuner copieux et délicieux.

RAADHUSKROEN €€

Skomagerrækken 8 ✆ +45 55 72 01 56
www.raadhuskroen.com

Lundi au jeudi 12h-22h30, vendredi jusqu'à 23h, samedi de 11h à 23h. Smørrebrød de 67 à 127 DKK, plats de 199 à 299 DKK.

RAAdhusKROEN, traduisez « la couronne du maire » est une auberge qui rappelle le passé. Dès la rue, l'enseigne se balance doucement en grinçant. L'ambiance nous prend ! À l'intérieur : sièges de velours et moquette noire, petites lampes et vieux livres reliés en cuir sur les étagères, l'ensemble est plutôt *cosy*. Il y a une salle au premier pour les groupes, une cour derrière pour les beaux jours. Des soirées musicales y sont organisées aux beaux jours. Quant à la carte du menu : des plats froids dont les fameux *smørrebrød*, très abordables, vous sont servis.

PRÆSTØ

On s'y rend depuis Næstved directement par la route 265, qui croise l'autoroute E47. Si vous choisissez ce chemin et si le soleil brille, faites un détour par la presqu'île de Feddet. Tout au bout, après une plantation de pins, vous trouverez une vaste et superbe plage de sable. La ville de Præstø se trouve en face, formant avec la presqu'île de Feddet l'entrée du Præstø fjord. Cette petite commune de 3800 habitants a conservé le charme de son centre ancien autour d'une seule rue : Torvet. On ne sait rien de ses origines mais sa prospérité est liée à son rôle de port d'escale par les navires hanséatiques et au développement du négoce du sel.

CHÂTEAU DE NYSO [NYSØ SLOTSPARK]

Nysøvej 3

Parc ouvert toute l'année du lundi au dimanche. Entrée : 10 DKK.

Ce château du XVIIe siècle, de style baroque hollandais, ne se visite pas, mais c'est ici que le célèbre sculpteur danois Thorvaldsen travaillait. Un musée a été installé dans une dépendance. Au XIXe siècle, la baronne Stampe invitait dans sa demeure de nombreux artistes et intellectuels de son époque dont Andersen, à qui les palmipèdes de l'étang du parc inspirèrent – tiens, là aussi ? – le célèbre conte du *Vilain Petit Canard*. C'est vrai qu'on dit la même chose au château de Gavno !

TORVET ★

Torvet

Torvet est une très large rue pavée, bordée de très belles maisons aux multiples façades colorées. Lors de votre déambulation, soyez attentif à un détail pittoresque et peu courant de nos jours. Certaines demeures sont encore munies de ***gadespejl*** *:* ces doubles miroirs installés aux fenêtres (sortes de rétroviseurs que l'on pouvait aussi voir aux portes des loges des concierges parisiennes) très utiles pour observer ce qui se passait dans la rue sans avoir besoin de sortir et surtout sans être vu, à l'abri derrière ses rideaux… en toute discrétion.

LABYRINTHE DE KALVEHAVE [KALVEHAVE LABYRINTPARK] ★

Hovvejen 12

✆ +45 55 34 47 71

www.kalvehavelabyrintpark.dk

Avril à juillet mercredi-vendredi 11h à 16h, week-end 10h à 17h ; juillet tous les jours jusqu'à 18h. Adulte : 100 DKK.

Une sortie inédite ! Un labyrinthe, que dis-je, cinq labyrinthes XXL répartis sur 20 000 m² ! De quoi passer un bon moment à essayer de trouver… la sortie ! Situé à 1 heure de route de Copenhague, et 65 km de Køge, ce projet mené par une famille enchantera la vôtre. Les cinq labyrinthes de style totalement différents raviront les plus petits et les jeux de réflexion ou les casse-tête, les plus grands d'entre vous. Possibilité de pique-niquer sur place.

KIRSEBÆRKROEN €€

Kirsebærvej 1 ✆ +45 55 99 39 55

www.kirsebaerkroen.dk

Chambre 425 DKK à 495 DKK (avec cuisine 525 DKK). Lit supplémentaire 100 DKK. Petit déjeuner 60 DKK.

Aménagé dans une charmante maison à colombage datant de 1780 (qui ressemble aux longères normandes avec ses toits de chaume), cette chambre d'hôtes, au nom bucolique « d'auberge du cerisier » propose de grandes chambres dont certaines sont équipées de kitchenettes. Le charme tient davantage à son environnement qu'à son hébergement qui reste très basique. Néanmoins, toutes les chambres sont lumineuses et spacieuses et comprennent le linge de lit, les serviettes. Chacune bénéficie de sa propre terrasse privée et du jardin commun. Calme et quiétude au programme !

ORE STRAND CAMPING €

Orevej 145 ✆ +45 55 77 88 22

www.orestrandcamping.dk

Ouvert d'avril à octobre. Caravanes, camping-cars, tentes. Location de chalets de 375 à 475 DKK par jour.

Un camping au bord de la mer et d'une très belle plage. Les patrons sont très sympathiques. Les chalets ou *hytte* permettent de séjourner sans tout le tracas de monter ou démonter la tente, ceci pour les moins fans de camping, bien sûr ! De jolis maisons de bois peintes en rouge, une petite terrasse avec chaises et table, cachées sous la frondaison des arbres ! Tentes, caravanes et camping-cars sont aussi autorisés. Sur place, un mini-golf, un terrain de sport mais également une aire de jeux pour les plus petits avec un bac à sable géant et une jolie maisonnette.

VORDINGBORG ★

Arrêt recommandé dans ce port où s'était établi le roi Valdemar Ier qui réunifia le royaume du Danemark en 1157. Sur la route des îles du sud, flânez dans la rue piétonne d'Algade et escaladez la tour de l'Oie, unique vestige du château de Vordingborg, élevé par le roi vers 1160, probablement pour se défendre contre les pillages. Vers 1360, Valdemar Atterda l'agrandit et en fit l'un des plus grands complexes castraux du pays. Protégé par une muraille de 750 mètres de long et de huit mètres de haut flanquée de tours. S'il fait suffisamment chaud, vous pourrez vous baigner à partir des jolies plages de galets sur la péninsule de Knudshoved Odde.

HOTEL KONG VALDEMAR €€

Algade 101 ✆ +45 55 31 12 10

www.hotelkongvaldemar.dk

Chambre de 695 DKK 1 195 DKK (suite). Petit déjeuner inclus. WiFi. Parking. Brunch 240 DKK.

Cet hôtel rappelle les origines de la ville fondée autour d'un château édifié par le roi Valdemar. Néanmoins, l'hôtel reste modeste, sans chichis ni fioritures mais propre et confortable. Un établissement de 60 chambres situé dans le centre-ville, à 10 minutes à pied de la gare. Vous profiterez de sa belle terrasse donnant sur le jardin… idéale pour prendre le petit déjeuner en été. Son originalité tient à sa salle de bal très souvent utilisée pour les mariages et les anniversaires ! Un brunch copieux peut vous tenter avant de partir en excursion.

SUD-SEELAND

STEGE ★★

Stege est située sur l'île de Møn, le coin nature à ne pas rater. Un environnement exceptionnel reconnu *Réserve de biosphère* par l'UNESCO et première *Réserve de ciel étoilé* de la Scandinavie pour la magnificence de son ciel nocturne. Située à 2h de route de Copenhague, Møn attire pour ses falaises blanches crayeuses à couper le souffle, ses plages de sable blanc et ses criques intimes, un paradis pour les amateurs de planches à voile ou de kitesurf. La plus belle plage a reçu le *Blue Flag Award* des plages les plus respectueuses de l'environnement, accessible aux personnes en fauteuil roulant. Ne ratez pas les églises de Keldby, Elmelund et Fanefjord.

ÉGLISE DE KELDBY (KELDBY KIRKE) ✝ ★

Præstegårdsstræde 6

www.keldbyelmelundekirke.dk

Ouverte tous les jours d'octobre à mars de 8h à 15h45, d'avril à septembre jusqu'à 16h45. Entrée libre.

Une île mais trois églises réputées pour leurs fresques. Celles-ci furent découvertes en 1883 et restaurées quelques années plus tard. Elles datent de différentes périodes. Les plus anciennes, au niveau du chœur, remontent à 1275. Une seconde série datée de 1325 décore la nef. Enfin, les plus célèbres furent exécutées par le peintre de l'île, Maître Elmelunde. Ces décors sacrés, réalisés sur murs chaulés de blanc, illustrent les scènes de l'Ancien et du Nouveau Testament.

ÉGLISE DE FANEFJORD (FANEFJORD KIRKE) ✝ ★

Fanefjord Kirkevej 49

✆ +45 55 81 70 05

www.fanefjordkirke.dk

Ouverte tous les jours de 8h à 18h. Entrée libre.

En entrant sur l'île depuis Farø, prendre une des premières routes sur la droite, soyez attentif aux panneaux. Cette belle église remonte à 1250. A partir du XIVe siècle, des fresques illustrant le Nouveau Testament furent peintes, dont certaines signées du maître d'Elmelunde, artiste de l'île qui décora plusieurs églises de Møn. Autrefois, on appelait ces images la *Biblia pauperum* (la *Bible du pauvre*, de l'illettré). Les couleurs toujours vives sont mises en valeur par l'éclairage.

PLAGE (ULVSHALE STRAND) 📷 ★★

Ulvshalevej

La plus belle plage de l'île, à 6 kilomètres au nord de Stege, bordée de pâturages et de zones boisées. Un paysage bucolique à souhait. Les petites criques de sable blanc sont un paradis pour les amateurs de planches à voile ou de *kitesurf*. La plage a reçu le *Blue Flag Award* des plages les plus respectueuses de l'environnement. Autre facteur important : elle est accessible aux personnes en fauteuil roulant. La petite forêt qui borde la plage est l'une des dernières forêts vierges du Danemark. Pour une virée détente à quelques encablures seulement de Copenhague.

La ville de Stege.

DAVID'S €€

Storegade 11
✆ +45 33 13 80 57
www.davids.nu

Ouvert en semaine de 10h à 17h, samedi et dimanche de 10h à 16h. Snacks-sandwichs autour de 120 DKK, brunch à 140 DKK.

Une institution ! Un des cafés-restaurants les plus courus de l'île. De la bonne cuisine danoise, l'endroit est très animé le week-end. Réservation conseillée. David a ouvert ses portes en avril 2004 et est dirigé par... David Jensin et sa femme Annette. Il est situé dans la « Maison de verre » au début de Storegade. Déjeunez près de la fenêtre, à côté de la rue principale très animée de la ville ou retirez-vous dans la cour accueillante, plus au calme et profitez du soleil et de la vue sur le magnifique vieux clocher de la ville.

RESTAURANT LOLLESGAARD €€

Hyldevej 1
✆ +45 31 39 99 82
www.lolles.dk

Mi-avril à fin octobre tous les jours midi et soir. Smørrebrød autour de 95 DKK, plats (le soir) autour de 225 DKK.

Un couple sympathique d'agriculteurs entretient cette ferme-auberge du XVIIIe siècle. C'est la belle-mère d'Evald Lolle qui a déménagé sur l'île en 1947. Aujourd'hui, le restaurant est géré par une équipe qualifiée de chefs et de serveurs. Un cadre fantastique grâce au joli jardin où les oiseaux chantent et où l'on peut se restaurer. Entrez et dégustez un délicieux déjeuner dans l'auberge où tout rappelle les souvenirs de l'ancien temps. On y sert une cuisine danoise de qualité à un prix raisonnable, du hareng principalement.

BORRE ★★

Borre est un petit village de 600 habitants limitrophe de la ville côtière de Horten. Sa région abrita un site royal viking de 600 à 900 après J.-C. Les archéologues y sont très présents mais, pour le voyageur de passage, l'essentiel se trouve au Midgard Vickingsenter, que nous vous conseillons de visiter en cours de route (reconstitutions et spectacles).
Quand vous reprendrez votre itinéraire vers Arendal, au niveau de Kragerø (124 km au sud-ouest de Borre), quittez la E18 pour emprunter les petites routes littorales 351 jusqu'à Sondeled, 416 et 411 jusqu'à Tvedestrand, puis 410 jusqu'à Arendal, la grande étape suivante de ce parcours.

FALAISES DE MØN (MØNS KLINT) ★

Møns Klint

Après Stege, suivre la direction de Klint, à la pointe Est de l'île. Empruntez un chemin de terre sur 5 km environ. Le site est fabuleux : falaises de craie immaculées, hautes d'une centaine de mètres mais victimes de l'érosion. La balade est plutôt sportive : longs escaliers en bois qui vous mènent jusqu'en bas. Les téméraires mettent les pieds dans l'eau et longent les falaises. La vue suffit déjà à vous enchanter et vous satisfaire avant de remonter à votre véhicule.

SUD-SEELAND

© REZI KOUDELKOVA - SHUTTERSTOCK.COM

Borre.

GEOCENTER MØNS KLINT ★

Stengårdsvej 8
✆ +45 55 86 36 00
www.moensklint.dk

Tous les jours de mi-mars à octobre de 11h à 17h, jusqu'à 18h de fin juin à début août. Adulte : 130,50 DKK.

Installé au bord des falaises, le GeoCenter ressemble à un musée des sciences. Il a été ouvert le 29 mai 2007 par la reine Margrethe. Le bâtiment a été conçu par PLH Architects, lauréats du concours international. Son architecture très moderne s'intègre parfaitement au site naturel, tout en restant imposant. On peut y découvrir l'histoire préhistorique de la faune et de la flore du Danemark et de cette région. Il est surtout dédié aux enfants, avec une muséographie ludique qui rappelle celle de la Villette à Paris, « apprendre en s'amusant ».

MØNS KLINT RESORT & CAMPING €

Klintevej 544
✆ +45 55 81 20 25
www.moensklintresort.dk

Adulte : 116 DKK par jour, enfants (jusqu'à 12 ans) : 83 DKK par jour. Gratuit pour les moins de 3 ans.

Depuis 1954, les amateurs de nature plantent leurs tentes ici. Un agréable camping super équipé, près d'une forêt et d'un lac, et à deux pas des magnifiques falaises blanches et des belles plages. On peut également louer des chalets forestiers, parfaits pour les clients qui souhaitent l'expérience du camping mais pas dormir sous tente. Plus basiques que les cabanes familiales. Ou bien louer des vélos et organiser des balades en kayaks. Le paradis…

LISELUND NY SLOT €€€

Langebjergvej 6
✆ +45 55 81 20 81
www.liselundslot.dk

Chambre simple à 800 DKK, double à 1 200 DKK, suite à 1 600 DKK. Petit déjeuner inclus. WiFi. Parking.

Petit château de 17 chambres, dans le beau parc de Liselund, non loin d'un autre château, au toit de chaume celui-là, et qui fut construit par un comte français émigré en 1792. Situé au milieu des ruisseaux et des lacs, cet hôtel raffiné se situe à 2 km des falaises de Møns Klint. Les chambres portent le nom des contes de fées écrits par Hans Christian Andersen, lits à baldaquin, des fresques au plafond et poutres apparentes, lambris et stuc d'origine, n'empêchent aucunement la connexion Wi-Fi gratuite (pas de télévision ni climatisation).

RESTAURANT KLINTHOLM €

Thyravej 25
✆ +45 55 81 92 90
www.restaurantklintholm.dk

Ouvert de fin mars à fin août. Tous les jours de midi à 15h et à partir de 18h. 159 DKK.

L'adresse où déguster du poisson. Ambiance bord de mer avec filets de pêcheurs et sable presque sous les pieds ou entre les orteils ! *Røgeri* signifie « fumerie ». Vous pourrez donc y déguster des poissons fumés à chaud ou à froid. Après avoir dirigé la petite entreprise et le fumoir de Margrethevej depuis 2004, le rêve des propriétaires est devenu réel : ouvrir un restaurant. La formule est simple : un buffet à volonté avec des spécialités maison, de la salade fraîche, des boulettes de poisson, des filets de poisson, pain et beurre.

MARIBO ★

Un joli petit bourg très paisible, au bord d'un lac où barbotent des canards, construit autour d'une abbaye de l'ordre de Sainte-Brigitte, un ordre catholique créé par Brigitte de Suède (1303-1373). De cet ensemble monastique fondé en 1416, il ne reste aujourd'hui que l'imposante église devenue une cathédrale luthérienne. De même, sur les armoiries de la ville, l'effigie de la sainte rappelle les origines de Maribo.

CATHÉDRALE (DOMKIRKE) ✞ ★

Klostergade 33 ✆ +45 54 78 03 92
www.maribodomkirke.dk
Ouverte tous les jours de 9h à 17h. Entrée libre.

Cette cathédrale luthérienne, entièrement bâtie en briques rouges, occupe l'ancienne église abbatiale élevée au début du XVe siècle. Entièrement rénovée en 1860, elle a conservé le plan d'origine. Seuls les murs blanchis à la chaux expriment la sobriété protestante. Très belle voûte gothique et des traces de fresques au-dessus de l'orgue. Dans la crypte repose la fille du roi Christian IV, Leonora Christina, qui vécut en ces lieux de 1685 à 1698. Une plaque commémorative en son honneur est visible sur le pignon ouest de la cathédrale. Chaire et autel remarquables.

KNUTHENBORG SAFARIPARK ★

Knuthenborg Allé ✆ +45 54 78 80 89
www.knuthenborg.dk
Ouvert toute l'année. Adulte : 479 DKK, enfant de 3 à 11 ans : 279 DKK. Carte famille : 1799 DKK.

À 7 km au nord de Maribo, ce parc est la principale attraction de l'île. De nombreuses familles, notamment allemandes, viennent s'y promener, profiter de l'arboretum et du circuit safari en voiture. Les 800 ha du parc abritent des animaux de toute espèce : élans, zèbres, antilopes et tigres de Sibérie, sans oublier de nombreux oiseaux. Avec ses 16 km de pistes, il est le plus grand parc safari d'Europe du Nord. Idéal pour les enfants, et particulièrement dépaysant sous cette latitude : c'est quand même bizarre de voir un dromadaire sous un chêne scandinave !

NAKSKOV

C'est en arrivant par la mer que l'on a la meilleure vue sur Nakskov. L'ancien chantier naval et les maisons ouvrières qui l'encadrent, les douanes, l'administration portuaire, les entrepôts toujours en activité, le hangar de pesée et le musée maritime, tous ressortent par le rouge qui les habille. On comprend aisément l'importance stratégique et économique de ce petit port créé dès le Moyen-Age. Une jolie ville colorée avec ses maisons à colombages, son ancienne pharmacie, les sculptures de granit (3 têtes) réalisées par l'artiste danois Thomas Kadziola, connu par ailleurs pour ses géants de **Dodekalitten,** à Glentehøj (Kragenæs) 19 km au nord.

PARC NATUREL DU FJORD DE NAKSKOV

✆ 29 13 37 91
www.nakskovfjord.dk/
Visites guidées toute l'année, surtout à Vestlolland. Ces circuits sont annoncés sur Kultunaut.

Vivez une incursion totale au cœur du parc naturel du fjord Nakskov. Une ancienne vallée glaciaire de 12 km de long comprenant une dizaine d'îlots avec, à l'extrémité, une sorte coude de 7,5 km de long, appelée Albuen, réputé pour ses lagunes et marais salants. Ce fjord, le plus vaste du Danemark (55 km^2), est cerné de digues de 4 mètres de haut protégeant les parcelles agricoles cultivées. Par les chemins de randonnée sur « l'île perdue » ou par bateau, à bord du bateau postal Vesta.

SCANDLINES

Færgestationsvej 5
✆ +45 33 15 15 15
www.scandlines.dk
A partir de 245 DKK l'aller pour une voiture. Réductions hors saison.

Chaque jour, la compagnie Scandlines assure la liaison entre Puttgarden (Langeland) et Rødby (Lolland). Le trajet en bateau dure environ 45 minutes. Vous aurez une fourchette large de départs, environ toutes les 30 minutes, de 7h à 21h. Les horaires sont variables en fonction des saisons. Enregistrement au plus tard 15 minutes avant le départ du ferry. Le trajet est agréable, surtout la vue sur cette île étonnante de Langeland, tout en longueur. Des paysages relativement accidentés, traces des glaciers du quaternaire. Court arrêt avant de poursuivre le transfert.

DANEMARK-DU-SUD

Le territoire du Syddanmark offre une double identité. D'un côté, l'île de Fionie (Fyn), reliée par les ponts du Belt au continent, considérée comme le *Jardin du Danemark* pour la majesté des parcs et jardins de ses nombreux manoirs et châteaux, avec Odense, *la ville d'Odin*, pour capitale. De l'autre, l'amter germanophone et limitrophe du land de Schleswig-Holstein, un ancien fief danois réuni au duché allemand, connu pour la mer de Wadden qui offre dans son ciel un spectacle hypnotique : le ballet aérien du Soleil noir, tandis que sur ses plages s'échouent des huîtres géantes ! La nature est en ces terres plus que généreuse. Plus au nord, Christiansfeld intrigue avec ses églises hussites de tradition morave. Le mystère viking reste entier lorsque on sillonne la ville de Ribe, une plongée dans le passé que l'on revit devant les pierres runiques de Jelling. Et puis, l'enfant que vous étiez redécouvre le plaisir de jouer au pays de LEGO.

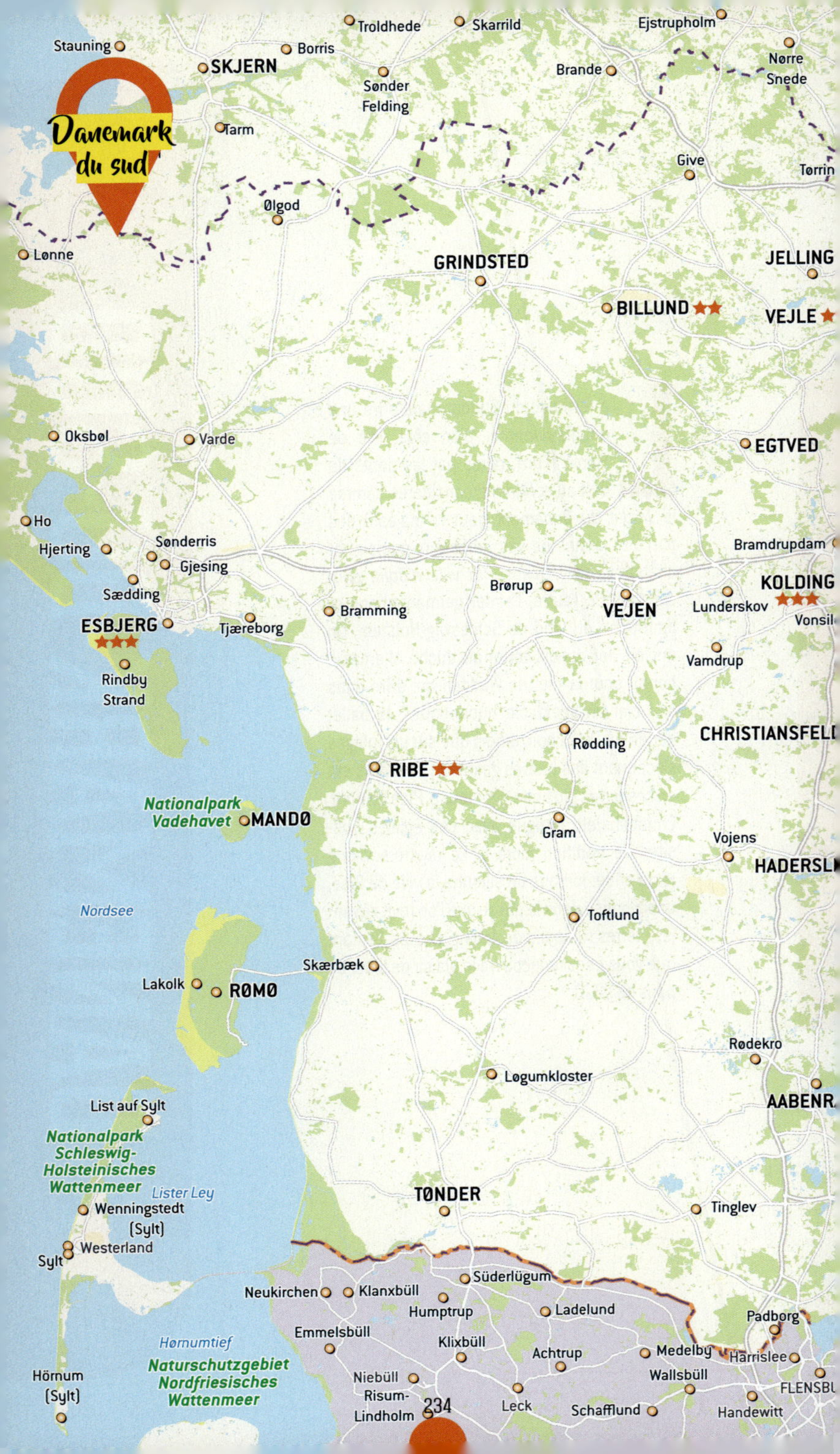
Danemark du sud
Stauning
Troldhede
Skarrild
Ejstrupholm
Borris
SKJERN
Sønder Felding
Brande
Nørre Snede
Tarm
Give
Tørring
Ølgod
Lønne
GRINDSTED
JELLING
BILLUND
VEJLE
Oksbøl
Varde
EGTVED
Ho
Hjerting
Sønderris
Gjesing
Sædding
Bramdrupdam
Brørup
KOLDING
ESBJERG
Tjæreborg
Bramming
VEJEN
Lunderskov
Vonsild
Vamdrup
Rindby Strand
Rødding
CHRISTIANSFELD
RIBE
Nationalpark Vadehavet
MANDØ
Gram
Vojens
HADERSLEV
Nordsee
Toftlund
Skærbæk
Lakolk
RØMØ
Rødekro
Løgumkloster
AABENRAA
List auf Sylt
Nationalpark Schleswig-Holsteinisches Wattenmeer
Lister Ley
TØNDER
Tinglev
Wenningstedt (Sylt)
Westerland
Sylt
Süderlügum
Neukirchen
Klanxbüll
Humptrup
Ladelund
Padborg
Emmelsbüll
Klixbüll
Achtrup
Medelby
Harrislee
Hörnumtief
Naturschutzgebiet Nordfriesisches Wattenmeer
Niebüll
Wallsbüll
FLENSBURG
Hörnum (Sylt)
Risum-Lindholm
Leck
Schafflund
Handewitt

Brædstrup
Østbirk
ODDER
Saksild
Strand
Nordby
Østermark
Hovedgård
Hou
HORSENS
Stensballe
SAMSØ
Tranebjerg
Ballen
Kolby
Løsning
HEDENSTED
Kattegat
Bredballe
Juelsminde
Vinding
15 KM
Børkop
Hasmark
Strand
FREDERICIA
Bogense
Erritsø
Strib
ulov
NORDFYN
Otterup
Snoghøj
MIDDELFART
Søndersø
MUNKEBO
KERTEMINDE
Nørre Aaby
Korup
Seden
Bullerup
Ejby
ODENSE
AARUP
Neder
Holluf
FYN
Langeskov
Tommerup
Stationsby
Dyrup
Hjallese
Ullerslev
Over Holluf
Bellinge
Højby
Årslev
NYBORG
ASSENS
Glamsbjerg
Ringe
Starup
Haarby
Gislev
Lille Bælt
Faaborg-
Midtfyn
Lundeborg
FAABORG
SVENDBORG
Nordborg
THURØ
Ostsee
TÅSINGE
Guderup
ALS
Augustenborg
Gråsten
RUDKØBING
Høruphav
Dybbøl
SØNDERBORG
Broager
Ærøskøbing
Glücksburg
(Ostsee)
Østersøen
ÆRØ
Marstal
Humble
Wees
Westerholz
usby
Dollerup
Bukkemose
Steinberg
Hürup
Gelting
BAGENKOP

PAGES

Fyn en danois, Fionie en français, cette grande île à mi-chemin entre Seeland et Jutland est reliée par des ponts d'envergure pour ne pas dire de la démesure ! C'est le pays qui a vu naître Andersen. Une terre enchanteresse propice aux contes de fée. Un peu sauvage au nord, plus douce vers le sud, l'île étale ses parcelles de blé en bord de mer et niche, dans ses replis, châteaux et manoirs. Sa douceur de vivre en fait un lieu de villégiature très apprécié. Fjords et littoral regorgent de coquettes maisons et de bateaux de plaisance. Quant à sa végétation luxuriante, elle lui a donné le surnom de « jardin du Danemark ».

Une île plus contrastée, aux reliefs plus accidentés, surtout au sud, témoignages du passage des glaciers durant l'époque du Quaternaire. Des moraines marquent leurs traces à plusieurs endroits. L'île était d'ailleurs habitée durant l'ère du Mésolithique, une période appelée *maglemosienne* dans l'histoire scandinave. Les populations, qui désertaient le cœur de l'île en hiver, se rapprochaient du littoral au climat plus doux. Des traces de huttes et des cimetières, datés de cet âge reculé, ont été retrouvés. Charmant village de Tranekaer avec son moulin à vent et son château du XIIe siècle, ou le parc de sculptures en plein-air de Tickon, très poétique même si certaines œuvres ont souffert du passage des années. Mais c'est le jeu du Land Art !

Une petite île ravissante de 88 km², entre la Seeland de Copenhague et le Jutland, accessible en ferry. Le charme de Ærø est lié à la végétation, aux bords de mer et aux fjords et à leurs images de carte postale avec les bateaux de plaisance et les jolies maisons très colorées et bien entretenues. En été, les côtes se couvrent de pittoresques cabanes de plage aussi colorées que les maisons de village, à Ærøskøbing-Vesterstrand, à Marstal ou à Eriks Hale. Elles sont devenues la fierté de l'île, alors elles sont bien entretenues par leurs propriétaires et les communes locales. Beaucoup de Danois sont originaires de cette région ou décident d'y habiter car il y fait bon vivre. Quand le ciel souvent bleu est dégagé, il permet de voir les côtes allemandes depuis le sommet du phare de Skjoldnæs !

PAGES

251 ● ● L'OUEST DE LA RÉGION

L'ouest de la région concentre la plus importante partie de Syddanemark. Vous y trouverez quelques pépites historiques que l'Unesco a consacrées d'une reconnaissance internationale. Jelling, bien sûr. Incontournable pour la culture viking avec ses époustouflants tertres royaux. Des tumuli funéraires aux dimensions spectaculaires. Ou Christiansfeld. Le village entier est inscrit au patrimoine mondial. Une ville hussite et morave. Cette région ouverte sur l'Allemagne a du renforcer ses défenses contre les éventuelles invasions : forteresse de Federicia (ville refuge des protestants français chassés par l'Edit de Nantes) ou de Sonderborg. Parmi les trésors du sud, le charme préservé de Ribe. une authentique ville médiévale, paisible et dynamique à la fois. Billund et le monde LEGO. Des jeux de construction intergénérationnels. Et surtout, la mer de Wadden. Le joyau de la couronne de Syddanemark. Un joyau créé par la nature et fréquenté, entre autres, pour le spectacle de son soleil noir...

© MADS FRAHM - ISTOCKPHOTO.COM

La mer des Wadden.

DANEMARK-DU-SUD

ODENSE ★

La capitale de la Fionie, Fyn, se trouve au milieu des terres et au centre du royaume, à égale distance (145 km) de Copenhague et d'Aarhus. C'est une grande cité (la troisième du pays, avec 200 700 habitants) dont le centre historique et commercial commence au sud de la voie ferrée, juste en face de la gare.

On a parfois l'impression de se promener dans un vaste parc, avec un réseau de pistes cyclables et de chemins qui vous emmènent, à peu de distance, sur les berges verdoyantes de la rivière qui porte le nom de la ville. Le ciel est partout visible, les rues spacieuses, les quartiers alentour très étendus. Et toujours, au détour d'un espace vert, une église, un musée, un cloître, tout de briques rouges vêtus.

Odense est considérée comme l'une des plus anciennes cités scandinaves : elle s'appelait Nonnebakken à l'époque des Vikings, puis devint Odense, le Sanctuaire du dieu Odin. Première trace écrite de l'existence de la ville : en 988, une charte adressée par l'empereur du Saint-Empire germanique, Otton III, à l'évêque d'Odense.

C'est une ville qui compte de nombreuses églises car elle fut un lieu de pèlerinage pendant tout le Moyen Âge : on venait y vénérer la dépouille du roi Knud le Saint, canonisé après avoir été tué à Odense par des paysans en colère. L'autre grande figure de la ville qui naquit dans une masure des quartiers pauvres, en 1805 : Hans-Christian Andersen.

Soixante-deux ans plus tard, il devenait, en grande pompe, citoyen d'honneur de sa ville natale où on le trouve partout : musée, parc, bibliothèque… Mais Odense, c'est aussi une ville industrielle, au carrefour du pays, qui a su s'ériger en centre intellectuel et culturel du pays.

Elle abrite le siège et les studios de la chaîne TV2, le plus étonnant centre d'expositions de toute la Scandinavie (une ancienne usine transformée en Beaubourg danois) et elle vibre chaque été de multiples festivals (orgue, jazz, rock, théâtre) et d'animations de rue. Cette ville universitaire sait attirer et garder les jeunes Danois comme les jeunes touristes, y compris pendant les mois d'été quand les cours ne les retiennent pas, signe qu'il s'y passe toujours quelque chose. On peut très facilement discuter et faire d'agréables rencontres avec les habitants de la ville comme avec la foule des touristes et vacanciers qui font halte ici, sur la route de Copenhague.

Si vous arrivez par la gare, ne vous découragez pas, ses abords sont affreux mais le reste de la ville vaut la peine d'être visité.

Balade

Sur les pas de Hans Christian Andersen. Très agréable à vivre et pour une balade, Odense vous invite à suivre les pas du célèbre conteur qui, avouons-le, est l'une des raisons pour lesquelles de nombreux touristes se rendent dans cette petite bourgade charmante et vivante. Dans les pavés et le macadam sont imbriqués les traces de souliers d'Andersen qui vous mèneront vers ses lieux de prédilection. À travers cette balade, découvrez les sculptures de bronze inspirées des personnages de son œuvre.

BRANDTS

Brandts Torv 1

✆ +45 65 20 70 00

www.brandts.dk

Ouvert du mardi au dimanche de 10h à 17h, le jeudi de midi à 21h. Adulte : 90 DKK. Gratuit le jeudi à partir de 17h.

Depuis l'inauguration du centre culturel, Odense a explosé sur le plan artistique et intellectuel, en rivale de l'autre grande provinciale qu'est Århus, particulièrement autour de cette « fabrique ». Au rez-de-chaussée, une vaste librairie d'art. Au premier étage : exposition d'art alternatif, design, architecture, photographie… Au second étage : expositions temporaires. Au troisième étage : musée de l'Imprimerie et de la Presse danoise, un intéressant parcours à travers la vie quotidienne des Danois depuis 300 ans, avec kiosques à journaux et téléviseurs rétros.

CATHÉDRALE SAINT-KNUD (SANKT KNUDS KIRKE) ✝ ★★

Klosterbakken 2

✆ +45 66 12 03 92

www.odense-domkirke.dk

Ouvert avril à octobre, lundi au samedi 10h à 17h, novembre à mars jusqu'à 16h, le dimanche toute l'année de midi à 16h.

Cet ouvrage gothique est parfaitement mis en valeur au centre de la ville, il s'élève en bordure d'un boulevard et d'un parc qui descend vers la rivière. À l'intérieur se trouve un retable du XVIe siècle, du maître artisan Claude Berg et, dans la crypte, un reliquaire contenant des ossements attribués à Knud le Saint, objet de vénération et de pèlerinage. La cathédrale a été bâtie au XIIIe siècle à côté de l'église Saint-Alban, où le roi canonisé avait été assassiné.

CHÂTEAU D'EGESKOV [EGESKOV SLOT] ★★

Egeskov Gade 18
✆ +45 62 27 10 16
www.egeskov.dk
Mai-juin et septembre-octobre de 11h à 17h, juillet-mi-août de 10h à 19h. Adulte : 190 ou 220 DKK.

Le château d'Egeskov est l'un des grands sites de la Fionie, en raison de la beauté de son domaine, de son architecture originale si bien entretenue et de sa position stratégique au centre du pays. Il est très fréquenté (200 000 personnes par an). Il faut environ 4 heures pour visiter l'ensemble. Une résidence privée dont on ne visite qu'une partie des appartements, un tiers du château étant occupé par la famille, même si de nouvelles salles sont désormais ouvertes au public. Bâti sur plusieurs milliers de pilotis constitués de troncs de chêne, Egeskov (littéralement « la forêt de chênes ») a connu ces dernières années d'importants travaux de restauration (toitures, certaines pièces du château, parterres historiques du parc…). Du fait de son attache particulière avec le sol, il faut maintenir à niveau la hauteur de l'eau dans le petit étang pour protéger le bois, qui retrouvant l'air pourrait s'abîmer. Ce qui arriva pendant quelques heures lors du très sec été de 1992. Achevé en 1554, œuvre du propriétaire de fermes adjacentes Frands Brockenhuus, le château aux airs de forteresse médiévale était quasiment imprenable au milieu de son petit lac, accessible seulement par le pont-levis, avec des créneaux et des mâchicoulis. Aujourd'hui, ses tourelles et ses cheminées qui se reflètent dans l'eau lui donnent des airs de conte de fées. Une visite hors du temps où passer une super journée et se rassasier de tous les trésors naturels et culturels que cette propriété propose.

COLLECTION DU FUTUR [TIDENS SAMLING] ★

Farvergården 7 ✆ +45 65 91 19 42
www.tidenssamling.dk
Ouvert du lundi au samedi de 10h à 16h. Adulte : 50 DKK, moins de 17 ans : 30 DKK. Boutique avec objets vintage.

Situé au troisième étage du centre culturel d'Odense, le Tidens Samling est un vrai musée Art déco. On parcourt tout le XXe siècle à travers huit salles de séjours. On circule d'une époque à l'autre à travers des salons retraçant l'évolution de la décoration et du design. Le plus : les visiteurs peuvent toucher les objets, s'asseoir sur un vieux fauteuil de 1920 ou allumer un ordinateur Amiga des années 1980. On peut aussi essayer des vêtements d'époque, avec chaussures et lunettes…

H.C. ANDERSEN MUSEUM ★★

Claus Bergs Gade 11 ✆ +45 65 51 46 01
museum.odense.dk
Ouvert du mardi au dimanche de 10h à 17h (16h de mi-septembre à mi-juin). Adulte 175 DKK (billet combiné avec 5 musées).

Cet ensemble de bâtiments transformés en musée est consacré à l'auteur danois Hans Christian Andersen (1805-1875). Parmi ceux-ci, bien que non avéré à 100 %, sa maison natale. Une petite maison jaune, au coin du 45 Hans Jensens Stræde et de la rue Bangs Boder, qui témoigne de son enfance jusqu'à ses deux ans, de sa carrière d'auteur. On y trouve nombre d'objets lui ayant appartenu, ici réunis pour être présentés au public. Certains sont d'une valeur inestimable. Plusieurs manuscrits furent dérobés en 1992, le préjudice fut estimé à 4 millions de couronnes.

© WESTERSOE
Centre historique de Odense.

H.C. ANDERSENS HUS ★★

Hans Jensens Stræde 45
✆ +45 65 51 46 01
www.museum.odense.dk
Mi-juin à mi-septembre tous les jours 10h à 17h, mi-septembre à mi-juin, mardi au dimanche 11 à 16h. Adulte 110/135 DKK.

Cette petite maison d'angle de couleur jaune [également connue comme H. C. Andersen's Birthplace], située dans ce qui fut le quartier le plus pauvre d'Odense, est celle où naquit le célèbre auteur danois Hans Christian Andersen [1805-1875]. Acheté par la ville en 1905, elle a ouvert ses portes au public quelques années plus tard. Depuis, des millions de visiteurs sont venus découvrir les pièces remeublées des 72 m² qu'occupe la maison. Une maison qui pouvait accueillir jusqu'à 5 familles... Pensez à relire les contes d'Andersen avant de partir !

MØNTERGÅRDEN ★

Møntestræde 1
✆ +45 65 51 46 01
museum.odense.dk
Ouvert du mardi au dimanche 10h-16h [17h de mi-mai à mi-septembre]. Adulte 100 DKK. Billet combiné avec 5 sites 175 DDK.

Møntergården est le musée d'histoire et d'archéologie d'Odense. Il est situé dans une maison à colombages datant de 1646. Ici, vous saurez tout sur l'histoire de la Fionie et d'Odense, dont une exposition permanente couvrant l'époque du Moyen Âge à la Renaissance. La star du lieu : l'Homme de Koelbjerg [Koelbjergmanden], vieux de plus de 10 000 ans, le crâne le plus ancien retrouvé au Danemark, en 1941. Jusqu'à peu [2016], les scientifiques pensaient que ces restes étaient ceux d'une femme, d'où l'appellation parfois persistante de Koelbjergkvinden.

MUSÉE DE LA POMME DE TERRE [KARTOFFELMUSEUM] ★

Hofmansgavevej 25
✆ +45 64 82 10 06
www.kartoffelmuseum.dk
Ouvert du lever au coucher du soleil. Entrée gratuite.

Sans doute le plus petit musée du monde [47 m²] ! À voir, par curiosité, et pour le site : un vaste domaine champêtre, où Andersen aimait se promener, dont le parc est ouvert au public. Propriété de la famille Hofman Bang de 1782 à 1952, c'est aujourd'hui une institution dont les bénéfices tirés des activités agricoles [300 ha cultivés sur les 600 que compte le domaine et 150 vaches laitières] servent à la recherche agronomique. La partie la plus ancienne des bâtiments date de 1786.

MUSÉE DES CHEMINS DE FER DANOIS ★

Dannebrogsgade 24
✆ +45 66 13 66 30
www.jernbanemuseet.dk
Ouvert tous les jours de 10h à 16h. Adulte : de 80 DKK [variable selon la saison].

Tout l'univers des chemins de fer danois est réuni avec plus de 10 000 m² de locomotives, de wagons, d'équipements, de maquettes de bateaux, de bus... On y découvre la première locomotive du pays qui effectua la ligne Copenhague-Roskilde. On peut monter dans les wagons, dont la magnifique voiture royale qui a servi de 1937 à 2001 ou l'étonnant chasse-neige de 1880 ou la plus grande locomotive d'Europe construite en 1937. On peut même louer un vrai train vapeur pour partir en excursion !

MUSÉE JOHANNES LARSEN [JOHANNES LARSEN MUSEET] ★

Møllebakken 14 ✆ +45 65 32 11 77
www.johanneslarsenmuseet.dk
Septembre à mai, mardi au dimanche de 10h à 16h. Juin à août, tous les jours de 10h à 17h. Adulte : 90 DKK.

Constitué de différents bâtiments dont la villa et l'atelier du peintre Johannes Larsen, le musée présente des œuvres de ce peintre fionien de la fin du XIXe siècle [notamment les peintures murales du salon d'hiver, un paysage avec différents oiseaux] mais aussi d'autres artistes comme son ami Fritz Syberg, sa femme Alhed Larsen ou sa sœur Christine Swane. La villa du couple fut dessinée par le couple Larsen et réalisée par l'architecte Ulrik Plessner.

VILLAGE FIONIEN [DEN FYNSKE LANDSBY] ★

Sejerskovvej 20 ✆ +45 65 51 46 01
www.museum.odense.dk
Avril-juin et septembre-octobre mardi-dimanche de 10h à 17h, juillet-août tous les jours de 10h à 18h. Adulte : 110 DKK.

Une vingtaine de fermes de Fionie, datant des XVIIIe et XIXe siècles, ont été démontées de la campagne et des îles environnantes et remontées dans ce parc. On y découvre notamment une forge et deux moulins à eau et à vent. Les champs alentour sont cultivés et des animaux sont élevés dans l'enceinte de ce « village ». Ici, une belle concentration de maisons aux toits de chaume et aux murs chaulés. Chaque soir, des contes d'Andersen sont joués dans le théâtre de verdure.

MUSÉE VIKING DE LADBY [VIKINGMUSEET LADBY] ★★

Vikingevej 123
✆ +45 65 32 16 67
www.vikingemuseetladby.dk
Septembre à mai du mardi au dimanche de 10h à 16h, de juin à août tous les jours jusqu'à 17h.
Adulte : 80 DKK

LADBY présente les vestiges d'un site funéraire viking exceptionnel. Et pour cause, c'est l'unique tombeau avec un bateau retrouvé intact dans la terre même si la tombe a été pillée bien avant la fouille archéologique. En l'an 925, un roi viking fut enterré ici dans son navire de guerre de 22 m de long, en compagnie de plusieurs chevaux et chiens sacrifiés pour honorer le défunt. Il fut construit pour 30 à 32 rameurs et était équipé de voiles dont il ne reste rien mais 7 anneaux d'eau, approximativement au milieu du navire le long de la balustrade, attestent que le navire a navigué. La taille de la voile est estimée à 60 m^2. De même, l'ancre du bateau est elle aussi intacte. La tombe a été trouvée en 1935 avec 11 tombes plus petites. Selon les rites vikings, on sacrifiait parfois les esclaves ou les proches du défunt, si ce dernier occupait une place sociale d'importance.

Lorsque vous pénétrez dans le tumulus et dès que vos yeux se sont habitués à l'obscurité, vous verrez apparaître la forme de la nef et les éléments de la construction avec ses 2 000 clous. Le drakkar est préservé sous verre dans des conditions particulières de température et d'humidité pour sa conservation à long terme. Des cartels expliquent les parties que vous voyez, ou ne voyez pas d'ailleurs, afin d'identifier les fragments et de comprendre l'histoire de cette tombe. Un tout petit musée avec une exposition et des reconstitutions ainsi qu'une boutique complètent la visite.

PIERRES DE GLAVENDRUP [GLAVENDRUPSTENEN] ★★

Stenager 13
✆ +45 64 812 044

Soudain, on arrive à un petit bois, perché sur une colline surgissant au milieu de champs pourtant désespérément plats. Un lieu à part, préservé depuis le temps des Vikings, où règne une atmosphère qui incite au recueillement. Et pour cause : le site abrite un alignement de pierres qui prend la forme d'un bateau. À votre étonnement, se tient devant vous le plus long et le mieux préservé de ces « bateaux de pierres » édifiés par les hommes du Nord pour organiser leurs crémations et rendre hommage à leurs disparus. On y a retrouvé neuf tombes, et une pierre de 6 tonnes présentant une longue inscription en écriture runique, une dédicace de 210 lettres, réparties sur les trois côtés : « *Ragnhild a érigé cette pierre en l'honneur de Alle-le-pâle, prêtre des temples, chef très estimé. Ce monument a été bâti par les fils de Alle en l'honneur de leur père, et par sa femme en l'honneur de son mari. Sote a gravé ces runes en mémoire de son maître. Puisse le dieu Thor les sanctifier. Que celui qui porte atteinte à cette pierre ou qui la réutilise en l'honneur de quelqu'un d'autre soit maudit.* » Personne n'a osé le faire, puisque le lieu a été classé site national (d'où la présence de hampes pour les drapeaux danois) après sa redécouverte à la fin du XIXe siècle ! Des fouilles ont pu démontrer qu'il ne s'agissait pourtant pas du tombeau de ce dignitaire, Alle, qui a dû périr au cours d'une expédition lointaine, mais bien d'un hommage à sa mémoire !

OFFICE DU TOURISME

Vestergade 2
✆ +45 63 75 75 20
www.visitodense.dk
En juillet et août en semaine de 9h30 à 18h, le samedi de 10h à 15h, le dimanche de 11h à 14h.

L'office du tourisme propose bien évidemment des adresses de logements chez l'habitant, de *bed and breakfast* et des visites guidées de la ville. Location de vélos également durant les mois d'été. On peut s'y procurer le *City Pass* qui ouvre les portes de presque tous les musées, sites et lieux de distraction d'Odense et de sa région, sauf les châteaux les plus chers, malheureusement ! Pour élargir le champ de vos recherches, le site www.visitfyn.com présente diverses rubriques thématiques très utiles et agréables à parcourir.

GARE FERROVIAIRE [TOGSTATION]

Østre Stationsvej 27
✆ +45 70 13 14 15
www.dsb.dk
Billetterie ouverte en semaine de 7h à 18h, le samedi de 9h à 16h, le dimanche de 10h à 17h.

La gare d'Odense est une ville dans la ville, un immense centre où l'on trouve notamment la bibliothèque centrale de la ville, un cinéma et de nombreux commerces. Pratiques : les consignes automatiques où déposer ses bagages. Plusieurs trains relient Copenhague et Odense (chaque heure), le trajet dure 1h15 en train rapide. Il y a également un train direct depuis l'aéroport de la capitale. Trains régionaux fréquents pour Svendborg, Kolding et Aarhus. Touts les infos sur le site de DSB.

DANHOSTEL ODENSE CITY €

Østre Stationsvej 31 ✆ +45 63 11 04 25
www.odensedanhostel.dk
Chambre simple à partir de 430 DKK, double à partir de 530 DKK, lit en dortoir à 250 DKK.
Danhostel Odense City est situé dans le même bâtiment que la gare d'Odense, le son ambiant et l'atmosphère particulière de cet environnement vous plongeront automatiquement en vacances. Vous trouverez 39 chambres lumineuses, réparties sur 4 étages, récemment rajeunies de couleurs pop (du bleu outremer, du jaune safran…), très propres, et vous bénéficierez de la plus belle vue sur le jardin du roi à Odense. Ce grand immeuble d'angle en briques rouges est un ancien hôtel de luxe de la ville, fondé en 1867 sous le nom de Larsens Hotel.

BEST WESTERN HOTEL KNUDSENS GAARD €€

Hunderupgade 2
✆ +45 63 11 43 11
www.bestwestern.fr
Chambre simple ou double à partir de 995 DKK. Petit déjeuner inclus.
Hôtel à colombage situé en pleine campagne. Un esprit à mi-chemin entre un domaine familial et un Relais & Château. Le charme est au rendez-vous. Des chambres spacieuses, des lits douillets et des couleurs reposantes dans un décor simple mais avec quelques touches d'authenticité : trophées, tableaux, cheminée. Situé au bord de la forêt de hêtres, surplombant la plage, le cadre est unique et reposant. Restauration de qualité également au rendez-vous.

CABINN ODENSE €€

Østre Stationsvej 7
✆ +45 63 14 57 00
www.cabinn.com
Chambre simple à partir de 495 DKK, double à partir de 690 DKK. Petit déjeuner à 75 DKK par personne.
Les hôtels Cabinn sont présents dans tout le pays. Des hôtels bien situés, souvent en plein centre des villes et relativement abordables. En revanche, la décoration reste très simple sans recherche de bon goût : fonctionnelle et d'une hygiène irréprochable. Les prix varient selon la taille des chambres. Le plus de Cabinn Odense : la salle du petit déjeuner qui se prend au dernier étage avec une vue sympathique sur la ville. De plus, une bagagerie garde vos affaires le temps de visiter encore un peu avant le départ. Promotions fréquentes sur Internet.

FIRST HOTEL GRAND €€

Jernbanegade 18
✆ +45 66 11 71 71
www.firsthotels.dk
Chambre simple à partir de 960 DKK, double à partir de 1 010 DKK. Petit déjeuner inclus.
Situé en plein centre-ville, près de la zone piétonne et des attractions touristiques, ce Grand hôtel remonte à 1897 et combine la riche histoire et l'atmosphère classique de ses 135 chambres joliment décorées avec les équipements modernes (WiFi, mini-bar, TV…). Une offre de grand confort. On peut profiter d'un petit salon, d'un bar cocktail et d'un bon restaurant. Le petit déjeuner est copieux et les produits utilisés sont de qualité. La salle de Fitness met à disposition un fauteuil massant pour se remettre de la journée !

MILLING HOTEL MINI 19 €€

Hans Tausens Gade 19
✆ +45 66 12 14 27
www.domir.dk
Chambre simple à partir de 649 DKK, double à partir de 775 DKK. Petit déjeuner à l'hôtel Ansgar. WiFi.
L'Hotel Mini 19 occupe un bâtiment historique datant de 1900 et est situé dans une rue calme. Cet hôtel à plusieurs fois été récompensé pour la qualité de son accueil. Les chambres sont lumineuses, design, sobres et confortables. L'espace Lounge est très cosy avec de confortables fauteuils et des banquettes où se retrouver près du bar. Réception 24h/24, WiFi, écrans plats et lecteurs DVD… Un copieux petit déjeuner avec un supplément est servi à l'hôtel Ansgar juste à côté. Le plus : grande chambre familiale avec lits superposés pour les enfants.

RADISSON BLU H.C. ANDERSEN HOTEL €€€

Claus Bergsgade 7
✆ +45 66 14 78 00
Chambre simple à partir de 945 DKK, double à partir de 1 025 DKK. Petit déjeuner inclus. WiFi. Offres sur Internet.
Un très beau palace repris par la chaîne d'hôtels de la compagnie SAS Radisson. Mieux, dans cette gamme de prix, que le Plaza Hotel dont les extensions réalisées durant les années 1960 ont particulièrement mal vieilli. Il existe de multiples tarifs, selon qu'on réserve en week-end, l'été, en famille ou pas, etc. Restaurant, salle de fitness. Une architecture organisée autour d'un patio intérieur, des belles chambres au décor soigné, des espaces salons d'un chic intemporel et classieux.

BRYGGERIET FLAKHAVEN €

Flakhaven 2 ✆ +45 66 12 02 99
www.flakhaven.dk

Lundi au samedi midi et soir. Plats de 45 à 159 DKK, le soir plats autour de 220 DKK, Menus à 300 ou 350 DKK.

La brasserie est située dans le bâtiment de l'hôtel de ville, anciennement occupé par un poste de police. La grand-mère de H.C. Andersen a d'ailleurs séjourné dans l'une de ces cellules suite à la naissance d'un enfant hors mariage. La société propriétaire Bavarian Brewery Technologies travaille avec des brasseurs-distillateurs aux Etats-Unis, Canada, Angleterre, Corée, Australie. Dès l'entrée, une impressionnante chaudière en cuivre où s'active régulièrement un maître-brasseur. De nombreux plats danois traditionnels y sont ainsi préparés à base de bière.

KONG VOLMER €

Brandts Passage 13
✆ +45 66 14 11 28
www.kongvolmer.com

Ouvert du lundi au vendredi de 11h à 15h, le samedi de 10h à 16h, le dimanche de midi à 15h.

Le restaurateur David Levy Nielsen a lancé Kong Volmer dans ce charmant Passage Brandts en 2008. À l'époque, ce type de restaurant spécialisé dans les smørbrød n'existait qu'à Kongens by København. Le rêve d'ouvrir sa propre maison où redonner ses lettres de noblesse au « sandwich ouvert » traditionnel s'est réalisé dans ce petit restaurant façon bistrot. Idéal pour tester une combinaison de ces sandwiches entre terre et mer ou des petits plats danois (bœuf fumé, hareng, saumon…). La cuisine est raffinée et les prix sont doux. *Brunch* le matin.

CAFE KRÆZ €

Gråbrødre plads 6
✆ +45 66 11 38 11
www.kraez.dk

Ouvert du lundi au jeudi de 9h à 1h, le vendredi jusqu'à 3h, le samedi de 9h30 à 4h, le dimanche de 9h30 à 23h.

Un café club, trois en un (café, dinner et dicothèque) plutôt branché qui accueille régulièrement de nombreux artistes danois et internationaux. Pas moins de deux ou trois concerts chaque mois et un DJ chaque week-end ! On y sert une cuisine urbaine avec Caesar salad, burgers, club sandwich le midi, des menus aux saveurs internationales le soir... L'intérieur au design un peu froid est très grand, tout comme la terrasse qui l'entoure. Les cocktails de la maison ont bonne réputation. L'équipe est là aussi jeune et sympathique.

DEN GRIMME ÆLLING €€

Hans Jensens Stræde 1
✆ +45 65 91 70 30
www.grimme-aelling.dk

Ouvert tous les jours de midi à 14h30 et de 17h à 22h. Buffet à 115 DKK le midi et 159 DKK le soir. Menu à 389 DKK.

Cuisine typiquement danoise pour ce restaurant qui se trouve dans une ruelle à quelques mètres du musée Andersen, d'où son nom de *Vilain Petit Canard* ! Un très généreux buffet de légumes et de viandes est proposé. Hareng sous toutes ses formes, omelette, tartelettes de légumes, boulettes de viande, salade de curry pour le midi. Souvent bondé le soir à cause de ses tarifs abordables. L'ambiance et l'accueil y sont sympathiques. La déco simple et rustique. Pas de terrasse sur la rue mais, tout en haut, sur le toit. Ça change un peu.

CAFE SKT. GERTRUD €

Jernbanegade 8
✆ +45 65 91 33 02
www.gertruds.dk

Ouvert du lundi au mercredi de 9h à 1h, jeudi jusqu'à 2h, vendredi et samedi jusqu'à 3h, dimanche de 10h à minuit.

C'est une bonne table avec un très bon rapport qualité-prix et au style français. Nappes à carreaux en terrasse, grandes affiches d'anciennes publicités françaises à l'intérieur. La cuisine est raffinée et originale à côté de tous ces cafés qui proposent des *burgers* ou des salades pour le même prix. Les vins sont de bonne qualité. Le patron prend le temps de parler à ses clients, de leur expliquer la cuisine qu'il propose. Le plus : on vous sert une mise en bouche tout aussi raffinée avant votre plat et la carte change 4 fois par an.

GRØNTTORVET €€

Sortebrødre Torv 9
✆ +45 63 12 33 00

Ouvert de midi à 23h en semaine, dès 10h le week-end. Plat de 89 à 198 DKK, menus de 218 à 318 DKK.

Un lieu riche d'histoire vieux de plus de 250 ans. Le cadre est charmant et le service soigné et professionnel. Nappage à carreaux vert et blanc, suspension florale en verre de style Art nouveau, boiseries aux murs. Une pointe de nostalgie vous accroche en pénétrant dans ce restaurant qui a ravi tant de convives depuis 1761. C'est parfait d'autant que vous dégusterez une cuisine typiquement danoise dont les fameux *smørrebrøds* ou les fricadelles servies dans des poêlons directement à table. Réservation recommandée les week-ends car l'adresse est courue !

SORTEBRO KRO €€€

Sejerskovvej 20
+45 66 13 28 26
www.sortebrokro.dk
Ouvert du lundi au samedi de 12h à minuit, le dimanche jusqu'à 15h. Plats de 118 à 278 DKK et menu à partir de 600 DKK.

Une ancienne auberge du XVIIIe où chaque automne le gibier est à l'honneur. Le bâtiment fut porcherie, étable et bureau de poste avant de devenir restaurant en 1945. Les patrons ont conservé les traditions et l'ambiance typique de Fyn à travers le décor enchanteur de la salle et la fusion des goûts des produits locaux utilisés issus du potager. Aujourd'hui, on pourrait la classer dans les fermes-auberges gastronomiques.Tout vous plonge illico dans le passé et dans la fraîcheur des plats que vous allez déguster en salle ou dans le jardin..

CAFE BIOGRAFEN

Amfipladsen 13
+45 66 13 16 16
www.cafebio.dk
Ouvert du lundi au samedi de 10h à 23h, le dimanche jusqu'à 22h30.

Un café-cinéma où passer une excellente soirée. Le jeudi, projection spéciale pour les jeunes parents : séances avec les bébés. Tout le monde est prévenu, bébé peut se mettre à pleurer ! Le mercredi, la première séance du matin vous attend avec un café offert en toute convivialité. C'est un endroit que fréquentent les jeunes d'Odense. On passe la commande au comptoir. Sur la place, très animée en été, concerts de jazz ou rock l'après-midi et le soir. Terrasse en été, avec véranda et vieilles affiches de films danois pour le décor.

CITY CLUB

Klingenberg 14
+45 66 14 00 50
www.cityclub.dk
Ouvert du lundi au mercredi de midi à minuit, du jeudi au samedi jusqu'à 1h30, le dimanche jusqu'à 22h.

City club, un nom qui ne fait pas rêver ! Et pourtant... Venez ici si vous aimez l'ambiance des années 1980 ou des bars américains plongés dans la pénombre. Les soirées s'animent autour des tables de billard avec les *rockers* du coin. D'un côté, une grande salle avec six billards et de l'autre, une autre salle où des écrans diffusent le sport et les matchs du moment. L'endroit est très vaste et l'atmosphère chaleureuse. La carte des cocktails, shooters, bières et autres spiritueux s'accompagnent de grignotages. Attention : penser à réserver !

VIGGOS

Vindegade 76
+45 66 13 80 80
www.viggos-odense.dk
Ouvert du lundi au jeudi de midi à 3h, le vendredi et le samedi jusqu'à 4h, le dimanche de 14h à 23h.

Vigos est une institution à Odense depuis plus de 25 ans. Le lieu est surprenant, tout d'abord pour son plafond ! Pendouillent au-dessus de vos têtes, 11 000 chopes dans lesquelles les invités ont consommé. D'autre part, pour ses soirées à thème dont le fameux tournoi de mensonges, tous les mercredis à 20h, et il est gratuit ! Pour siroter un verre avec des locaux ou boire une pression mousseuse, c'est ici qu'il faut venir. Les trentenaires de la ville se retrouvent ici en *afterwork* ou pour passer la soirée et faire la fête.

NYBORG

Nyborg fut l'une des trois plus puissantes villes fortifiées du Danemark au XVIIe siècle, avec Copenhague et Fredericia. La forteresse a été démolie mais il reste quelques vestiges autour du château qui mérite une visite. Avant la fondation de celui-ci, une fortification existait déjà sous le nom de Gammelborg. Sans doute établie dans les années 500 et utilisée tout au long de l'ère viking jusqu'à ce que Nyborg ou *le nouveau château* soit fondé en 1193. Au cours de l'histoire, c'est dans cette forteresse que siégeaient les réunions royales. Ainsi, la ville a bénéficié de nombreux privilèges marchands, dont la permission d'accueillir une foire annuelle.

CHÂTEAU DE NYBORG ★

Slotsgade 30
+45 65 31 02 07
www.nyborgslot.dk
Horaires non communiqués. Consultez le site.
Accès libre aux remparts et jardins.

Ce château était au centre de la forteresse stratégique bâtie qui défendait la région à la fin du XIIe siècle. Résidence royale pendant une partie du Moyen Âge, il subsiste l'une des tours et une aile d'origine. Entourée d'eau, d'un jardin et des vestiges des fortifications, elle voisine avec de belles maisons à colombage. À l'intérieur, on peut visiter l'ancienne salle de banquets où le Parlement danois se réunissait au Moyen Âge. D'ailleurs, c'est ici que fut rédigée la première Constitution du Danemark par Eric V en 1282.

SVENDBORG ★★★

Ce petit port est niché au bord d'un fjord, entre deux îles baignées par la mer Baltique et reliées au reste de la Fionie par des ponts. Une ville tranquille, recherchée pour son calme, mais qui offre pourtant de nombreuses activités. Avec ses presque 59 000 habitants, elle se proclame volontiers comme la plus petite des grandes villes du Danemark. C'est aussi un grand centre d'enseignement de la navigation et tous les enfants de Svendborg apprennent très tôt à hisser les voiles. Dans le quartier de Møllergade, la plus longue rue commerçante de Svendborg, commerçants et restaurateurs y organisent chaque année la *Fête de rue la plus amicale du monde*.

ILE DE THURØ ★★

Ses habitants se sont libérés de la domination des seigneurs du manoir au début du XIXe siècle. Désormais, Thurø n'est plus une île privée à laquelle on accède aujourd'hui par un pont. Très belles plages, notamment à la pointe sud-est : prendre la direction de Thurø Rev. Après un vaste parking, traversée à pied d'une pinède et d'une lande de bruyères mauves, avant d'arriver sur un sable très fin. L'eau est particulièrement claire, l'horizon infini, ce qui n'est pas fréquent dans cette région d'îles et de fjords où le regard butte souvent sur les falaises.

MUSÉE DE SVENDBORG (SVENDBORG MUSEUM) ★★

Grubbemøllevej 13 ✆ +45 62 21 02 61
www.svendborgmuseum.dk
Ouvert de mi-février à fin décembre du mardi au dimanche de 10h à 16h. Entrée : 50 DKK. Gratuit 1er dimanche du mois.

Un musée qui abrite la Maison des pauvres ! Avec reconstitution d'intérieurs des XVIIIe et XIXe siècles (et même des années 1950), ainsi que des salles consacrées à la Préhistoire et au Moyen Âge. La bonne initiative de 2021 : la Black Box. À bord d'un conteneur peint en noir, alimenté de cellules solaires et aménagé de vitrines incassables, patrimoine culturel et expositions se déplacent sur l'ensemble du territoire de la Fionie. Ouvert tous les jours de 8h à 21h, entrée gratuite.

MARITIMT CENTER ★

Havnepladsen 2
✆ +45 62 23 69 55
www.maritimtcenter.dk
Excursions en juillet et août. Adulte : à partir de 200 DKK (selon l'excursion).

Un entrepôt datant de 1872, situé juste à côté du port d'où les ferries partent pour Ærø. C'est ici qu'on pourra réserver une place à bord d'un des vieux voiliers qui naviguent dans la région. Un après-midi, ou le plus souvent les heures qui précèdent le coucher tardif du soleil d'été. Une expérience unique pour découvrir la région. Par ailleurs, de nombreuses activités culturelles sont organisées chaque année comme la traditionnelle course aux pommes, qui donne le coup d'envoi aux vacances d'automne, ou la journée des pirates très attendue par les enfants.

DANEMARK-DU-SUD

Svendborg en Fionie.

HOTEL ÆRØ €€

Brogade 1-3
✆ +45 62 21 07 60
www.hotel-aeroe.dk

Chambre simple à 850 DKK, chambre double à partir de 975 DKK. Petit déjeuner inclus. WiFi.

Un hôtel ouvert sur le port depuis 1870, au charme rétro : vieilles marines aux murs, pendule rustique. Les chambres sont agréables et délicatement décorées mais surtout très récemment rénovées. Ambiance familiale et solide cuisine danoise. On peut aussi venir y déjeuner ou y dîner, la carte est abordable et les plats sont copieux ! Certaines chambres ont vue sur le port, d'autres bénéficient d'un balcon sur cour, où les géraniums apportent leurs teintes estivales. Cette atmosphère chaleureuse vous invite à siroter un verre de vin blanc à l'une des petites tables.

BAGUETTE SVENDBORG €

Møllergade 23
✆ +45 62 22 82 00
www.baguettesvendborg.dk

Ouvert du lundi au vendredi de 7h à 16h, le samedi jusqu'à 13h. Sandwiches autour de 30 DKK.

Petite boulangerie où la douce patronne, Annette, fait un brin de causette avec chacun de ses clients. Vous vous régalerez de gâteaux bio et d'une belle sélection de pains (aux farines variées) cuits dans un four en pierre et pétris à la main. On y mange de délicieux *frisksmurt frokostobolle*, un petit sandwich de sa création (qu'il serait fort dommage de ne pas goûter), sur deux charmantes tables avec vue sur la rue piétonne accompagné de bouchées au chocolat nommées en l'honneur de la grande Sarah Bernhardt ! Tables dehors l'été.

SVENDBORGSUND €€€

Havnepladsen 5
✆ +45 62 21 07 19
www.restaurantsvendborgsund.dk

Ouvert tous les jours de 11h à 23h. Plats autour de 200 DKK. Menu à 268 ou 348 DKK

Une honorable maison tenue par une famille très accueillante, récemment restaurée et située en face du port. Ici, on vous sert une excellente cuisine danoise : boulettes de poisson, anguilles fumées, harengs marinés ; du poissons frais (plie) et une grande variété de smørrebrøds. Et le plat local bien nourrissant que l'on peut partager : Svendborgsundgryde (filet de porc, poitrine de dinde, saucisses cocktail, bacon, poivrons, champignons, oignons à la crème au paprika, servi avec petites pommes de terre rôties au four). Jolie terrasse où prendre un verre.

UNDER URET

Gerritsgade 50
✆ +45 62 21 83 08
www.under-uret.com

Du lundi au jeudi 9h-23h, vendredi-samedi 9h-3h, dimanche 9h30-22h. Assiette 5 pièces 140 DKK, 7 pièces 175 DKK.

Une façade étroite colorée, coincée entre les autres cafés du centre-ville, dans la zone piétonne. Une coquille ancienne et historique mais entièrement relookée, avec pour vous servir, une jeune équipe dynamique. Ici, on vous sert des cocktails vitaminés, une bonne sélection de bières et des menus constitués de plats faits maison. Une formule assiette brunch avec du choix : saumon fumé à froid avec crème de raifort et radis, pommes de terre grillées au chorizo épicé et mayo épicée, crevettes panées au panko au chilimayo par exemple !

FÅBORG ★★

Au sud de la Fionie, à 50 km d'Odense, cette petite ville s'étire tout en longueur autour de son port d'où partent les ferrys pour trois îlots tout proches (dont Bjørnø, paradis des oiseaux) et pour la pointe nord d'Ærø (arrivée à Søby). A l'arrière-plan, des bois et, un peu plus loin, les Alpes de Fionie, une succession de collines culminant à 126 m… Un gros clocher d'ardoises domine des maisons qui ressemblent à celles du « Village fionien », le musée en plein air proche d'Odense. Centre-ville piéton avec de petites rues pavées, des rosiers grimpants sur de très basses maisons à colombage… On y trouve aussi le très beau musée des Peintres de Fionie.

ÉGLISE RONDE DE HORNE (HORNE RUNDKIRKE) ★

Søren Lundsvej 40

Ouverte tous les jours de 8h à 16h, jusqu'à 20h de mai à septembre. Entrée libre.

Arrêtez-vous dans le petit village de Horne dominé par son église chaulée aux flans arrondis : c'est une église ronde médiévale (la seule de Fionie) édifiée au XIIe siècle, agrandie de part et d'autre par une extension gothique, puis flanquée d'un clocher Renaissance. L'intérieur reste simple avec quelques maquettes de bateaux suspendus dans les airs. Quatre impressionnantes colonnes soutiennent une loge réservée aux membres de la noblesse locale pour assister à l'office.

FAABORG MUSEUM (MUSÉE DES PEINTRES DE FIONIE) ★

Grønnegade 75 ✆ +45 62 61 06 45
www.faaborgmuseum.dk

Septembre-juin, mardi au dimanche de 11h à 16h. Juillet-août, mardi au dimanche de 10h à 17h. Adulte : 80 DKK

Ce musée, qui a fêté son centenaire en 2010, est né grâce à l'industriel Mads Rasmussen. On peut voir sa statue magistrale en granit noir réalisée par le sculpteur Kai Nielsen, en 1912-1914, dans la première pièce. Avec son allure de temple classique, son enfilade de salles aux murs colorés, le bâtiment est plutôt original et accueillant. Il abrite les œuvres des peintres Syberg, Peter Hansen ou Johannes Larsen. Toute la Fionie se retrouve dans les bleus et les marrons de leurs toiles.

HELNÆS (PÉNINSULE ET PHARE) ★

Si l'on suit les petites routes jusqu'au phare de la péninsule d'Helnæs, on peut admirer un paysage bucolique, des maisons charmantes et des villages au bord de la mer vraiment beaux comme Brunshuse par exemple. La péninsule d'Helnæs et son phare forment un très beau site naturel où l'on accède à une vue extraordinaire sur les îles environnantes. Le phare est visible de loin : une tour blanche de 28 m de haut de plan carré, construite entre 1900 et 1901 en aplomb de la falaise.

TOUR DE L'HORLOGE (KLOKKETÅRN) ★

Tårnstræde
✆ +45 62 61 00 46

La tour de l'horloge de Fåborg est l'unique vestige de l'église Skt Nicolai, datant du XIIe siècle et détruite en 1600. Elle fut restaurée en 2011-2013 et recouverte de sa belle couleur jaune. Pendant les mois d'été, du jeudi au dimanche, les gardiens de la ville se postent devant la tour (21h), et vous proposent de les suivre dans les rues pavées de la vieille ville. De la tour, très beau panorama sur la ville et les îles Bjorno, Avernako et Lyo.

DANHOSTEL €€

Grønnegade 71-72
✆ +45 62 61 12 03
www.danhostelfaaborg.dk

Ouvert d'avril à septembre. Chambre à partir de 350 DKK, lit en dortoir à 200 DKK. Salle de bains commune.

Cette auberge de jeunesse se situe au cœur de Faaborg, à côté du musée des Beaux-Arts, dans une bâtisse de la fin du XIXe siècle. L'accueil y est chaleureux, la répartition des chambres et des espaces est un peu biscornue mais il faut rappeler que le bâtiment est ancien et tout en hauteur, ce qui donne beaucoup de charme à l'endroit. L'escalier est en effet très raide (dans la partie où on accède par la rue) mais les chambres du haut sont mansardées et ont un charme de maison de campagne. Le confort est suffisant tout comme la décoration assez sobre.

HOTEL FAABORG FJORD €€€

Svendborgvej 175
✆ +45 62 61 10 10
www.hotelfaaborgfjord.dk

Chambre simple à partir de 895 DKK, double à partir de 1 095 DKK. Petit déjeuner inclus. WiFi. Parking.

L'hôtel Faaborg Fjord est situé sur la pittoresque Sydfyn surplombant le fjord Faaborg. Un ponton de bois vous amène directement dans les eaux du fjord ! L'hôtel est facile d'accès, que vous veniez du Jutland ou de Sealand. Un accueil très sympathique. Chaque chambre (128 au total) dispose d'un balcon ou d'une terrasse pour profiter au mieux de la vue. Elles ont toutes été rénovées en 2014. Restauration de qualité sous forme de buffet. Bonne surprise : il y a un spa avec une superbe piscine intérieure. Ce sera l'occasion d'essayer le sauna à la danoise !

TRE KRONER €€

Strandgade 1
✆ +45 21 44 00 50
www.3-kr.dk

Ouvert le dimanche et du mardi au jeudi de midi à 18h, le vendredi et samedi jusqu'à 22h. Plats autour de 190 DKK.

Au cœur des petites rues piétonnes de Faaborg, entre le port et l'artère commerçante. Dans cette petite maison de village, sur de belles tables en bois et sous les lampes basses, on déguste du poisson frais et l'omelette fionienne, *fynsk aeggekage,* avec une montagne de lard tellement grillé qu'on dirait des chips recouvrant l'omelette, bref de la cuisine danoise traditionnelle à des prix raisonnables. Accueil très sympathique du couple, avec vue sur le comptoir fréquenté par la clientèle locale, bref un lieu authentique. On y est tranquille, bien servi et nourri.

RUDKØBING

Là aussi, on trouve de vieilles rues pavées bordées de maisons basses, une atmosphère tranquille, un port et son petit ferry pour Ærø. Le pont pour Svendborg n'est pas loin. Le centre du village, avec son artère piétonne, a perdu de son pittoresque ces dernières décennies mais à l'est du port, on trouve une enfilade de rues médiévales (Ramsherred, Smedegade et Vinkældergade). Le coin est connu pour ses *peoples* : en effet, sont nés ici le physicien Hans Christian Ørsted (1777-1851) pour sa découverte de l'interaction entre électricité et magnétisme, et l'acteur Nikolaj Coster-Waldau pour le rôle de Jaime Lannister dit le Régicide, dans *Game of Thrones*.

FÆRGEN

Spodsbjergvej
✆ +45 70 23 15 15
www.faergen.dk

Voiture jusqu'à 6 m de long et 9 passagers. Aller : 265 DKK, piétons : 80 DKK par adulte, 40 DKK enfant de 4 à 15 ans.

Liaison entre Spodsbjerg (Langeland) et Tårs (Lolland). Trajet de 45 minutes en bateau. Départ environ toutes les heures de 5h15 à 22h15 (variables selon saison), on ne réserve pas car la liaison est fréquente alors si on veut être sûr d'avoir une place dans le bateau à l'heure choisie, il suffit de venir un peu en avance. Enregistrement au plus tard 15 minutes avant le départ du ferry. Le trajet est agréable avec la vue sur cette île étonnante de Langeland tout en longueur, il passe très vite et permet de faire une pause avant de reprendre la route.

KØBMANDSGÅRDEN TINGSTEDET

Østergade 16
✆ +45 62 51 22 44
www.tingstedet-langeland.dk

Ouvert du lundi au jeudi de 10h à 17h, le vendredi jusqu'à 18h, le samedi jusqu'à 13h.

Une caverne d'Ali Baba pour les amateurs de chine. Presque un musée tellement les pièces sont de qualité. On trouve de tout à profusion, du sol au plafond, dans cette boutique de brocante et d'antiquités sur Østergade, la rue piétonne, notamment de très belles plaques d'émail. En entrant par la porte cochère sur le côté, superbe cour de la maison d'un marchand de la fin du XVIIIe siècle. Murs jaunes, colombages, rosiers et quelques tables d'un café à l'ombre de chênes centenaires.

ÆRO ★★★

C'est la ville carte postale. Des maisons colorées par toutes les rues, on se croirait à Burano, et des portes traitées comme des œuvres d'art. Là, on pense aussitôt à Dublin ! A cela s'ajoutent des lanternes sur certaines façades et des lampadaires pour éclairer les ruelles. Dès le premier contact, le charme opère. A tel point que la ville a reçu plusieurs récompenses pour la préservation de son patrimoine. De fait, elle est une destination choisie pour les mariés venus de toute la planète. Non seulement, l'administration est moins rigoureuse mais les unions sont célébrées en anglais. Sa popularité grandissante a fait que même l'Oprah show en a parlé.

MAISON DE HAMMERICH [HAMMERICHS HUS] ★

Gyden 22
✆ +45 62 52 29 50
www.arremus.dk
Ouvert en juillet et août tous les jours de 10h à 13h. Adulte : 40 DKK.

Cette ancienne maison de vacances (qui saute aux yeux par sa couleur rouge vif) du sculpteur danois Gunnar Hammerich (1893-1977) a été transformée en musée. Ce dernier a longtemps vécu en Amérique du Sud durant les années 1920. Son style se rapproche de Maillol. Dans ces murs, on va découvrir une partie de ses collections en plus de sa magnifique demeure du XVIIIe siècle. La faïence hollandaise est présente partout sur les murs de cette typique maison d' Æro.

ÉGLISE DE MARSTAL [MARSTAL KIRKE] ★

Kongensgade 35
✆ +45 62 53 10 38
Ouverte tous les jours de 8h à 18h.

Il faut pénétrer dans cette église datant de 1738, dédiée aux marins. À l'intérieur : vous découvrirez sept maquettes de bateaux suspendues (des ex-votos), ainsi qu'une surprenante mezzanine en bois qui permettait aux marins assistant aux offices de se sentir comme sur un navire. D'ailleurs, ce sont les marins de Marstal qui servirent de modèles à l'artiste local qui a peint les *Apôtres entourant le Christ* sur le triptyque situé derrière l'autel.

MUSÉE DES BATEAUX EN BOUTEILLE ★

Smedegade 22
✆ +45 61 75 49 80
Mai-juin et septembre, lundi au samedi 11h à 15h, juillet-août tous les jours de 10h à 16h. Adulte : 40 DKK.

Un petit musée pour le moins curieux. Situé dans le vieil hospice du village datant de 1835, il renferme l'étonnante collection de toute une vie : celle de Flaske-Peter dit Pierre-Bouteille, de son vrai nom Peter Jacobsen. Ce dernier avait une passion : les maquettes de bateaux. Il en réalisa une cinquantaine. Mais sa patience et son goût du défi firent qu'il en intégra aussi dans des bouteilles en verre. Plus de 1 700 bateaux en bouteille dont 700 exposés ici.

ÉGLISE DE RISE [RISE KIRKE] ★

St. Rise Landevej 9
✆ +45 62 52 15 47
Ouverte tous les jours de 8h à 16h.

Cette église romane du XIIe siècle a été agrandie à plusieurs reprises pour accueillir la population du village et celle de Marstal, qui n'a disposé de sa propre église qu'au XVIIIe siècle. Un édifice modeste, à nef unique, en forme de croix latine, flanquée d'un clocher carré. Ses façades à pignons crénelés lui donnent un petit air original. Le cimetière est entouré d'un mur circulaire. A l'intérieur : un retable du XIVe siècle illustrant la Passion du Christ.

MUSÉE MARITIME DE MARSTAL [MARSTAL SØFARTSMUSEUM] ★

Prinsensgade 1 ✆ +45 62 53 23 31
www.marmus.dk
Avril-mai et septembre-octobre 10h à 16h tous les jours, juin-août 9h à 17h. Adulte : 70 DKK.

Plus de 200 maquettes de bateaux exposées, ainsi que des tableaux, des collections de porcelaine anglaise et des vestiges de l'Antiquité. Le musée fait face au port, qui compte encore un chantier naval en activité ainsi qu'une minuscule et toute blanche fabrique de chaux dont le four, en revanche, s'est éteint il y a quelques années. La digue sur le port de Marstal a été construite pierre par pierre en 1825 par les marins, aidés des fermiers de la région.

PLAGE [STRAND] ★

Situé à la pointe de Marstal et à quelques pas de la ville. Une longue plage, bordée de toutes petites cabanes en bois dont une adorable, avec un toit de chaume. Ces maisonnettes appartiennent aux habitants de Marstal qui y viennent l'après-midi, en famille, boire leur café apporté dans un Thermos (il n'y a pas d'eau courante !). Voici une jetée de baignade, adaptée aux enfants, car l'eau est peu profonde en fonction de la marée. D'ailleurs, on l'appelle « la petite mer ». La baie est étendue, il y a toujours la possibilité de trouver un coin tranquille.

PLAGE DE L'OUEST [VESTERSTRAND] ★

Une belle plage de sable. On peut aussi se baigner au pied des (petites) falaises de Voderup, sur la côte ouest. Prévoyez alors des chaussons de baignade. Plus on va vers le nord-ouest, vers Søby, et au-delà du phare de Skjoldnæs, plus le paysage change. Aux champs bien ordonnés succèdent les herbes folles, la bruyère, le sable, les cailloux et les moulins plus ou moins abandonnés. Ici, l'eau est de quelques degrés plus froide que sur le reste du littoral d'Ærø.

VIEILLES MAISONS D'ÆRØSKØBING ★

Elles datent des XVIIe et XVIIIe siècles. Des portes sculptées, des couleurs et des fleurs partout : aux fenêtres en pots, ou entre les pavés où pousse parfois une rose trémière solitaire. La plus imposante : la vieille pharmacie sur Vestergade. La plus petite : Dukkehuset (la maison de poupée) à Smedegade. Le secret de ce village vivant et si bien conservé ? La mobilisation de ses habitants dans les années 1960. Et plusieurs maisons ont été classées.

ÆRØ FÆRGERNE

Vestergade 1A
✆ +45 62 52 40 00
www.aeroe-ferry.dk

Comptez 215 DKK par adulte (aller-retour) et 465 DKK par voiture.

Naviguer d'une île à une autre, le réseau de transport est bien sûr adapté. En tant que piéton mais vous pouvez également embarquer avec votre voiture. Pour cela, bien réserver à l'avance et se présenter un quart d'heure avant le départ pour réguler le flot de véhicules. Liaisons en ferry entre Svendborg et Ærøskøbing, Fynshav et Søby, Faaborg et Søby. Un départ environ toutes les heures de 6h05 à 22h05 entre Svendborg et Ærøskøbing. Entre Fynshav et Søby ou Faaborg et Søby, les liaisons sont moins fréquentes, environ 3 fois par jour.

ÆRØSKØBING CAMPING €

Sygehusvejen 40
✆ +45 51 51 81 15
www.aeroecamp.dk

Ouvert à partir d'avril. Mini cabine 9 m2, 2 pers : 575 DDK/jour. Cabane Maxi 27 m2, 5 pers : 1 085 DKK/jour.

Ce grand camping est souvent bondé l'été, et pour une bonne raison, il très bien situé et très bien équipé. Les emplacements sont à l'ombre et l'on est vraiment tout près de la mer. Les sanitaires et les cuisines sont très propres. Vous pourrez louer des chalets (hytte) qui ressemblent aux jolis cabanons colorés des bords de plage. Un service de location de vélos, vous permettra de faire de belles balades jusqu'à la presqu'île d'Urehoved. On y trouve aussi une petite boutique-épicerie bien commode quand il vous manque un peu de sel ou de sucre.

FREDERICIA ★★

On aurait tort de ne pas s'arrêter dans cette ville, que l'on aperçoit du pont du Lille Bælt qui relie le Jutland à la Fionie. Cette cité militaire a été bâtie sur un plan orthogonal par Frederik III (d'où son nom) et achevée en 1650, lors des guerres contre la Suède. Chassés de France à la suite de la révocation de l'édit de Nantes (1685), de nombreux protestants français ont trouvé refuge ici. Ils apportèrent avec eux la culture de la pomme de terre et la préparation du tabac. La place du marché (Axeltorv) est très spectaculaire avec ses alignements de façades (Axelhus) et de pavillons de briques surélevés de pignons coiffés d'ardoises.

KOLDING ★★★

Il y a à Kolding deux lieux uniques au monde à ne pas manquer : des ruines historiques protégées par une architecture contemporaine très imaginative, et un musée d'Art moderne d'une conception bien particulière. Avec près de 60 000 habitants, Kolding fait preuve d'une activité culturelle très importante. Une population plutôt jeune y vit avec un esprit artistico-marginal assez répandu. La géographie de la cité est un brin compliquée : des boulevards nommés *ring* entourent le centre urbain avec ses rues piétonnes, son château et son lac, puis la gare et le port ; le tout sur une pente assez forte s'inclinant vers le fjord qui donna son nom à la ville.

MUSÉE DE FREDERICIA (FREDERICIA BYMUSEUM) ★

Jernbanegade 10 © +45 72 10 69 80
www.fredericiahistorie.dk

Ouvert du jeudi au dimanche de midi à 16h, de mi-juin à mi-août du mardi au dimanche. Entrée gratuite.

Musée de la ville qui explique l'histoire non seulement de Fredericia mais aussi de la région, de 1650 à nos jours. Installé dans de jolies bâtisses à pans de bois, un hameau coloré précédé de jardinets de buis à la française. À l'intérieur, des reconstitutions avec mannequins de la vie traditionnelle (costumes, mobilier, cuisine, ustensiles…) et des panneaux historiques très pédagogiques. On peut se reposer dans des courettes ombragées par de très vieux marronniers !

JARDIN GÉOGRAPHIQUE (GEOGRAFISK HAVE) ★

Christian IV Vej 23 © +45 75 50 38 80
www.geografiskhave.dk

Ouvert tous les jours de 10h à 18h. Adulte : 85 DKK, réduit : 65 ou 40 DKK, gratuit pour les moins de 18 ans.

Un jardin botanique de 12 ha où les arbres et les fleurs sont regroupés en fonction de leur provenance. On y trouve la plus grande plantation de bambous d'Europe. Une petite ferme qui abrite des animaux des quatre coins du monde, que l'on peut nourrir. Coup de cœur pour la serre aux camélias présentent une quarantaine de variétés parmi les 35 000 existantes, arbuste originaire du Japon et de Chine, où le plus vieux camélia a été estimé à 1 400 ans, et pour le jardin anti-stress !

DANEMARK-DU-SUD

Fredericia.

Kolding.

MUSÉE DE KOLDINGHUS [MUSEET PÅ KOLDINGHUS] ★

Koldinghus 1
✆ +45 76 33 81 00
www.koldinghus.dk

Tous les jours de 10h à 17h. Adulte : 90 DKK, réduit : 45 DKK. Parking : 11 DKK par heure. Petit café dans la cour.

Ce château domine la ville. C'est l'exemple le plus spectaculaire de la méthode danoise de restauration des monuments historiques où l'on remplace le plus souvent ce qui a été détruit. Ici, on a fait même mieux, on a mis en valeur les parties en ruine de cette forteresse. Koldinghus, édifiée en 1238, plusieurs fois démolie et incendiée, notamment lors d'une occupation par des troupes espagnoles enrôlées par Napoléon, en 1808. Les soldats avaient tellement froid qu'ils avaient allumé de grands feux sans doute à l'origine d'un terrible incendie qui ravagea une grande partie du château. Et les ruines sont désormais à l'abri à l'intérieur du château, protégées par un autre mur ! Toute l'aile concernée par cette restauration est absolument magnifique. On s'y promène sur plusieurs niveaux, prenant la mesure du lieu qui sert de cadre à des expositions temporaires. L'éclairage a été particulièrement soigné, du bois clair et une lumière chaleureuse donnent à ces ruines un air de fête. Le reste du Koldinghus comprend plusieurs salles où sont exposés de façon classique, des meubles, de l'argenterie, des uniformes et des vestiges du catholicisme danois, ainsi que de nombreux tableaux. Dans la salle 19, ne manquez pas les dessins et les toiles d'Hammershøi, le peintre qui sublime les gris et les intérieurs baignés dans la pénombre ou les lumières feutrées… Il est possible de monter au sommet du donjon, édifié en 1600. Circulation aisée grâce aux ascenseurs.

MUSÉE TRAPHOLT D'ART MODERNE ★

Æblehaven 23
✆ +45 76 30 05 30
www.trapholt.dk

Ouvert du mardi au dimanche de 10h à 17h, le mercredi jusqu'à 20h. Adulte : 110 DKK.

Depuis 1988, ce beau musée, conçu en harmonie avec son environnement, descend en pente douce vers le fjord. Installé dans ses murs de béton, à l'état brut, il abrite quelques œuvres figuratives, de nombreuses toiles abstraites, des sculptures, des céramiques et une superbe collection de meubles design. L'éclairage a été très étudié : les ouvertures dans le toit sont conçues pour mélanger la lumière du nord avec celle du sud, et l'éclairage naturel qui en résulte est très réussi.

DANHOSTEL €€

Ørnsborgvej 10
✆ +45 75 50 91 40
www.danhostelkolding.dk

Chambre de 375 (salle de bains commune) à 575 DKK, lit en dortoir à 215 DKK. Petit déjeuner à 75 DKK par personne.

Cette auberge de jeunesse, située à 10 minutes du centre-ville, au nord de la ville, avec vue plongeante sur Kolding, son château et son fjord, ravira les budgets les plus serrés. Une trentaine de chambres récemment rafraîchies, 6 chambres économiques avec lavabo et salles de bains communes dans le couloir, une salle de jeu avec billard et baby-foot, un copieux buffet de petit déjeuner, une cuisine commune moderne et spacieuse… Une maison principale et un pavillon (peints en noir) donnant sur un jardin de pelouse où prend le soleil.

HÔTEL KOLDINGFJORD €€€

Fjordvej 154
✆ +45 75 51 00 00
www.koldingfjord.dk

Chambre à partir de 1 145 DKK, suite à partir de 1 745 DKK. Offres sur Internet. Petit déjeuner inclus. Wifi. Parking.

Très grand établissement de pierre qui ressemble à un château du XVIIe siècle, construit en 1911 en tant que sanatorium. Le bon air étant très réputé. Même si les tarifs sont élevés, c'est l'un des plus beaux hôtels de luxe du royaume. Situation idyllique, dans la forêt, au bord du fjord sur lequel naviguent quelques bateaux. Prestations haut de gamme, chambres élégantes avec vue. On peut aussi simplement y venir pour boire une bière ou un thé sur la terrasse qui fait face aux pontons des bords du fjord. Très bon restaurant également.

KOLDING HOTEL APARTMENTS €€

Kedelsmedgangen 2 ✆ +45 75 54 18 00
www.koldinghotelapartments.com

Appartement de 905 à 2 800 DKK par jour (selon la taille et la vue).

Cet établissement est pour le moins original. Tout près de l'eau et du château de Kolging, une dizaine de bâtiments se répartit sur une pelouse d'un vert éclatant. On dirait un jeu de construction géant : des formes cylindriques, des étoiles, des parallélépipèdes… Chaque immeuble est conçu pour de la location d'appartements de haut standing, chacun offrant une jolie vue sur le lac ou sur la ville. Du mobilier soigné, de larges baies vitrées, une épicerie à la réception, cuisine équipée. Vrai coup de cœur. Le plus : la promenade piétonne le long du lac !

CAFÉ PARAPLYEN €

Adelgade 10
✆ +45 75 53 85 98
www.cafe-paraplyen.dk
Lundi au vendredi de 9h à 17h, le samedi de midi à 16h. Snacks autour de 30 DKK, petit déjeuner complet à 32 DKK.

Cette adresse, vous la verrez de loin. Une belle façade à pignon rouge, un jeu de courbes et de contre-courbes rehaussé de blanc, sur une placette arborée. Géré par une association de chômeurs, Café Paraplyen est ouvert à tous. Le cadre est agréable, de vieux miroirs, des murs clairs et des bougies sur les tables, avec de larges vitres ouvrant sur la rue. Mais n'espérez pas y boire une bière ou un verre de vin, cet endroit ne dispose pas de licence permettant de servir de l'alcool. En revanche, les amateurs de café apprécieront les tarifs très bon marché !

ADMIRALEN €€

Toldbodgade 14
✆ +45 31 53 50 47
www.admiralen.dk
Ouvert en semaine midi et soir, samedi uniquement le soir, dimanche sur réservation. Menus de 355 à 475 DKK.

Dans le port de Kolding, ce restaurant très coté a fait du poisson sa spécialité. Le restaurant a été construit en 1903 et est, toujours resté un restaurant. Les locaux et les installations ont été continuellement rénovés, bien sûr dans le respect de l'histoire du lieu, du port et des navires alentour. Un régal dans l'assiette avec de la soupe de poisson ou de crabe, des huîtres rôties en entrée ; du homard, de la plie ou des moules en plat de résistance. Quelques plats de viande pourront contenter les allergiques aux poissons.

A HEREFORD BEEFSTOUW €€

Helligkorsgade 20
✆ +45 75 52 00 87
www.a-h-b.dk
Ouvert en semaine midi et soir (cuisine ouverte jusqu'à 21h30), le week-end uniquement le soir. Plats de 145 à 430 DKK.

Un haut lieu de la gastronomie qui a fait de la viande de bœuf sa spécialité. Mais pas n'importe laquelle ! Des bovins élevés dans des pâturages et de la viande maturée. Depuis plusieurs années, la maison affine à sec. Un procédé qui consiste à suspendre la viande, entre 40 et 100 jours, dans une chambre froide spéciale, où l'humidité et la température sont sous contrôle. La chambre froide fait partie des installations de l'abattoir de Lund. Cette maturation peut être décrite comme un processus de séchage, ce qui donne beaucoup de tendreté et de goût.

TORDENSKIOLD

Akseltorv 2B
✆ +45 60 60 82 87
www.tordenskiold.nu
Ouvert du jeudi au samedi de 23h à 5h30. Réservé aux plus de 20 ans le samedi.

Discothèque située juste en face de la mairie. Le lieu de rendez-vous des étudiants de l'École des arts et métiers de Kolding. L'ambiance doit être plus que sympathique si l'on se fie à la queue très longue de noctambules attendant de pouvoir pénétrer ce temple de la nuit. Un établissement installé dans un bel immeuble sur deux niveaux, l'ancien hôtel Rosenbergs à l'élégante façade de briques jaunes où quelques lignes plus soutenues de rouge sont du plus bel effet. Plutôt classe alors, comme les Danois, soignez votre tenue !

CHRISTIANSFELD

Un village inscrit en intégralité au patrimoine de l'humanité par l'Unesco. Il fut fondé en 1772 par les Hussites (appelés Moravians en anglais), des disciples de Jan Hus. Ce réformateur religieux tchèque du XIVe siècle dénonça les erreurs du catholicisme, bien avant Luther. Plan de la ville à angles droits, maisons en brique toutes identiques, église où tout décorum a été banni, étrange cimetière où femmes et hommes sont enterrés chacun de leur côté : la pensée hussite se traduit partout, dans la pierre et dans l'urbanisme de cette cité parfaitement bien conservée, qui porte le nom du roi Christian VII, lui-même chef de l'église luthérienne danoise…

CIMETIÈRE (GUDSAGEREN) ★

Kirkegårds Alle 14

Littéralement, « le champ de Dieu ». À gauche de l'allée, sont enterrées les femmes, à droite, les hommes. Tous sous des plaques funéraires identiques, portant seulement un nom et deux dates, des inscriptions qui s'effacent avec le temps et confèrent un charme particulier à ce cimetière tellement sobre. Pas de signes distinctifs, pas même une fleur. Humilité de l'homme face à Dieu, égalité de tous après la mort, séparation de sexes néanmoins… Une étrange impression se dégage de ce lieu, d'autant que l'usage se perpétue, les plaques récentes en témoignent.

ÉGLISE DES FRÈRES MORAVES ★★

Lindegade 25
✆ +45 79 79 17 73
En 2015, l'église fut inscrite sur la liste du patrimoine mondial de l'Unesco.
À l'intérieur : rien ! Une vaste salle sans pilier (la plus grande du genre, paraît-il, au Danemark) pouvant accueillir un millier de personnes. Les bancs s'alignent ici dans le sens de la longueur. Au plafond, d'authentiques chandeliers, datant de 1776, toujours éclairés à la bougies. Ici pas d'électricité, pas de décorations, pas de statues, pas de vitraux, les murs comme les bancs sont blancs. On remarquera tout de même dans le sol quelques grilles pour le chauffage en hiver.

JARDIN DE LA PHARMACIE (APOTEK HAVEN) ★

Lindegade 35
✆ +45 74 56 13 14
De 9h à 17h30 du lundi au vendredi. Jusqu'à 13h le samedi. Fermé le dimanche.
La pharmacie se cache derrière une superbe porte en bois coloré (sous le panneau « Apotek », vous ne pouvez pas la rater). On peut accéder à son jardin, derrière : il est ouvert au public, et contient près de 70 plantes médicinales, introduites par les Hussites à la fin du XVIIIe siècle. Christiansfeld Apotek est une succursale de Hjorte Apoteket, « la pharmacie du cerf », l'une des plus anciennes pharmacies du pays avec son privilège délivré par le duc Hans l'Ancien le 15 juillet 1557.

MUSÉE DES FRÈRES MORAVES ★

Nørregade 14 ✆ +45 79 79 17 73
www.christiansfeldcentret.kolding.dk
Ouvert 7j/7 d'avril à octobre 10h-17h, jusqu'à 16h les autres mois. Adultes : 70 DKK. Gratuit jusqu'à 18 ans.
Le musée occupe les 1er et 2e étages de Søstrehuset. Ouvert dès le début du XIXe siècle dans la Maison des veuves, il abrite les objets rapportés d'Afrique, de Chine, du Surinam, du Labrador ou du Groenland par les missionnaires hussites ou Frères Moraves. Dans le sous-sol, une collection particulière de plus de 400 gramophones et vieux postes de radio en état de marche en plus de vingt maisons de poupées. En outre, le musée abrite également des peintures de l'artiste Jeppe Madsen-Ohlsen et des photographies du photographe Ole Akhøj. À voir : la salle du chœur.

HONNINGKAGEBAGERIET

Lindegade 36
✆ +45 73 56 18 86
Ouvert du lundi au vendredi de 10h à 16h, le samedi jusqu'à 17h, le dimanche de 11h à 17h.
Cette pâtisserie produit un gâteau au miel célèbre dans tout le Danemark, réalisé selon la même recette depuis 1783, avec des variantes modernes, un pain d'épices danois pour simplifier. Installée dans une élégante bâtisse aux murs peints d'un gris léger, sur l'angle de la rue. À l'intérieur, sur le comptoir, d'autres gourmandises vous tenteront certainement, dont un gâteau fourré à l'abricot ou les chocolats maison. Un espace salon de thé, lumineux où accompagner un thé ou un café et une petite terrasse pour les beaux jours à l'extérieur. À goûter et à emporter.

Église des frères Moraves.

HADERSLEV

Très agréable halte dans cette ville construite au fond d'un fjord étroit (la mer est à une quinzaine de kilomètres), sur une colline d'où émerge une cathédrale de briques rouges, entourée de ruelles pavées et bordées de maisons anciennes. Cité très vivante le soir grâce à ses nombreux cafés. Haderslev a vraisemblablement été fondée par les Vikings, au moins un siècle avant d'obtenir le statut de bourg royal en 1292. À cette époque, elle devint l'un des principaux centres commerciaux du sud du Jutland. Dans le parc public près du centre-ville, se tient le festival Kløften - un festival annuel de trois jours en été avec de nombreux concerts.

CATHÉDRALE DE HADERSLEV (HADERSLEV DOMKIRKE) ✝ ★★

Domkirkepladsen 3

✆ +45 73 52 36 45

www.hado.dk

Ouvert du lundi au samedi de 10h à 15h. Juillet et août tous les jours jusqu'à 17h.

Il faut absolument entrer dans ce bel édifice gothique dont l'essentiel date du XIVe siècle : de très larges vitraux y font entrer la lumière qui se reflète sur ces hauts murs chaulés. Magnifique mobilier : maître-autel par l'architecte Lønborg Jensen, crucifix des années 1300, un chef-d'œuvre gothique, buffet d'orgue réputé, dans une vitrine, des vêtements liturgiques signés de la reine Margrethe II (en 1986). Mais surtout les épitaphes, plaques commémoratives (murs et piliers).

BATEAU À VAPEUR HÉLÈNE (DAMPBÅD HELENE) €€

Honnørkajen 1

✆ +45 73 54 56 30

Mai-juin et septembre : mercredi, jeudi, samedi, dimanche à 12h (retour 16h15) ; juillet-août du mardi au dimanche.

Un bateau à vapeur qui n'est pas sans rappeler les bateaux navigant sur le Mississippi, si ce n'est que la roue à aube n'y est pas ! Une croisière au fil de l'eau, reposante et conviviale à la découverte des richesses du fjord sinueux et étroit de 12 km. Dégustez des plats typiques à bord du très animé *Hélène*. Saumon fumé, boulettes de viande, chou rouge, saucisses, harengs. Un voyage inoubliable pour les petits et les grands. Réservation fortement conseillée en été.

SØNDERBORG ★★

La route 41 aboutit à Sønderborg, bâtie sur l'île d'Als, reliée au Jutland par deux ponts. Cette ville de 30 000 habitants s'est développée autour d'une forteresse médiévale. L'île d'Als s'étend doucement entre ses plages et ses bois. Le port de Sønderborg abrite de nombreux bateaux de plaisance qui apprécient la tranquillité des eaux de la Baltique à cet endroit. On peut lui trouver des airs de Hollande avec ses alignements de maisons à pignons, mais aux couleurs, quant à elles, très danoises. Peu de bâtiments sont anciens car la ville a été largement reconstruite après les dix semaines de siège et les bombardements prussiens subis en 1864.

CHÂTEAU DE SØNDERBORG (SØNDERBORG SLOT) ★

Sønderbro 1

✆ +45 74 42 25 39

www.museum-sonderjylland.dk

Ouvert tous les jours de juin à septembre de 10h à 17h. Adulte : 80 DKK, réduit : 70 DKK.

C'est dans cette imposante de forteresse médiévale bâtie au milieu du XIIe siècle, que fut emprisonné le roi Christian II. Déposé par la noblesse danoise qui élut Frederik Ier à sa place en 1523, après s'être réfugié aux Pays-Bas, il fut enfermé à vie dans ce château. Toiles d'Eckersberg ; musée du Schleswig-Holstein qui permet de comprendre mieux la violence des combats et les destructions subies par la ville ; chapelle Renaissance décorée par la reine Dorothée - fin du XVIe siècle.

HISTORY CENTRE DYBBØL BANKE 🏛 ★

Dybbøl Banke 16

✆ +45 74 48 90 00

www.1864.dk

Ouvert tous les jours du 1er avril au 31 octobre de 10h à 17h. Adulte : 120 DKK, réduit : 85 DKK.

Films et diaporamas retraçant les combats et le siège de Sønderborg qui opposèrent des dizaines de milliers de Danois aux Allemands. Il faut traverser le pont Christian X sur le Alsund pour rejoindre Dybbol et les champs de bataille de la guerre de 1864. C'est un peu ici le Sedan danois (à l'échelle du pays). Transformé en parc national, (accès gratuit). Découverte de murailles, de tranchées et de vieux canons. L'été, son et lumière avec reconstitution des batailles de 1849 et 1864.

© IRINA KORSHUNOVA - SHUTTERSTOCK.COM

Sønderborg.

MOULIN DE DYBBØL (DYBBØL MØLLE) 🏛 ★

Dybbøl Banke 7 ✆ +45 74 48 90 00
www.1864.dk

Ouvert tous les jours avril à octobre de 11h à 16h, jusqu'à 17h pendant les vacances scolaires. Adulte : 45 DKK.

Un lieu de mémoire et d'histoire. En haut d'un tertre se dresse fièrement le moulin de Dybbøl, tout proche du champ de bataille du siège de Sønderborg. Il abrite un musée de la Résistance des soldats danois face aux armées austro-prussiennes de 1864. La paix signée à Vienne, cette année-là, fut d'une lourde perte pour le royaume. Outre les destructions et un bilan humain élevé, le Danemark dut se résigner à perdre un tiers de son territoire et les deux cinquièmes de sa population.

HOTEL ARNKILHUS GARNI 🛏 €€

Arnkilgade 13
✆ +45 74 42 23 36
www.arnkilhus.dk

Chambre simple de 550 à 675 DKK, double à 795 DKK. Petit déjeuner inclus. WiFi. Parking.

Petit hôtel sympathique à 5 minutes, à pied du centre-ville dans un quartier résidentiel avec 14 chambres seulement. Vous pouvez marcher aisément jusqu'à la rue piétonne de Sønderborg, le port, agréable avec ses cafés, et rejoindre à Alsion, la gare. Une architecture traditionnelle, une déco dans l'esprit des propriétaires. Les logements se situent dans le bâtiment à l'arrière donnant sur le jardin. Plus proche d'une chambre d'hôtes que des standards de l'hôtellerie. Le petit déjeuner est inclus. Belle terrasse pour profiter des beaux jours.

CAFÉ IB REHNE CAIRO 🍴 €

Rådhustorvet 4
✆ +45 74 42 04 00
www.ibrehnecairo.dk

Du lundi au samedi 10h-21h, dimanche 9h30-20h. Brunch à 189 DKK, plats autour de 160 DKK.

Café-restaurant se situant sur la place où se dresse fièrement l'hôtel de ville. Espace piéton arboré. Le nom de ce lieu très fréquenté vient de l'histoire de son propriétaire, premier correspondant résident au Moyen-Orient de Danmarks Radio, en 1975, pour qui il travaillait déjà depuis 1950. On y sert de délicieux petits déjeuners et des brunchs, des sandwiches ou des burgers accompagnés d'une bière maison « I love Sonderborg » à l'heure du déjeuner et de délicieux cocktails ou smoothies le soir. Une adresse conviviale d'un bon rapport qualité-prix.

RESTAURANT COLOSSEUM 🍴 €€

Sønder Havnegade 24
✆ +45 74 42 23 06
www.restaurant-colosseum.dk

Ouvert tous les jours à partir de midi à 21h. Le midi : comptez autour de 130 DKK le plat, le soir : autour de 190 DKK.

Vue imprenable sur le port. Restaurant familial, très cosy, situé au bord de l'eau. On y sert des plats traditionnels danois, avec un petit côté moderne. La spécialité : *Kong Frederiks livret* (*ad libitum*). Traduisez par le « plat favori du roi ». Beefsteak à la crème épicée, avec pommes de terre, œufs hachés, oignons et betteraves ou *Stjerneskud*, filet de plie frit, crevettes, asperges et saumon fumé, accompagné d'une vinaigrette rouge. Jolie terrasse l'été d'où l'on admire l'auguste façade (d'un jaune poussin éclatant) de l'adresse qui vous régale !

ÅBENRÅ

Son nom Åbenrå signifie littéralement « plage ouverte ». Un petit village de pêcheurs fondé au XIIIe siècle, dont il reste de belles maisons du XVIIe siècle. Son histoire est complexe : une fois danoise, une fois allemande. Effectivement, elle fut intégrée au Duché de Schleswig (c'est aujourd'hui la capitale de la minorité allemande de la province) puis cédée à la Prusse en 1864 avant de redevenir danoise après le plébiscite, lié au Traité de Versailles de 1919, qui devait déterminer la frontière entre les deux pays ! Entourée de forêts, la ville, qui compte aujourd'hui 22 000 habitants, étale ses larges boulevards conduisant à un port très actif.

MUSÉE DES BEAUX-ARTS DU CHÂTEAU DE BRUNDLUND 🏛 ★

Brundlund Slot 1 ✆ +45 74 63 36 49
www.museum-sonderjylland.dk
D'avril à septembre du mardi au dimanche 11h-17h, le reste de l'année 12h-16h. Café ouvert le week-end. Adulte : 60 DKK.

Petite forteresse du début du XVIe siècle, reconstruite à plusieurs reprises : un mélange de style Renaissance et de baroque, sur une petite île fortifiée. Abrite le musée municipal des Beaux-Arts. Parmi les collections permanentes, un exceptionnel tableau de Vilhelm Hammershøi *Stue i Strandgade* (1908) et des toiles de l'enfant du pays, Franciska Clausen, peintre majeur de l'avant-garde européenne des années 1920, qui a longtemps vécu à Paris. À l'extérieur, un café (moulin à eau).

RØMØ

Sur l'île de Romø, préférez la plage de l'extrême sud-ouest en prolongement de la Sønderstrandvej. Attention à l'ensablement puisque l'accès se fait avec la voiture. Si jamais cela vous arrivait, pas de panique ! Un 4x4 Autohjælp sillonne la plage pour dégager les conducteurs malchanceux. Lui faire signe quand il passe. Lorsqu'il y a peu de monde (par mauvais temps), il stationne près de la buvette. Pour l'hébergement, pensez au camping . Vous trouverez toutes les informations à l'office du tourisme de Romø. Il est à noter que la planche à voile se pratique beaucoup. WINDRIDERS est un spécialiste : cours et *blokart* pour toute la famille.

FANØ

FANØ appartient à l'archipel des îles de la Frise, des îles côtières séparées du continent par la mer de Wadden. Sa superficie est d'environ 56 km² (16 kilomètres de long et 5 kilomètres de large). Il n'existe pas de pont reliant l'île avec le continent, il faut prendre un petit ferry qui fait la traversée en 20 minutes (départ toutes les demi-heures en été, toutes les heures le reste de l'année). Les oiseaux migrateurs sont à l'abri dans ses prairies. L'île est connue pour ses plages de sable, ses maisons recouvertes de chaume, toutes orientées sur un axe est-ouest, ses moulins à vent et son festival de cerf-volants qui a lieu tous les ans en juin.

RIBE ★★

Ribe est la plus ancienne ville du Danemark. L'atmosphère du centre-ville médiéval ne peut pas être décrite avec des mots. Il faut l'expérimenter. Les rues étroites et pavées, les maisons bien conservées et les plaques racontant chacune un morceau de la fière histoire qui remonte aux environs de 710 ap. J.-C. C'est à ce moment-là que débutèrent les échanges entre la Scandinavie et le reste de l'Europe, que le christianisme se répandit. Ribe conserva sa rayonnement jusqu'au XVIème siècle. Elle subit alors un important incendie (2580), plusieurs inondations et l'ensablement de son port. Aujourd'hui, l'ambiance y est paisible et chaleureuse.

Balade

Incontournables visites, celle du musée d'Art et de l'abbaye. Seules les eaux tumultueuses des moulins à eau, le son des cloches et le chant du soir du gardien de nuit viennent rompre le silence du lieu. De même, prévoyez suffisamment de temps pour visiter la somptueuse cathédrale de Ribe. Depuis sa tour, vous pouvez admirer le parc national de la mer des Wadden - une immense zone côtière qui s'étend sur 450 km, alternant vasières et sables intertidaux, abritant divers oiseaux, poissons, phoques et marsouins - inscrite au patrimoine mondial de l'Unesco, visiter le joyau architectural qu'est le Centre de la mer de Wadden (Dorte Mandrup) inauguré en 2018. Un cadre unique !

ANCIEN HÔTEL DE VILLE [DET GAMLE RÅDHUS] ★

Von Støckens Plads
✆ +45 76 16 88 10
www.detgamleraadhusiribe.esbjergkommune.dk
En mai et septembre lundi-vendredi 13h à 15h30, tous les jours de juin à août, mercredi toute l'année dès 11h.

Cette ancienne maison, de style gothique, est mentionnée pour la première fois en 1496 mais elle serait plus ancienne. Karin Madsdatter et ses frères et sœurs l'avaient héritée de leur père, l'armurier Mads Pedersen Skriver. Elle fut achetée par la ville de Ribe pour servir de mairie en 1709. À l'origine, il y avait deux maisons distinctes. Au-dessus des portes, on peut voir deux inscriptions latines : « Le Christ règne » et « Le Christ triomphe » sculptées dans le grès.

MONASTÈRE ET ÉGLISE SAINTE-CATHERINE ★

Sankt Catharinæ Plads 4
✆ +45 75 42 05 34
www.sct-catharinae.dk
Ouvert du mardi au dimanche de 10h à 16h.

Un autre grand témoin de la splendeur catholique de Ribe, avant la Réforme de 1536. L'église date du XVe siècle [le mur sud est le vestige de celle construite en 1228 par les dominicains] et il faut la traverser pour accéder au cloître, dont les galeries sont surmontées de deux étages. Ce couvent de dominicains, le mieux conservé de toute la Scandinavie, a servi d'hôpital et d'asile de fous du XVIe au XIXe siècle avant de devenir une maison de retraite.

MUSÉE DES VIKINGS DE RIBE [MUSEET RIBES VIKINGER] ★

Odins Plads 1 ✆ +45 76 16 39 60
www.ribesvikinger.dk
Juillet-août de 10h à 17h, jusqu'à 21h le mercredi ; le reste de l'année de 10h à 16h [fermé le lundi]. Adulte : 85 DKK.

Les Vikings avaient bâti, de l'autre côté de la rivière Å, une véritable ville dont il ne reste rien, mais qui serait la première cité bâtie en Scandinavie [vers 700]. Des fouilles ont mis au jour quelques vestiges intéressants exposés dans ce musée. N'hésitez pas à visionner le film de 15 minutes environ, traduit en français. Demandez à l'accueil. Importante boutique proposant des verres, du linge, des bijoux vikings [et même une boisson faite selon une recette d'époque : le *mjød*].

CATHÉDRALE [DOMKIRKE] ✝ ★

Torvet ✆ +45 24 66 07 37
www.ribe-domkirke.dk
De mai à septembre 10h-17h, avril et octobre 11h-16h. Accès à la tour : 20 DKK par adulte, 10 DKK par enfant.

Construite entre 1117 et 1225, à l'emplacement d'églises en bois successivement détruites par le feu, elle fut agrandie d'un clocher utilisé comme tour de garde pour prévenir les inondations. Un beau mélange des styles, entre roman et gothique, et des matériaux : brique du Jutland, pierre brune et tuffeau gris de Rhénanie. Elle est considérée comme la première église chrétienne du Danemark, édifiée par Ansgar, moine missionnaire originaire de Hambourg. Une statue en son honneur vous accueille devant l'entrée principale. Notre-Dame demeure l'un des plus beaux édifices romans du pays.

À l'extérieur, sur le **tympan** du portail de la fin du XIIe siècle, on peut admirer une descente de Croix. Sur le fronton triangulaire juste au-dessus, un bas-relief illustre le jour du Jugement dernier. La porte est appelée « le portail de la tête du chat », à cause des deux lions sculptés sur la base des deux colonnes flanquant la porte.

La décoration intérieure est subtile et colorée. La pierre d'ambre se modifie sous l'effet du soleil : la couleur beige prend une teinte caramel rosée, très chaleureuse. Des **fresques** médiévales antérieures aux destructions opérées par la Réforme ont été retrouvées au cours de restaurations. Elles ornent les deux premiers piliers à droite en entrant [Vierge à l'Enfant, les apôtres André et Bartholomée] et le transept nord [saint Georges et le Dragon]. Les doubleaux de la voûte et les arcs des tribunes, rappellent la mosquée de Cordoue, alternant claveaux rouge et blanc. Dans l'**abside**, le décor fut réalisé entre 1982 et 1987 par Carl Henning Pedersen [1913-2007], un artiste majeur du mouvement CoBrA. L'ensemble est comprend les fresques de la voûte en cul-de-four, les mosaïques posées sur les arcades derrière l'autel et les vitraux des baies éclairant le chœur. Même si ce projet a levé quelques polémiques en son temps, l'intégration parfaite à l'édifice fait désormais l'unanimité. Derrière la chaire, le niveau atteint par l'inondation de 1634 est visible, indiqué par un trait. Chaque rangée des bancs en bois laissent entrevoir des sculptures.

Ne manquez pas la **tombe du roi Christophe Ier,** mort en 1259 [près de l'autel] faite de marbre noir de Belgique et de pierre du Rhin. D'autres pierres tombales furent conservées, dont celle d'Iver Munk, dernier évêque catholique du diocèse de Ribe. Dans le transept sud se trouve la chapelle de l'amiral Albert Skeel en grès et en bois précieux.

Enfin, grimpez au sommet du clocher pour mieux apprécier le vieux village au milieu des pâturages. Mais accrochez-vous quand le vent souffle !

MUSÉE DES BEAUX-ARTS [KUNSTMUSEUM] ★

Sankt Nicolaj Gade 10 ✆ +45 75 42 03 62
www.ribekunstmuseum.dk
Septembre à juin du mardi au dimanche de 11h à 16h, en juillet et août tous les jours jusqu'à 17h. Adulte : 80 DKK.

Cette belle maison, admirablement restaurée, fut construite entre 1860 et 1864, dans le style de la Renaissance flamande. Cette villa était autrefois la résidence privée de Balthazar Giørtz, un industriel. Elle abrite un musée d'art depuis 1891 à voir absolument, et ceci pour plusieurs raisons. D'abord, on ne s'y bouscule pas, ensuite, les collections exposent des trésors de la peinture danoise des années 1750 à 1940, réparties sur deux étages par ordre chronologique et par mouvement. Dans une atmosphère très intimiste, mis en valeur par les tonalités des murs de salles agréablement éclairées, vous découvrirez les peintres de l'Âge d'or danois (1800-1850) : Carl Bloch, Lundbye, Willumsen, Peter Hansen ; ceux appartenant au réalisme (1860-1900) : Viggo Johannsen, Vilhelm Hammershøj… ; les peintres de Skagen (1870-1940), sont là aussi : Krøyer, Anna Ancher, Michael Ancher, dont le grand et très classique tableau, *Baptême dans l'église de Skaw* (1888) et un autre, signé de l'écrivain Holger Drachmann, *Après un naufrage* (1872) ; ceux de Fionie (1880-1960), et du modernisme classique (1910-1930) et enfin la période de l'entre-deux-guerres. Une visite qui permettra à ceux qui ne sont pas passés par Copenhague ou par le musée de Ribe, de se familiariser, grâce à cette collection très étoffée, avec les périodes qui font l'histoire de l'art danois pré-contemporain. Le jardin du musée, son pavillon, le lac où barbotent les cygnes, permet de faire une pause avant de reprendre sa visite.

VIEILLE VILLE ★★

Départ à 20h et à 202h, en juin, juillet et août. RDV devant l'hôtel près de l'office de tourisme.

Les distances ne sont pas excessives : une promenade à pied vous entraînera dans des ruelles pavées, bordées de petites maisons à colombages avec de belles portes. Tous les soirs, du 1er mai au 15 septembre, des visites guidées gratuites de la ville sont proposées par des bénévoles passionnés d'histoire, costumés en veilleurs de nuit, une fonction occupée à Ribe du XIVe siècle à la fin du XIXe siècle pour assurer la sécurité des villes, en prévention des incendies, des inondations, des invasions ou délits commis de nuit. Le veilleur chante pour encourager les gens à éteindre la lumière et dormir et il s'arrête devant chaque lieu porteur d'un intérêt particulier pour partager quelques explications historiques, en danois, puis en anglais. Sur la cheminée de Tåmborg, une maison de pierre rouge de la Renaissance (où vécut le musicien et religieux H.A. Brorson), niche un couple de cigognes que vous apercevrez, peut-être, selon la saison (et mieux encore du haut du clocher de la cathédrale). Ribe est la seule ville du Danemark où les cigognes font halte !

Il faut aussi se rendre à l'ouest de la ville, sur Riberhus Slotsbanke, l'emplacement d'un château détruit au XVIIe siècle, dont il reste quelques ruines et les fossés d'origine, et où a été élevé une sculpture en l'honneur de la reine Dagmar. Bel endroit pour admirer le coucher du soleil et avoir un autre point de vue sur la ville.

À la période de Noël, la ville se transforme en un calendrier de l'Avent géant et différentes manifestations sont organisées.

RIBE VIKINGECENTER ★

Lustrupvej 4
✆ +45 75 41 16 11
www.ribevikingecenter.dk
Ouvert tous les jours en juillet et août de 11h à 17h, jusqu'à 15h30 le reste de l'année. Adulte : 130 DKK.

À deux kilomètres au sud de Ribe, la ville viking fut reconstituées avec 8 maisons, une place de marché datant de 720 et une ferme de 980, où travaillent des artisans avec les mêmes moyens qu'à l'époque. Certains vivent ici et proposent leur production dans des échoppes. On peut visiter ce drôle de campement, apprendre à faire son pain (entre autres activités) ou à tirer à l'arc, ou encore admirer les démonstrations de fauconnerie (à 12h30, 13h et 15h selon la période). Grand marché viking chaque année le premier week-end de mai.

DANHOSTEL RIBE €€

Sankt Peders Gade 16 ✆ +45 75 42 06 20
www.danhostel-ribe.dk
Chambre à partir de 425 DKK, dortoir à 230 DKK. Location draps-serviettes 70 DKK par personne. Petit déjeuner à 75 DKK.

Cet établissement, au label La Clef Verte, est très agréable tout comme l'accueil qui vous y est réservé. Les chambres sont propres et simples et certaines offrent une vue magnifique sur la ville, une véritable carte postale sur la cathédrale de Ribe. Le petit déjeuner est soigné et constitué de produits biologiques.

Pour rejoindre le centre-ville, il suffit de traverser la rivière adjacente (une minute à pied) et si on veut se balader dans les environs, on peut louer des vélos auprès du Danhostel. Le plus maison : une salle de sport avec mur d'escalade !

Vieille ville.

HOTEL DEN GAMLE ARREST €€

Torvet 11
✆ +45 75 42 37 00
www.dengamlearrest.dk
Chambre simple à 790 DKK (salle de bains privée), double de 840 à 1 290 DKK. Petit déjeuner inclus.

Une hébergement pour le moins atypique ! C'est l'ancienne prison de la ville, fermée seulement en 1989, située juste en face de l'entrée de la cathédrale. Il faut franchir une impressionnante grille, des barreaux sont toujours aux fenêtres des chambres. L'espace est plutôt réduit car on dort dans les cellules, dont les portes sont fermées par de gros loquets. Les 11 chambres, réparties sur trois étages, proposent le confort minimal, comme il se doit. Salon de thé et magasins de vêtements dans la cour, horaires d'ouverture très variables.

HOTEL DAGMAR €€€

Torvet 1
✆ +45 75 42 00 33
www.hoteldagmar.dk
Chambre simple de 1 045 à 1 245 DKK, double de 1 245 à 1 495 DKK. Petit déjeuner inclus. WiFi. Parking payant.

Une maison construite en 1581 et transformée en hôtel en 1850. C'est le plus viel hôtel du Danemark ! C'est aussi l'établissement le plus cher de la ville mais le plus confortable, en tout cas celui qui propose le plus de services. Un restaurant gastronomique à l'étage et une brasserie dans la cave au sous-sol. Les salles sont richement décorées et meublées. Les chambres sont très confortables, la cathédrale (et ses cloches qui ne sonnent pas la nuit) est toute proche, l'accueil est attentif et sympathique : ce bel établissement mérite sa renommée.

SÆLHUNDEN €€

Skibbroen 13 ✆ +45 75 42 09 46
www.saelhunden.dk
Ouvert tous les jours de 11h à 22h. Le midi : plats autour de 120 DKK, le soir : plats autour de 220 DKK.

Une maison à pans de bois et une enseigne qui se balance, avec un phoque chien de mer heureux ! Atmosphère très *cosy* à l'intérieur de cette demeure, âgée de 400 ans et classée monument historique. Profitez du jardin intérieur ou de la petite terrasse en bordure de la rivière Å. Au menu, le poisson frais est à l'honneur (Plie, hareng ou crevettes). À goûter : Baksuld, la spécialité du Jutland de l'Ouest, de la limande salée, séchée et fumée, servi avec pain de seigle et œufs brouillés. Jadis, on cuisait le poisson dans les braises, enveloppé de papier journal.

WEIS STUE €€

Torvet 2
✆ +45 75 42 07 00
www.weisstue.dk
Ouvert tous les jours de 11h30 à 22h. Plats de autour de 190 DKK.

Cette auberge lilliputienne date du début du XVIIe siècle. C'est le même propriétaire qui tient l'hôtel Dagmar. On y sert une excellente cuisine danoise. Attention à la tête : la maison est divisée en plusieurs petites pièces aux pavés irréguliers et au plafond à caissons très bas. Les meubles et la décoration forment un bric-à-brac d'authentiques objets de grande valeur (poêle en faïence, vieille horloge, grosses armoires, buffets, vaisseliers…). Une petite cour permet de manger à l'extérieur, entre les vieux murs. Cet établissement fait aussi hôtel.

CAFÉ QUEDENS GAARD

Overdammen 10
© +45 75 41 10 50
www.quedensgaard.dk
Ouvert tous les jours de 9h30 à 18h.

Bel endroit prêt de la rivière, il faut rentrer admirer la décoration de cette ancienne maison-musée du XVIIe siècle : le plafond de la première salle évoque en trompe-l'œil une verrière avec des oiseaux, des tableaux, un joli escalier, de grands et beaux miroirs. On sert midi et soir des plats simples pas trop chers (salades, pâtes, croque-monsieur…). Il faut commander au bar, on peut s'installer à l'intérieur ou en terrasse. Boutique où acheter des habits de créateurs et des produits d'épicerie fine. Le personnel est jeune et sympathique.

CAFÉ STRYGEJERNET

Dagmarsgade 1
© +45 75 41 13 51
Ouvert le jeudi de 19h à 2h, le vendredi et le samedi de 14h à 5h, le dimanche de 20h à 6h.

À Ribe, tout est charmant. Et le café Strygejernet en particulier. Un pub installé dans une bâtisse à l'angle de deux rues de la vieille ville, tout près de la cathédrale. Sa haute et étroite façade de guingois affiche fièrement son âge : 1876. L'ambiance est tranquille et sympathique, on peut y regarder les matchs de foot à la télévision avec les jeunes de Ribe en buvant une bonne bière. Aux beaux jours, on sort le baby-foot sur la placette devant l'entrée. Au plafond, des milliers de vinyles attestent de soirées mémorables. Ce serait dommage de passer à côté !

ESBJERG ★★★

Esbjerg est la plus jeune des grandes villes du Danemark. Lorsque vous arriverez sur place, vous serez impressionné par son évolution et sa transformation en seulement 150 ans. Tout a commencé avec un port d'exportation de produits agricoles, puis l'industrie de la pêche en plein essor est arrivée, avec plus de 600 navires, et Esbjerg est désormais la métropole énergétique du pays. En plus d'être une base de pétrole et de gaz en mer du Nord, la ville possède le plus grand parc éolien *offshore,* Homs Rev, au monde. Vous verrez ses pales au large. Un esprit et un dynamisme de pionnier continuent d'alimenter ce développement impressionnant.

Balade

Depuis le port, vous pouvez emprunter le nouvel accès piétonnier, The Gangway, et vous promener le long du port pour rejoindre le centre-ville et ses nombreuses possibilités de shopping, ses nombreux cafés et ses restaurants pour tous les palais. Esbjerg a acquis les qualités d'une grande ville.

Depuis l'emblème de la ville près de l'eau, vous pourrez admirer l'immense statue *L'homme rencontre la mer*, et admirer l'île de Fanø, située à seulement 12 minutes de ferry. En 30 minutes, vous pourrez rejoindre certaines des plus belles plages de baignade du Danemark, situées dans la mer du Nord, et vous serez à deux pas du parc national de la mer des Wadden, qui est une attraction enregistrée au patrimoine mondial de l'Unesco.

DANEMARK-DU-SUD

Esbjerg.

L'HOMME RENCONTRE LA MER [MENNESKET VED HAVET] ★★

Sædding Strandvej

Mennesket ved havet - L'Homme rencontre la mer. C'est le nom donné par le sculpteur Svend Wiig Hansen à cet ensemble monumental, installé sur la route qui mène à Hjerting : quatre créatures de béton, hautes de 9 m. Des géants blancs assis hiératiques face à la mer depuis 1996. Carrure impressionnante, tête de robots en série, leur éclat tranche dans ce paysage de zone industrielle. Ils furent inspirés par les figures monolithiques de l'île de Pâques. Très photogénique !

MUSÉE D'ESBJERG [ESBJERG MUSEUM] ★

Torvegade 45

✆ +45 76 16 39 39

www.esbjergmuseum.dk

Ouvert du mardi au dimanche de 10h à 16h. Adulte : 65 DKK, gratuit pour les moins de 18 ans.

Un musée d'histoire locale niché dans un bâtiment de briques reconnaissable à son double toit percé de mansardes. Trois expos permanentes : la ville occupée pendant la Seconde Guerre mondiale et la Résistance, une reconstitution de la ville telle qu'elle était de 1900 à 1950 [avec une place, des boutiques et des intérieurs] et enfin les salles consacrées à « l'or de la Baltique » qui renferme parfois des insectes préhistoriques ! Plusieurs centaines d'objets façonnés depuis 10 000 ans.

DANHOSTEL €€

Gl. Vardevej 80 ✆ +45 75 12 42 58

www.esbjerg-danhostel.dk

Chambre économique à partir de 500 DKK, chambre confort 750 DKK, lit en dortoir à 240 DKK. Draps et serviettes à 75 DKK.

Vue de l'extérieur, le cadre a de quoi impressionner ! Entre château, pensionnat ou école militaire ? Ce bâtiment occupa la fonction d'internat de 1917 à 1945, puis d'école de la Marine [maquettes de bateaux exposées]. Une cinquantaine de chambres de deux types de catégories : confort avec salle de bains privée ou économique avec salle de bains partagée. Salon de lecture et de musique. Environnement magnifique, tables de pique-nique, parc arboré... cette auberge de jeunesse est proche de la piscine municipale, de la salle de concert et d'une galerie d'art.

HOTEL BRITANNIA €€

Torvegade 24

✆ +45 75 13 01 11

https ://britannia.dk

Chambre simple ou double à partir de 995 DKK, petit-déjeuner inclus. Parking 75 DKK.

Hôtel de standing à prix raisonnable avec spa et salle de sport dans un building des années 1960. Situé au centre d'Esbjerg, près de Torvet, la place centrale où se dresse l'hôtel de ville, et des boutiques et cafés-restaurants. Il est facile de se repérer, toutes les rues sont perpendiculaires les unes aux autres ! L'hôtel Britannia d'Esbjerg dispose de 108 chambres, décorées dans un style nordique coloré, confortables, avec une télévision à écran plat et une connexion Wi-Fi gratuite. Restauration raffinée sur place et copieux buffet du petit déjeuner.

HENNE KIRKEBY KRO €€€

Strandvejen 234 ✆ +45 75 25 54 00

www.hennekirkebykro.dk

Avril à septembre. Chambre à partir de de 1 650 à 4 500 DKK. Petit déjeuner inclus. Menus de 495 DKK à 1 150 DKK.

De la classe, et encore de la classe dans cette auberge pittoresque située au milieu de la campagne. Depuis 1790, elle héberge des hôtes, dont certains furent notables comme le peintre Johannes Larsen ! Cette bâtisse de brique couverte d'un toit de chaume a de quoi séduire. On peut y dormir dans des chambres coquettes et élégamment meublées et surtout y dîner, même si les prix sont plutôt élevés. Cuisine excellente et raffinée, consacrée par le guide Michelin avec deux macarons, préparée à partir des légumes directement cueillis dans le potager de la maison.

SYDVESTEN €€

Fiskerihavnsgade 6

✆ +45 75 12 82 88

www.sydvesten.dk

Du lundi au vendredi de 7h à 16h, samedi jusqu'à 13h. En été, jeudi-vendredi jusqu'à 20h. Plats de 100 à 205 DKK.

Une institution installée sur la marina depuis 1947. Ce restaurant qui est spécialisé en poisson frais a depuis réorienté une partie de sa carte vers des plats plus internationaux, comme l'escalope viennoise ou le burger mais en conservant une touche gustative danoise [burger de la mer avec filet de plie, asperges et crevettes]. Crevettes roses que l'on retrouve en cocktail pour les entrées avec les harengs en deux version, et la soupe de poisson maison. Filets de plie, de rouget ou de saumon pour les plats de résistance. Concerts organisés en été.

BILLUND ★★

Billund attire pour ses parcs à thème. Ville surtout connue pour être le lieu d'invention des briques Lego, elle reçoit de nombreux visiteurs qui viennent profiter du parc *Legoland Billund*. À proximité, *Lalandia* est un parc aquatique réputé pour son Aquadôme tropical et son Turbo Racer qui font fureur. Les plus grands se lancent dans ce tobogan de 40 mètres de long avec 88 % de pente ! Plus loin, *Skulpturpark* expose une vingtaine de sculptures en plein-air, le long d'un ruisseau. Au nord-ouest de la ville, le musée agricole de Karensminde retrace la vie à la ferme au cours des XVIIIe et XIXe siècles. A Billund, il y a vraiment de quoi faire !

LEGO HOUSE

1 Ole Kirks Plads © +45 82 82 04 00
https ://www.legohouse.com/en-gb
Entrée 229 DKK (gratuit -2 ans). Attention, le ticket permet l'accès à une heure précise, réservation obligatoire.

La LEGO House a ouvert ses portes en septembre 2017 après deux années de travaux. Il s'agit d'un véritable temple dédié à la marque. Le bâtiment, de 12 000 m² sur 23 m de haut, conçu par Bjarke Ingels Group, est entièrement réalisé extérieurement par un assemblage de blocs emboîtés et superposés les uns aux autres ! À l'intérieur, au centre de l'escalier principal s'élève « L'arbre de la créativité ». Un beau symbole ! Il est possible d'y effectuer de nombreuses activités. Il comprend : aire de jeux, espace de création, café-restaurant, boutique et même un musée.

LEGOLAND HOLIDAY VILLAGE €€

Ellehammers Allé 2 © +45 79 51 13 50
www.legoland.dk
Motel : chambres à partir de 875 DKK. Petit déjeuner inclus. Chalets à partir de 495 DKK. Accès à la piscine. Parking.

Idéal pour dormir près du parc et profiter pleinement des attractions. Un paradis pour les enfants : les chambres sont, bien sûr, décorées avec des Lego ! Trois options d'hébergement : Le Motel des Pirates, les chalets à thème (Ninjago, Far West, baril...) ou le camping moderne où vous installez dans votre propre tente ou bien louer une tente amérindienne authentique ! Sur place, de nombreuses installations et activités : mini-golf, une aire de jeux avec mini-zoo, châteaux gonflables et des coins douillets où se reposer. Restauration sur place.

LEGOLAND ★★

Nordmarksvej 9 © +45 75 33 13 33
www.legoland.dk
Tous les jours d'avril à octobre. De 10h à 18h et jusqu'à 21h en haute saison. Adulte : 379 DKK, réduit : 341 DKK.

Il est conseillé d'arriver en avance le matin : en été, le parc ouvre parfois ses portes vers 9h30, car beaucoup de monde attend, comme vous, de replonger dans l'univers du jeu Lego ! Un grand parc d'attractions qui affiche ses valeurs : créativité, jeu et développement de l'enfant. Le parc, qui ne cesse de s'agrandir, comprend une cinquantaine d'attractions à sensation (la motoneige X-Plorer ou nouveauté de 2021, Apocalypseburg Sky Battle, un avion qui virevolte à 14 mètres de haut !) ou plus adaptées aux plus jeunes d'entre vous. C'est le cas de l'univers Duplo ou du canapé volant d'Emmet, ouvert en 2021 ! De nombreuses thématiques sont explorées, que l'on retrouve ailleurs dans d'autres parcs à thème, comme les cow-boys, les Indiens ou les pirates… De la nostalgie de l'enfance pour les plus grands à la conversion des Lego d'aujourd'hui aux logiciels d'ordinateur pour la nouvelle génération, Legoland ne peut que séduire toute la famille (on y reste en moyenne 6 heures, selon les calculs officiels !).

Son succès a été foudroyant dès son ouverture, en 1968 : 600 000 personnes se sont pressées à ses portes et il n'y avait alors qu'une seule entrée et 2 toilettes…

Il existe désormais d'autres parcs Legoland dans le monde : en Angleterre, à 35 km de Londres, près du château de Windsor, aux États-Unis, à Carlsbad, près de San Diego, au sud de la Californie et à Winter Haven en Floride, en Allemagne, près de Munich, à Nusajaya en Malaisie et le tout nouveau parc à Dubai, ouvert en octobre 2016.

JELLING ★

Une ville endormie qui fut pourtant la première capitale du royaume du Danemark. Une gloire éphémère qui aura duré à peine l'espace d'un siècle. A cette époque, le territoire de ce qui s'appelait déjà le Danemark, s'étendait sur toute la presqu'île du Jutland, à partir d'Ejderen. Cette capitale fut remplacée par Roskilde. De nos jours, cette commune de moins de 3 500 habitants fait l'objet d'un culte national car considérée comme étant le lieu fondateur du pays… Le site, qui comprend les célèbres Pierres classées patrimoine mondial de l'UNESCO, les tertres royaux et le nouveau musée, vous dévoilent les secrets de ce mythe historique danois.

ÉGLISE [KIRKE] ★

Thyrasvej 1
✆ +45 75 87 11 17
www.jellingkirke.dk
Ouverte de novembre à février du lundi au samedi de 8h à 17h ; le dimanche à partir de 12h30.

Bâtie vers 1100, après la destruction par des incendies de trois églises antérieures, cette église a révélé au cours d'une restauration en 1970, un important secret : un tombeau sous le chœur, avec des ossements et des bijoux ! Sans doute avait-on transféré ici les restes du roi Gorm, pour lui donner une sépulture chrétienne. Pour marquer l'an 2000, ces ossements ont été transférés du Musée national de Copenhague dans une niche dans l'église. Sur le sol, une plaque avec cette dédicace « *Roi Gorm. Enterré dans le tertre en 959 et enterré plus tard ici* ».

KONGERNES JELLING ★

Gormsgade 23
✆ +45 41 20 63 31
www.natmus.dk
Ouvert tous les jours de mai à octobre, le mercredi en juillet et août jusqu'à 20h. Entrée gratuite.

Le musée, où se trouve également l'office du tourisme, appartient au *National Museet* de Copenhague depuis le 1er janvier 2007 et reçoit régulièrement des expositions de qualité en provenance de ce dernier. Dans cet édifice de 350 m² inauguré en 2000, derrière une façade vitrée, vous aurez une vue d'ensemble sur les tertres et l'église. Exposition permanente avec panneaux explicatifs, photos et reproductions d'objets trouvés dans les chambres funéraires, dont les originaux se trouvent dans les vitrines du Musée national à Copenhague.

KLK

✆ +45 76 81 19 25
Trajet de 20 minutes. Billets en vente à bord, réservations uniquement pour les groupes.

Les amateurs de michelines et autres machines ferroviaires vont pouvoir se réjouir. Un club associatif, qui gère plusieurs lignes au Danemark, a été fondé en 1962 sous le nom de Kolding Lokomotiv Klub. À l'origine, le but de l'association était d'acquérir et de conserver du matériel ferroviaire historique et de l'utiliser dans musée des trains. Puis, elle a décidé de remettre en service des lignes et de les exploiter. En été, un petit train à vapeur relie Vejle et Jelling (et poursuit son voyage jusqu'à Gadbjerg) le dimanche de juillet à mi-août.

PIERRES DE JELLING [RUNESTEN] ★★

Les pierres de Jelling sont mondialement connues. De fait, ces deux pierres runiques sont inscrites depuis 1994 sur la liste du patrimoine mondial de l'Unesco. Toutes deux sont liées au couple royal viking, Gorm le Vieux et Thyra. La plus petite a été élevée par le roi pour son épouse (un fait très rare car traditionnellement seuls les hommes bénéficiaient d'un tel honneur !). L'inscription dit « *Gorm a fait ceci pour Thyra sa femme, la gloire du Danemark* ».

Une phrase doublement importante sur le plan historique puisque le mot Danemark est cité pour la première fois, et que c'est à partir du roi Gorm que l'on connaît de façon continue la lignée des rois du Danemark. Sur la seconde pierre, élevée sans doute en 965, il est écrit : « *Le roi Harald fit ériger ces pierres en l'honneur de son père Gorm et de sa mère Thyra. Le roi Harald qui a conquis le Danemark et la Norvège et rendu les Danois chrétiens.* » Ainsi, le fils de Gorm a étendu le territoire de son père et introduit le christianisme (on peut voir sur cette pierre la plus ancienne représentation du Christ en Scandinavie). Le sommet de la pierre se trouve à distance exactement égale des deux sommets des tertres royaux. Après cet hommage, Harald a déplacé sa capitale vers le nouveau centre de son royaume, à Roskilde. Quant à cette pierre de granit, elle était sans doute polychrome à l'origine. Un moulage peint de couleurs très vives, d'après les hypothèses d'un historien, est exposé dans le nouveau musée de Jelling.

DANEMARK-DU-SUD

TERTRES ROYAUX [JELLING HØJENE] ★

Ces deux tumulus aux sommets aplatis, piqués d'une hampe où flotte un grand drapeau danois, se répartissent de chaque côté d'une modeste église blanche. Un endroit bucolique à souhait où furent inhumés le roi Gorm et son épouse Thyra à la fin du Xe siècle. Du moins, c'est ce que l'on a longtemps supposé ! Les fouilles pratiquées au XIXe siècle ont démenti cette hypothèse.

Dans le plus grand, Thyras Høj au nord, mesure 8,5 mètres de haut et 65 mètres de large, c'est le plus grand tumulus funéraire du Danemark. Il est construit en pierre et en argile, recouvert de pelouse. À l'intérieur, la chambre funéraire mesure 6,75 m de long, 2,60 m de large et 1,45 m de haut. On y découvrit un tombeau et quelques objets funéraires, dont une petite timbale en vermeil. Mais point d'ossements. Dans le deuxième, Gorms Høj au sud, légèrement plus petit, pas même la trace d'un tombeau. En 1940, fut découvert, sous la terre, un échafaudage en bois qui démontre comment fut construit, en deux fois, ce second tertre, à but commémoratif. Certains des morceaux de bois trouvés ont été datés des années 965-970. En réalité, les ossements de Gorm le Vieux se trouvaient sous l'église toute proche, élevée par son fils, Harald à la dent bleue, pour donner une sépulture chrétienne à son père, premier roi du Danemark…

À l'extérieur, vous verrez un alignement de pierres (menhirs) qui dessinent la forme d'un bateau sur 354 m de long et relie les deux tumuli. Une tradition viking que l'on retrouve à Lejre.

BYENS CAFÉ €

Møllegade 10
© +45 76 80 19 90
www.byenshus.com
Ouvert du mardi au vendredi de 15h à 21h, le samedi de 12h à 21h. Plat autour de 150 DKK.

Byen Hus est un projet porté par la municipalité qui a vu le jour en 2010. Dans ce grand bâtiment contemporain, on trouve une librairie, les archives locales, un cinéma Biograf, une galerie d'art, une brasserie et… un café servant de la street food. Au menu : deux propositions plats du jour. Des burgers dont celui au porc effilé avec salade de chou et pain brioché maison ou le Burger de l'enfer, steak assaisonné de chili… fort. Frites et aïoli. Des salades composées ou des sandwiches. En gourmandise, un gâteau aux graines de pavot et un café !

VEJLE ★★

Plusieurs fois incendiée au cours des siècles, d'un développement industriel récent, cette ville de 50 000 habitants n'a pas beaucoup de charme. C'est son environnement et sa situation au milieu des bois qui attirent. Il faut se rendre au sud-est de la ville (prendre Ibaek Strandvej) pour avoir le meilleur aperçu de la cité nichée au fond d'un fjord. Six kilomètres plus loin, en prenant une route en lacet, on arrive à Munkebjerg, à 93 m de hauteur au-dessus du fjord. S'y trouve un hôtel de luxe et un casino. Vejle se réveille par moments : en mai, se déroule un *Kultursymfoni*. Les rues s'animent, un théâtre en plein air joué tous, expositions, concerts…

La ville aujourd'hui

Vejle est un terrain de jeu inspiré par les plus grands architectes du pays et de nombreux projets de conception sont constamment à l'étude.

- **Le complexe résidentiel Bølgen (La Vague)**. Bølgen est un immeuble résidentiel très distinctif, tout proche de la marina, se composant de cinq vagues ondulantes de neuf étages et recouvertes de tuiles. Il bénéficie d'un emplacement magnifique avec une promenade en front de mer au bord de la baie de Skyttehusbugten. Bølgen a été conçu par le bureau d'architecture danois Henning Larsen Architects. Adresse : Ved Bølgen - 7100 Vejle.

- **La résidence Fjordenhus.** C'est le nouveau bâtiment emblématique de Vejle réalisé par l'artiste dano-islandais Olafur Eliasson, et situé dans le bassin du port lui-même. Ce bâtiment caractéristique, d'une superficie de 9 000 mètres carrés, se compose de quatre cylindres contigus qui culminent à 28 mètres au-dessus du niveau de la mer et créent un lien architectural entre les eaux de la crique et la ville elle-même. Vous pouvez même dériver à travers le bâtiment en kayak. Exposition des œuvres de l'artiste au rez-de-chaussée. Adresse : Havneøen 1 - 7100 Vejle.

- **Les usines de textile du patrimoine Spinderihallerne.** Vejle était pionnière dans l'industrie de la filature. Ce bâtiment de 1896 est l'un des exemples les mieux préservés du patrimoine industriel de la ville et l'un des rares complexes industriels existants à avoir survécu aux affres du temps. Aujourd'hui, l'usine offre son espace à une communauté dynamique et créative de sociétés œuvrant dans le domaine multidisciplinaire du design, de l'art et du développement des affaires. Adresse : Spinderigade 11E - 7100 Vejle.

- **Les tours d'habitation cylindriques,** De Fem Søstre (Les Cinq Sœurs). Situé à l'ouest de Vejle, l'édifice résidentiel est formé de cinq blocs circulaires. De Fem Søstre ont été conçus par le cabinet d'architectes danois Arkitema et construits entre 2008 et 2016. Adresse : Åkæret - 7100 Vejle.

- **Tróndur et ses vitraux.** Le parking de Tróndur est un point de repère important. L'escalier principal faisant face à Volmers Plads est conçu comme une grande œuvre en vitrail créée par le célèbre artiste verrier des îles Féroé, Tróndur Patursson. Le soir, l'escalier et son magnifique jeu de couleurs s'illuminent de l'intérieur. Adresse : Volmers Plads - 7100 Vejle.
- **Le centre commercial Citycentret Bryggen.** Ce centre commercial détonne avec sa façade teintée de rouille et ses structures de verre inclinées. Adresse : Søndertorv 2 - 7100 Vejle.
- **Le théâtre musical de Vejle**. Il est conçu comme un auditorium classique du West-End avec deux niveaux principaux de galeries et des salles sur le côté. Adresse : Vedelsgade 25 - 7100 Vejle.

MUSÉE DES BEAUX-ARTS DE VEJLE [VEJLE KUNSTMUSEUM] ★

Flegborg 16-18 © +45 76 81 31 00
www.vejlemuseerne.dk
Ouvert du mardi au dimanche de 11h à 17h. Entrée gratuite.

Un musée très complet qui alterne œuvres classiques et contemporaines dans un bâtiment ancien intégrant des espaces ultra-modernes. Le musée a été fondé en 1899 lorsque le conseiller Christian Eckardt fit don d'environ 2 000 dessins. La collection actuelle compte plus de 15 000 œuvres sur papier : gravures d'Albrecht Dürer, d'Andrea Mantegna ou de Rembrandt (une cinquantaine). La collection s'est étoffée en 1995 avec l'acquisition de la collection Wørzner, 124 peintures, sculptures, aquarelles et pastels, réalisés par de jeunes artistes expérimentaux de la fin des années 1930 à 1945, précurseurs du mouvement COBRA.

Le premier bâtiment occupé par le musée fut légué en 1924 par Agnes Benteline Hviid. Une clause spécifique précisait que si le musée ne voyait pas le jour, le lieu pourrait être converti en appartements pour femmes célibataires. En 2007, la dernière extension, conçue par Kim Utzon Architects, a ouvert ses portes permettant l'aménagement d'une grande salle pour les expositions temporaires, une boutique et un atelier.

Parmi les peintres danois vedettes classiques, vous apprécierez les réalisations de Lundstrøm et son *Modèle avec bas* (1941), Anna et Michael Ancher, Ole Olsen, Jens Ferdinand Willumsen, des reliefs de Bertel Thorvaldsen, mais aussi des toiles du plus coté des peintres des îles Féroé : Sámal Joensen-Mikines. Parmi les artistes contemporains : Asger Jorn, Else Alfelt, Carl-Henning Pedersen, Ejler Bille, Richard Mortensen, Robert Jacobsen et Henry Heerup.

DANEMARK-DU-SUD

© RICOCHET64 - SHUTTERSTOCK.COM

Le complexe résidentiel Bølgen.

STREET FOOD VEJLE €

Dæmningen 44 B
✆ +45 31 66 10 05
www.streetfoodvejle.dk
Ouvert du lundi au vendredi de 16h à 21h, samedi et dimanche de 11h à 22h.

Depuis 3 ans Street Food Vejle est un haut lieu des saveurs authentiques de la cuisine de rue. Avec la pause infligée par 2020, il s'est refait une beauté ! Ici, vous avez la possibilité de déguster vos plats à l'intérieur, sur la terrasse ou de les emporter à la maison. Vous pouvez également essayer un peu tous les stands et vous asseoir avec des amis ou en famille et partager les plats, ou pourquoi simplement se contenter d'un verre au bar. De nombreuses activités ludiques sont proposées en fonction du calendrier (Pâques, Halloween).

CONRADS €€

Søndergade 14 ✆ +45 75 72 01 22
www.conrads.dk
Ouvert du lundi au jeudi de 8h à 23h, vendredi et samedi de 9h à minuit, dimanche de 10h à 22h. Sandwichs 110 DKK.

Conrads a ouvert ses portes dans l'enceinte du Smidste Gård où se trouvent également le musée de la Ville (Vejle Museum), des boutiques d'antiquités et de cadeaux. Cour pavée bordée de murs ocre aux colombages rouges, un bel ensemble du début du XIXe siècle, appartenant à un marchand, au cœur de la ville. Le café offre un décor sobre, d'étonnantes suspensions de cuivre au-dessus des tables très pub anglais, les murs recouverts de vues panoramiques anciennes ou de monuments de la ville. Au menu : plats bistrot et sandwiches. Service en terrasse dès qu'il fait beau.

ME|MU €€€

Torvegade 9 D
✆ + 45 21 14 00 77
https ://restaurant-memu.dk
Ouvert du mercredi au samedi à partir de 18h. Menu de 650 à 950 DKK.

Le Restaurant Me|Mu vous propose une véritable expérience gastronomique dans un cadre calme et intime où vous pourrez explorer des plats de saison soigneusement élaborés. Le chef travaille à partir de produits régionaux de la plus haute qualité. La brigade s'engage à ce que vous viviez un moment d'exception. Ici, vous dégusterez des mets préparées par des artisans talentueux avec sens du détail, du goût et de l'esthétique. Une expérience qui vous interpelle, vous enrichit et éveille tous vos sens. Établissement primé par le guide Michelin.

EGTVED

Petit village de 3 000 habitants connu principalement pour son ancienne carrière et pour le Femme d'Egtved, corps momifié de l'âge du bronze découvert en 1921 (visible au musée national du Danemark à Copenhague). On y découvre la carrière de Tørskind : Robert Jacobsen habita à Egtved jusqu'à sa mort en 1993. Il a conçu l'aménagement de cette ancienne carrière, en collaboration avec le Français Jean Clareboudt : sculpture de paysage. Une combinaison de la sculpture et de la nature, mettant en scène le fer, le granit et le bois. Les œuvres signées Jacobsen sont entourées des montages de Clareboudt. Très belle vue sur la vallée de la rivière Ådal.

© FRANK BACH - SHUTTERSTOCK.COM

Tumulus où a été retrouvée la fille d'Egtved.

JUTLAND CENTRAL

Bienvenue au cœur du Jutland. La cité de Viborg est un véritable carrefour où se croisent les routes principales du pays. Jadis, l'armée s'y retrouvait avant de partir en campagne et les pèlerins y arrêtaient leurs pas pour sa source sainte. La ville s'est bâtie face aux lacs de Nørresø et Søndersø, eux-mêmes bordés de forêts. Un cadre lacustre et enchanteur. La route Marguerite, vous connaissez ? C'est l'itinéraire à suivre pour découvrir les beautés de cette région. Inauguré par la reine Margrethe II en 1991, il est balisé des fleurs blanches qu'elle affectionne. Une boucle qui passe par le Jutland central avec la route forestière - Skive, Holstebro, Herning - et route côtière - Randers et Aarhus. Aarhus, une ville en pleine mutation, d'une audace et d'une modernité affirmée, et qui peut rivaliser largement avec Copenhague. Vie culturelle, patrimoine, gastronomie. Marchés et fête foraine. Et un musée de la femme ! Que rêver de mieux ?

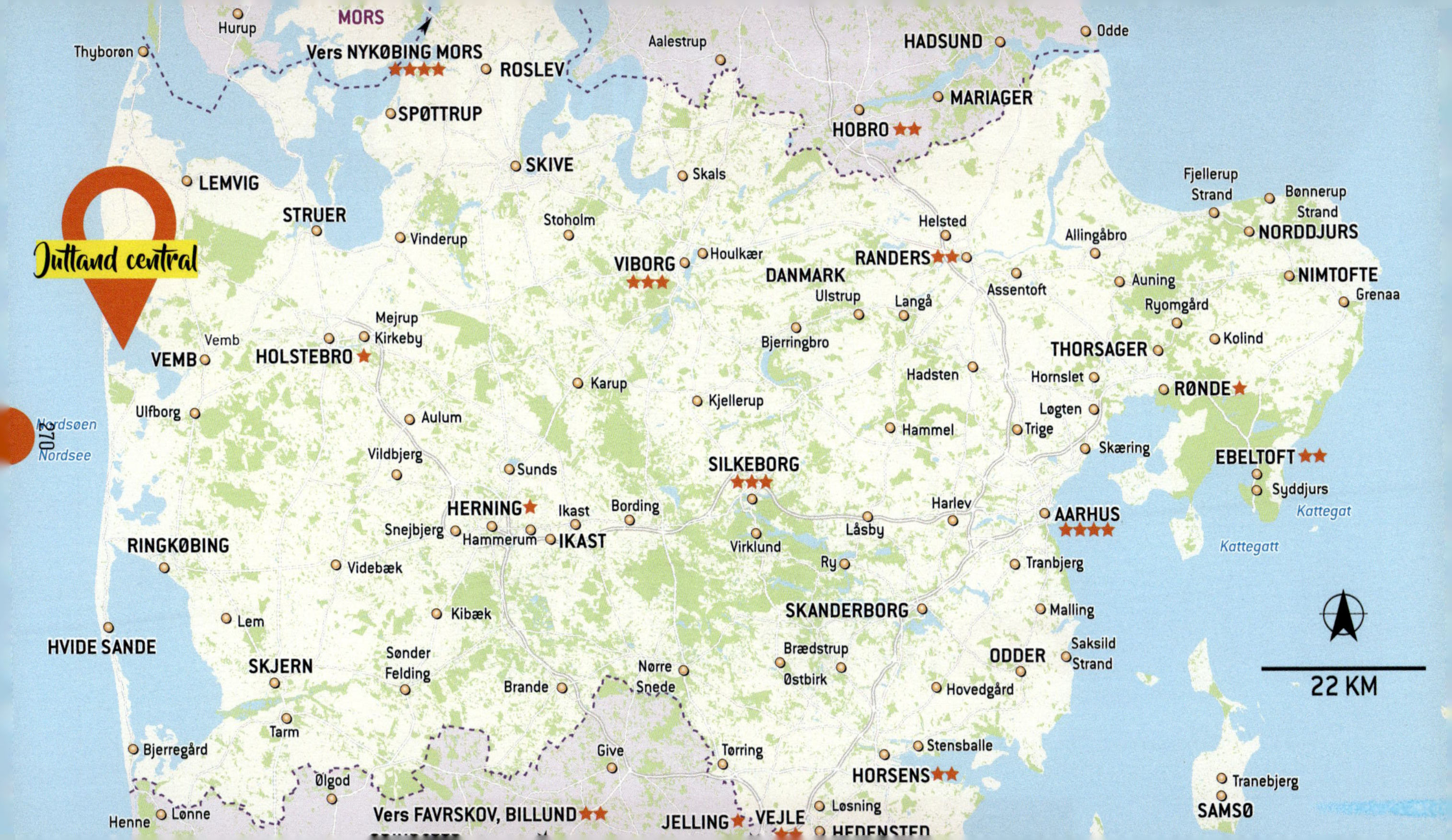
Jutland central
MORS
Hurup
Thyborøn
Vers NYKØBING MORS
ROSLEV
SPØTTRUP
SKIVE
LEMVIG
STRUER
Vinderup
Stoholm
Aalestrup
Skals
HADSUND
Odde
MARIAGER
HOBRO
VIBORG
Houlkær
DANMARK
RANDERS
Helsted
Allingåbro
Fjellerup
Strand
Bønnerup
Strand
NORDDJURS
NIMTOFTE
Grenaa
Auning
Ryomgård
Kolind
Assentoft
Ulstrup
Langå
Bjerringbro
Mejrup
Kirkeby
Vemb
VEMB
HOLSTEBRO
Karup
Kjellerup
Hadsten
THORSAGER
Hornslet
RØNDE
Løgten
Trige
Hammel
Skæring
EBELTOFT
Syddjurs
Kattegat
Ulfborg
Aulum
Nordsøen
Nordsee
Vildbjerg
Sunds
SILKEBORG
HERNING
Ikast
Bording
Snejbjerg
Hammerum
IKAST
Virklund
Låsby
Harlev
AARHUS
Kattegatt
RINGKØBING
Videbæk
Ry
Tranbjerg
Lem
Kibæk
SKANDERBORG
Malling
HVIDE SANDE
SKJERN
Sønder
Felding
Brande
Nørre
Snede
Brædstrup
Østbirk
ODDER
Saksild
Strand
Hovedgård
22 KM
Tarm
Bjerregård
Give
Tørring
Stensballe
HORSENS
Ølgod
Tranebjerg
Henne
Lønne
Vers FAVRSKOV, BILLUND
JELLING
VEJLE
Løsning
HEDENSTED
SAMSØ

PAGES

● ● L'OUEST DE LA RÉGION

Bienvenue au cœur du Jutland. La cité de Viborg est un véritable carrefour où se croisent les routes principales du pays. Jadis, l'armée s'y retrouvait avant de partir en campagne et les pèlerins y arrêtaient leurs pas pour sa source sainte. La ville s'est bâtie face aux lacs de Nørresø et Søndersø, eux-mêmes bordés de forêts. Le cadre est moins lacustre et enchanteur qu'à Silkeborg mais possède un passé historique encore lisible dans son architecture et ses rues piétonnes anciennes. A Hvide Sande, c'est un paysage lagunaire qui vous attend. Le port s'est développé sur le cordon littoral, un accès direct sur la Mer du Nord. Nous longeons le littoral occidental. Sa particularité : les eaux ne sont jamais prises par les glaces du fait de du courant traversant l'écluse du fjord Ringkøbing. Pêche et éoliennes sont les deux activités économiques majeures.

● ● L'EST DE LA RÉGION

Sur la côte orientale, Aarhus est la plus importante ville du Jutland dans son ensemble et la deuxième ville nationale, en terme de population. Loin derrière Copenhague mais devant Odense et Aalborg. Par ailleurs, c'est une ville ancienne comme Ribe ou Hedeby. Sa situation est liée à la présence du fleuve côtier (un cours d'eau long de 40 km qui se jette en Mer du Nord et qui lui a donné son nom). C'est pourquoi Aarhus signifie « la bouche de la rivière ». Plus au sud, Horsens se visite pour son fjord mais également pour l'explorateur Béring, à qui sa ville natale rend hommage dans un musée retraçant l'audace des navigateurs des Temps Modernes, à la recherche de nouvelles voies maritimes. Au centre de ce Jutland du... centre, Silkeborg, réputée pour son centre artistique (Que de centres dans cette région ! !). Inauguré en 1998, il est devenu un lieu réputé dans le milieu artistique scandinave ET international. Superbe situation : une forêt, un lac, des bâtiments rétro aménagés pour accueillir des installations et des réalisations artistiques du monde entier. La vue depuis l'intérieur du musée ou du café est bucolique et reposante, le jardin est agrémenté de sculptures contemporaines.

VIBORG ★★★

Viborg a connu ses heures de gloire au cours de l'histoire du Danemark. Le roi Christophe II y signa la première charte imposée à un souverain danois (1320) ; Frederik Ier y fut proclamé roi ; au XVIème siècle, l'Evangile selon Luther y fut prêché pour la première fois aux Jutlandais, et c'est toujours ici qu'était frappée l'ancienne monnaie ! La ville a tenu une place économique importante en Europe : négociants anglais, allemands et hollandais se rencontraient sur un grand marché international. Elle a su préserver son caractère médiéval avec ses ruelles piétonnières pavées, à l'allure bourgeoise, loties de petites boutiques, de restaurants et bars.

CATHÉDRALE (DOMKIRKE) ✝ ★

Sankt Mogens Gade 4
✆ +45 87 25 52 50
www.viborgdomkirke.dk
De mai à septembre du lundi au samedi 11h-17h, dimanche 12h-17h. D'octobre à avril jusqu'à 15h. Adulte : 10 DKK.

La plus grande église de granit du Danemark, reconstruite en 1876 sur une église baroque (1770), elle-même édifiée sur une église romane (1150) antérieure. L'intérieur a été entièrement décoré par le peintre Joakim Skovgaard (1856-1933). Les fresques sur les deux côtés de la nef et du chœur ont été réalisées de 1901 à 1906, elles représentent les scènes les plus importantes de l'*Ancien* et du *Nouveau Testament*. Au plafond, des peintures à l'huile sur acajou illustrent des scènes de la vie de la Vierge et de l'Enfant Jésus, peintes entre 1911 et 1913.

© FRANK BACH - SHUTTERSTOCK.COM

Viborg.

MINES DE CALCAIRE DE MØNSTED (MØNSTED KALKGRUBER) ★★

Kalkværksvej 8
✆ +45 86 64 60 11
www.monsted-kalkgruber.dk
Ouvert tous les jours d'avril à octobre de 10h à 17h. Adulte : 80 DKK, enfant de 4 à 12 ans : 40 DKK.

Des grottes servant à l'exploitation du calcaire sont visitables. Si vous aimez ce genre de paysage caverneux, vous pouvez l'explorer à votre guise, visionner un film sur son histoire et observer des chauves-souris, entre 5 et 10 000, qui ont fait de ces grottes leur lieu d'hibernation. D'un côté, les mines, et de l'autre, les bâtiments industriels liés à l'exploitation de la pierre et à la vie des miniers de Mønsted. Température constante de 8 °C, alors prévoyez un pull.

LACS NØRRESØ ET SØNDERSØ ★★

Location de bateaux possible au parc Borgvold.

Une dizaine de randonnées possibles, entre 5 et 20 km, pour découvrir cet environnement champêtre. Ces balades permettent d'avoir un autre point de vue sur Viborg, d'admirer la cathédrale depuis l'eau et de voir la faune, la flore et les habitations qui bordent les lacs. Sur une pointe de terre à la jonction des deux lacs, le parc de Borgvold. Le canotage est une option tout aussi agréable !

Deux routes historiques, entre 184 et 220 km, passent par ce secteur. La première combine deux anciennes voies : Hærvejen et Trækstien. Hærvejen est connue sous le nom de la « route des bœufs ». C'est un chemin dont les sections remontent à plus de 6 000 ans. À l'époque, il était principalement utilisé comme route commerciale, quand les bœufs tractaient les charrois. Vous verrez encore des parties des anciennes pistes, des bergeries et des gués. L'itinéraire est très bien balisé, à pied ou à vélo. Chaque année, l'événement de randonnée Hærvejsmarchen y est organisé. Quant à Trækstien, ce sentier, vieux de plusieurs siècles également, suit les anciens chemins de halage de la rivière Gudenå.

La seconde conduit de Viborg à Padborg, à la frontière allemande. Hærvejen en vieux norrois signifie « l'ancienne route ». Effectivement, cette voie centrale qui mène du nord du Jutland au sud, presque en ligne droite, était empruntée par les pèlerins qui rejoignaient Compostelle, Rome ou Jérusalem. D'ailleurs, des coquilles ont été retrouvées par les archéologues le long du chemin. En 2008, 12 auberges ont ouvert pour héberger ces marcheurs comme à Lindely.

MUSÉE SKOVGAARD [SKOVGAARD MUSEET] ★★

Domkirkestræde 2-4
✆ +45 86 62 39 75
www.skovgaardmuseet.dk
Du mardi au dimanche de juin à août de 10h à 17h, de septembre à mai de 11h à 16h. Adulte : 50 DKK.

Inauguré en 1937, ce musée ne devait contenir que les œuvres du maître des fresques modernes, Joakim Skovgaard. Mais celui-ci a souhaité élargir le cercle des peintres admis à sa famille et à ses amis. On trouve ainsi des tableaux de son père, Peter Christian Skovgaard, célèbre paysagiste de la période de l'Âge d'or (milieu du XIXe siècle), de Lundbye, de Constantin Hansen… ou des toiles inspirées du folklore nordique, réalisées par son frère Niels Skovgaard.

OASEN VIBORG €

Nørregade 9 ✆ +45 86 62 14 25
www.oasenviborg.dk
Chambre avec salle de bains commune à partir de 375 DKK, Appartement 4 personnes 1 170 DKK. Petit déjeuner inclus.

Une chambre d'hôtes qui a tout d'une oasis… Effectivement, son nom en danois signifie bien un havre de paix reposant, à l'écart de toute agitation, dans cette rue résidentielle tellement danoise ! Maison en brique, couleurs entre vert et bleu, jardin avec son pavillon octogonal très utile pour les fumeurs, en accès libre. Un hébergement réussi, très simple, avec accès à une cuisine commune, une laverie et une belle terrasse, pouvant héberger une quarantaine de personnes. Possibilité de faire un barbecue ou de jouer à la pétanque ! Pas mal sous le ciel danois…

BEST WESTERN PALADS HOTEL €€€

Sankt Mathias Gade 5 ✆ +45 86 62 37 00
www.hotelpalads.dk
Chambre simple à partir de 970 DKK, double à partir de 1 090 DKK. Petit déjeuner inclus. Parking. Accès à la piscine.

L'hôtel, en plein centre de Viborg, est réparti sur plusieurs bâtiments. Certaines chambres sont de véritables appartements avec salle de bains équipée de sauna et de baignoire spa. Le mobilier et le style de chaque chambre récemment rénovée est plus ou moins moderne, et semble parfois dater des années 1980-1990. Côté familial et un peu suranné de cet hôtel, familial et toujours dirigé par la grand-mère, l'accueil y est sympathique et les chambres sont propres et confortables.

SPØTTRUP

Ce village, situé à l'intérieur des terres, faisait autrefois partie de la province de Viborg. En 2007, plusieurs communes, dont Spøttrup, fusionnèrent pour créer la municipalité de Skive, qui compte environ 20 000 habitants. On se rend ici notamment pour visiter Middelalderborg, un château médiéval le mieux préservé de son époque au Danemark. Un château qui semble sorti d'un conte de fée d'Andersen, bâti au milieu de douves cernées par des talus et des fossés, relié à la terre ferme par un ancien pont-levis. Une halte bucolique à 8 km de la ville. Un parcours à faire à vélo, très agréable balade dans la campagne, loin des foules et du bruit.

CHÂTEAU DE L'ÉVÊQUE [MIDDELALDERBORG] ★

Borgen 6A
✆ +45 97 56 16 06
kongeligeslotte.dk
D'avril à octobre, du mardi au dimanche 11h-16h. 7j/7 entre mai et septembre. Horaires variables jusqu'à 16h-18h.

Il faut quitter Mors et prendre le pont qui traverse le Sallingsund, puis suivre la route 26. Juste après Harre, suivez la route de la Marguerite qui mène au magnifique château médiéval de Spøttrup, perdu en pleine campagne. L'entrée du château ne se trouve pas sur le parking (bordé d'un bureau d'information et d'une auberge excellente et pas trop chère). Il faut contourner les fossés par la gauche pour rejoindre un petit kiosque en bois qui sert de banque d'accueil où l'on vend les tickets. En face de vous, se dresse une impressionnante forteresse bâtie au milieu d'un parfait quadrilatère rempli d'eau, lui-même entouré d'un grand mur talus, à son tour protégé par une deuxième ligne de fossés en eau. Le bâtiment a été construit en 1520, soit 16 ans avant que la Réforme ne devienne l'Église d'État. Le système défensif du château est remarquablement conservé et restauré : rempart de 9 mètres de haut adapté aux tirs d'artillerie de l'ennemi, tour-porche et pont-levis protégeant l'accès à la cour intérieure, murs épais… La plus belle salle, au premier étage, comprend une cheminée du XVIe siècle construite dans l'épaisseur du mur, et une deuxième datant de la fin du XVIIe siècle. Superbe coffre du XVIe siècle. Le mobilier des autres pièces est plus récent, datant principalement du XVIIIe siècle. Ce château qui appartenait au diocèse de Viborg, devint royal en 1536 puis passa entre les mains de plusieurs propriétaires avant d'être racheté et rénové par l'État danois en 1937.

HOLSTEBRO ★

Une tour métallique d'où s'échappe un rayon laser : vision étrange pour le visiteur arrivant le soir dans cette ville d'un autre monde. C'est l'œuvre du sculpteur Frithioff Johansen et ce n'est pas la première surprise de cette cité vouée tout entière à l'art contemporain et à l'urbanisme moderne. Un centre piétonnier, des rues regorgeant de fontaines et de statues, dont la *Femme à la charrette*, un bronze de Giacometti placé en face du vieil hôtel de ville. Autour de ce centre artistique et commercial, se croisent des rues rectilignes, traversées d'une petite rivière tortueuse aux rives champêtres. Holstebro cultive la différence et le modernisme.

MUSÉE DES BEAUX-ARTS (KUNSTMUSEUM) ★★

Museumsvej 2A ✆ +45 97 42 45 18
www.holstebrokunstmuseum.dk
Mardi au vendredi 12h-16h, week-end 11h-17h, nocturne le mercredi 19h-21h30. Juillet-août : mardi au dimanche 11h-17h.

Ouvert en 1967, ce musée des Beaux-Arts s'est installé dans la villa d'un fabricant de tabac, Rasmus Færch, acquise par la municipalité pour ce projet. Deux extensions contemporaines ont été ajoutées en 1981 et en 2011. Les collections sont majoritairement consacrées aux artistes danois de l'art moderne et contemporain, parmi lesquels de nombreuses femmes : Anna Sørensen, Sonja Ferlow Mancoba, Astrid Noack, Olivia Holm-Møller... Une série graphique « jazz » de Matisse.

BORBJERG MØLLE KRO €€€

Borbjerg Møllevej 3
✆ +45 97 46 10 10
www.borbjergmill.dk
Chambre simple de 675 à 1 125 DKK, double de 875 à 1 375 DKK. Bain à remous en chambre. Petit déjeuner inclus.

Une auberge un peu différente des autres car installée dans un vieux moulin à eau dont la roue s'active encore. Un peu à l'écart de la ville, au bord du lac de Mølle. Un environnement un peu sauvage mais un cadre ydillique, surtout avec des enfants. Les chambres ont leur propre décoration, chacune est différente : inspiration africaine (Karen Blixen), plus chinoise (King Ming) ou marine (Colombus). Le restaurant de l'hôtel concocte une excellente cuisine traditionnelle danoise. Très fréquenté, notamment pour son buffet de dessert réputé du dimanche !

RINGKØBING

Ringkøbing, dont le nom signifie « le marché Rindum » était une ville de foires. Elle se trouve à l'ouest, sur la péninsule de Jutland. La ville aurait été fondée au XIIIe siècle et fut longtemps le seul vrai port de cette côte occidentale. Sa prospérité fut liée au commerce et à l'exportation du tabac, des lainages et du savon. Ringkøbing possède tout le charme d'une petite ville côtière à la danoise, avec ses maisons colorées le long du littoral, son centre historique et les activités traditionnelles telles que la pêche ou, plus modernes comme le windsurf. Elle possède une importante centrale de chauffage solaire d'une superficie de 30 000 m^{2}.

HVIDE SANDE

Un paysage surprenant environné d'eau. Un cordon littoral de sable blanc, de petits vallons pelés, quelques parkings et des bâtiments, pratiquement tous sur un seul niveau : à Hvide Sande rien ne dépasse, hormis les hampes des drapeaux danois qui claquent au vent. A l'ouest, la mer du Nord, à l'infini. A l'est, le fjord de Ringkøbing, si large. Leurs eaux se fondent dans le ciel balayé par le vent presque omniprésent. Il n'est pas étonnant que ce soit un paradis pour les véliplanchistes : le vent descend rarement en deçà des 15 nœuds ! Et au milieu, séparé par son écluse, un important port de pêche où s'amarrent près de 200 bateaux étrangers.

HERNING ★

Herning se trouve au centre de la péninsule de Jutland. Elle compte plus de 85 000 habitants. C'est une ville dynamique à la vie nocturne animée mais qui dispose aussi d'une nature environnante pour randonner, faire du vélo, se balader. Herning est proche des rivières Skjern Å et Karup Å où la pêche et le canoë sont légion. La ville natale de Carl-Henning Pedersen (artiste majeur de CoBrA) est aussi connue pour l'œuvre de l'artiste italien, Piero Manzoni. Cet enfant terrible de l'art contemporain réalisa, en 1961 au Herning Kunstmuseum, le *Socle du monde* (*Base del mondo*). Un cube d'acier corten posé à l'envers sur le sol, en hommage à Galilée.

SILKEBORG ★★★

Vallonnée, lacustre et verdoyante, cette ville moyenne a su mettre en valeur son patrimoine artistique, industriel et naturel. Jusqu'au milieu du XIXe siècle, il n'y avait là qu'un château, des bois, une rivière et des lacs. Michael Drewsen fit de Silkeborg une ville industrielle avec sa fabrique de pâte à papier. Son architecture moderne et sobre, ses musées (archéologique avec *l'homme des tourbières*, ou plus contemporain, musée dédié à Asger Jørn, cofondateur de Cobra et enfant du pays), son nouveau centre d'art réputé sur la scène internationale et ses festivals *Riverboat Jazz et Country music*, en font une destination de plus en plus attractive.

CENTRE ARTISTIQUE (KUNSTCENTRET) ★

Gjessøvej 40
✆ +45 86 81 63 29
www.silkeborgbad.dk

Octobre à avril, mardi-vendredi 12h à 16h, samedi et dimanche 11h à 17h. Mai à septembre, mardi-dimanche 10h à 17h.

Installé au sud-ouest de la ville, dans un ancien sanatorium (construit en 1883, c'est le mieux préservé de tout le Danemark), le centre artistique Silkeborg Bad, inauguré en 1998, est un centre culturel à vocation internationale qui présente des expositions d'art contemporain de grande qualité artistique souvent autour d'un thème : les arbres de la vie et l'art, la nature, la culture… En adéquation parfaite avec son environnement au bord du lac Ørnsø.

GALERIE MODERNE ★

Hostrupsgade 39
✆ +45 86 81 44 44
www.galeriemoderne.dk

Ouvert du lundi au samedi de 10h à 17h. Entrée gratuite.

Créée en 1963, ce musée regroupe des œuvres Cobra, un mouvement créé au sortir de la Seconde Guerre mondiale, en 1948. De jeunes artistes (Alechinsky, Asger Jorn) et des poètes réagirent à la querelle entre Abstraction et Figuration. Venus de plusieurs villes du Nord, ils créèrent leur nom, un acronyme entre Copenhague, Bruxelles et Amsterdam… Mais c'est aussi une galerie (une des plus vastes de Scandinavie 1 000 m² !) qui prend le risque d'exposer et de tenter de vendre les œuvres de jeunes artistes danois ou étrangers. Une référence dans l'art contemporain.

GL. SKOVRIDERGAARD €€

Marienlundsvej 36 ✆ +45 87 22 55 00
www.glskov.dk

La chambre à partir de 1 100 DKK, double à partir de 1 225 DKK, Suite à partir de 1 375 DKK. Petit déjeuner compris.

Un bel établissement dans un petit écrin de verdure. D'ailleurs, le végétal est le fil conducteur un peu partout dans l'hôtel, notamment dans l'aménagement des chambres où moquettes et papiers peints se couvrent de feuillages divers. Chambres entièrement équipées, au design scandinave chic et épuré dans un esprit maison de famille. Cet esprit lui vient sans doute de son histoire. Le bâtiment le plus ancien date de 1798, une ferme forestière devenue résidence royale. Du raffinement et du végétal, vous en trouverez à la carte du menu du restaurant Orangeriet.

Silkeborg dans la région du Jutland.

MUSÉE DU PAPIER BIKUBEN [PAPIRMUSEET BIKUBEN] ★

Papirfabrikken 78 ✆ +45 86 85 45 64
www.museumsilkeborg.dk
Ouvert toute l'année du mardi au dimanche de 12h à 16h. De mai à octobre tous les jours jusqu'à 17h.

Situé à l'étage supérieur d'un grand bâtiment industriel réhabilité, le musée du papier *Bikuben* (La Ruche), témoigne de la vraie révolution qui a changé la ville de Silkeborg et assuré sa prospérité économique, avec notamment la fabrication du papier. Le papier était réalisé à la main à partir de plaques de fils de métal tissés, avec des motifs en relief, par un système d'épreuve du papier sur ces plaques (procédé similaire à celui de la gravure).

Deux salles d'expositions présentent les différents rouleaux et moules avec lesquels le papier était fabriqué manuellement. Les étapes sont bien expliquées : d'abord, on tamise l'eau mélangée au papier mâché dans une plaque, ensuite son cadre en bois aspire l'eau à travers la plaque, puis on dépose la feuille éprouvée pour la sécher sur une grande feuille en feutre. Apparemment, les billets de banque danois étaient imprimés (toujours à la main !) dans cette fabrique de 1910 à 1958. Une autre salle est consacrée aux machines et aux différentes étapes de fabrication. Y sont présentés les outils et les matériaux. Si vous le désirez, vous aurez la possibilité d'expérimenter par vous-même ce savoir-faire en produisant du papier, supervisé par le personnel du musée qui vous donnera les bons conseils et les explications nécessaires.

Un moment de pratique très agréable d'autant plus que vous repartez avec la satisfaction d'avoir réussi une belle feuille de papier que l'on vous offre en souvenir. Activité à faire aussi en famille.

RADISSON BLU HOTEL SILKEBORG €€€

Papirfabrikken 12 ✆ +45 88 82 22 22
www.papirfabrikken.nu
Chambre à partir de 1 390 DKK, suite à partir de 2 290 DKK. Petit déjeuner inclus. WiFi. Parking limité.

Moderne et très bien situé, au cœur du nouveau quartier culturel et commerçant de Silkeborg, en face des lacs et à côté de l'ancienne fabrique de papier, l'hôtel offre des chambres spacieuses au design sobre. Les suites sont équipées de baignoires Spa agréables, pour se détendre après une journée de visite. L'environnement est très calme. Les petits déjeuners sont extrêmement copieux et proposent un large choix de mets pour satisfaire toutes les envies et tous les appétits.

MUSÉE HOVEDGÅRDEN [HOVEDGÅRDEN MUSEUM] ★

Hovedgårdsvej 7 ✆ +45 86 82 14 99
www.museumsilkeborg.dk
Ouvert toute l'année du mardi au dimanche de 12h à 16h. Adulte : 75 DKK, gratuit pour les moins de 18 ans.

Ce manoir imposant fut édifié entre 1767 et 1770 par le Rittmeister (officier maître de cavalerie) Hans Nicolai Hoff. Utilisé comme chapelle pour les ouvriers de l'usine de papier à partir de 1848, il servit également de service de poste. En 1904, le musée ouvrait ses portes. Ce musée de Silkeborg se positionne comme le gardien du passé et attire de nombreux visiteurs pour « l'homme de Tollund », âgé d'environ 2 400 ans, la vedette du musée. Son corps naturellement momifié a été trouvé dans une tourbière, à 10 km à l'ouest de Silkeborg, en 1950, dans un parfait état de conservation, comme en témoignent les traits de son visage. Autour de son cou, une lanière de cuir (peut-être utilisée au cours d'un rituel, pour l'étrangler). D'autres corps d'hommes, de femmes ou d'animaux ont été retrouvés dans ces tourbières, laissant penser aux archéologues qu'ils étaient liés à un culte dédié aux dieux de la fertilité. Ou bien à des sacrifices humains pendant l'intronisation d'un roi. Ces momies sont très impressionnantes. Ce corps, complètement desséché, a été en réalité reconstitué en 1987 afin de lui redonner l'apparence qu'il avait au moment de sa découverte (explications en français). Une aile du musée a été construite spécialement pour abriter sa dépouille, ainsi que des expositions temporaires, au fond de la cour. Dans les vitrines, vous verrez de l'artisanat avec des pièces retrouvées dans les marais et une reconstitution de la mythologie viking, en maquette.

© THIERRY LAUZUN - ICONOTEC

JUTLAND CENTRAL

MUSÉE JORN [JORN MUSEUM] 🏛 ★

Gudenåvej 7-9 © +45 86 82 53 88
www.museumjorn.dk

Ouvert du mardi au dimanche de 10h à 17h. Le jeudi nocturne jusqu'à 21h. Adulte : 100 DKK, étudiants 80 DKK.

Le musée d'Art de Silkeborg, renommé Musée Jorn depuis peu, s'est construit autour des collections d'Asger Jorn (1914-1973), constituées de plus de 5 000 œuvres de 150 artistes. Elles furent offertes par le peintre à sa ville natale. L'artiste est considéré comme l'un des fondateurs du mouvement CoBrA. De nombreuses pièces sont rattachées à ce groupe d'artistes originaires pour la majorité de Bruxelles, Copenhague et Amsterdam : Alechinsky, Pedersen, Constant, Reinhoud. Parmi les œuvres maîtresses : une toile commune, sans titre, réalisée en 1949 par les principaux instigateurs du groupe (Jorn, Appel, Constant, Corneille et Nyholm). Leur manifeste artistique !

Le musée s'est par la suite enrichi d'autres acquisitions (dont des lithographies d'Odilon Redon). Parmi les artistes étrangers contemporains sont exposés ici : Wemaëre, Picabia, Léger (dont Jorn fut l'élève à Paris), Le Corbusier, Max Ernst, Dubuffet, Sam Francis. Mais aussi quelques peintres italiens (Pinot Gallizo), chinois (Walasse Ting, cubains (Samuel Feijo), japonais (Yasse Tabuchi) ou encore allemands (Hans Puatsatek).

Ce très beau bâtiment se tient près de la rivière Gudenå. Il est possible de descendre vers ses berges pour une agréable promenade après la visite. En façade, la grande mosaïque est signée Dubuffet. Elle avait été présentée à Paris en 1977. À l'intérieur, on passe de grandes salles à l'éclairage intimiste à de petites pièces ouvrant à leur tour sur de véritables ateliers d'artistes : hauts murs et éclairage naturel zénithal.

CAFÉ HUMLECHOK €

Nygade 16 © +45 86 81 91 03
www.humlechok.dk

Du lundi au jeudi de 11h à 22h, le vendredi et le samedi de 10h à 1h, dimanche jusqu'à 22h. Plats autour de 150 DKK.

À l'angle de deux rues piétonnes, Humlechock vous reçoit dans la bonne humeur. Une adresse où l'on peut manger ou boire un verre sans se ruiner, dans une atmosphère pub jeune et jazzy. Mais aussi une ambiance brasserie où l'on côtoie les addicts aux matchs, avec le sport diffusé sur un écran télé. Agrémenté d'une terrasse, on trouve à l'intérieur un grand bar en zinc long et arrondi et des sièges en cuir avec comme fil conducteur du noir un peu partout ! La carte propose des plats simples (burgers, salades, sandwichs…) et une sélection de 9 bières à la pression.

TRAKTØRSTEDET LUDVIGSLYST €€

Julsøvej 248 © +45 86 88 80 40
www.ludvigslyst.com

Mercredi au samedi le midi, le dimanche de midi à 17h. Le midi : plats autour de 150 DKK, menu à 295 DKK.

Un ancien hôtel de bains converti en restaurant ou plutôt en auberge. Une adresse comme on les aime, avec une véritable atmosphère. Douce, sereine, un peu hors du temps. Dans un environnement champêtre, près d'un lac. Un long ponton de bois s'avance vers les eaux. Jolie bâtisse blanche, salle au plafond bas. Pour déjeuner, dîner ou juste prendre une pause-café l'après-midi au bord de l'eau. De la cuisine danoise, simple, avec du goût, et joliment dressée dans l'assiette.

KNUDHULE GASTRONOMISK INSTITUT €€€

Randersvej 88
© +45 86 89 14 07
www.knudhule.dk

Ouvert du lundi au dimanche midi et soir. Le midi : menu 289 DKK, le soir : Apéritif + 4 plats 415 DKK.

Le restaurant Gastronomisk Institut est situé dans un magnifique bâtiment : le Knudhule Badehotel, avec une vue sur Knudsø et les Himmelbjerg et Himmelbjergtårnet environnants. Une cuisine simple et savoureuse dans un cadre très agréable. Les menus de saison combinent 2 à 5 plats au choix, avec ou sans les vins en accompagnement. Aux fourneaux, le chef Dean Jespersen pour qui la saisonnalité fait tout le goût. Tous les mercredis dès 18h, un menu du jour de 3 plats avec vin inclus.

RESTAURANT PIAF €€€

Nygade 31 © +45 86 81 12 55
www.restaurant-piaf.dk

Ouvert du mercredi au samedi de 18h à 21h. Menus de 400 à 100 DKK (selon l'accord mets-vins), plats autour de 265 DKK.

Un restaurant gastronomique où l'on sert une véritable cuisine danoise par un chef français ! Depuis 8 ans, le restaurant a reçu deux étoiles dans le Danish Dining Guide ! Et il le mérite amplement. Au menu avec des formules jusqu'à 7 plats : asperges blanches, pétoncles, pois et oignons nouveaux. Homard ou poulpe, oignon, poivron, chorizo et encre. Version asperges vertes, jambon de Skagen, œufs et estragon ; bœuf danois grillé et tartare, oignon, brocoli. Chariot de fromages avec des fromages français de Mons. Tout ceci élégamment dressé dans l'assiette.

SILKEBORG KANOCENTER

Østergade 36
✆ +45 86 80 30 03
www.silkeborgkanocenter.dk
Ouvert tous les jours de 9h à 20h. Canoë : 125 DKK l'heure, 400 DKK la journée.

Gudenå prend sa source près de Tørring, à 65 m d'altitude. C'est le plus long fleuve côtier, il parcourt 158 km depuis les environs de Vejle jusqu'au Kattegat et son embouchure, dans le Randers Fjord. Chaque année est organisée une cours en canoë et en kayak durant le 2e week-end de septembre. Un parcours de 120 km. Autour de Silkeborg, le fleuve a l'allure d'une rivière bien tranquille où il fait bon canoter. Locations de canoës-kayaks et de petits bateaux à moteur. Le centre organise aussi des excursions pour visiter la région sur l'eau.

SKANDERBORG

Skanderborg se trouve dans ce qu'on appelle la région du lac ou *landslake*. Cette région est particulièrement reconnue pour sa somptueuse nature ; ses lacs et ses forêts, et pour le Himmelbjerg, point culminant du Danemark (147 m) se trouvant sur la route reliant Skanderborg à Silkeborg. Skanderborg et sa région sont le lieu idéal pour les amoureux de randonnée, de voile et de vélo. Côté hébergement, choisissez le Sophiendal Slotshotel, magnifique hôtel aménagé dans un ancien château, où la décoration de chaque pièce et de chaque chambre vous rappellera une autre époque.

LE SMUKFEST

Skanderborg accueille depuis 1980 un festival de musique : le Smukfest. Prenant place au cœur d'une forêt de peupliers, cet évènement a très vite gagné ses lettres de noblesse et a été élu plus beau festival du Danemark. On y vient tant pour la musique qui mélange tous les styles (rock, pop, folk, hip-hop, electro...) et fait se rencontrer différents artistes nationaux et internationaux, que pour l'ambiance. La mascotte du festival se nomme Waltidur Festismuk Kærligkys Ølimund Rockilund Trold, soit Waltidur le troll beauté de la fête. Le cadre enchanteur de la forêt en bord de lac et l'ambiance « peace and love » qui y règne confèrent à ce festival une atmosphère magique.

HORSENS ★★

Au nord-est de Vejle, sur le Fjord éponyme, Horsens a conservé de belles maisons du XVIIIe siècle. Cette ville millénaire a vu le jour à l'époque viking et s'est construite au fil des siècles autour du port (un des mieux conservés du pays) donnant sur le fjord. Elle est la ville natale du navigateur et explorateur, Vitus Béring, qui laissa son nom à un célèbre détroit ! Dans les environs, se situe une région surnommée le Lagon vert, le « Kongens Kær » qui s'étend sur plus de 100 hectares. Une zone humide où nichent de nombreux oiseaux, à parcourir à pied. Vous pourrez pique-niquer aux abords de Ribe Landevej, des tables sont prévues à cet effet.

MUSÉE DE HORSENS (HORSENS MUSEUM) ★

Sundvej 1A
✆ +45 76 29 23 50
www.horsensmuseum.dk
Ouvert du mardi au dimanche de 11h à 16h. En juillet et août, ouvert tous les jours de 10h à 16h. Entrée : 40 DKK.

Dans ce musée, beaucoup de choses intéressantes. De l'archéologie, de l'argenterie (450 pièces), l'histoire de la ville et une salle monographique consacrée à Vitus Bering, né à Horsens (en 1681). Un explorateur resté dans l'histoire pour avoir découvert en 1728 que l'Asie et l'Amérique étaient des continents séparés. Il a été le premier à cartographier la côte ouest de l'Alaska. Son nom a été donné au détroit qui sépare l'Amérique du Nord de la Russie.

MUSÉE DES BEAUX-ARTS (KUNSTMUSEUM) ★

Carolinelundsvej 2 ✆ +45 76 29 23 70
www.horsenskunstmuseum.dk
De septembre à juin mardi au dimanche 11h à 16h. Juillet et août, 7j/7, 10h-16h. Adulte : 60 DKK.

Situé dans un parc somptueux, le musée d'Art a été inauguré en 1906 dans un premier pavillon nommé Lunden. Depuis, il n'a cessé de s'agrandir avec l'extension de 2006 « White Cube » de 400 m² et jusqu'en 2017 avec le Kvium Hall. Les collections présentent un panorama complet de l'art danois depuis l'Âge d'or avec PC Skovgaard ou J. Th. Lundbye, jusqu' à l'art danois contemporain avec l'acquisition d'œuvres d'artistes éminents du XXe siècle comme LA Ring, JF Willumsen et Egill Jacobsen.

HOTEL OPUS HORSENS €€

Egebjergvej 1 © +45 76 25 72 00
www.hotelopushorsens.dk

Chambre simple à partir de 789 DKK, chambre double à partir de 889 DKK. Petit déjeuner compris. Parking gratuit

Cet hôtel à l'architecture contemporaine, construit en 2007, est l'œuvre des architectes Kim Utzon et Mikael Mammen. L'architecture mélange le bois, le béton et le verre. Un maximum de lumière, des façades de verre, du confort et un luxe mesuré. L'hôtel dispose de 129 chambres et de 3 suites à la décoration soignée. La literie est d'un confort qui vous donnerait presque l'envie de lézarder toute la journée. Le petit déjeuner est servi au quatrième étage. Belle vue sur la réserve naturelle de Nørrestrand. Salle de fitness, spa et sauna pour vivre à la danoise !

JØRGENSENS HOTEL €€€

Søndergade 17-19
© +45 75 62 16 00
www.jorgensens-hotel.dk

Chambre à partir de 1 100 DKK, Suite royale à partir de 3 715 DKK.

Aménagé dans le palais Lichtenberg, datant de 1744, superbement conservé, cet hôtel est situé au cœur de la ville. Entièrement rénové en 2020, dans une toute nouvelle déco où l'âme et le charme du bâtiment sont préservés mais avec une jolie touche contemporaine, les chambres sont époustouflantes. On aimerait rester quelques jours à goûter le confort cosy et coquet de cet établissement appartenant au groupe Byen. 59 chambres de diverses catégories : Good, Better, Even Better et The Best... et complètement hors catégorie, la Royal Suite.

SAMSØ

Vaste île de 114 km², aux paysages paisibles, elle est idéale pour les randonnées à vélo et offre également de nombreuses plages. Il paraît qu'on y trouve aussi le plus grand labyrinthe du monde (selon leurs propriétaires) : 6 ha et 5 km de chemins et de pistes bordés de sapins, ouvert en mai 2000 à Nordby, au nord de l'île. Mais l'île de Samsø est surtout reconnue pour avoir en 2003 engagé un virage énergétique à 180 degrés. Autrefois alimentée par des centrales à charbon située sur le continent, l'île vise le sans-fossile d'ici à 2050 et tire son énergie du vent, du soleil, du bois et de la paille.

AARHUS ★★★★

Construite au VIIIe siècle par les Vikings, Aarhus servait de pied-à-terre au roi. Rapidement, la petite cité est devenue un important lieu de commerce. C'est au cours de la révolution industrielle que la ville s'est développée considérablement, grâce à l'industrie florissante et à l'agrandissement du port et du réseau ferroviaire. Aujourd'hui, avec ses 336 411 habitants (2017) et les quelque 700 000 âmes qui constituent sa proche banlieue, elle est la deuxième ville du pays, LA grande ville du Jutland. Une métropole jeune et dynamique, une ville universitaire, la deuxième du pays avec environ 38 000 étudiants. Son cœur historique a beaucoup à offrir.

La ville aujourd'hui

Une ville audacieuse et culturelle. D'ailleurs, elle fut Capitale européenne de la Culture, en 2017, sous la devise *RETHINK*. Les trottoirs de la ville en témoignent encore. Cet évènement avait clairement mis en lumière le désir des organisateurs d'axer sur la culture, la gastronomie, la nature ou encore la viabilité. D'autant plus qu'Aarhus attire pour ses constructions audacieuses signées Arne Jacobsen (beffroi de style fonctionnaliste, des années 1940), Kjær et Richter (Maison de la musique en verre, aux lignes pures, édifiée il y a 20 ans), ou encore Olafur Eljasson, qui a signé sur le toit du musée d'Art moderne ARoS, une spectaculaire promenade de 52 mètres. Parmi les projets architecturaux ambitieux de la ville, L'Iceberg : un building d'appartements construit dans la zone portuaire.

Il faut dire que, un peu coincée entre la mer et de hautes collines, Aarhus a longtemps vécu ramassée sur le littoral, autour de son port qui borde le quartier historique. Mais la cité se veut désormais ouverte et aérée, elle est très agréable à traverser à pied ou à vélo. Vous découvrirez, au nord, l'université et son quartier, qui ont subi les bombardements anglais à la fin de la Seconde Guerre mondiale, car la Gestapo y avait son siège. Ici, le bitume a été dynamité à la fin des années 1990 pour mettre au jour une rivière enterrée par les urbanistes du XXe siècle. Aarhus respire par le nombre de ses parcs, ainsi que les plages et la forêt à ses portes…

AARHUS Ø ★★

Bernhardt Jensens Boulevard

Le quartier des docks se transforme chaque jour avec de l'audace et de la modernité. Une métamorphose qui intègre à l'activité portuaire des défis architecturaux et un nouveau quartier d'habitat. L'Iceberg en est un exemple fort. Autre construction, Navitas (le centre pour la science et l'innovation), en forme d'étoile. Le jardin du port (Ø-Haven) est un petit coin de tranquillité et permet aux résidents de s'occuper de leur propre potager. En 2022, le Phare devrait être achevé. 142 m de hauteur et l'accès au toit-terrasse qui offrira LA vue d'Aarhus.

CATHÉDRALE (DOMKIRKE) ★★

Storetorv

© +45 86 20 54 00

www.aarhusdomkirke.dk

Ouvert tous les jours de 9h30 à 16h, le mardi de 10h30 à 16h. Jusqu'à 15h en basse saison. Gratuit.

Un mélange des styles pour cette cathédrale dédiée au patron des marins, saint Clément. Depuis la rue, elle jaillit vers le ciel grâce à son clocher fuselé de 96 mètres de haut. Plutôt sobre à l'extérieur, son décor chargé l'apparente davantage à une église catholique, presque flamboyante, qu'à un austère temple luthérien : nombreux tableaux aux cadres très ouvragés, des dorures et statues à foison. Orgue de style baroque et, sur l'autel, un triptyque du Maître de Lübeck de 1479. Par endroit, quelques fresques du XVIe siècle ayant retrouvé tout leur éclat !

CHÂTEAU DE MARSELISBORG (MARSELISBORG SLOT) ★

Kongevejen 100 © +45 33 40 10 10

www.kongehuset.dk

Parc ouvert au public toute l'année, sauf quand la famille royale est présente en été. Relève de la garde en été à midi.

Œuvre de l'architecte Hack Kampmann, le château de Marselisborg fut construit entre 1899 et 1902 et offert en cadeau, par le peuple danois, au roi Christian X et à la reine Alexandrine à l'occasion de leur mariage. Cette résidence d'été est occupée par la reine et sa famille en juillet, à Pâques et à Noël. Le nom Marselisborg fait référence à un ancien manoir de baronnie. Il signifie « Château de Marselis » du nom du marchand germano-néerlandais Gabriel Marselis qui le renomma en 1600.

CHÂTEAU DE ROSENHOLM [ROSENHOLM SLOT] ★

Rosenholmvej 119 ✆ +45 86 99 40 10
www.rosenholm.dk

Ouvert tous les jours de mi-juin à mi-août de 11h à 16h. Visite guidée toutes les heures. Adulte : 110 DKK.

Bâti entre 1559 et 1567, ce château de briques rouges est entouré de douves et d'un parc comprenant un beau jardin à la française et un pavillon (la tour Holger). L'entrée est à l'arrière du château. En pénétrant dans la cour, l'œil est surpris par l'asymétrie des deux ailes qui se font face. Le château appartient depuis sa construction à l'une des grandes familles aristocratiques danoises, la famille Rosenkrantz. Celle-là même qui est citée par Shakespeare dans *Hamlet*. L'actuel baron Rosenkrantz représente la 17e génération. Ce nom fait partie de l'histoire politique du Danemark depuis le XIVe siècle, il lui vient certainement du blason représentant une couronne de roses ou un rosaire.

En dépit de son air de forteresse du fait de la présence des douves, le château n'en n'est pas une. Bien différent des autres châteaux de la même époque, il s'inscrit davantage comme un château de plaisance. Il s'inspire des modèles italiens et comptait une loggia en façade principale. L'intérieur a grandement été modifié au XVIIIe siècle. Néanmoins, dans les salles ouvertes à la visite, on appréciera quelques tapisseries flamandes et françaises, des meubles espagnols et arabes, et des tableaux, dont de nombreux portraits des membres de la famille.

En 2017, l'ancien appartement et l'atelier d'Arild Rosenkrantz (1870-1964), artiste peintre proche des symbolistes, a été transformé en galerie d'art, où chaque année une exposition avec un thème différent est présentée.

DEN GAMLE BY ★★

Viborgvej 2
✆ +45 86 12 31 88
www.dengamleby.dk

Tous les jours d'avril à fin décembre de 10h à 17h. Adulte : 150 DKK, réduit : 75 DKK, gratuit pour les moins de 18 ans.

Den Gamle By est un musée à ciel ouvert, où l'on découvre le Danemark d'autrefois. Depuis 1914, plus de 75 maisons, issues de tout le pays, ont été déplacées de leur site d'origine et remontées sur ce parc d'Aarhus. La plus ancienne date de la Renaissance, la plus récente de la Première Guerre mondiale. Au Danemark, on a pendant longtemps fait peu de cas des vieilles maisons, préférant dans certaines villes les démolir plutôt que de les conserver, à tel point que quelques propriétaires ont préféré les donner à cette institution afin d'assurer leur pérennité.

Quelques années en arrière, on pouvait se promener sur le site librement mais les visites des maisons ne se faisaient qu'avec un guide. Devant le succès grandissant de Den Gamle By, une nouvelle formule a été mise en place : on pénètre librement dans toutes les maisons, mais chaque pièce reste protégée par une vitre ou un plexiglas. Chaque intérieur est reconstitué avec des pièces authentiques correspondant au style et à l'époque de la demeure. Les enfants adorent ! Un voyage dans le temps, de la vieille école à la poste, en passant par la librairie et la boulangerie où l'on peut acheter « pour de vrai ». De nombreux ateliers d'artisans sont pareillement en activité. Le cadre est très agréable, avec ses rues pavées, ses cours intérieures, son jardin botanique. On peut déjeuner sur place (dans le jardin Simonsens, cafétéria et kiosque à musique l'été, ou toute l'année au restaurant Prins Ferdinand). On peut aussi pique-niquer dans la cour de Madkassen.

JUTLAND CENTRAL

© BALIPADMA

Cafés et restaurants près du Canal à Aarhus.

HÔTEL DE VILLE [RÅDHUS] ★

Sønder Allé 2
✆ +45 89 40 20 00
Visites guidées tous les samedis à 10h et 11h30. Adulte : 80 DKK, enfant : 40 DKK.

Cet édifice a été conçu par Arne Jacobsen (1902-1971) entre 1936 et 1941, pour célébrer le 500e anniversaire de la Charte d'Aarhus. Ses murs sont recouverts de marbre gris de Norvège sur 6 000 m². La vue du haut de la tour (60 mètres) englobe toute la ville. Pour y accéder on peut prendre l'ascenseur, les plus courageux graviront les 345 marches. Une visite commentée de la mairie est organisée tous les samedis. Pas besoin de réservation, rendez-vous devant l'entrée principale sur Rådhuspladsen où se tient un *Pølsevogn*, un stand de hot-dogs.

MINDEPARKEN ★

Kongevejen 100

Mindeparken est un lieu de mémoire et un parc. Face à vous, un mur fait de pierres calcaires ramenée d'Euville dans la Meuse, un des champs de bataille de Lorraine en 14-18, sur lesquelles sont gravés les noms des 4 144 soldats danois tués lors de la Grande Guerre. Agrandi en 1939 puis en 1945, chaque époque de guerre ajoute une extension. En dépit de l'ambiance chargée de commémoration, le cadre est des plus agréables et la vue sur la baie d'Aarhus splendide. Idéal pour y passer un après-midi au soleil... et se rappeler ceux qui ont fait l'histoire européenne.

MUSÉE D'ART MODERNE - AROS [AROS KUNSTMUSEUM] ★★★

Aros Allé 2
✆ +45 87 30 66 00
www.aros.dk
Mardi au dimanche de 10h à 17h et jusqu'à 22h le mercredi. Adulte : 130 DKK, réduit : 100 DKK, gratuit pour - de 18 ans.

Aarhus a toujours souffert de son statut provincial, et pourtant, la ville s'est dotée de l'un des plus importants musées d'art de la Scandinavie. Inauguré le 8 avril 2004, le « Diamant blanc » impose magistralement sa forme cubique dans le paysage urbain. En fait, il s'agit d'un cercle enserré par un carré, ou pour être précis en géométrie, un cylindre dans un cube, coiffé d'une auréole irisée depuis 2018. Il s'agit d'une œuvre réalisée par Elafour Eliasson, *Your Rainbow Panorama*, à l'intérieur de laquelle vous circulez, cerné par le prisme de la lumière.

Pas moins de dix étages reliés par un gigantesque escalier en colimaçon permettant l'accès aux salles d'exposition. Le dernier étage est consacré à l'Age d'or et au Modernisme danois (1770-1930), tandis que les étages inférieurs (1, 5 et 6) concernent les collections internationales d'Art Moderne et Contemporain. On y découvre des œuvres d'Andy Warhol, du Danois Per Kirkeby, une sculpture monumentale de Ron Mueck, *The Boy* – un jeune homme accroupi, conçu en fibre de verre et qui veille sur le musée du haut de ses 5 mètres ! D'un réalisme impressionnant. Ou cette œuvre textile de Johanna Vasconcelos, Valkyrie Ràn, de 2016. 50 mètres de tissus colorés qui envahissent l'espace. Au dernier étage, on peut accéder à la terrasse (de mai à octobre) qui réserve une belle surprise : une vue incroyable sur la ville. Le musée organise régulièrement des expositions temporaires de renommées internationales.

MUSÉE DE LA FEMME [KVINDEMUSEET] ★

Domkirkepladsen 5 ✆ +45 25 45 45 10
www.kvindemuseet.dk
Ouvert du mardi au samedi de 10h à 17h, le mercredi jusqu'à 20h, le dimanche jusqu'à 16h. Adulte : 65 DKK.

L'un des rares musées au monde entièrement consacré aux femmes et, surtout, au rôle de la femme depuis le Moyen Âge jusqu'à l'émancipation féminine au XXe siècle. On aborde son rôle dans la famille, le couple ou encore la société. On met le doigt sur tous les sujets : l'éducation, la sexualité, le corps et le genre. Une partie de l'exposition se trouve au premier étage dans l'ancienne salle du conseil municipal, identique à ce qu'elle était en 1909, année d'obtention du droit de vote.

MUSÉE MOESGAARD [MOESGAARD MUSEUM] ★★★

Moesgård Allé 15 ✆ +45 87 39 40 00
www.moesgaardmuseum.dk
Ouvert du mardi au dimanche de 10h à 17h. Le mercredi jusqu'à 21h. Fermé le lundi. Adulte 140 DKK, prix réduit 110 DKK.

Le musée Moesgaard est un musée archéologique abordant la préhistoire de manière innovante, dans un cadre architectural à couper le souffle. Le passé s'anime et les personnages présents dans les expositions fournissent au visiteur une meilleure compréhension de la manière dont nous sommes arrivés là. Une expérience muséale adaptée à toute la famille. Des décors, des contes théâtralisés et des recherches permanentes contribuent à faire des expositions de ce musée, une expérience unique.

TIVOLI FRIHEDEN ★★

Skovbrynet 5
✆ +45 86 14 73 00
www.friheden.dk

Ouvert de mi-avril à début septembre. Horaires et tarifs varient selon la saison. Adulte : de 120 à 350 DKK.

Aarhus a aussi son Tivoli (entendre ici son parc d'attraction). Friheden était un bois où les habitants aimaient à se retrouver pour pique-niquer. Une fête foraine s'y installa en 1958, réhabilitée en 2000. Comme à Copenhague, vous trouverez de nombreux stands de jeux, des pantomimes, des restaurants et pas moins de 40 attractions dont un cinémagie 5D en totale immersion. Le parc s'enrichit chaque année de nouvelles attractions, des manèges à l'ancienne ou des attractions à sensation. On y vient en famille y passer une journée bien remplie.

VIKINGEMUSEET (MUSÉE VIKING) ★

Sankt Clemens Torv 6
✆ +45 87 16 10 16
www.moesgaardmuseum.dk

Ouvert du lundi au vendredi de 10h15 à 18h, le week-end jusqu'à 17h. Adulte : 30 DKK.

Un tout petit musée mais sa particularité est d'être souterrain. Sur la place St Clément, et en dessous de la banque Nordea ! Il a été installé à l'emplacement même des fouilles archéologiques menées durant les années 1960. On découvre dans cette petite salle, les bases du rempart viking, une maquette du village viking d'Aarhus ainsi que quelques objets de la vie quotidienne, une pierre runique. Il offre une alternative intime au principal musée, Moesgaard.

OFFICE DU TOURISME

Hack Kampmanns Plads 2 ✆ +45 87 31 50 10
www.visitaarhus.com

Ouvert du lundi au jeudi de 10h à 19h, le vendredi de 10h à 17h, le samedi et le dimanche de 10h à 16h.

Le plus avantageux pour profiter au maximum des sites et monuments, c'est le PASS Visit. La AarhusCARD vous donne accès à plus de 25 musées ou attractions de la ville, ainsi qu'un accès gratuit aux transports publics (dont la navette qui mène à l'aéroport) et des réductions de shopping et de location de vélos. Il est possible d'acheter une carte pour 24, 48, 72 or 120 heures. Si jamais vous êtes en voiture, un parking gratuit vous attend dans le parking souterrain sous le bâtiment Navitas. On peut également l'acheter dans les musées et certains hôtels de la ville.

AÉROPORT D'AARHUS (AARHUS LUFTHAVN)

Ny Lufthavnsvej 24 ✆ +45 87 75 70 00
www.aar.dk

Un bus fait la liaison entre le centre-ville et l'aéroport. Adulte : 115 DKK, enfant (de 4 à 15 ans) : 80 DKK.

Nombreuses liaisons quotidiennes avec Copenhague. Vols directs pour Stockholm, Oslo, Londres ou encore Berlin. La ligne de bus (navette aéroport d'un beau bleu !) 925X dessert la ville d'Aarhus. Le trajet depuis/vers la gare centrale dure 45 à 50 min. Les passagers sont pris en charge à certains arrêts en cours de route. Connexions vers Randers (environ 40 min de trajet) ou Elbeltoft avec Flexbus 312. Vous pouvez aussi faire le transfert en taxi, il vous en coûtera environ 650 DKK.

JUTLAND CENTRAL

Viking au Moesgaard.

MOLS-LINIEN

Hveensgade 4
✆ +45 70 10 14 18
www.mols-linien.dk
Liaison spéciale ferry + train ou bus Copenhague-Aarhus

Molslinien est une compagnie de ferries qui organise des transferts dans des bateaux au design presque futuriste, qui semblent tout droit sortis d'un film de James Bond ! Fuselés, le vitrage dessinant une ligne courbe qui se détache du blanc de l'ensemble de la coque ! Jusqu'à 24 liaisons par jour tous les jours de l'année. La liaison permet d'économiser jusqu'à 200 km. D'autant plus que les trajets sont rapides.. Dernier-né, *Express 4*, à son bord le trajet Odden-Aarhus dure environ 75 minutes. Café et restaurant, une véritable croisière de luxe !

TRAMWAY

✆ +45 70 21 02 30
www.midttrafik.dk
Achat des tickets aux bornes avant d'entrer dans le tramway, possibilité de voyager gratuitement avec la AarhusCard.

Depuis décembre 2017, Aarhus est la première ville danoise à posséder un tramway ou train léger, comme il se nomme. Ce tramway a vocation à s'étendre, à relier Aarhus à de nombreuses villes alentour et à désengorger le réseau bus. Pour l'instant, le tram réutilise deux voies ferrées existantes – Odderbanen et Grenaabanen – en une voie électrique. Il relie ces voies à une voie supplémentaire allant de Lystrup à Skejby, Randersvej, les zones portuaires voisines et la gare centrale d'Aarhus. Sa vitesse est de 100 km/h une fois à l'extérieur de la ville.

DANHOSTEL AARHUS CITY €

Fiskergade 2
✆ 45 8610 1020
http ://www.aarhusdanhostel.dk
Lit en dortoir à 200 DKK. Chambre pour 4 personnes à partir de 795 DKK. Salles de bains et sanitaires communs.

En plein centre-ville, près de la rivière et de la zone piétonne. Connue sous le nom de Hallo Hôtel, il occupe l'ancien Télégraphe, un bâtiment des années 1930. 35 chambres modernes et confortables, totalement rénovées avec goût et de belles couleurs qui leur confèrent beaucoup de chic. Les dortoirs sont très sympas. Salles de bains communes : on dirait un pensionnat avec tous les lavabos alignés ! Petit déjeuner copieux et de qualité. Le plus : la terrasse sur les toits avec vue imprenable sur la ville. Clientèle internationale. Un bon rapport qualité-prix.

AARHUS GULDSMEDEN €€

Guldsmedgade 40 ✆ +45 86 13 45 50
www.guldsmedenhotels.com/aarhus/
Chambre simple à partir de 995 DKK, double à partir de 1 195 DKK, suite à partir de 1 795 DKK. Petit déjeuner inclus.

Guldsmeden est le premier hôtel de cette chaîne danoise éco-responsable. Un hôtel de 27 chambres situé en plein centre, dans la rue qui lui donna son nom. Il propose des chambres claires et simples, parfois meublées de lit à baldaquin, ou avec baignoire à l'ancienne. Elle sont disposées sur une partie de l'étage. D'autres chambres sont dans l'annexe, un bâtiment sur un seul niveau (avec deux salles de bains au fond du couloir) construit dans le jardin arboré et donnant sur la cour. Calme, agréable et central. L'accueil y est particulièrement sympathique.

CITY HOTEL OASIA €€

Kriegersvej 27
✆ +45 87 32 37 15
www.hoteloasia.com
En semaine : chambres de 1 129 DKK à 2 779 DKK : le week-end : de 929 DKK à 2 529 DKK. Petit déjeuner inclus.

Hôtel Oasia est un boutique-hôtel situé au cœur historique de la ville, dans une belle rue résidentielle. Entièrement rénové et ultra design, il propose divers types de chambres plus ou moins grandes (il y a même une suite nuptiale) décorées typiquement dans l'indémodable design danois : lits Hästens, meubles Montana, chaises longues Theselius et Kjærholm... De belles photos en noir et blanc de landes et de pins en tête de lit. Un vaste lounge en rez-de-jardin, éclairé de larges baies vitrées. Petit déjeuner buffet très complet et bio. Parking et salle de fitness.

SCANDIC THE MAYOR HOTEL €€

Banegårdspladsen 14
✆ +45 87 32 01 00
www.themayor.dk
Chambre simple à partir de 930 DKK, double à partir de 990 DKK, suite à partir de 1 690 DKK. Petit déjeuner inclus.

Grand hôtel idéalement situé ; en plein centre de la ville, à proximité de la gare. La zone piétonne et le musée ARoS sont accessibles à pied, ainsi que de nombreux bars, restaurants et boutiques. Des chambres modernes et confortables, toutes rénovées depuis peu, d'un style sobre mais élégant dont certaines avec balcon. Accueil professionnel. Le restaurant gastronomique Gäst propose une cuisine raffinée, des recettes italiennes traditionnelles et des créations nordiques modernes (cité par le guide Michelin). Salle de fitness, sauna.

HÔTEL ROYAL €€€

Storetorv 4 ✆ +45 86 12 00 11
www.hotelroyal.dk
Chambre simple à partir de 1 095 DKK, chambre double à partir de 1 445 DKK, suite à partir de 1 895 DKK. WiFi.

L'un des hôtels les plus chics de la ville. L'hôtel Royal est vraiment... royal. Une entrée pompeuse, protégée par une immense marquise de verre, posée comme une couronne au-dessus de la tête des hôtes ! Une cage d'ascenseur enserrée par l'escalier monumental, vaste et lumineux avec stucs, peintures historiques, lustres à pampilles... Et des chambres... royales ! De grandes dimensions, meublées de façon cossue. Idéalement situé, en face de la cathédrale (belle vue depuis les chambres), cet hôtel du XIXe siècle est aussi doté d'un casino de renommée internationale.

HOTEL FABER €€

Eckersbergsgade 17 ✆ +45 70 26 70 11
www.hotel-faber.dk
Chambre double à partir de 879 DKK. Appartement deux chambres à partir de 1 899 DKK la nuit.

Nouvel établissement proposant des chambres et appartements pouvant héberger jusqu'à 4 personnes, équipés d'une cuisine avec plaques électriques, micro-ondes et réfrigérateur. L'hôtel met à disposition également un parking fermé et une blanchisserie. Situé en plein cœur de la ville, il offre une alternative aux voyageurs en quête d'indépendance ou aux familles. Toutefois, ici pas de fioritures ! Du fonctionnalisme avant tout, et comme souvent au Danemark, de la propreté. Certaines chambres disposent d'un balcon, un vrai plus pour votre séjour.

AARHUS STREET FOOD €

Ny Banegaardsgade 46
www.aarhusstreetfood.com
Ouvert tous les jours de 11h30 à 21h.

Le concept du *street food* se retrouve un peu partout au Danemark. Il s'agit d'un grand hangar (anciennement utilisé pour les bus DSB) où se côtoient plusieurs restaurateurs autour de grandes tablées. Vingt-quatre possibilités : on vient y manger italien, mexicain, chinois, indien ou encore danois, en intérieur ou en extérieur sur des tables faites de palettes et de bois de récup'. C'est l'occasion d'essayer de nouvelles cuisines ! Pour info : le restaurant français est une crêperie tenue par un couple de Bretons. Ceux qui ont le mal du pays seront ravis !

EMMERYS €

Guldsmedgade 24
✆ +45 51 85 76 97
www.emmerys.dk
Ouvert du lundi au vendredi de 7h30 à 18h, le samedi et dimanche de 7h à 17h. Sandwichs autour de 55 DKK.

Un vieux salon de thé qui a fait peau neuve tout en gardant son « jus », avec une déco très brocante, et où l'on peut aussi acheter son pain bio. On peut y prendre un petit déjeuner, un *brunch*, y déjeuner, y dîner, ou même simplement acheter du pain et des gâteaux, c'est excellent, tout est appétissant et de bon goût. Emmerys c'est quatre autres adresses à Aarhus, mais aussi à Copenhague. Essayez la compote de rhubarbe et le granola, la bouillie de chia à base de lait de riz avec compote d'argousier ou les incontournables roulés à la cannelle !

RAADHUUS KAFEEN €

Sønder Alle 3
✆ +45 86 12 37 74
www.raadhuus-kafeen.dk
Ouvert du lundi au samedi de 12h à 22h et le dimanche de 12h à 20h. Smørrebrød de 71 à 136 DKK, plats autour de 170 DKK.

Le café a ouvert ses portes pour la première fois en 1924 grâce au caviste Jens Jørgensen sous le nom de Park Alleens Vinstue. Puis en 1928, il s'est agrandi avec de la restauration. Son décor de pub anglais, tout en bois, lumières tamisées, cuir vert... est toujours là. Mais la cuisine est danoise, les *smørrebrød* sont copieux et les prix abordables. Musique d'ambiance genre piano-bar sur bande, bruit de fond des restaurants internationaux. Info futée : pour une fois, il y a une carte en français ! Face à l'hôtel de ville, comme son nom l'indique.

CAFÉ FAUST €€

Åboulevarden 38 ✆ +45 86 19 07 06
cafefaust.dk
Ouvert tous les jours de 9h30/10h à 23h. Brunch servi jusqu'à 14h 130 DKK, plat à partir de 125 DKK.

Les Blues Brothers vous accueillent dans ce restaurant à la déco moderne. Au bord du canal, dans la rue des bars et des restos où se retrouvent les étudiants ou les professionnels pour un *afterwork*. La cuisine s'inspire des classiques européens et d'outre-Atlantique mais laisse la part belle aux spécilaités danoises. Il y en a pour tous les goûts. Les vegans pourront aussi se régaler. Le service est aux petits soins et professionnel. Et les plats d'une grande qualité. Vrai coup de cœur pour la présentation, la quantité et les goûts. Une adresse à ne pas manquer !

Village de Aarhus

A HEREFORD BEEFSTOUW €€

Kannikegade 10-12
✆ +45 86 13 53 25
ahb.dk/restauranter/aarhus-c
Ouvert tous les jours de 17h30 à 22h30. Plat autour de 170 DKK.

Un lieu gastronomique qui a fait de la viande de bœuf sa spécialité. Mais pas n'importe laquelle ! Des bovins élevés dans des pâturages et de la viande maturée. Depuis plusieurs années, la maison affine à sec. Cette maturation est un processus de séchage qui donne beaucoup de tendreté et de goût. Restaurant au service impeccable dans un cadre de bois et de cuivre très chaleureux et avec vue sur les cuisines. On commande ses plats sur un petit carton et on utilise la serviette à carreaux accrochée sous la table. Buffet d'entrées au choix.

SKOVMØLLEN €€

Skovmøllevej 51 ✆ +45 86 27 12 14
skovmollen.dk
Du mercredi au vendredi de 11h30 à 16h30. Samedi et dimanche de 9h30 à 17h. Brunch 250 DKK.

Skovmøllen est un moulin à aubes, vieux de 350 ans, au milieu de la forêt de Moesgård. Un endroit romantique sous toit de chaume : le cadre est idyllique. La nourriture, très danoise, à la présentation soignée mais résolument moderne – dans le renouveau des saveurs –, met à l'honneur les produits locaux et de saison. À la tête de la maison, Rune Aaby et son équipe, jeune et dynamique. Une adresse coup de cœur qui mixe passé et architecture traditionnelle à une cuisine contemporaine et gourmande. Le brunch du week-end est un vrai festin. Réservation conseillée.

MIRÓ €€€

Marstrandsgade 2
✆ +45 86 13 87 00
www.restaurant-miro.dk
Ouvert du mardi au samedi de 17h à 22h. Menus de 458 DKK. Carte des vins 468 DKK.

Un duo aux commandes de Miro. Un restaurant gastronomique de haute qualité, qui utilise des produits danois avec des touches orientales et des références françaises. Une carte des vins très affinée. Une douce atmosphère dans la salle. La formule est simple : un manu comprenant 5 plats, que l'on peut surclasser en ajoutant du foie gras ou du caviar. Un verre de vin sélectionné avec soin peut accompagner votre plat. Dans ce cas, il vous en coûtera le double du prix du menu. Mais cela fait toute la différence avec cet accord mets et vins !

LOULOU

Åboulevarden 25
www.fidels.dk
Ouvert vendredi et samedi de 20 h jusqu'à 5h. Âge minimum : 23 ans.

Loulou, c'est un grand bar à cocktail installé en bord de rivière. La carte offre un large choix, l'équipe est sympa et l'ambiance festive. La terrasse est chauffée et l'on est servi sur des mange-debout faits de tonneaux. Vous y verrez des groupes de collègues qui fêtent autour d'un verre la fin de la semaine. C'est le traditionnel *Fredag's bar* (Bar du vendredi), très populaire au sein des entreprises et des universités. Leur fréquentation est souvent considérée comme un passage obligé pour s'intégrer dans la société. L'endroit idéal pour passer un bon moment !

1+1 TEXTIL

Grønnegade 41
✆ +45 70 20 10 42
www.1x1textil.dk
Lundi-mardi 12h à 17h, mercredi-jeudi 11h à 17h30. Vendredi 11h à 18h et samedi 10h à 14h

Une boutique ultra-sympa qui met en avant le savoir-faire artisanal et la création. Plusieurs artisans (environ 200) exposent leurs objets à la vente. Un très large choix, de la diversité mais surtout de la très grande qualité. Des céramiques, des porcelaines, des bijoux, des textiles créés par des designers et stylistes danois, des sacs, des bougeoirs, des décorations et des suspensions de Pâques... Tout est fait uniquement à la main. Des idées cadeaux sympas qui changent un peu des boutiques de design plus traditionnelles.

BAZAR VEST

Edwin Rahrs Vej 32
✆ +45 86 25 42 11
www.bazarvest.dk
Ouvert du mardi au dimanche de 10h à 18h.

Bazar Vest est un paradis pour les gourmets, un *melting pot* d'épices, de produits exotiques, de couleurs et de senteurs. Sur 11 000 m², on y trouve un marché aux légumes et des restaurants. Le concept a été créé, dans cette ancienne usine de chaudières, sur une initiative privée par Olav de Linde, en 1996. Au départ comme un projet d'insertion et d'emploi puis comme une zone de commerces en lien avec l'Afrique et le Proche-Orient (coiffeur, agences de voyages, vêtements, traiteurs...). Le succès est au rendez-vous depuis 23 ans.

CHAS E.

Ryesgade 5
✆ +45 86 12 14 11
www.chas-e.dk

Ouvert du lundi au mercredi de 9h30 à 17h30, le jeudi jusqu'à 18h, le vendredi jusqu'à 19h, le samedi jusqu'à 15h.

Chas. E. Vinhandel a été fondé en 1921 par Charles E. Pedersen. À l'origine, il s'agissait d'une épicerie fine complètement traditionnelle puis la maison s'est spécialisée depuis en caviste et propose une large gamme de vins et spiritueux, tout en vendant des gourmandises telles que le chocolat, les jus de fruits, les bières de spécialité et bien d'autres pépites culinaires. L'adresse est entre les mains de Sofia et John Tybring. Aujourd'hui, il y a deux autres magasins - un à Risskov sur Ellebjergvej et le dernier à Skejby Centret, Aarhus N.

PATINOIRE [SKØJTEHAL]

Gøteborg Allé 9
✆ +45 86 10 42 19
www.vigirbyenpuls.dk

Ouverte d'octobre à avril au public, le week-end. Adulte : 50 DKK. Entrée gratuite avec Aarhuscard.

Patinoire intérieure qui vient compléter la patinoire extérieure ouverte dès décembre et pour tout l'hiver. Une activité populaire et très adaptée aux hivers danois. Une belle occasion de s'amuser si jamais la journée était pluvieuse. Location de patins et affûtage sur place. Les enfants peuvent s'initier en douceur avec un pingouin pour initiateur. Certains soirs, elle se transforme en discothèque sur glace avec musique disco et lumières colorées. Sur place : hockey sur glace, curling, patinage artistique. Café-glacier au 1er étage. Alors, à vos patins !

FATTER ESKIL

Skolegade 25
✆ +45 21 35 44 11
www.fattereskil.dk

Programmation sur le site Internet.

L'histoire du lieu débute en 1973, lorsque Eskil Holten, musicien et restaurateur, ouvre son restaurant dans cet ancien bâtiment du XVIIIe siècle où étaient fabriqués des sabots ! Dans une ambiance intimiste, Fatter Eskil propose de nombreux concerts et jam sessions hebdomadaires, soit à peu près 300 à 400 concerts par an. Avec de la place pour seulement 150 invités, l'expérience live est vraiment très spéciale, on est tout proche des musiciens. Concert de fin de soirée et parfois DJ dans ce temple du blues pour clôturer votre nuit à Aarhus.

GYNGEN

Vester Allé 8
✆ +45 86 19 22 55
www.gyngen.dk

Café Nicolai ouvert en semaine de 9h à 13h30.

Un lieu convivial qui met la culture à l'honneur et LE lieu très à la mode pour sortir le soir. Nombreux concerts rock, salsa, world music, reggae… Ambiance décontractée. Vous pourrez également y déguster un plat simple, une salade ou un sandwich [fait de produits frais et bio] tout en écoutant un groupe local ou un artiste de stand-up. La carte change régulièrement. Une nouvelle adresse en 2019 dans Folkeoplysningen Hus, un lieu de vie et associatif. Après 32 années intenses en rencontres et en émotions, l'équipe a dit dire au revoir à Mejlgade 53.

MUSIKHUSET AARHUS

Thomas Jensens Allé
✆ +45 89 40 90 00
www.musikhusetaarhus.dk

Billetterie ouverte du lundi au samedi de midi à 17h et ouvre 1h avant l'événement.

Très bel endroit, édifié en 1982 par les architectes Kjær et Richter, avec une immense façade vitrée de 2 000 m². A l'intérieur de cette « Maison de la musique », plusieurs salles de concerts et de théâtre ; mais aussi un restaurant, un café, une galerie d'exposition… N'hésitez pas à entrer, il s'y passe toujours quelque chose, même dans le hall ! À l'extérieur, un parc de sculptures d'artistes danois, Gudrun Steen-Andersen, Ejler Bille de CoBrA ou Anker Hoffman. Belle vue d'ensemble sur la Maison de la Musique et le musée d'ARos qui lui fait face.

TRAIN

Toldbodgade 6 ✆ +45 86 13 47 22
www.train.dk

Ouvert pour concerts en semaine [programme sur le site Internet]. Boîte de nuit ouverte le samedi de 23h à 5h.

L'une des plus grandes discothèques du Danemark ! Age minimum pour la discothèque et les six bars : 23 ans ! Pas de limite d'âge, en revanche, pour les nombreux concerts rock, jazz ou pop, ou les performances de DJ. Très populaire. Train a été fondé par Chris Anker-Petersen, en 1998, avec une vision claire : « ramener le rock à Aarhus ». Pari gagné ! L'endroit est rapidement devenu la scène incontournable d'Aarhus avec un grand nombre d'artistes nationaux et internationaux au programme. Une scène musicale locale devenue l'un des lieux les plus en vue du pays.

THORSAGER

Poursuivre jusqu'à Termestrup, ensuite prendre la direction Morke par la route Marguerite. On arrive alors à Thorsager, petite commune de 1320 habitants. Son nom lui vient du panthéon nordique : la terre de Thor, le célèbre dieu au marteau, associé à la foudre, au tonnerre et aux tempêtes ! Sinon, dans les parages rien d'exceptionnel si ce n'est que l'on peut visiter l'une des sept églises rondes du Danemark et la seule du Jutland. En principe, ces églises fortifiées, bâties au cours du Moyen-Age, se voient uniquement sur l'île de Bornholm. Celle-ci a été construite en 1200 sur un domaine royal. Elle est ouverte tous les jours du 8h à 16h.

EBELTOFT ★★

Ce village de presque 8 000 habitants est un petit bijou. Ruelles où poussent des roses trémières entre les gros pavés, maisons à colombages à un étage ou maisonnettes colorées de plain-pied, très souvent de guingois, et auxquelles on accède par de massives marches en pierre. Le clou de la promenade : l'hôtel de ville... lilliputien. Autrefois très prisé dans tout le royaume par les jeunes couples qui voulaient se marier dans la « plus petite mairie du monde ». Aujourd'hui, transformée en musée. Ebeltoft est tout entier voué aux piétons. Le village est donc entouré de parkings, certains situés sur le bord de mer, d'autres en surplomb du village.

Moulin dans la région d'Ebeltoft.

ANCIEN HÔTEL DE VILLE [DET GAMLE RÅDHUS] ★

Juulsbakke 1
© +45 87 12 26 00
www.museumoj.dk
Ouvert du lundi au vendredi de 10h à 15h.

La plus petite mairie du Danemark, bâtie en 1576. Une tour fut ajoutée en 1789, avec une cloche rivale de celle de l'église. En 1840, devenue trop petite, elle servit de corps de garde pour les veilleurs de nuit. Depuis 1909, c'est un musée. Une curiosité : on peut descendre dans la fosse servant de prison, quelques chaînes rouillées et un crâne ont été disposés là... À voir : les agrandissements des photos anthropométriques de ceux qui sont passés dans cette oubliette au XIXe siècle.

COLLECTION SIAMOISE [SIAMESISK SAMLING] ★★

Juulsbakke 1 © +45 87 12 26 00
www.museumoj.randers.dk
De juin à août du mardi au dimanche 10h-16h, le reste de l'année du jeudi au dimanche 12h-15h. Entrée gratuite.

Surtout intéressant pour la collection de Siam donnée à la ville en 1940 par un curieux personnage : Thygesen Havmøller, garçon pêcheur de la baie passionné par les oiseaux et les insectes. Envoyé comme jeune forestier dans la forêt de Siam, actuelle Thaïlande, il y resta 20 ans. Épuisé par la malaria, il rentra au Danemark en 1933 avec sa femme et ses cinq enfants. À sa mort, sa collection fut léguée à la ville. Oiseaux empaillés, vases, bouddhas, bijoux, urnes, pierres et papillons...

FRÉGATE JYLLAND [FREGATTEN JYLLAND] ★

S. A. Jensens Vej 4
© +45 86 34 10 99
www.fregatten-jylland.dk
Tous les jours d'avril à octobre de 10h à 17h, jusqu'à 18h en été. Adulte : 125 DKK.

Un imposant trois-mâts, plus exactement une frégate, mise à flot pour la première fois en 1860. Alors, le plus grand vaisseau de guerre de la marine danoise, entièrement construit en chêne. Jylland a navigué sur la Baltique, la Méditerranée et vers les Antilles danoises. Laissée à l'abandon, elle a été remorquée de Copenhague à Ebeltoft en 1960. À l'intérieur, on croit presque entendre les cris des marins à leur poste de galérien car ce navire à voile fonctionnait également à la rame.

MUSÉE DU VERRE [GLASMUSEET] ★

Strandvejen 8 ✆ +45 86 34 17 99
www.glasmuseet.dk
D'avril à octobre ouvert tous les jours de 10h à 17h. Jusqu'à 18h en été. Adulte : 85 ou 100 DKK (selon la saison).

En bas de la ville, près du rivage, les anciennes douanes de la ville. Aujourd'hui, l'un des plus importants musées d'Europe consacré au verre, inauguré en 1985 sur l'initiative des verriers danois Finn Lynggaard Finn et Tchai Munch. En 2006, un jardin clos et un atelier de soufflage ont été ajoutés au complexe. Depuis, plusieurs souffleurs de verre se sont installés à Ebeltoft, certains ateliers sont ouverts aux curieux avec démonstrations du travail du verre. Achats sur place.

DEN SKÆVE KRO €€

Villadsgyde 7
✆ +45 86 34 60 30
www.denskaevekro.dk
Ouvert tous les jours de midi à 22h, vendredi et samedi jusqu'à 1h30. Assiette complète 149 DKK.

L'une des plus vieilles maisons du village, transformée en restaurant. Longtemps, elle a appartenu à des familles d'armateurs et de constructeurs navals, puis des capitaines, des teinturiers et de nombreux autres métiers s'y sont succédé. Bref, 300 ans d'histoire humaine dans cette maison à pans de bois, appelée l'auberge tordue ! On y sert une excellente cuisine locale. Pour le déjeuner, l'assiette garnie : hareng mariné et salade de curry, filet de poisson à la rémoulade, œuf aux crevettes, charcuterie et en-cas chaud, servi avec du pain et du beurre. Ça ira ?

E. F. C.

Carl Th. Dreyers Vej 1
✆ +45 86 34 00 55
www.europeanfilmcollege.com

Ebeltoft abrite l'École européenne du film, dans un bâtiment moderne (signé d'un cabinet d'architectes finlandais), où l'enseignement est dispensé en anglais. 120 étudiants sélectionnés pour 50 % danois et 50 % issus de 25 pays différents, ont l'opportunité d'apprendre les techniques d'écriture (scénario), de la caméra, du son, du jeu d'acteur, de l'éclairage, de la réalisation, du montage, du documentaire et de la production. Une salle de cinéma très bien équipée est ouverte au public plusieurs fois par semaine (le programme se trouve sur le site Internet).

GRENÅ ★

En suivant la route Marguerite, vers l'ouest, on se retrouve entre campagne et bord de mer. Si vous apercevez un bison au détour d'un chemin, ne vous étonnez pas : c'est le zoo d'Ebeltoft. Si des avions se croisent le ciel, c'est que l'aéroport d'Aarhus n'est pas très loin (à Tirstrup). Il vaut mieux faire le tour du Djursland en passant par la côte et sa « capitale » : Grenå. Une ville assez récente, avec un port actif (ferries vers la Suède et Seeland) et de belles plages au sud. Coquet centre-ville, avec église et rue piétonne. L'office de tourisme se situe ans une belle maison d'un rose pimpant ! Visites guidées gratuites, mardis 14h en été.

AQUARIUM [KATTEGATCENTRET] ★

Færgevej 4
✆ +45 86 32 52 00
www.kattegatcentret.dk
Ouvert tous les jours de 10h à 16h. Adulte : 148,50 DKK, enfant de 3 à 11 ans : 81 DKK.

Situé dans le port, au nord de la marina. Dans ce vaste aquarium de mer, on peut passer sous les requins grâce à un tunnel transparent et assister à leur repas (14h) ! Un moment fort du parcours. Plus loin, vous attendent les phoques originaires de la région. Quant à eux, c'est à midi que le repas leur est donné dans le « lagon ». Sur 2 000 m² supplémentaires, les bassins abritent les poissons (tropicaux et locaux). On peut également y déjeuner, en regardant la mer, bien sûr.

CHÂTEAU ET MONASTÈRE DE SOSTRUP ★

Marie Hjerte Engen 1
✆ +45 88 44 12 00
www.sostrup.org
Parc ouvert au public tous les jours de 8h à 17h.

Un château massif du XVIIe siècle, qui a la particularité d'avoir été racheté par un ordre religieux catholique en 1960. Un couvent a été consacré en 1992 et baptisé à la gloire de Marie en 1998, ce qui est une première en Scandinavie depuis la Réforme (îles Féroé exceptées) ! L'établissement est maintenant un hôtel avec restaurant. Mariages, concerts, séances photo et expositions y sont organisés tout au long de l'année (programme complet sur le site Internet).

RANDERS ★★

Cette vieille cité (plus de 700 ans) se vante d'avoir créé la première rue piétonne du royaume. De fait, la promenade est très agréable dans le centre, parfaitement bien restauré. Autre particularité : le brasseur local (Thór) a installé un réseau de pipeline apportant directement la bière dans une vingtaine de pubs de la ville (sur Storegade et Middelgade) ! Sinon, Randers attire pour sa forêt tropicale. Pont de bambous, crocodiles, cascades, fleurs et papillons vivent sous trois bulles de biosphère. On peut approcher de près des serpents, écouter chanter les singes gibbons ! Plus un Aquarium exotique avec des poissons venus directement des Caraïbes.

DET GRONNE MUSEUM ★

Randersvej 4

✆ +45 86 48 34 44

https ://detgroennemuseum.dk

Ouvert tous les jours de 10h à 17h. Adulte : de 90 à 100 DKK (selon la saison), réduit : 65 DKK.

Le « Musée vert ». Dès l'arrivée, le voyage est là : un très beau manoir qui se reflète dans l'eau de ses douves. Puis les champs, le bétail, les jardins potagers, les traditions, les gens, les machines et le rythme des saisons. Une immersion intéressante et pédagogique dans le vert, à la découverte du patrimoine... vivant. Dans les dépendances, un musée agricole (vie des paysans, réformes agraires, apiculture, outils anciens, technologie de 1800 à 1960...). Un restaurant est installé dans les étables. A voir : le verger avec 225 variétés de pommes danoises.

CHÂTEAU DE CLAUSHOLM (CLAUSHOLM SLOT) ★

Clausholmvej 308 ✆ +45 51 24 25 45

www.clausholm.dk

Entrée du parc : 50 DKK par personne. Château + parc : 110 DKK par personne. Gratuit jusqu'à 13 ans.

Belle demeure baroque aux murs blancs et aux toits rouges, réputée pour son parc géré par la société d'horticulture du Jutland. Le château fut conçu pour que le Grand Chancelier Conrad Von Reventlow. Vivant au rez-de-chaussée, le deuxième étage était destiné aux hôtes royaux. C'est sa fille, Anna Sophie, qui fit du château un lieu célèbre. La jeune fille fut enlevée par un roi amoureux, Frédéric IV, qui l'épousa. Dix ans plus tard, veuve, elle retourna à Clausholm avec sa cour.

MUSÉE DES BEAUX-ARTS (KUNSTMUSEUM) ★

Stemannsgade 2 ✆ +45 86 42 29 22

www.randerskunstmuseum.dk

Mardi au dimanche de 10h à 16h, jusqu'à 20h le dernier mercredi du mois. Entrée gratuite au musée.

Au second étage de la Kulturhuset, belle collection d'art : Lundstrøm, Hammershøi, Cobra, dont une salle consacrée aux artistes des îles, avec une « chambre cosmique » de Tróndur Patursson. Egalement œuvres contemporaines et expositions temporaires. Anecdote : en 1994, le musée a retiré la boîte de conserve *Mierda di Artista* de Piero Manzoni, prêtée par le collectionneur John Hunov. Envoyée dans un atelier de restauration, elle a disparu ! Un dédommagement de 300 000 DKK a été réclamé.

Randers.

Ejerslev Lynd.

JUTLAND DU NORD

Le **Jutland Nord** est la deuxième région touristique du Danemark. Et pour une bonne raison ! Ses paysages sont exceptionnels, entre le bleu du ciel et de la mer qui inondent de lumière les toiles des peintres de Skagen, le combat permanent du vent et de l'eau qui façonne le littoral à Grenen - que défient les surfeurs de Klitmøller - et la présence du sable ! Du sable à perte de vue qui ensable petit à petit une église ou un phare, un monde mouvant de dunes gigantesques (les plus vastes d'Europe du Nord) à Rabjerg Mile, migrant à la vitesse de 15 m par an, que l'on retrouve par ailleurs au parc national de Thy. Le Jutland c'est un morceau de terre séparé de la péninsule par le Limfjord, un bras de mer peu profond de 180 km de long, parsemé de plusieurs baies, de passages resserrés et d'îles comme Mors et ses merveilles géologiques. Le port principal est Aalborg, une ville dynamique et culturelle avec ses musées et son cimetière viking.

Jutland du nord
Skagerrak
Grønh
Saltum Strand
Blokhus
Pandru
Rødhus
Lild Strand
Torup Strand
JAMMERBUGT
Hanstholm
Vigsø
Frøstrup
Fjerritslev
Brovst
Klitmøller
Nors
Østerild
Nørre Vorupør
LØGSTØR
Nibe
THISTED
Stenbjerg
Hundborg
Limfjorden
FUR
Koldby
Trend
Vesthimmerlands
Bedsted
MORS
NYKØBING MORS
AARS
Agger
Kærgården
Hurup
Farsø
Redsted
Aalestrup
Breum
Draget
Hvidbjerg
Nørhede Mark
Gjeller Odde
Ramsing
Hald
LEMVIG
Skive
Nissum
Toftum Bjerge
Ejsingholm
Rønbjerg
Skals
Løgstrup

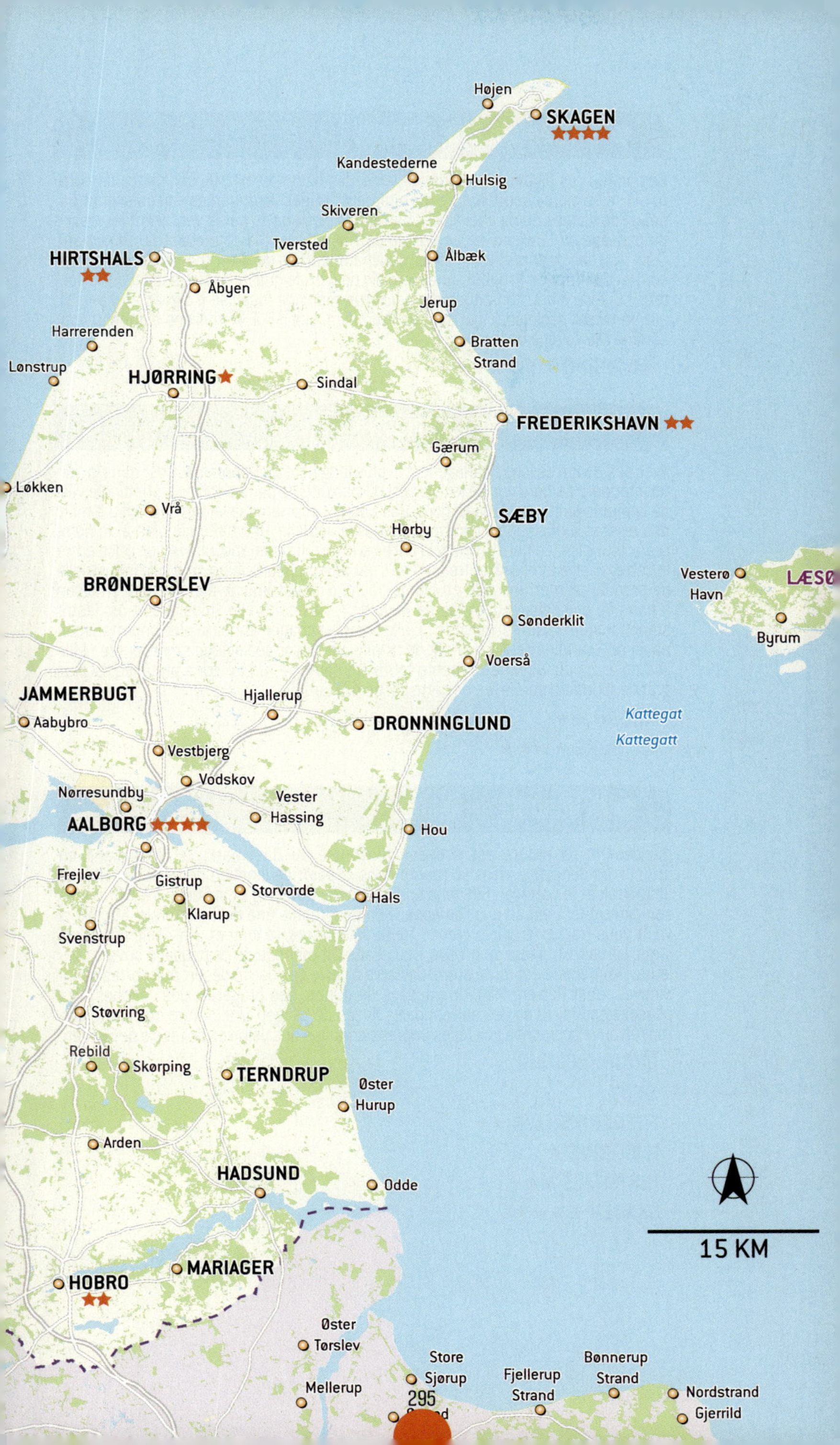
Højen
SKAGEN
Kandestederne
Hulsig
Skiveren
Tversted
HIRTSHALS
Ålbæk
Åbyen
Jerup
Harrerenden
Bratten Strand
Lønstrup
HJØRRING
Sindal
FREDERIKSHAVN
Gærum
Løkken
Vrå
SÆBY
Hørby
Vesterø Havn
LÆSØ
BRØNDERSLEV
Sønderklit
Byrum
Voerså
JAMMERBUGT
Hjallerup
Aabybro
DRONNINGLUND
Kattegat
Kattegatt
Vestbjerg
Vodskov
Nørresundby
Vester Hassing
AALBORG
Hou
Frejlev
Gistrup
Storvorde
Hals
Klarup
Svenstrup
Støvring
Rebild
Skørping
TERNDRUP
Øster Hurup
Arden
HADSUND
Odde
15 KM
HOBRO
MARIAGER
Øster Tørslev
Store Sjørup
Bønnerup Strand
Fjellerup Strand
Mellerup
Nordstrand
Gjerrild

PAGES

● ● PÉNINSULE DE THISTED

297

Des ponts, des digues, des bouts de terre, des bouts de mer, un bac par-ci, un autre par-là... Ces morceaux de nature qui alternent prairies verdoyantes - où paissent troupeaux de vaches ou de chevaux - et littoral sableux battu par le vent, sont les traces du passage du Limfjord. La péninsule de Thisted, c'est la côte ouest du Danemark. Celle d'où l'on peut profiter du soleil couchant, parfois avec un champ d'éoliennes en contre-jour. Thisted Bryghus, une bière bio de grande qualité est brassée dans le secteur ! L'île de Mors, constituée de *moler* (un mélange fossilisé d'algues et d'argile), est un trésor géologique qui date de l'Yprésien, soit 56 à 47 millions d'années, tout comme l'île voisine de Fur !

● ● CENTRE DE LA RÉGION

298

Avec ses 35 km de long, Mariager est le plus long fjord du Danemark. C'est dans la partie intérieure du fjord que se love le port d'Hobro, cerné par les collines, principale ville de la municipalité de Mariagerfjord. Une ancienne forteresse viking érigée il y a mille ans existait à quelques kilomètres de la ville actuelle. Une halte qui plaît à de nombreux touristes. Ce fjord délimite la partie sud de l'Himmerland, une région prise entre le Cattegat et le Limfjord, autre fjord où s'est développée Aalborg, une ville industrielle de premier plan et une ville étudiante. Riche d'un patrimoine architectural (maison à pans de bois, château, église de Budolfi...), ville culturelle (musique et orchestre symphonique, théâtres, musées...), elle organise chaque année le plus important carnaval de Scandinavie. Au sud-est de la ville, un trésor géologique se découvre : Lille Vildmose, ce qui signifie : « petite tourbière sauvage ». Une zone protégée, la plus grande tourbière surélevée de cette partie de l'Europe.

● ● NORD DE LA RÉGION

305

Décidément, la nature est souvent généreuse au Danemark. Le Nordjylland en atteste. La péninsule vient se fondre dans le point de jonction de deux détroits : le Skagerrak et le Cattégat. Elle tend son doigt vers Göteborg et la Suède avec Grenen à son extrémité. C'est ce que l'on appelle en géographie une flèche littorale. Et celle-ci vient vous frapper en plein cœur ! Trente kilomètres de long et 3 à 7 kilomètres de large. Là-bas, un phare se dresse, seul, dans l'immensité de ce paysage ouvert ! Ailleurs, l'immensité est toute autre. Du sable à perte de vue, un désert aux portes scandinaves, c'est Råbjerg Mile. Un paysage de dunes. Des bruyères, des callunes, des pensées sauvages ou des salix appelés Roses de Skagen. Une nature inspirante que l'on retrouve accrochée aux toiles impressionnistes des peintres de l'école de Skagen.

NYKØBING MORS ★★★★

Dans cette lagune, Mors est une grande île, réputée pour concentrer à elle seule tout le Jutland, grâce à la diversité de ses paysages : champs de blé nonchalants, haute colline de 89 m, falaise à pic de 69 m que les cendres de volcan ont zébrée de noir, il y a des milliers d'années. Dans la mentalité des Danois, c'est aussi le Jutland le plus authentique. Un fort esprit paysan s'est enraciné lié à l'insularité. Ici, on parle encore très couramment le patois, vous aurez parfois du mal à communiquer en anglais ! Et comme partout dans ce pays, vous goûterez de nombreuses activités de plein-air : golf, tennis, équitation, randonnées à pied ou à vélo...

FEGGE KLIT ET HANKLIT ★

Le prince Hamlet a existé et l'histoire racontée par Shakespeare a véritablement eu lieu. C'est ce que rapporte le texte de l'historien danois du XIIe siècle, Saxo Grammaticus : le prince Hamlet a bien tué son beau-père, le roi Fegge. Nous sommes loin d'Elseneur et s'il n'y a plus trace du château où s'est passé le drame, les paysages sableux de Feggklit et la grande falaise blanche de Hanklit – 67 m de haut, elle aussi rayée de noir par la suie d'anciens volcans – peuvent nous aider à restituer l'action. Bel aperçu depuis Thisted le soir venu...

JESPERHUS ★

Legindvej 30
✆ +45 96 70 14 00
www.jesperhus.dk
De juin à début août de 10h à 19h (hors saison, vérifier les horaires sur le site Internet). Adulte : de 159 à 199 DKK.

En plus d'être un centre d'hébergement, voici le plus grand jardin de toute la Scandinavie, riche de 500 000 fleurs et plantes, avec un aquarium peuplé de piranhas et de murènes, de nombreux oiseaux et des papillons, sans oublier son petit pont, son petit train, ses massifs de fleurs étranges et ses quelques oiseaux ou reptiles inattendus au détour d'un petit chemin. Vous pourrez en plus de tout cela profiter de salles de projections en 3D. De l'aire de jeux XXI Zik et Zaks Abeland et du parc aquatique et son immense tobogan. Camping sur place.

MONASTÈRE DE DUEHOLM [DUEHOLM KLOSTER] ★★

Dueholmgade 9 ✆ +45 97 72 34 21
www.museummors.dk
En juillet tous les jours de 10h à 17h, le reste de l'année du mardi au vendredi de 10h à 16h. Adulte : 70 DKK

Ce musée d'Histoire locale a pris place dans l'ancien prieuré de Dueholm qui dépendait des chevaliers de l'ordre de Malte, dont il ne reste qu'une petite partie des bâtiments du XIVe siècle, même l'église avait été détruite après la Réforme. Sur les deux étages du musée sont exposés outils, ustensiles, machines et jouets de la région ; des éléments du mobilier urbain démontés (lanternes, enseignes) ; de la vaisselle, de l'argenterie, ainsi que de la faïence de Mors du XVIIIe siècle.

MUSÉE DES FOSSILES ET DE LA CRAIE ★

Skarrehagevej 8 ✆ +45 97 72 34 21
www.museummors.dk
Ouvert de 10h à 16h du mardi au dimanche. En juillet ouvert de 10h à 17h. Adulte : 80 DKK, gratuit - de 18 ans.

Mors se vante d'être le seul endroit au monde à posséder une craie poreuse (Moler), formée à l'époque très lointaine où cette région était couverte par des mers chaudes. Des millions d'organismes microscopiques ont formé une couche fossilifère. On peut ainsi découvrir à quoi ressemblaient les poissons tropicaux préhistoriques qui nageaient ici. En vous promenant autour du site, vous pourrez en ramasser. Faites attention, toutefois, au poids de ces souvenirs : il est limité par la loi.

DANHOSTEL €

Øroddevej 15
✆ +45 97 72 06 17
www.danhostelmors.dk
OUVERT DU 15 février au 30 novembre. Chambre simple 500 DKK, chambre double 550 DKK, chambre familiale à 3 lits 750 DKK.

Danhostel Mors est situé directement sur la plage d'Ørodde, qui protège la baie de Nykøbing à l'est. Une zone verte avec des plantations et des installations de loisirs. Un hébergement particulièrement adapté aux enfants (plage avec le drapeau bleu environnemental), entouré de forêt et de parc et à seulement 900 mètres du centre-ville. Adaptés aux personnes handicapées. Sur place : restaurant, cuisine commune à usage gratuit, salle de télévision. À l'extérieur : courts de tennis, plusieurs terrains de football, et un parcours de golf 18 trous à proximité.

HOBRO ★★

Hobro, selon le terme juridique médiéval, était une *ville de marché*. Sa situation géographique privilégiée et stratégique dans cette partie du Jutland en est sans doute la raison. À la croisée de routes qui suivaient chacune des rives du fjord Mariager, un port protégé dans une aire vallonnée à la tête de ce même fjord, tout près de l'ancienne forteresse viking de Fyrkat. Par la suite, Hobro est également devenue une gare active. En 2007, la commune a fusionné avec d'autres villes pour former la municipalité de Mariagerfjord. A voir : Vikingcenter Fyrkat reconstitution de l'ancienne ville viking et le musée d'Hobro (objets trouvés lors des fouilles).

LA FORTERESSE ET LE VILLAGE VIKING ★★

Fyrkatvej 37B
✆ +45 99 82 41 75
www.nordmus.dk

Tous les jours de 10h à 16 h et de 10h à 17h en juin, juillet août. Adulte : 75 DKK. Fermé d'octobre à mars.

Les amateurs d'histoire et de l'époque viking seront comblés. Des fouilles ont mis au jour toute une cité viking installée près d'une importante forteresse qui date d'environ 980 après J.-C. Subsistent des traces de fortifications et les bases de seize fermes vikings, rassemblées par groupe de quatre. Une maison de cette époque a été récemment reconstituée par les scientifiques selon les méthodes de construction traditionnelles : elle a la forme d'un bateau renversé.

FJORD DE MARIAGER (MARIAGER FJORD) ★★

www.mariagerfjordguiden.dk

C'est le plus grand fjord du Danemark. Il n'y a pas de montagnes le long des fjords comme en Norvège, mais celui de Mariager est le plus long et le plus beau du pays. On peut y faire de très belles balades, à pied ou à vélo ou le découvrir par bateau. Ne manquez pas de visiter la charmante ville de Mariager, surnommée la Ville des roses - une cité médiévale avec de vielles maisons à colombages, des jardins fleuris et des rues pavées, ou continuer vers les environs d'Hadsund et la mer…

HÔTEL AMERIKA €€

Amerikavej 48
✆ +45 98 54 42 00
www.hotelamerika.dk

Chambre simple à partir de 699 DKK, double à partir de 899 DKK. Petit déjeuner inclus. WiFi. Parking.

Ce bel établissement de 68 chambres se situe en pleine nature au cœur d'une forêt de hêtres, à quelques kilomètres du centre-ville. C'est le calme que l'on vient chercher ici. L'hôtel est proche de sentiers de randonnée donnant accès à un doux paysage vallonné et boisé, où de discrètes sources et de petits ruisseaux indiquent le chemin du fjord Mariager. Les chambres tout confort – mini-bar, TV, Internet... – se donnent des airs de château ! L'hôtel dispose aussi d'un restaurant de qualité et d'une terrasse donnant sur le parc.

Moulin de Fyrkat dans la région d'Hobro.

AALBORG ★★★★

Située au bord d'un fjord (le Limfjord) qui relie la mer Baltique à la mer du Nord, cette vaste agglomération est enclavée entre deux collines et plusieurs rivières. Au premier janvier 2018, selon le recensement de la Ville, Aalborg comptait 213 589 habitants, ce qui représente une augmentation de 1 600 à 1 700 personnes chaque année. mais elle garde un air provincial et reste à échelle humaine. C'est une ville étudiante importante qui a une vie nocturne intense grâce aux concerts qui animent en permanence la rue et les nombreux bars. L'ambiance y est festive et détendue.

La création de la ville remonte à l'an 1000 avec l'installation d'une communauté viking. Le Lindholm Høje abrite d'ailleurs un cimetière viking. C'est au Moyen-Âge que l'économie de la ville devint florissante grâce à certains privilèges royaux mais surtout grâce à la pêche au hareng. Aujourd'hui, c'est une ville ouvrière, connue pour ses distilleries d'aquavit et ses cimenteries. La vue des usines lorsque l'on se trouve sur les docks donne un charme particulier à cette ville qui allie l'industriel à l'ancien.

Il n'y a pas que les guerres civiles et les incendies qui aient abîmés Aalborg. L'urbanisme a parfois été, lui aussi destructeur. A la fin du XIXe siècle, pas moins de cinq cours d'eau qui traversaient la ville, ont été déviés vers le Limfjord. Deux de ces rivières coulaient sous Vesterbro et Østerågade, deux rues qui délimitent la ville ancienne. Vesterbro ellemême a été percée dans les années 1930 au milieu de vieilles maisons, dont certaines ont pu être sauvées et remontées dans la vieille ville d'Aarhus. Ce qui fait dire aux anciens de la ville que le vieil Aalborg se trouve désormais à Aarhus ! Depuis quelques années, la cité a bénéficié d'un programme d'embellissement : nettoyage des façades, instauration de zones interdites aux voitures. Les bords du fjord côté centre-ville ont été rénovés et constituent une promenade agréable à la lumière du soir, surtout s'il fait beau, et que quelques beaux navires sont amarrés.

CATHÉDRALE SAINT-BUDOLPHE ✞ ★★

Algade 40

www.aalborgdomkirke.dk

Ouverte de juin à août en semaine de 9h à 16h, le samedi jusqu'à 14h. Entrée libre.

Cette cathédrale luthérienne fut bâtie sur une ancienne église romane (1132) sous la direction de l'évêque Eskil de Viborg. Dans la crypte, quelques pierres en témoignent. Reconstruite au XIVe siècle, elle est dédiée au saint patron anglais des fermiers et des navigateurs, Botwulf. Bel intérieur très coloré (chaire et retable magnifiquement ouvragés, orgue baroque). Le clocher date du XVIIIe siècle. Tout autour, un magnifique parc arboré entouré de massifs de plantes et de fleurs.

CENTRE MARITIME (MARITIMT OPLEVELSESCENTER) 🏛 ★

Vestre Fjordvej 81 ✆ +45 98 11 78 03

www.springeren-maritimt.dk

Tous les jours de mai à septembre 10h à 17h, jusqu'à 20h en juillet, jusqu'à 16h le reste de l'année. Adulte : 80 DKK.

Ce musée inauguré en 1992 présente d'authentiques navires de la marine civile et militaire ainsi qu'un sous-marin de 54 m de long, le Springeren, dernier construit au Danemark. On peut monter à son bord. Les eaux du Limfjord offrent un beau cadre à ce lieu. De nombreuses maquettes de bateaux construits dans les anciens chantiers maritimes d'Aalborg. Saviez-vous qu'une loi danoise oblige tous les submersibles traversant ses eaux territoriales à faire surface et à hisser un pavillon ?

CHÂTEAU D'AALBORG (AALBORGHUS SLOT) 📷 ★

Slotsplasdsen 1 ✆ +45 96 31 92 00

www.kongeligeslotte.dk

Parc ouvert de 8h à 21h. Donjons, caves et passages souterrains accessibles de mai à octobre, lundi-vendredi 8h à 15h.

Des fonctionnaires travaillent toujours derrière ces murs datant pour certains du XVIe siècle. Le préfet du Nord-Jutland y a ses bureaux et ses appartements. L'aile droite fut bâtie par Christian IV qui voulait édifier une forteresse pour intimider les paysans en révolte contre son autorité. Celle du fond date de Frederik III. N'hésitez pas à pénétrer dans les casemates, la lumière s'y allume automatiquement (panneaux retraçant l'histoire des lieux). Accès libre à la cour et au parc.

HÔTEL DE VILLE [RÅDHUS] ★★

Gammeltorv 2

© STEVE HEAP - SHUTTERSTOCK.COM

Construit en 1762 par le maître d'œuvre Daniel Popp, sur les ruines de l'ancien édifice détruit en 1757, cet hôtel de ville de style baroque a été été calqué sur celui de Johan Conrad Ernst, à Copenhague, qui a ensuite été complètement détruit dans l'incendie de 1795. En fonction jusqu'en 1912, de nos jours, cette mairie n'est plus utilisée que pour certaines cérémonies officielles et la célébration des mariages. En 1970, la municipalité d'Aalborg fusionna avec 12 autres municipalités. Les réunions du conseil municipal se tiennent désormais au centre civique.

MAISON DE JENS BANG [JENS BANGS STENHUS] ★

Østerågade 9

Ne se visite pas. Le samedi : accès au musée de la pharmacie (dernier étage) ouvert le samedi en été.

C'est une superbe demeure construite en 1624, en un temps record de 15 mois, et sur cinq étages. Il faut dire que Jens Bang était particulièrement riche : il prêta de l'argent au roi Christian IV, ruiné par ses chantiers et surtout par ses guerres perdues. Remarquez à l'extérieur, côté hôtel de ville, la figure d'un Pierrot. On dit qu'il tirait la langue au conseil municipal tout proche qui refusait d'admettre le marchand en son sein ! La pharmacie du rez-de-chaussée a toujours été là.

MONASTÈRE DU SAINT-ESPRIT ★

Klosterjordet 1

✆ +45 98 12 02 05

www.aalborgkloster.dk

Visites guidées uniquement. Se renseigner à l'office du tourisme.

Construit en 1431, ce monastère comprenait deux parties où durant plus d'un siècle, moines et moniales accueillirent pauvres et malades avec la bénédiction du pape. Quand la Réforme fut imposée dans tout le royaume, il devint laïc mais continua à accueillir les miséreux. Aujourd'hui, le cloître abrite vingt-cinq logements destinés aux personnes âgées. Quant aux anciennes terres, la bourgeoisie du début du XXe siècle s'empressa de les acheter pour y bâtir des villas Belle Époque.

TOUR D'AALBORG [AALBORG TAARNET] ★

Søndre Skovvej 30 ✆ +45 98 77 05 11

www.aalborgtaarnet.dk

Ouvert tous les jours avril à juillet et mi-août à fin septembre de 11h à 17h. Adulte : 40 DKK, enfant : 30 DKK.

La tour fut érigée à l'occasion d'une exposition commerciale, la Nordjysk Exhibition, en 1933. Cet ouvrage d'art, une architecture en treillis d'acier exceptionnelle, devait être démoli immédiatement après l'exposition, mais le coût de destruction exorbitant, 40 000 couronnes, fit que la Brotherly Shooting Company l'acheta... pour seulement 5 000 couronnes. Une affaire ! Depuis, un restaurant a ouvert à son sommet et la vue est incroyable. Accessible même sans passer par le restaurant.

ZOO ★★

Mølleparkvej 63 ✆ +45 96 31 29 29

www.aalborgzoo.dk

Ouvert de 10h00 à 17h00, jusqu'à 19 h en été. Adulte : 190 DKK (210 DKK en été) ; enfant : 105 DKK (125 DKK en été).

Élu meilleur zoo d'Europe, ce beau parc animalier inauguré en 1935, propose une intéressante balade à la découverte du monde animal. Sur 8 hectares, plus de 1 500 animaux appartenant à 126 espèces. À l'entrée, *Det gode kup*, une sculpture de 1925 de l'artiste C.J Bonnesen offerte par la brasserie locale. Des animations sont proposées toute l'année (spectacles, repas des animaux, ateliers...). De plus, le zoo s'investit dans des projets de conservation de la nature et soutient les Indiens Payamino pour sauver 60 000 hectares de forêt tropicale menacée en Equateur.

MUSÉE DES BEAUX-ARTS [KUNSTEN] ★★

Kong Christians Allé 50 ✆ +45 98 82 41 00
www.kunsten.dk

Du mardi au dimanche de 10h à 17h, mercredi jusqu'à 21h. Adulte : 120 DKK, réduit : 80 DKK, gratuit pour -18 ans.

Le site est déjà enchanteur à lui seul : un parc arboré et un bijou architectural très moderne alliant le marbre blanc et le verre, offrant de grands espaces intérieurs avec beaucoup de lumière naturelle et de fluidité dans les déplacements. Ce bâtiment fut construit entre 1968 et 1972 sur les plans de deux architectes incontournables de ces décennies : Elissa et Alvar Aalto et Jean-Jacques Baruël. Un vaisseau minimal et fonctionnel admirablement intégré au paysage et dont le parking a été construit en sous-sol, pour cacher les voitures et ne pas dénaturer l'environnement. Un véritable écrin où exposer de l'art contemporain.

Dans les premières salles sur la gauche, les expositions temporaires côtoient les collections permanentes. Ces expositions temporaires viennent parfois bousculer la présentation des œuvres, dont certaines sont alors temporairement remisées pour libérer l'espace. Pour connaître la programmation, consultez le site internet.

Mais vous aurez tout de même l'occasion de voir la plupart des collections lors de votre visite.

D'un côté, se trouvent de grandes salles consacrées aux mouvements artistiques danois des années 1920 aux années 1970.

Une ou deux salles sont consacrées aux œuvres du mouvement Cobra - acronyme de Copenhague, Bruxelles, Amsterdam, nom donné à ce mouvement né en 1948. De nombreuses toiles d'Asger Jørn (l'un des membres fondateurs du groupe), de Karel Appel (Belge), Constant (Hollandais), Stefan Gilbert (Anglais), Richard Mortensen (Danois) qui ses nombreuses associations de couleurs et de formes, Jean-Michel Atlan (Algérien), Corneille (Belge) plus graphique, Alechinsky, Jacques Doucet, Anton Rooskons (Hollandais), Ejler Bille (Danois), Egill Jacobsen (Danois)...

Une autre salle présente des artistes du mouvement surréaliste ou de l'entre-deux-guerres. On peut y voir toute la fantaisie délibérément provocatrice du surréaliste danois, Wilhelm Freddie, un style réaliste et soigné proche de Dalí avec toute une critique politique et une grande dose de sarcasme. Plusieurs de ses toiles dont *Méditation sur l'amour antinazi*, avec un tout petit Hitler qui joue avec le monde, et une sculpture intitulée *Sex Paralysappeal*. En 1936, le phallus dessiné sur la joue de la dame avait beaucoup choqué... Un autre surréaliste danois Harry Carlsson est là aussi (toiles des années 1930, thème récurrent de l'œil, parties de corps humains mélangées au paysage, lecture métaphorique du monde). À noter également une toile de Max Ernst.

Enfin, une grande salle présente les artistes danois cubistes ou ceux des années 1940 : Søren Hjorth Nielsen (1901-1983) est une artiste à part et tout à fait intéressante (paysage stylisé, esquissé, aplats de couleurs légers, aériens et agréables, à regarder de loin). Oluf Høst (1884-1966) représente aussi des paysages où les corps et les formes sont esquissés (légèreté, jeu simple de matière et de couleurs, proche de Turner). Le style d'Olaf Rude s'apparente au style de la Nouvelle Objectivité allemande. Jens Søndergaard (1895-1957) rappelle l'expressionnisme allemand où les mutations urbaines semblent déformées et torturées comme les corps. Et Vilhelm Lundstrøm (1893-1950) autre cubiste danois au style froid et formel...

Par ailleurs, une succession de petites salles parcourt les mouvements de peinture (notamment danois) du tournant de la fin du XIXe siècle jusqu'aux années 1970 et 1980, en passant par les avant-garde de la première moitié du XXe siècle.

- Une salle est consacrée au réalisme et au symbolisme de la fin du XIXe siècle.
- Une salle sur « les tendances modernes du début du XXe siècle, de 1920 à 1950 » avec Fernand Léger, Jens Ferdinand Willhumsen (1863-1968), *Deux Bretonnes marchant* (proches de celles de Gauguin) ou une toile avec des mutilés de guerre, Carl Larsen...
- Une salle sur « les premiers modernismes danois, 1910-1935 » : Olaf Rude, Harald Jiersing (formes esquissées, pointillisme), Edward Weie (1879-1943)...
- Une salle consacrée à Henry Heerup (1907-1993), artiste danois proche du cubisme et de Fernand Léger.
- Une salle sur les années Fluxus et les tendances conceptuelles : Al Hansen (origine américaine collages pubs, Vénus en bouts de cigarettes) ; deux œuvres de Niki de Saint Phalle ; Arthur Køpke (1928-1977) allemand-danois, artiste conceptuel ; deux tableaux de Ben ; Sven Dalsgaard (1914-1999) qui utilise la toile de jute ; Albert Mertz (1920-1990).
- Une salle sur « l'art narratif danois » : dimension politique et sociale, aspect lisible et coloré, proche de la BD, mise en scène de symboles de la culture danoise, avec des artistes comme Kirsten Christensen (né en 1943) : *Une vie de chien*, toile creusée et cisaillée avec au centre un squelette. Oles Porring (né en 1941) et Erik Hagens (né en 1940).
- **Une salle sur « le nouvel expressionnisme danois (années 1980) » :** Torben Ebbessen (né en 1945) avec une toile qui mélange différentes matières (colle, métal), ou Berit Jensen (né en 1956), couleurs *flashy* et formes graphiques, proche de Basquiat...

À l'intérieur sont exposées plusieurs sculptures dont le *Château du rêve*, une réalisation de Bjørn Norgaard (1979-1982).

SITE FUNÉRAIRE ET MUSÉE DE LINDHOLM ★★

Vendilavej 11 ✆ +45 99 31 74 40
www.nordmus.dk

Ouvert d'avril à octobre du mardi au dimanche de 10h à 17h ; de novembre à mars jusqu'à 16h. Adulte : 90 DKK.

Il faut traverser le fjord pour atteindre ce site exceptionnel. Vous découvrirez un authentique cimetière viking. Il est resté recouvert par le sable pendant des siècles. Du sable apporté par le très virulent vent de sud-ouest qui souffle souvent dans la région et, qui, à la fin du premier millénaire, n'était plus arrêté par les arbres, suite à la déforestation intensive menée par les Vikings pour construire leurs maisons et leurs bateaux. A fin du siècle dernier, un médecin d'Aalborg signala aux autorités que des vestiges importants pouvaient être enfouis dans ce sol. Plus tard, une vieille dame, Augusta Zanginberg, fit des prélèvements qu'elle envoya régulièrement et patiemment, à partir de 1889, avec ses notes, au Musée national de Copenhague. Mais la capitale ne s'intéressa pas au présumé trésor enfoui sous 4 mètres de sable. Il fallut attendre 1952 pour que l'on admette que des fouilles étaient nécessaires et pour que des crédits soient débloqués. Plus de 700 tombeaux vikings furent alors mis au jour ! Plus quelques ossements (peu car la crémation était très répandue dans la dernière période viking), des outils et des bijoux. Le site de Lindholm fut, du VIe au XIIe siècle, une grande cité viking.

On peut admirer de grosses pierres gravées de figures géométriques pour les plus anciennes ou de bateaux pour les plus récentes. Non loin de là, se trouvait un village viking, qui petit à petit, s'était étendu au-dessus du cimetière alors déjà envahi par le sable.

À voir également (sauf l'été), tout au fond du site, les sillons d'un champ autrefois labouré par un paysan viking. Dans les années 1950, les archéologues firent aussi la découverte de traces laissées par les roues d'un chariot et les sabots de cheval : on pense que l'homme fuyait à travers son champ envahi par le sable ! Une pièce de monnaie trouvée au même endroit laisse penser que cette fuite eut lieu vers 1036-1039.

Le musée, ouvert en 1992, abrite de nombreux artefacts funéraires (des bijoux, des perles et des poteries) trouvés dans les tombes ainsi que des ossements. Le site extérieur a plus d'intérêt que le musée mais ce dernier se modernise et met en place une salle de cinéma pour ses visiteurs.

Depuis l'entrée et la terrasse du café du musée, on a une belle vue sur toute la région et l'atmosphère est très calme. Non loin de là, se trouve un terrain militaire (les bruits de tirs se font entendre régulièrement pendant la promenade entre les tombes).

AÉROPORT D'AALBORG (AALBORG LUFTHAVN)

Ny Lufthavnsvej 100
✆ +45 98 17 11 44
www.aal.dk

Localisé à Nørresundby, à environ 6 km d'Aalborg. A la fois civil et militaire, plusieurs vols pour Copenhague décollent d'ici, dont certains effectués par des compagnies *low cost*. Vols directs pour Londres, Barcelone, Oslo, Amsterdam... Les lignes de bus, 12, 200, 70 et 71 assurent la liaison entre l'aéroport et la ville. De nuit, la ligne N24. Pour rejoindre le centre ville, l'arrêt (gare centrale) est « Aalborg bus terminal », ou « Vesterbro ». Le trajet dure 15 à 20 minutes.

GARE FERROVIAIRE (TOGSTATION)

John F. Kennedys Plads 3
✆ +45 70 13 14 15
www.dsb.dk

Impressionnante et monumentale, la gare ferroviaire d'Aalborg fait partie du patrimoine national danois. Datant de 1869 et agrandie en 1902, cette gare offre des connexions entre Aalborg et les principales villes du pays : trains Intercity pour Frederikshavn et Copenhague, trains régionaux en direction d'Aarhus et trains locaux vers Skørping et Skagen. Attention, pensez à imprimer votre billet avant de monter à bord, les agents de la DSB n'acceptent pas jusqu'alors les e-billets.

GARE ROUTIÈRE

Jyllandsgade
www.flixbus.dk

La gare routière se situe à deux pas de la gare (ferroviaire cette fois-ci), elle relie grâce à Flixbus, la principale compagnie routière du pays, toutes les villes du pays et même certaines villes d'Europe. Le bus représentent une meilleure alternative que le train ou l'avion du point de vue des tarifs. Les véhicules sont tous modernes, dotés du wifi et de prises pour recharger ou utiliser vos appareils électroniques. Pour voyagez sans tracas, utilisez Busbud. Réservez votre trajet en ligne dans votre propre langue et devise, d'où que vous soyez.

BUS DE LIGNE

www.nordjyllandstrafikselskab.dk

Pass 24h : 150 DKK par adulte, enfants (-12 ans) et + 65 ans : 75 DKK. Ticket 2 zones : 22 DKK pour un adulte.

À Aalborg, les bus de ligne sont jaunes mais une nouvelle génération bleue se développe... Vous trouverez toutes les infos trafic sur le site web. Possibilité de prendre un passe de 24 ou 72 heures. Gratuit pour les enfants en dessous de 12 ans. On paye directement au chauffeur (paiement en espèces), le prix dépend des zones que l'on veut traverser. Pour plus de facilité, l'application gratuite NT permet l'achat de billets. Un minimum de deux zones est requis par ticket et quel que soit votre trajet. Les vélos ne peuvent être embarqués dans les bus !

BEST WESTERN SCHEELSMINDE €€

Scheelsmindevej 35 ✆ +45 98 18 32 33

www.bestwestern.fr

Chambre à partir de 760 DKK, chambre double à partir de 845 DKK. Petit déjeuner continental inclus. Parking gratuit.

A Scheelsminde, c'est la vie de château qui vous attend ! Effectivement, cet hôtel moderne est aménagé dans un joli manoir du XIXe siècle. Entièrement rénové, il offre tout le confort avec de grandes chambres au décor sobre mais élégant. 96 chambres de différents standard, junior, suite ou family room. Une belle terrasse donnant sur le parc vous attend pour le petit déjeuner. Vous ne résisterez pas à l'espace détente comprenant un sauna, un bain bouillonnant et une piscine intérieure !

HOTEL GESTUS €€

Vesterbro 36-38

✆ +45 98 12 69 33

www.millinghotels.dk

Chambre simple à partir de 649 DKK, double à partir de 749 DKK. Petit déjeuner inclus. WiFi.

Situé dans le cœur de la ville, cet hôtel dont la construction remonte à 1932 propose des chambres spacieuses et confortables à la décoration parfois un peu classique. Il appartient à la chaîne Milling créée en 1994 par une famille danoise. Vous trouverez leurs hôtels et leurs restaurants dans chaque ville du Danemark. Très bien situé, magasins, attractions touristiques et transports en commun sont accessibles à quelques minutes à pied. Au petit déjeuner, sous forme de buffet, on déguste des produits frais et des spécialités scandinaves.

COMWELL HVIDE HUS AALBORG €€€

Vesterbro 2

✆ +45 98 13 84 00

www.comwellaalborg.dk

Chambre simple à partir de 966 DKK, double à partir de 1 142 DKK. Petit déjeuner inclus. WiFi. Parking.

Entièrement rénové en 2014, cet hôtel de 16 étages s'élève vers le ciel comme un bloc blanc très sixties ! Une architecture ultra-minimale mais un décor ultra-raffiné une fois la porte du lobby passée... Son point fort : la superbe vue sur la ville, le Limfjord et le Kildeparken. Situé tout près du musée des Beaux-Arts. L'hôtel accueille souvent des congrès et il est donc pris d'assaut par les conférenciers. Restaurant, salle de fitness, *lounge* bar.

PHØNIX HOTEL AALBORG €€€

Vesterbro 77

✆ +45 98 12 00 11

www.helnan.dk

Chambre simple à partir de 760 DKK, double à partir de 895 DKK. Petit déjeuner inclus. WiFi. Parking : 75 DKK par jour.

Vivre un moment d'histoire ! En 1770, le brigadier Von Halling revient des Indes avec fortune et esclaves, et fait construire sa résidence en 1783. L'endroit fut longtemps connu sous le nom de palais du brigadier Von Halling, avant d'être reconverti en hôtel Phoenix en 1853. Idéalement situé, à deux pas des rues piétonnes, cet hôtel offre tout le confort : chambres et salles de bains spacieuses, boissons chaudes en libre-service toute la journée. Le service est aux petits soins et très professionnel. Le petit déjeuner est varié et copieux. Une bonne adresse.

SCANDIC AALBORG CITY €€€

Europa Plads 1

✆ +45 70 12 51 51

www.scandichotels.dk

Chambre à partir de 820 DKK, suite à partir de 1 515 DKK. Petit déjeuner inclus. Parking. Offres sur Internet.

Ce bâtiment moderne qui s'élève sur six étages a été construit en 2002, il appartient à la chaîne Scandic. Fidèle à la ligne du groupe, ici le design danois contemporain est à l'honneur : sobriété et lignes simples ont été mises en avant à l'intérieur de cet hôtel très propre. La décoration des chambres est simple et de bon goût, le confort est standard. Mais il faut aimer la couleur pop du vert et violet de cet Urban ! Le petit déjeuner est copieux et composé d'un grand choix de mets. On peut se rendre à pied au centre-ville ou au musée des Beaux-Arts.

CAFÉ F.R.I.E.N.D.S €

Vesterbro 91
✆ +45 98 11 51 78
www.cafefriends.dk

Ouvert tous les jours de 10h à 22h. 23h les vendredis et samedis. Sandwichs autour de 120 DKK.

Comme son nom l'indique, ce café s'est inspiré de la célèbre série TV américaine pour son enseigne (que l'on ne peut pas rater !) et son décor… Ceux qui s'attendent à découvrir le célèbre café où les personnages passaient tout leur temps seront déçus. Seul point commun : le logo du Central Perk sur la vitrine. Les plats vous rappelleront les personnages de la série : alors que le burger Joe réjouira les adorateurs de viande, le Phoebe plaira aux végétariens. Brunch, sandwichs, pâtes, salades snacks en journée, cocktails et ambiance festive en soirée.

JENSEN'S BØFHUS €

Østerågade 19
✆ +45 70 30 40 50
www.jensens.com

Ouvert du dimanche au jeudi de 11h à 22h, le vendredi et le samedi jusqu'à 23h. Plats de 79 à 219 DKK.

Amateurs de viande, voici une adresse pour vous. La chaîne danoise du grand bœuf à prix tout à fait abordables. Depuis près de 30 ans, ces restaurants forment un cadre chaleureux inspirés des architectures traditionnelles où les Danois aiment se retrouver pour les petites et grandes occasions. Ici, le bœuf est roi, grillé et apprêté avec diverses sauces au choix : il y a bien sûr l'incontournable ***bøf béarnaise*** qui fait fureur. Bon à savoir : la sauce béarnaise vue d'ici est curieusement sucrée ! Service professionnel, diligent et souriant.

JOMFRU ANE GADE €

Jomfru Ane Gade

Petite ruelle perpendiculaire à Bispensgade, en face de la célèbre enseigne H&M que l'on ne peut pas louper.

Une petite rue piétonne uniquement bordée de restaurants en tous genres (et d'un club de striptease intégral…), ici, vous trouverez votre bonheur. Par beau temps, les terrasses donnant sur la rue pavée invitent à s'asseoir. Si en journée l'ambiance est plutôt familiale, ça change du tout au tout en soirée. L'atmosphère est alors nettement plus festive et alcoolisée. Quant au nom de Jomfru Ane, il vient de l'histoire d'une habitante de la cité accusée de tenir une école de sorcières. De naissance noble, elle ne fut pas brûlée vive, mais seulement décapitée…

PENNY LANE CAFE €

Boulevarden 1A
✆ +45 32 94 90 96
www.pennylanecafe.dk

uvert de 8h à 18h du lundi au vendredi, samedi de 8h à 17h, dimanche de 10h à 17h. Sur place ou à emporter.

Voilà un lieu des plus cosy : très « hygge ». On aimera y passer des heures à profiter d'un bon petit plat ou d'un café accompagné de sa douceur. La carte offre de nombreuses possibilités salées ou sucrées, froides ou chaudes. Ce café est aussi une boulangerie/pâtisserie, vous pourrez donc repartir avec votre pain ou le gâteau que vous y aurez découvert… Entre les tables, vente d'ustensiles de cuisine, de porcelaines et d'objets de décoration qui ne font que rajouter au charme de l'endroit. Le service est ultra souriant et sympathique.

PRINSES JULIANA €€€

Vestre Havnepromenade 2
✆ +45 98 11 55 66
www.prinsesjuliana.dk

Ouvert du lundi au vendredi de 11h30 à 23h. Le samedi de 11h à 23h. Brunch à 189 DKK, plat entre 150 et 250 DKK.

Bienvenue à bord. Véritable coup de cœur pour ce restaurant installé sur le port, dans un ancien navire-école néerlandais. Il porte le nom de la princesse Juliana des Pays-Bas qui régna de 1948 à 1980. Ouvert en 1980, cet établissement au cadre typique (avec sol en parquet acajou, banquettes de cuir) vous propose une cuisine danoise d'inspiration française. L'endroit idéal pour les dîners romantiques. Profitez de la vue sur le fjord, confortablement installé dans la timonerie, la salle la plus haute du navire. La vue d'ici est tout à fait unique.

GO BOAT

Strandvejen 12C
✆ +45 21 68 50 20
www.goboataalborg.dk

Possibilité de louer un bateau pour une, deux, trois heures ou toute une journée. A partir de 399 DKK.

Partez à l'aventure et naviguez sur les eaux du fjord. Facile ! Vous pouvez réserver un bateau pouvant accueillir jusqu'à 8 personnes. Certains sont équipés au centre d'une belle table en bois, c'est l'idéal pour pique-niquer ou prendre un verre sur le Limfjord. L'engin se manie très aisément et ne nécessite aucun permis pour pouvoir le piloter (il faut juste avoir plus de 18 ans). De petites embarcations électriques permettent une virée romantique à deux. L'équipe sympathique n'hésitera pas à vous donner les bons plans de balades.

DRONNINGLUND

Situé à 1 km avant d'arriver dans le bourg de Dronninglund que l'on peut traduire par le *bosquet de la Reine*, derrière un rideau d'arbres, se trouve un ancien couvent dont on ne peut aujourd'hui visiter que la chapelle. Une halte agréable où découvrir d'intéressantes fresques du tout début du XVIe siècle, représentant David, Jules César ou encore Charlemagne. Avant de repartir, vous pourrez vous désaltérer ou prendre un café dans la petite auberge toute proche. Dans le village, suivez la route de la Marguerite jusqu'à Dorf. Vous traverserez un bois qui culmine ici à 136 m au-dessus du niveau de la mer, mais oui ! Un peu d'altitude dans ce pays.

CHÂTEAU DE VOERGAARD (VOERGAARD SLOT) ★

Voergaard 6 ✆ +45 98 86 71 08
www.voergaardslot.dk

Ouvert avril à mi-juin, septembre et octobre le week-end (11h-16h). Tous les jours en été et à Pâques. Adulte : 110 DKK

L'un des plus beaux édifices Renaissance du Danemark, Voergaard fut inauguré en 1580. Une fois arrivé, il faut sonner à la porte du château. On visite cette résidence privée comme si on était un invité du maître des lieux. Et que de belles surprises à découvrir au fil du parcours des salles : des toiles de maître (Raphaël, Greco et Goya), de la porcelaine, des meubles Louis XVI, un pare-feu brodé par Madame de Maintenon, un service à café utilisé par Marie-Antoinette au Temple, un autre ayant appartenu à Napoléon…

Pourquoi une telle collection de richesses venues de France ? Ceci s'explique aisément étant donné que la femme du propriétaire du château, le comte Oberbech-Clausen, n'était autre que la fille du chirurgien français Jules Péan. Un beau parti, puisque cette dame était la veuve du comte Chenu-Lafitte, un nom connu des amateurs de vin de Bordeaux. A la mort de sa femme, le comte quitta les vignobles du Sud-Ouest de la France et transféra les collections de mobilier et d'œuvres d'art au Danemark. Par ailleurs, il créa une fondation et demanda que le château soit ouvert au public après sa mort, qui survint en 1963. Résultat, un bijou de raffinement français perdu dans la campagne du Jutland ! À propos de bijoux, ceux de la famille sont en lieu sûr et ne sont montrés aux visiteurs que sur une vidéo ! Prenez le temps de faire un tour dans le parc où quelques paons picorent. Celui-ci est accessible même si vous ne visitez pas la résidence. Mais ce serait dommage…

SÆBY

Avant d'arriver à Frederikshavn, on peut faire une halte dans ce petit village balnéaire, très pittoresque avec ses maisons basses du début du XVIIIe siècle, son port et sa marina. Tous les soirs d'été, à 21h, on hisse le Dannebrog sur le port au son du clairon. Les visiteurs s'arrêtent pour découvrir l'église de l'ancien couvent des Carmélites, décorée de fresques anciennes représentant des passages de l'Ancien et du Nouveau testament. Ici naquit un architecte renommé du Danemark du XIXème siècle : Sophus Frederik Kühnel. Ce dernier œuvra principalement dans la ville d'Aarhus. Son travail historiciste s'inspirait de la Renaissance et du gothique.

ÉGLISE DE SÆBY (SÆBY KIRKE) ★

Strandgade 5
✆ +45 98 46 39 37
www.saebykirke.dk

Du lundi au vendredi de 10h à 13h. Le lundi également de 15h30 à 17h.

Au bout d'Algade se profile le clocher blanc de l'ancien couvent de carmélites de Sæby démoli au moment de l'introduction de la Réforme au Danemark. Seule est restée debout l'église. À l'intérieur les voûtes sont richement ornées de fresques datant de la fin du Moyen Âge, redécouvertes en 1905 lors de restaurations. Des scènes de l'Ancien et du Nouveau Testament. À voir : une chaire du XVIe siècle, des stalles en bois, une Vierge à l'Enfant, rayonnante de soleil et la lune à ses pieds.

FREDERIKSHAVN ★★

Lorsqu'on arrive à l'entrée de Frederikshavn, la vue sur la forteresse, sa marina avec ses bateaux de plaisance, ses gros navires de pêche ou de la marine nationale, est des plus jolies. Ici, vous assisterez aux chassés-croisés des ferry-boats, venus de Norvège et de Suède, avec les bateaux-usines de Findus… La ville elle-même n'est pas très étendue avec ses quelques 23 000 habitants et sa traditionnelle rue piétonne. Mais c'est un port de commerce important (le plus septentrional du Jutland) qui accueille également l'une des deux bases navales danoises donnant sur le détroit du Kattégat. C'est aussi la ville d'où partent les trains pour Skagen.

TOUR POUDRIÈRE (KRUDTTÅRNET) ★

Kragholmen 2
✆ +45 98 42 31 11
www.tordenskiol.dk

Ouvert tous les jours du 1er juillet au 11 août de 11h à 15h. Adultes 25 DKK (gratuit pour les enfants).

Ce musée des Armes et Uniformes (XVIIe-XIXe siècle) est installé dans la tour poudrière (Krudttårnet), recouverte de chaux. Comme son nom l'indique, elle servait à stocker la poudre et le munitions. Elle demeure un rare vestige des remparts construits en 1686. Le développement du port au XXe siècle avait rendu inaccessible cette tour qui, il y a quelques années, a été démontée pierre par pierre et remontée un peu à l'écart. Abu Simbel, à l'échelle du Danemark !

RESTAURANT HYTTEFADET €€

Amaliegade 4
✆ +45 98 42 42 42

Ouvert tous les jours de 11h à 22h. Plats de 80 à 270 DKK.

Restaurant de poisson au cœur du port de Frederikshavn. L'enseigne vous confirme le parti pris marin avec son trident blanc sur fond bleu mêlé aux lettres du nom du restaurant. Une belle rénovation, une décoration épurée (du bois peint en blanc, du mobilier simple, des plaids pour se réchauffer) et surtout une excellente cuisine. Du poisson mais une carte variée avec des plats de pâtes pour ceux qui ne sont pas fan des arêtes ! Car ce serait dommage de ne pas profiter de la grande terrasse magnifiquement végétalisée et surtout ensoleillée !

HJØRRING ★

Hjørring est l'ancienne capitale de la région de Vendsyssel, une charte existait déjà en 1243 et reste le centre commercial du quartier. Néanmoins, les églises Saint-Hans et Saint-Olai sont antérieures et datent du XIIe siècle, période où son nom est mentionné dans un bractéate (une médaille de métal). Le nom d'origine incertaine a pour racine *Hjórr* signifiant épée ! Contrairement à de nombreuses autres agglomérations, Hjørring ne tire pas sa fortune de la mer mais de sa position de carrefour entre plusieurs villes d'importance. A l'origine traversé par un petit ruisseau appelé *Strømmen* qui donna son nom à *Strømgade*, l'artère principale piétonne.

MUSÉE ET PHARE DE RUBJERG KNUDE ★

Langelinie 2
✆ +45 98 96 01 60
www.rubjergknude.dk

Ouvert du mardi au dimanche de juin à août de 11h à 17h. Adulte : 20 DKK. Le phare se visite toute l'année, accès libre.

Un phare de 1900, ensablé par les plus hautes dunes mouvantes d'Europe, au milieu d'une végétation d'arbustes sauvages, de myrtilles et d'argousier, et entouré de pins et d'élymes des sables. Le musée raconte l'histoire du phare, de l'église et des étranges dunes qui les entourent. En 2019, ce phare de 700 tonnes a été déplacé de 70 mètres grâce à un système de rail. Ce travail de titan a pris 4h30, a été retransmis à la TV en direct et a attiré 250 000 visiteurs !

HIRTSHALS ★★

Après avoir quitté Skagen, vous rejoignez la route 597 pour longer le nord-ouest de la pointe du Jutland. A partir d'ici, vous quittez la plate et quasi désertique région de Skagen, puis vous traversez une forêt de pins avant d'arriver sur des côtes plus abruptes. Vous voici à Hirtshals, une ville récente, dont le port s'est développé à partir de 1919 et qui voit transiter de multiples ferries en direction de la Norvège ou de la Suède. La région des grandes et belles plages commence. Vous croiserez sur le sable quelques phoques venus se réchauffer au soleil. Vous découvrirez la flore et la faune marine de la Mer du Nord dans son aquarium géant !

NORDSØEN OCEANARIUM ★★

Willemoesvej 2 ✆ +45 98 94 44 44
www.nordsoenoceanarium.dk

Vérifier les horaires et les jours ouverts sur le site Internet. Adulte : 165 DKK, enfant de 3 à 11 ans : 90 DKK.

Si vous voulez voir des phoques au Danemark, c'est l'occasion. Il est rare d'en apercevoir sur le Limfjord, mais ceux d'Hirtshals viennent pourtant de là. Ils sont nourris tous les jours à 11h et 15h. L'endroit ne cesse de s'agrandir : un aquarium de 4,5 millions de litres d'eau de mer et un vaste espace dédié aux phoques. Le musée se proclame le plus grand aquarium d'Europe. En février 2016, un rorqual commun mesurant 17,4 mètres a été retrouvé mort sur la plage de Blokhus. Désormais, vous pouvez vous approcher de son squelette à l'océanarium de la mer du Nord.

PLAGES DU NORD-OUEST (STRANDENE) ★

La côte ouest du Jutland Nord s'étend de Grenen (Skagen) à Agger au sud de Thy. Découvrez les vagues déferlantes de la mer du Nord et les longues plages de sable ponctuées de villages de pêcheurs. Par endroit, le paysage redevient sauvage, le relief assez accidenté, la végétation rare, on sent qu'ici la terre résiste, autant qu'elle peut, à la mer et au vent. Sur des kilomètres, la région se prête à la baignade dans une eau particulièrement claire qui approche les 20 °C en été.

MOTEL NORDSØEN €€

Niels Juelsvej 32
✆ +45 98 94 57 00
www.motelnordsoeen.dk

La chambre simple à partir de 750 DKK, la chambre double à partir de 850 DKK. Petit déjeuner inclus.

Petit motel charmant et cosy à deux pas de la plage. Conçu comme une ferme traditionnelle ou un hameau : des bâtiments de briques aux toits pentus. De l'espace pour courir ou se défouler. Des chambres sobres mais confortables, un feu de cheminée dans le salon central. Niché dans un environnement parfait, juste à côté de la forêt et de l'océanarium de la mer du Nord, à 500 m du port et du centre-ville. À 50 m d'un restaurant, à 1,6 km de Color Line et Fjord Line, à 6 km de golf. Ici aussi, du calme, de la tranquillité, un bain de verdure et de bon air iodé.

SKALLERUP SEASIDE RESORT €€

Nordre Klitvej 21 ✆ +45 99 24 84 00
www.skallerup.dk

De 5 275 à 23 400 DKK la semaine selon la saison ou le type de bungalow. Spa Romulus est destiné aux plus de 16 ans.

Le Skallerup Seaside Resort dispose de plus de 285 hébergements toute l'année, des appartements pour 2 ou 4 personnes ou bien des cottages indépendants. Vous pourrez choisir votre menu dans quatre restaurants différents. Mais surtout, vous allez adorer le spa : Inspirés de la Rome antique, les bains Romulus offrent un cadre unique avec des colonnes, des murs de rochers et des fontaines purling. Profitez de la vapeur chaude du sauna après une promenade vivifiante au bord de la mer du Nord. Ou dans le bain à remous extérieur avec vue sur les dunes et la mer.

JUTLAND DU NORD

Hirtshals.

SKAGEN ★★★★

C'est la ville du bout du Danemark où le ciel et la mer se noient dans ce même bleu qui a inspiré les pinceaux d'un groupe d'artistes scandinaves à la fin du XIXe siècle : les « peintres de Skagen » (prononcez « Skaine »). Ces artistes avaient raison : ici la lumière nordique déploie tous ses sortilèges. Karen Blixen s'y est installée dans les années 1930 afin d'y écrire *La Ferme africaine* à son retour du Kenya, et pour trouver le repos, mais aussi, sans doute, un paysage quelque peu exotique. Sa population de 9 000 résidents enfle en été avec les touristes qui affluent dans cet endroit considéré comme magique. Cette ville paraît grande avec un port important loti de gros bateaux. On y trouve beaucoup de restaurants et de magasins. Près du centre-ville et de la gare, se trouvent le musée des Beaux Arts de Skagen et nombre de boutiques de décoration et d'artisanat.

Ce lieu est aussi le théâtre de toute une série de phénomènes liés au sable, qui ici envahit tout. Il faut se promener dans les ruelles entre la rue principale (rendue aux piétons) et le port, même si les maisons des pêcheurs sont devenues des résidences secondaires, et si l'aspect sauvage, avec ses clôtures blanches et ses chemins de terre en ville, a été balayé par un urbanisme un peu trop coquet ces dernières années. Déambulez dans le port, entre les bateaux de plaisance et ceux des pêcheurs qui ramènent le second tonnage de poisson le plus important du Danemark. Partez à la pointe extrême du Danemark, où s'affrontent les vagues de la Baltique et celles de l'Atlantique. Découvrez, au milieu d'un paysage lunaire, la dernière réalisation de l'architecte de l'Opéra de Sydney, Jørn Utzon. Admirez le coucher du soleil tout en dégustant une glace du Kiosk (ouvert chaque soir). Bien sûr, en juillet, la foule est au rendez-vous. Il faut dire que cet extrême nord du Danemark continental est aussi le plus ensoleillé : 1 996 heures par an, contre 1 753 heures à Copenhague.

CENTRE DE LA NATURE (SKAGEN ODDE NATURCENTER) ★

Bøjlevejen 66 © +45 96 79 06 06

www.skagen-natur.dk

Mardi au vendredi de 10h à 16h, le samedi et le dimanche de 11h à 16h. En juillet tous les jours. Adulte : 80 DKK

Inauguré en 2000, ce centre est l'une des dernières réalisations de Jørn Utzon, le célèbre architecte de l'Opéra de Sydney. Perdu au bout d'une route à la lisière de Skagen, il s'étale dans un no man's land où ne dépassent que quelques sapins rabougris et les bulbes blancs d'une station radar. Comme dans un observatoire, de curieuses cheminées noires rappellent les périscopes. A l'intérieur, une formidable exposition permanente et interactive. Conseil futé : venir le soir en été.

DEN TILSANDEDE KIRKE (L'ÉGLISE ENSABLÉE) ★

Le site est accessible toute l'année. Il faut laisser sa voiture au parking et marcher un peu dans la lande. Gratuit.

Belle vue sur l'étonnant paysage qui entoure le site. Sable et pins d'un côté, lande désolée de l'autre et, au loin, le bourg et le port. Il ne reste que le clocher blanc (22 m de haut, à pignons à échelons) de l'église Saint-Laurent, car le sable a dévoré tout le reste, entre le début du XVIIe et la fin du XVIIIe siècle. Il s'agissait d'un édifice d'importance, long de 45 m, mais un décret royal a finalement clos la bataille contre le sable et le vent, l'église fut détruite en 1795.

MAISON DE MICHAEL & ANNA ANCHER (ANCHERS HUS) ★

Markvej 2 © +45 98 44 64 44

www.skagenskunstmuseer.dk

Avril à novembre mardi au dimanche 10h à 16h. Jusqu'à 17h en mai, juin, juillet et août. Prix pour un adulte 80 DKK.

Les murs de cette petite maison bourgeoise, ouverte au public depuis 1967, sont couverts par les 200 toiles de la collection personnelle du couple. L'intérieur a été reconstitué tel qu'il était habité au début du siècle. Tout est ici authentique. Les Ancher vivaient à l'hôtel Brøndums avant d'acheter cette maison en 1884. Elle avait été habitée auparavant par l'écrivain H. Drachman, puis par deux peintres norvégiens. L'âme des artistes imprègne cette maison, on la sent encore.

GRENEN ★★★

C'est un peu le bout du monde, tout du moins, le bout du Danemark ! C'est là que la mer Baltique et la mer du Nord se rencontrent. C'est un endroit magnifique… Où bon nombre de touristes se retrouvent. En raison d'un très fort courant marin, il est fortement déconseillé de s'y baigner. On y accède en bus : départ de la gare de Skagen. Les automobilistes se garent sur le parking de la cafétéria toute proche. De là, vous pouvez partir à pied par le littoral jusqu'à la pointe (30 minutes de marche environ), ou prendre le tracteur *Sandormen* et son wagon qui assure les transferts. Arrivés à Grenen vous serez subjugués par cet étonnant spectacle que représente la rencontre mouvementée entre deux mers façonnant le littoral du cap sans cesse. On peut s'avancer un peu dans l'eau (froide), et le grand jeu, c'est d'avoir un pied dans la mer du Nord (qui prend ici le nom de Skaggerak) et l'autre dans la Baltique (ou plus précisément le Kattegat, du nom de la mer intérieure entre la Suède et le Danemark). Les deux mers se percutent littéralement, en un affrontement sans fin, un étonnant ballet de mascarets puissants. Attention aux phoques, qui peuvent se trouver là : il ne faut pas les déranger ou tenter de les approcher ! La meilleure heure pour apprécier cet endroit unique : le matin, avant l'arrivée du premier tracteur (à 9h), quand seuls les oiseaux et les phoques occupent les lieux… Après Grenen, on peut aller visiter l'étonnant bunker allemand qui surveillait cet endroit stratégique pendant la Seconde guerre mondiale.

MUSÉE DE SKAGEN [SKAGENS MUSEUM] ★★

Brøndumsvej 4 ✆ +45 98 44 64 44
www.skagensmuseum.dk

Ouvert toute l'année du mardi au dimanche de 10h à 17h, le mercredi jusque 21h. Entrée pour un adulte 110 DKK.

La ville de Skagen a joué le rôle de déclencheur de nouvelles inspirations et de nouveaux styles picturaux pour les artistes de la fin du XIXe siècle qui vinrent résider au Danemark. Ils venaient y chercher une lumière particulière et de nouveaux motifs : le travail des pêcheurs, la nature, la vie sociale des artistes… Cela correspond aux mouvements naturaliste et impressionniste en France. Le musée a été fondé en 1908 et aménagé par l'architecte Ulrik Plesner. Terminé en 1928, il a été agrandi en 1980 et 1990. Dans cette collection de 1 800 œuvres, des tableaux, dessins, travaux graphiques, sculptures mais aussi des céramiques de Krohg, Michael et Anna Ancher, Cad Locher, Peder Severin Krøyer (dont une salle consacrée à ses esquisses et ses études). On les reconnaît tous d'ailleurs, ainsi que leurs amis, autour d'un feu de la Saint-Jean en 1906, sur une grande toile, signée Michael Ancher.

Le musée a acquis une toile de l'écrivain Holger Drachmann (il est inhumé dans les dunes à Grenen et on peut aussi visiter sa maison au n° 21 de Hans Baghs Vej) : *Jardin dans la tempête à Skagen* (1902-1905). Ce dramaturge était un fidèle du cercle des peintres de Skagen pour lesquels il a posé plusieurs fois.

Une petite salle est consacrée aux toiles que Krøyer a réalisé à Saint-Malo et à Cernay-la-Ville, dont le petit portrait du *Fils d'un pêcheur malouin* (1877). Enfin, la visite se termine par la salle à manger de l'auberge de Brøndums, et ses toiles enchâssées dans les boiseries.

© VOKSKAN - SHUTTERSTOCK.COM

Grenen.

RÅBJERG MILE

Råbjerg Mile Vej

Autre exemple de l'alliance du fort vent de sud-ouest et du sable dans la région : la zone dunaire de Råbjerg Mile est désormais protégée. Ce sont des dunes mobiles : elles changent de « visage » sans cesse. C'est réellement spectaculaire et il faut aller se promener sur le sommet de la dune la plus haute, 40 m, pour appréhender cette vaste étendue de sable en pleine Scandinavie. Les dunes continuent à se métamorphoser et à avancer de 15 m par an ! Voilà 300 ans que ça dure, mais on ne sait toujours pas expliquer ce phénomène...

SANCTUAIRE DES AIGLES [ØRNERESERVATET]

Skagensvej 107

✆ +45 98 93 20 31

www.eagleworld.dk

Ouvert de mi-avril à mi-octobre. Jours et horaires varient. Adulte : 145 DKK, enfants de 4 à 12 ans : 80 DKK.

Il faut être là une heure avant l'horaire du programme. On attend en prenant un café ou en regardant l'exposition de photos. Puis commence le grand *show* semblable *à* d'autres réserves mais on ne s'en lasse jamais : aigles dorés, aigles noirs et grands faucons qui vous foncent dessus avant d'aller finalement se poser sur l'arbre qui les attend. Il est assez rare de pouvoir approcher d'aussi près ces oiseaux impressionnants, qui évoluent ici en toute liberté.

FINNS BED & BREAKFAST €

Østre Strandvej 63

✆ +45 98 45 01 55

www.finns.dk

Ouvert de début mai à début septembre. Chambre de 750 à 1250 DKK. Petit déjeuner inclus. WiFi.

Coup de cœur pour cette chambre d'hôtes unique avec son petit air norvégien. Une maison norvégienne en rondins peints en noir, construite en 1923 pour le comte Christoffer Knuth. Les poutres furent collectées après une violente tempête en Zélande du Sud en 1921 et utilisées lors de la construction du domaine de Liliendahl. Entièrement démontée et reconstruite ici, elle vous accueille avec ses 6 chambres originales et soignées. Les hôtes préparent le dîner. Vous vous sentirez chez vous dans le jardin comme dans la bibliothèque. Du charme, du charme, du charme...

BRØNDUMS HOTEL €€

Anchersvej 3

✆ +45 98 44 15 55

www.broendums-hotel.dk

Chambre à partir de 1 195 DKK. Petit déjeuner inclus. Hors promotions. WiFi.

Un hôtel qui a conservé l'ambiance de l'époque des peintres de Skagen. Si la salle à manger se visite dans le musée, vous verrez tout de même, dans les deux salles où sont servis les repas, d'authentiques toiles de Michael Ancher. La plupart des chambres sont claires et modernes et contrastent avec l'atmosphère de fin XIXe siècle du rez-de-chaussée. Situé à proximité du centre, l'établissement est pourtant au calme. Il fait bon boire une bière sur la terrasse ou prendre un café servi dans de la porcelaine royale. Le restaurant est également recommandé.

WITTCO FISK & SKALDYR €

Fiskehuskajen 29-31

✆ +45 61 65 27 43

wittcofiskogskaldyr.dk

Ouvert tous les jours de 11h à environ 21h. Plat autour de 120 DKK.

Parmi les alignements de baraques de pêcheurs (toutes peintes d'un rouge éclatant), où le poisson est vendu au détail, un petit restaurant coup de cœur. On y propose aussi, jusqu'en début de soirée (21 heures en général), du poisson extra-frais, cuisiné traditionnellement, à manger sur les tables en bois donnant sur le quai, et à déguster en buvant une bière, tout en faisant face aux bateaux suédois, allemands, norvégiens ou danois, sur lesquels les plaisanciers profitent également de la météo clémente. Une adresse où l'on aime à revenir souvent !

SKAGEN FISKERESTAURANT €€

Fiskehuskajen 13

✆ +45 98 44 35 44

www.skagenfiskerestaurant.dk

Les horaires varient toute l'année selon les saisons et les éventuels évènements privés. Plats de 120 à 275 DKK.

Sur le même quai que Wittco Fisk, se trouvent les légendaires entrepôts de poissons, conçus par Thorvald Bindesbøll. Skagen Fiskerestaurant y est installé depuis 50 ans. Idéalement placé en première ligne avec vue imprenable sur le port, l'établissement joue la carte de l'authentique avec du sable sur le sol, du poisson fraîchement pêché et des fruits de mer dans l'assiette. Une belle terrasse accueille les convives aux beaux jours (chaque été, soirées musicales) et quand la salle est comble, une autre plus confidentielle vous attend à l'étage.

ÎLES FÉROÉ

Un mariage réussi entre nature et culture, c'est possible ? Oui, aux îles Féroé. Un archipel de 18 îlots perdu dans l'Atlantique Nord. Un Paradis perdu entre fjords et monts, où l'homme, cerné par des milliers de moutons et d'oiseaux, se fait tout discret. Ses maisons basses, massives, aux toits aussi verdoyants que les pâturages environnants, se fondent dans le paysage où la brume accroche son voile de mystère. A Kirkjubøur, l'âme viking se ressent. Plus encore, peut-être, autour des ruines de son église, l'une des plus anciennes d'Europe. Mais tout n'est pas qu'une histoire de passé, le présent est ici bien vivant. Torsvahn est une capitale dynamique, créative. La culture s'épanouit entre tradition et modernité. L'art est aussi au rendez-vous dans des musées 2.0. Une identité forte que l'on explore par toutes ses coutures. Sur terre, en randonnée ou à vélo. Sous l'eau et sur l'eau, en plongée ou en bateau. Dans l'air, en hélicoptère.

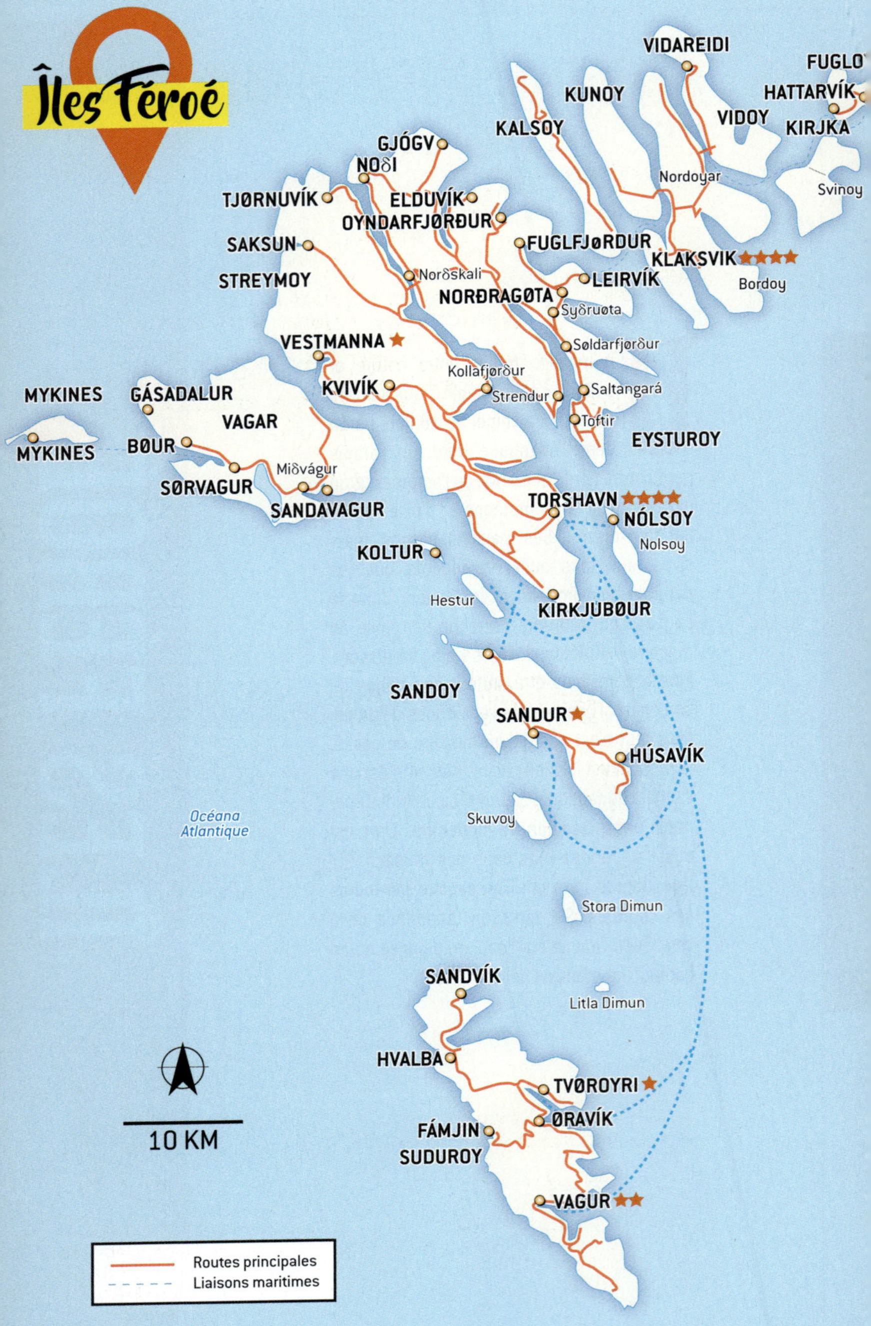
Îles Féroé
VIDAREIDI
FUGLO
KUNOY
HATTARVÍK
KALSOY
VIDOY
KIRJKA
GJÓGV
NOÐI
Nordoyar
Svinoy
TJØRNUVÍK
ELDUVÍK
OYNDARFJØRÐUR
FUGLFJøRDUR
SAKSUN
KLAKSVIK ★★★★
Bordoy
STREYMOY
Norðskali
LEIRVÍK
NORÐRAGØTA
Syðruøta
VESTMANNA ★
Søldarfjørður
Kollafjørður
MYKINES
GÁSADALUR
KVIVÍK
Strendur
Saltangará
VAGAR
Toftir
EYSTUROY
MYKINES
BØUR
Miðvágur
SØRVAGUR
SANDAVAGUR
TORSHAVN ★★★★
NÓLSOY
Nolsoy
KOLTUR
Hestur
KIRKJUBØUR
SANDOY
SANDUR ★
HÚSAVÍK
Skuvoy
Océana
Atlantique
Stora Dimun
SANDVÍK
Litla Dimun
HVALBA
TVØROYRI ★
10 KM
FÁMJIN
ØRAVÍK
SUDUROY
VAGUR ★★
Routes principales
Liaisons maritimes

PAGES

322 ## ●● ÎLE DE STREYMOY

On arrive bien évidemment par la mer et la surprise est partout la même : un écrin de verdure sombre et assez plat, des maisons aux toits de tôle ondulée qui s'étalent sur un plan incliné avec, au loin, quelques montagnes basses. Torshavn et ses 19 000 habitants vous attendent. La population se répartit dans de coquettes maisons que leurs propriétaires s'appliquent à peindre, rivalisant d'éclat avec le voisin, le jaune moutarde de l'un rehaussant le fuchsia de l'autre ! Une image figée dans le temps, comme au début du siècle dernier. On aperçoit les murs blancs de la petite cathédrale qui contrastent de leur éclat immaculé. Elle fut bâtie sur une colline de la ville, juste au-dessus du port coupé en deux par une avancée de terre où se tient le centre historique de Tinganes, siège millénaire du pouvoir féroïen. La grande histoire vient se mêler à la petite histoire de cette île de Streymoy, la plus vaste et la plus peuplée de l'archipel, dont le nom signifie « *Île du courant* ». Effectivement, un courant vif sévit dans l'étroit chenal maritime qui la sépare de l'île voisine d'Esturoy « l'Île de l'Est ». Il change régulièrement de sens et peut aller jusqu'à douze nœuds (22 km/h) ! Attention, danger !

334 ## ●● ÎLE D'EYSTUROY

Deuxième plus grande île, par sa taille et par le nombre de ses habitants. Son relief est particulièrement accidenté, on recense 66 sommets montagneux, isolés les uns des autres, dont Slættaratindur, le plus haut de tout l'archipel. Son sommet culmine à 880 mètres d'altitude. Une randonnée de 4 heures permet d'y accéder. Bon, ça grimpe un peu, les voies sont raides mais une fois en haut, la vue récompense l'effort ! Une partie de ses côtes découpées est recensé en tant que secteur de nidification, de nombreuses espèces d'oiseaux de mer y sont protégées. Des promenades en bateau permettent de les découvrir sans les déranger. Deux fjords divisent l'île en deux sections. Des paysages à apprécier pour leur beauté sauvage.

336 ## ●● ÎLE DE BORÐOY

Borðoy : « l'île promontoire ». Longtemps restée isolée, aucune liaison routière jusqu'en 1989, elle se caractérise par ses cinq sommets, qui rivalisent de hauteur, dont la base vient glisser doucement dans la mer. Ce qui leur confère à la fois un aspect majestueux mais aussi un peu fantastique. De quoi retrouver les sentiments des légendes nordiques... Klaksvik est la colonie principale. Depuis 2006, un tunnel routier et sous-marin, qui descend à 150 mètres sous le niveau de la mer, la relie à l'île d'Eysturoy.

Vidoy : 41 km² mais une concentration de géants ! *Villingadalsfjall*, un sommet à 844 m, le Cap Enniberg, une falaise de 750 mètres de haut, en aplomb au-dessus des flots. En deuxième position sur la liste des promontoires les plus élevés d'Europe, après la falaise de Hornelen, en Norvège. À sa base, l'arche du Seyðtorva (l'Etretat du coin !). Et tout en bas, tout petit, tout riquiqui, un hameau de maisons colorées.

Cette île est le premier point de contact avec les Féroé puisque c'est ici que fut construit l'unique aéroport de l'archipel. 170 000 voyageurs transitent par ce tarmac. La connexion avec Tórshavn, la capitale, est assurée par un tunnel en partie sous-marin. Vue du ciel, vous la reconnaîtrez à sa silhouette particulière : la tête de profil d'un chien ! Pour vous aider, le lac de Fjallavatn (1km2) de superficie se situe à la place de son oeil et le fjord de Sorvag dessine sa gueule, marquée d'un sourire amical !

Phoques gris, fous de Bassan (2 500 couples), Macareux, Guillemots... Les animaux aiment cet îlot de Mykines. Et c'est pour cette faune que l'on vient ici. Peut-être est-ce parce que sa silhouette rocheuse dessine l'un d'entre eux, d'une espèce difficile à déterminée ? En tout cas, on ne peut nier la présence d'un corps et d'une queue, reliés par un pont suspendu de 35 mètres... La légende locale évoque une baleine. Son nom gaélique, un cochon ! Quoi qu'il en soit, le corps, c'est Mykines. Des falaises abruptes et du basalte. Une légende raconte que les colonnes de basalte du Nord seraient les vestiges d'une ancestrale forêt pétrifiée. Et la queue, c'est Mykineshólmur. A peine 0,45 km² de roches cachées sous un lit d'herbes vertes et un phare...

Ces îles Féroé fourmillent de légendes. L'île de Sandoy n'y échappe pas ! Mais elle dénote par son relief beaucoup plus plat et surtout sablonneux. Ici se trouvent des dunes et une plage, celle de Sandur. Sa terre fertile en a fait, de tout temps, une terre agricole (pommes de terre) et d'élevage (6800 moutons recensés mais sans les agneaux !). Enfin, des oiseaux par milliers, vous en verrez ! Notamment une colonie de 100 000 Fulmars du Nord et tout autant de Pétrels...

PAGES

343 ## ● ● ÎLE DE SUÐUROY

C'est l'île la plus méridionale, d'où son nom féroïen d'ailleurs. Elle fut l'une des îles habitée par les humains dès l'époque du Néolithique et peut-être même antérieurement, au Paléolithique. Malheureusement, ces populations disparurent au cours de deux mégatsunamis, venus de la Mer de Norvège, qui ravagèrent ce territoire il y a environ 8150 ans et 7000 ans. Les côtes très fragmentées sont les résidus d'arrachement d'un continent immergé le Doggerland, qui reliait les Iles de la Grande-Bretagne au continent européen en Scandinavie. Voilà pourquoi, les filets de pêcheurs remontent quelquefois des dents de mammouths !

343 **VÁGUR** ★★

343 **TVØROYRI** ★

343 **FÁMJIN**

344 ## ● ● ÎLES DE LITLA DÍMUN ET STÓRA DÍMUN

Deux îles minuscules, deux sœurs jumelles. *Litla Dimun*, la plus petite. Pareille à une île flottante avec sa couverture de neige ou quand un flocon de nuage s'accroche à son sommet ! Ici pas d'humains, mais jadis des moutons dont une race sauvage disparue, visible au musée *Føroya Fornminnissavn* de Torshavn. *Stora Dimun,* familièrement nommée Dimun, n'est accessible que par voie de mer, par temps clair et météo favorable, ou bien par hélicoptère ! La nature à l'état sauvage... Habitée au Moyen-Age, elle est quasiment complètement désertée de nos jours.

344 **LITLA DÍMUN**

344 **STÓRA DÍMUN**

Litla Dimun.

HISTOIRE

Vous avez dit Féroé ? Oui, vous savez, ce petit archipel de 18 îles rocheuses et volcaniques reliées entre elles par des tunnels routiers et des ferries, royaume des randonneurs et des ornithologues, posées comme une suite de points de suspension entre l'Écosse d'un côté et l'Islande de l'autre ! Des îles majoritairement peuplées de moutons ! Véridique ! Car si en féroïen, Føroyar indique des îles au pluriel, en vieux norrois, Færøerne signifie « île aux moutons ». Donc tout est dit dans le nom de l'archipel ! Mais qu'en est-il de l'histoire humaine ? À vrai dire, peu de choses avant le VIe siècle, pour ne pas dire rien. En revanche, dès le Xe siècle, les Vikings colonisent le territoire, évangélisé autour de l'an Mil. Rattachées au royaume de Norvège, les îles passent sous autorité du Danemark avant de retrouver une certaine autonomie en 1948. Mais avant ça, retournons à nos moutons… Au début de l'histoire !

VERS 500 AP. J.-C.

D'un côté, il y a la légende avec saint Brendan, un moine irlandais originaire du comté de Kerry, surnommé le Navigateur. Son premier grand voyage en quête du Paradis perdu l'aurait conduit aux îles Féroé et en Islande vers 515-524. La baie de Brandarsvík porte son nom. Ce personnage méconnu et pourtant mythique, illustre l'un des timbres-poste officiels. De l'autre, de nouvelles preuves archéologique menées à l'occasion d'une étude du Musée national des îles Féroé. Elles situent la colonisation humaine dès le IVe siècle ap. J.-C. À Sondum, sur l'île de Sandoy, un vaste dépôt de sable contenant des cendres de tourbe brûlée (avec des restes d'activités humaines dont des grains d'orge domestiques) a confirmé cette datation. En revanche, l'origine de ces populations demeure inconnue. Enfin, il est avéré que, dès la fin du VIIe siècle, de nombreux moines irlandais en quête de solitude s'installèrent dans des ermitages, ici et dans l'Islande voisine. L'un d'entre eux, Frère Dicuil, rédigea le premier texte faisant référence à l'archipel.

IX-XIE SIÈCLES

Saga des Féroïens et christianisation

Aux siècles suivants, les îles Féroé servirent de tremplin aux colons qui se dispersèrent à travers tout l'Atlantique Nord jusqu'aux rivages de l'Amérique continentale autour du XIe siècle. Qui étaient-ils ? On les appelait les Norses. Entre 800 et 1050, à la recherche de terres fertiles, ils entreprirent une importante colonisation après s'être installés en Écosse et aux Shetland, et avant l'implantation irlandaise. La population, organisée en hameaux de fermes agricoles, se dota d'un parlement, le Løgting (ancêtre de l'actuel Parlement). Une assemblée de gens libres réunis sur un promontoire rocheux, à Tinganes, séparant en deux l'actuel port de Tórshavn.

L'actuel Tinganes.

825 La saga des Féroïens, écrite au début du XIIIe siècle en Islande s'appuie sur la tradition orale pour raconter l'histoire féroïenne. Elle commence avec l'installation du Viking norvégien Grímr Kamban, premier homme à avoir posé un pied sur ces côtes vers l'an 825, afin d'échapper à la tyrannie du roi Harald Ier de Norvège. Ensuite, elle narre comment le Féroïen Simundr Brestisson reçut pour mission du roi de Norvège de prendre le contrôle des îles et de les convertir au christianisme.

999 En dépit de la résistance du chef local Tróndur í Gøtu, le christianisme s'imposa comme religion officielle. À cette époque, les échanges avec les autres clans vikings étaient nombreux. Malgré des ressources en pêche, chasse et surtout en élevage et agriculture, les Féroïens n'avaient pas les moyens de vivre en totale autarcie. Ils importaient de nombreux matériaux (bois, fer…) en échange de la laine de mouton et des produits de la pêche.

1035 À la mort de Tróndur í Gøtu, les îles Féroé furent rattachées à la Norvège. Le monopole du commerce fut alors confié aux marchands norvégiens de la Hanse de Bergen.

XIII-XVIe SIÈCLES

Du christianisme au luthérianisme

En 1120, alors que les échanges se développaient, l'évangélisation étendit son pouvoir à Kirkjubøur avec l'établissement d'un puissant évêché dont le symbole marquant fut la construction d'une cathédrale (1269) restée inachevée. Les évêques avaient tout pouvoir : à chaque acte contraire aux lois chrétiennes, ils confisquaient les terres, à tel point qu'au XVe siècle, la moitié de l'île de Streymoy leur appartenait.

© STEFANO RULLI - SHUTTERSTOCK.COM

Ancienne église de Kirkjubøur.

1349 La pandémie dévastatrice de la Peste noire atteignit les îles Féroé faisant des ravages et tuant environ un tiers de la population.

1380 Entre-temps, la Norvège perdait son influence au profit du royaume du Danemark qui proclama le Royaume dano-norvégien. Les Féroé devinrent alors possession danoise, elles le resteront jusqu'à nos jours.

1536

Les thèses de Luther furent officiellement adoptées par le Danemark qui en fit sa religion d'État. L'évêché fut supprimé, le danois devint langue liturgique (aux Féroé comme en Norvège), et les dignitaires catholiques virent leurs terres et leurs biens confisqués. Par le jeu des héritages et de leurs pouvoirs, l'Église possédait alors 40 % des terres féroïennes. L'évêché fut transféré à Bergen, véritable port continental des Féroé puisque c'est dans cette ville que passait tout le commerce entre le continent et l'archipel.

1579

Longtemps, les îles furent la cible des pirates et des corsaires, parmi lesquels les Français particulièrement redoutés ! Mais ce furent sans doute les attaques sanglantes perpétrées par les « corsaires d'Alger », à la solde des Turcs ottomans, qui marquèrent les esprits pour des générations. De nombreuses légendes les mentionnent et plusieurs tours de guet, aujourd'hui encore visibles sur les hauteurs, datent de cette époque. La construction du fort de Skansin par Magnus Heinason, à l'est de Tórshavn, fit cesser ces attaques. L'homme, devenu un véritable héros national, était un marchand ayant hérité du monopole royal, il s'était vu confier cette mission par le roi danois Frederik II, ce dernier estimant que la piraterie détruisait la rentabilité du commerce dans la région.

© DIMITRIOS KARAMITROS - SHUTTERSTOCK.COM

Le fort de Skansin.

XVIII-XIXe SIÈCLES

Copenhague ne reprit en main le monopole commercial qu'au début du XVIIIe siècle. Avant cette nouvelle ère de prospérité, les Féroé restèrent isolées des grands échanges qu'elles avaient connus au début du Moyen Âge : on ne comptait plus qu'un ou deux bateaux par an. L'archipel vivait dans un grand isolement et subsistait difficilement de ses maigres ressources agricoles, ceci jusqu'à l'arrivée tardive et providentielle de la pomme de terre.

1777-1804

L'extension des terres cultivables fut autorisée pour faire face à la croissance démographique (5 000 habitants au lieu de 3 000 au cours des derniers siècles). D'autres part, la mer offrant près des côtes et des fjords quelques ressources, des explorations maritimes s'organisèrent, dont certaines furent à l'origine de la tradition de la pêche aux globicéphales (baleines noires). Dans cette perspective, les traditionnelles embarcations n'étaient plus adaptées à la pêche à grande échelle. Voilà comment un fermier prit l'initiative de construire le *Nólsoy-Páll*, premier bateau féroïen ponté, aujourd'hui mythique.

Cette année-là, le Danemark signait le traité de Kiel, abandonnant la Norvège mais conservant les Féroé, désormais département danois (le gouverneur étant remplacé par un préfet). Deux ans plus tard, l'Assemblée féroïenne était totalement supprimée pour être rétablie en 1852, mais uniquement à titre consultatif. Un vent de nationalisme souffla pendant toute la
1814 seconde moitié du XIXe siècle (comme d'ailleurs dans le reste de l'Europe) en faveur de l'autonomie, voire de l'indépendance. Économiquement, la pêche hauturière prit de plus en plus d'importance, générant des rivalités de zones de pêche avec d'autres nations telles que la Grande-Bretagne ou la Russie. Vers 1840, une nouvelle technique de conservation se développa : la morue séchée et salée.

Séchage de morue à Tórshavn.

Siècle des grands bouleversements

XXe SIÈCLE Le tournant du siècle fut marqué par la création des partis politiques – Sambandsflokkurin (The Union Party) et Sjálvstýrisflokkurin (Self-Government Party) – et du drapeau féroïen, par des étudiants en 1919. La crise économique mondiale toucha surtout le sud de l'archipel, davantage industrialisé. Ce qui lança la première vague d'émigration de la population, interrompue par la guerre. Les Féroé comptaient environ 26 000 habitants. Dans le même temps, leurs premiers chalutiers à vapeur pêchaient en mer de Barents, près de la Norvège et de l'URSS.

1940 Le Danemark étant occupé par l'Allemagne nazie, les Britanniques mirent en place « l'opération Valentine ». Ils occupèrent les Féroé tandis que les Américains supervisaient l'Islande et le Groenland, assurant ainsi une continuité militaire en prévision d'une invasion allemande. Un aéroport militaire fut construit, transformé depuis en aéroport civil. Les Féroïens poursuivirent leurs activités de pêche, approvisionnant ainsi les marchés de Grande-Bretagne.

1948 Après la Libération, un premier référendum pour l'indépendance fut organisé, l'écart entre le « oui » et le « non » fut de 161 voix seulement. Le statut d'autonomie fut adopté avec : reconnaissance de la langue, du drapeau, du gouvernement ayant compétence pour les affaires internes. Néanmoins, le Danemark garda en charge la défense, la politique étrangère, la justice, la monnaie, et une grande partie des services publics (éducation, poste, protection sociale, etc.). Les années 1950 virent se développer une pêche industrielle qui allait faire la richesse de l'archipel. Grisés par leur prospérité, les Féroïens poussèrent encore plus loin les limites de leur autonomie : ils obtinrent de négocier en leur nom propre avec un pays étranger lorsqu'il s'agissait d'un domaine qui les concernait directement. Ainsi ils répondirent « non » à leur entrée à la CEE en 1974 (alors que le Danemark avait répondu « oui » en 1972), et ils purent, à partir de 1976, émettre leurs propres timbres et assurer le financement de l'éducation puis de la protection sociale.

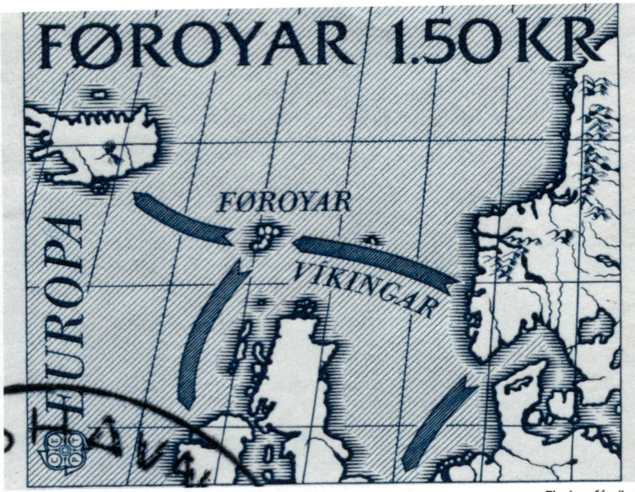

© TRAVELER1116 - ISTOCKPHOTO.COM

Timbre féroïen.

1990

Tout s'écroula ! En 1992, les Féroïens détenaient le record du monde de l'endettement avec 175 000 DDK par habitant (la dette concernait pour 80 % le secteur privé et pour 20 % les pouvoirs publics féroïens), le chômage touchait 20 % de la population active et l'émigration vidait l'archipel de sa jeunesse. Et, sacré coup dur pour l'esprit nationaliste féroïen, le Danemark renfloua les deux banques de l'archipel, devenues insolvables début 1993... Après avoir connu un niveau de vie qui dépassait celui du Danois moyen (achats de 4x4, vacances au soleil à l'étranger, constructions de maisons, etc.), les Féroïens durent faire face à une grave crise.

XXIe SIÈCLE

D'un référendum à un autre

Et puis, il y eut l'espoir du pétrole. Après avoir obtenu de Copenhague la maîtrise et le bénéfice de ses ressources sous-marines, l'archipel poursuivit de longues négociations avec la Grande-Bretagne pour délimiter avec exactitude la frontière maritime qui séparait les Féroé de l'Écosse car, dans cette zone au large des Shetland, se trouvaient d'importants gisements pétroliers.

1999-2001

Un accord fut finalement conclu et le gouvernement de Tórshavn distribua des licences à trois sociétés (américaine, norvégienne et britannique) pour effectuer des forages. Restait à en évaluer la rentabilité. Les premiers résultats évoquant des quantités significatives de pétrole et de gaz furent publiés à l'automne 2001. Dans l'attente, l'économie était déjà repartie grâce au retour du poisson ! Résultat, une intense activité économique et des chantiers pharaoniques dont un tunnel sous-marin reliant Vágar, l'île de l'aéroport, à Streymoy où se situe la capitale Tórshavn. Le Premier ministre féroïen, Anfinn Kallsberg, organisa un nouveau référendum en mai 2001 pour une indépendance au bout de quinze ans. Le Premier ministre danois, Poul Nyrup Rassmussen, fit aussitôt savoir que si le « oui » l'emportait, Copenhague arrêterait, après quatre ans seulement, de verser des subventions qui dépassaient chaque année le milliard de couronnes (plus de 150 millions d'euros). La menace danoise plus les sondages montrant que seulement 3 % des Féroïens voteraient pour l'indépendance firent reculer le gouvernement féroïen. Cette tendance s'affirma de la même façon au cours des sondages suivants.

2008-2020 Kaj Leo, ancien gardien de but de l'équipe national de football et président de l'Union des Féroé, fut choisi pour diriger le gouvernement. La crise financière toucha tardivement les îles, en partie grâce aux liens commerciaux entretenus avec l'Islande. En 2007, le gouvernement prit le contrôle total de l'aéroport de Vága Floghavn et de l'Église d'État des îles Féroé, Fólkakirkjan (auparavant dirigés par les autorités danoises). Mais en 2008, patatras ! Faillites de la principale banque du pays et de la principale usine de poisson.

2013 L'U.E. imposa des sanctions aux îles Féroé en raison d'un différend sur les quotas de pêche du hareng et du maquereau. Boycott interdisant aux navires des îles Féroé transportant du hareng ou du maquereau tous les ports de l'U.E., y compris le Danemark, la Suède et la Finlande. Le boycott fut levé un an plus tard après une avancée des négociations.

2015 Selon un dernier sondage effectué en 2010, 50 % des Féroïens voulaient rester liés au Danemark contre… 50 % qui souhaitaient l'indépendance. Un nouveau référendum était attendu en 2015, à la suite des élections législatives, mais ce dernier n'eut pas lieu malgré un changement de gouvernement. Aksel Vilhelmsson Johannesen, social-démocrate, devint Premier ministre.

2020 Inauguration d'un nouveau tunnel entre les îles de Streymoy et d'Eysturoy. Long de 11 kilomètres, il descend jusqu'à 187 mètres sous l'océan et comprend le premier rond-point sous-marin au monde. Il permet de relier Tórshavn à Runavik en 16 minutes au lieu des 60 minutes nécessaires précédemment ! Maintien du « grind ou grindadrap », la chasse traditionnelle estivale (très controversée) de petits cétacés, un temps menacé d'annulation pour cause de coronavirus.

© FRANCKREPORTER - ISTOCKPHOTO.COM

Ferme piscicole aux Féroé.

TÓRSHAVN ★★★★

Une ville dynamique et sympathique. D'un côté, le port marchand bordé de façades multicolores, de l'autre, le port où accostent les voyageurs, près du vieux fort verdoyant de Skansin, dont les bâtiments sont toujours recouverts de gazon touffu. Le bus qui arrive de l'aéroport descend lentement vers la mer, laissant apercevoir les jardinets des maisons où des morues sont accrochées par une épingle sur le fil à linge. Très vite, l'envie vous prend de vous promener au hasard des ruelles où d'étranges cabanons de bois noir à claire-voie servent encore de garde-manger pour sécher la viande et le poisson. Et le village apparaît avec tous ses attributs de capitale : le quariter historique où se tient l'administration gouvernementale, le petit Parlement, les banques et les boutiques, un peu plus loin le jardin public, le théâtre… Autant de promesses de balades et de découvertes, dans un calme étrange : ici on vit très peu à l'extérieur, habitude des longs hivers nocturnes. On croise quelques habitants qui se disent bonjour systématiquement ou presque (tout le monde se connaît !). En dehors des heures d'ouverture des boutiques, seuls les touristes semblent prendre plaisir à la promenade dans ce monde terriblement dépaysant. Mais ces dernières années, la vie nocturne a changé… Le quota de licence permettant de vendre de l'alcool a été distribué et plusieurs bars et restaurants ont ouvert leurs portes, de même que des discothèques. Les jeunes Féringiens et, en général, tous ceux qui ont eu l'occasion d'aller étudier ou travailler au Danemark ou ailleurs, aspirent à vivre dans une capitale plus ouverte sur le monde moderne.

AQUARIUM DES FÉROÉ (FØROYA SJÓSAVN) ★★

Rættargøta 8

✆ +298 50 51 20

www.sjosavn.net

Du 15 juin au 1er septembre, mardi-dimanche 14h-17h. Octobre-juin week-end uniquement. Adulte 40 DKK, enfant 20 DKK.

Situé sur la colline à 15 minutes à pied du port, l'aquarium offre la possibilité de découvrir la vie dans les fonds de l'océan Atlantique nord. L'initiative remonte à 2006 afin de valoriser le patrimoine naturel et d'aider à mieux le protéger. Plus de 40 des 238 espèces de poissons qu'on peut trouver dans les eaux de l'archipel sont présentées. Des pieuvres, des petits requins, des murènes, mais aussi des crustacés et des poissons rares. Idéal par temps brumeux !

CATHÉDRALE DE TÓRSHAVN (HAVNAR KIRKJA) ✝ ★★

Kirkjuvegur 3

✆ +298 31 39 00

Ouverte de mai à septembre le lundi de 14h30 à 16h30, du mardi au vendredi de 14h30 à 18h, le week-end de 10h à 14h.

C'est l'église de bois blanc qui surplombe le port, à l'entrée de Tinganes. Bâtie en 1788, elle fut reconstruite en 1865. Elle abrite un retable remarquable de style Renaissance tardif représentant la Cène. Sur un panneau du triptyque, une dédicace précise que Hans Sevrensen, ancien marchand des îles Féroé, remit ce retable à l'église de Torshavn en 1647. La cloche de la cathédrale proviendrait d'un navire norvégien qui a coulé le soir du 31 décembre 1707 au large de l'île de Suðuroy.

Le port de Tòrshavn.

ÉGLISE DE L'OUEST [VESTURKIRKJAN] ✝ ★

Landavegur 44
✆ +298 31 42 51
Ouverte le mardi, jeudi et vendredi de 16h à 17h30.

Bâtie en 1975, cette « église de l'Ouest », visible de partout, surprend par son audacieuse architecture contemporaine qui épouse parfaitement son environnement. Sa façade principale superpose deux triangles élancés tels deux voiles de bateau. Ses formes épurées laissent la place à la lumière. L'intérieur sobrement recouvert de bois clair est baigné de clarté au niveau de l'autel et du chœur entièrement peint blanc. Une douce atmosphère s'en dégage...

ÉGLISE SAINTE-MARIE [MARIUKIRKJAN] ✝ ★

Mariugøta 4
✆ +298 31 03 80
www.katolsk.fo
Ouverte tous les jours. Pour la visiter, il suffit de demander la clé au couvent adjacent, Kerit.

Une église catholique, dédiée à la Sainte Vierge et un couvent, c'est beaucoup en pays luthérien où l'on compte à peine 60 catholiques sur 48 000 habitants ! Elle domine le parc, on y accède par Mariugöta. Les sœurs sont francophones et absolument pas cloîtrées. Il faut simplement respecter le silence des lieux. Installées depuis les années 1930, elles ont financé leur église en 1987, en paiement de leur école qui s'est largement développée pour devenir la plus importante de la ville.

GONGIN ★

Gongin

Gongin est un vaste carrefour d'où part la rue piétonne Niels Finsens et qui rassemble, autour de quelques arbres, des bâtiments des XVIIIe et XIXe siècles dont le Parlement, une belle maison blanche au sommet d'un petit monticule, la mairie, l'ancienne école communale, superbement construite en fer à cheval, avec son bois rouge et ses toits verts, (aujourd'hui librairie). Sur une hauteur vers le port, on aperçoit, flanquée d'une tourelle, la maison du gouverneur qui resta longtemps l'unique construction en pierre. Résidence du représentant de l'État danois.

FORT DE SKANSIN [SKANSIN FÆSTNING] ★★

Bâtiments privés mais site en accès libre.

Sur cette pointe à l'est de la baie de Tórshavn, un marchand féringien, Magnus Heinason, fit édifier en 1580 un premier fortin, une sorte de redoute destinée à mieux résister aux incursions des pirates (qui attaquaient depuis le Moyen Âge) et notamment les Turcs d'Alger. Pour faire face à ces attaques répétées contre lesquelles rien ne semblait possible, le roi du Danemark, Frederik II, lui confia temporairement le monopole du commerce. Magnus sembla être l'homme de la situation ! Et pour cause ! Le fort de Skansin a rapidement intimidé les corsaires et Magnus Heinason est devenu un héros national, encore célébré aujourd'hui dans les chants qui accompagnent les danses lors des fêtes populaires.

Détruit et reconstruit à plusieurs reprises au cours des siècles, Skansin a été remis en état lors des guerres napoléoniennes. On le considérait alors comme la plus importante fortification de toute l'Europe du Nord. Lors de la Seconde guerre mondiale, les Britanniques qui occupaient l'archipel, établirent le quartier général de la Royal Navy dans le fort. De nos jours, la petite forteresse ressemble à ce qu'elle était lors de son agrandissement de la fin du XVIIIe siècle. La visite des bâtiments (de petites casemates en pierre aux toits recouverts d'herbe) n'est pas autorisée, mais on peut se promener près du phare et des canons. La vue est superbe : vous dominez la ville de Tórshavn et lorsque vous regardez vers l'est, vous apercevez l'île et le village de Nølsoy.

JETÉE DU PARLEMENT [TINGANES] ★

Tinganes

Sur cette digue qui sépare la baie en deux ports, s'est réunie, il y a 1 000 ans, la première Assemblée féringienne. La plus ancienne porte la date de la construction : 1623. Flâner à travers les ruelles escarpées est un véritable plaisir. Les petites maisons aux toits d'herbe grasse, les morues qui sèchent accrochées aux fils à linge. On se croirait revenu plusieurs siècles en arrière. Qui pourrait croire que ce petit quartier abrite les plus grandes institutions de l'archipel ?

KONGAMMINNIÐ ★

Un obélisque dans un petit square, au-dessus de la ville, construit par Jákup Andrias Arge et H.C. Arnbert. On y accède par la rue Hoyvíksvegur, en partant du port des passagers. Il commémore la première visite d'un souverain danois aux Féroé, le roi Christian IX, en 1874, alors que l'archipel était sous drapeau danois depuis 1380. Cette visite a bien ému le maire de Tórshavn qui serait décédé devant la foule et... le roi du Danemark, pendant son discours de bienvenue. Le roi, très choqué, soutint financièrement la veuve du maire pour le reste de ses jours.

LA MAISON NORDIQUE ★

Norðari ringvegur
✆ +298 35 13 51
www.nlh.fo
Ouverte du lundi au samedi de 10h à 17h, le dimanche à partir de 14h. Entrée libre. Billetterie en ligne.

Cette Maison nordique fut inaugurée en 1983. Tous les pays nordiques ont participé à sa construction. Le bois est suédois, les meubles finlandais, les pierres norvégiennes, le verre et l'acier danois, le toit est islandais… et l'herbe au-dessus est féringienne ! On trouve là un auditorium, une salle de projection et de spectacle, un petit centre de documentation, des salles d'exposition… C'est un passage obligé à Tórshavn. Une architecture étonnante, mélange de modernité et de tradition où tout est parfaitement étudié pour que l'on s'y sente bien.

VIÐARLUNDIN PARK ★

Viðarlundin Park

Un jardin public avec bassins pour les canards, allées éclairées le soir, des fleurs et des arbustes, et quelques arbres qui se dressent, tout fiers d'avoir résisté aux intempéries. Certains de leurs voisins sont encore couchés, déracinés, morts, à cause de la tempête de décembre 1988 qui a détruit les deux tiers des arbres du parc. Près du musée d'Art moderne, se dresse une immense statue : l'équivalent de notre Soldat inconnu, à savoir le Marin inconnu, fêté tous les 1er novembre, en mémoire de tous les Féringiens morts en mer au cours des siècles.

MUSÉE D'ART NATIONAL [LISTASAVN FØROYA] ★★

Gundadalsvegur 9 ✆ +298 31 35 79
www.art.fo
Mai à août tous les jours 11h-17h, septembre à avril du mardi au dimanche, 13h-16h. Adulte : 65 DKK, réduit : 25 DKK.

Un musée d'art qui présente des collections de très grande qualité. Cette galerie, autrefois privée, a été agrandie avec la participation des autorités féringiennes. Les trois salles les plus récentes sont formidablement conçues, à l'image des musées contemporains que l'on trouve en Scandinavie. Agencement, matériaux, utilisation de la lumière naturelle, tout concourt à une mise en valeur des œuvres exposées et tout particulièrement celles d'un enfant du pays, **Mikines**, mort en 1979. Ses toiles, qui laissent deviner une forte personnalité, rendent d'une manière émouvante la terre, la mer, les couleurs de son pays et de ses habitants. Presque figuratives, aux dominantes sombres, elles abondent en scènes bibliques ou en scènes de vie quotidienne des Féroé : les fameuses danses et farandoles, la chasse traditionnelle des globicéphales, les paysages tourmentés, et plusieurs portraits dont certains, datés des années 1930 et 1940, montrent une moitié de visage cachée dans la pénombre.

L'autre forte personnalité de l'archipel, dont la renommée a depuis longtemps dépassé les frontières féringiennes, est l'écrivain **William Heinesen**. On le découvre ici, talentueux caricaturiste et dessinateur, campant des scènes champêtres aux personnages exhibant de gros nez et des yeux exagérés… Dans la cafétéria, à l'entrée du musée, se trouvent ses dessins et collages. Ainsi qu'un très impressionnant et pourtant léger paravent figurant *La Profondeur de la mer*, signé Tróndur Patursson.

OFFICE DU TOURISME

Niels Finsens gøta 17
✆ +298 30 24 25
www.visittorshavn.fo
Haute Saison : lundi-vendredi 8h-17h30, samedi 9h-16h, dimanche en juillet 11h-15h.

Situé dans une petite maison sur la rue piétonne, cet office ne délivre des informations que sur la capitale. À l'étage, on peut s'installer pour lire et écrire des cartes postales. Possibilité de réserver des chambres d'hôtels, des places de camping, des excursions, acheter des permis de pêche pour la truite et le saumon, des cartes postales, des timbres, des souvenirs, etc. On peut aussi surfer sur internet gratuitement. Très important : chaque matin, un bulletin météo est affiché pour toutes les îles. Très utile pour une randonnée ou une promenade en mer.

MUSÉE D'HISTOIRE NATURELLE ★★

V.U. Hammershaimbsgøta 13
© +298 79 05 51
www.savn.fo
Haute saison : lundi au dimanche, 10h à 17h. Basse saison : jeudi et dimanche, 14h à 17h. Adultes 60 DKK.

Les amateurs de cailloux et de plantes seront enchantés par les quantités de vitrines de ce Muséum, exposant différentes roches, ou par le bel herbier, admirablement bien conçu, présentant les plantes de l'archipel. Tout autour, dans d'autres vitrines, s'entassent des oiseaux empaillés parmi les plus variés. Une façon scientifique et pédagogique d'aborder la faune et la flore locales avant de la découvrir en vrai au cours du périple dans l'archipel. Pour voir des macareux bien vivants, et si drôles dans leur maladresse naturelle, il faudra plutôt vous rendre à Mykines. Sinon, vous les trouverez ici sous l'étiquette *Lyndi*, mais l'usage veut qu'on les nomme souvent sous l'appellation anglaise de *Puffin*. Plus loin, sur les étagères, un oiseau se dresse assez haut sur pattes, un long bec rouge : c'est l'oiseau national des Féroé, un *Tjaldur*, c'est-à-dire un huîtrier-pie. En entrant dans la salle suivante, suspendu au plafond, vous verrez le squelette d'un Grindahvalur. Il s'agit de la fameuse baleine noire, apparentée aux dauphins, que les Féringiens chassent traditionnellement lorsque leurs troupeaux approchent des côtes de l'archipel. En français, on les appelle les globicéphales. Ils sont muets, le cri que vous entendrez, après avoir appuyé sur l'interrupteur (si ça fonctionne, ce n'est pas toujours le cas !), concerne les autres squelettes de cette salle ! Dommage que tout soit exclusivement en féringien, y compris les explications sur la chasse à la baleine.

MUSÉE NATIONAL (FØROYA FORNMINNISSAVN) ★★

Brekkutún 6 © +298 34 05 00
www.savn.fo
Mai-septembre lundi-vendredi 10h-17h, samedi-dimanche 14h-17h. En hiver, jeudi et dimanche 14h-17h. Adulte : 60 DKK.

Le Musée national, installé dans un bâtiment vaste et neuf à 4 km du centre-ville présente quelques trésors de la longue histoire de ces îles : des objets vikings, comme cette raquette en bois d'un jeu ancêtre du tennis, des vêtements traditionnels similaires à ceux que vous aurez vus lors d'une fête traditionnelle. Vous comprendrez mieux les difficultés rencontrées par les habitants soumis au monopole royal du Danemark (1709-1856), qui garantissait des débouchés aux productions locales (dont des chaussettes de laine de mouton exposées ici), et l'importation de denrées, mais qui maintint l'archipel dans une dépendance et une stagnation économique de presque deux siècles. Une vue de Tórshavn, peinte en 1700, est la plus ancienne représentation de la ville que l'on connaisse. Dans une vitrine, des moutons naturalisés en 1844 : une race sauvage développée dans l'archipel et dont les derniers représentants furent abattus en 1866 sur l'îlot de Lítla Dímun. Une espèce qui se rapproche des moutons Soyay, qui vivent encore à Saint-Kilda, à l'ouest des îles Hébrides. Un peu plus loin, parmi le matériel de pêche et toutes sortes de couteaux, lanternes et sextants, une boîte carrée assez inédite, munie d'un trou sur le dessus et de 2 compartiments à l'intérieur : une boîte aux langues où chaque pêcheur mettait les langues des poissons pêchés pour être rétribué selon ses prises. D'un côté, les prises du jour, de l'autre, celles de la semaine. Les langues étaient comptées chaque dimanche.

VISITFAROEISLANDS.COM

Gongin 9
© +298 66 65 55
www.visitfaroeislands.com
Ouvert de mi-juillet à fin août du lundi au vendredi de 9h à 16h.

Site officiel de la promotion touristique des îles Féroé, *visitfaroeislands* se complète agréablement par une visite à son petit office de tourisme, ouvert au public uniquement en haute saison. En revanche, le standard téléphonique est ouvert toute l'année. Un site génial où vous trouverez des liens pour écouter de la musique féroïenne, vous pourrez apprendre quelques mots ou phrases utiles à l'aide de Faroe Islands Translate ! Ou pourquoi pas tricoter un pull ou cuisiner de délicieux plats de fruits de mer à l'aide des tutos en ligne !

62°N

Doktara Jakobsens gøta 14-16
© +298 500 600
www.62n.fo
Basse saison : chambres à partir de 995/2295 DKK.Haute saison : chambres à partir de 1295/2995 DKK.

Avec plus de 50 ans d'expérience dans le secteur du voyage, 62°N est l'agence la plus expérimentée des îles Féroé. Elle possède plusieurs hôtels. Le 62°N dispose de chambres single, doubles ou suites (avec salon et thé/café à discrétion) mais toutes sont équipées des standards hôteliers : wi-fi gratuit, télévision. Certaines bénéficient d'un balcon avec vue sur la zone portuaire. Pour les budgets plus serrés, 62°N a sa Guesthouse City Center. Ici,13 chambres accueillantes et lumineuses, toujours en centre-ville : 14 Doktara Jakobsens gøta.

TORA TOURIST TRAFFIC

Niels Finsensgøta 21
✆ +298 31 55 05
www.tora.fo
De 495 à 1 495 DKK par adulte et de 250 à 795 DKK par enfant, selon l'excursion.

Depuis 35 ans, Tora organise des circuits touristiques aussi bien en été qu'en hiver. Chaque été, un programme thématique est établi pour chaque jour de la semaine, les visites comprenant, pour des demi-journées, un café, le bus et le guide ou pour une journée entière, le dîner en plus. Lors de l'excursion, en compagnie d'un guide féroïen professionnel, des histoires locales, des points de vue fantastiques et des bâtiments historiques pour découvrir le plus intime des îles. Parmi les propositions à la journée : le Golden Circle Classic | Saksun, Tjornuvik & Gjogv.

TÓRSHAVN CAMPING €

Yviri við Strond ✆ +298 30 24 25
www.visittorshavn.fo
Ouvert de mai à septembre. Adulte : 95 DKK, enfant : 60 DKK, douche : 10 DKK. Électricité : 50 DKK. WiFi.

Comme tout vrai campeur le sait, le camping est un moyen fantastique de découvrir un pays et une culture. Comme il n'y a pas de zones sauvages publiques ou d'aires communes aux Féroé, le camping sauvage n'est pas autorisé. De même, il n'est pas permis de passer des nuits dans son camping-car le long des routes, dans les aires de repos, le littoral. Sachez que de nombreux campings sont réservés aux tentes. Alors, bienvenue au petit camping municipal de Tórshavn. Motards, routards, camping-cars, famille... Location de chalets. Blocs sanitaires, laverie, cuisine.

HÔTEL STREYM €€

Yviri við Strond 19
✆ +298 35 55 00
www.hotelstreym.com
Chambres de 895 à 995 DKK selon la vue, chambre double : de 1 145 à 1 195 DKK.

Non loin du centre-ville, cette adresse récente est située juste en face de la mer. L'esprit du lieu rappelle les motels au bord de grands axes routiers, un peu à l'américaine ! Les chambres sont spacieuses et lumineuses, typiquement scandinaves, l'aménagement est minimaliste. L'hygiène est irréprochable et la vue superbe. Les inscriptions devant les chambres sont pleines d'humour. L'établissement dispose d'une agence de location de voitures et propose des prix négociés pour les clients de l'hôtel. Navette possible de et vers l'aéroport.

HÔTEL TÓRSHAVN €€

Tórsgøta 2
✆ +298 35 00 00
www.hoteltorshavn.fo
Chambre simple de 890 à 1 290 DKK, double de 1 290 à 1 990 DKK. Petit déjeuner inclus. WiFi.

L'hôtel des marins s'est refait une beauté. Fondé en 1923, il a été agrandi dans les années 1960 et totalement rénové en 1997. Les marins ont toujours droit à un tarif préférentiel (20 % de rabais). Il faut demander une chambre avec vue sur le port. L'hôtel se trouve juste à l'angle du quai où est situé l'office du tourisme des Féroé, près de la cathédrale. La décoration est plutôt sobre, les couleurs tournent autour du saumon, évidemment, et toutes les chambres ont la télé, une douche, et un presse pantalon ! Abrite également un élégant restaurant brasserie.

HOTEL FØROYAR €€€

Oyggjarvegur 49
✆ +298 31 75 00
www.hotelforoyar.fo
Chambre simple 1 500 DKK, chambre double 1 800 DKK. Petit déjeuner inclus.

L'hôtel est situé sur les hauteurs de Tórshavn, vous bénéficierez ainsi d'un très joli panorama (quand la brume ou les nuages ne s'en mêlent pas !). L'intérieur est plutôt impersonnel, très standardisé et sans grand charme. L'emplacement est un également peu excentré, mais (car il y a toujours un mais !) pour ceux qui n'ont pas de voiture, une ligne de bus relie directement le centre. On peut aussi y accéder par un petit chemin bien délimité qui évite la route. Le plus (car il y a toujours un plus !) : son restaurant, le Koks, où déguster des menus gastronomiques.

HÔTEL HAFNIA €€€

Áarvegur 4-10
✆ +298 31 32 33
www.hafnia.fo
Chambre simple à 1 300 DKK, double à partir de 1 500 DKK, suite à 2 500 DKK. Petit déjeuner inclus. WiFi.

Situé près du port derrière le vieux quartier de Tinganes, l'hôtel est agréablement cocooning. Les chambres bénéficient de larges baies avec vue sur la ville. Sobres et élégantes, elles sont décorées de photos anciennes ou de fresques contemporaines. La terrasse offre par ailleurs un beau panorama sur Torshvan. Le restaurant est réputé dans tout l'archipel pour sa cuisine délicate et raffinée, les assiettes sont joliment dressées et le service est impeccable. Et pour les en-cas, poussez la porte de son Café Kaspar ! Et on peut profiter du sauna de l'hôtel !

PANAME CAFÉ €

4 Vagliö
✆ +298 78 82 88
Ouvert du lundi au vendredi de 9h à 23h, le samedi de 10h à 23h, le dimanche de 11h à 18h. Sandwichs 95 DKK environ.

Une belle demeure rouge au toit de verdure, des fenêtres qui descendent jusqu'au sol, de quoi jouir d'une belle lumière ! Une terrasse ombragée. Des bancs et un personnage assis qui vous sourit. Une atmosphère cosy. Des sandwichs, tartes et gâteaux faits maison à partir de produits bio et locaux, des bières issues de petites brasseries indépendantes et une équipe aux petits soins, voilà la recette du Café Paname. Mais le plus de cet établissement : la librairie attenante où vous trouverez aussi bien des livres anciens, que des jouets en bois ou objets de déco.

KAFFIHÚSIÐ €

Bryggjubakki 14
✆ +298 35 87 87
www.kaffihusid.fo
Lundi au samedi de 9h à 18h, dimanche de 12h à 18h ; de juin à août tous les jours jusqu'à 21h. Brunch 165 DKK.

Le café le plus cosy et le plus animé de la capitale, avec une vue magnifique sur le port fréquenté par les jeunes et les moins jeunes. Vous l'identifierez facilement à sa façade ultra-contemporaine habillée de plaques d'acier découpées de motifs floraux, magnifique la nuit car rétro-éclairée. Ici, on sert de délicieux capuccinos, des cafés serrés et des encas très abordables comme des paninis, ou des bagels au saumon et de savoureux desserts. Aux étages, quatre salles de conférence qui peuvent accueillir jusqu'à 60 personnes chacune.

SMAKKA €

Norðari Ringvegur 14
✆ +298 53 54 55
www.smakka.fo
Lundi au vendredi de 9h à 17h, samedi dès 10h, dimanche de 12h à 17h. Plats autour de 140 DKK, snacks autour de 90 DKK.

Situé dans la maison nordique, c'est le lieu idéal pour les petites faims. L'architecture est bien sûr époustouflante. On bénéficie d'une vue panoramique sur le paysage environnant avec la sensation d'être à l'extérieur tout en étant bien au chaud quand la météo vire ! On pourra manger des salades, des soupes, du fromage féroien, de la rhubarbe ou des sandwiches danois. Du bio et du vegan. Les enfants auront même leur propre table avec des jouets. On ne voit pas le temps passer.. Idéal pour faire un break pendant la visite des expositions.

L'ART FÉRINGIEN

Les plus anciens tableaux féringiens datent du milieu du XIXe siècle et sont signés d'un original qui habitait l'île de Sandoy. Mais le premier véritable artiste est né au début du XXe siècle : Samal Joensen Mikines, auteur de toiles mélancoliques et sombres, paysages noirs où contrastent le rouge sang des chasses à la baleine et les portraits des habitants des îles. Auteur d'un art à la fois populaire et très personnel, il est le premier d'une lignée d'artistes qui ont réussi à s'imposer peu à peu dans le paysage culturel de ce pays.

Le coup d'envoi d'une véritable politique culturelle est donné pendant l'occupation nazie du Danemark : des étudiants féringiens à Copenhague, coupés de leur archipel (les Féroé étaient sous contrôle britannique), ont fondé la société artistique des îles Féroé. Après la guerre, les jeunes artistes ont pu revenir à Tórshavn et cette société est devenue très active dans les années 1950, encouragée par les autorités locales, qui financeront la construction d'une galerie d'art ouverte en 1970, agrandie en 1989. On peut y voir les toiles de Mikines, et de nombreux autres artistes locaux.

Aujourd'hui, les artistes sont aidés financièrement par le gouvernement féringien, car ils sont l'expression même de l'âme de cet archipel qui cherche à s'exprimer en tant que nation.

CAFÉ NATÚR €€

Áarvegur 7
✆ +298 31 26 25
Lundi-jeudi de 11h30 à minuit, vendredi et samedi jusqu'à 4h, dimanche de 13h30 à minuit. Plats autour de 85 DKK.

On ne peut pas le manquer, c'est une petite maison au toit engazonné que l'on découvre en arrivant du terminal des passagers, seule au milieu de la rue. Sur le modèle des cafés danois, on y boit et on y mange des petits plats pas chers et parfumés à l'aneth, dans un cadre chaleureux. La salle n'est pas très grande ce qui favorise les contacts. Le public est très mélangé : touristes, piliers de comptoirs ou employés de bureau quittant leur travail. On vient discuter, jouer aux échecs ou écouter de la musique (concerts tous les samedis soirs) !

HVONN BRASSERIE €€

Tórsgøta 4
✆ +298 35 00 00
www.hvonn.fo
Ouvert tous les jours de 7h à 22h. Plats de 90 à 250 DKK environ. Brunch 225 DKK par personne.

Située au sein même de l'hôtel Tórshavn, juste en face de Tinganes et du port, la Hvonn brasserie sert une cuisine internationale : *pitas* mexicaines, spaghettis à la bolognaise, pizzas ou encore des *burgers*. Cela peut permettre de retrouver ses habitudes alimentaires ou faciliter le séjour aux familles avec de jeunes enfants ! Le brunch du dimanche est réputé et fera plaisir à tous. Toutefois, les adultes apprécieront l'ambiance un peu *lounge* du samedi soir, très chaleureuse. C'est un endroit idéal pour passer une soirée agréable.

ÁARSTOVA €€€

Gongin 1
✆ +298 33 30 00
www.aarstova.fo
Ouvert tous les jours de 18h à minuit (la cuisine ferme à 22h). Menus de 500 à 1 300 DKK, plats à 310 DKK.

Un restaurant renommé dans tout le Danemark où l'on sert de la cuisine féringienne et nordique revisitée. Il est également ouvert le matin, lorsque l'équipage du Norrøna arrive à quai. Le charme de l'endroit vous donne l'envie de rester. Une architecture traditionnelle. Un service au féminin, accueillant et souriant. Sobriété, authenticité, originalité dans le décor et dans l'assiette, surtout lorsque on a la chance de déjeuner sur la table en forme de barque viking ! L'été, la terrasse offre une vue panoramique sur le port. En bref, on adore !

RESTAURANT HAFNIA €€€

Áarvegur 4-10
✆ +298 30 80 00
www.hafnia.fo
Du lundi au vendredi 11h30 à 21h30, samedi dès 18h, dimanche de midi à 15h. Buffet 149 DKK, fruits de mer 495 DKK.

Situé dans l'hôtel du même nom, le restaurant est réputé dans tout l'archipel pour sa cuisine délicate et raffinée, les assiettes sont joliment dressées et le service est impeccable. Et pour les en-cas, poussez la porte de son Café Kaspar ! L'occasion de manger quelques spécialités très locales, comme le macareux en sauce. Les noix de Saint-Jacques sont excellentes. En semaine, le déjeuner se présente sous forme de buffet, et le dîner est généralement à la carte. Et pourquoi ne pas profiter du sauna de l'hôtel pour apprécier encore plus le moment !

SIRKUS FÖROYAR

Gríms Kambans Gøta 2
✆ +298 32 31 35
Ouvert du dimanche au jeudi de 17h à minuit, le vendredi et le samedi jusqu'à 4h.

Le meilleur bar des îles, et le plus fréquenté. Très jolie décoration avec un goût prononcé pour le papier peint ! L'ambiance est jeune et branchée. Le seul endroit où on pourra apercevoir des *hipsters* à Tórshavn ! Le bar sert des cocktails originaux et de la bière locale, et au rez-de-chaussée, vous trouverez Bjórkovin (la Beer Cove), le premier bar à bière artisanale des îles Féroé, servant une sélection spéciale de bières principalement islandaises. Concerts tous les jeudis et sessions DJ le samedi soir. On peut même y manger de délicieux hamburgers.

GUÐRUN & GUÐRUN

Niels Finsensgøta 13
✆ +298 31 51 66
www.gudrungudrun.com
Ouvert du lundi au jeudi de 10h à 17h30, le vendredi jusqu'à 18h, le samedi jusqu'à 16h.

Les sœurs Gudrun sont les designers de merveilleux vêtements faits main et fabriqués en laine de mouton 100 % biologique, sans traitement ni teinture. Elles ont remis à la mode le traditionnel chandail classique au motif d'étoiles ! Ces vêtements (tout comme les moutons !) sont connus internationalement. Bill Clinton et la princesse de Jordanie n'ont pas manqué de s'arrêter chez elles afin d'y faire quelques emplettes. Les deux jeunes femmes ont relancé la mode du tricot sur les îles Féroé et collaborent avec les femmes de l'archipel ou du Pérou et de Jordanie.

H. N. JACOBSENS BÓKAHANDIL

Vaglið 2
✆ +298 31 10 36
www.bokhandil.fo
Ouvert du lundi au jeudi de 9h à 17h30, le vendredi jusqu'à 18h, le samedi jusqu'à 16h.

Il faut faire un tour dans cette superbe et immense bâtisse qui s'organise autour d'une cour : la plus ancienne librairie des îles Féroé et l'un des plus anciens magasins encore en activité. Inaugurée en 1865 par le relieur Hans Nicolai Jacobsen, père de Jakob Jakobsen (1864-1918), l'un des philologues féroïens les plus importants. La boutique actuelle est un vrai labyrinthe où se vendent bien sûr des livres, mais aussi des souvenirs, de la vaisselle, des poupées, des jeux vidéo, etc.

RÚSDREKKASØLA LANDSINS

Hoyvíksvegur 67
✆ +298 34 04 00
www.rusan.fo
Ouvert du lundi au vendredi de 10h à 17h30, le samedi jusqu'à 14h.

C'est le magasin du monopole d'Etat. Les Féringiens y trouvent de l'alcool fort et du vin, le touriste pourra y acheter quelques bières du cru plus fortes que celles que l'on trouve en ville. Les îles Féroé ont connu la plus longue période de prohibition au monde, de 1907 à 1992. En 1985, un référendum national sur le commerce de bière et de vin, et le service des spiritueux, a aboli l'interdit. Néanmoins, la prévention de l'alcoolisme passe par ces commerce d'Etat. L'âge minimum légal pour l'achat d'alcool est de 20 ans, et on ne plaisante pas avec la loi.

SIRRI

Áarvegur 12
✆ +298 32 17 06
www.stadid.com
Ouvert du lundi au vendredi de 9h30 à 17h30, le samedi jusqu'à 14h.

« Sirri », c'est le lien entre le berger et le mouton, la manière qu'a ce dernier d'appeler le troupeau ! L'idée derrière cette entreprise familiale, créée en 2000 par Arni et Karin Brattaberg, est d'utiliser les ressources naturelles disponibles dans les îles Féroé afin de créer un produit unique, 100 % bio et 100 % féroïen, sans mélange avec d'autres laines et dont les couleurs sont uniquement à base de teintures végétales. Ailleurs, méfiez-vous, de nombreux pulls sont importés de Norvège, vérifiez l'étiquette si vous souhaitez un produit authentique.

SMS

Á Trapputrøðni
✆ +298 34 19 00
www.sms.fo
Ouvert du lundi au samedi de 9h à 18h, le vendredi jusqu'à 19h.

Le cœur de Tórshavn a longtemps battu autour de son port et de son centre-ville. Ce n'est plus tout à fait vrai aujourd'hui avec le SMS Shopping Center. Tout de bois et de verre bâti, aux toits pentus, une fontaine monumentale en son milieu, il s'organise sur deux étages une grande surface occupant la plus grande partie du rez-de-chaussée. Vous pourrez trouver de quoi grignoter pour vos randonnées ou à vous approvisionner en bière locale, et dénicher quelques marques scandinaves inédites en France (bijoux Nomi, vêtements Name It ou le fleuriste Fipan).

NORÐLÝSIÐ

Vágsbotnur
✆ +298 21 85 20
www.nordlysid.com
Mi-mai à mi-septembre. Les billets s'achètent à l'office de tourisme ou en ligne. Comptez autour de 450 DKK.

Si vous avez le pied marin et le cœur de la trempe de celui des Vikings, alors bienvenue à bord de ce magnifique voilier. Le très sympathique capitaine Birgir possède une magnifique goélette, amarrée sur le port de Tórshavn : Norðlýsið ou « lumière nordique ». Elle fut construite dans les chantiers navals en 1945. Ce matelot au grand cœur organise des sorties en mer, des pêches au requin et même des dîners dans la cale du bateau. Ambiance féringienne authentique au rendez-vous et succulents poissons pêchés dans la journée vous attendent à bord.

RIB 62

✆ +298 56 62 62
www.rib62.com
En été uniquement. Balade de 90 minutes : comptez environ 450 DKK par personne.

A bord de bateaux à moteur ultra rapides, la musique à fond grâce aux enceintes waterproof embarquées, vous découvrirez les grottes spectaculaires de Nólsoy, l'île au sud de Torshavn. Le voyage aller-retour de Gamlarætt à l'île de Hestur comprend le tour de l'île. Lentement, vous vous rapprochez le plus possible des oiseaux sous la falaise, Loftið, dont la paroi verticale mesure environ 300 mètres. Si le temps le permet, vous naviguez également dans les grottes, Álvagjógv et Klæmintsgjógv. Ames sensibles s'abstenir ! Vous pourrez demander une virée sur mesure.

HAVNAR KLUBBI

Tinghúsvegur 8
✆ +298 31 15 52
www.klubbin.fo
Ouvert le mercredi et jeudi de 19h à minuit, le vendredi et samedi de 17h à 4h, le dimanche de 17h à 22h.

Les Féringiens ont longtemps eu l'habitude de se rencontrer entre eux, dans des clubs où ils pouvaient consommer de l'alcool importé en gros. Depuis la fin de la prohibition, au début des années 1990, les clubs ont continué à exister malgré l'ouverture de bars et de restaurants et le commerce d'État régissant la vente d'alcool. En général, on ne peut y accéder que si l'on est membre, certains accepteront si quelqu'un de vos connaissances est dans le club. D'autres, comme le Havnar Klubbi, sont plus facilement accessibles... aux touristes !

LUUX

Tinghúsvegur 8
✆ +298 50 55 77
Ouvert le vendredi et le samedi de 23h à 4h. Âge minimum : 25 ans.

Le rendez-vous nocturne de la jeunesse (plus de 25 ans) de Tórshavn dans cette discothèque, la plus importante de l'archipel. Luux est située dans le centre ville. Elle se déploie sur deux étages et compte deux bars. Une dizaine de tables sont ouvertes à la réservation tous les samedis soir. Il vaut mieux penser à réserver ! Le bâtiment ne paye pas de mine mais c'est le lieu où faire la fête jusqu'au bout de la nuit. Aux platines, les DJ qui électrisent le dancefloor mais il y a aussi des concerts de groupes locaux. Ambiance garantie !

KIRKJUBØUR

Par la route (en cul-de-sac) bus 101 au départ de Tórshavn (fréquents). Accès aussi par la montagne par deux chemins balisés. Il suffit de quitter Tórshavn à l'ouest par Landavegur. (prévoir 2 heures à pied). En grimpant au milieu des ruisselets, le chemin vous conduira par les prés en hauteur, en vous réservant une vue superbe sur l'île de Hestur et ses fermes, reliées par hélicoptère au reste de l'archipel. La balade ne présente pas de difficultés. L'arrivée se fait un peu plus en à-pic, et soudain, sur fond de mer : une petite église blanche près de la grève, de grosses maisons noires aux fenêtres rouges, une église de pierre sans toit ni clocher.

CATHÉDRALE SAINT-MAGNUS (KIRKJUBØMÚRURIN) ★

Kirkjubøur 175
Accès libre.

Dans le pays, on l'appelle aussi « le mur » : elle n'a jamais supporté de toit et est demeurée inachevée depuis que l'évêque catholique Erlend a lancé sa construction au XIVe siècle. Plusieurs énigmes subsistent autour de cette ruine. À l'intérieur, vous verrez cinq croix de Malte et plusieurs têtes d'hommes sculptées. Au sommet de la fenêtre ouest, celle du roi de Norvège Haakon V. À l'arrière de l'édifice, une plaque en pierre ornée d'un calvaire renferme sept reliques.

ÉGLISE SAINT-BRENDAN (BRANDARSKIRKJAN) ★

On n'en voit plus qu'un mur au-dessus des galets, et un morceau de colonne au milieu du pré. Elle fut construite au XVe siècle sur les vestiges de l'église de Marie, elle-même bâtie au XIe siècle. C'est ici, qu'à partir du XIIe siècle, les pouvoirs religieux et royal, alliés, s'étaient fait construire leurs atours et leurs résidences. Dans ce qui est aujourd'hui un simple hameau, se dressaient la demeure de l'évêque des Féroé avec toutes ses dépendances, et pas moins de trois églises !

Le village de Kirkjubøur.

ÉGLISE SAINT-OLAV [ÓLAVSKIRKJAN] ★

Heima á Garði

Cette église médiévale, consacrée au XIIe siècle, fut construite en pierres de taille. Malheureusement, une restauration un peu trop zélée l'a quelque peu défigurée : apports de briques, murs rehaussés, herbe du toit remplacée par de l'ardoise. De plus, on se débarrassa du mobilier et des objets précieux dont certains furent envoyés au Musée national de Copenhague. D'autres (têtes de bancs finement sculptées, triptyque et statues) sont exposées au nouveau Musée national de Tórshavn.

ROYKSTOVAN ★

Heima á Garði 1 ✆ +298 32 80 89

www.patursson.fo

Ouvert de mai à septembre du lundi au samedi de 10h à 17h30, dimanche de 14h à 17h30. Sur demande le reste de l'année.

Cette résidence privée appartient à la famille Patursson. La salle à manger de la vieille maison constitue un témoignage unique du mode de vie des Vikings et de leurs descendants chrétiens. Il y a 900 ans, cette salle d'où la fumée s'échappait par le toit était appelée *roykstova*. Celle-ci, longue de 50 m, serait la plus ancienne du monde à être encore utilisée. Une légende raconte qu'un bateau norvégien ayant perdu sa cargaison, et dont les bois étaient numérotés, aurait échoué ici ! Le bois s'est semble s'être pétrifié à cause de la suie, la fumée n'étant pas entièrement évacuée. L'antique *roykstova* est d'une beauté impressionnante, dommage qu'elle soit meublée et décorée dans un style anachronique, celui du XXe siècle.

De nos jours, cette ancienne demeure est entièrement en bois alors que, quelques siècles en arrière, elle était en pierre sur deux étages. Les planchers étaient fabriqués avec le bois flotté trouvé sur les rivages de Kirkjubøur. Néanmoins, les soubassements sont faits de murs de pierre particulièrement épais : jusqu'à 2 m de largeur par endroit ! Autrefois, des tours de guet s'élevaient de part et d'autre. En parallèle se trouvait un bâtiment identique dont témoignent quelques pierres. Entre les deux s'étendait une cour pavée. Un second édifice datant du XVIIIe siècle est habité.

À l'extérieur, les montants des portes et les arcs ont été taillés au début du XXe siècle, quand fut restaurée une partie de la maison. L'ensemble fut construit sur les fondements de la fière cité des évêques de Kirkjubøur.

KOLTUR

Un îlot au sud-ouest d'Eysturoy, long de 2,5 km, dominé par une montagne de 477 m de haut, et habité par une famille de fermiers... Rien de très original, même si on peut apprécier l'isolement total et le silence du lieu très inhabituel à notre époque. Quelques visiteurs traînent leurs chaussures de randonnée jusqu'ici pour découvrir cette ferme classée monument historique où les propriétaires sont heureux de vous recevoir. Et puis, c'est l'occasion de goûter le jambon local, ce fameux mouton séché dans les cabanes à claires-voies, servi sur une tranche de pain beurré. La reine du Danemark a même souhaité y faire halte presque 300 ans après Frédéric VII.

KOLTURSGARÐUR ★

Ile privée. Ne se visite pas mais ouverture parfois au public (se renseigner auprès d'Atlantic Airways).

Une ferme classée monument historique, faite de pierre et couverte de tourbe herbeuse, et jalousement préservée par les Monuments historiques locaux. En 1994, Bjørn et Lúkka décidèrent de louer l'île au gouvernement, les derniers habitants l'ayant désertée depuis plusieurs années. Ils s'y sont installés et accueillent exceptionnellement des visiteurs – l'occasion de goûter le jambon local, ce fameux mouton séché dans les cabanes à claires-voies, sur une tranche de pain beurré. Ils peuvent aussi accompagner pour une promenade vers les falaises aux oiseaux.

VESTMANNA ★

Ce gros village de 1 300 habitants s'est développé autour de son port. Vestmanna est aussi l'endroit d'où l'archipel tire une partie de son électricité. L'énorme pipeline qui balafre la montagne en arrière-plan transporte de l'eau qui s'écoule d'un lac derrière la montagne, et dégringole le versant à pic au-dessus de la ville pour venir faire tourner les turbines de l'usine hydroélectrique. Le relief est particulièrement tourmenté, la route qui part de Vetstmanna vers Tórshavn vous emmène presque dans les nuages ! Au nord de la ville, d'énormes falaises percées de grottes et de cavernes maritimes font partie des visites incontournables.

MUSÉE DE CIRE [SAGAMUSEUM] ★

✆ +298 47 15 00

Ouvert tous les jours, en saison, de 9h à 17h. 50 % de remise si vous avez fait l'excursion sur les bateaux Skúvadal.

Sagamuseum porte bien son nom puisque ici, on vous raconte le passé à la manière des sagas nordiques ! Un musée de cire, et pour tout dire le seul des îles, qui présente dix-sept reproductions de personnages emblématiques de l'histoire des Féroé, saisissantes de réalisme. Ils vous racontent l'épopée féringienne depuis l'arrivée des premier colons jusqu'à nos jours. Cela peut paraître un peu kitsch ou surfait mais en général les enfants adorent ! Du moins, les plus téméraires...

GUNNAR SKÚVADAL ★

✆ +298 47 15 00

www.puffin.fo

D'avril à septembre. Départs à 10h, 14h30 et 17h. Adultes : 295 DKK, enfant de 6 à 13 ans : 160 DKK.

Gunnar accueille les touristes depuis 30 ans. La famille Skúvadal, grande concurrente de Pali, propose deux bateaux pour 12 et 28 passagers, et offre les mêmes services. Le sujet récurrent concerne souvent la traditionnelle chasse à la baleine, très importante pour les Féringiens mais soumise depuis quelques années aux réglementations les plus strictes concernant la souffrance animale. Plusieurs types d'excursions : pêche, croisière de 2 heures aux falaises aux oiseaux ou Mykenes « la perle des Féroé » (sortie de 7-8 heures dont 3 heures sur l'île).

PALLI LAMHAUGE ★

✆ +298 42 41 55

www.sightseeing.fo

D'avril à septembre. Départs à 10h, 14h30 et 17h. Adulte : 295 DKK, enfant de 6 à 13 ans : 165 DKK.

Palli est un vieux loup de mer, qui parfois donne l'alerte en apercevant un banc de globicéphales au cours de ses sorties. Il vous explique mieux que quiconque ce que représente la chasse à la baleine pour les Féringiens, soumise depuis quelques années aux réglementations les plus strictes concernant la souffrance animale. Dans la cabane de la marina de Vestmanna, où sont vendus les billets d'accès à son bateau, Palli vend une vidéo montrant les falaises, les oiseaux et un prince à bord, Frederik de Danemark ! Café et thé offerts durant l'excursion de 2 heures.

VESTMANNABJØRGINI ★

✆ +298 42 41 55

www.sightseeing.fo

Compter 295 DKK le tour de bateau autour des falaises pour un adulte et 165 DKK pour les enfants entre 6 et 13 ans.

Rochers et grottes. Les fameuses falaises à oiseaux, *birdcliffs* des prospectus et des tour-opérateurs locaux, comme autant d'immenses cathédrales de pierre. Naviguez entre les crevasses et les pitons rocheux, pénétrez cette terre féringienne si massive et mystérieuse. On ne peux pas vraiment s'approcher des oiseaux mais on voit plonger les macareux et tournoyer les fulmars au-dessus du bateau. En revanche, pour le dépaysement et le frisson (à cause du spectacle grandiose mais aussi à cause du froid, prenez un pull même s'il fait beau !), c'est à ne pas manquer.

KVIVÍK

Une petite route descend dans la grande voie qui mène à Vestmanna (ou à Tórshavn dans l'autre sens). C'est par ce petit village en contrebas, au bord d'une mer qui semble grignoter la roche, qu'il faut faire un détour pour mieux imaginer le cadre de vie des premiers Vikings débarquant dans l'archipel. Les fouilles archéologiques ont révélé ici une présence ancienne de ces navigateurs incroyables. Le village s'est dévelppé des deux côtés d'une baie étroite et de la petite rivière Stora. Kivik est réputé pour son club d'aviron : Kvívíkar Sóknar Róðrarfelag. Un de leurs bateaux, le Junkarin, a remporté à plusieurs reprises le championnat des îles Féroé.

FERME VIKING ★

Découverte en 1942, elle est le meilleur exemple de ferme viking, même si seules les fondations sont visibles. Cette ferme comprenait une salle de plus de 20 m de long, avec un âtre en son centre et des bancs de terre le long des murs. Le toit était soutenu par des poteaux de bois dont on peut encore voir les emplacements au sol. Non loin, un autre bâtiment servait d'étable. Douze vaches pouvaient y tenir. Les archéologues ont trouvé des fragments d'ustensiles de cuisine et des jouets en bois, de nos jours exposés au Musée national de Tórshavn.

SAKSUN

Très prisée par les groupes scouts et les campeurs, cette région des Féroé offre un paysage des plus surprenants. Au détour du dernier virage, on verra apparaître à la fois le plus champêtre et le plus maritime des tableaux. Saksun, un village idyllique figé dans le temps, avec son église au toit de gazon nichée au milieu d'un vallon verdoyant incliné vers une baie, sorte de fjord dans lequel la mer ne pénètre qu'à marée haute. Quelques vieilles maisons de pierre et d'herbe, dont l'une abrite le musée Duvugarðar, consacré à la vie d'autrefois. Une grande cascade au loin, quelques vaches, un cheval et les enfants de la ferme. Bucolique et enchanteur !

ÉGLISE [KIRKJA] ★

Difficile de trouver un plus bel endroit, à la fois hors du temps et en harmonie avec la nature environnante. Une clôture en pierres sèches, un portillon, des murs blancs et le toit recouvert d'herbe, cette petite église traditionnelle ressort grâce à son clocher et sa croix visible de loin. La date de 1858 inscrite à l'entrée ne correspond pas à sa construction, mais à son déménagement. Elle fut en fait construite en 1693 à Tjørnuvík et transportée à travers les montagnes en pièces détachées jusqu'à Saksun au milieu du XIXe siècle !

MUSÉE DUVUGARÐAR ★

✆ +298 21 07 00

Ouvert du vendredi au mercredi, de mi-juin à mi-août, de 14h à 17h.

Cette ancienne ferme a été parfaitement conservée et permet de mieux faire connaissance avec le quotidien des paysans féringiens du XXe siècle. Il faut d'abord trouver l'entrée : une petite porte en bois située derrière la maison. On pénètre alors dans une pièce au sol en terre battue qui servait de cuisine, véritable « salle de la fumée » ou *roykstova* avec sa cheminée centrale ouverte et son trou dans le toit pour laisser sortir la fumée du foyer, mais qui servait aussi d'unique source de lumière. La cuisine, encombrée d'ustensiles en tout genre, comportait des lits dans des alcôves, destinés aux employés de la ferme. Ceux-ci vivaient bien protégés du froid extérieur. Les fermiers dormaient dans la pièce d'à côté. Celle-ci était équipée d'un plancher, et meublée de façon rustique mais confortable car cette chambre servait par ailleurs de salon où accueillir les invités et se réunir le dimanche.

Ajoutée au XVIIIe siècle à la ferme traditionnelle, une pièce annexe porte le nom de *glasstova* car elle comporte des fenêtres à carreaux. Cette habitude ne fit son apparition sur l'archipel qu'à cette même époque. Le foyer du *roykstova* permettait de également de chauffer la *glasstova*. Des pièces adjacentes ont petit à petit remplacé une partie de la maison bâtie à la fin du XVIIIe siècle. Au nord, d'autres pièces ont été ajoutées pour permettre au prêtre de la paroisse de séjourner à Saksun au moment de la construction de l'église dans le hameau, en 1858. Mobilier et ustensiles datent du XIXe et du début du XXe siècle.

TJØRNUVÍK

Soudain, on aperçoit une plage de sable noir fin, cachée au fond d'une baie en forme de conque, entourée de rochers et d'une montagne qui descend en gradins entrecoupés de multiples cascades. Tjørnuvík est situé à l'entrée d'un détroit qui sépare Streymoy d'Eysturoy. Ce petit village fait face à Eiði et, depuis la plage très bien exposée pour le surf, on aperçoit les fameux pitons rocheux appelés « le Géant et la Sorcière ». Une randonnée d'environ 7 kilomètres vous emmènera sur les hauteurs où la vue mérite la grimpette. Elle est à couper le souffle ! Avec sa population de 64 habitants et sa petite église, Tjornuvik a des airs de bout du monde.

CIMETIÈRE VIKING ★★

C'est en 1956 que les premières fouilles ont été menées. On a retrouvé ici les restes de douze personnes, dans un cimetière situé sous le sable, près de la plage et à proximité d'une ancienne piste conduisant au village voisin. Certains des corps gisaient complètement étendus sur le dos, d'autres étaient couchés sur le côté gauche, les genoux pliés, et tous avaient la tête vers le nord. De récentes fouilles ont permis de découvrir, sous une maison construite en 1936, les fondations d'une maison viking comportant plusieurs pièces dont 4,5 m ont pu être dégagés.

EIÐI

Ici encore, un paysage de carte postale ! A l'entrée d'un de ces longs fjords étroits qui découpent les Féroé dans le sens nord-est/sud-ouest, juste en face de Tjørnuvík, se trouve ce petit village avec son port aux deux digues pour mieux s'abriter de la mer toute proche, et son terrain de football au ras de l'eau. Eiði signifie « isthme ». De la montagne, qui très vite commence à la lisière du village, une superbe vue se découvre vers les terres, par cette saignée maritime qui semble infinie… Ne pas hésiter à entrer dans la petite église du pays, décorée de bois peint et sculpté, les murs parcourus de liserés colorés et de motifs tout simples.

GJÓGV

Une brèche dans la roche des Féroé, comme une balafre étroite que la mer tente de combler : Gjógv signifie ravin. Une excursion à ne pas manquer. De nombreuses randonnées autour de la gorge sont possibles. Le petit port vient se nicher dans une faille de la falaise. Très profonde, elle possède au fond un plan incliné en ciment qui permet de treuiller les bateaux en cas de mauvais temps. Éminemment photogénique, avec ses bateaux colorés, ce lieu offre une sombre perspective vers la mer. L'image la plus connue des îles Féroé. Le village avec ses maisons blanches aux toits colorés se positionne sur le plateau, le long de la route pénétrant les terres.

LE GÉANT ET LA SORCIÈRE (RISIN OG KELLINGIN) ★★

La légende raconte que ces deux pitons de roche isolés dans la mer au pied de la falaise, étaient au temps jadis un pêcheur et sa femme (qui était enceinte) venus d'Islande. Trouvant les Féroé très belles, ils voulurent les tirer vers l'Islande, mais après avoir attaché la falaise, ils furent surpris par la nuit et changés en pierre par la colère des dieux. Ces géants pétrifiés dressent leur quarantaine de mètres de hauteur dans un site véritablement grandiose.

GJÁARGARÐUR GUESTHOUSE €€

Dalavegur 20 ✆ +298 42 31 71
www.gjaargardur.fo
Chambre simple de 895 à 995 DDK, double de 895 à 1 195 DDK. Petit déjeuner inclus. WiFi.

Le seul hébergement de Gjógv, une belle auberge avec une vue superbe sur le fjord. L'architecture intérieure est particulièrement réussie avec une charpente basse et des alcôves sur les côtés, imitant les habitations vikings des premiers Féringiens. On y dort bien pour pas cher. Les chambres à l'étage bénéficient d'une vue à couper le souffle, surtout au lever du soleil. Si on est de passage au cours d'une excursion, on pourra y déguster un café et quelques crêpes délicieuses. Une auberge coup de cœur, à ne rater sous aucun prétexte.

ÎLES FÉROÉ

Le Géant et la Sorcière (Risin og Kellingin).

© ANDY PELLETT - SHUTTERSTOCK.COM

Pêche au saumon dans l'Oyndarfjørður.

OYNDARFJØRÐUR

Les Rolling Stones aux Féroé ! Oyndarfjørður (un des plus vieux villages Féroéien) porte le prénom masculin *Oyvindur*. Il semble perdu au bout du monde, pourtant les première sources écrites mentionnent la localité dès le début du XIVe siècle, sans doute antérieure. Juste à l'entrée de ce petit village de 139 habitants, avant le port, il faut s'arrêter un instant pour regarder un phénomène qui a de tout temps fasciné : *rinkusteinar*, des rochers qui roulent sous l'effet du courant. L'effet est d'autant plus saisissant quand la mer est agitée. Les deux pierres branlantes, cernées par les algues, sont reliées par une chaîne ou un filin, sont étonnantes.

NORÐRAGØTA

Accès : à l'entrée du tunnel qui rejoint Leirvík. Bus 400. On s'arrête ici pour cette ferme bien préservée qui témoigne d'un art de vivre. Toutes les pièces se visitent. La cuisine avec son foyer ouvert (à un angle de la pièce), les chambres à coucher avec les lits à alcôve, les rouets, le mobilier et les photos jaunies. La grange se visite également, avec tous les équipements nécessaires aux chevaux. Un voyage dans le mode de vie passé des Féringiens. C'est un miracle que cet ensemble ait résisté à la modernité. En effet, le village devait être rasé pour y faire passer la route. Mais elle a finalement été construite à quelques mètres de là.

FUGLAFJØRÐUR

Quatrième ville d'importance de l'archipel (1 538 habitants), Fuglafjørður veille sur son petit port très animé et riche en couleurs. Le village s'étend au fond d'une baie et se développe sur les collines escarpées environnantes. Les fouilles ont révélé une occupation du site dès le milieu du Xe siècle. La source d'eau chaude Varmakelda et ses vertus curatives, se situe un peu plus au sud de la ville. Sa température, d'environ 18 degrés, est constante tout au long de l'année. Le premier week-end de juillet, les Féringiens s'y rassemblent pour y célébrer le solstice d'été. On y chante, on discourt et on passe un bon moment au coin du feu.

MUSÉE BLÁSASTOVA ★

Gøtu fornminnissavn
✆ +298 22 27 17
www.blasastova.fo
Ouvert de mi-mai à mi-septembre le lundi, le mardi et le week-end de 14h à 16h.

Si l'on n'a pas vu la ferme de Saksun, ou si l'on n'a pas le temps d'y passer, il est vivement conseillé de s'arrêter au Musée Blasastova. L'environnement est moins plaisant qu'à Saksun, car cette ancienne ferme est conservée au milieu de constructions neuves. Néanmoins, ses cinq petites maisons et leur petite église forment un ensemble harmonieux. Une occasion unique de voir une ancienne communauté villageoise féringienne. Ce petit hameau fut construit en 1835, tout comme l'église qui fut agrandie en 1860. Les groupes peuvent réserver un déjeuner typique.

KLAKSVÍK ★★★★

Avec ses 4 900 habitants, c'est la seconde ville de l'archipel. Elle est enclavée le long du port qui se déploie sur les deux rives d'un isthme étroit, d'où son nom « klakkur » qui signifie « falaise » et « vík » la « baie ». C'est le plus grand port de pêche des Féroé et un centre industriel qui a grandi de façon exponentielle tout au long du XXe siècle (la population a été multipliée par huit en 80 ans), avant d'être durement touché par la crise de la pêche des années 1990. Incontournable à Klaksvík, la brasserie familiale Föroya Bjór fondée en 1888 avec pour emblème un bélier. La route en boucle lui confère une étrange géographie.

MUSÉE DU NORD (NORÐOYA FORMINNASAVN) ★★

Klaksvíksvegur 86
✆ +298 45 62 87
Ouvert tous les jours de mi-mai à mi-septembre de 13h à 16h.

Près de la brasserie des bières Föroyar sur le port, un vieux bâtiment noir, ancienne pharmacie, témoigne de la puissance que pouvait conférer dans la région l'ancien monopole royal du commerce. Le marchand qui s'était fait construire cette maison en 1838 avait même battu sa propre monnaie ! Le musée a été fondé en 1968. Il y a deux expositions. Une sur la vie quotidienne aux îles Féroé ces dernières années. La deuxième, The Chemistry, fut aménagée en 1919 en atelier de drapier.

ÉGLISE SAINT-CHRISTIAN (CHRISTIANSKIRKJAN) ★

Kirkjubrekka 6
✆ +298 75 50 72
Ouverte tous les jours de mi-mai à mi-septembre de 10h à 16h.

Un bel exemple d'architecture à la fois audacieuse et traditionnelle. Cette église, bâtie au début des années 1960, est dédiée au roi Christian X, mort en 1947, et à tous les marins disparus durant la Seconde Guerre mondiale. Elle fut inaugurée par le fils de Christian X, Frederik IX, en 1963. La fresque derrière l'autel a été réalisée en 1901, par le peintre danois Joachim Skovgård pour l'église de Viborg au Danemark mais menacée par l'humidité, elle a été transférée sur toile.

HOTEL KLAKSVÍK €€

Víkavegur 38
✆ +298 45 53 33
www.hotelklaksvik.fo
Chambre simple à 895 DKK, double à 1 095 DKK. Petit déjeuner inclus. WiFi.

C'est l'auberge des marins, dont la grande façade blanche domine fièrement la baie, au-dessus de la brasserie Föroya Bjór. Situé à 4 minutes à pied du port, cet hôtel sans prétention, mais à flanc de colline avec vue sur la montagne, se trouve également à 6 minutes à pied de Christianskirkjan. Les chambres sont meublées simplement et pour la plupart comprennent une salle de bains privative. Il n'y a pas d'ascenseur. Le petit déjeuner buffet est gratuit. Un restaurant convivial mais sans alcool ! Un parking est disponible sur place.

© WINSTON SPRINGWATER - SHUTTERSTOCK.COM

Vue sur Klaksvík.

BRASSERIE FØROYAR

Föroya Bjór
✆ +298 47 54 54
www.bjor.fo

Visites guidées organisées par l'office du tourisme.

On ne peut pas la manquer, de l'autre côté du terminal du ferry, près du musée, avec son emblème peint sur tout le côté : un bélier vu de face. On peut visiter. C'est la meilleure bière de l'archipel. En 1883, Símun F. Hansen partit au Danemark pour apprendre l'art du brassage. À son retour aux îles Féroé en 1888, il créa sa propre brasserie à Klaksvík, la deuxième à être établie dans le pays. La première brasserie était Restorffs Bryggjarí. Depuis 2009, et l'ouverture d'un bureau à Reykjanesbær, la compagnie a commencé à exporter ses produits en Islande.

LEIKALUND

Klaksvíksvegur 84
✆ +298 45 71 51
www.leikalund.com

Ouvert du lundi au vendredi de 12h à 17h, le samedi de 10h à 14h.

Une vieille librairie où on peut acheter de nombreux CD de musique féroïenne. C'est aussi une belle galerie où l'on peut boire un thé servi par les très sympathiques propriétaires. Autrefois, il s'agissait du seul magasin des îles du Nord, ouvert en 1838, et connu sous le nom de Klaksvíkshandilin. C'était à l'époque du monopole du commerce royal danois. Aujourd'hui, des concerts et des expositions d'art ont également lieu dans ce lieu fascinant. Et si vous voulez rapporter à la maison un morceau de la culture féroïenne, vous trouverez aussi des bijoux locaux.

NORÐOYA HEIMAVIRKI

Tingstøðin
✆ +298 45 68 99

Ouvert du lundi au vendredi de 13h à 17h30, le samedi de 10h à 13h.

Une curieuse boutique d'artisanat vous attend au bord du fjord. Il s'agit des produits fabriqués par une coopérative fondée voilà presque 40 ans. La boutique vend divers produits et met en avant le fait-main : des pulls, du fil à tricoter, des moufles, de la dentelle, de la poterie et des souvenirs. Vous pouvez même acheter du café et des bonbons. Une belle initiative qui regroupe environ 130 membres, des artisans locaux bien évidemment. La layette et les accessoires pour bébé feront craquer les parents. De beaux produits à offrir.

PLONGÉE SOUS MARINE

Vágsheygsgota 38
✆ +298 21 89 29
www.faroedive.fo

Cours de découverte. En eau libre 695 DKK, en piscine : 540 DKK.

Si vous désirez essayer la plongée, le programme Discover Scuba Diving est fait pour vous. Facile et accessible, et cela ne prend que peu de temps. Avant la plongée, l'instructeur passera en revue les bases de la plongée : l'équipement, la sécurité, la signalisation... Lorsque vous serez prêt, l'instructeur vous conduira dans le monde sous-marin. Faites des bulles dans les cavités des îles, une expérience fantasmagorique ! Vous pourrez passer votre premier niveau, et pour les plus expérimentés, explorer des grottes sous-marines à plus de 30 mètres de profondeur.

SKÚLASKIPIÐ DRAGIN

Traðagøta 27
✆ +298 75 66 61
www.dragin.fo

De juin à août, un départ par jour à 18h, retour vers 21h30. Adulte : 400 DKK.

Durant l'été, le vaisseau viking *Dragin* vous emmène sur les fameuses falaises aux oiseaux du nord de Klaksvík et au nord de Kunoyarnakk. À bord, vous découvrirez la vie des marins. Et on vous servira une soupe et un café. Le bateau peut également être réservé pour des pêches en haute mer. *Dragin* est avant tout un navire-école, mais le grand public a la possibilité d'en profiter aussi. Ce projet de sauvegarde de voilier historique remonte à 25 ans en arrière. Ce bateau peut être amené à voyager en haute mer vers l'Écosse, l'Islande ou la Norvège.

VIÐAREIÐI

Il faut arriver à Viðareiði en fin de journée. On est ici à 800 m d'altitude, et, pour peu que le temps soit gris, on aura l'impression de toucher les nuages avec la tête tant le plafond nuageux est bas. Une crainte terrible connue par les vikings d'où leurs casques à corne ! Pourtant, du côté de l'océan, à l'ouest, le soleil se couche dans un ciel dégagé. Mais quelle que soit la météo du jour, la première rencontre avec ce petit village traditionnel reste inoubliable – église blanche et maisonnettes aux toits de gazon agglutinées au pied du géant : le mont Villingdalsfjall qui culmine à 844 mètres d'altitude, troisième plus haut sommet de l'archipel.
À l'arrière-plan, dans cette étrange vallée, au milieu de laquelle coule un torrent et qui abrite 300 âmes, s'éparpillent des maisons modernes. Presque toutes ces habitations de bois, recouvertes de tôles, sont bâties à la perpendiculaire de la mer, pour mieux lutter contre le vent l'hiver. Les distances entre les maisons sont plutôt étendues, et loin de la côte, les rues droites bordées de fils électriques et de lampadaires semblent rejoindre très loin la ligne d'horizon, sous une lumière particulière, un peu métallique. C'est l'agglomération la plus septentrionale de l'archipel. Dans ce village presque irréel, on se sentira au bout du monde. Une virée vers le Cap Enniberg, a plus haute falaise maritime du monde, affirme-t-on aux Féroé, surplombant les vagues de ses 750 m, clôturera votre séjour en beauté.

© THIERRY LAUZUN - ICONOTEC

Vidareidi.

ÉGLISE (KIRKJA) ★

Une petite église entièrement blanche, tournée vers l'horizon et les côtes découpées du littoral rocheux, un peu à l'écart des maisonnettes du village. Un vaisseau unique, percé de hautes fenêtres en verre blanc, cerné par un muret de pierres sèches. À l'intérieur, vous verrez deux pièces spécifiques en argent : l'autel offert par le gouvernement britannique après le naufrage, à l'est de Viðareiði, du *Marwood*, au milieu du XIXe siècle., et le crucifix daté du XVIe siècle. À l'extérieur, le cimetière, très modeste, quelques croix dressées vers le ciel.

LA MAISON DU PASTEUR (REKTOR) ★

C'est ici qu'aurait réellement vécu Beinta, rebaptisée Barbara, son héroïne dans le roman de Jørgen-Frantz Jacobsen. Ce roman, paru en 1939, mêle sa relation sentimentale désespérée avec sa cousine Estrid Bannister Good au mythe de Beinta Brobers, jeune épouse de deux pasteurs, dont la grâce et la beauté séduisaient tous les esprits. Parlant de son héroïne : « À sa manière, elle est également fidèle mais toujours elle succombe. Il y a chez elle quelque chose de tragique. »

HÔTEL NORD €€

✆ +298 45 12 44

www.hotelnord.fo

Chambre simple à 700 DKK, double à 900 DKK, suite à 1 200 DKK. Petit déjeuner inclus. WiFi dans le hall. Parking.

L'endroit, tout en longueur, paraît immense, et le bâtiment, malgré sa réhabilitation récente, a conservé son look des années 1970. L'accueil est particulièrement chaleureux : on vous sert gracieusement le café dans la salle de billard et de télé après le repas, les propriétaires vous dépannent lorsque le bus a des ratés. Et si les chambres sont assez petites, la cuisine est excellente et bon marché. Bon rapport qualité-prix. Les propriétaires, Miriam Matras Heinesen et Jógvan Heinesen, seront au petit soin pendant toute la durée de votre séjour.

SANDAVÁGUR ★

Élue ville la mieux préservée de tout l'archipel, Sandavágur s'étend non loin de sa voisine Miðvágur, à mi-chemin entre l'aéroport et Oyrargjov où s'effectue l'embarquement pour Vestmanna, sur l'île de Streymoy. C'est dans cette région que se fabriquent encore aujourd'hui les coques en bois des bateaux réalisés sur le modèle des embarcations vikings. Pimpante, son église toute blanche avec son toit rouge et son liseré vert, fut bâtie en 1917, sur l'emplacement de deux églises précédentes. A l'intérieur, vous pourrez voir une pierre runique du XIIIe siècle, à la gloire de Thorkil Ønundarson, fondateur du village. L'accès se fait par la ligne de bus 300.

Balade

Sur la route reliant Sørvágur à Sandvávgur (la route 11), se trouve le lac Sørvágsvatn ou Leitisvatn (il semblerait que les Féringiens ne soient pas d'accord sur son nom). On le surnomme également : « le Lac au-dessus de l'océan », car vu sous un certain angle il donne l'impression de flotter au-dessus des eaux. Grand de 3,4 km², il est le plus grand lac des îles. Au bout du lac se trouve l'impressionnante cascade de Bøsdalafossur.

- La randonnée vers Bøsdalafossur : elle est assez facile et dure environ 45 minutes. Suivez le chemin de gravier jusqu'au bout du lac. A partir de la route principale, prenez le chemin près de l'église de Miðvágur. De là, suivez les panneaux indiquant « Trælanípa / Bøsdalafossur » jusqu'à un point de partage. Passez la porte et marchez le long du chemin de gravier. Le chemin s'arrête à certains endroits, mais si vous continuez à longer le lac, vous ne devriez pas avoir de problème pour le retrouver. Afin de vous assurer de faire cette route en toute sécurité un passage par l'office de tourisme s'impose. Une fois arrivé, vous découvrirez :
- Trælanípa. Une falaise de 142 m. Aussi appelée « la falaise des esclaves », son nom vient de l'époque viking pendant laquelle on y jetait les esclaves dans la mer. Attention à ne pas trop s'approcher du bord car il est raide ! De là, vous pouvez voir la partie la plus méridionale de Streymoy, Hestur, Koltur, Sandoy, Skúvoy et Suðuroy.
- Bøsdalafossur. Une cascade haute de 30 m qui se jette directement dans l'océan Atlantique.
- Et n'oubliez pas le point de vue de l'illusion d'optique où Leitisvatn/Sørvágsvatn semble flotter au-dessus de la mer.

SØRVAGUR

Ce bourg, proche de l'aéroport, s'étend au fond d'un fjord qui porte son nom. Ferry pour Mykines. Le nom Sørvágur se traduit par *La Baie de Sør*. La légende raconte que le premier habitant s'appelait « Sørli », d'où le nom du village en son honneur. Une autre explication sur l'origine de « Sør » vient du vieux norrois « Seyr » qui signifie « pluie brumeuse ». En effet, les hivers plus froids et enneigés ici que dans la plupart des autres endroits de l'archipel. Des températures plus basses et une couverture de neige peuvent être observées - une rareté dans les îles Féroé, Il semblerait que le nom original de Seyrvágur soit devenu au cours du temps Sørvágur.

© GRÉGOIRE SIEUW

Les pitons rocheux de Drangarnir, gardiens de la baie de Sørvágur.

© GRÉGOIRE SIEUW

Le village de Sandavágur vu du point de départ de la randonnée vers le promontoire de Traelanipa.

BØUR

Ce petit village d'à peine 50 habitants est un vrai coup de cœur. Des murets de pierres sèches enserrent l'unique voie qui conduit au cœur de ce hameau figé dans le temps. Ramassé autour de sa petite église au clocher blanc surmonté d'une modeste croix de bois (construite en 1835), quelques fermes deci-delà, la bonne odeur du foin coupé, une petite cascade, des champs autour et au large, à l'entrée du fjord, un décor de cinéma : surgissent deux îlots montagneux aux formes très originales, presque en équilibre : Tindholmur (262 m de haut) et Gashomur, qui méritent bien leur surnom « le Géant et la Sorcière » près d'Eiði… C'est i-dy-lli-que !

GÁSADALUR

C'est le dernier village de l'archipel à ne pas être encore joignable par la route. Le film de la réalisatrice danoise Ulla Boje-Rasmussen, *A 1 700 mètres de l'éternité*, a largement contribué à sa notoriété. Il devait aider à la concrétisation de la construction du tunnel qui n'est toujours pas achevé. La belle route bute sur la montagne et les pelleteuses ont rouillé sur place pendant de longues années. En attendant, le ravitaillement et le déplacement des villageois se font par bateau, ou par hélicoptère… Ici, l'esprit d'aventure vous attend surtout quand le brouillard étend son voile sous le soleil, un phénomène féerique que l'on appelle *mjørki*.

- Un îlot de légende. D'après la *Søga Gásadals* (l'histoire de Gásadalur), ce village tiendrait son nom de *Gæsa*, une femme qui aurait mangé de la viande pendant le carême alors que cela était interdit. En conséquence de quoi, elle perdit tous ses biens et dut s'exiler dans cette vallée. Une autre légende affirme que le nom de l'île est dû aux oies sauvages qui volent vers Gásadalur chaque été.

Balade

Le vieux sentier sur la montagne fait 3 500 mètres de long et la randonnée dure environ 2 1/2 heures. D'abord la pente est très abrupte, bordée de cairns comme repère. Il faut avancer de manière très prudente. Mais la vue exceptionnelle sur le fjord Sørvágsfjørður et sur les îles dont Mykines. Le sentier est souvent à pic, surtout après le col descendant vers Gásadalur. Il faut faire attention à d'éventuels éboulis.

Il n'y a pas d'église à Gásadalur. Au milieu du sentier se trouve une pierre qui se nomme *Líksteinurin* (la pierre des cadavres). Cette pierre marquait le seul endroit où les porteurs des corps cheminant vers la montagne se reposaient. Plusloin, vous croiserez la fontaine sacrée *Keldan Vígda* utilisée jadis pour baptiser les enfants très malades et sauver leur âme.

KRISTIANHÚS ★

C'est ici qu'est né et qu'a grandi le peintre Mikines. On retrouve ici tout ce qui a fait l'inspiration des tableaux sombres et tourmentés de l'artiste. C'est aussi le dernier bastion de l'archipel où la prohibition sur la vente d'alcool et la consommation en public garde encore ses droits. Les jeunes qui rejoignent Vágar par le bateau du retour ne peuvent s'empêcher d'ouvrir bouteilles de vin et de whisky, comme pour rattraper le temps perdu ! L'église doit affronter la concurrence de communautés chrétiennes parallèles. Si loin des autres îles, à l'avant-poste dans l'océan, on devine les tourments qui agitent les esprits condamnés à l'isolement.

MYKINES

La mer étant particulièrement mauvaise aux abords de Mykines, nombreux sont les touristes qui doivent attendre un jour ou deux à Sørvagur pour pouvoir embarquer vers cette roche aux multiples promesses. Le petit bateau qui fait la traversée est obligé d'effectuer un grand détour, car la baie qui abrite le quai se trouve à l'autre bout de l'île. En hiver, il peut se passer un mois sans qu'un bateau ne parvienne jusque-là. L'hélicoptère lui-même ne peut pas toujours ravitailler les habitants (ils sont une cinquantaine l'été, à peine une quinzaine l'hiver). Malgré cet isolement, Mykines est curieusement en train de devenir l'attraction première des Féroé.

MYKINESHÓLMUR ★

Qu'est-ce qui attire ici autant de monde ? Un paysage fabuleux, des oiseaux criards par milliers, presque indifférents à la présence de l'homme : ils sont de toute façon en surnombre par rapport aux humains et ne semblent nourrir aucune crainte ! En bas du village, le bateau accoste comme il peut dans une petite crique au creux d'une haute falaise à la roche blanchie de fiente d'oiseaux, et qui résonne de leurs cris démultipliés ! Même par temps calme, il faudra sauter en synchronisant le mouvement de la mer au quai ! Il faudra ensuite grimper un immense escalier qui mène au village. De là, un sentier conduit vers la pointe de l'île, à travers les prés, en bord de mer. Ce paradis des oiseaux se trouve sur l'île la plus occidentale de l'archipel. Une légende raconte que Mykines était en réalité un cétacé géant. Un pêcheur aurait finalement réussi à l'attraper pour, finalement, le jeter au fumier. Le tas de fumier qui en résulta donna son nom à l'île. Mykines signifie « tas de fumier » en féringien.

Tour guidé possible, d'une durée de 2 heures, en réservant à Kristianshús. La balade est facile pour tout le monde (même sans guide) : le chemin est balisé jusqu'au phare à la pointe de l'île et encadré de barrières de sécurité dans les endroits les plus escarpés. En se retournant, on aperçoit le petit village et son clocher, entouré de pâturages et de vaches. Et l'on s'enfonce peu à peu dans le royaume des oiseaux : les macareux volent par vagues et reviennent à leur « terrier ». Le spectacle est époustouflant.

Phare sur l'île de Mykines.

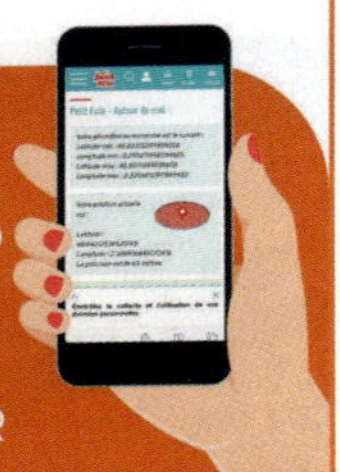

SANDUR ★

Un petit port très abrité alliant fouilles vikings, vieilles maisons et habitations modernes. Le plus gros bourg des Féroé au Moyen-Âge. Sous l'église actuelle, furent trouvées les fondations de la toute première église en bois de style norvégien. Depuis, cinq églises ont été bâties successivement. A voir : le musée Koytu Folk (maisons en bois construite en 1812), et le musée Sofus Olsen. Un pêcheur devenu une grande figure de l'archipel, engagé pendant la Seconde Guerre mondiale. A la tête d'une importante flotte de bateaux, il devint le plus grand financier du pays. A sa mort, il légua une partie de sa fortune et fit construire ce musée.

THE ART MUSEUM (LISTASAVNIÐ) ★

✆ +298 21 19 24

Ouvert du mardi au dimanche de juin à août de 14h à 17h. Entrée : 50 DKK.

Un très beau musée dans une galerie moderne de Sandur, construite par l'architecte J.P. Gregoriussen selon les plans de Sofus Olsen (1913-2006). Cet amoureux des arts fit construire ce musée dans son village natal pour exposer les œuvres d'artistes féringiens. Fresques, sculptures en bronzes, céramiques et tableaux. S.J.Mikines, Janus Kamban ou Ingalvur av Reyni. Les toiles représentant l'île de Mykines sont fascinantes. Plus d'un siècle d'art des îles y sont présentés.

HÚSAVÍK

Húsavík, un bourg composé d'une dizaine de constructions avec, au centre, une ruine appelée *Heimi á Garði* qui serait les restes d'une ferme construite la riche « Dame de Húsavík ». Une légende qui raconte l'histoire d'une pauvre servante de l'île de Skúvoy qui, de manière mystérieuse, découvrit la corne en or enterrée par l'ancien chef Viking, Sigmundur Brestisson. La jeune femme, qui jusqu'alors vivait dans la misère, habillée de loques et dormant sous la meule du moulin, devient riche. Effectivement, on voit les restes d'un ancien manoir médiéval et une vieille maison, bâtie en 1878, Jógvansbreyt, dans laquelle des gens vivaient il y a peu encore.

VÁGUR ★★

On quitte la masse sombre et compacte des îles du Nord pour descendre vers le sud. Est-ce pour cette raison que tout semble différent, couleur, gens, paysage, comme si c'était le Midi des Féroé ? Il n'est pas faux de parler du côté méridional de Suðuroy, car on descend assez loin dans le sud de l'Atlantique nord. Le climat est plus clément qu'ailleurs. Et l'île offre des paysages assez différents avec ses mines de charbon et ses étranges formations de basalte qui semblent pousser de terre. En tout cas, l'arrivée à Tvøroyri, pour peu que le soleil soit de la partie, conduit au fond d'un fjord bordé de maisons colorées, éparpillées sur ses rives !

KALVALIÐ ★

✆ +298 33 34 55

Visite sur rendez-vous.

C'est l'une des plus vieilles maisons de l'île, bâtie au XVIIe siècle pour les veuves de pasteurs. Habitée jusqu'en 1956, cette minuscule bâtisse de deux pièces est remplie d'objets parfois insolites. Des estomacs de vaches et de baleines séchées servant de bouées pour la pêche, des outils pour couper la tourbe, des lampes à huiles de baleine, des rouets, et dans la chambre, des chaussons d'intérieur : rouges pour les femmes, blancs pour les enfants, bleus pour les ancêtres… Les enfants dormaient dans le grenier, la veuve dans un lit en alcôve près de l'entrée.

SKUVANES ★

Les seules falaises de l'archipel que l'on verra d'en haut ! On y accède très facilement depuis Vágur par une petite route goudronnée, bornée de mégalithes peints en blanc. Elle part de la route 21 qui mène au sud de l'île. Arrivé au bout de cette route, quelques vestiges de la Seconde guerre mondiale : un abri et un cercle de ciment qui devait soutenir une DCA britannique, un pilulier ou casemate, un type de bunker d'où l'on pouvait tirer. Une fois contournés ces bâtiments désaffectés, à vos pieds, les falaises, les oiseaux, le vent, le vide immense…

TVØROYRI ★

Accès : bus 700, 701.

Attention, certaines cartes sont inexactes ! Le ferry n'arrive pas à Tvøroyri, mais en face à Drelnes, car le port se trouve de l'autre côté du fjord. Il faut rejoindre la ville à pied, en stop, ou en bus. Autrefois, on exploitait des mines de charbon. Situées à proximité du village, elles offrent l'occasion de faire une promenade (se renseigner auprès de l'office de tourisme). Encore en activité il y a quelques années, elles sont désormais fermées. De nombreuses autres excursions en perspective : Hvalba et Sandvík en bus, en montagne à Hvannhaga, escalade entre Trongisvágur et Fámjin par le lac de Kirkjuvatn, pêche et navigation.

NAKKUR ★

Tvøroyri a été la cible d'un bombardement. Les Britanniques y avaient installé leur poste d'observation pour prévenir les attaques aériennes allemandes. Les nazis ont voulu détruire le vaste entrepôt de sel (qui porte encore le mot *salt* en lettres blanches sur son armature de béton) sur l'autre rive du fleuve, où arrive le bateau aujourd'hui. Mais la bombe est tombée à côté dans la montagne, et n'a jamais explosé. Venu de Norvège, l'avion avait été saboté par des résistants norvégiens qui avaient remplacé l'explosif de la bombe par du sable…

FÁMJIN

A partir d'Øravík, une route en cul-de-sac conduit à ce petit village qu'il faut voir le soir au coucher du soleil. La lumière qui baigne ce lieu attire les peintres du monde entier. C'est à Fámjin qu'a vécu le créateur du drapeau féringien, Merkið. Sa tombe se trouve face à l'entrée de l'église, dans laquelle est conservé sous verre le tout premier drapeau de l'archipel, confectionné en 1919. Il n'a été hissé légalement pour la première fois qu'en 1940, sur autorisation des Britanniques, le Danemark étant occupé par les nazis. Après la guerre, en acquérant son statut d'autonomie, l'archipel a obtenu le droit de garder son étendard.

LITLA DÍMUN

Ces deux îles entre Suðuroy et Skúgvoy ont frappé l'imagination des Féringiens et donné naissance à de nombreuses légendes. Ainsi, on raconte aux enfants que si la plus petite des deux est très souvent coiffée d'un nuage, même au milieu d'un ciel tout bleu, c'est parce qu'un troll y fait sa cuisine… Lítla Dímun n'est pas habitée. On y a simplement laissé quelques boîtes de conserves, à la suite du naufrage d'un navire norvégien, dont les marins s'étaient réfugiés sur l'îlet. Installés dans une cavité, ils ont pu faire du feu et cuire un mouton, avant de commencer à périr les uns après les autres. L'un des survivants, à bout de forces, a lancé en l'air la cendre du foyer éteint, ce qui a attiré l'attention d'un pêcheur de Suðuroy. Depuis ce temps, on laisse toujours du charbon – il y a une petite mine à Suðuroy –, des allumettes, des conserves et de l'eau potable dans la cavité où pourraient venir se réfugier d'éventuels nouveaux naufragés. Les macareux sont très nombreux sur cette île et, au sommet, se trouve un lac dont l'eau est capable, dit-on, de guérir toutes les maladies…

STÓRA DÍMUN

A Stórá Dímun vit une famille d'agriculteurs. Avant l'utilisation des hélicoptères, la ferme et ses dépendances n'étaient habitées qu'en été. L'herbe y est particulièrement grasse. Enrichie par les fientes d'oiseaux, elle donne à la viande de mouton une grande qualité. La légende locale raconte qu'un couple illégitime vécut là jadis. Les amoureux avaient choisi l'île pour vivre tranquillement leur passion, mais ils furent vite repérés. Et l'amant fut conduit à Tórshavn pour y être pendu. De chagrin, la femme se jeta à la mer. Mais sa longue et abondante chevelure continuait à flotter à la surface. Alors, pour en finir, les habitants l'ont coupée…

Stora Dimun.

ORGANISER SON SÉJOUR

Le Danemark est une destination idéale pour tout ceux qui souhaitent échapper à un quotidien effréné et changer d'air. Le pays joue la carte de la détox numérique. Patrie chérie du *hygge* et des sagas nordiques, il présente de nombreux avantages. Situé à moins de deux heures d'avion des principales villes françaises, il offre toutes les facilités et le confort nécessaires pour garantir un séjour réussi, tout en respectant une charte écologique. La beauté de sa nature, longtemps restée cachée, se révèle propice à la contemplation et extrêmement revigorante. L'accueil est ici une science que l'on a coeur à partager : offices de tourisme performants, chaînes hôtelières ou hébergements indépendants, restaurants bio... on vous invite cordialement dans une autre manière de vivre, celle du *slow-life*. Hormis un peu de calcul mental pour convertir en DKK, avant le départ rien de compliqué, ni pour organiser votre séjour ni une fois sur place.

ARGENT

La monnaie officielle est la couronne danoise, DKK ou Kr. Depuis 1234, les pièces de monnaie danoises sont frappées d'une couronne mais le nom n'a été officiellement employé qu'en 1600, sous le règne de Christian IV. Les premiers billets sont apparus en 1913. C'est au cours d'un référendum que le choix a été fait de ne pas utiliser l'euro. Néanmoins la couronne danoise fait partie du MCE II, son taux de change est donc lié à celui de l'euro, avec une marge de fluctuation de 2,25 %. Vous manipulerez des billets de 500, 200, 100 et 50 DKK et des pièces de 1, 2, 5, 10 et 20 DKK ou de 20 et 50 øre. La couronne est divisée en 100 øre. Le taux de change est fixe 1 € = 7, 44 DKK et 1 DKK = 0,13 €. Des frais de commission s'appliquent lors de retraits ou d'achats en DKK. Informez-vous auprès de votre banque. Vous trouverez des distributeurs et des bureaux de change dès votre arrivée à l'aéroport de Copenhague, notamment après la zone de retrait des bagages, vers la sortie du hall de l'aéroport, ou aux arrivées des ferries.

Les îles Féroé ont leur propres billets - couronne féroïenne - édités par le gouvernement des îles Féroé, seules les pièces danoises sont utilisées. Néanmoins, les billets danois sont acceptés partout. Attention toutefois, vous ne pourrez pas échanger les billets féringiens en dehors de l'archipel. Vous trouverez plusieurs distributeurs qui acceptent les cartes bancaires internationales. Les banques sont ouvertes de 9h30 à 16h du lundi au vendredi. Le taux de change est de 100 DKK = 13,4 €

BUDGET / BONS PLANS

La vie est chère au **Danemark** de manière générale et à Copenhague en particulier. Concernant l'hébergement, les auberges de jeunesse sont le bon plan qui permet de mieux maitriser son budget, le tarif est d'environ 35€ pour un lit dans un dortoir. Sinon, comptez un minimum de 120 € pour une chambre double à l'hôtel. Offre intéressante à l'hôtel : la formule « petit-déjeuner inclus ». Les petits-déjeuners se présentent sous la forme de buffet. Ils sont très copieux et proposent aussi bien du salé que du sucré. Privilégiez ce repas comme nos amis danois, ainsi un en-cas sera suffisant au moment du déjeuner. Au restaurant, le repas coûte en moyenne 40 € par personne. L'eau en carafe n'est pas proposée, ce n'est pas l'habitude ici, et le vin est une boisson plus onéreuse qu'en France.

Si l'expérience de vie à la danoise vous tente, contacter **Meet the Danes.** Vous vous inscrivez sur leur site *meetthedanes.com.*

La capacité hôtelière des **îles Féroé** n'est pas aussi importante, alors soyez prévoyant si vous séjournez en haute-saison. Le camping est un hébergement très populaire et peu onéreux. Autre possibilité, le séjour en gîte ou chez l'habitant. Adressez-vous aux offices de tourisme, ils disposent de listes (parfois d'adhérents).

PASSEPORT ET VISAS

En tant que pays membre de l'UE, au **Danemark** pas de formalités particulières pour les ressortissants européens ; toutefois, la carte d'identité doit être en cours de validité, particulièrement si vous arrivez par avion. De même, vos papiers d'identité seront utiles en cas de pépin sur place. Pensez à les photocopier ou les numériser, cela peut s'avérer très utile en cas de perte ou de vol. C'est la même chose pour les **îles Féroé** même si elles ne font pas partie de l'UE ni de l'espace Schengen. Les contrôles douaniers sont censés être systématiques ! En revanche, vous, touristes européens, bénéficiez des achats en *duty-free*. Vous pouvez bénéficier des prix détaxés, parfois jusqu'à moins 25 % y compris en zone aéroportuaire !

PERMIS DE CONDUIRE

Le permis de conduire national français est accepté au **Danemark**. Avant de prendre la route, informez-vous des règles de conduite sur le site de l'ambassade de France au Danemark. https ://dk.ambafrance.org/Permis-de-conduire-au-Danemark Les conditions de location d'une voiture sont les suivantes : l'âge minimum requis est de 19 ans et le permis de conduire doit être délivré depuis plus d'1 an. Pour la caution : une carte de crédit internationale à débit différé est obligatoire au nom du conducteur principal + passeport ou CNI. Avant toute location, vérifiez que vous disposez bien du plafond nécessaire sur la carte de crédit qui sera au nom du conducteur, ceci afin de sécuriser l'acompte au loueur : à partir de 5 000 DKK selon la catégorie de véhicule choisie. De plus, une empreinte de carte de crédit à débit différé - au nom du conducteur principal - vous sera demandée lors de la prise du véhicule (la mention « crédit » doit être notée sur votre carte bancaire).

INTERVIEW

L'ASSURANCE VOYAGE, LE BON RÉFLEXE POUR PARTIR L'ESPRIT TRANQUILLE

avec CATHERINE DIBOUES, responsable du marché voyage, loisir et mobilités chez Allianz TraveL

En cas d'annulation de voyage, peut-on bénéficier d'un remboursement des frais engagés ?

L'assurance voyage propose une indemnisation lorsque l'on doit abandonner son projet de séjour pour une raison indépendante de sa volonté. Contrairement aux idées reçues, les assurances liées aux cartes bancaires ne proposent pas toutes une assurance annulation.

Que se passe-t-il en cas de retard de vol ?

Avec l'assurance voyage Allianz Travel, les frais supplémentaires liés à l'attente sont pris en charge, à partir de 2h de retard. Il peut s'agir des frais de restauration, de transport lors d'un changement d'aéroport ou d'une éventuelle nuit d'hôtel.

L'assurance voyage couvre-t-elle la perte ou le dommage des bagages ?

Allianz Travel indemnise les voyageurs en cas de bagages endommagés ou perdus par la compagnie aérienne. Cela comprend l'indemnisation du bagage et son contenu.

Quelles sont les destinations couvertes par votre zoning Europe svp ? Est-ce uniquement l'UE ou l'ensemble du continent européen ?

Les pays européens ont des accords avec l'administration française. Avant de partir, il faut demander la carte européenne d'assurance maladie. La sécurité sociale et la mutuelle prennent alors en charge les frais médicaux, selon leurs barèmes. Les frais médicaux étant majoritairement plus élevés qu'en France, l'assurance voyage permet de se voir remboursé du reste à charge.

En cas de souci de santé sur place, que faut-il faire ?

En cas de doute ou pour des symptômes légers, nous proposons un service de téléconsultation médicale, par téléphone et en visio, qui permet d'être conseillé et orienté par un professionnel ainsi que d'obtenir une ordonnance si besoin. Pour une situation plus grave, il est nécessaire d'appeler les urgences locales, dont les numéros sont disponibles sur notre application mobile. Une fois à l'hôpital et dans un état stable, on appelle Allianz Travel pour déclencher les procédures de prises en charge. Notre centre d'assistance fonctionne 24h/24, 7j/7.

© ELIZAVETA - STOCK.ADOBE.COM

ET VOUS,
QUI ÊTES-VOUS
EN VOYAGE ?
Assurez celui ou celle
que vous serez en voyage
www.allianz-voyage.fr - 01 73 29 06 10*
Allianz
Assureur Officiel
Allianz Travel
AWP FRANCE SAS - Siège social : 7, rue Dora Maar - CS 60001 - 93488 Saint-Ouen cedex - Société par Actions Simplifiée - au capital de 7 584 076,86 € - 490 381 753 RCS Bobigny - Siret : 490 381 753 00055 - Société de courtage d'assurances - immatriculée à l'Orias (www.orias.fr) - sous le n°07 026 669
*du lundi au vendredi de 9h à 19h et le samedi de 10h à 18h, sauf jours fériés. Octobre 2019
Photographie : Eric Vernazobres / Favorite production - Conception : Insign 2019

Aux **îles Féroé,** le réseau routier est très développé mais il épouse un paysage contrasté, un peu comme la Corse ! Des routes étroites et sinueuses qui demandent une grande vigilance. Souvent à voie unique, elles sont pourvues d'aires de croisement taillées dans la roche. La vitesse autorisée est de 80 km/H. Pensez aux nombreux animaux que vous pourriez aussi croiser !

SANTÉ

En cas de maladie ou d'accident lors de votre séjour, prévoyez d'emporter avec vous la carte européenne d'assurance maladie. La demande de cette carte peut se faire directement auprès d'AMELI ou bien sur leur site en ligne. www.ameli.fr/assure/adresses-et-contacts/lobtention-dun-document/commander-une-carte-europeenne-dassurance-maladie-ceam
Elle permettra de vous faire rembourser vos soins et vos médicaments. Particularités du Danemark : les soins sont gratuits dans les hôpitaux danois pour les étrangers de passage. En revanche, pour une visite auprès d'un médecin de garde, il faudra régler sur place en espèces. Si vous êtes détenteur d'une carte bancaire Visa ou Mastercard, votre contrat inclut l'assurance maladie et l'assistance rapatriement sanitaire pour tout séjour inférieur à 90 jours. Vérifiez les conditions auprès de votre banquier.

VACCINS OBLIGATOIRES

Aucun vaccin n'est obligatoire à ce jour, ni au Danemark, ni aux îles Féroé. Comme dans la plupart des pays européens.

SÉCURITÉ

Pas de danger particulier. Pas plus à Copenhague que sur les îles Féroé, il est d'ailleurs très agréable de se sentir en toute sécurité. Le Danemark a la réputation d'être l'un des pays les plus sûrs au monde. Le risque zéro n'existant pas, faites quand même attention à vos affaires. Les pickpockets existent comme dans toutes les grandes villes de la planète et officient dans les gares et les transports en commun. Le site des ambassades et consulats de France compile une mine d'informations utiles. https ://dk.ambafrance.org/

Circuler **aux îles Féroé** nécessite de s'informer au préalable, il est important que vous soyez bien conscient des conditions météorologiques parfois extrêmes, des routes étroites et venteuses et des différentes règles de la route avant de commencer votre voyage. Apportez toujours avec vous du matériel approprié, que ce soit pour la randonnée, le camping, la plongée ou l'observation des oiseaux. Renseignez-vous sur les différents équipements sur les sites Web de chaque activité. Un document a été créé pour vous aider lors de votre séjour **Travel Safe** : visitfaroeislands.com/content/uploads/2019/09/safetraveltrygdarfaldari.pdf

DÉCALAGE HORAIRE

Pas de décalage horaire. Le **Danemark** fonctionne à l'heure d'été et d'hiver tout comme la France.

En revanche, les **îles Féroé** sont décalées de + 1 heure, en été comme en hiver (comme la Grande-Bretagne).

LANGUES PARLÉES

La langue officielle est le **danois** ou le **féroïen**. L'anglais est la deuxième langue parlée sur l'ensemble du royaume du Danemark, et elle est obligatoire à l'école. Les sites internet se déclinent systématiquement dans la langue de Shakespeare mais celle de Molière n'est pas encore bien implantée ! Alors si vous parlez couramment le danois ou féroïen, c'est encore mieux !

© ANDRISBARBANS - ISTOCKPHOTO.COM

Route aux îles Féroé.

COMMUNIQUER

Le code international du Danemark est le 00 45, pour la France c'est le 00 33. Vous pouvez utiliser votre téléphone mobile en toute tranquillité, sans surcoût depuis 2017. Le wifi est partout et la 4G passe plutôt bien. Le code international des îles Féroé est 00 298.

ELECTRICITÉ ET MESURES

220 volts et prises identiques que dans le reste de l'Europe. Idem pour le système de mesure. C'est comme à la maison !

BAGAGES

- Prévoir les basiques qui garantiront un séjour inoubliable c'est-à-dire un parapluie ou un chapeau de pluie. Des bottes en caoutchouc, c'est bien aussi car un petit crachin peut toujours survenir, surtout en automne ou sur les différentes îles enveloppées de brume. De bonnes chaussures de marche car les villes se parcourent à pied et les pavés sont nombreux. Des vêtements adaptés à la neige. En hiver, n'oubliez pas vos gants ainsi qu'un bonnet. C'est mieux pour pédaler quand les températures commencent à se rafraîchir. En été, voyagez plus léger et emportez de belles lunettes de soleil car le rayonnement lumineux est vif ! Mais pensez aux soirées qui peuvent être un peu fraîches... Alors un pull léger, c'est bien aussi.
- Pour vos excursions dans **les Féroé**, ayez toujours un vêtement chaud avec vous ! Nous vous recommandons également d'apporter une carte, une boussole et un GPS, en particulier lorsque vous voyagez dans des zones isolées.
- Attention, aux îles Féroé, les animaux domestiques ne sont pas autorisés pour les séjours de moins de trois mois ou pour transiter via les Féroé vers un autre pays. Les animaux de compagnie ordinaires ne peuvent être importés que si la personne a une adresse permanente sur place ou si la personne envisage de s'installer pour un séjour de plus de trois mois. En règle générale, il est interdit d'importer des animaux exotiques et dangereux aux îles Féroé. Plus d'informations et de directives pour l'importation de chats et de chiens disponibles à l'Agence pour l'alimentation, la médecine vétérinaire et l'environnement.

LES PHRASES CLÉS

Bonjour, je voudrais réserver un billet aller/retour pour...
Hej, jeg vil gerne booke en enkelt-/returbillet til ...

J'ai raté mon avion. Je voudrais échanger mon billet s'il vous plaît.
Jeg kom for sent til min fly. Jeg vil gerne ændre min billet.

Mon vol est très en retard. Ma correspondance sera bien assurée ?
Mit fly er meget forsinket. Kan jeg nå mit forbindelsesfly ?

Mes bagages ont été égarés, à qui dois-je m'adresser ?
Min bagage er forsvundet, hvem skal jeg tale med ?

Louez-vous des voitures avec chauffeur ?
Har I hyrebiler med chauffør ?

Je n'ai presque plus d'essence. Où se trouve la station-service la plus proche ?
Jeg har næsten ikke mere benzin. Hvor er den nærmeste tankstation ?

S'Y RENDRE

Depuis la France, l'avion reste la solution la plus pratique et la plus rapide d'autant plus que de nombreuses compagnies proposent des tarifs attractifs tout au long de l'année ou ouvrent des lignes temporaires directes durant l'été. Il faut environ 2h de trajet depuis Paris, 2h30 depuis Bordeaux, Marseille ou Nantes, 4h avec une escale depuis Toulouse (hors été : vol direct). L'arrivée se fait généralement à Copenhague- kastrup, à Aarhus ou à Billund. On peut très facilement organiser son voyage seul. Pour cela, le site officiel *VisitDenmark* s'avère très utile www.visitdenmark.fr. Petit bémol : l'offre hôtelière. Elle est de plus en plus variée mais les prix restent élevés et sont le plus souvent « dynamiques » c'est-à-dire qu'ils fluctuent en fonction de divers paramètres : la saison, le taux d'occupation, le jour de la semaine… il vaut mieux s'y prendre à l'avance ou surveiller les promos.

AIR INDEMNITE

25 bis, avenue Pierre Grenier
BOULOGNE-BILLANCOURT
✆ 01 85 32 16 28
www.air-indemnite.com

Des problèmes d'avion (retard de vol, annulation ou surbooking) gâchent le séjour de millions de voyageurs chaque année. Selon la réglementation, ceux-ci ont droit jusqu'à 600 € d'indemnité par passager ! Mais devant la complexité juridique et les lourdeurs administratives, très peu parviennent en réalité à faire valoir leurs droits. Pionnier français depuis 2007, ce service en ligne simplifie les démarches en prenant en charge l'intégralité de la procédure : analyse et construction du dossier, échanges avec la compagnie, suivi jusqu'au versement des sommes dues.

AIR FRANCE

✆ 36 54

Réservations en ligne ou par téléphone, tous les jours de 6h30 à 22h.

Au départ de Paris, c'est depuis l'aéroport CDG qu'Air France dessert Copenhague, à raison de 4 ou 5 vols directs quotidiens. Comptez 1 heure 55 de trajet environ. Vous pourrez également rejoindre les villes danoises de Billund ou d'Aalborg, en ce cas, peu de choix : un vol direct par jour seulement. Sinon il faudra faire escale à Amsterdam puisque la compagnie partenaire KLM assure également ces navettes. Des vols pour les lève-tôt, car le décollage est à 6h50 ! Pour ces destinations, les tarifs sont nettement plus élevés que pour Copenhague.

ATLANTIC AIRWAYS

66, avenue des Champs Elysées
PARIS
✆ 01 53 77 13 36
www.atlantic.fo

Atlantic Airways est la compagnie nationale des îles Féroé. Elle assure des Vols directs depuis le Danemark au départ de Copenhague, de Billund (6 vols quotidiens en été, 2 vols en hiver), d'Aalborg (2 vols par semaine en été), mais aussi depuis Bergen en Norvège ou Reykjavik en Islande. Des vols sont également programmés au départ de Bruxelles et de Londres entre les mois de juin et d'août, jusqu'en décembre depuis Paris CDG. L'arrivée se fait à Vágar Airport, construit par les Anglais au cours de la Seconde Guerre mondiale, il est aéroport civil depuis 1963.

EASYJET

✆ 08 20 42 03 15

Easyjet propose des vols quotidiens pour Copenhague au départ de Paris-CDG du mois de février à octobre (inclus). Les aéroports de Lyon et de Nantes organisent également des départs au moment de la haute saison touristique. Vols directs d'une durée de 2 heures environ. Vols à tarifs avantageux, mais confort valise très réduit à moins d'ajouter des suppléments. Sinon, optez pour les tarifs Flexi, entre autres avantages, un bagage en soute de 20 kg maxi est inclus dans le billet ! Alors, vérifier bien toutes les possibilités avant de vous engager !

LUFTHANSA

✆ 08 92 23 16 90

www.lufthansa.fr

En partenariat avec la compagnie SAS, la compagnie nationale allemande dessert les villes de **Copenhague** depuis Bordeaux, Nice, Nantes, Toulouse, Strasbourg ou Lyon, d'**Aalborg** depuis Paris, ou **Billund** depuis Marseille, Nice, Lyon. Vous trouverez des tarifs très intéressants sur le site de Lufhansa, mais attention, certains vols ne sont pas directs, ils comprennent en général une escale de 3 ou 4 heures. Inconvénient non négligeable puisque dans ce cas, la totalité de votre vol peut aller jusqu'à 9 heures. En moyenne, comptez 4 heures 30 de trajet.

SAS (SCANDINAVIAN AIRLINES SYSTEM)

✆ 0 825 325 335

www.flysas.com

SAS (Scandinavian Airlines System) est une compagnie aérienne fondée le 1er août 1946 à partir de la compagnie danoise pionnière du consortium, Det Danske Luftfartselskab A/S (DDL) créée en 1918. SAS programme 4 vols directs par jour depuis Paris-Charles de Gaulle à destination de Copenhague Kastrup. Vols d'une durée de 1h45 à 2 heures. Des vols quotidiens sont également effectués à partir de Nice et de Lyon. Des vols avec escale depuis Toulouse, prévoir 4 heures de voyage environ.

TRANSAVIA

✆ 08 92 05 88 88

www.transavia.com

Transavia est une filiale low cost de la compagnie Air France/KLM. La compagnie assure, au départ de Paris Orly et de l'aéroport de Nantes-Atlantique, des liaisons à bas prix vers de nombreuses destinations en Europe et dans le monde. La liaison Berlin-Nantes (BER - NTE) en vol direct est proposée deux fois par semaine. Le trajet dure entre 1h et 1h30. Le prix du billet ne comprend qu'un bagage à main/bagage cabine n'excédant pas les 10 kg. Pour le bagage en soute de 20 kg, comptez un supplément d'environ 30 € par vol, environ 50 € pour un bagage de 30 kg.

MISTERFLY

PARIS

✆ 08 92 23 24 25

www.misterfly.com

Ouvert du lundi au vendredi de 9h à 21h. Le samedi de 10h à 20h.

MisterFly.com est le nouveau-né de la toile pour la réservation de billets d'avion. Son concept innovant repose sur un credo : transparence tarifaire ! Cela se concrétise par un prix affiché dès la première page de la recherche, c'est-à-dire qu'aucun frais de dossier ou frais bancaire ne viendront alourdir la facture finale. Idem pour le prix des bagages ! L'accès à cette information se fait dès l'affichage des vols correspondant à la recherche. La possibilité d'ajouter des bagages en supplément à l'aller, au retour ou aux deux... tout est flexible !

OPTION WAY

Avenue Maurice Donat

✆ 04 22 46 05 23

www.optionway.com

Option Way est l'agence de voyages en ligne au service des voyageurs. L'objectif est de rendre la réservation de billets d'avion facile en vous faisant économiser. 3 bonnes raisons de choisir Option Way :

- la transparence comme mot d'ordre. Finies les mauvaises surprises, les prix sont tout compris, sans frais cachés ;
- des solutions exclusives qui vous permettent d'acheter vos vols au meilleur prix ;
- le service client, basé en France, joignable gratuitement, composé de véritables experts de l'aérien. Ils sont là pour vous, n'hésitez pas à les contacter.

SMYRIL LINE

30, rue de Mogador

PARIS

✆ 01 53 43 36 36

www.smyrilline.fr

La Compagnie maritime Smyril Line est la seule compagnie à relier l'Islande depuis le Danemark ou la Norvège via les îles Féroé. Avec une capacité de 1 500 passagers, cet hôtel flottant offre toutes les facilités modernes (couchettes, large choix de cabines, solarium, piscine, salle de fitness, salle de cinéma...). Le cruise-ferry *Norröna* a commencé à naviguer au printemps 2003. L'été (du 14 juin au 29 août), il navigue chaque semaine au départ de Hanstholm (Danemark) pour rejoindre les îles Féroé. Horaires complets dans la brochure Smyril Line et sur le site.

SÉJOURS ET CIRCUITS

De nombreuses agences de voyage pourront vous organiser votre séjour au Danemark. La plupart d'entre elles proposent aussi bien des formules week-end, les fameux City-break, que des séjours de plusieurs jours, dont certains à thème. Dans le premier cas, les forfaits les moins onéreux combinent essentiellement le vol plus l'hébergement en chambre double au tarif le moins cher du moment. Ils peuvent inclure le petit-déjeuner et des hébergements ultra centraux, afin d'être facilement au cœur des activités touristiques, mais ils ne prévoient pas les entrées aux sites touristiques ni le transport. Les formules plus complètes sont souvent les combinés : autotour, extension du séjour (de Copenhague vers Odense par exemple) ou des séjours à thème, souvent plutôt haut-de-gamme. L'hébergement, les options de visite, les dîners sont alors affinés « à la carte » selon vos desideratas. Dans ce cas, le budget peut exploser !

66° NORD

36-37, quai Arloing
LYON
✆ 04 27 18 61 20
www.66nord.com
Ouvert du lundi au vendredi de 9h à 13h et de 14h à 18h. Le samedi de 10h à 13h et de 14h à 18h.

Ce spécialiste des terres polaires propose plusieurs formules (à la carte, chiens de traîneaux, ski de montagne, raid nordique) permettant d'appréhender les immensités sauvages du Groenland, du Svalbard, de l'Islande, du Québec et bien sûr du Danemark et des îles Féroé. Vers cet archipel mythique, 66° Nord organise des voyages à la carte toute l'année et un circuit guidé « Sept îles en sept jours » de niveau facile qui amène le voyageur pendant 7 jours sur des lieux légendaires où vikings et explorateurs ont laissé leurs traces.

AKAOKA - COMPAGNIE DU TREK

15, place des Halles
GANGES
✆ 01 83 62 19 68
www.compagnie-du-trek.com
Consulter le site Internet pour plus d'informations.

Cette agence construit avec vous vos équipées terrestres, de la randonnée individuelle au trek accompagné, en respectant vos choix de destinations et vos envies. Elle a été fondée par deux passionnés d'aventure. La Compagnie du Trek dispose d'une longue expérience des randonnées organisées dans de nombreux pays étrangers. L'agence peut organiser des circuits courts ou de longue durée qui vous emmèneront généralement hors des sentiers battus et loin du tourisme de masse.

AMPLITUDES

60, rue Sainte-Anne - **PARIS** ✆ 01 44 50 18 58
www.amplitudes.com
Ouvert du lundi au vendredi de 10h à 19h et le samedi jusqu'à 18h. Contact clients agence de Toulouse (second numéro).

Spécialiste des voyages sur mesure, en solo, en couple ou en groupe, des voyages en famille et des circuits privatifs depuis près de 30 ans, l'agence de voyages toulousaine Amplitudes et son antenne parisienne proposent des formules adaptées avec comme ligne directrice : « hors des sentiers battus ». Le catalogue est dense : ils vous emmènent en Italie, en Colombie, aux États-Unis, au Cap-Vert, au Bénin et dans bien d'autres pays encore. Au Danemark, l'agence propose un circuit en train « Sur les rails de Scandinavie » combiné avec la Suède et la Norvège.

ARTS ET VIE

251, rue de Vaugirard
PARIS ✆ 01 40 43 20 21
www.artsetvie.com
Autres agences : Grenoble, Lyon, Marseille et Nice. Du lundi au vendredi 9h-12h et 13h-17h, non-stop à Paris et à Lyon.

Depuis 1955, Arts et Vie est spécialiste du voyage culturel en groupe constitué de 15 à 25 personnes. Au catalogue, un circuit de 8 jours « Découverte du Danemark ». Une boucle entre Seeland et Fionie à la découverte des incontournables. Depuis Copenhague, virée vers Roskilde et sa cathédrale, découverte des majestueux châteaux de la Seeland du Nord, arrêt sur l'île de Mon. Vous pourrez également opter pour le « Grand périple scandinave » de 17 jours. Une vision globale des richesses du Danemark. Plusieurs agences dans diverses villes de France.

CERCLE DES VACANCES

31, avenue de l'Opéra - **PARIS**
✆ 01 40 15 15 11
www.cercledesvacances.com
Ouvert du lundi au vendredi de 9h à 20h et le samedi de 10h à 18h30.

Les conseillers du Cercle des Vacances sont des spécialistes qui partageront avec vous leurs conseils et leurs petits secrets pour faire de votre voyage une expérience inoubliable et personnalisée. Confiez-leur vos habitudes de voyages, les différentes régions que vous souhaitez découvrir et élaborez ensemble un voyage sur mesure, qui vous ressemble. L'agence propose trois circuits aux îles Féroé, dont « Une semaine dépaysante au milieu de l'Atlantique Nord » ou encore « Week-end déconnexion aux îles Féroé » au ainsi que trois autres au Danemark.

COMPTOIR DES VOYAGES

2-18, rue Saint-Victor - **PARIS**
✆ 01 53 10 30 15
www.comptoir.fr
Ouvert du lundi au vendredi de 9h30 à 18h30, et le samedi de 10h à 18h30.

Comptoir propose de découvrir le Danemark à la carte et en individuel : week-ends ou séjours plus longs. Cette équipe de spécialistes suggère quelques itinéraires déjà tout prêts, comme cet autotour intitulé « Balade en terres nordiques » de 8 jours et 7 nuits qui vous emmène à la découverte de l'île de Sjaelland, de l'ancienne cité viking Arhus, ou de Skagen. Sur votre chemin, vous visiterez de nombreux châteaux danois et musées qui vous apprendront l'histoire du pays ! Autre autotour, le combiné Danemark-Suède et leurs capitales, Copenhague et Stockholm.

GRAND NORD - GRAND LARGE

75, rue de Richelieu
PARIS
✆ 01 40 46 05 14
www.gngl.com
Ouvert du lundi au samedi de 10h à 19h.

Ce spécialiste des voyages en terres polaires propose un autotour « Découverte du nord des Féroé » de 8 jours avec au programme la visite des îles du nord et nord-est. Idéal pour prendre le temps de s'imprégner de l'ambiance mystérieuse des îles. Un second circuit « Féroé d'île en île » de 8 jours vous permettra de découvrir l'archipel à travers le contact direct avec ses habitants. Vous emprunterez le ferry ou le bus pour vous déplacer et serez donc en contact direct avec la population. Une option intéressante pour les petits budgets.

INTERMÈDES

10, rue de Mézières - **PARIS**
✆ 01 45 61 90 90
www.intermedes.com
Du lundi au jeudi de 9h à 19h et le vendredi de 9h à 18h. Le samedi de 9h30 à 16h.

Intermèdes, c'est une autre façon de voir le monde. Avec son équipe de spécialistes passionnés par le voyage culturel au service de particuliers ou de groupes, cette agence vous conseillera un voyage accompagné d'un conférencier ou une croisière de qualité à dimension humaine ou encore un circuit original, mais aussi l'accompagnement sur les chemins de pèlerinage. L'agence propose deux circuits à Copenhague : « La Copenhague royale et ses châteaux » et « Les capitales scandinaves : Copenhague, Oslo et Stockholm », ainsi qu'un voyage aux îles Féroé.

NORD ESPACES

35, rue de la Tombe-Issoire
PARIS
✆ 01 45 65 00 00
www.nord-espaces.com
Informations et prises de contact en ligne.

Spécialiste des pays du nord, Nord Espaces est reconnu pour son expertise, il est particulièrement sollicité par des professionnels, souvent des initiés, qui se refilent cette bonne adresse entre eux (journalistes, écrivains, cinéastes, photographes…). L'agence programme tous les étés, des week-ends de 3 à 4 jours à Copenhague, des circuits individuels en autotour ou encore des circuits accompagnés en combiné avec la Norvège ou la Suède, dont « Les beautés scandinaves » de 8 jours ou encore plus complet « Le combiné nordique » de 13 jours.

SCANDITOURS

54-56, avenue Bosquet
PARIS
✆ 01 55 87 82 05
www.scanditours.fr
Ouvert du lundi au vendredi de 10h à 18h.

Scanditours est le spécialiste des circuits et séjours… en Scandinavie. De la Finlande à l'Islande, en passant par tous les autres pays scandinaves, le voyagiste propose bien évidemment quelques offres pour le Danemark. Deux séjours font une halte à Copenhague et incluent des visites de la ville : « En terre Viking » (un itinéraire au volant d'une durée de 7 jours) et « Grand panorama de la Baltique » (un circuit accompagné de 14 jours). Un City break de 3 jours/2 nuits avec vol+hôtel permet une première approche, pré-acheminement possible hors Paris.

INTERVIEW

LE VOYAGE-SUR-MESURE

AVEC STEVEN LE CHEVALIER ET MATHIEU VALLY DE QUOTATRIP

Quel est le concept de l'agence QuotaTrip ?

Quotatrip est la première plateforme de mise en relation entre voyageurs et agences locales. Grâce à elle, les voyageurs peuvent enfin échanger en direct avec des agences qui sont sur place et concevoir un voyage unique, au meilleur prix et 100% personnalisé.

Pourquoi voyager avec des agences locales ?

À l'inverse des agences traditionnelles, les agences locales sont des expertes de la destination choisie. Ce sont aussi les mieux placées pour concevoir des séjours qui sortent des sentiers battus. Elles sont ainsi en mesure de répondre à l'ensemble des envies, le voyageur rentre dans l'univers de l'equi-tourisme = le tourisme sans intermédiaire.

Quels sont les autres avantages pour les voyageurs ?

Il y a une multitude d'avantages. Cela permet notamment de ne pas voyager comme tout le monde, d'organiser de manière simple et rapide un séjour sur mesure et au meilleur prix. Fini les mauvaises surprises, les voyageurs posent toutes les questions qu'ils souhaitent et bénéficient d'un accompagnement sur mesure, de la conception du projet jusqu'à sa réalisation en toute sécurité car les agences référencées sont sélectionnées et recommandées par les journalistes des guides du Petitfute en toute impartialité.

Les démarches sont-elle simples à effectuer ?

Les sites de voyage en ligne font perdre beaucoup de temps aux internautes sans pour autant répondre entièrement à leurs désirs. QuotaTrip propose un formulaire simple et rapide qui permet de décrire les souhaits, les envies et les besoins. L'internaute reçoit aussitôt gratuitement et sans engagement les offres de trois ou quatre agences locales avec qui il peut ensuite échanger afin de personnaliser son projet grâce à la messagerie mise en place.

Quelles sont les destinations proposées ?

Notre plateforme propose plus de 21 000 projets de voyage sur plus de 100 destinations à travers le monde. De l'Amérique latine en passant par l'Asie et l'Afrique, nos mille agences partenaires sont là pour répondre à vos projets de voyage.

Décrivez votre projet de voyage. Échangez en direct avec les agences locales et partez au meilleur prix.

***Plus d'informations** : quotatrip.com*

© D.R

© D.R

© D.R

GO VOYAGES

www.govoyages.com

Go Voyages propose le plus grand choix de vols secs, charters et réguliers au meilleur prix au départ et à destination des plus grandes villes. On y trouve de tout et surtout, facilement. On a la possibilité également d'acheter des packages sur mesure « vol + hôtel » et des coffrets cadeaux. En plus, on y trouve un grand choix de promotions sur tous les produits sans oublier la location de voitures et les navettes aéroport par exemple. La réservation est simple et rapide, le choix multiple et les prix peuvent être très compétitifs.

EASYVOYAGE

✆ 08 99 19 98 79

www.easyvoyage.com

Le concept peut se résumer en trois mots : s'informer, comparer et réserver. Des infos pratiques sur plusieurs destinations en ligne (saisonnalité, visa, agenda...) vous permettent de penser plus efficacement votre voyage. Après avoir choisi votre destination selon votre profil (famille, budget...), le site vous offre la possibilité d'interroger plusieurs sites à la fois concernant les vols, les séjours ou les circuits. Grâce à ce moteur performant, vous pouvez réserver directement sur plusieurs bases de réservation (Lastminute, Go Voyages et bien d'autres).

LASTMINUTE

✆ 08 92 58 61 32

www.lastminute.com

Des vols secs à prix négociés, dégriffés ou publics sont disponibles sur Lastminute, agence de voyage en ligne. créée il y a plus de 20 ans. On y trouve également des week-ends, des séjours, de la location de voiture... Mais surtout, Lastminute est le spécialiste des offres de dernière minute permettant ainsi aux vacanciers de voyager à petits prix sans avoir à s'y prendre plusieurs semaines à l'avance. Que ce soit pour un week-end ou une semaine, une croisière ou simplement un vol, des promos sont proposées et renouvelées très régulièrement.

QUOTATRIP

www.quotatrip.com

QuotaTrip est une nouvelle plateforme de réservation de voyage en ligne qui met en relation des voyageurs à la recherche d'expériences authentiques et uniques et des agences de voyages locales sélectionnées pour leurs compétences et leur sérieux. Le réseau de QuotaTrip couvre près de 200 destinations du monde entier. Le but de ce rapprochement est simple : proposer un séjour entièrement personnalisé aux utilisateurs. QuotaTrip promet ainsi l'assurance d'un voyage serein, sur mesure, sans intermédiaires et sans frais supplémentaires.

PROMOVACANCES

✆ 08 99 65 48 50

www.promovacances.com

Ouvert du lundi au vendredi de 8h à minuit. Le samedi de 9h à 23h. Dimanche de 10h à 23h.

Promovacances est une agence de voyage en ligne qui propose de nombreux séjours touristiques, des week-ends, ainsi qu'un très large choix de billets d'avion à tarifs négociés sur vols charters et réguliers, des locations, des hôtels à prix réduits. En plus de cette importante offre, n'hésitez pas à guetter en ligne des promotions de dernière minute et les bons plans du jour. Enfin, des informations pratiques sont à consulter en ligne pour préparer votre voyage : santé, formalités, aéroports, voyagistes, compagnies aériennes.

VIVANODA.FR

www.vivanoda.fr

Vivanoda.fr est un site français indépendant permettant en un clic de comparer et combiner plusieurs modes de transport (avion, train, autocar, ferry et covoiturage) entre deux villes. Vivanoda est né d'un constat simple : quel voyageur arrive à s'y retrouver dans les différents moyens de transports qui s'offrent à lui pour rejoindre la destination de son choix ? La recherche sur Internet de ces informations se révèle en effet souvent très fastidieuse... Grâce à ce site, fini les nuits blanches et bonjour les voyages à moindre coût.

SE LOGER

L'offre hôtelière s'agrandit et de nouveaux hôtels voient le jour chaque année dans le cadre de réhabilitations de friches industrielles, en particulier à Copenhague ou Aarhus. Adresses confidentielles, hôtels de luxe, auberges de jeunesse, boutiques hôtels... vous choisirez selon votre envie ou selon votre bourse. L'hébergement demeure la plus grosse dépense d'un séjour au Danemark mais point positif, vous profiterez quasi systématiquement d'ambiances lookées, de décos soignées et d'une propreté immaculée. Le design étant synonyme « d'art de vivre à la danoise », l'ambiance déco est assurée quel que soit l'hébergement ciblé. L'auberge de jeunesse en ville ou le camping le long du littoral restent la valeur sûre des budgets serrés.

Autres options pour vivre à la danoise, l'agritourisme et la chambre d'hôte chez l'habitant, la plupart du temps à la campagne. Immersion garantie. Attention toutefois à anticiper votre réservation !

COUCHSURFING €€

www.couchsurfing.com

Plateforme internet pour séjourner chez l'habitant. Tarif d'adhésion : 15€ environ.

Couchsurfing est le service d'hébergement gratuit en ligne regroupant le plus d'adhérents. Il suffit de s'inscrire pour accéder aux profils des locaux ou faire sa demande d'hébergement pour quelques jours voire quelques mois. En échange, vous pouvez par exemple inviter votre hôte à manger, lui offrir quelque chose de votre pays ou bien l'accueillir chez vous. Le site Internet met en place des systèmes de contrôle : notation des membres, numéro de passeport exigé à l'inscription, etc. Les participants ont accès à des hébergements volontaires dans plus de 200 pays.

BEDANDBREAKFASTOVERBLIK €

Kløvertoften 16

✆ 22 94 62 27

www.bedandbreakfastoverblik.dk

La formule Bed and Breakfast est toujours intéressante pour tous ceux qui souhaitent une immersion totale chez l'habitant ou pour les familles avec enfants car elle offre une plus grande liberté. Au Danemark comme ailleurs, c'est un type d'hébergement qui a la cote. Contrairement à l'appellation qui bien souvent ne concerne que la location d'une chambre privée incluant le petit déjeuner, le terme est plus largement utilisé chez nos amis danois. Vous pourrez louer de grands appartements ou des maisons de type gîte. Il suffit de vous inscrire sur le site Internet.

VAOLO

✆ +1 418 317 6466

www.vaolo.com

Plateforme internet locations.

VAOLO est une plateforme de réservation en ligne d'hébergements durables et responsables mise en place par l'ONG québécoise de tourisme durable Village Monde. Ce récent site collaboratif permet de découvrir des villages hors des sentiers battus, des communautés éloignées des circuits touristiques de masse et d'aller loger chez eux, sans aucun intermédiaire. Une bonne façon de faire des rencontres authentiques ! On vous le conseille notamment pour une découverte de la face cachée de l'Anneau d'Or, avec ses habitants de la campagne russe.

DANHOSTEL €€

1 Rathsacksvej ✆ +45 33 31 3612

www.danhostel.dk

Bureau ouvert du lundi au jeudi de 9h à 12h et de 14h à 16h, le vendredi jusqu'à 15h. Fermé le week-end et jours fériés.

Les premières auberges de jeunesse ont vu le jour en Allemagne en 1912. Dès 1930, elles ouvraient au Danemark. L'Association Danhostel répertorie toutes les auberges de jeunesse sur l'ensemble du pays. Au lieu de simples dortoirs un peu spartiates, vous sont proposées des chambres modernes avec salles de bains privatives et/ou communes où l'hospitalité et l'hygiène vous rassureront. Que vous soyez célibataire, en couple, en famille ou en groupes de toutes tailles, vous trouverez de quoi vous héberger sans vous lasser car aucune auberge ne ressemble à une autre !

SE DÉPLACER

Au Danemark, vous allez circuler de mille et une manières. En bateau, bien sûr. Ferry, navette... à la fois utiles et agréables pour se rendre à Bornholm ou en Norvège. Ils permettent de vivre à la danoise et de découvrir le pays depuis le large. Les bus ensuite. Ils couvrent un dense réseau dans tout le royaume, en ville comme à la campagne. Le prix du trajet reste cependant élevé. Le train est le meilleur compromis. Rapide et bon marché. C'est la société nationale DSB qui gère ce maillage performant. A bord, les vélos sont autorisés, avec ou sans supplément, tout dépend ! Le Danemark est le royaume où la bicyclette est Petite reine... Alors, louez un vélo et pédalez dans ce plat (enfin presque) pays ! Sinon, la voiture de location ou le taxi sont envisageables. Les taxis sont un moyen de transport plutôt cher mais vous pouvez circuler à quatre passagers ou... charger votre vélo dans le coffre en cas de mauvais temps !

ATLANTIC AIRWAYS

TÓRSHAVN

✆ +298 34 10 00

www.atlantic.fo

215 DKK environ pour la liaison Tórshavn-Vágar.

Atlantic Airways est la compagnie aérienne des îles Féroé. Depuis 1988, elle dessert l'aéroport de Vágar depuis Copenhague, et depuis d'autres lignes ont été ouvertes en provenance de Billund ou d'Aalborg, ou à destination de l'Islande, de la Grande-Bretagne (notamment l'Ecosse) ou de la Norvège. Elle effectue surtout des liaisons entre les îles en hélicoptère (y compris le transfert aéroport-Torshavn, à condition d'avoir réservé). Les prix sont très encourageants et les vols au-dessus des îles sont de toute beauté par temps clair. À faire absolument !

DANTAXI

COPENHAGUE

✆ +45 70 25 25 25

www.dantaxi.dk

Service 7j/7 et 24h/24.

Dantataxi existe depuis 1937. Sans doute qu'une telle durée dans le temps est la garantie d'un professionnalisme sérieux et irréprochable. Les taxis sont équipés d'un système de navigation intégré pour assurer un service efficace et rapide. Comment réserver votre véhicule ? Par téléphone, par la réservation en ligne ou via des applications mobiles pour appareils connectés. Service taxi disponible dans tout le pays. Vous les reconnaîtrez à leur logo vert où se détache un T blanc. Info Futée : discount de 10 % sur le transfert vers/depuis l'aéroport de Kastrup.

DSB - CHEMINS DE FER DANOIS

COPENHAGUE

✆ +45 70 13 14 15

www.dsb.dk

DSB est la compagnie danoise de chemin de fer. Elle fut créée en 1885 avec la fusion des chemins de fer de Zeeland (compagnie publique) et de la compagnie Funen et Jutland. Elle gère un réseau très dense dans tout le pays grâce notamment aux ponts qui relient le Seeland à la Fionie ou au Jutland. La ligne qui relie Helsingør à la Suède dessert la Riviera danoise. Le train s'arrête à toutes les gares de Copenhague et dessert l'aéroport de Kastrup, toutes les 10-15 minutes environ.

BAISIKELI

Ingerslevsgade 80 - **COPENHAGUE**

✆ +45 26 70 02 29

www.baisikeli.dk

Ouvert tous les jours 10h-18h, samedi et dimanche basse saison jusqu'à 16h. 80 DKK, 40 DKK la location du casque.

En plus de pratiquer les tarifs parmi les plus bas de la ville, cette boutique de location de vélos aide à améliorer la mobilité en Afrique en y développant l'accès aux vélos. En effet, *Baisikeli*, qui signifie vélo en swahili, collecte des vélos d'occasion au Danemark et les envoie en Afrique de l'Ouest (Mozambique) où ils seront réparés puis vendus. Depuis le début du projet, plus de 5 000 vélos ont été expédiés. Pour les familles, l'idéal est de louer un cargo-bike. Réservation en ligne possible. Chez *Baisikeli*, une location c'est également une bonne action.

S'INFORMER

La manière la plus évidente pour s'informer sur votre destination est de consulter les sites des offices de tourisme de chaque point de chute de votre futur séjour. Une fois sur place, des Points Infos prendront le relais plus concrètement en distribuant des plans et des brochures. D'un autre côté, la presse est un excellent moyen de connaître l'actualité d'un pays. Si le danois ne vous pose aucun problème, *Wekkendadvisen* vous informe sur la vie culturelle et politique du Danemark. Ce journal est un mélange de débats d'idées, d'infos culture, de moments d'histoire ou de nouveautés, sous forme d'articles très bien illustrés. Autrement, le leader de la presse en ligne, *NW Network*, présent dans différents pays, fournisseur d'infos pour la BBC, CNN, Reuters, Washington Post ou NY Times, est également accessible en ligne en anglais *wn.com/Copenhagen_news/Copenhagen*. Pensez également à l'ambassade de France dk.ambafrance.org, hyper informée !

COPENHAGEN CARD

COPENHAGUE

✆ +45 33 25 74 00

www.copenhagencard.com

Adulte et enfant. Tarifs variables selon la durée. Possibilité d'acheter la carte en ligne sur le site dédié.

Cette carte offre de nombreux avantages. Elle vous permettra de rentrer gratuitement dans 87 musées et attractions touristiques, d'avoir des réductions dans certains restaurants, magasins ou loueurs de voiture. Vous pourrez vous déplacer librement dans tous les transports en commun. Elle est vendue dans les gares, les points de vente du réseau de bus, au comptoir Service information de l'aéroport, dans les hôtels, certaines agences de voyages et à l'office du tourisme de Vesterbrogade (près de Tivoli). Pour plus d'informations, consulter le site web.

VISITFAROEISLANDS.COM

Gongin 9

TÓRSHAVN

✆ +298 66 65 55

www.visitfaroeislands.com

Ouvert de mi-juillet à fin août du lundi au vendredi de 9h à 16h.

Site officiel de la promotion touristique des îles Féroé, *visitfaroeislands* se complète agréablement par une visite à son petit office de tourisme, ouvert au public uniquement en haute saison. En revanche, le standard téléphonique est ouvert toute l'année. Un site génial où vous trouverez des liens pour écouter de la musique féroïenne, vous pourrez apprendre quelques mots ou phrases utiles à l'aide de Faroe Islands Translate ! Ou pourquoi pas tricoter un pull ou cuisiner de délicieux plats de fruits de mer à l'aide des tutos en ligne !

WWW.AMBAFRANCE-DK.ORG

www.ambafrance-dk.org

L'ambassade de France se situe dans le quartier de Kongens Nytorv à Copenhague. 2022 marquera le centième anniversaire de son installation au palais Thott. Son site web présente une revue de la presse danoise traduite en français chaque jour sous forme de brèves économiques, d'échos ou de visites. Après la crise Covid, l'ambassade conseille aux Français de passage à l'étranger de s'inscrire sur le site Ariane (fdip.fr/ariane) afin d'être recensé par le ministère de l'Europe et des Affaires étrangères, de recevoir les informations et les alertes en temps réel.

NORDISK KORTHANDEL

Studiestræde 30 - **COPENHAGUE**

✆ +45 33 38 26 38

www.scanmaps.dk

Ouvert du lundi au vendredi de 10h à 18h, le samedi de 10h à 16h.

Nordisk Korthandel a été fondé en 1959. C'est le spécialiste des cartes et autres planisphères. Il fournit aussi des guides de voyage pour parcourir le monde entier ainsi que des guides pratiques d'activités sportives. Le vélo en particulier. Peut-être y trouverez-vous une version danoise du Petit Futé ! Dans la boutique située à Studiestræde, dans le « quartier des études » de Copenhague. Sur place, des imprimantes réalisent sur mesure des *DitKort*, des cartes topographiques du Danemark selon votre choix. A vous de sélectionner la période de 1842 à nos jours.

NATMUS

www.natmus.dk

Natmus est un site qui ambitionne de devenir le musée virtuel de toutes les collections nationales danoises (musées et châteaux). Une idée très bien adaptée au contexte particulier vécu depuis 2020. En cas d'impossibilité de se rendre sur place ou en préparation d'un séjour, voici l'application idéale pour tout savoir de l'histoire du Danemark, les découvertes archéologiques d'importance, une façon pédagogique de visiter un château royal avec des images de très haute qualité ! On peut aussi feuilleter le catalogue des boutiques et acheter en ligne.

THE COPENHAGEN POST

www.cphpost.dk

Le journal le plus utile, en tous cas pour ceux qui n'ont qu'une vague idée de la langue danoise, *The Copenhagen Post,* seul journal danois publié en anglais qui informe sur les news du Danemark. Il existe sous deux formes : soit en version papier (et dans ce cas, il est distribué gratuitement à l'office de tourisme, dans certains hôtels et cafés), soit en version numérique, vous pouvez le consulter en ligne, ce qui peut être d'un usage pratique et écologique d'autant plus que les connections wi-fi fonctionnent très bien un peu partout !

VISIT AARHUS

www.visitaarhus.com

VisitAarhus est l'organisation touristique officielle de la région d'Aarhus et des régions de Djursland et Favrskov. Les infos concernent bien sûr Aarhus, deuxième plus grande ville du Danemark ainsi que les villes environnantes de Silkeborg, Skanderborg, Randers et Viborg. En tout, huit municipalités situées dans l'est et le centre du Jutland. VisitAarhus permet une recherche rapide et efficace sur les établissements hôteliers, le calendrier des manifestations culturelles, mais traite également de thématiques transversales propres à cette région.

VISIT COPENHAGEN

www.visitcopenhagen.dk

Visit Copenhagen est le site officiel de la Capitale et de ses environs. Un site très complet et très bien construit à consulter absolument avant tout séjour en Seeland. En dehors des infos pratiques, vous y trouverez des interviews d'habitants locaux, des vidéos pour vous donner l'envie d'aller vivre un moment *hygge*, des photos à vous faire saliver... d'envie ! Oui, vous donner l'envie d'un peu de Baltique et d'histoire viking, c'est l'ambition très réussie du service promotion de Copenhague. Ne pas oublier de regarder les posts sur Instagram !

VISIT DENMARK

www.visitdenmark.com

VisitDenmark est l'organisme officiel du tourisme du Danemark, l'équivalent d'Atout France pour nous. Cette grande plate-forme fournit aux visiteurs, en français et en anglais, toutes les informations pratiques pour planifier, réserver et passer de super vacances. Le site web offre des cartes, des conseils en matière de transport. Il propose également quantité d'activités à découvrir et fournit une mine d'informations plus générales sur la géographie, le climat, la faune, les curiosités, le patrimoine, les activités culturelles et événementielles...

RESTER

Vous envisagez de prolonger votre séjour en devenant résident du Danemark ? De nombreuses opportunités vous attendent. Sachez tout de même que, passé un délai de trois mois, il faudra déposer une demande de permis de séjour auprès des autorités danoises. Dans le cadre de vos études, prenez contact avec le service des relations internationales de votre établissement, qui doit être reconnu par l'état français, et où vous devez être inscrit. Etudier et travailler en même temps, c'est aussi possible. Les emplois étudiants sont relativement aisés à trouver. Pour cela, vous sera demandé un numéro d'identité, le *CPR number*, indispensable pour être couvert par la sécurité sociale danoise et sans lequel aucun emploi ne sera accordé ! L'autonomie financière est indispensable : 5200 DKK par mois sont requis. En tant que travailleur classique, vous devez disposer d'un contrat de travail en CDI pour obtenir un permis de séjour d'une durée de 5 ans.

ACTION CONTRE LA FAIM

14, boulevard de Douaumont
PARIS
✆ 01 70 84 70 70
www.actioncontrelafaim.org/
Par téléphone de 9h à 13h et de 14h à 18h.

ONG internationale spécialisée dans la lutte contre la faim dans le monde, active dans les domaines de la nutrition, santé, sécurité alimentaire, de l'eau, de l'assainissement. L'association intervient dans des situations de crise. Le but étant de rendre les populations autonomes d'un point de vue de la nutrition, en apportant une aide concrète et en formant les intervenants locaux qui prendront le relais. Ses missions de volontariat durent de trois mois à un an en Afrique, Asie, Amérique, Europe centrale, dans le Caucase, au Moyen-Orient et dans les Caraïbes.

AGENCE POUR L'ENSEIGNEMENT FRANÇAIS À L'ÉTRANGER

23, place de Catalogne
PARIS
✆ 01 53 69 30 90
www.aefe.fr

Cette agence, sous tutelle du ministère des Affaires étrangères, anime et gère un réseau de près de 500 établissements d'enseignement français à l'étranger, dans près de 140 pays. 370 000 élèves, dont 40 % de Français, fréquentent ces établissements. Offres d'emploi à l'international pour les titulaires de la fonction publique (Education nationale principalement) et informations sur la politique pédagogique, la scolarité et l'orientation émaillent le site Internet de cet organisme.

CIDJ

www.cidj.com

Le Centre d'Information et de Documentation Jeunesse a été créé en 1969, sous la tutelle du ministère de la Jeunesse et des Sports. Le site Internet est bien fait et très complet. La rubrique « Partir à l'étranger » fournit des informations pratiques aux jeunes qui ont pour projet d'aller vivre à l'étranger. Il y a une rubrique spécifique dédiée à chacun des thèmes suivants : travail, étude, stage, volontariat international et séjours linguistiques. Pour vous aider dans vos démarches, vous pouvez avoir un entretien gratuit avec un conseiller du CIDJ.

ÉDUCATION NATIONALE

www.education.gouv.fr
Modalités sur www.france.diplomatie.fr/mfi.

Vous êtes enseignant ou fonctionnaire d'État, vous souhaitez travailler à l'étranger ? Consultez le site du ministère de l'Éducation nationale, il informe sur les conditions de mobilité dans le monde. Cette initiative peut s'inscrire dans un parcours professionnel. Elle permet d'exercer son métier dans des conditions spécifiques, ou un autre métier et diversifier ainsi son expérience en enrichissant ses compétences. Les personnels d'encadrement peuvent aussi postuler dans des organismes internationaux ou de l'Union européenne.

MINISTÈRE DES AFFAIRES ÉTRANGÈRES

www.diplomatie.gouv.fr

Il est bon d'y jeter un œil avant votre départ pour connaître les formalités de départ et y glaner de bons conseils. Dans la rubrique « Services aux citoyens » vous trouverez un guide de l'expatriation, les démarches à effectuer, les modalités de demandes de documents officiels. Les informations mises à disposition dans l'espace politique, économie et socio-culturel, sont fort utiles pour les personnes qui s'intéressent aux enjeux et réalités du pays.

CAPCAMPUS

www.capcampus.com

CapCampus fut l'un des premiers portails étudiants français en ligne. Dans la rubrique dédiée aux stages et aux premiers emplois, vous trouverez aussi des offres pour l'étranger, classées par pays. Celles pour les Etats-Unis ne sont pas très nombreuses, le mieux est de consulter le site régulièrement pour ne pas passer à côtés des offres intéressantes. Le site est également utile pour se familiariser avec la vie aux Etats-Unis, car il propose également toutes les informations pratiques pour bien préparer son départ et son séjour à l'étranger.

WEP FRANCE

95, avenue Ledru Rollin
PARIS
✆ 01 48 06 26 26
www.wep.fr

WEP propose plus de 50 projets éducatifs et séjours linguistiques dans une trentaine de pays pour une durée allant de une semaine à 18 mois. Quel que soit votre projet d'études aux Etats-Unis, vous trouverez sur le site de WEP une rubrique qui y sera consacrée : étudier au lycée, dans une université, partir en séjour linguistique, faire une expérience professionnelle dans le cadre d'un stage ou vivre en immersion dans une famille américaine. Possibilité également de planifier des programmes combinés (études et projet humanitaire par exemple).

CLUB TELI

Les Clarets
SAINT-PIERRE-D'ENTREMONT
✆ 04 79 85 24 63
www.teli.asso.fr

Le Club Teli est une association d'aide à la mobilité internationale créée voici bientôt 30 ans, forte de 4 000 adhérents en France et dans 65 pays. Si vous souhaitez séjourner à l'étranger, quel que soit votre projet, vous trouverez par le biais de ce club des infos et des offres de stages, de jobs d'été et de travail pour francophones. Si vous avez besoin d'aide pour envoyer des candidatures, le Club peut vous aider à mettre votre CV aux normes du pays où vous souhaitez partir. Pour bénéficier de ces aides et informations, il faut adhérer.

BUSINESS FRANCE

77, Boulevard Saint-Jacques
PARIS
✆ 01 40 73 30 00
www.businessfrance.fr

L'Agence pour le développement international des entreprises françaises travaille en étroite collaboration avec les missions économiques. Le site Internet recense toutes les actions menées, les ouvrages publiés, les événements programmés et renvoie sur la page du Volontariat International en Entreprise (VIE). Fondée en 2015, cette structure est née de la fusion entre Ubifrance et l'Agence française pour les investissements internationaux. Elle est affiliée au Ministère de l'Europe et des Affaires étrangères et au Ministère de l'Économie et des Finances.

VIE - VOLONTARIAT INTERNATIONAL EN ENTREPRISE

www.civiweb.com

Si vous avez entre 18 et 28 ans et êtes ressortissant de l'Espace économique européen, vous pouvez partir en volontariat international en entreprise (VIE) ou en administration (VIA). Il s'agit d'un contrat de 6 à 24 mois rémunéré (avec un renouvellement de 24 mois possible) et placé sous la tutelle de l'ambassade de France. Tous les secteurs et métiers sont concernés et vous bénéficiez d'un statut public protecteur. Offres à consulter sur le site Internet.

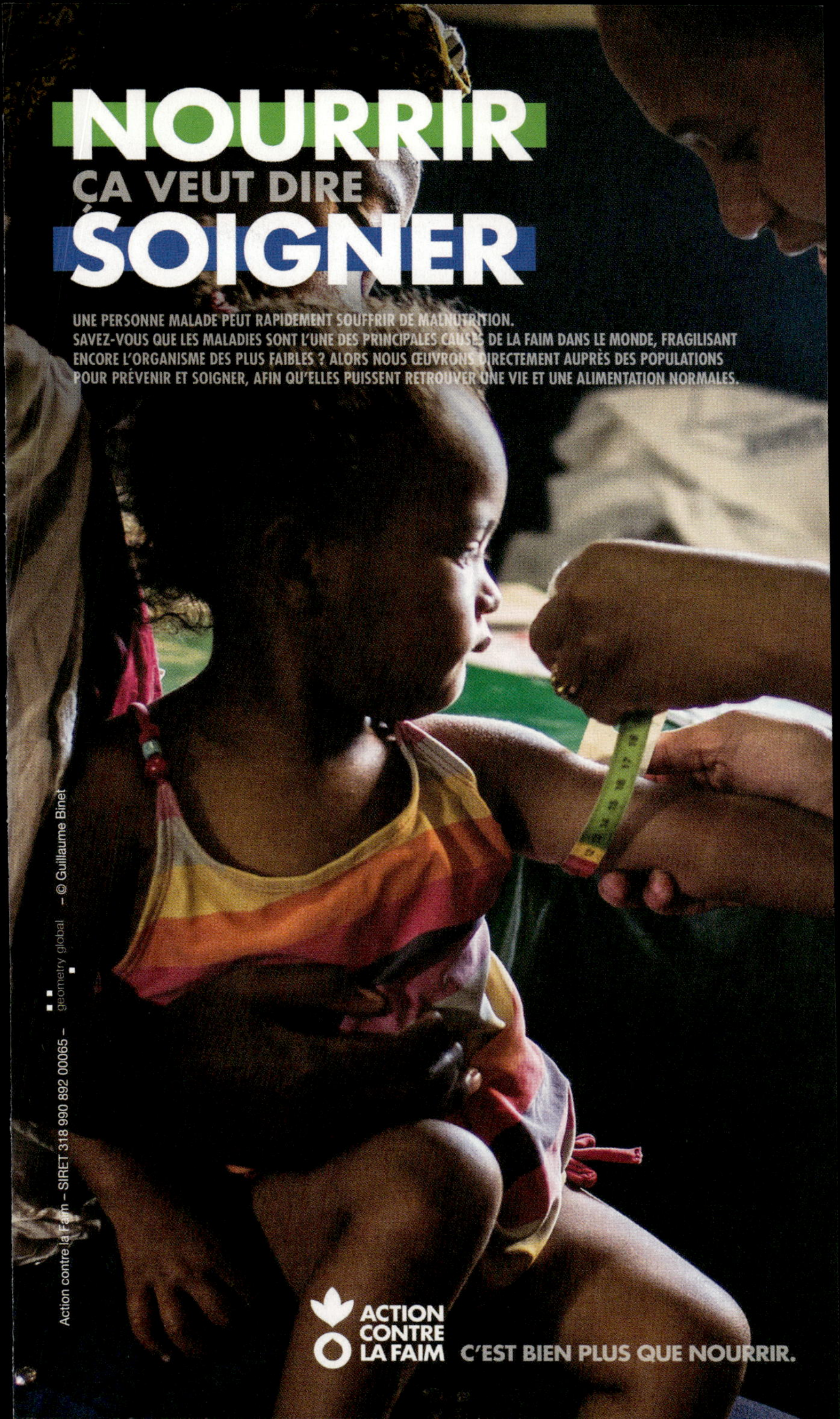
NOURRIR
ÇA VEUT DIRE
SOIGNER
UNE PERSONNE MALADE PEUT RAPIDEMENT SOUFFRIR DE MALNUTRITION.
SAVEZ-VOUS QUE LES MALADIES SONT L'UNE DES PRINCIPALES CAUSES DE LA FAIM DANS LE MONDE, FRAGILISANT ENCORE L'ORGANISME DES PLUS FAIBLES ? ALORS NOUS ŒUVRONS DIRECTEMENT AUPRÈS DES POPULATIONS POUR PRÉVENIR ET SOIGNER, AFIN QU'ELLES PUISSENT RETROUVER UNE VIE ET UNE ALIMENTATION NORMALES.
Action contre la Faim – SIRET 318 990 892 00065 – geometry global – © Guillaume Binet
ACTION CONTRE LA FAIM
C'EST BIEN PLUS QUE NOURRIR.

INDEX

D

E

F

G

N

O

P

EDITION

Directeurs de collection et auteurs : Dominique AUZIAS et Jean-Paul LABOURDETTE

Auteurs : Myriam PASTOR, Corentin LAPLANCHE-TSUTSUI, Baptiste THARREAU, Juliette COURTOIS, Mathias DESHOURS, Romain RISSO, Anne-Claire DUCHOSSOY, Sylvie DEL COTTO, Alice BARCZYK, Nicole GUTHRIE, Valentine BOURRAT, Abdesslam BENZITOUNI, Clotilde AMPRIMOZ, Jean-Paul LABOURDETTE, Dominique AUZIAS et alter

Directeur Editorial : Stéphan SZEREMETA

Rédaction Monde : Caroline MICHELOT, Morgane VESLIN, Pierre-Yves SOUCHET, Natalia COLLIER

Rédaction France : Elisabeth COL, Tony DE SOUSA, Mélanie COTTARD, Audrey VEDOVOTTO

FABRICATION

Responsable Studio : Sophie LECHERTIER assistée de Romain AUDREN

Maquette et Montage : Julie BORDES, Delphine PAGANO

Iconographie et Cartographie : Anne DIOT assistée de Julien DOUCET

WEB ET NUMERIQUE

Directeur Web : Louis GENEAU de LAMARLIERE

Développeurs : Adeline CAUX et Kiril PAVELEK

Intégrateur Web : Mickael LATTES

Webdesigner : Caroline LAFFAITEUR

Community Traffic Manager : Alice BARBIER, Mariana BURLAMAQUI et Vincent PHAM

DIRECTION COMMERCIALE

Directeur commercial : Guillaume VORBURGER assisté de Manon GUERIN

Responsable Régies locales : Michel GRANSEIGNE

Responsables Développement régie inter : Jean-Marc FARAGUET et Guillaume LABOUREUR

Chefs de Publicité Régie internationale : Camille ESMIEU

Chefs de Publicité Régie nationale : Caroline AUBRY, François BRIANCON-MARJOLLET, Perrine DE CARNE MARCEIN,

Régie DANEMARK - FÉROÉ : Pierre VIVIEN

DIFFUSION ET PROMOTION

Directrice des Ventes : Bénédicte MOULET assistée d'Aissatou DIOP

Responsable des ventes : Jean-Pierre GHEZ assisté de Nelly BRION

Relations Presse-Partenariats : Jean-Mary MARCHAL

ADMINISTRATION

Président : Jean-Paul LABOURDETTE

Directrice des Ressources Humaines : Dina BOURDEAU assistée de Sandra DOS REIS et Eva BAELEN

Directrice Administrative et Financière : Valérie DECOTTIGNIES

Comptabilité : Jeannine DEMIRDJIAN

Recouvrement : Fabien BONNAN assisté de Sandra BRIJLALL et Vinoth SAGUERRE

Responsable informatique : Elie NZUZI-LEBA

PETIT FUTÉ DANEMARK - FÉROÉ

LES NOUVELLES EDITIONS DE L'UNIVERSITE
18, rue des Volontaires - 75015 Paris.
© 01 53 69 70 00 - Fax 01 42 73 15 24
Internet : www.petitfute.com
SAS au capital de 1 000 000 € - RC PARIS B 309 769 966
Couverture : Village de Saksun, Danemark, Iles Féroé © miroslav 1 - iStockPhoto.com
Impression : CORLET IMPRIMEUR - 14110 Condé-en-Normandie
Achevé d'imprimer : juillet 2021
Dépôt légal : 25/08/2021
ISBN : 9782305055312

Pour nous contacter par email, indiquez le nom de famille en minuscule suivi de @petitfute.com
Pour le courrier des lecteurs : info@petitfute.com

IMPRIMÉ EN FRANCE